최신

지역개발론

이 성 근 외

집 현 재

머리말

지역개발학은 지역내의 자립적 발전과 지역간의 균형적 발전을 탐구하는 공간적·종합적·실천적·정책적 학문이다. 지역개발은 서구에서 먼저 대두되었다. 먼저 영국이 산업화와 도시화로 인한 지역문제의 해결을 위해 도시와 농촌을 통합한 지역개발에 관심을 가졌다. 프랑스는 파리 중심의 수도권과 비수도권 간의 격차를 해소하고 균형적인 국토발전을 도모하기 위해 지역개발을 체계적으로 추진해 왔다. 미국에서는 대공황을 벗어나기 위해 테네시강 유역 개발사업을 기점으로 지역개발에 대한 정책이 활발히 이루어져 왔다.

우리나라의 경우, 1960년대 경제개발정책에 이어 1970년대 초에 수립된 제1차 국토종합계획의 수립을 제도적 지역개발의 시작으로 보고 있다. 이때부터 경제개발과 국토개발에 중점을 두고 추진되어온 지역개발은 상대적으로 농촌의 저발전을 초래해 국토균형발전정책의 일환으로 새마을 운동이 전개되었다. 1980년대 이후에는 수도권 과밀과 국토 불균형, 지속가능한 개발, 낙후지역 문제 등에 관심을 가지기 시작하였다. 최근에는 지역개발의 집행과정과 궁극적 결과에 대한 관심, 장소의 번영보다 주민의 행복 추구, 성장과 복지의 순환관계에 대한 인식 확산, 신뢰공동체에 기반을 둔 사회적 자본의 중요성 강화 등 지역개발의 패러다임이 국가 주도에서 지방자치단체와 주민참여에 기반한 지역공동체 주도로 전환되고 있다.

저자들은 국내외 환경과 경제사회여건, 그리고 지역사회 요구에 부응하는 지역개발의 이론과 실제를 아우르는 서적이 필요하다는 데 인식을 같이하고 종합적·학제적·균형적 입장에서 본서를 집필하게 되었다. 따라서 본서는 지역개발에 관한 광범위한 이론적 논의와 함께 실제에 대한 내용을 담고 있다.

제1부에서는 지역개발의 기초를 정리하였다. 먼저 지역개발의 전개, 지역개발의 본질, 법적 체계를 살펴보았다. 제2부에서는 지역개발이론을 정리하였다. 지역공간구조이론, 입지이론, 지역성장이론, 지역전략이론을 정리하였다. 그리고 지역개발의 대

안이론을 산업·환경·사회이론으로 구분하여 정리하였다. 제3부에서는 지역개발과정을 다루었다. 먼저 지역현황 및 잠재력분석을 살펴보고 이어서 구상계획, 부문계획, 계획집행과 관리, 평가 및 환류를 정리하였다. 제4부에서는 지역개발의 분석을 다루었다. 지역인구분석을 시작으로 지역공간 및 격차분석, 지역경제분석, 지역환경분석, 지방재정분석, 지역투자분석을 논의하였다. 마지막으로 제5부에서는 지역개발정책을 정리하였다. 공간정책, 자원·환경정책, 산업경제정책, 사회문화복지정책, 사회기반시설정책을 소개하였다.

저자들은 이번에 지역개발론을 집필하면서 지역개발 분야의 국내외를 비롯한 많은 학자들의 연구업적에 크게 의존하였다. 이들 국내외 학자들에게 지면을 빌려 깊은 존경과 감사를 드린다. 그럼에도 불구하고 본서는 여러 가지 부족한 점이 있을 것이다. 이는 앞으로 계속 보완해 나갈 것을 약속드린다.

본서는 대학의 지역개발학, 행정학, 사회복지학, 도시 및 지역계획학, 지리학, 부동산학, 환경학, 관광학 분야의 학부생 및 대학원생, 지방자치단체의 관련분야 공무원, 공공분야의 계획가, 민간분야의 디벨로퍼들에게 지역개발의 이해를 위한 유익한 도서가 될 것으로 기대한다. 특히 7급 지방직 공무원 시험 응시생에게 학습편의가 제공되기를 기대한다.

마지막으로 열악한 출판환경에도 불구하고 기꺼이 출판을 승낙해 주신 도서출판 집현재 위호준 대표와 편집과정에 세심한 배려를 해준 전충영 상무께 감사를 드린다.

2013년 7월

이 성 근 외 저자 일동

차 례

제1부 지역개발의 기초

제2부 지역개발의 이론

제3부 지역개발의 과정

제4부 지역개발의 분석

▌법령 약어표 ▌

○○○법규칙 ……… ○○○법 시행규칙
○○○법령 ……… ○○○법 시행령
개발제한법 ……… 개발제한구역의 지정 및 관리에 관한 특별조치법
공장설립법 ……… 산업집적활성화 및 공장설립에 관한 법률
국가교통법 ……… 국가통합교통체계효율화법
국토계획법 ……… 국토의 계획 및 이용에 관한 법률
균형발전법 ……… 국가균형발전 특별법
농어촌개발법 ……… 농어업인 삶의 질 향상 및 농어촌지역 개발촉진에 관한 특별법
농촌및식품법 ……… 농어업·농어촌 및 식품산업 기본법
도시공원법 ……… 도시공원 및 녹지 등에 관한 법률
도시재생법 ……… 도시재생 활성화 및 지원에 관한 특별법
도시정비법 ……… 도시 및 주거환경정비법
민간투자법 ……… 사회기반시설에 대한 민간투자법
부동산거래법 ……… 공인중개사의 업무 및 부동산 거래신고에 관한 법률
산림자원법 ……… 산림자원의 조성 및 관리에 관한 법률
산업입지법 ……… 산업입지 및 개발에 관한 법률
서해5도법 ……… 서해 5도 지원 특별법
세종시특별법 ……… 세종특별자치시 설치 등에 관한 특별법
신발전지역법 ……… 신발전지역 육성을 위한 투자촉진 특별법
재정비촉진법 ……… 도시재정비 촉진을 위한 특별법
접경지역법 ……… 접경지역 지원 특별법
제주특별법 ……… 제주특별자치도 설치 및 국제자유도시 조성을 위한 특별법
지역균형법 ……… 지역균형개발 및 지방중소기업 육성에 관한 법률
측량및지적법 ……… 측량·수로조사 및 지적에 관한 법률
한강수계법 ……… 한강수계 상수원수질개선 및 주민지원 등에 관한 법률
해안및내륙법 ……… 동·서·남해안 및 내륙권 발전 특별법
혁신도시법 ……… 공공기관 지방이전에 따른 혁신도시 건설 및 지원에 관한 법률

제 1 부

지역개발의 기초

제 1 장

지역개발의 전개

제1절 지역개발의 성립

1. 지역개발의 대두

지역개발(regional development)이 본격적으로 등장하게 된 때는 19세기 중반 이후부터이다. 18세기부터 시작된 산업혁명으로 인하여 산업화 · 도시화가 진전되었고, 이는 경제적 · 사회적 문제의 가속화를 초래하였다. 지역개발은 한정된 공간에 대해 바람직한 변화를 계획적 또는 의도적으로 모색하는 계획과 정책을 포함하는 것으로, 산업화 · 도시화로 인하여 발생한 제문제를 합리적으로 해결하기 위하여 대두되었다(Glasson & Marshall, 2007).

지역문제는 지역적 공간을 단위로 하여 발생하는 것으로서 지역개발의 근거로 작용한다. 지역문제는 개별 지역의 역사적, 정치적, 지리적 그리고 사회경제적 여건과 발전단계에 따라 다르게 나타날 수 있다(박종화 외, 1996). 이러한 지역문제는 지역의 변화요인이나 특수한 상황으로 인해 발생하기도 하고, 사회 · 경제적 특수성이나 외적 요인 때문에 발생하기도 한다(김영모, 2002). 일반적으로 전자를 지역내 문제, 후자를 지역간 문제라고 한다. 먼저 지역내 문제는 지역의 과소(농촌문제) 혹은 과밀의 문제(도시문제)와 연관이 있으며, 지역간 문제는 지역간의 격차로 인한 불균형문제를 의미한다.

역사적으로 보면 유럽의 봉건체제가 붕괴되고 산업도시가 성장하면서 등장한 지역주의 운동이 산업화, 도시화로 인해 나타난 도농간 갈등, 대도시 환경문제를 해결하고자 도시계획을 추진하면서부터 지역개발이 대두되었다(Hall & Tewdwr-Jones,

2011). 다시 말하면, 중앙집권적 정치권력의 탄생, 시장경제로 인한 생활양식의 변화, 지역의 자율성·통제성 약화에 대응하기 위해 출현한 지역주의 운동에 뿌리를 둔 지역정책이 지역문제 해결을 도모하면서 대두된 것이다. 영국의 뉴타운 운동, 프랑스의 지역연방주의, 미국의 유역개발과 대도시권 관리 등이 지역주의를 실천적으로 적용한 대표사례이다(이성근 외, 2012).

지역개발을 위한 계획수립의 시작은 1920년대 영국 Doncaster 지역계획, 1930년대 미국 TVA(Tennessee Valley Authority) 다목적 개발사업, 1940년대 프랑스의 낙후지역 격차해소를 위한 지역계획에서 찾을 수 있다. 인프라 중심의 이러한 개발은 이후 지역간 발전격차 해소와 낙후지역의 성장이 주요관심사가 되면서, 지역개발을 통한 국가발전에 관심을 갖게 되었다(하성규, 2011). 이는 국가발전을 위한 집행수단으로 지역개발을 설정하고, 국가발전목표를 달성하기 위해 지역자원에 선택적으로 투자하는 것을 의미한다. 국가가 정책적 추진역량을 갖추면서 국가경쟁력 제고차원에서 일부 지역의 특수성과 잠재력을 활용하고, 이를 위해 공간적으로 경제사회 발전기능과 역할을 효율적으로 배분하고 인프라를 구축하였다. 이처럼 지역개발은 지역의 문제를 해결하기 위하여 대두되어 국가발전을 위한 전략적 수단으로 발전되어 왔다.

1960년대까지의 지역개발은 물적자원 투입을 중심으로 한 대규모 양적 성장이 중심이었다. 1970~1980년대는 경제위기로 이러한 분위기가 다소 쇠퇴하고 효율성을 강조하였으나, 여전히 물질주의적, 양적성장 중심주의적, 중앙정부 주도형의 지역개발이 이루어졌다. 즉, 1980년대까지는 중앙정부가 중심이 된 요소투입형 외생적 성장방식에 기초를 둔 중앙 중심의 통제패러다임이라는 특징이 있다. 그러나 1990년대 이후에는 지방분권, 지역의 삶의 질 개선을 위해 지역공동체가 주도하는 질적인 지역개발이 본격적으로 이루어졌다(변필성·이동우, 2008). 이에 따라 지방정부와 중앙정부가 계약에 의해 공동으로 추진하는 새로운 지역개발이 대두되었다(김용웅 외, 2009). 이러한 지역개발이 주로 물적성장 중심으로 이루어져왔다는 비판이 제기되면서, 2000년대 들어서는 지역주민 공동체 중심의 내생적 지역개발, 지역의 삶의 질 격차해소, 환경의 지속가능성, 창조적 발전지향, 주민행복에 대한 관심을 고려한 생태적 미래기획 중심으로 진화되었다.

2. 지역개발의 개념

지역개발이라는 용어는 1920년대 이후 사용되기 시작하였으나, 국가별로 역사적 배경이나 개발이념, 그리고 지역에 대한 개념 및 지역문제에 차이가 있기 때문에 개념을 한마디로 규정하기는 어렵다. 그러나 한 국가내의 특정 공간영역이 직면하고 있는 문제를 진단하고, 이를 해결하기 위한 계획적이고 실천적인 과정을 의미한다고 볼 수 있다. 이러한 지역개발의 개념을 보다 잘 이해하기 위해서는 지역에 대한 개념부터 살펴볼 필요가 있다.

지역(地域)이란 일정한 기준에 의하여 갈라놓은 구체적인 어떤 구역을 의미한다. 사전적으로는 일정한 땅의 구역 또는 땅의 경계 안의 땅을 의미한다(대한국토·도시계획학회, 2004). 이러한 지역은 우리가 보고 만질 수 있는 실체적인 지표(surface)뿐만 아니라 추상성을 지닌 공간(space)의 의미를 동시에 지니고 있다. 공간은 절대공간과 상대공간으로 구분할 수 있는데, 절대공간은 점, 선, 또는 면의 모습을 가진 땅, 즉 장소를 의미하며, 상대공간은 움직임, 이동성을 강조하는 개념이다. 또한 지역을 기능적인 차원에서 살펴보면, 포괄적이고 독자적으로 기능할 수 있는 국가경제내의 한 영역을 의미한다고 할 수 있다(박종화 외, 1996). 이러한 지역을 경제학에서는 입지의 관점, 사회학에서는 커뮤니티의 관점, 계획의 측면에서는 국제적·국가적·지방적 차원으로 구분하여 살펴보고 있다. 이중 지방적 차원의 지역은 성격을 중심으로 행정구역 중심지역, 낙후지역, 과밀지역 등으로 구분하고 있다. 또한 행정적 차원에서는 지방자치단체가 걸쳐있는 공간적 범위를 의미한다(한국지역개발학회, 1996; 대한국토·도시계획학회, 2004).

지역의 개념을 고려해볼 때, 지역개발은 지역내의 영토적 발전과 지역간의 통합적 발전을 의미한다고 볼 수 있다. 전자는 지역 안에서 자족적 발전을 지향하는 영토적 발전(territorial development), 후자는 다른 지역과 더불어 연계적 발전을 도모하는 공간적 발전(spatial development)을 의미한다(김형국, 1997). 이를 종합하면 지역개발이란 한 국가내의 특정 지역에 경제·사회발전에 필요한 물적 기반을 조성하고, 지역이 당면하고 있는 문제를 해결하는 등 지역의 종합적인 발전을 이루고자 하는 계획적이고 실천적인 활동을 의미한다고 볼 수 있다(김용웅 외, 2009; 강문수, 2010).

3. 유사용어와의 구별

1) 지역개발과 경제개발

경제개발은 지역개발에서 중요시되는 부문이다. 그러나 측정지표와 공간적인 측면에서 차이가 존재한다. 지역개발은 특정한 공간내의 생산성, 능률성을 중요시하는 반면, 경제개발은 총량적인 능률성, 생산성을 중요시한다. 예컨대 경제개발에서는 도로에 얼마를 투자한다는 목표를 세우는 데 비해, 지역개발에서는 한 공간내에 어떤 도로를 건설하느냐를 개발내용으로 하고, 공간적인 형평성, 지역내에 미치는 영향까지 고려하는 특성이 있다.

개발의 중심지표 또한 차이가 있는데, 지역개발은 지역의 산업구조, 기반시설, 지역소득 및 지역간 소득격차, 지역의 환경 등이 중심지표가 된다. 그러나 경제개발은 국민총생산, 대외수출입 구조, 무역수지, 총량적인 저축과 투자량 등이 중심지표가 된다(박종화 외, 1996).

2) 지역개발과 사회개발

사회개발은 경제개발과 지역개발에서 등한시되기 쉬운 복지후생적 측면을 강조하는 개념이다. 다시 말하면 경제발전과정에서 필연적으로 생겨나는 인구의 이동에 따른 인구, 고용, 교육, 의식구조 문제를 발전적으로 해결해가는 것을 의미한다. 이에 비해서 지역개발은 지역이라는 공간적인 측면의 인프라 건설, 장소적 발전과 관계가 깊다는 점에서 차이가 있다. 지역개발과 사회개발은 공간적인 발전과 주민의 복지수준 개선을 도모한다는 점에서 보면 상호보완적인 관계라고 볼 수 있다.

3) 지역개발과 지역사회개발

지역개발과 지역사회개발의 관계는 지역과 지역사회의 차이에서 찾아볼 수 있다. 지역은 정책목표의 달성을 위해 설정된 공간으로서 목표지향적, 의도적, 행정주도적으로 물리적인 측면을 강조하는 데 비해, 지역사회는 혈연적, 지연적 관계로 형성된 자연발생적인 공간으로 참여적·사회적 측면을 강조하는 개념이다(대한국토·도시계획학회, 2004).

지역사회개발은 일정한 지역의 주민들이 외부기관의 지원없이 또는 지원하에 공동노력을 통하여 지역주민들의 공통적인 문제와 욕구를 해결·충족함으로써 지역사회의 발전과 주민생활의 향상 및 국가발전에 기여하는 과정을 의미한다. 따라서 지역사회개발은 지역성(지리적 접근성), 공동의식(사회적 단일성), 공동규범(문화적 동일성)을 바탕으로 한 지역사회 단위의 개발이고, 참여와 협동을 바탕으로 한 자주적·자조적인 개발이라는 특성을 지니고 있다. 또한 사회경제적 진보를 가져올 수 있도록 주민을 교육하고, 낙후지역 개발을 위해 후진국, 농어촌 지역에서 많이 추진하는 개발이다.

개발대상, 개발분야, 개발주체, 개발재원에 따른 지역개발과 지역사회개발의 차이는 다음 표와 같다. 그러나 궁극적으로는 국가발전을 목표로 하고 있다는 점에서는 동일하며, 국가의 발전은 국토개발, 지역개발, 지역사회개발의 연계가 잘 이루어질 때 보다 효율적으로 이루어질 수 있다.

표 1.1.1 지역개발과 지역사회개발의 비교

구 분	지역개발	지역사회개발
개발대상	• 지역	• 지역사회
개발분야	• 경제개발 중심의 종합개발	• 환경개선, 인간행태 개선 등 사회개발
개발주체	• 국가 또는 지방자치단체, 지역주민 등의 참여 중시	• 지역사회주민
개발재원	• 국가 또는 지방자치단체 예산	• 지역사회의 자체재원, 일부 외부자원

4. 지역개발의 이념

지역개발의 이념이란 지역개발이 지향하고 있는 가치 또는 지도원리로서, 이념은 시대적인 배경에 따라서 그 중요성이 변화한다는 특징이 있다.

1) 효율성

효율성은 한정된 자원으로 지역개발의 효과를 극대화하기 위한 개념으로 불균형성장을 도모하고, 궁극적으로는 균형화를 이루고자 하는 개념이다. 지역개발은 특정 공간내의 주민들의 삶의 질을 높이기 위한 의도적인 노력의 총체라고 볼 수 있다. 이를 위하여 기본적인 기반시설, 인프라 제공, 공공서비스의 효율적인 공급이 필요하다. 우리나라의 경우 1950~1960년대까지 경제적인 측면에서 총량경제의 성장에 초점을 맞추게 되면서 효율성의 이념을 강조하였다. 또한 1980년대 이후 한정된 지역의 자원으로 지역문제를 효과적으로 해결하기 위해서 효율성의 이념이 재등장하게 되었다. 이러한 효율성 이념에 기반을 둔 지역개발은 불균형개발 전략이 이에 해당되며, 비용편익(B/C)분석이나 투입산출(I/O)분석 등을 활용하여 측정한다.

2) 형평성

형평성은 효율성 추구에서 나타나는 지역의 제문제를 해결하기 위해 등장한 개념으로 지역의 균형적 발전을 도모하는 이념이다. 이는 같은 것은 같게, 다른 것은 다르게 대하는 이념으로 수직적 형평성, 수평적 형평성으로 구분할 수 있다. 1970년대 이후 지속적인 양적 성장에도 불구하고 지역간, 계층간 부의 불균형이 심화되면서 지역개발의 목표에서 효율성보다 형평성을 보다 강조하기 시작하였다. 즉, 소득격차가 발생하고 실업이나 빈곤문제가 해결되지 않는 성장보다 지역개발의 편익을 고루 누릴 수 있는 형평성을 보다 강조하기 시작하였다. 이러한 형평성 이념에 기반을 둔 지역개발로는 균형개발 전략을 들 수 있으며, 지니계수, Schutz 지수 등을 활용하여 측정할 수 있다.

3) 삶의 질

1980년대에 들어서면서 인간의 욕구체계와 가치체계가 양적인 측면에서 질적인 측면으로 변화되었다. 이에 따라 지역개발의 목표가 주민의 삶의 터전으로서의 공간개발로 바뀌게 된다. 또한 삶의 질을 높이고 주민의 만족도를 향상시키기 위하여 지역개발의 내용과 절차에 대한 민주성을 강조하고, 주민의 욕구를 반영하는 대응성을 강조하게 된다. 삶의 질 이념과 관련된 지역개발로는 「농어업인 삶의 질 향상 및 농어촌지역 개발촉진에 관한 특별법」에 근거하여 수행되고 있는 농어촌 주택의 공급 및 개량, 농어촌 산업 육성, 도농교류 확대 등이 해당된다.

4) 지속가능성

지속가능성은 삶의 질에서 확장된 개념으로 지금까지의 지역개발 목표였던 지역경제성장 추구가 야기한 환경문제를 해결하고자 하는 이념이다. 환경문제가 범지구적 차원에서 심각한 문제로 대두되자 이를 종합적·체계적으로 해결하기 위한 자구적인 노력으로 지속가능한 개발의 개념이 등장하게 되었다. 지속가능한 개발이란 환경보전이라는 테두리 내에서 지역개발이 이루어져야 함을 의미하고, 현세대와 미래세대 간의 형평성을 보장하는 개발패러다임이라 할 수 있다. 이러한 지속가능성의 이념에 추가하여 전통적인 의미에서 지역성장을 위한 효율성을 추구하지만, 기업간 형평성, 지역간 형평성, 개발과 보전의 조화를 통한 환경보전이라는 가치를 동시에 추구하기 위하여 기술혁신이라는 가치 또한 중요하게 여겨지고 있다.

지속가능성의 이념에 기반을 둔 지역개발로는 참여정부의 「지속가능발전기본법」에 근거한 국가 및 지역의 지속가능발전 기본계획, 이명박정부의 「저탄소 녹색성장기본법」에 의한 국가 및 지역의 녹색성장 기본계획 등이 있다.

5) 거버넌스

지식정보화사회의 급속한 발달을 계기로 사람간의 접촉이 가상공간으로 확대되면서 그물망식 연결구조로 변화되는 네트워크가 확산되었다. 즉, 개인과 집단 간의 직접적이고 대면적인 상호작용이 가능해진 것이다. 이는 지식과 정보를 갖춘 주민과 공동체가 정책결정과정에 영향력을 행사할 수 있다는 것을 의미하기도 한다. 이렇게 변화된 환경 하에서 지역개발 관련 주도권은 지방정부, 관료, 일부 전문가들에게서 토론형 주민중심주의로 넘어가게 되었다. 따라서 주민과 공동체가 정책창조자로서 활동하며, 수동적인 주민에서 자신들의 욕구를 반영하는 적극적인 주민으로 변화하게 된다. 각종 정보통신 수단을 활용해 주민, NGO, 전문가, 관료가 함께 하는 개방형 거버넌스가 구축되는 것이다.

6) 주민행복 추구

최근 들어 전세계적으로 국가목표로서 행복이 각광받고 있다. 이는 경제발전에도 불구하고 사회의 부조리나 불균형이 증가하고, 인간의 상대성과 같은 속성으로 인해 행복감의 수준이 경제발전과 비례하여 증진하지 않았기 때문이다. 지역개발에 있어서 행복이란 지역주민에게 현재의 행복(happiness)과 미래 시점의 희망(hope)을 보장하고, 균등한 기회(opportunity)를 제공하여 지역발전을 도모하는 것을 의미한다. 최근 들어서는 지역개발의 궁극적인 결과를 행복으로 보고, 현재의 삶의 질, 미래의 지속가능성, 그리고 모두에게 기회를 제공하기 위한 일체의 노력을 기울이고 있다.

이미 히말라야 산맥의 소국인 부탄에서는 국민행복지수(Gross National Happiness Index: GHI)를 제정(1972)하고 국가제일목표로 국민의 행복을 추진하고 있다. 뿐만 아니라 2008년 프랑스에서는 GDP를 대신하여 사회의 행복과 발전을 적절하게 측정하기 위한 위원회(스티글리츠 위원회, Commission on the Measurement of Economic Performance and Social Progress)를 창설하였다. 또한 영국에서도 미래전략처(Prime Minister's Strategy Unit)를 중심으로 행복정책을 추진하고자 노력하고 있고, 중국에서는 12차 경제사회발전 5개년계획을 통해 인민들의 생활행복추구에 정책의 우선순위를 두고 있다. 이러한 흐름들은 GDP가 경제·사회발전을 대표하는 지표로 사용되는 것에 한계를 느끼고 이에 대한 대처전략으로 주민행복(국민행복)이 등장하게 되었음을 보여준다(정지범 외, 2011). 또한 국민의 행복이 국가목표로서 중요한 고려사항으로 간주됨에 따라, 행복감 증진을 위한 정책방안 마련, 삶의 질 고양 및 행복감의 유지를 위한 정책방안, 자아실현 지원을 통한 궁극적 행복 추구를 위한 노력 등이 요구되고 있다.[1] 이에 따라 우리나라에서도 '국민행복지수' 개발을 시도(2009)하였고, 박근혜정부에서는 국민행복을 국정기조로 한 각종 정책을 추진하고 있다.

5. 지역개발의 전개

1) 외국 지역개발의 전개

(1) 영 국

영국은 잉글랜드(England), 스코틀랜드(Scotland), 웨일스(Wales), 북아일랜드(Northern Ireland)의 네 나라로 구성된 연합왕국이다. 따라서 중앙정부인 연합정부 아래에 각 나

1) 행복은 3개의 수준으로 구분해볼 수 있는데, 1수준은 순간적인 행복으로 오락, 약물 등을 통한 정부의 개입(예: 놀이공원 건설, 우울증약 보급 등), 2수준은 지속적인 행복으로 삶의 질 개선정책을 통한 정부의 개입(예: 실업대책, 주거대책 등 복지정책), 3수준은 이상적이며 도덕적인 행복으로 자아실현 지원을 통한 정부의 개입(예: 성인교육과정, 학비지원 등)이 가능하다(정지범 외, 2011).

라별로 서로 다른 행정체계를 가지고 있다. 잉글랜드는 9개의 지역(Region) 아래에 42개의 주(County)[2]가 있으며, 그 아래에 지구(District)가 있다. 스코틀랜드는 32개의 주(Council Area)로 구성되어 있고, 웨일스는 22개의 단일행정구(Unitary Authority)가 있으며, 북아일랜드는 26개의 구(District)로 구성되어 있다.

지역개발이 가장 먼저 발전된 나라로 영국을 들 수 있다. 영국은 산업화를 통하여 도시화를 먼저 경험하였고, 이에 대한 문제[3]를 해결하기 위하여 1909년 「도시계획법」을 제정하면서 지역개발이 본격적으로 전개되었다. 1932년 「도시계획법」을 「도시 및 농촌계획법(Town and Country Planning Act)」으로 개정하면서, 지역개발에 관한 법제적 시초를 마련하게 된다. 이후 인구분산과 공업인구배치에 대한 바로우보고서(1940), 보상 및 개발이익의 사회적 환원과 토지공개념에 대한 유스와트보고서(1942), 농촌지역의 토지이용 및 농촌계획의 제도화에 대한 스코트보고서(1942) 등이 제출되었다. 노동당 집권기(1945~1979) 영국은 개입주의 지역정책이 활성화되어 체계적인 지역계획을 본격적으로 전개하였다(하성규, 2011). 이후 1947년 개정된 「도시 및 농촌계획법」에 근거하여, 개발가치의 국유화 정책의 기반하에 도시와 농촌지역을 통합한 계획제도를 구축하는 등 근대적 지역계획의 틀을 완성하였다. 이후 1950년대의 상대적 침체기를 거치고, 1960~1970년대는 활발하게 지역정책이 추진된 지역정책의 융성기, 1970년대 후반~1980년대의 이후 지역정책 쇠퇴기, 1990년대의 지역정책 활성화기 등을 거쳤다(이성근 외, 2012).

영국의 지역개발 동향을 1990년대 이후부터 살펴보면, 중앙정부 지역정책의 초점이 지역간 균형발전에서 모든 지역의 경쟁력 강화로 전환하였다. 또한 지역 내 삶의 질 개선과 지역간 삶의 질 격차완화를 위한 정책을 추진하고 있다(변필성·이동우, 2008). 이를 위하여 2002년에는 통합재생예산(Single Regeneration Budget: SRB)을 지역개발청(Regional Development Agency: RDA)을 통해 지원하였으며, 지역내 이해관계 주체를 중심으로 하는 도시재생회사의 자발적인 설립·운영을 지원하여 도시재생을 추구하였다(이성근 외, 2012). 이러한 정책은 지역 및 지역공동체 주도하에 본격적으로 이루어지고 있다. 2003년 '지속가능한 지역공동체(Sustainable Communities: Building for

---

2) 영국의 County는 일반적인 주를 의미하는 Shire County, Non-Metropolitan Unitary Authority와 메트로폴리탄에 해당되는 Metropolitan County, 그리고 Greater London으로 구성되어 있다.

3) 처음에는 낙후지역의 실업이라는 특수한 문제해결에 관심을 가지고 지역개발정책을 시작하였으나, 점차 인구집중 및 과밀의 문제해소, 지역의 사회경제적 발전 방향으로 그 영역을 확대시키면서 전개되었다(김용웅 외, 2009).

the Future)'를 통하여 지역공동체 자원의 문제해결 프로그램 및 실천방안 도출, 2008년 '힘을 가진 지역공동체(Communities in Control: Real People, Real Power)'를 통해 정부의 실질적 권한을 지역공동체에 양도하는 지역공동체 중심의 지속가능한 발전을 실천하고자 노력하고 있다.

(2) 미 국

미국의 지역개발 전개과정을 살펴보기에 앞서, 미국의 행정체계를 살펴보면 연방정부 아래에 50개의 주정부(State)와 1개의 컬럼비아 특별구(District of Colombia)로 구성되어 있으며, 주정부 산하에 지방정부가 있다. 지방정부는 카운티(County)[4]와 시티(City)가 있으며, 시티 아래에는 Borough, Town, Township이 있다.

미국은 1930년대 경제대공황 이후 낙후지역문제에 대해서 관심을 갖기 시작하면서 지역개발을 체계적인 정책으로 다루기 시작하였다. 1960년대에는 이러한 개발노력이 고조화된 시기로 케네디와 존슨 대통령은 낙후지역을 지원하기 위한 법률을 제정하고 이를 전담하기 위해 경제개발청(Economic Development Administration: EDA)과 지역재개발청(Area Redevelopment Administration: ARA)을 설립하였다. 1965년에는 애팔래치아 지역위원회(Appalachian Regional Commission: ARC)를 구성하여 대표적인 낙후지역이었던 애팔래치아 개발을 위하여 연방정부와 주정부, 지방정부가 협력하는 파트너십 구축의 기반을 마련하였으며, 이의 성공을 발판으로 1990년대 후반부터는 연방정부-주정부 간 공동위원회를 결성하여 낙후지역개발을 전략적으로 추진해오고 있다. 이러한 공동위원회는 반드시 하급 지방정부의 조직체인 LDD(Local Development Districts)와 네트워크 형태로 긴밀한 협력체제를 구축, 운영 중에 있다(박양호, 2007). 또한 1974년에는「주택 및 지역사회개발법(Housing and Community Development Act)」을 제정하였고, 지역개발포괄보조금(Community Development Block Grant: CDBG)을 도입하여 지역개발사업을 통합관리할 수 있도록 하는 기반을 마련하였다.[5]

미국은 오바마정부 이후 지역개발에 대한 관심 증대와 지방정부간 협력과 효율적 정책 집행을 통한 지역경쟁력 강화, 환경의 지속성, 기회균등을 더욱 강조하고 있다.

---

4) 루이지애나 주에서는 카운티를 Parish라고 부른다.

5) 지역개발포괄보조금은 개별적으로 분산추진되어 왔던 연방정부 차원의 지역개발 사업을 하나의 포괄보조금 제도로 통합관리함으로써 재원을 포괄적으로 지원하고, 각 지자체가 자체 우선순위에 따라 원하는 사업을 선택, 추진하도록 하여 중복투자를 줄이고 투자효율성을 제고하기 위하여 도입되었다(차미숙·남윤우, 2011).

이에 따라 2009년 도시정책국(Office of Urban Affair)을 설치하여, 국가적 차원의 도시 및 지역개발 전략수립, 연방정부간 사업조정과 효율성 증대를 위하여 노력하였다.

(3) 프랑스

프랑스의 행정체계는 중앙정부와 지방정부로 구성되어 있으며, 지방정부는 레지옹(지역, Region), 데파르트망(도, Departement), 코뮌(시, Commune)의 체계를 이루고 있다. 또한 파리, 리용, 마르세이유의 3개 대도시는 특수지방조직으로 하위단위로서 구(Arrondissement)를 두고 있으며, 파리는 코뮌이면서 데파르트망의 위치에 있다. 프랑스에서는 중앙정부를 대표하는 지사(Prefet)를 레지옹과 데파르트망에 파견하여 지역에 분산된 국가행정업무를 수행하면서 중앙정부와 지방정부를 연계하는 역할을 수행하도록 하고 있다. 사르코지(Nicolas Sarkozy) 대통령의 지원하에 추진된 지방자치단체의 개혁안(2009)을 보면 레지옹보다 확장된 경제권한을 부여받은 광역화된 지방조직을 구축하고, 11개의 대도시(Metropole)와 코뮌의 재통합을 제시하고 있다. 뿐만 아니라 수도와 인접한 도를 통합한 대규모파리(Grande Paris)를 구상하고 있다(최진혁, 2011).

프랑스에서는 지역개발이라는 용어보다 국토관리라는 표현을 사용하고 있다. 파리와 기타 지역 간의 과다한 격차를 해소하고 지역간의 균형있는 발전을 위하여 1940년대부터 중앙정부 중심으로 계획적인 국토의 이용과 국토공간의 관리란 차원에서 지역개발을 발전시켜 왔다(대한국토·도시계획학회, 2004).[6] 먼저, 1947년 지역발전을 위한 1차 계획(1947~1953)을 수립하고, 1953년에는 지역발전청을 설치하였다. 이러한 노력은 큰 성과는 거두지 못하고 1960년대 들어서야 본격적인 지역개발이 실시되었다. 구체적으로는 레지옹 계획구역 설치, 지역경제발전위원회 설치, 지역 구분을 통한 문제지역에 대한 다양한 지원책 강구 등이 이루어졌다(하성규, 2011).

1990년대에는 지방분권화, 유럽통합, 세계화에 주목하여 지역경쟁력 증진과 파리의 유럽 중심지 위상확보를 위하여 노력하였다. 이에 따라 「지속가능한 국토계획 발전기본법」(1999), 「도시연대 및 쇄신법」(2000)을 제정하고 지방분권의 새로운 활력을 유도하는 상호보완관계를 형성하여 도시권 내에서 도시간 관계에 대한 새로운 매커니즘을 구성·관리하였다(배준구, 2004). 2000년대에 들어서는 지역정책 기조를 균형발

---

6) 파리와 다른 지역간의 불균형은 1947년 '파리와 프랑스 사막'으로 이슈화되면서 1950년 국토계획 전담부서 창설로 본격화되며, 프랑스의 지역정책은 파리로의 과도한 인구집중과 그 외 지역의 낙후를 해결하기 위하여 시작되었다.

전에서 경쟁력 추구로 전환하고, 2005년에는 DATAR(Délégation interministérielle à l'Aménagement du Territoire et à l'Action Régionale, 국토 및 지역계획단)을 DIACT (Délégation Interministérielle à l'Aménagement et à la Compétitivité des Territoires, 국토와 지역의 경쟁력을 위한 범부처간 대표단)로 확대개편하면서, 이를 중심으로 지역경쟁력 촉진을 본격화하였다(김용웅 외, 2009). 이를 위하여 계획계약과 경쟁거점정책을 추진하였다(전훈, 2007).

이후 사르코지 대통령의 국토정책 강화방침에 따라 국토발전의 조직으로 DIACT를 DATAR(Délégation interministérielle à l'Aménagement du Territoire et à l'Attractivité Regionale, 국토정비 및 지역매력 범부처청)로 변경하였다. 새로운 DATAR는 경쟁거점, 농촌우수거점, 도시재생, 그랑파리 등의 지역특화발전이나 도시발전정책 등을 추진하고 있다(김광익, 2010). 그리고 레지옹이 사업추진권한과 재원을 가지고 자율적으로 광역권의 전략이나 계획을 수립할 수 있도록 하고 있다. 이를 바탕으로 '그랑파리(Grand Paris)' 계획을 수립하여 세계화에 대응하고 있다(윤상용 외, 2012).

(4) 일 본

일본은 중앙정부 아래에 광역자치단체인 도도부현(都道府県)과 기초자치단체인 시정촌(市町村)으로 구성되어 있다. 구체적으로 도도부현은 도쿄도(都), 홋카이도(道), 오사카부와 교토부(府), 나머지 43개 현(県)으로 구성되어 있다. 도도부현 아래에는 시정촌이 있으며, 도쿄도에는 시정촌에 해당하는 특별구가 있고, 일부 도시에는 행정상 별도의 정령지정도시(政令指定都市),[7] 중핵시, 특례시를 두고 있다.

일본은 1930년대부터 국토계획이란 이름으로 전국적인 지역개발계획의 개념을 도입하였으며, 2차 대전 당시에는 한반도와 만주를 포괄하는 초국가적 범위의 지역개발을 수립하였다. 이후 1950년 「국토종합개발법」[8]을 제정하면서 지역개발을 제도화하였다. 일본의 경우 국토종합계획이라는 전국계획을 수립하고 여기에서 제시한 비전과 가치의 연장선상에서 개별지역의 발전계획을 수립한 것을 특징으로 들 수 있다.

2차 세계대전이후 전후복구를 위하여 실시한 거점지역개발 정책으로 인하여 도쿄, 오사카, 나고야의 3대 도시권과 타지역간의 지역간 불균형 문제가 제기되었다. 이를

7) 정령지정도시는 광역자치단체인 도도부현에 속하면서 도도부현이 관할하던 생활, 복지관련 사무를 수행하는 시(市)로, 자치권이 없는 구를 둘 수 있으며 현의 영향력이 적어져 실질적으로는 현과 동격으로 취급된다. 2013년 현재 가나가와현의 요코하마시를 포함하여 20개의 정령지정도시가 있다.

8) 우리나라의 「국토기본법」 이전에 국토계획의 이념적 법률의 기능을 했던 「국토건설종합계획법」은 일본의 「국토종합개발법」을 원용하여 제정한 것이었다.

해결하기 위하여 1959년 「수도권기성시가지의공업등제한법률」을 수립하고, 1962년 '제1차 전국총합개발계획'에서 3대 도시권의 공업집중억제와 지역격차 해소를 위하여 노력하였다(김용웅 외, 2009). 1977년에는 제3차 전국총합개발계획에서 지역의 개성과 자율성을 강조하는 다극분산형 지역개발정책을 통하여 중앙의존적인 지역개발을 탈피하고자 노력하였다(윤양수·이승복, 1997). 1980년대에는 세계도시로서의 도쿄권의 역할을 제고하고 동시에 균형발전을 위해 고차 도시기능을 지방도시로 분산시키는데 역점을 두었다. 2000년대에는 장기불황과 고령화에 따른 활력저하를 극복하고자 지역정책목표를 지역간 격차시정에서 대도시 재생 및 지역간 경쟁에 의한 개성있는 발전으로 전환하였다.

2000년대 후반에는 2001년 고이즈미 내각이 공표한 '지역의 개성있는 발전'을 목표로 지방중심의 지역만들기를 추진하고, 지방분권화, 산업클러스터 정책강화, 국토계획체계 변경 등으로 구체화하였다(강현수, 2008; 이성근 외, 2012). 또한 지역주도의 살기 좋은 지역만들기인 마찌쯔구리(まちづくり) 운동을 전개하여, 물리적 기능개선 위주의 기존 도시계획제도를 지양하고 마을을 중심으로 한 주민참여를 통해 도시환경을 개선시키고자 노력하였다. 즉, 주민이 주체가 되어 도시계획을 수립하는 협조, 협동의 계획시스템이 정착되었다(이성근 외, 2012). 또한 주관적 행복에 대한 관심이 증가하여 2009년에는 중앙정부차원에서 '행복도에 관한 연구회' 설치를 통하여 행복지표 설정을 위해 노력하였으며, 지방자치단체에서도 자체적인 연구를 수행하였다. 이후 2011년에는 지방자치단체 10여개가 모여 희망지표(Local Hope Index: LHI)를 설정하여 지방의 자립을 도모하였다(福井県, 2012).

2) 우리나라 지역개발의 전개

우리나라의 행정체계는 크게 중앙정부와 지방자치단체로 구분할 수 있다. 지방자치단체는 다시 광역자치단체와 기초자치단체로 구분되며, 광역자치단체는 특별시, 광역시, 세종특별자치시, 도, 제주특별자치도로 17개가 있다. 기초자치단체로는 광역자치단체인 특별시, 광역시 산하에 구 또는 군이 있고, 도, 제주특별자치도 산하에 시 또는 군이 있으며 총 227개가 있다.

우리나라의 지역개발은 1950년대부터 시작되었다고 할 수 있다. 해방 이후 6.25 전쟁을 겪었으며, 일본 식민지시대에서 왜곡되었던 국토공간을 바로잡고, 황폐화된 국토를 재건하는 데 초점이 맞추어졌다. 이에 따라 전후 외국의 무상원조를 자금원으로 철도, 도로, 항만 등 공공시설의 복구사업을 추진하였다. 1960년대에는 생산시설의 재건, 빈곤극복을 위하여 제1차 경제개발5개년계획(1962)이 수립되었으며, 1963년 「국토건설종합계획법」이 제정되어 국토계획의 제도적 기반을 다졌다.

1970년대에는 제1차 국토종합개발계획(1972)의 수립을 통해 체계적인 국토계획이 시행되었다. 이는 중앙정부 주도의 하향적 거점개발전략으로 공업생산기반과 간선도로망 구축, 수자원의 다목적 개발, 국토관리체계의 확립 등을 주요 내용으로 하였다. 이 밖에도 도농격차를 줄이기 위하여 근면, 자조, 협동을 이념으로 하는 새마을 운동을 추진하여 농촌의 생산활동, 환경 및 생활개선의 변혁을 시도하였다.

1980년대에는 총량성장에서 벗어나 분배개념을 도입하였으며, 지역계획의 형태인 도종합개발계획이 수립됨으로써 지역차원의 개발계획이 가능해졌다. 따라서 경제적 하부구조 위주의 지역개발에서 벗어나 주택, 의료, 교육, 사회복지 등 사회적 하부구조 개선을 병행하였다. 또한 압축적인 성장정책으로 인하여 수도권 집중이 심화됨에 따라 「수도권정비계획법」을 제정(1982)하여, 수도권에 과도하게 집중된 인구 및 산업의 적정배치를 유도하여 수도권의 질서있는 정비와 국토의 균형있는 발전전략을 추진하였다.

1990년대에는 산업화과정에서 초래된 부작용을 치유하는 단계를 넘어 세계화, 지방화, 민영화, 정보화와 기술혁신 등 구조적 변화를 수용하여 선도적인 공간개발전략과 물적기반을 마련하는데 치중하였다(김용웅 외, 2003). 또한 지방자치시대가 도래됨에 따라 지방분산형 국토골격을 형성하기 위하여 지방도시의 육성에 주력하였다.

그리고 2000년대에는 세계화, 환경, 삶의 질, 지식경제화, 혁신, 분권 등과 같은 개념이 경제사회전반에 걸쳐 직접적인 영향을 미치게 되었다. 이에 따라 중앙정부 주도의 추진방식에서 벗어나 생산기반시설 확충을 통한 지역균형발전과 지방이 중심이 되는 지역개발의 기반구축을 시도하였다. 또한 기존의 「국토건설종합계획법」을 「국토기본법」으로 전면개정하면서 선계획 후개발의 개념을 제도화하였다.

참여정부 때는 「국가균형발전특별법」을 제정(2004)하여 심화된 지역간 불균형 문제를 해결하고자 지역혁신 및 특성에 맞는 발전을 통하여 자립형 지방화를 촉진하고자 노력하였다. 이의 실천을 위해 지역발전위원회, 시도발전협의회 등을 설치하여 지역의 특성있는 발전 및 경쟁력 향상을 추진하였다. 또한 분산 및 분업 정책의 일환으로 공공기관 이전 및 행정중심복합도시(세종시) 등을 추진하였으며, 지역혁신클러스터의 구축으로 지역산업 성장기반을 확보하였다. 또한 신활력사업의 추진을 통해 낙후지역 지원을 강화하였다.

이명박정부에 들어서는 광역경제권 정책 추진을 통하여 상생협력을 도모하였으며, 4대 초광역권 벨트,[9] 5+2 광역경제권, 163개 기초생활권 발전계획 등 경제권, 생활권 중심의 지역개발을 추진하였다. 또한 선도산업을 지정하여 30개의 광역 SOC 선도사업을 추진하였으며, 포괄보조금제 도입으로 지방의 재정 및 자율성을 확대하고자 노력하였다. 뿐만 아니라 기초생활권 중심으로 낙후지역의 지원을 강화하고자 노력하였다.

박근혜정부에서는 지방거점도시를 중심으로 하는 지역중추도시권(10+α) 육성, 지역특화산업단지 개발 및 노후산업단지 재생, 지역발전위원회의 역할 강화 등을 통한 지역개발 추진체계 개편, 지역특구제도 등 지역균형발전 및 지역의 경제력을 제고하고자 노력하고 있다.

제2절 지역개발 패러다임의 변화

1. 근대화와 지역개발

1) 산업화

18~19세기 영국의 산업혁명 때 일어난 변화들을 산업화 과정의 원형으로 볼 수 있는데, 산업화가 진전될수록 산업구조는 1차 산업에서 2차 산업, 2차 산업에서 3차 산업의 형태로 변화한다.

산업화의 특징으로는 과학기술의 진보와 생산성 향상, 각 직업의 전문화, 노동자들의 획일적 작업, 계층구조의 피라미드화, 농촌인구의 빠른 도시유입, 핵가족의 일반화, 소비형태의 획일화와 소비수준의 향상 등을 들 수 있다. 이와 같이 산업화는 개인에게 폭넓은 기회와 자유를 주어 사회적으로는 대규모 생산을 달성하고 개인에게는 능력에 따른 풍요를 선사하였다. 그러나 성장제일주의에 입각한 대기업 중심의 산업

9) 4대 초광역권 벨트는 한반도 공동번영을 지향하는 남북접경 에코벨트, 환황해권에 대응하는 서해안 신산업 골드벨트, 환동해권에 지향하는 동해안 에너지 관광 블루벨트, 글로벌 경제를 선도하는 남해안 해양물류선벨트로 구성되어 있다.

화 정책은 부의 불균형을 심화시켜 사회적 불평등과 같은 문제를 야기시키고 있다.

이에 지역개발의 방향은 소외된 노동자 계층의 복지 개선, 불균형적인 소득의 재분배, 환경보전, 후진지역의 종속 등의 문제점을 개선하는 방안의 모색으로 추진되어야 한다.

2) 도시화

산업화와 더불어 근대화의 한 축을 담당하는 것이 도시화(urbanization)이다. 산업화로 인하여 도시지역에 인구가 집중되어 국민의 대다수가 도시에 거주하는 이른바 도시화가 진행되었다. 특히 우리나라의 경우 도시화율이 급격히 증가하고 있어 1960년대 39.1%, 1970년에 50.0%, 그리고 2011년에는 91.1%로 높아졌다. 이러한 급격한 도시화는 도시교통, 주택, 토지, 환경 등 많은 문제를 야기시키고 있으며, 이러한 문제들은 생활권의 광역화에 따른 광역도시권의 형성에 따라 더욱 심화되고 있다.

이에 지역개발은 지역경제의 성장이나 주민소득의 증가와 같은 경제적 측면에서의 성장에만 치중해서는 안되며, 물리적 공간개발과 관련된 문제에 심도있는 접근이 필요하다.

3) 민주화

산업화와 도시화가 산업경제적 측면과 사회적 측면에서의 근대화라면 민주화는 정치행정적 측면에서의 근대화라고 할 수 있다. 민주화란 정책 결정에 있어 많은 시민이 참여하는 통치체제로 변화해 가는 과정이라고 할 수 있다. 19세기의 자유주의적 법치국가에서는 야경국가 사상이나 자유방임주의에 입각하여 국가는 필요악으로서 소극적 기능만을 담당해야 한다고 인식하였으나, 산업혁명 이후의 급격한 경제발전과 과학기술 및 교통통신의 발달, 인구증가, 도시화 현상, 노사간 대립 등의 사회변동은 심각한 사회문제를 속출시켜, 결과적으로 소극적 기능만을 수행하던 정부는 적극적으로 사회·경제적 정책을 강구하지 않을 수 없게 되었다. 이러한 정책의 수립과 집행과정에서 정책집행의 대상이 되는 시민의 참여율이 높아지는 것이 민주화라 할 수 있다.

민주화에 대한 지역개발의 방향은 분권형의 민주적 통치구조 창출, 정책 결정에 대한 참여기회의 확충, 공청회의 활성화, 준칙의 정립과 정보의 공개 등을 들 수 있다.

2. 포스트 모더니즘과 지역개발

1) 포스트 모더니즘

포스트 모더니즘(Post Modernism)은 1960년에 일어난 문화운동이면서 정치, 경제, 사회의 모든 영역과 관련되는 한 시대의 이념으로 미국과 프랑스를 중심으로 학생운동, 여성운동, 흑인민권운동, 제3세계운동 등의 사회운동과 전위예술, 그리고 해체(deconstruction) 혹은 후기구조주의 사상으로 시작되었으며, 1970년대 중반 점검과 반성을 거쳐 오늘날에 이르렀다(두산백과사전, 2011).

이는 성장제일주의에 입각한 모더니즘에 반하여 개성, 자율성, 다양성, 그리고 대중성을 중시한다. 즉, 산업사회는 분업과 대량생산으로 수요에 의해 공급이 이루어지던 시대이다. 그러나 포스트 모더니즘의 시대에는 공급이 넘치고 수요는 개성이나 자율성 등에 의해 선택적으로 나타난다. 이러한 추세로 다품종 소량생산과 같이 생산체계가 변화하게 된다.

이러한 시대의 지역개발은 경제부문에 있어서 거시경제보다는 미시경제를 중요시하고, 공장제 대공업보다는 지식정보기술에 근거한 소규모 첨단산업을 중요시한다. 사회적으로는 집중보다는 분산, 중심지보다는 주변, 지구적인 개발을 강조한다. 그리고 개발보다는 자연자원의 보전과 절약에 더 관심을 갖게 된다(김영모, 2002).

2) 포스트 포디즘

포스트 포디즘(Post Fordism)이란 기존의 대량생산시스템으로 대표되는 포디즘의 개념을 개선하기 위해서 1970년대 후반 등장한 새로운 개념이다. 포디즘의 단일생산방식을 파기하고 유연적 전문화(flexible specialization)와 같은 생산방식을 채택하고, 개인들의 자유를 신장시키고 중앙관료주의를 파기하자는 주장이다. 이는 1970년대 중반부터 기존의 포디즘에 대하여 획일화된 유동식(conveyer) 생산방식에 대한 노동자들의 불만과 반발, 그리고 개성화를 추구하는 소비패턴의 형성과 같은 위기가 나타나게 되었다. 이러한 위기를 극복하기 위하여 경제 및 사회의 구조 재조정, 또는 조정의 새로운 방식을 채택하게 되었는 바, 유연성의 확대가 그것이다. 유연성이란 생산과정 및 생산조직을 부드럽고 융통성 있게 운영한다는 의미이다. 이것은 대량생산, 대량소비체제에서 다품종 소량생산 및 소량소비체제로 전환하고 기존의 표준화·규격화에서 개성화·탈규제화로 전환한다는 것이다. 유연성의 유형은 생산 및 노동의 유연성, 기업간의 유연성, 노동시장의 유연성, 그리고 기업의 유연성 등 네 가지로 구분된다. 이러한 측면에서 지역개발은 유연성이 증대되도록 제도적으로 뒷받침하는 것이라 할 수 있다.

3. 지식정보화사회와 지역개발

1) 지식기반사회

앨빈 토플러(Alvin Toffler)는 '권력이동'에서 세계를 움직이는 힘은 시대에 따라 이동한다고 했다. 즉 산업화 이전에는 군사력이 국력이었다면, 산업화 시대에는 경제적인 부, 그리고 정보화 시대에는 지식이 국력이 된다고 했다. 지식기반사회는 지식의 창출에 바탕을 둔 경제 또는 사회구조를 말한다.[10]

여기서 지식이란 단순히 무엇에 대해 아는 것을 뜻하는 것이 아니라, 앎을 바탕으로 무엇인가를 새롭게 창출하고 체계화함으로써 다시 새로운 것을 창출할 수 있는 기술과 정보까지도 포괄하는 개념이다. 따라서 자본과 노동처럼 소모되는 것이 아니라, 계속 축적되면서 작게는 기업, 크게는 한 국가의 경쟁력을 좌우할 수 있는 지적 자산으로 작용한다.

이러한 이유로 1990년대 이후 세계 각국에서는 지식기반경제를 21세기의 가장 중요한 화두로 삼고, 이에 대한 활발한 연구를 해왔다. 즉 21세기는 지적 자본, 곧 지식의 생산·획득·전파·이용·축적 등 지식기반이 튼튼한 국가가 경제 강국이 될 것이라는 가정 아래 지금도 경쟁적으로 지식기반을 축적하는 데 힘을 쏟고 있다.

2) 정보화사회

정보화(informatization)는 정보를 주요한 자원으로 인식하고 정보의 수집·가공·처

10) OECD는 지식기반경제를 '직접적으로 지식과 정보를 생산·배포하는 산업에 기반을 둔 경제'로, 아시아태평양경제협력체(APEC)에서는 '산업 전반에 걸쳐 지식을 생산·분배·이용함으로써 경제를 발전시키고, 부를 창출하며, 고용을 확대하는 원동력이 되는 경제'로 각각 정의하고 있다(두산백과사전, 2011).

리·전달을 의식적으로 행하는 활동의 총체적 개념이다. 앞으로도 정보의 가치는 계속 증가할 것이고, 정보기술은 획기적으로 발전할 것이다. 또한 정보의 고도이용이 계속 추진될 것이다. 이에 지역개발도 지리정보체계, 데이터베이스 등을 구축하여 지역개발의 대상이 되는 지역의 정밀한 정보를 확보하고, 이를 과학화·자동화해야 할 것이다. 또한 지역별 정보화계획을 수립하며, 행정전산화 추구, 지능도시 등의 건설도 고려해야 할 것이다.

특히 정보화시대에는 정보도시(information city)의 조성을 고려해야 한다. 정보도시란 정보사회가 도시적으로 표현된 도시를 의미한다. 즉, 도시가 정보기술과 관련된 활동과 기능을 수행하고 이들 활동과 기능으로 이루어진 것을 의미한다. 한편, 이러한 정보도시는 다중결절도시적인 공간구조를 형성하고 있다. 즉, 한 도시가 여러 개의 결절로 구성되어 있고, 이들 결절은 도시의 여러 부도심을 이루게 된다.

또한 정보화와 과학기술의 발전에 따라 도시환경이 급속히 변화하고 있고, 이에 대응하기 위하여 U-city(Ubiquitous-city)가 등장하였다. U-city는 차세대 정보도시를 말하는 것으로, 발전된 정보기술의 역량을 도시공간에 융합하여 원스톱 서비스, 자동화, 주거공간의 홈네트워크 등이 가능해지는 도시를 말한다. 즉, 도시의 안전성·편리성·효율성을 추구하는 첨단기술도시를 의미한다. 2007년 이후부터는 U-city의 인프라 및 콘텐츠와 자연생태계와의 조화 그리고 이를 통한 지속가능한 도시성장이 가능하도록 하는 Eco-city를 결합하여 u-Eco city라는 도시계획정책을 추진하고 있다. 이를 위하여 국토교통부 산하에 u-Eco city 사업단을 조성하여 지속적인 발전방안을 모색하고 있다. u-Eco city란 첨단 IT기술을 집대성한 유비쿼터스 기술과 생태계 순환기능 등의 생태기술이 인간과 자연, 공간으로 연결되어 혁신적이고 창의적인 도시환경과 무한한 도시가치를 창출하는 지속가능한 미래형 첨단친환경도시를 의미한다.[11] 우리나라는 u-Eco city를 새로운 성장동력으로 보고 도시개발과 관련된 경제환경 변화 및 콘텐츠의 개발, 메가시티의 개발 등 변화하는 환경에 대한 다각적인 분석 및 해외 첨단도시 시장으로 진출 등을 도모하고 있다(오동훈 외, 2010).

3) 사회적 자본과 창조적 발전 지향

거버넌스 체계의 구축에 따라 구성원들의 참여와 이를 통한 공동목표의 효율적인

11) u-Eco city 연구단 홈페이지(http://www.ueco.or.kr).

추구를 위하여 사회적 자본에 대한 중요성이 강화되고 있다. 신뢰에 기반을 두고 형성되는 사회적 자본은 공동이익을 위한 상호조정과 협력을 촉진하는 사회적 조직의 특성이라고 할 수 있다. 또한 이는 협력적 네트워크의 형태로 등장하게 된다. 이렇게 형성된 사회적 자본은 네트워크 참여자들의 지적 자본의 증가에 기여하고 이는 곧 지역경쟁력, 국가경쟁력의 강화 및 경제발전에도 영향을 미치는 자본이다. 이러한 사회적 자본에 근간을 두고 지역주민들이 자발적·선도적·창조적으로 공간을 창출하고자 하는 노력이 21세기 들어 활성화되었다(Landry, 2008).

이러한 지역들은 전통적 메가프로젝트 추진이나 대형 인프라사업 발굴에 매달리기보다 매력적인 지역문화 창조와 이를 통한 발전을 도모하고 있다. 양질의 교육여건, 사회적 다양성을 자본으로 열린 자세, 역동적 문화를 중시하면서, 지역사회의 역사·문화 자원을 현대적 첨단기술과 접목시키는 등 지역의 개성을 살려 지역경쟁력 창출에 기여한다. 이렇게 창조적 발전역량이 우수한 지역에 글로벌 창의집단이 정착할 수 있으며, 다양한 인적자원이 집결할 수 있다. 이러한 인적자원은 창조적 발전역량을 배가시키는 원동력이 될 수 있으며, 지역경쟁력 향상의 근원이 될 수 있다.

4. 글로컬사회와 지역개발

1) 글로벌사회

글로벌시대란 전세계의 국경없는 경쟁시대 즉 세계화시대를 의미한다. 세계화(globalization)란 세계의 여러 나라가 긴밀한 관계를 맺어서 세계전체가 하나로 권역화되는 것을 의미한다. 이는 특히 세 분야(3 port)의 기술발전으로 국가간의 활발한 교류가 촉진되었다. 먼저, 정보통신의 발전(teleport)으로 전세계가 하나의 생활권으로 좁아졌으며, 공항(airport), 항만(seaport)의 인프라 구축은 물자와 사람의 흐름을 보다 용이하게 하였다. 이러한 상황 아래 지역개발의 목표는 국가간의 경쟁에서 비교우위의 확보에 있게 된다.

글로벌시대의 지역개발의 목표 설정은 세계적인 차원에서 이루어져야 한다. 이는 글로벌화 정책 및 계획이 실효성을 거두기 위해서 정책결정자와 전문가들이 개별 지역이 통합된 세계체계의 하위단위로 간주될 수 있어야 한다는 것을 의미한다. 그리고 해외자본유치 등 국제경제와의 통합성 증진도 필요하나 내생적 성장기반의 확대가 매우 중요하다.

2) 지방자치의 발전

지방분권이란 정책결정권이나 의사결정권이 중앙에서 지방으로 이양되는 것을 의미한다. 즉, 한 나라의 정치, 경제, 사회 그리고 문화 등의 활동 중심이 지방으로 분산되는 것이다. 여기서 지방이 시골의 개념이 아닌 부분의 개념이므로 지방분권은 중앙과 지방의 관계가 상하의 관계에서 전체와 부분의 상호역할 분담의 관계라는 것을 내포하고 있다.

우리나라의 경우 김대중정부 당시에 민간 및 공공부문에서 지방분권 및 중앙권한의 지방이양에 대한 관심이 고조되었다. 이에 따라 참여정부에서는 사무이양, 재원이양, 지방교부세의 법정률 인상, 국세의 지방이양 등을 통해서 지방의 자율성, 책임성을 향상시키고자 하였다. 이와 더불어 재정책임성을 확보하기 위하여 주민참여예산제도의 도입, 지방재정공시 등 다양한 제도적인 기반을 구축하였다. 이명박정부 시기에는 자치사무의 비중을 확대하는 한편 지방재정 확충 및 지역간 불균형 완화를 위하여 지방소비세 및 지방소득세 등을 도입하면서, 지방재정의 자율성, 책임성을 제고하기 위한 노력을 기울였다. 박근혜정부에서는 지방자치단체의 자체재원 비중 확대, 지방재정조정제도의 개선 등을 통하여 지방재정 확충 및 건전성을 강화하고자 노력하는 한편, 지방분권 추진체계의 개선 및 지역공동체의 활성화 등을 통하여 지방분권을 강화하고자 노력하고 있다.

3) 거버넌스

거버넌스(governance)는 국가경영 또는 공공경영으로 해석되는데 일반적으로 원어 그대로 거버넌스라고 한다. 거버넌스의 개념은 신공공관리론에서 중요시되는 개념으로서 국가·정부의 통치기구 등의 조직체를 가리키는 government와 구별된다. 즉, 거버넌스는 지역사회에서부터 국제사회에 이르기까지 여러 공공조직에 의한 행정서비스 공급체계의 복합적 기능에 중점을 두는 포괄적인 개념으로 파악될 수 있으며, 통치·지배라는 의미보다는 경영의 뉘앙스가 강하다. 거버넌스는 정부·준정부를 비롯하여 반관반민·비영리·자원봉사 등의 조직이 수행하는 공공활동, 즉 공공서비스의 공급체계를 구성하는 다원적 조직체계 또는 조직네트워크의 상호작용 패턴으로서 인간의 집단적 활동으로 파악할 수 있다.

최근에는 지역문제의 복잡화와 전문화, 다원적 사회의 발전과 직접참여주의의 발전, 과소지역화 및 광역화에 따라 정부기관의 역할을 제3섹터[12]라 불리는 비영리기관 혹은 전문기관에 위탁하는 경우가 많다(이종수, 2009). 이러한 비영리기관 혹은 전문기관은 일반적으로 중앙정부, 지방자치단체, 대학, 기업 등의 공동출자로 설립되며 공공부문의 기능 중 일부를 수행한다. 한편 시민사회의 역할확대와 수요자중심의 정책집행 경향, 지역문제의 복잡화·전문화가 확대될 것으로 예상됨에 따라 거버넌스 형태의 지역개발 양상도 증가할 것으로 예상된다.

5. 지속가능한 사회와 지역개발

1) 친환경화와 생태적 지역개발

최근 수질오염, 대기오염, 토질오염 등과 같은 환경문제에 대한 관심이 대폭 고조되고 있고, '환경적으로 지속가능한 발전(ESSD)', 교토의정서,[13] 리우회의 등 환경에 관련된 국제간의 협정이 체결되고 이에 대한 가입이 거의 강제적으로 진행되고 있다. 특히 지속가능한 발전은 인류와 국가사회의 성장을 위해서는 경제발전이 필요함을 인정하면서 각종 개발행위가 환경의 수용능력을 초과하지 말아야 한다는 것을 기본으로 한다.

이러한 ESSD를 충족시키기 위해서 산업생산방식과 공간개발방식 등에 있어 근본적인 전환이 요구된다. 따라서 지역개발에서는 분산된 집중(decentralized concentration) 형태의 공간개발, 생산·소비·위락이 혼합된 토지이용(mixed land use), 고밀도 도시개발, 에너지 절약적 대중교통수단의 도입, 자족형 도시 육성 등을 고려하여야 한다.

특히 지속가능한 개발을 위해 새롭게 도입되는 개념이 생태도시이다. 생태도시란

---

12) 제1섹터(the 1st sector)인 공공부문과 제2섹터(the 2nd sector)인 민간부문의 공통영역을 지칭하는 개념이다. 본래 제3섹터는 공공부문과 민간부문 어디에도 속하지 않은 제3의 부문을 일컫는 말이었으나, 공공기관과 민간기업이 공동으로 자본을 투자해 설립한 특수법인을 지칭하는 개념으로도 사용되며, 비정부기구(Non-Governmental Organization: NGO)를 가리키는 개념으로도 사용된다.

13) 1992년 6월 리우회의에서 채택된 기후변화협약에 우리나라는 1993년 12월 가입하였으며, 1997년 12월 일본 교토에서 개최된 기후변화협약 제3차 당사국 총회에서 '기후변화협약 교토의정서'를 채택하였다. 교토의정서의 주요 내용은 ① 선진국의 의무사항으로 온실가스 배출을 2008~2012년까지 1990년 수준에서 평균 5.2% 감축, ② 배출권거래제도, 공동이행제도, 청정개발체제 등 교토메커니즘의 도입 등이다.

사람과 자연 혹은 환경이 조화되며 공생할 수 있는 도시의 체계를 갖춘 도시로서 유사한 개념들로 압축도시(compact city), 전원도시(garden city), 자족도시(self-sufficient city), 녹색도시(green city), 에코폴리스(ecopolis), 환경보전형 도시, 에코시티(ecocity), 환경보전 시범도시 등이 있다. 이를 유형별로 나누면 ① 생물종(生物種) 다양성을 증진하는 생물다양성 생태도시(녹지 및 쾌적한 하천과 다양한 생물이 서식하는 환경), ② 자연순환체계를 확립하는 자연순환성 생태도시(수질·대기·폐기물처리가 환경친화적이고, 무공해에너지를 사용하고 자원을 절약하고 재사용하는 체계), ③ 지속가능한 개발을 추구하는 지속가능성 생태도시(시민의 편의를 최대한 고려한 도시, 건축 및 교통계획과 인구계획이 확립된 체계) 등으로 유형화할 수 있다.

2) 저탄소 녹색성장

지구온난화, 자원민족주의 대두, 에너지 위기 심화, 신성장동력 창출, 국가발전 패러다임의 변화 등으로 인하여 녹색성장이 전 지구적 이슈로 등장하게 되었다. 이에 따라 2002년 요하네스버그에서 열린 지속가능발전 세계정상회의에서는 지속가능한 발전의 개념을 사회, 경제, 환경의 세 축이 통합된 것으로 정착시켰다(이성근 외, 2011). 한편 녹색성장의 개념은 1986년 독일의 정치학자인 마르틴 예니케(Martin Jaeniche)가 주창한 녹색경제에서 유래되었으며, 2000년 이코노미스트지에서 언급되어 다보스 포럼에서 활성화되기에 이르렀다. 우리나라에서는 이명박정부에서 2008년 8·15경축사에서 저탄소 녹색성장을 언급하면서 본격적으로 등장하였고, 「저탄소 녹색성장 기본법」을 제정(2010)하면서 제도화되었다.

저탄소 녹색성장은 경제와 환경의 조화로운 발전을 추구하는 것으로 녹색기술과 녹색산업을 새로운 성장동력으로 활용함으로써 국민경제의 발전을 도모하며 저탄소 사회 구현을 통하여 국민의 삶의 질을 향상시키고자 하는 것이다. 한편 이에 대한 정책을 총괄하는 녹색성장위원회에서는 환경과 경제의 선순환 구조를 통해 양자의 시너지 효과를 극대화하고 이를 새로운 동력으로 삼고자 노력하고 있다. 이러한 저탄소 녹색성장은 단순히 환경분야에만 국한된 것이 아니라, 녹색산업, 녹색공간, 순환형 자원시스템, 녹색인프라, 녹색생활 등 주민생활의 전분야와 관련된 것으로, 환경을 내부경제화시키고자 하는 노력과 경제성장의 지속성 및 환경의 시장가치화가 전제되어 있다(이성근 외, 2011).

3) 그린 투어리즘과 어메니티

생태관광, 환경관광이라고도 하는 그린 투어리즘은 환경 피해를 최대한 억제하면서 자연을 관찰하고 이해하며 즐기는 여행방식이나 여행문화를 의미한다. 관광이 경제적 이익의 수단으로 인식되면서 전세계적으로 이익을 우선으로 하는 관광개발이 계속되고, 이로 인한 자연파괴가 늘어나자 1960년대부터 북아메리카를 중심으로 환경에 미치는 영향을 최소화하자는 운동의 일환으로 나타나기 시작하였다.

이는 기존의 관광·여행 형태와는 다른 개념으로 친환경적인 관광문화를 통틀어 일컫는다. 즉, 여행으로 인한 환경파괴를 최대한 억제하고, 환경보호에 대한 이해를 높이는 데 중점을 두는 관광을 말한다. 여기에는 지역 특유의 전통문화도 포함되는데, 2000년 이후 새로운 관광형태로 세계적인 주목을 받기 시작하였다.

그린 투어리즘의 일반적인 성격에는 첫째, 자연과 문화를 즐기고 배우는 소규모 그룹의 여행, 둘째, 자연보호와 지역 전통문화에 대한 인식과 경의, 셋째, 환경윤리를 익힌 전문 가이드의 동행, 넷째, 출입제한구역이나 자연휴식년제가 적용되는 시설 등 특별지역에 대한 훼손 금지, 다섯째, 보호지역과 주민들을 위한 관광 이익의 환원 등이 포함된다.

한편, 어메니티(amenity)는 어떤 장소나 기후 등에서 느끼는 쾌적함을 의미한다. 1990년대 중반부터 서유럽국가들을 중심으로 농촌 어메니티 운동 또는 농촌 어메니티 정책이 유행하면서 의미가 확대되었다. 이 경우에는 농촌 특유의 자연환경과 전원풍경, 지역공동체 문화, 지역 특유의 수공예품, 문화유적 등 다양한 차원에서 사람들에게 만족감과 쾌적성을 주는 요소를 통틀어 일컫는다. 자연경관을 해치지 않고 사람들에게 만족감을 줄 수 있는 농촌의 모든 경제적 자원이 농촌 어메니티이다.

서유럽에서는 이러한 농촌 어메니티를 농촌개발의 새로운 패러다임으로 정해 정부의 농업정책에 적극 반영하고 있다. 더욱이 어메니티는 농촌개발에만 머무르지 않고, 지금은 지역개발이나 각종 경제 분야에서도 활용되면서 쾌적성만을 의미하는 단순한 추상명사에서 쾌적함과 만족감을 주는 모든 요소들을 함축하는 용어로 의미가 사용되고 있으며(두산백과사전, 2011), 최근에는 어메니티를 단순히 쾌적한 환경이라는 의미에서 확대하여 지역의 정체성을 특징으로 하는 요소로서 사회 구성원에게 휴양적·심미적 가치를 제공하는 자원이라는 의미로 확대하고 있다(김용웅 외, 2009).

6. 주민행복에 기반한 지역순환형 자립발전

1) 주민행복과 지역개발

지역개발의 집행과정과 궁극적 결과에 대한 관심의 증대, 장소의 번영보다 주민의 번영에 대한 관심 증대, 성장과 복지의 순환관계에 대한 인식 확산, 신뢰공동체에 기반을 둔 사회적 자본의 중요성 강화 등으로 인하여 지역개발의 패러다임이 국가 혹은 지방자치단체 주도에서 지역공동체로 전환되고 있다. 이에 따라 박근혜정부에서는 행복한 국민을 시대적인 소명으로 삼고, 신뢰의 공동체 확립을 강조하고 있다. 주민행복을 지향하는 지역개발을 추진하기 위해서는 주민참여와 공동체의 형성, 그리고 이를 통한 지역역량 강화 및 자조적·자립적 발전이 강조되고 있다.

2) 지역순환형 자립발전

지방자치는 세계화에 대응하고 주민의 삶의 질 향상을 위한 대내외적인 자구책이다. 즉, 중앙집중적인 단일체제에서 벗어나 초광역, 광역, 기초, 동네자치를 전략적으로 전개하는 방향으로 발전되어왔다. 이러한 자치시대에는 지역주민의 역량강화와 기술적인 하부구조의 구축, 지역사회의 연계협력이 요구된다.[14] 이러한 요소들을 지역발전에 적용하면 3C의 자립발전전략을 도출할 수 있을 것이다.

첫째, 지역역량강화(competency)이다. 지방자치제의 발달로 지방자치를 통한 자립발전과 지역간의 차별성 및 다양성이 촉진되고 있으며, 지방의 권한이 확대되고 있다. 따라서 지방정부와 중앙정부의 수평적 관계 정립과 지방자치단체간 협력체계의 구축이 요구된다. 지역의 선순환적이면서 내발적인 발전을 도모할 필요가 있다. 이를 위하여 지역주민 스스로 자립발전할 수 있는 역량을 강화시키면서, 지방자치단체 주도의 정책개발로 자립적·자율적·내생적 지역발전을 선도할 수 있는 역량을 향상시켜야 한다.

둘째, 글로벌화와 과소지역화에 따른 지방자치단체간의 연계 및 협력(cooperation) 강화이다. 정보통신기술 및 산업의 발전으로 개방화와 네트워크화가 진전되면서 글로벌 무한경쟁이 심화되었다. 이에 따라 지역경쟁력이 약화되면서 지역간, 도시간의 연

---

14) 리처드 플로리다(R. Florida)는 그의 저서 *The Rise of the Creative Class*에서 창조성 자본의 핵심요소로 재능(talent), 기술(technology), 관용(tolerance)을 들고 있다.

계협력 필요성이 증대되었다. 따라서 도시권간, 도시권내의 소모적인 경쟁과 갈등을 해소하면서, 상생발전을 도모하는 협력적 접근이 요구된다.

셋째, 지식기반사회에 있어서 산업간, 부문간의 융합화(convergence)이다. 지역이 보유한 과학기술, 산업, 문화 등 제 부문간의 융합화를 통해서 차별화된 특화발전 전략을 발굴 및 모색할 필요가 있다. 이러한 3C 전략은 궁극적으로는 3창(일자리 창출, 기업창출, 소득창출)을 지향하는 것이다.

탐구학습

1. 주요 개념
   - 지역문제
   - 지역개발
   - 지역사회개발
   - 사회개발
   - 산업화
   - 도시화
   - 민주화
   - 포스트 모더니즘
   - 포스트 포디즘
   - 지식기반사회
   - 사회적 자본
   - 거버넌스
   - 지속가능한 사회
   - 저탄소 녹색성장
   - 그린투어리즘
   - 어메니티
   - 지역순환형 자립발전

2. 토론과 과제
   - 지역개발과 유사용어와의 관계
   - 사회변화에 따른 지역개발의 이념 및 패러다임 변천과정

참고문헌

강문수(2010), 지역개발관련 특별법 정비방안 연구, 한국법제연구원.
고병호(1994), "지역개발이론의 체계적 접근과 새로운 패러다임의 형성에 관한 연구", 한국지역개발학회지, 6(2), 한국지역개발학회.
김광익(2010), "프랑스 범정부 국토정책 담당조직, DATAR가 새롭게 재출범", 국토정책, 300, 국토연구원.
김영모(2002), 지역계획론, 서울: 보성각.
김용웅 외(2009), 신지역발전론, 서울: 한울아카데미.
김용웅 외(2003), 지역발전론, 서울: 한울아카데미.
김형국(1997), 한국공간구조론, 서울: 서울대학교출판부.
대한국토·도시계획학회(2004), 국토·지역계획론, 서울: 보성각.
박양호(2007), "낙후지역개발 성공모델과 시사점: 미국 애팔래치아 지역개발 사례를 중심으로", 국토정책, 129, 국토연구원.
박종화 외(1996), 지역개발론, 서울: 박영사.
배준구(2004), "프랑스의 지방분권 이후 지역정책", 국토계획, 39(1), 대한국토·도시계획학회.
변필성·이동우(2008), "영국 지역정책 변화 동향과 우리나라에의 시사점", 한국경제지리학회지, 11(1), 한국경제지리학회.
오동훈 외(2010), "u-Eco City 비즈니스 전략 모색: 비즈니스모델 개발을 중심으로", 도시행정학보, 23(4), 한국도시행정학회.
윤상용 외(2012), 프랑스 지방분권 조사 연구, 대구경북연구원.
윤양수·이승복(1997), 국토계획제도 국제비교 연구, 국토개발연구원.
이성근 외(2013), 지역순환형 자립발전모델, 대구경북연구원.
이성근 외(2012), H_2O 지역개발론, 서울: 도서출판 집현재.
이성근 외(2011), 녹색성장과 지역경영, 경북: 영남대학교 출판부.
전경구(1999), 지역개발의 이해, 경북: 대구대학교 출판부.
전훈(2007), "지역경쟁력과 지역발전: 프랑스의 지역개발정책의 시사점", 법과 정책연구, 7(1), 한국법정책학회.
정지범 외(2011), 국민 행복 결정 요인 분석 및 제도적 관리 방안 연구, 한국행정연구원.
차미숙·남윤우(2011), "미국의 통합지역개발계획 운영과 시사점", 국토정책, 347, 국토연구원.
최진혁(2011), "프랑스의 지방행정체제 개편", 지방재정, 689, 대한지방행정공제회.
하성규(2011), "지역개발의 정체성과 발전방향", 한국지역개발학회지, 23(4), 한국지역개발학회.
한국지역개발학회(1996), 지역개발학원론, 서울: 법문사.
황명찬(1993), 지역개발론, 서울: 법문사.

Glasson, J. & T. Marshall(2007), *Regional Planning*, New York: Routledge.

Hall, P. & M. Tewdwr-Jones(2011), *Urban and Regional Planning*, New York: Routledge.

Landry, C.(2008), *The Creative City: A Toolkit for Urban Innovators*. London: Earthscan.

福井県(2012), ふるさと希望指標(LHI: Local Hope Index) 研究報告書.

http://www.doopedia.co.kr(두산백과사전).

http://www.ueco.or.kr(u-Eco city 연구단).

제 2 장

지역개발의 본질

제1절 지역개발의 학문적 성격

1. 인접학문과의 관계

1) 공간학문과의 관계

공간적 성격을 가진 학문은 지리학, 도시계획학, 지역과학, 부동산학, 그리고 지역사회개발학 등이 있다. 이들 학문과 지역개발학 간의 관계를 설명해 본다.

먼저, 지리학(Geography)은 공간현상을 탐구하는 학문으로, 이 가운데 경제지리학은 사물(thing)을 공간상에 어떻게 배치하느냐와 관련된 입지문제에 깊은 관심을 가지고 있다. 그리고 이러한 문제를 위해 도면을 작성하고 또한 지역의 개념을 찾아내는데 연구의 초점을 두고 있다. 그러나 지역계획에서는 입지적, 지역적, 공간적 문제를 보완하면서 주로 중심지이론(centeral place theory), 공간확산이론(space diffusion theory), 도시화이론(urbanization theory), 도시의 기능과 구조(function and structure of urban), 정주체계(the form of settlements) 등의 분야가 강조되고 있다. 지역개발학이 공간을 다루는 사회과학이므로 지리학의 기초이론이 원용되는 경우가 많다. 특히 지리정보시스템(Geographic Information System: GIS)은 최근 지역계획에서 매우 중요한 기법으로 활용되고 있다.

둘째, 도시계획학(City or Urban Planning)은 도시의 물리적 시설, 토지이용, 교통체계, 도시하부구조 등의 문제를 연구하는 학문이다.[1] 이것은 도시의 물리적 측면이 개

---

1) 도시는 city와 urban의 두가지로 사용되는데, city는 주로 도시의 물리적 특성을 나타내고, urban은 도시의 사회경제적 특성을 나타낼 때 사용한다.

선되면 자동적으로 도시문제가 해결된다고 생각하는 데에서 출발하였다. 그러나 그 후 도시계획학은 도시의 사회적·경제적 측면도 강조하였다. 그리고 도시와 농촌을 통합하여 계획을 수립하는 광역적 차원에서의 계획개념이 중요시되었다. 즉, 지역개발은 도시계획의 확대된 개념으로 이해하여야 한다. 이는 지역의 범위를 설정할 때 일반적으로 도시보다는 크고 국가보다는 작은 개념으로 접근하는 것에 기인한다.

셋째, 지역학 혹은 지역과학(Regional Science)은 지리학과 경제학을 바탕으로 생겨난 학문이다. 지역문제의 해결을 위해서 여러 학문의 이론이나 방법, 기술을 종합한 새로운 학문 정립의 필요성이 제기되었고, 아이자드(W. Isard)에 의해서 정립되었다. 지역과학은 이론구성에 있어서 계량적 모델에 크게 의존하고 있다. 즉, 가정에 바탕을 둔 추상적인 이론모델을 설정하고, 통계적 자료를 활용하여 이들 모델을 테스트하고 수정하는 방법론을 기본으로 하고 있다. 따라서 지역과학에서는 선형계획법, 투입산출분석 등의 수학적이고 통계적 기법이 자주 쓰인다. 이와 같은 연구대상과 방법에 기반한 연구결과로 정책결정에 도움을 주려는 것이 지역과학의 의도이다.[2] 지역과학은 한때 지역개발학과 같은 개념으로 이해되었으나, 현재는 지역개발학의 한 영역으로 이해할 수 있다.

넷째, 부동산학(Real Estate)과의 관계이다. 부동산학은 토지 및 주택을 중심으로 하는 부동산의 이용, 거래, 경영 및 관리, 개발 및 건설활동을 체계화하기 위한 원리 및 기법을 연구하는 학문이다(이원준, 2000). 부동산학의 대상이 되는 부동산을 민간에서 개발할 경우에는 부동산개발이라고 하고, 공공부문에서 개발할 경우는 지역개발이라고 한다.

다섯째, 지역사회개발학(Community Development)은 개발대상이 지역사회(community)이고, 물적 개발은 물론 주민의 태도변화, 계몽, 주민참여 등 비물질적 개발을 추구한다. 마을이나 소단위를 중심으로 해서 이루어지는 농촌개발이 지역사회개발의 성격을 띠고 있다고 볼 수 있다. 이처럼 최근의 지역개발이 다소 상향적 그리고 소규모로 진행되고 있음을 볼 때 양자는 점차 수렴되는 경향이 있다.

---

2) 1953년에는 미국 펜실베이니아 대학교에 본부를 둔 지역학회가 설립되었다. 그러나 지역과학은 지역개발의 분과학문으로서 확산성, 독립성이 부족하고, 대학에 학과설립이 미흡한 실정이다.

2) 영역학문과의 관계

지역개발과 유사한 영역을 지닌 학문으로는 경제학, 행정학, 환경학, 그리고 미래학 등이 있다. 이들 학문과 지역개발학 간의 관계를 설명해본다.

첫째, 경제학(Economics)과의 관계를 살펴볼 수 있다. 경제학은 일반적으로 국가적인 차원이나 국제적인 차원에서의 재화나 용역의 생산, 소비 및 분배 등에 대한 여러 가지 문제를 연구하는 학문이다. 그러나 지역개발학은 이러한 문제들이 공간과 관계되어질 때에만 의미가 부여되며, 지역개발학의 연구대상으로 설정된다. 이것은 생산, 소비 등과 같은 경제문제들이 농촌이나 도시(urban) 그리고 지역(region)이나 국가(state)와 같은 공간적인 차원에서 다루어진다는 뜻이기도 하다. 따라서 지역개발에서는 일반적인 경제이론이 아닌 경제공간(economic space), 산업입지(industrial location), 지역경제성장(regional economic growth) 등과 같이 공간경제 분야가 중요시된다.

둘째, 행정학(Public Administration)과의 관계이다. 행정학을 공공문제를 해결하는 과정에 관한 학문이라고 할 때, 정책계획과 관련이 있는 개발행정이라든가 정책분야 등이 지역개발에 활용되고 있다. 특히 계획기관의 구성, 조직, 인사관리 그리고 계획수립절차와 방법에 관한 기획이론 등이 지역개발에 응용되고 있다. 더욱이 도시나 지역의 정책이 주로 공공정책이기 때문에 이를 위한 상황적 요소의 분석, 미래의 예측, 대안의 작성과 평가, 실시와 관리 등에 대하여 깊은 관련성을 가지고 있다.

셋째, 환경학(Environmental Science)은 지구의 환경보존과 관련되어 있는 학문으로서 현대사회가 고도화됨에 따라 발생할 수 있는 인간생활권의 제환경문제에 대한 대응책을 마련하는 것과 관련이 있다. 이는 지속가능한 발전의 개념에서 지역개발과 관련이 있다. 즉, 지역개발의 목표가 지역의 경제적인 성장뿐만 아니라 이러한 경제성장의 추구가 야기한 환경문제를 해결하고자 하는 것에 있다는 것이다.

넷째, 미래학(Future Science)은 주로 선진국을 중심으로 발달된 학문으로 여러 상황을 근거로 하여 미래사회의 모습을 예측하고, 모델을 제시하는 학문이다. 이는 예측의 목적을 가진 과학이라는 점에서 지역개발이 추구하는 바람직한 미래상과 관련이 있다. 다시 말하면, 지역개발이란 현재의 문제를 해결하여 달성하고자 하는 바람직한 미래의 모습을 지향하는 것이라는 점에서 미래학의 미래예측을 위한 기법들이 지역개발과 깊은 관련성을 가지고 있다고 볼 수 있다.

2. 지역개발의 학문적 성격

지역개발의 학문적 성격으로는 크게 종합성, 응용성, 공간성, 그리고 실천성을 들 수 있다. 첫째, 지역개발은 학문적으로 학제간(interdisciplinary)의 성격을 지니고 있다. 여기에서 학제간이란 다양한 학문을 동시에 포괄하는 학문의 종합성(comprehensiveness)을 의미한다. 지역개발은 사회과학의 한 분야로서 지리학, 경제학, 도시계획학, 사회학 등 다양한 학문의 기초이론을 종합하여 구축되었으며, 실제 다양한 지역개발사업에서 적용되는 종합적 사회과학이다(박종화 외, 1996). 그러나 단순히 다른 다양한 학문영역의 개념이나 방법론을 선택적으로 취합하는 것이 아니라 종합과학으로서 새로운 패러다임이나 분석적 틀을 지닌 고유성을 확보하고 있다고 보아야 할 것이다.

둘째, 응용성으로, 일반적으로 학문을 고유성 및 대상을 기준으로 분류하면 순수과학과 응용과학으로 분류할 수 있다. 순수과학은 인과관계에 기초한 어떤 법칙이나 원리를 규명하는 학문으로 물리학, 생물학, 심리학, 사회학, 경제학 등을 들 수 있다. 그리고 응용과학의 경우는 이러한 기초학문을 실제 인간생활에 적용하여 유용하게 하는 실천성을 주된 목적으로 한다. 이에는 경영학, 공학, 행정학 등이 포함된다. 이런 측면에서 지역개발은 인접한 기초과학의 이론을 원용하여 이를 바탕으로 새로운 이론을 만들어 내거나 현실문제의 해결을 위한 처방을 내리는 학문이므로 순수과학이 아니라 응용과학의 범주에 해당된다. 응용과학으로서 지역개발은 지역간 또는 지역내 문제를 해결하고 지역을 발전시키는 것을 주된 목적으로 하는데 이를 위해서는 다양한 지식이 요구된다. 예를 들면, 대도시지역의 과밀문제를 해결하기 위해서는 경제학, 공학, 지리학, 행정학 등의 인접학문의 지식이 요구된다. 또한 이런 문제를 해결하기 위해서 지방정부의 활동, 재원 등에 대한 이론도 요구된다(박종화 외, 1996).

셋째, 공간성으로 지역개발은 공간적 차원(spatial dimension)을 중요시한다. 따라서 지역문제와 이런 문제 해결을 위해서 공간적 관점을 취하게 된다. 이는 자연히 지역개발 및 지역계획을 동태적(dynamic) 성격으로 파악하게 한다. 사실 지역문제나 지역활동은 한 공간상의 문제이지만 이는 또한 반드시 다른 인접한 지역과 공간적으로 연결되어 있다(박종화 외, 1996).

특히 지역개발의 대상이 되는 계획지역의 경우 계획의 존립근거가 되는 문제의 성격에 따라 다양한 경계가 나타날 수 있다. 즉, 시·군차원의 계획에서는 계획지역의 범위가 행정구역과 동일하게 나타나지만 낙동강유역개발계획에서는 인접 시·군을 망라한 광역형태의 계획지역 범위가 설정되는 것이다. 즉, 지역은 하나의 거대한 공간체계상의 하위수준으로 파악되어진다. 그러므로 어떠한 지역문제라도 타지역과의 연계선상에서 파악되어져야 하며, 지역간의 상호관계를 분석해야 한다. 지역계획 및 지역개발의 공간성은 구체적으로 정주체계, 산업입지, 지역간 인구 및 자본의 흐름 등에서 특히 중요하게 나타난다(박종화 외, 1996).

마지막으로 지역개발은 실천적 학문이다. 순수이론이 아니라 다양한 지역문제에 대한 진단을 하고 처방을 내려야 하는 실천적·임상적 학문으로 사회적 수요에 부응하기 위한 학문이다(이성근, 1998). 개발은 목표를 세우고 목표달성을 위해서 다양한 지식 및 기술을 활용하여 수단을 선택하는 일련의 행동체계를 포함하고 있다. 따라서 지역개발은 지역의 문제해결과 개발목표를 설정하고 이를 달성하기 위한 합리적인 행동체계를 찾아내는 규범적이고 실천적이며 정책적인 학문으로 이해해야 한다(대한국토·도시계획학회, 2004). 때문에 지역개발은 원인을 규명하는 분석적 측면과 해결방안을 동시에 지니고 있어야 하며, 문제해결을 위한 수단이 없을 경우 이는 지역개발의 범주로 볼 수 없을 것이다.

제2절 지역개발의 연구대상과 접근방법

1. 지역개발의 연구대상

지역개발의 연구 분야는 지역공간에 있어서 언제(when), 무엇을(which), 어디에(where), 어떻게(how), 얼마나(how much), 왜(why or for whom) 하느냐에 대한 것으로 요약된다. 다시 말하면, 이러한 물음에 대해서 탐구하는 것이 지역개발 연구이다. 지역개발의 연구대상은 국토의 공간구조와 관련되는 실체적 이론과 지역개발의 방법, 절차, 기법, 추진체계 등과 관련된 절차적 이론으로 분류할 수 있다.

실체적 이론은 지역개발의 대상 및 부문에 관한 이론으로, 공간은 국토, 지역, 도시, 농촌 등으로 구분할 수 있고, 부문은 경제, 지리, 문화 등으로 볼 수 있다. 이에 따라 공간과 관련하여 정주체계이론, 입지이론 등이 발달되어 왔고, 부문과 관련하여 지역경제이론, 자원개발이론, 사회개발이론 등이 발달되었다.

절차적 이론은 지역개발의 절차와 방법에 관한 이론체계를 의미한다. 지역개발의 효율성을 제고하기 위하여 어떤 과정이나 절차를 거칠 것인가 등에 대한 연구로 여기에는 지역분석이론, 미래예측이론, 대안선정이론 등이 해당된다.

2. 지역개발의 접근방법

지역개발의 접근방법은 크게 실증적 접근방법과 규범적·처방적 접근방법으로 구분할 수 있다. 실증적 접근방법은 실증주의의 관점에 입각하여 객관적인 입장에서 존재하고 있는 경험적 사실 또는 현상을 기술, 설명 또는 예측하는 것을 말한다. 이와 관련하여 기술이론, 설명이론, 예측이론 등이 발달되었다. 기술이론은 상황이나 사물의 특유한 특성을 기술하는 데 역점을 두고 있으며, 설명이론은 상황의 인과관계를 밝히는 것에, 예측이론은 미래예측에 역점을 두고 있다. 이러한 접근방법에 기반을 두고 있는 이론으로는 중심지이론, 도시규모분포이론과 같은 지역구조이론, 지역성장이론, 입지이론, 지역격차이론, 쇄신의 공간확산이론 등이 있다.

규범적·처방적 접근방법은 현실문제에 대한 진단과 처방에 관심을 갖는 이론체계를 말한다. 이와 관련하여 규범이론, 처방이론 등이 등장하였으며, 이는 주로 지역개발의 원리나 과정, 방법 등을 당위적인 입장에서 주장하는 형태로 이루어진다. 여기에는 기본수요이론, 지속가능한 개발, 생태중심개발, 도농통합개발 등이 포함된다.

3. 지역개발의 주체

지역개발의 주체란 자신이 거주하고 있는 지역의 문제를 발견하고, 이를 해결하기 위하여 행동하는 주민 또는 조직(집단), 행정기관, 기업 등을 말하며 이러한 주체들은 지역발전정책에 있어서 의사결정 및 주도권이 주어지는 등의 중핵적인 역할을 수행하는 집단이라고 할 수 있다(유학열·千賀裕太郎, 2002). 따라서 지역개발주체에는 지역주민, 지방자치단체, 다양한 이익단체가 모두 포함된다고 할 수 있을 것이다. 여기서 지역주민은 개발에 대한 직접적인 수혜자라는 점에서 지역개발의 핵심적인 존재가 된다. 그리고 외부주체는 중앙정부, 광역자치단체, 외부의 시민단체, 비영리조직 등이 있으며, 지역개발에 있어서 기술적·재정적·전문적인 분야를 지원하는 역할을 수행한다(정지웅·임상봉, 1999).

지역개발 초기에는 지방자치단체나 민간부문이 독자적으로 지역개발을 추진할 수 있는 능력과 재원이 부족하기 때문에 중앙정부가 주도하였다. 이러한 개발은 지역특성을 제대로 반영하기 어려울 뿐만 아니라 개발성과의 외부유출을 초래함으로써 지역주민과 동떨어진 개발이라는 비판을 받고 있다. 또한 지방자치의 실시, 지역주민의 역량 강화 등에 따라 중앙정부 중심의 개발이 주민주도적, 참여주의적 특성을 강조하는 개발로 변화하게 된다. 따라서 현재의 지역개발 흐름을 크게 발전경로와 권한이라는 차원에서 보면, 관주도(중앙)집권형에서 관주도분권형으로 발전하고 종국에는 민간주도(지방)분권형의 형태로 이전하는 경향을 보일 것이다. 국토교통부에서 2011년 입법예고한「지역개발의 종합지원에 관한 법률(안)」에 의하면, 지역개발의 주체를 국토교통부장관에서 시·도지사에게 이양하고 민간투자를 활성화를 위한 지원시책 강화 및 사업절차의 간소화 등의 내용을 담고 있다. 이는 개발의 분권화를 촉진시킬 것으로 기대된다. 이러한 흐름속에서는 중앙정부와 지방자치단체간의 협력, 지방자치단체간 협력, 융합형 산학연 네트워크 체제 등 지역개발 주체가 다변화될 것이다. 또한 주민참여, 주민중심의 지역개발 흐름에 따라서 중앙과 지방의 명확한 역할분담이 요구되며, 지역역량을 증진시킬 수 있도록 지역사회 공동체의 활성화가 요구된다.

제3절 지역개발 분야의 활동

1. 지역개발 분야의 교육과 취업

우리나라에서 지역개발과 관련된 학문은 이론적 학문성 보다는 사회적 수요에 부응하기 위하여 발전하게 되었다(이성근, 1998). 이에 따라 학부과정의 경우 지역개발학과, 도시 및 지역계획학과, 부동산학과, 지역사회개발학과 등의 명칭으로 개설되어 있다. 그리고 대학원과정은 특수대학원에서 먼저 시작되었고, 이어서 일반대학원에 학과가 개설되어 운영되고 있다.

1968년 서울대학교 행정대학원의 도시 및 지역계획학과 신설을 필두로 단국대, 영남대 등에 지역개발학과 또는 지역사회개발학과라는 이름으로 설립되었다. 전국적으로 지역개발과 관련된 학문이 대학에서 개설되고 있으나 인접학문과 동일계열 및 동일학부로 운영되고 있는 실정이다.[3]

한편 지역개발학을 전공한 학생의 경우 졸업 후 진로는 주로 공무원, 공사 및 공단, 전문직, 민간기업 등으로 진출할 수 있다. 공무원의 경우 7급 공채에 지역개발학 관련 과목이 있어 이에 대한 진출이 보다 쉽게 이루어진다. 그리고 한국토지주택공사, 한국농어촌공사, 한국수자원공사, 지방정부차원의 도시개발공사 등 공간적 개발을 담당하는 공사에 취업할 수도 있다. 그리고 지역개발학 및 부동산과 관련하여 감정평가사, 도시계획기사, 공인중개사 등 전문직을 위한 자격증 준비에 유리한 위치에 있다. 이 외에 부동산컨설팅, 부동산개발, 금융기관 등과 같은 민간개발업체에 진출하는 경우도 확대되고 있다.

2. 지역개발 분야의 연구활동

우리나라의 지역개발학과 관련된 연구활동은 주로 국책연구원과 지방연구원, 대학 및 기업부설 연구소, 민간부문 연구소 그리고 학회활동으로 구분해 볼 수 있다. 먼저 연구원의 경우 국책연구기관으로 국토연구원, 한국교통연구원, 산업연구원, 주택산업연구원, 한국건설산업연구원, 한국환경정책평가연구원 등에서 지역개발, 지역계획 등과 관련된 연구를 활발하게 수행하고 있다. 그리고 광역자치단체 단위로 설립된 지역발전연구원 등에서도 지역개발, 도시계획에 대한 보고서를 발간하고 있다. 또한 한국부동산연구원과 같은 민간부문에서도 부동산 및 지역개발 분야에 대한 연구활동을 활발히 진행하고 있다.

지역개발과 관련된 학회활동의 경우 한국지역개발학회, 대한국토 · 도시계획학회, 한국지역학회, 한국지역사회개발회 등이 주류를 이루고 있다. 특히 한국지역개발학회, 대한국토 · 도시계획학회, 한국지역학회에서 발간하는 한국지역개발학회지, 국토계획, 지역학회지는 한국연구재단의 등재지로서 지역개발학과 관련된 학회활동을 대외적으로 인정받고 있다. 뿐만 아니라 국토연구원이나 지방연구원에서 지역개발과 관련된 전문학술지를 발간하고 있다.

3) 이는 교육부의 강력한 대학교 구조조정 계획으로 인하여 앞으로 더욱 가속화될 전망이다.

3. 우리나라 지역개발 분야의 주요 이슈

최근 우리나라의 지역개발학과 관련된 주요 이슈로는 국가균형발전, 지방분권과 계획고권, 기초생활권, 기후변화와 지구온난화 등을 들 수 있다.

첫째, 수도권과 지방간, 대도시와 중소도시간, 도시와 농촌간 불균형의 심화현상을 들 수 있다. 그동안 지속적으로 수도권 규제와 지방 육성을 추진하였으나 수도권 집중현상이 심화되고 지방의 경쟁력이 약화되는 문제가 발생하였다. 이를 개선하기 위하여 참여정부에서 「국가균형발전특별법」을 제정하였다. 「국가균형발전특별법」에서 국가균형발전은 지역간 발전의 기회균등을 촉진하고 지역의 발전역량을 증진함으로써 삶의 질을 향상하고 지속가능한 개발을 도모하여 국가경쟁력을 강화하는 것을 말한다. 이는 수도권과 지방간의 끈질긴 소모적 대립·갈등관계를 혁신과 특성화라는 지역발전 메커니즘을 통하여 생산적 상생관계로 전환하고자 하는 새로운 시도이다(한표환, 2004).

또한 국가균형발전을 위한 정책적 수단으로 신행정수도의 건설을 위한 「신행정수도건설특별조치법」을 제정하였다. 그러나 이 법은 헌법재판소의 위헌 결정으로 인하여 효력을 상실하였고, 후속조치로 「신행정수도 후속대책을 위한 연기·공주지역 행정중심 복합도시 건설을 위한 특별법」을 제정하여 연기·공주지역에 행정기능을 이전하는 자족형의 친환경, 인간중심, 문화정보도시 건설계획을 수립하였다. 2010년 11월에는 「세종특별자치시 설치 등에 관한 특별법」이 국회를 통과하였으며, 2012년 7월 세종특별자치시가 출범되었다.

둘째, 자주적 지역개발을 도모하기 위한 지방분권과 계획고권을 들 수 있다. 이를 위하여 지방행정체제의 개편을 통해 생활권과 계획지역을 일치시키고, 지방자치단체에 계획과 관련된 권한을 이양하며, 자주재정 강화를 통하여 자주적 지역개발의 기틀을 마련하고 있다.

셋째, 광역화와 과소지역화의 추세로, 이명박정부에서는 광역경제권을 지역단위로 한 지역개발정책을 추진하였다. 광역경제권은 그동안 광역시와 도간에 분절되었던 경제·산업적 연계관계를 복원하여 지식의 창출·확산·활용 시스템을 활성화하고, 광역경제권 단위의 핵심산업군을 중심으로 경쟁력을 갖춘 산업클러스터를 육성하는 데 초점을 두었다. 이를 위해 이명박정부는 기존 16개 시·도를 7개의 광역경제권으로 재편하였다(5+2 광역경제권 개발).[4] 이외에도 '4+α 초광역권 개발'로 4대 벨트의 연계개발과 내륙특화벨트 개발, '163개 기초생활권 개발'을 핵심과제로 추진하였다.[5]

2013년 출범한 박근혜정부는 지역경제와 산업의 활력제고를 지역개발정책의 주요과제로 삼고 이를 위하여 선도, 전략 및 특화산업, 신성장산업 육성, 창조경제 지역투자 거점화 등을 추진하고 있다. 먼저, 기존정부에서 추진하던 광역권 선도사업(5+2 광역경제권) 정책을 지역간 연계협력 사업으로 재편하고, 지역 특성에 맞는 일자리 창출 중심사업 위주로 추진할 예정이다. 또한 현재 이원화된 광역권 선도사업이 광역자치단체간 협력 부족이 지적되고 있어, 이를 지역간 연계협력산업으로 단순화, 실질적 협력을 촉진할 계획이다. 또한 현재 시도에서 추진하고 있는 전략산업과 기초자치단체에서 추진하는 특화산업을 통합 개편하여 신특화산업 육성, 중앙정부 주도의 신성장산업 개편 및 육성, 정부-지방자치단체-기업간의 투자협약 도입, 지방투자촉진 보조금제도 개편을 통해 지역투자 촉진 여건을 개선하고, 산업생태계를 조성하는 등 창조경제 지역투자 거점화를 과제로 선정하고 있다.

넷째, 기후변화와 지구온난화에 대응하기 위하여 지속가능한 발전, 친환경적인 지역개발, 녹색성장을 지향하고 있다. 이를 위하여 「지속가능발전법」(2010)과, 「저탄소 녹색성장 기본법」(2010)을 제정하고 녹색성장위원회를 구성하는 등 녹색기술과 녹색산업을 통한 신성장동력의 육성에 관심을 기울이고 있다. 뿐만 아니라 최근 들어서는 일자리 창출과 창조경제, 주민행복 추구, 주민참여와 지역공동체의 형성 등도 지역개발의 이슈로 등장하고 있다.

---

4) 광역경제권은 16개 시·도를 인구, 산업, 인프라, 역사·문화적 동질성, 지역정서 등을 고려하여 수도권(서울, 인천, 경기), 충청권(대전, 충남, 충북), 호남권(광주, 전남, 전북), 대경권(대구, 경북), 동남권(부산, 울산, 경남), 강원권, 제주권 등 7개 권역으로 구분하였다.

5) 4+α 초광역권 개발계획은 기존의 5+2 개발계획과는 별개로 국토의 대외개방형 미래성장축 육성계획으로 세계 일류 수준의 산업, 관광벨트에 초점을 맞추고 있는 장기발전전략으로 남해안 선벨트, 동해안 에너지 관광벨트(블루벨트), 서해안 신산업벨트(골드벨트), 남북교류접경벨트(평화에코벨트), 내륙특화벨트로 구성되어 있다. 그리고, 2012년 마산, 창원, 진해의 시군 통합으로 현재의 기초생활권은 161개이다.

탐구학습

1. 주요 개념
   - 종합성, 응용성, 공간성, 실천성
   - 실증적 접근방법
   - 규범적 · 처방적 접근방법

2. 토론과 과제
   - 지역개발과 영역학문과의 관계
   - 지역개발의 학문적 성격
   - 지역개발의 접근방법
   - 지역개발 주체간의 관계

참고문헌

고병호(1994), “지역개발이론의 체계적 접근과 새로운 패러다임의 형성에 관한 연구”, 한국지역개발학회지, 6(2), 한국지역개발학회.

국가균형발전위원회(2004), 세계의 지역혁신체계, 서울: 한울.

김영모(2002), 지역계획론, 서울: 보성각.

김흥순(2001), “계획의 위기와 진보적 계획정치의 모색”, 한국지역개발학회지, 13(1), 한국지역개발학회.

농촌개발연구회(1993), 농촌개발론, 서울: 형설출판사.

대한국토 · 도시계획학회(2004), 국토 · 지역계획론, 서울: 보성각.

박종화 외(1996), 지역개발론, 서울: 박영사.

유학열 · 千賀裕太郎(2002), “住民主導型集落づくりの起動期の実態に関する考察”, 農村計画論集, 4, 日本: 農村計画學會.

이성근(1998), “지역개발학 분야의 도전과 전망”, 환경논총, 36, 서울대학교 환경대학원.

이원준(2000), 부동산학원론, 서울: 박영사.

이종수(2009), 행정학사전, 서울: 대영문화사.

이철수 외(2009), 사회복지학사전, 서울: Blue Fish.

전경구(1999), 지역개발의 이해, 경북: 대구대학교 출판부.

정지웅 · 임상봉(1999), 지역사회개발학, 서울: 서울대학교 출판부.

정환용(2001), 계획이론, 서울: 박영사.

조명래(1995), "지역개발학의 파라다임", 한국지역개발학회지, 7(2), 한국지역개발학회.

한국지역개발학회(1996), 지역개발학원론, 서울: 법문사.

한표환(2004), "국가균형발전특별법 제정과 상생적 국토발전전략", 도시문제, 39, 대한지방행정공제회.

황명찬(1993), 지역개발론, 서울: 법문사.

Faludi, Andreas(1976), *Planning Theory*, Oxford: Pergamon Press.

제 3 장

지역개발의 법적 체계

제1절 법적 체계의 이해

1. 법적 체계의 개념

사회발전과 더불어 법적 지배의 원칙이 확대됨에 따라 현대국가는 많은 형식과 종류의 법[1]을 가지고 있다. 법적 체계는 법원(法源, source of law)을 기반으로 법 상호간의 관계와 구성을 의미한다. 여기서 법원은 일반적으로 법의 존재형식, 즉 법의 형식과 종류를 뜻하는데, 표현형식에 따라 성문법(成文法)과 불문법(不文法)으로 구분할 수 있다. 성문법에는 헌법 · 법률 · 명령 · 자치법규 · 조약 등이 있으며, 불문법에는 관습법 · 판례법 · 조리 등이 있다. 성문법과 불문법은 각자 특성을 유지하면서 상호 보완관계를 통하여 사회규범으로서 기능한다. 성문법주의는 대륙법계라고도 하며, 유럽의 여러 나라와 중국 · 일본 · 우리나라 등이 속한다. 불문법주의는 영국 · 미국 및 영미의 지배하에 있던 국가가 채택하고 있으며, 영미법계라고도 한다(홍성찬, 2010).

2. 성문법의 법적 체계

성문법이란 문서로써 표현되고 권한 있는 기관이 제정한 법을 말한다. 법원간에는 효력면에서 종속관계의 법질서를 이루는데, 성문법 중 국내법은 헌법 · 법률 · 명령 · 자치

---

1) 법은 사회규범으로서 법의 전체를 말하며, 법률은 입법기관이 제정한 형식적 의미의 법률을 말한다. 또한, 법규는 법규범의 뜻이나 일반적으로 성문화된 제정법을 말하며, 법령은 법률과 명령을 함께 이르는 말이다.

법규 등의 순으로 그 효력을 이룬다. 한편, 성문법 중 국제법으로는 조약 등이 있다.

1) 헌 법

헌법은 국가의 이념, 조직 및 운영에 관한 근본법으로서 규범 중의 규범의 성질을 갖는 최고의 기본법이다. 헌법은 삼권분립론에 따라 국가작용을 기능적 관점에서 입법·집행[2)]·사법작용으로 구분하고, 이들 작용을 각기 분리·독립된 입법부·집행부·사법부로 분산시켜 권력 상호간에 견제·균형관계가 유지되도록 하고 있다.

헌법은 지역개발과 관련하여 국토의 균형개발과 이용을 위한 계획수립(제120조 제2항), 국토의 이용·개발과 보전을 위한 제한과 의무(제122조), 농·어업의 보호·육성과 지역경제 육성의 의무(제123조) 등에 대해 규정하고 있다.

2) 법 률

법률은 넓은 의미에서는 법 일반을 말하는 것이나, 좁은 의미에서는 입법기관인 국회에서 제정하는 성문법을 뜻한다. 법률은 헌법의 하위에 있으므로 헌법에 위반되면 무효이다. 법률이 헌법에 위반되는가의 여부에 대한 심판은 헌법재판소가 담당한다. 다만, 법원의 위헌심판제청이 있어야 가능하다.

지역개발과 관련된 법률은 매우 다양하다. 분야별로 구분하여 제2절에서 설명한다.

3) 명 령

명령은 국회의 의결을 거치지 않고 행정기관에 의하여 제정되는 국가의 법령을 말한다. 명령은 내용에 따라 법규명령과 행정규칙(행정명령이라고도 한다)으로 구분한다. 법규명령은 법령상의 위임에 근거하여 행정기관이 제정한 것으로 대부분 국민에 대한 구속력이 있다. 법규명령은 제정권자에 따라 대통령이 제정하는 대통령령, 국무총리가 제정하는 총리령, 행정 각부의 장관이 제정하는 부령으로 구분된다. 대통령령을 시행령, 총리령과 부령을 시행규칙이라고도 한다. 한편, 행정규칙은 행정기관의 고유한 권능에 근거하여 제정한 것으로 대부분 행정기관 내부를 규율하는 데 그치고 국민에 대한 구속력은 없다.[3)] 행정규칙은 대부분 훈령·예규·고시의 형식으로 발령된다.

---

2) 집행은 협의의 행정과 통치행위를 포괄하는 개념이다.

표 1.3.1 법규명령과 행정규칙의 비교

구 분	법규명령	행정규칙
제정근거	법령의 위임	행정권의 고유권한
성질	타율적 행정입법	자율적 행정입법
효력	법적 일반 구속력	행정내부의 구속력
형식	위임명령 · 집행명령 · 규칙	훈령 · 지시 · 예규 · 일일명령
효력발생	공포절차 필요	공포 불필요

4) 자치법규

자치법규에는 지방의회가 법령의 범위내에서 의결을 거쳐 제정하는 조례(條例)와 지방자치단체의 장이 법령 또는 조례가 위임한 범위 내에서 그 권한에 속하는 사무에 관하여 정하는 규칙(規則)이 있다. 도시계획조례, 도시계획조례 시행규칙 등이 그 예이다. 자치법규는 법령과 달리 해당 지방자치단체의 관할구역 내에서만 효력을 갖는다.

5) 조 약

조약(treaty)은 국가 간의 명시적 합의문서이며, 대통령이 체결하고 국회의 동의를 얻어 대통령이 공포함으로써 그 효력이 발생한다. 조약은 협정(agreement) · 협약(convention) · 헌장(charter) · 의정서(protocol) · 선언(declaration) · 양해각서(memorandum) 등의 명칭으로 불린다. 조약에는 양 국가간의 조약(예: 자유무역협정)도 있으나, 다국가를 상대로 하는 다자간 조약(예: UN 헌장)도 있다.

3) 헌법의 취지상 국민의 권리나 의무에 관련된 내용은 법률로 규율하거나 또는 법령상의 위임에 의한 법규명령으로 규율해야 하나, 법령상의 위임에 의하지 않은 행정규칙으로 이를 규율하는 것이 많다. 이와 같은 행정규칙은 헌법의 취지에 맞게 빨리 정비되어야 할 것이다.

제2절 지역개발 관련법의 체계

1. 지역개발 관련법의 구분

지역개발을 '어느 국가 내에서 하나의 지역적 공간, 즉 국가의 하부단위공간을 대상으로 하여 지역이 당면하고 있는 다양하고도 복잡한 지역 간 또는 지역 내 각종 문제를 해결하고 종합적인 발전을 이루고자 하는 계획적 활동'으로 정의한다면(강문수, 2010), 지역개발 관련법도 활동의 주체 · 공간 · 부문 등 다양한 기준에 의해 구분할 수 있다.

첫째, 활동의 주체를 기준으로 하되, 행정체제를 중심으로 하는 방법이다. 행정체제는 크게 국가와 지방자치단체로 구분할 수 있으며, 지방자치단체는 다시 광역지방자치단체와 기초지방자치단체로 세분할 수 있다. 국가는 다시 「정부조직법」상 행정각부의 사무를 기준으로 세분할 수 있다. 행정 각부에는 기획재정부 · 미래창조과학부(약어로 미래과학부라 함) · 교육부 · 외교부 · 통일부 · 법무부 · 국방부 · 안전행정부 · 문화체육관광부(약어로 문화관광부라 함) · 농림축산식품부(약어로 농림식품부라 함) · 산업통상자원부(약어로 산업자원부라 함) · 보건복지부 · 환경부 · 고용노동부 · 여성가족부 · 국토교통부 · 해양수산부의 17개가 있다.

둘째, 활동공간을 기준으로 하는 방법이다. 한 국가 내에서 지역은 공간적 크기에 따라 전국 범위, 시 · 도 범위, 시 · 군 · 구 범위, 읍 · 면 · 동 범위의 순으로 구분할 수 있다. 지방자치제가 실시된 이후 행정구역에 따라 행정서비스의 수준이나 자치법규의 상태 등에 차이가 있고, 지역개발사업의 범위를 행정구역을 근거로 설정한 경우가 많으므로 이를 중심으로 활동공간의 범위를 정할 필요가 있다.

셋째, 활동의 부문을 기준으로 하는 방법이다. 이 경우 「국가재정법」에 의거 수립하는 국가재정운용계획상의 분야별 재원배분계획을 참고할 수 있다. 국가재정운용계획에서는 분야를 R&D, 산업 · 중소기업 및 에너지, SOC, 농림 · 수산 · 식품, 보건 · 복지 · 노동, 교육, 문화 · 체육 · 관광, 환경, 국방, 외교 · 통일, 공공질서 · 안전, 일반공공행정 등 12개로 구분하고 있다.

넷째, 지역개발은 필연적으로 사회기반시설의 확충이 요구되므로 사회기반시설의 분류에 따라 지역개발 관련법의 체계를 구분할 수도 있다. 「사회기반시설에 대한 민간투자법」에서는 사회기반시설을 ① 각종 생산활동의 기반이 되는 시설, ② 당해 시설의 효용을 증진시키거나 이용자의 편의를 도모하는 시설, ③ 국민생활의 편익을 증진시키는 시설로 정의하며, 「국토의 계획 및 이용에 관한 법률」(약어로 국토계획법이라 함)에서는 기반시설의 개념을 사용한다. 「국토계획법」에서는 기반시설을 교통시설, 공간시설, 유통·공급시설, 공공·문화체육시설, 방재시설, 보건위생시설, 환경기초시설의 일곱 가지로 세분하고 있다.

이 책에서는 지역개발 관련법을 활동의 주체, 부문 등을 중심으로 공간, 자원·환경, 산업경제, 사회문화, 사회기반시설로 크게 구분하고자 한다.

2. 지역개발 관련법의 체계

1) 공간분야

공간은 인간이 생활하고 활동하는 장소를 의미하며, 다양한 기준에 의해 구분할 수 있다. 이 책에서는 공간을 장소적 범위와 특성을 기준으로 국토, 도시, 농산어촌, 특수지역으로 구분한다.

표 1.3.2 공간분야 지역개발 관련법

분 야	법 률
국토	• 국토기본법, 토지이용규제 기본법, 국토의 계획 및 이용에 관한 법률, 국가균형발전특별법, 수도권정비계획법, 지역균형개발 및 지방중소기업육성에 관한 법률, 개발제한구역의 지정 및 관리에 관한 특별조치법, 농지법, 자연공원법, 산림기본법, 산림자원의 조성 및 관리에 관한 법률, 연안관리법, 습지보전법, 도로명주소법, 공유수면 관리 및 매립에 관한 법률 등
도시	• 도시개발법, 도시 및 주거환경정비법, 도시재정비 촉진을 위한 특별법, 기업도시개발특별법, 도시공원 및 녹지 등에 관한 법률, 신행정수도 후속대책을 위한 연기·공주지역 행정중심복합도시 건설을 위한 특별법, 공공기관 지방이전에 따른 혁신도시 건설 및 지원에 관한 특별법, 도청이전을 위한 도시건설 및 지원에 관한 법률 등
농산어촌	• 농어촌정비법, 농어업인 삶의 질 향상 및 농어촌지역 개발촉진에 관한 특별법, 지방소도읍 육성 지원법, 어촌·어항법, 임업 및 산촌 진흥촉진에 관한 법률, 새만금사업 촉진을 위한 특별법 등

특수지역	• 제주특별자치도 설치 및 국제자유도시 조성을 위한 특별법, 신발전지역 육성을 위한 투자촉진 특별법, 주한미군 공여지역주변지역 등 지원 특별법, 주한미군기지이전에 따른 평택시 등의 지원에 관한 법률, 폐광지역 개발 지원에 관한 특별법, 접경지역 지원 특별법, 도서개발촉진법, 동·서·남해안 및 내륙권 발전 특별법, 서해5도 지원 특별법 등

2) 자원·환경분야

자원은 인간생활 및 경제생산에 이용되는 요소를 말하며, 크게 인적자원과 비인적자원으로 구분된다. 인적자원은 사회문화분야로 분류하였고, 자원·환경분야에는 비인적자원만을 포함하였다. 한편, 환경은 인간생활에 영향을 주는 자연적 조건이나 인문적 상황을 말한다.

표 1.3.3 자원·환경분야 지역개발 관련법

분 야	법 률
수자원	• 하천법, 소하천정비법, 지하수법, 댐건설 및 주변지역지원에 관한 법률, 먹는물 관리법, 수도법 등
에너지	• 에너지법, 에너지이용 합리화법, 집단에너지사업법, 원자력진흥법, 석탄산업법, 해저광물자원 개발법, 골재채취법, 전원개발촉진법, 전기사업법, 발전소주변지역 지원에 관한 법률, 석유 및 석유대체연료사업법, 도시가스사업법, 송유관 안전관리법, 광업법, 신에너지 및 재생에너지 개발·이용·보급촉진법, 자원의 절약과 재활용촉진에 관한 법률 등
환경	• 저탄소 녹색성장 기본법, 환경정책기본법, 지속가능발전법, 환경영향평가법, 백두대간 보호에 관한 법률, 수질 및 수생태계 보전에 관한 법률, 폐기물관리법, 방사성폐기물관리법, 건설폐기물의 재활용촉진에 관한 법률, 소음·진동관리법, 악취방지법, 하수도법, 환경분쟁조정법 등

3) 산업경제분야

산업경제분야는 「정부조직법」상 각부의 사무를 참작하여 과학기술, 산업, 농림수산식품으로 구분한다.

표 1.3.4 산업경제분야 지역개발 관련법

분 야	법 률
과학기술	• 과학기술기본법, 기술개발촉진법, 국가과학기술 경쟁력 강화를 위한 이공계지원 특별법, 과학관 육성법, 국제과학비지니스벨트 조성 및 지원에 관한 특별법, 기술개발촉진법, 우주개발 진흥법 등
산업	• 건설산업기본법, 산업발전법, 산업집적활성화 및 공장설립에 관한 법률, 산업기술단지 지원에 관한 특례법, 대·중소기업 상생협력 촉진에 관한 법률, 기업활동 규제완화에 관한 특별조치법, 소프트웨어산업 진흥법, 외국인투자 촉진법, 자유무역지역의 지정 및 운영에 관한 법률, 경제자유구역의 지정 및 운영에 관한 법률, 중소기업진흥 및 제품구매촉진에 관한 법률, 산업기술혁신 촉진법, 전시산업발전법, 정보통신산업 진흥법, 지능형 로봇 개발 및 보급 촉진법, 지역특화발전특구에 대한 규제특례법, 첨단의료복합단지 지정 및 지원에 관한 특별법, 환경친화적 산업구조로의 전환촉진에 관한 법률 등
농림수산 식품	• 농어업·농어촌 및 식품산업 기본법, 해양수산발전 기본법, 농어업경영체 육성 및 지원에 관한 법률, 농업생산기반시설 및 주변지역 활용에 관한 특별법, 친환경농업육성법, 축산법, 말산업 육성법, 낙농진흥법, 소 및 쇠고기 이력관리에 관한 법률, 낙농진흥법, 수산업법, 수산자원관리법, 내수면어업법, 어업자원보호법, 농수산물품질관리법, 농수산물유통 및 가격안정에 관한 법률, 농수산물의 원산지표시에 관한 법률, 식품산업진흥법, 농어업재해대책법, 쌀소득 등의 보전에 관한 법률, 자유무역협정 체결에 따른 농어업인 등의 지원에 관한 특별법 등

4) 사회문화분야

사회문화분야는 「정부조직법」상 각부의 사무를 참작하여 인적자원, 보건복지, 문화체육관광으로 구분한다. 사회기반시설과 관련하여 인적자원분야에는 학교·도서관 등이 있고, 문화체육관광분야에는 관람장·전시장·체육시설 등이 있으며, 보건복지분야에는 공공보건의료시설·보육시설·노인복지시설 등이 있다.

표 1.3.5 사회문화분야 지역개발 관련법

분 야	법 률
인적자원	• 교육기본법, 인적자원개발 기본법, 초·중등교육법, 고등교육법, 평생교육법, 사립학교법, 유아교육법, 도서관법, 과학교육진흥법, 청소년활동진흥법, 독학에 의한 학위취득에 관한 법률, 학점인정 등에 관한 법률, 도서·벽지 교육진흥법, 산업교육진흥 및 산학협력촉진에 관한 법률, 지방교육자치에 관한 법률, 학교용지 확보 등에 관한 특례법, 학교시설사업 촉진법, 직업교육훈련촉진법 등

문화체육관광	• 문화산업진흥기본법, 관광기본법, 아시아문화중심도시조성에 관한 특별법, 산림문화·휴양에 관한 법률, 문화예술진흥법, 관광진흥법, 도시와 농어촌간의 교류촉진에 관한 법률, 온천법, 체육시설의 설치·이용에 관한 법률, 경륜·경정법, 전통 소싸움경기에 관한 법률 등
보건복지	• 보건의료기본법, 저출산·고령사회기본법, 사회보장기본법, 영유아보육법, 지역보건법, 공공보건의료에 관한 법률, 사회복지사업법, 기초노령연금법, 국민기초생활 보장법, 노인복지법, 장애인복지법, 농어촌주민의 보건복지증진을 위한 특별법, 식품안전기본법, 학교급식법, 학교보건법, 고령친화산업 진흥법, 장사 등에 관한 법률 등

5) 사회기반시설

이 책에서는 사회기반시설 중에서 자원·환경분야 또는 사회문화분야와 관련 있는 시설은 각각 자원·환경분야와 사회문화분야에서 기술하였으며, 순수한 사회기반시설 분야로는 교통·물류, 토지, 주택으로 구분한다.

표 1.3.6 사회기반시설분야 지역개발 관련법

분 야	법 률
교통·물류	• 물류정책기본법, 국가통합교통체계 효율화법, 지속가능 교통물류 발전법, 대도시권 광역교통관리에 관한 특별법, 도시교통정비 촉진법, 고속국도법, 도로법, 농어촌도로 정비법, 철도산업발전기본법, 철도건설법, 도시철도법, 궤도운송법, 수도권신공항건설 촉진법, 항공법, 여객자동차 운수사업법, 대중교통의 육성 및 이용촉진에 관한 법률, 자전거이용 활성화에 관한 법률, 물류시설의 개발 및 운영에 관한 법률, 해운법, 해상교통안전법, 항만법, 신항만건설촉진법 등
토지	• 택지개발촉진법, 산업입지 및 개발에 관한 법률, 측량·수로조사 및 지적에 관한 법률, 공공토지의 비축에 관한 법률, 공익사업을 위한 토지 등의 취득 및 보상에 관한 법률, 외국인 토지법, 지적재조사에 관한 특별법 등
주택	• 건축법, 주택법, 보금자리주택건설 등에 관한 특별법, 임대주택법, 부도공공건설임대주택 임차인 보호를 위한 특별법, 농어촌주택개량촉진법, 재건축초과이익 환수에 관한 법률, 장애인·고령자 등 주거약자 지원에 관한 법률 등

제3절 공간계획의 체계

1. 의 의

1) 지역개발과 공간계획

지역개발은 지역 간 또는 지역 내 문제를 해결하고 지역을 발전시키는 것을 목적으로 하므로 공간을 대상으로 하는 계획적 활동이다. 따라서 종래 지역개발론에서는 공간계획이 중심이었다. 공간계획은 공간문제를 해결하거나 보다 나은 공간조건을 해결하기 위한 계획을 말하며, 행정계획[4]의 일종이다.

2) 공간계획의 구분

공간계획은 다양한 기준에 의해 구분된다. 먼저, 공간의 범위에 따라 전국계획, 시·도계획, 시·군·구계획, 읍·면·동계획 등으로 구분할 수 있다. 전국계획은 국토 전역을 대상으로 한 계획이며, 시·도계획은 시·도의 관할구역 간 또는 시·도의 관할구역 내의 계획이다. 시·군·구계획은 시·군·구 단위의 공간계획이고, 읍·면·동계획은 읍·면·동을 대상으로 한 계획을 말한다.

둘째, 계획의 범위에 따라 종합계획과 부문별계획으로 구분된다. 종합계획은 계획대상이 종합적인 분야인 계획이고, 계획대상이 개별적인 분야인 계획을 부문별계획이라 한다.

셋째, 계획의 기간에 따라 단기계획·중기계획·장기계획으로 구분할 수 있다. 일반적으로 1~2년은 단기, 3~5년은 중기, 7년 이상은 장기로 구분한다.[5]

넷째, 계획의 구체화 정도에 따라 기본계획과 시행계획으로 구분할 수 있다. 기본계획은 계획의 기본원칙이나 기본방향을 정하는 지침적 성격의 계획이고, 시행계획은 기본계획을 시행하기 위한 구체적인 기준을 정하는 계획이다. 시행계획은 행정기관이

---

4) 행정계획을 지역적·공간적 의미를 갖는지의 여부에 따라 구분하면 공간계획과 비공간계획으로 구분할 수 있다. 전자의 예로는 국토계획이 있고, 후자의 예로는 경제계획·사회계획 등이 있다.

5) 「도시교통정비 촉진법」에서는 10년 단위의 계획을 도시교통정비 중기계획이라 하여, 10년을 중기로 표현하고 있다.

나 국민을 구속한다. 도시·군기본계획은 전자의 예이고, 도시·군관리계획은 후자의 예이다.

다섯째, 계획의 성질(법적 구속력 유무)에 따라 구속적 계획과 비구속적 계획으로 구분할 수 있다. 행정기관이나 국민에 대하여 구속력을 갖는 계획을 구속적 계획이라 하며, 그 중에서 국민에 대해 구속력을 갖는 계획을 협의의 구속적 계획이라 한다. 행정기관에 대한 구속적 계획의 예로는 국토종합계획, 도시·군기본계획 등이 있고, 국민에 대한 구속적 계획의 예로는 수도권정비계획, 도시·군관리계획 등이 있다.

여섯째, 계획의 기준성에 따라 상위계획과 하위계획으로 구분할 수 있다. 다른 계획의 기준이 되는 계획을 상위계획이라 하고, 기존 계획의 지침에 따라 수립되어야 하는 계획을 하위계획이라 한다. 상위계획과 하위계획은 상대적 개념이다. 도시·군기본계획은 도시·군관리계획의 상위계획이나 국토종합계획에 대하여는 하위계획이다(박균성, 2011).

2. 주요 내용

1) 국토계획

국토계획은 국토를 이용·개발 및 보전할 때 미래의 경제적·사회적 변동에 대응하여 국토가 지향해야 할 발전방향을 설정하고 이를 달성하기 위한 계획을 말한다(국토기본법 제6조). 국토계획은 국토종합계획, 도종합계획, 시·군종합계획, 지역계획 및 부문별계획으로 구분한다. 「국토기본법」은 국토에 관련된 모든 계획을 국토계획의 틀 내에 통합하여 모든 토지가 '선계획-후개발'원칙에 입각하여 체계적으로 이용될 수 있는 기반을 마련하여 수직적으로는 국토계획을 '국토종합계획-도종합계획-시·군종합계획(도시·군계획)'으로 일원화하고, 개별적으로 수립되는 지역계획과 부문별계획을 국토계획체계내로 통합하여 국토종합계획과의 연계성을 강화했다.

먼저, 국토종합계획은 국토 전역을 대상으로 하여 국토의 장기적인 발전방향을 제시하는 종합계획으로, 20년을 단위로 하여 국토교통부장관이 수립한다. 국토종합계획은 도종합계획 및 시·군종합계획의 기본이 되며, 부문별계획과 지역계획은 국토종합계획과 조화를 이루어야 한다.

둘째, 도종합계획은 도 또는 특별자치도의 관할구역을 대상으로 하여 해당 지역의 장기적인 발전방향을 제시하는 종합계획으로 20년을 단위로 하여 수립하며, 「수도권정비계획법」에 의한 수도권정비계획이 수립되는 경기도와 「제주특별자치도 설치 및 국제자유도시 조성을 위한 특별법」(약어로 제주특별법이라 함)에 의한 종합계획이 수립되는 제주특별자치도는 이를 수립하지 아니할 수 있다. 도종합계획은 당해 도의 관할구역에서 수립되는 시·군종합계획의 기본이 된다.

셋째, 시·군종합계획은 특별시·광역시·시 또는 군(광역시의 군을 제외)의 관할구역을 대상으로 하여 당해 지역의 기본적인 공간구조와 장기발전방향을 제시하고, 토지이용·교통·환경·안전·산업·정보통신·보건·후생·문화 등에 관하여 수립하는 계획으로서 「국토계획법」에 의하여 수립되는 도시·군계획을 말한다. 도시·군계획은 특별시·광역시·특별자치시·특별자치도·시 또는 군(광역시의 군은 제외)의 관할구역에 대하여 수립하는 공간구조와 발전방향에 대한 계획으로서 도시·군기본계획과 도시·군관리계획으로 구분한다. 도시·군기본계획은 특별시·광역시·특별자치시·특별자치도·시 또는 군의 관할구역에 대하여 기본적인 공간구조와 장기발전방향을 제시하는 종합계획으로서 도시·군관리계획 수립의 지침이 되는 계획이며, 도시·군관리계획은 특별시·광역시·특별자치시·특별자치도·시 또는 군의 개발·정비 및 보전을 위하여 수립하는 토지이용·교통·환경·경관·안전·산업·정보통신·보건·후생·안보·문화 등에 관한 계획이다. 한편, 도시를 광역적으로 관리할 필요가 있는 지역은 광역도시계획을 수립하도록 하고 있다.

표 1.3.7 도시·군기본계획과 도시·군관리계획의 비교

구 분	도시·군기본계획	도시·군관리계획
정의	• 특별시·광역시·특별자치시·특별자치도·시 또는 군의 관할구역에 대하여 기본적인 공간구조와 장기발전방향을 제시하는 종합계획으로서 도시·군관리계획 수립의 지침이 되는 계획	• 특별시·광역시·특별자치시·특별자치도·시 또는 군의 개발·정비 및 보전을 위하여 수립하는 토지이용·교통·환경·경관·안전·산업·정보통신·보건·후생·안보·문화 등에 관한 계획
대상지역	• 특별시·광역시·특별자치시·특별자치도·시 또는 군의 관할구역	• 좌동
수립·입안권자	• 특별시장·광역시장·특별자치시장·특별자치도지사·시장·군수	• 원칙: 특별시장·광역시장·특별자치시장·특별자치도지사·시장·군수 • 예외: 국토부장관·도지사

확정· 승인· 결정권자	• 특별시장·광역시장·특별자치시장·특별자치도지사: 본인 수립시 확정 • 도지사: 시장·군수 수립시 승인	• 원칙: 시·도지사 또는 대도시시장이 결정 • 예외: 국토부장관(농림식품부장관)
기간	• 20년 단위로 수립하며 5년마다 재검토하여 정비	• 10년 단위로 수립하며 5년마다 재검토하여 정비
효력	• 일반국민에게 구속력 없는 비구속적 행정계획	• 일반국민에게 구속력 있는 구속적 행정계획

넷째, 지역계획은 중앙행정기관의 장 또는 지방자치단체의 장이 특정한 지역을 대상으로 특별한 정책목적을 달성하기 위하여 수립하는 계획을 말한다. 지역계획에는 수도권발전계획,[6] 광역권개발계획, 특정지역개발계획, 개발촉진지구개발계획, 기타 지역계획이 있다.

표 1.3.8 지역계획의 종류

구 분	내 용
수도권발전계획	• 수도권에 과도하게 집중된 인구와 산업의 분산 및 적정배치를 유도하기 위하여 수립하는 계획
광역권개발계획	• 광역시와 그 주변지역, 산업단지와 그 배후지역 또는 여러 도시가 상호 인접하여 동일한 생활권을 이루고 있는 지역 등을 광역적·체계적으로 개발하기 위한 계획
특정지역개발계획	• 특정한 지역을 대상으로 경제·사회·문화·관광 등을 전략적으로 발전시키기 위하여 수립하는 개발계획
개발촉진지구 개발계획	• 다른 지역에 비하여 개발수준이나 소득기반이 현저히 열악한 낙후지역의 개발을 촉진하기 위하여 수립하는 계획
기타 지역계획	• 그 밖에 다른 법률에 따라 수립하는 지역계획

다섯째, 부문별계획은 국토전역을 대상으로 하여 특정부문에 대한 장기적인 발전방향을 제시하는 계획으로, 중앙행정기관의 장이 수립한다. 즉 중앙행정기관의 장은 국토전역을 대상으로 하여 소관업무에 관한 부문별계획을 수립할 수 있으며, 부문별계획을 수립하고자 할 때에는 국토종합계획의 내용을 반영하여야 하고 또한 이와 상충되지 아니하도록 하여야 한다. 부문별계획에는 국가기간교통망계획, 수자원장기종

6) 「국토기본법」에서는 지역계획의 하나로 수도권발전계획을 규정하고 있으나(제16조), 관계 법률인 「수도권정비계획법」에서는 수도권정비계획으로 부른다(제4조).

합계획, 산업입지공급계획, 주택종합계획 등이 있다.

2) 지역개발계획

「지역균형개발 및 지방중소기업 육성에 관한 법률」(약어로 지역균형법이라 함)에서는 계획적인 지역개발을 유도하기 위하여 수립·시행하는 계획을 지역개발계획으로 규정하고 있다. 지역개발계획에는 ① 「국토기본법」에 따라 수립하는 도종합계획과 시·군종합계획, ② 「국토계획법」에 따라 수립하는 도시·군기본계획과 도시·군관리계획, ③ 「지역균형법」에 따른 광역개발사업계획, 개발촉진지구 개발계획, 특정지역개발계획 및 지역종합개발지구 개발계획이 있다.

3) 기타 공간계획

국토계획 또는 지역개발계획 이외에 수많은 법률에서 지역개발에 관한 계획을 수립하도록 하고 있다. 지역개발사업은 다양한 부처에서 시행하고 있으며, 이를 공간범위와 소관부처를 중심으로 구분하면 다음과 같다. 지역개발사업에는 공간계획이 수반된다.

표 1.3.9 지역개발사업의 구분(예시)

<table>
<tr><th colspan="2" rowspan="2">구 분</th><th colspan="4">소관 부처</th></tr>
<tr><th>국토교통부</th><th>농림식품부</th><th>안전행정부</th><th>기 타</th></tr>
<tr><td rowspan="3">공간범위</td><td>시·도</td><td>• 혁신도시개발사업
• 해안권·내륙권개발사업
• 광역개발사업
• 특정지역개발사업
• 신발전지역개발사업</td><td>–</td><td>• 접경지역발전사업</td><td>• 경제자유구역개발사업(산자부)
• 광역권관광개발사업(문광부)</td></tr>
<tr><td>시·군·구</td><td>• 개발촉진지구개발사업
• 기업도시개발사업
• 도시활력증진사업</td><td>• 농어촌정비사업</td><td>• 도서종합개발사업
• 서해5도개발사업</td><td>• 지역특화발전특구사업(산자부)
• 폐광지역개발사업(산자부)</td></tr>
<tr><td>읍·면·동</td><td>• 도시개발사업
• 택지개발사업</td><td>• 읍면소재지종합정비사업</td><td>• 지방소도읍육성사업
• 농어촌도로정비사업</td><td>• 관광단지조성사업(문광부)
• 산촌개발사업(산림청)</td></tr>
</table>

한편, 공간계획의 체계를 그림으로 나타내면 다음과 같다.

그림 1.3.1 공간계획의 체계

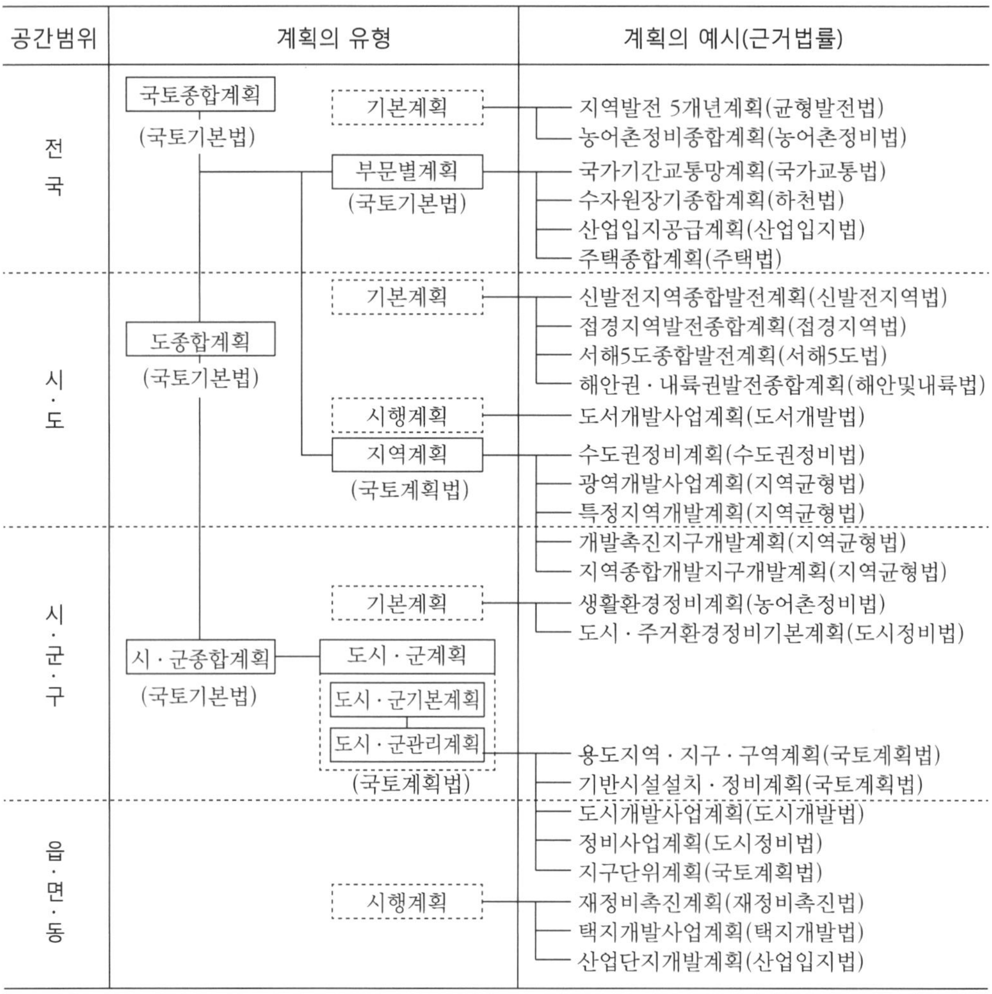

3. 평가와 과제

먼저, 국가중심의 지역개발정책이 많아 지방자치단체의 권한이 침해되거나 축소되는 문제가 있다. 지방의 문제에 대해 지방자치단체의 책임으로 수행하거나 국가계획에 실질적으로 참여할 수 있는 기회가 확대되어야 할 것이다.

둘째, 정치적 입법, 지자체간의 경쟁 등으로 다수의 특별법을 양산함으로써 그 집행에 어려움이 있고, 지역간 입법적 불균형의 문제가 있다. 향후 특별법의 제정을 자제하여야 할 것이며, 기존 특별법의 통합·정비가 필요하다.

셋째, 부처간의 경쟁적 사업추진에 따라 사업의 분산과 중복의 문제가 있다. 사업의 비효율성을 개선하기 위해서는 부처별 특화와 조정기능의 강화가 필요하다.

탐구학습

1. 주요 개념
   - 성문법
   - 자치법규
   - 사회기반시설
   - 공간계획
   - 지역개발사업

2. 토론과 과제
   - 사회기반시설의 확충방안
   - 지역개발 관련법의 분류기준
   - 공간계획의 체계
   - 지역개발 관련법의 평가와 과제

참고문헌

강문수(2010), 지역개발관련 특별법 정비방안 연구, 한국법제연구원.
김용웅 외(2009), 신지역발전론, 경기: 한울아카데미.
대한국토 · 도시계획학회(2008), 도시계획론, 서울: 보성각.
미래도시연구회(2009), 지역계획론, 서울: 보성각.
박균성(2011), 행정법강의, 서울: 박영사.
서태성 외(2011), 대규모 개발사업 · 계획의 실효성 강화방안 연구, 국토연구원.
이성근 · 서경규(2012), 현대 부동산의 이해(제3판), 서울: 부연사.
홍성찬(2010), 법학원론, 서울: 박영사.
http://www.law.go.kr(국가법령정보센터).
http://www.molit.go.kr(국토교통부).

제 2 부

지역개발의 이론

제 1 장

지역공간구조이론

제1절 개 요

지역의 공간구조에 관한 연구는 지역이라는 공간 위에서 자리잡고 있는 사물과 현상의 분포를 분석하는 것이다(김형국, 1997). 공간구조란 사물과 현상을 담고 있는 부분공간들이 질서있게 일련의 관계를 맺으면서 배열된 패턴의 형태라고 정의할 수 있다(남영우, 2007).

지리적 공간상에서 지역과 지역 상호간뿐만 아니라 지역 내에서도 끊임없이 상호작용이 일어나고 있다. 특정한 공간차원에서 인간의 경제활동에 수반되는 재화와 용역을 모두 자급자족할 수 없기 때문에 공간적으로 이동과 상호작용은 불가피하다. 따라서 지리적 공간 위에서 이동과 이동에 따른 상호작용의 결과로서 형성되는 지역의 공간구조에 대한 체계적인 분석은 지역개발이론에서 필수적이라고 할 수 있다.

지역의 공간구조를 규명하기 위해서는 지역에 대한 논의를 바탕으로 공간구조와 그 구성요소에 대해 이해할 필요가 있다.

제2절 지역의 공간구조

1. 지역의 개념

지역(地域)이란 일정한 기준에 의하여 갈라놓은 구체적인 어떤 구역을 의미한다. 사전적 정의로는 일정한 땅의 구역을 의미한다(대한국토 · 도시계획학회, 2009). 그러나 지역은 학문적 입장과 관심 분야에 따라 다양한 공간 범위와 형태를 지니기 때문에 개념정의가 용이하지 않다.

지리학에서는 지역이란 한 가지 이상의 특질에 대하여 동질성 내지 균일성이 존재하는 경계내의 구역으로 정의한다. 경제학에서는 지역을 입지(立地)라는 관점에서 접근하고 있는데, 지역을 영역의 면적보다는 경제적인 여러 기능의 작용 및 영향에 대한 양과 질의 분석을 통한 지역경제문제의 해명이라는 측면에서 접근한다. 사회학에서는 지역의 개념을 커뮤니티(community)와 동일하다고 본다(한국지역개발학회, 1996). 계획의 측면에서는 ① 국제적 차원의 지역으로 아시아, 유럽, 북미 등과 같이 여러 개의 국가가 모여서 이루어진 지역, ② 국가적 차원의 지역으로 한국, 일본, 중국, 미국 등과 같이 국가단위의 지역, ③ 지방적 차원의 지역으로 농어촌마을, 군, 광역도시 등 행정구역을 중심으로 하는 지역과 낙후지역, 침체지역, 과밀지역 등 특수한 지역의 성격을 중심으로 하는 지역 등을 의미한다. 또한 행정의 측면에서는 지역이란 두 개 이상의 지방자치단체가 걸쳐 있는 공간적 범역을 의미하는데, 특별한 사업수행을 목적으로 하는 한 개의 사업에 두 개 이상 또는 수 개의 행정단위가 걸쳐 있는 공간적 범역도 포함한다(대한국토·도시계획학회, 2009).

따라서 지역의 개념은 특정되어 있는 것이 아니라 개별적으로 연구목적, 관심 분야, 계획의 성격 등에 따라서 다양하게 정의할 수 있다.

2. 지역의 구분

1) 보드빌의 지역구분

보드빌(J. R. Boudeville, 1968)은 지역을 동일지역 또는 동질지역, 결절지역 또는 극화지역, 그리고 계획지역 등으로 구분한다(김용웅 외, 2009).

동일지역 또는 동질지역(homogeneous region)은 2개 이상의 공간단위가 공통적인 속성을 지니고 있어 하나의 통합된 공간단위로 이루어진 지역이다. 동질지역은 지리적 특성이나 자원의 부존성 등 물리적인 기준과 소비패턴, 취업구조, 사회적 태도, 개인소득, 산업구조 등 사회경제적인 기준으로 분류한다.

결절지역(nodal region) 또는 극화지역(polarized region)은 공간적 거점을 중심으로 기능적 연계가 밀접하게 형성된 지역범위를 의미한다. 특정 거점을 중심으로 일정한 지리적 영역이 하나의 결절지역이 되기 위해서는 중심거점과 주변지역 간의 생산, 소비 및 각종 사회활동에서 밀접한 상호작용이 존재해야 한다. 동일 수준의 공간거점은 복수의 차상위 공간거점 또는 중심거점과 연계를 유지한다. 이 중에서도 극화지역은 가장 많은 연계를 맺는 거점집단이 포함된 지역을 의미한다. 또한 거점 간 기능적 상호연계성뿐만 아니라 계층적 구조가 중요하며, 공간적 계층에 따라 지리적 범위가 다양하다. 예를 들면, 읍·면 소재지를 기초단위로 하면 군 또는 시급 도시를 중심으로 한 극화지역이 형성될 수 있다.

계획지역(planning region)은 교역 및 소득의 극대화와 효율적인 자원 활용 등 특정한 목적을 효율적으로 달성하기 위해 설정된 연속된 공간을 의미한다. 계획지역과 결절지역은 개념적으로 밀접한 연관성을 지닌다. 계획지역이 공간 내 기능적인 연계를 무시한 채 설정된다면 정책이나 계획의 추진이 비효과적으로 될 가능성이 높다. 그러나 계획지역은 정책의 효율적인 집행과 관리를 위해 행정구역을 기초로 설정할 필요가 있기 때문에 언제나 결절지역과 일치되지는 않는다.

2) 프리드만의 지역구분

프리드만(J. Friedmann, 1975)은 대도시권(metropolitan)지역, 신개척(new frontier)지역, 낙후(lagged)지역으로 구분한다(대한국토·도시계획학회, 2009). 대도시권지역은 경제활동을 기준으로 하여 이루어지는 지역이다. 이 지역은 인구밀도가 높은 중심도시(인구과밀지역)와 인구밀도가 낮은 주변지역(인구과소지역)으로 구성된다. 중심도시는 상품을 생산하여 주변지역에 팔고 주변지역은 농산물을 재배하여 중심도시에 파는데, 두 지역은 상품의 상호교류라는 의존성을 근거로 하여 이루어진다.

신개척지역은 자원개발을 중심으로 하여 이루어지는 지역으로 자연자원의 개발을 통해 성장한다. 낙후지역은 저발전이 이루어지는 지역으로 실업률이 높고 주민들의 생활수준과 소득수준이 낮은 곳이다. 이 지역은 교통 불편, 하부구조시설의 부족으로 생활환경이 열악하며, 자원이 부족하여 경제가 활성화되지 못하여 국가적으로 관심이 집중되는 지역이다.

3) 클라센의 지역구분

클라센(L. H. Klaassen, 1968)은 정태적 기준인 지역소득수준과 동태적 기준인 성장률을 국가평균과 비교해 번영지역, 성장 중인 저발전지역, 잠재적 저발전지역, 저발전지역으로 구분한다(김용웅 외, 2009). 모든 지역은 지역소득수준 차원에서는 전국 평균보다 높은 지역과 낮은 지역으로 구분되고, 성장률 차원에서는 평균성장률보다 높은 지역과 낮은 지역으로 구분된다. 지역소득수준과 성장률 모두 전국 평균보다 높으면 번영지역, 지역소득수준은 높으나 성장률이 낮으면 잠재적 저발전지역, 지역소득수준은 낮으나 성장률이 높으면 성장 중인 저발전지역, 지역소득수준과 성장률 모두 전국 평균보다 낮으면 저발전지역으로 분류한다.

4) 한센의 지역구분

한센(N. Hansen, 1968)은 한 단위 투자 증대의 한계사회편익(Marginal Social Benefit: MSB)과 한계사회비용(Marginal Social Cost: MSC)을 비교해 지역을 과밀지역, 중간지역, 후진지역으로 구분한다(김용웅 외, 2009). 과밀지역은 지역 내 성장이 한 단위 증가되면서 발생하는 한계사회비용이 한계사회편익과 같거나 큰 경우에 해당되는 지역이다. 중간지역은 지역성장의 한계사회비용이 한계사회편익보다 작기 때문에 추가 투자가 이루어지면 사회적으로 혜택이 커지는 장점이 있다. 경제성장을 위해서는 중간지역에 대한 투자의 확대가 요구된다. 후진지역은 새로운 경제활동을 유치할 수 있는 특성을 거의 지니지 못한 지역이다. 이 지역에서는 생존수준의 소규모 농업활동과 정체 또는 쇠퇴하는 산업이 주류를 이룬다.

3. 지역공간구조의 구성요소

지역공간구조의 실체를 정의하기 위한 논의는 다양하다. 나이스투엔(Nystuen)은 방향(direction), 거리(distance), 연결(connection) 등을 구성요소로 제시하였고, 모릴과 도마이처(R. L. Morrill & J. M. Dormitzer)는 거리(distance), 규모(size), 형상(shape), 상대적 입지(relative location), 접근성(accessibility) 등의 변수를 공간구조의 요소로 제시하였다.[1] 하게트(P. Haggett)는 움직임(movement), 교통망(network), 결절(node), 계층(hierarchy), 영향면(surface) 등을 구성요소로 주장하였다(김형국, 1997).

지역공간구조에 대한 논의는 공통적으로 공간구조를 공간통합의 연결성(connectivity)

---

1) 자세한 내용은 제4부 제2장 제2절 공간구조분석(p. 292) 참조.

이란 측면에서 파악하고, 이를 장소 간의 기능적 연계 또는 상호거래의 시각에서 측정하기 위한 개념으로 지역이동과의 상호작용을 전제로 한다.

이 책에서는 지역공간구조의 다양한 구성요소에 대한 논의를 종합하여 지역이동, 교통체계, 도시의 형성과 체계, 중심과 주변의 상호작용 등으로 구분한다.

제3절 지역이동과 교통체계

1. 지역이동

지역이동이란 지리공간상의 거리를 극복하기 위하여 발생하는 이동을 의미한다. 지역이동은 정치적 측면, 경제적 측면, 사회·문화적 측면에서 발생한다(김형국, 1997).

첫째, 정치적 측면이다. 인간이 사회생활을 영위하게 됨에 따라 어떤 집단을 다스리기 위하여 통치가 필요하게 된다. 통치는 사람에 대한 것으로 사람이 살고 있는 장소의 통치이다. 즉, 효율적인 통치구조를 위하여 공간적 영역을 확대하는 과정으로 인해 지역이동이 발생한다는 것이다. 역사적으로 국가가 다스리는 영역은 교통수단의 발달과 밀접히 관련되어 있다. 우선 피통치자가 위치한 장소까지의 지역이동이 효과적으로 이루어질 수 있느냐에 따라 통치의 영역이 결정되며, 통치자의 교통수단 개발정도에 따라 중앙집권화 또는 지방분권화의 엇갈림 속에서 정치적인 공간이 형성되었다.

둘째, 경제적 측면이다. 산업혁명 이후 경제발전은 노동의 분업에 의해 가능하고, 노동분업은 장소의 분업과 전문화를 낳는다. 장소적으로 경제적 기능이 전문화되고, 전문화된 활동을 담고 있는 장소들 간의 상호연결성이 확보되면 경제적 복리를 증진시킨다. 전문화된 장소에 인간활동이 물리적으로 집적(集積)하여 공간의 통합을 이루기 위한 공간적 이동, 즉, 지역이동이 발생한다는 것이다.

셋째, 사회·문화적 측면이다. 경제성장이 도약단계에 들어간 사회 또는 고도산업사회에서 경제성장이 뒤처진 낙후지역 등에 형평성의 실현을 위하여 공간적 이동이 발생한다는 것이다. 사회·문화적인 지역이동에는 최근 개인적·사회적으로 경제적 여유를 누리게 되면서 급격히 그 수요가 늘어나는 위락·관광 등 문화적 욕구의 지향도 포함된다. 정치적, 경제적 측면의 지역이동에 추가적인 사회·문화적 지역이동의 증대는 삶의 질이 중요한 개인적·사회적 가치로 인식되면서, 국토 및 지역의 공간적 흐름과 그 구조에 중요한 영향을 미치고 있다.

지역이동의 유형에 대해 프리드만과 불프(J. Friedmann & R. Wulff)는 인구, 혁신, 자본, 권력 등을 제시하였다(김형국, 1997). 이 책에서는 지역이동의 유형을 인구의 이동, 혁신의 확산, 자본의 이동, 권력의 공간분포 등으로 구분한다.

1) 인구의 이동

인구이동은 누가, 왜, 어디로 이동하는가에 관심을 가진다(김형국, 1997). 이동인구는 네 가지 특성을 가진다. 첫째, 생애주기(life-cycle)측면으로 연령과 관련되는데, 특히 이동인구의 대부분은 청년층이고, 20대의 비중이 높다. 둘째, 고용수준측면으로 저급 노동자는 지방시장, 고급 및 전문직 노동자는 전국시장으로 이동하는데, 후자의 경우가 이동이 더 빈번하다. 셋째, 교육수준측면으로 교육수준이 높을수록 이동의 빈도가 높아진다. 넷째, 이동경험측면으로 과거에 이동의 경험이 있는 사람은 거듭하여 이동하는 경향이 있다.

인구이동이 발생하는 이유는 일반적으로 경제적 이유 때문이라고 할 수 있으나, 교육, 문화, 사회적 기회의 추구, 기후적 요인 등에 의해서 발생하기도 한다.[2)]

한편 인구이동은 인간의 정주패턴을 구조화시킨다(황명찬, 1989). 정주패턴이란 지리적 공간 위에서 인구와 경제활동이 분포되어 있는 모양을 의미하는데, 그 분포가 어떤 규칙성을 가진 체계를 이루고 있으면 정주체계(settlement system)라 한다. 즉, 인구이동으로 취락의 형성, 도시의 발생 등이 나타난다.

2) 혁신의 확산

혁신(innovation)이란 인간의 창조적 활동을 포괄적으로 지칭하며, 기존의 사회체제에서 새롭다고 인식되는 아이디어나 인위적인 것들이 성공적으로 도입되는 경우로 발명과 모방의 아이디어를 모두 포함한다(김인, 1994).

이러한 혁신은 공간적으로 전파 및 확산되는 과정에서 거리에 반비례하는 특징을 보이고 있다. 즉, 거리가 가까우면 혁신을 주고받는 사람들 사이의 접촉이 빈번해지

2) 토다로(M. P. Todaro)는 인구이동은 지역간 실질소득의 격차가 아니라, 장래의 지역간 기대소득 격차의 결과라고 주장한다.

므로 혁신이 잘 전파되며, 거리가 멀수록 혁신의 채택률은 체감하게 된다. 모릴(R. L. Morrill)은 이를 거리체감함수(distance decay function)라 하였으며[3], 이때 거리는 물리적 거리보다는 시간적 거리가 더 중요하게 작용한다.

혁신이 전파되는 유형은 진행과정에 따라 전염확산(contagious diffusion)과 계층확산(hierarchical diffusion), 전달방법에 따라 이전확산(relocation diffusion)과 팽창확산(expansion diffusion)으로 구분된다. 전염확산은 전염병이 접촉에 의해 옮겨 가는 모습과 같은 혁신확산이고, 계층확산은 대도시나 중요한 사람에게 혁신의 정보가 전달되면 전달자의 계층상 차하위 계층으로 건너뛰는 유형의 확산이다. 그리고 이전확산은 사람과 함께 혁신적 정보가 확산 또는 이동하는 것을 의미하고, 팽창확산은 사람은 움직이지 않고 혁신적 정보만 확산되는 것을 말한다.

한편 하게트(P. Haggett)는 혁신의 확산은 사회·문화적 공간패턴을 구조화시킨다고 주장하였다(김형국, 1997 재인용).

3) 자본의 이동

자본의 이동(movement of capital)은 투자의 외형적인 양상이다. 자본의 이동은 자본의 입지와 자본의 재입지로 나눌 수 있다. 자본은 산업활동의 근간이 되므로, 자본의 입지 또는 재입지는 곧 산업의 입지 또는 재입지를 말한다. 산업의 입지 및 재입지는 산업활동의 공간적 분포를 낳는데, 전문화과정을 거치는 산업의 공간적 분포는 집중(concentration), 분산(deconcentration), 분산적 집중(decentralized concentration)과 같은 다양한 모습으로 나타난다.

자본의 공간적 이동은 경제활동의 입지패턴을 구조화시킨다. 경제활동은 모든 산업에서 동일한 패턴을 이루는 것이 아니라 산업별로 특징을 보이고 있다. 즉 농업, 제조업, 서비스업 등의 경우 각각 서로 다른 입지패턴을 보인다. 여기에서 출발한 것이 입지이론(location theory)이다(김형국, 1997).

4) 권력의 공간분포

권력이란 타인의 의사에 구애받지 않고 자기의 의사를 실현시키는 능력을 의미한

3) $I=f(d)$로서 혁신채택률(I)은 거리(d)의 함수이며, 일반적으로 우하향하는 곡선의 형태를 취한다.

다. 이를 공간과 관련하여 보면, 자원을 동원하고 배분할 수 있는 정책, 규제 그리고 명령으로 다른 사람의 결정역(決定域)을 의도적으로 구축할 수 있는 지리적 공간상에 입지한 조직적·기관적 행위자의 능력이다. 이는 기업과 가구의 입지결정, 자원의 수량, 입지 및 이용 그리고 혁신의 흐름에 영향을 미치는 능력을 갖고 있다. 권력의 공간적 분포는 도시체계의 성장과 발전에 영향을 미친다(김형국, 1997).

국토공간상의 권력의 분포는 집권화와 분권화로 구분된다. 집권화는 권력이 위치한 장소 간의 지배·종속관계가 존재함을 의미하는데, 소지역과 전근대적인 통치체계에서 주로 살펴볼 수 있다. 그러나 교통·통신의 발달, 산업화, 정보화 등 사회적 여건의 변화로 분권화라는 패러다임이 형성되었다. 지방자치제도는 분권화의 확장된 개념으로 권력의 공간적 이동 측면에서 이해할 수 있다.

2. 교통체계

1) 교통체계의 의의

교통체계에는 반드시 시점(始點)과 종점(終點)이 있다. 시점과 종점을 연결하는 교통체계는 끊임없는 변화과정을 거치면서 서로 교차하고 복잡해진다. 그리고 교차점에서는 인간의 활동이 활발하게 발생하여 하나의 결절(node)로서 도시를 형성하게 된다(김형국, 1997).

교통체계로서 길은 인류가 탄생하면서부터 존재하였다. 상호작용을 하고자 하는 사람의 경우 원하는 자원은 특정 장소에 있고, 거리는 장벽 또는 비용이 되므로 최소노력의 원칙(principle of least effort)을 본능처럼 실현하다보면 그 경로가 대체로 일정하게 된다. 이처럼 일정한 움직임 때문에 사람이 발로 밟아 다져진 길이 생겨나게 되었다.

교통체계는 지형(地形), 지리(地利) 그리고 지정(地政)의 제약을 받게 된다(김형국, 1997). 우리나라는 지형적 제약으로 백두대간이 동해안쪽에서 큰 줄기가 남쪽으로 발현하고 그 가지가 서남쪽으로 뻗어 있는 형국이다. 길은 이 산악을 피할 수밖에 없기 때문에 남북 종단의 도로망이 주종을 이루게 되었다. 지형이 지리에 영향을 미치고 지리가 다시 도로망 형성에 영향을 미쳤던 것이다. 역사적으로 사람이 거처하는 주거지는 배산임수, 즉 산을 등져야 한다는 취지에서 산을 피해 평지에 주로 만들어졌다.

지정(地政)도 교통망에 영향을 미쳤다. 서울을 교차점으로 하여 X자형의 교통망을 형성하게 된 것은 조선시대 중앙집권적인 정치질서에 순응하여 지방의 주요 가치와 자원의 서울 지향을 도모하기 위해서였다.

2) 교통체계의 기능

교통체계가 지역에 미치는 기능과 역할은 경제적·사회적·정치적·환경적 측면에서 구분하여 살펴볼 수 있다(한국지역개발학회, 1996).

첫째, 경제적 기능이다. 교통은 시간적·장소적 거리의 극복을 통하여 사람과 재화의 이동을 용이하게 하고, 생산과 소비활동의 효과를 극대화시키는 기능을 한다. 이를 교통의 장소적 효용(place utility), 시간적 효용(time utility)이라 한다. 또한 교통은 지역의 분화와 노동의 분업을 가능하게 하고, 교통의 발달은 공급의 불확실성에서 오는 재고의 비축을 감소시켜 경제활동을 적절하게 이끌어 준다. 반면에 교통행위에서 발생한 비용은 각종 경제부문에 또다른 영향을 미치게 된다.

둘째, 사회적 기능이다. 교통의 발달은 인구의 이동을 용이하게 하고, 교통결절점이 배후지에 대한 중심지 역할을 할 수 있기 때문에 인간정주공간을 형성시키는 기능을 한다. 교통발달로 인한 비용 및 시간의 절감은 인간활동에 변화를 초래하여 공간패턴과 정주공간 크기에 영향을 준다. 또한 폐쇄된 사회를 개방하는 기능을 하고, 생활수준과 생활양태를 평준화시키는 기능을 한다.

셋째, 정치적 기능이다. 교통은 통치영역을 넓혀주고 지역을 통일시켜 주며, 군대와 군수물자를 신속하게 수송할 수 있으므로 군사적 기능으로 인하여 정치와 결부되기도 한다. 또한 교통체계의 형성에는 투자비용이 막대할 뿐만 아니라 그 파급효과도 광범위하여 교통체계의 정비·확충은 지역주민의 최대숙원이 되면서 교통과 정치는 불가분의 관계를 이루기도 한다.

넷째, 환경적 기능이다. 교통망을 활용하는 교통기관에 의해 대기오염과 소음, 진동 등에 의한 환경피해가 야기되며, 인명과 재산에 결정적인 위해를 가하는 교통사고가 발생한다. 또한 교통은 에너지와 토지자원의 소모를 통하여 환경에 영향을 미치고 있으며, 교통시설은 시각공해를 유발하고 생활권을 차단하여 지역성장을 저해하는 부정적인 기능이 있다.

3) 교통체계의 효과

교통체계는 공간 위에서 이동을 매개한다. 각 지역 또는 장소상의 이동은 공간구조를 만드는 결정적 요소이고, 한번 형성된 공간적 형상은 뒤이은 이동에 영향을 미친다.

교통체계가 발달하면 무엇보다 지역 간의 경제·사회적인 상호작용이 심화·확대된다. 공간상에서 지점과 지점 사이의 연결을 가능하게 해주는 연결효과(connective effects)를 실현해 주기 때문이다. 교통체계의 공간발전효과는 특히 농촌과 도시를 잇는 교통망에서 현저하게 나타난다. 농촌에서 도시로 접근하는 교통망의 확충은 혁신의 공간적 확산을 촉진시키기 때문이다. 하지만 교통체계의 확충이 당장 낙후지역의 발전을 보장하는 것은 아니다.

농촌지역에는 교통시설의 개선과 확충이 요청되지만 이에 못지않게 통신시설의 개선도 필요하다. 이는 물량의 유통에는 정보의 유통이 선행조건이기 때문이다. 그러나 혁신의 확산에는 교통과 통신의 상호 우월성을 비교하기보다 양자의 기능적 보완이 필수적이다.

우리나라의 교통체계는 주로 도로교통에 의존하였다. 그러나 2004년 경부고속철도가 개통되면서 장거리 교통수단간 역할분담이 새롭게 정립되고 있다. 경부고속철도는 서울의 지위를 더욱 강화하는 방향으로 작용하고 있다. 대도시 주변의 소도시는 해당 대도시의 기능권으로 통합될 가능성이 높다. 또한 고속철도는 심각한 지역 간 문제를 발생시키는데, 철도역이 생기는 지역과 그렇지 않은 지역 간의 지역격차가 더욱 확대되기도 한다.

따라서 지역의 교통체계와 관련된 정책을 수립할 때에는 지역공간구조의 다핵화, 교통체계관리기법의 도입, 첨단도로교통체계, 지방정부의 역할 증대, 교통관련 법규의 재정비 등의 측면을 검토하여야 한다(유영옥, 1996).

교통체계가 지역개발에 미치는 효과를 살펴보면 다음과 같은 특성이 있다(한국지역개발학회, 1996). 첫째, 교통이 지역개발에 미치는 영향은 여러 가지 요인과 함께 상호작용하여 2차적·3차적 연쇄효과를 통하여 나타난다. 둘째, 교통의 지역개발효과는 그 유형이 다양하고 광범위하며, 사업성격이나 지역특성 등에 따라 다르게 나타나므로 이를 일반화시켜 설명하기가 쉽지 않다. 셋째, 교통의 지역개발효과는 대부분 부수적이고 간접적인 것으로서, 성격에 따라서는 승수효과(multiplying effect)를 유발하기도 하나, 장기적으로 파급되어 균형에 도달하므로 이를 계속적으로 추적하기가 현실적으로 불가능하다. 넷째, 지역개발효과는 직접효과와 부수효과가 중복 계산될 수 있고, 화폐가치로 나타내거나 계량화가 쉽지 않아 평가과정에 이를 포함시키기가 어렵다.

제4절 도시의 형성과 체계

1. 도시의 형성

1) 도시형성의 의의

교통체계의 결절지역은 크고 작은 도시로 나타난다. 도시는 이동이 편리한 곳에 사람이 집적함으로 인하여 발생하기도 한다. 이동이 많으면 그만큼 머물 수 있는 시간도 많기 때문이다. 그리고 이동(혹은 교통)의 편의는 교통체계에서의 결절을 도시로 성장케 하는 요인이기도 하지만, 그러한 교통편의는 기존의 도시가 계속적으로 성장하는 데 필요한 요인이기도 하다(김형국, 1997).

도시의 형성은 도시화(urbanization)라고도 하는데, 도시지역에 인구가 집중하는 현상과 도시적 생활양식으로의 변화과정을 의미한다. 즉, 경제적 이익으로 인해 인구가 일정 지역에 집중되는 상태에 도달되어, 그 지역이 확대되고 인구밀도가 높아져 도시지역에 집중되는 인구의 비율이 증가되는 과정을 의미한다.

이러한 도시의 형성은 일반적으로 공간적 집중화(spatial concentration)과정, 지리공간상에서 접근성(accessibility)의 증대과정, 중심지로부터 주변지역에 대한 확산과정 그리고 인간정주체계(human settlement system)의 형성과정 등 네 가지 공간질서형성 과정으로 나타난다(김인, 1994).

2) 도시형성의 원인

도시형성의 기본적인 원인은 인구의 집중이다. 즉, 어떤 특정한 공간으로의 인구이동이 도시의 형성 원인이다. 그렇다면, 어떤 특정한 공간으로의 인구이동이 발생하는 요인은 압출·흡인이론(push and pull theory)으로 설명할 수 있다. 먼저 압출요인으로는 첫째, 토지 증가의 유한성이다. 농촌인구는 증가되었으나 노동이 필요한 토지는 유한하므로 유휴노동력이 발생하고, 발생된 만큼의 인구가 이동한다. 둘째, 인간의 기술향상으로 영농방법의 기계화로 인한 유휴노동력 발생이다.

그리고 흡인요인으로는 집적의 경제(agglomeration economy)와 규모의 경제(economy of scale)를 들 수 있다. 도시의 인구는 그 자체가 시장여건을 구비함으로써 도시경제의 자체 추진력의 원동력이 된다. 따라서 도시는 곧 인구를 흡인하는 요인으로 작용하는 것이다(김인, 1994). 즉 도시로의 인구이동은 농촌지역의 낙후된 경제·사회적 여건이 밀어내거나(push), 도시지역의 경제·사회적 비교우위가 끌어당기거나(pull), 아니면 이 양자가 복합적으로 작용해서 발생한다고 볼 수 있다(박종화 외, 2006).

3) 도시형성의 진행과정

20세기 이후의 도시형성의 두드러진 현상은 거대도시의 출현과 대도시권의 확대 등을 들 수 있다. 도시인구의 성장은 대부분 거대도시로 귀착되며, 교통 및 통신의 발달, 소득수준의 향상 등으로 대도시 주변지역이 중심도시에 경제적·문화적·사회적으로 일체화되어 통합공간을 형성하게 되는 대도시권이 출현한다.

한 나라의 도시형성의 정도는 전국인구에 대한 도시인구의 비율인 도시화율로 표현된다. 도시형성의 진행과정은 네 단계로 구분할 수 있다(박종화 외, 2006).

첫째, 도시형성의 초기단계에서는 도시화율이 극히 낮을 뿐 아니라 도시화의 진행속도가 대단히 완만하다. 주로 1차 산업에 의존하며, 도시의 발달이 미약하고 국가 전체인구의 상당부분이 농촌지역에 거주한다.

둘째, 가속화단계에 이르면 도시화율의 증가속도가 가속화될 뿐만 아니라 전국인구에서 도시인구가 차지하는 비중이 높아진다. 도시성장의 격변기로 인구 및 경제활동이 도시지역에 집중하는 현상이 크게 나타난다.

셋째, 도시형성이 포화상태에 이르면 종착단계가 된다. 이 단계에서는 도시화율의 신장추세가 둔화되고 고도의 도시화 수준에 도달한다. 도시화 수준은 대체로 80%의 수준을 상회하며, 과도한 공간집적에서 탈피하여 분산이 촉진되고 지역 간의 균형발전이 전개된다.

넷째, 도시형성의 마지막 단계는 퇴행단계이다. 미국을 비롯한 선진국의 경우

1970년대부터 나타나기 시작하였는데, 자본주의가 성숙하여 탈공업사회의 단계에 접어든 나라에서는 오히려 도시를 탈출하는 인구가 증가하고 있다. 베리(B. J. L. Berry)는 도시지역에서 비도시지역으로의 인구의 역이동을 역도시화(counter-urbanization)현상이라고 하였다.

또한 도시권 내부에서 중심도시와 주변지역 간의 인구변화유형을 기준으로 대도시권의 형성과정을 구분하면 〈표 2.1.1〉과 같다(Vanhove & Klaassen, 1980).

도시화 초기단계는 이촌향도적(離村向都的) 인구이동이 중심도시와 주변부에 정착하는 단계이고, 절대적 집중단계는 중심도시의 집적이익과 규모의 경제가 너무 크기 때문에 주변지역의 인구가 중심지로 급격히 흡수되는 단계이다. 상대적 집중단계는 중심지의 집적이익 및 규모의 경제는 계속되지만 성장의 확산효과가 점차 확대되어 가는 추세가 나타나는 단계를 말한다. 상대적 분산단계는 중심도시보다 주변지역으로 인구가 급격히 확산하는 단계이다. 예를 들면, 서울이나 부산과 같이 중심지의 자체적 한계에 크게 기인한다. 중심지의 지가상승, 택지부족, 소득수준 향상, 교통·통신의 발달로 인한 기동성의 증대, 지형적인 한계 등이 상대적 분산의 원인이다. 절대적 분산단계는 중심도시에서 공동화현상이 나타나고, 절대인구가 줄어드는 단계를 말한다.

표 2.1.1 인구변화에 따른 대도시권의 형성과정

단 계	중심도시	주변지역	형성과정
I	+	+	도시화 초기단계
II	++	−	절대적 집중단계
III	++	+	상대적 집중단계
IV	+	++	상대적 분산단계
V	−	+	절대적 분산단계

주: ++(인구급증), +(인구점증), −(인구감소)
자료: Vanhove & Klaassen(1980: 188).

우리나라의 도시화율은 1960년 39.1%에 불과하였으나 1970년에는 50.1%로서 도시인구와 농촌인구가 동일한 시점을 지나, 2010년에는 도시화율이 90.9%로 증가하였다. 2010년 기준으로 도시에 거주하는 인구는 전체 인구 50,515,000명 중에서 45,933,000명이다.

1960년대 이후 우리나라는 급속한 산업화·도시화 과정을 겪었고, 이러한 과정에서 도시와 농촌 간의 인구분포는 50년 전과 반대의 모습을 보이고 있다. 이러한 현상은 도시화와 산업화의 과정에서 야기된 불가피한 것이긴 하였지만, 인구의 도시집중으로 말미암아 주택난, 교통난, 환경악화 등과 같은 심각한 문제가 일어났다. 이에 따라 도시문제를 해결하고, 나아가 쾌적한 도시환경을 조성하여 국민의 삶의 질을 높이는 것이 중요한 사회·경제적 과제로 떠올랐다.

그림 2.1.1 도시화율 추이

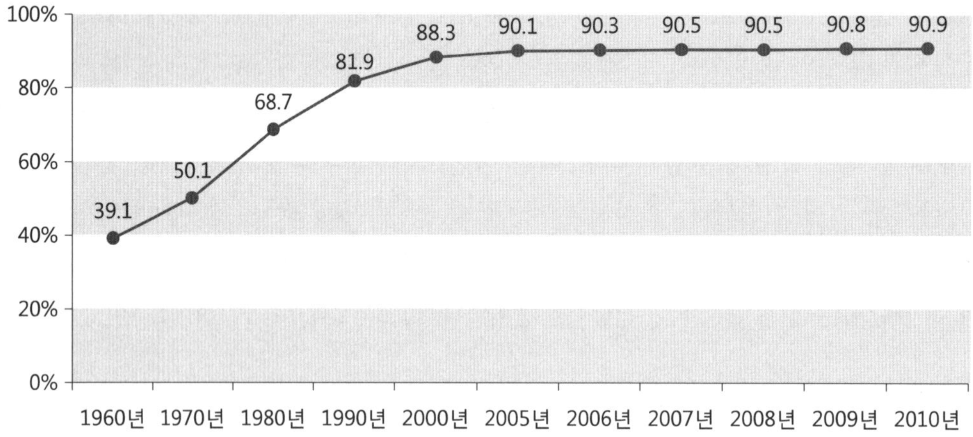

표 2.1.2 인구의 변화추이 (단위: 천명, %)

구 분	1960년	1970년	1980년	1990년	2000년	2005년	2010년
인구	24,989	31,435	37,449	43,390	47,964	48,782	50,515
도시인구	9,784	15,750	25,738	35,558	42,375	43,959	45,933
농촌인구	15,205	15,685	11,711	7,832	5,579	4,822	4,582
도시화율	39.1	50.1	68.7	81.9	88.3	90.1	90.9

주: 1) 도시인구는 시 및 인구 2만이상의 읍을 대상으로 함.
2) 2000년까지의 도시인구는 도시계획구역 내에 거주하는 인구이고, 2005년 도시인구는 도시지역 내 거주하는 인구이며, 2010년은 국토계획법상의 용도지역기준 도시지역 내 거주 인구임.
자료: 국토교통부, 도시계획현황통계.

4) 도시형성의 주요 특징

(1) 대도시권의 외연적 확산

도시형성의 두드러진 특징은 대도시권의 성장이다. 교통·통신의 발달, 소득수준의 향상, 여가시간의 증가, 대도시 주변지역의 비농업적인 경제활동의 증대 등으로 말미암아 대도시가 사람·물자·정보의 흐름을 통해서 주변부에 지속적으로 영향을 미친다. 그 결과 중심지와 주변부라는 이질적인 두 가지 성격이 존재하던 대도시지역이 기능적으로 상호 연결된 통합공간을 형성하게 된다.

대도시권의 외연적 확산은 여러 가지 문제를 야기한다. 직주분리(職住分離)를 촉진시켜 도시 내 일부지역에 한정되었던 교통문제를 광역도시권 전체의 문제로 확대시키며, 교통에너지의 낭비현상이 심각하게 나타난다. 따라서 광역도시권의 계획적 개발을 불가피하게 한다(박종화 외, 2006).

대도시권의 확산에서 야기된 직주거리의 확대에 따른 교통문제에 대하여 도시의 높은 집적경제를 유지한 채 직주 간의 거리를 줄이기 위한 방안으로 다핵(poly-nucleated)도시가 있다. 대도시 내의 적정 지점에 신도시라는 도시적 핵을 만드는 것이다. 신도시 건설의 목적은 직주균형과 자족성[4]확보에 있다. 다핵도시의 구상은 환경주의의 실현을 위한 것이기도 하며, 나아가 지속가능성의 도시구조적 접근은 '압축도시[5]'론으로 나타났다(김형국, 1997).

(2) 종주도시화

많은 국가에서는 경제발전과 함께 하나 또는 몇 개의 도시에 산업 및 인구가 집중하게 되는 종주도시화(宗主都市化) 현상이 나타났다. 이에 따라 대도시인구의 비정상적인 비대화를 막고 안정된 도시체계의 형성을 유도하기 위한 도시화정책이 요구된다. 일반적으로 대도시의 규모가 어느 수준을 넘어서면 집적의 불이익이 이익을 초과하고 전체 공간구조의 극심한 불균형을 초래한다. 따라서 종주도시화는 경제성장, 지역간 균형발전, 환경문제 등의 이유로 억제되어야 한다. 현실적으로 어느 규모에서 대도시의 인구집중이 억제되어야 하는가는 나라마다 다를 것이고, 또한 능률성과 형

---

4) 직주균형(job-housing balance)이란 단위 지리지역 안에 일자리 수와 주택 수를 서로 비슷하게 하려는 것이다. 자족성(self-containment)이란 한정된 지역사회 또는 지리단위 안에서 일과 쇼핑과 위락 등의 각종 도시생활이 동시에 실현될 수 있는 건조형태의 조성을 뜻한다(김형국, 1997).

5) 압축도시(compact city)의 핵심 개념은 직주근접이며 지속가능성을 위해 저에너지 소비구조, 저이동 유발적 도시구조, 저오염 배출구조를 지향하는 도시 공간구조를 말한다(김형국, 1997).

평성을 비교하여 살펴보는 등 여러 가지 요소에 따라 다를 것이다(황명찬, 1989).

국가경제의 지속적인 발전을 위해서는 종주도시화 현상은 바람직하지 못하다. 즉, 도시는 혁신의 공간적인 확산을 촉진하기 위해서 안정적인 계층구조를 이루는 것이 바람직하다.

(3) 가도시화

가도시화(假都市化, pseudo-urbanization)란 도시인구의 증가속도가 도시산업의 성장속도보다 훨씬 빠르게 나타나서 도시인구의 상당수가 비공식 경제부문에 종사하면서 불량주거지역을 형성하는 유형의 도시화를 말한다. 즉 가도시화는 도시산업이 갖는 도시의 부양능력을 초과하여 인구가 집중하는 현상을 나타내며, 여러 가지 도시문제의 원인을 제공한다.

인구의 지나친 도시집중은 공식적인 경제부문에 종사하지 못하는 도시인구가 비공식 경제부문에 종사하여 노점상·일용노동자·암표상 등으로 생활하도록 한다. 비공식 경제부문에 종사하는 도시인구는 소득수준이 낮으므로 도시외곽이나 고지대에서 불량주거지역을 형성하게 된다. 불량주거지역의 생활환경은 도시기반시설이 부족하고 비위생적인 경우가 대부분이다. 또한 이 지역은 저소득과 사회적 소외로 말미암아 탈법과 범죄의 온상이 되어 도시문제의 원인이 된다(박종화 외, 2006).

2. 도시의 체계

1) 도시체계의 의의

일반적으로 도시의 정주양식은 성장의 잠재력(potential of growth)이 균질적이지 못한 공간 위에서 각기 다른 성장률을 나타냄으로써 도시의 체계(hierarchy)화가 발생한다. 체계를 형성하는 크고 작은 도시는 개별도시가 축적한 물리적 집적(physical concentration)의 결과이다. 이는 거리의 장벽을 교통수단의 개발을 통해서 극복하기보다는 도심지를 중심으로 물리적으로 집적하면서 생겨나는 도시형성 추세의 결과이다. 그리하여 도시인구밀도의 증가, 도시지역내의 인구규모가 확대됨으로써 크고 작은 인간정주와 그에 따른 체계가 형성된다(김형국, 1997). 도시의 체계를 파악하기 위한 보편적인 지표로는 인구규모가 사용된다.

2) 도시의 체계화

재화와 서비스를 생산하는 사람들은 가능한 한 집적의 이익을 얻기 위해서 하나의 중심지에 모이게 되고 그 결과 마을, 소도읍, 중소도시, 대도시 등이 형성된다. 중심지이론에서 볼 때 재화와 서비스별로 시장권의 규모가 다르다. 방송 같은 서비스는 하나 혹은 두 개의 공급주체만 있어도 한 나라 전체, 경우에 따라서는 수 개의 국가가 동시에 혜택을 받을 수가 있다. 그러나 식품 같은 것은 시장의 규모가 상대적으로 작아서 소도읍에도 여러 공급주체가 있을 수 있다. 그런데 우리의 생활주변을 살펴보면 소도읍은 작은 시장권을 갖는 기업만이 있는데, 대도시에는 작은 시장권을 갖는 기업뿐만 아니라 큰 시장권을 갖는 기업도 동시에 있다는 것을 알 수 있다. 결국 시장권의 규모와 수에 따라 도시간의 계층을 나누어 볼 수 있다. 필브릭(A. K. Philbrick)은 동일한 논리로 중심지의 기능에 따라 하위계층도시와 상위계층도시를 구분하고 있다.

표 2.1.3 중심지 기능과 계층

기능과 계층	기능별 서비스의 내역
하위기능(계층) ↑	• 가계소비
	• 가계소비+소매
	• 가계소비+소매+도매
	• 가계소비+소매+도매+수송
	• 가계소비+소매+도매+수송+환전
	• 가계소비+소매+도매+수송+환전+통제
↓ 상위기능(계층)	• 가계소비+소매+도매+수송+환전+통제+리더십

자료: 박종화 외(2006: 75).

그런데 한 도시의 성장과 쇠퇴를 이해하기 위해서는 전체 도시의 계층 또는 체계 속에서 관련성에 대한 이해가 필요하다. 왜냐하면 각 도시는 각기 시장의 확보를 위해서 경쟁한다고 볼 수 있으므로 도시체계 속에서의 다른 관련도시들의 수, 규모, 성격, 거리 등을 파악할 필요가 있다.

도시체계도 변화한다. 동태적인 측면에서 인구가 증가하거나 경제가 발전해서 소득수준이 변화한다거나, 교통과 정보통신 등 제반 기술수준의 발달로 인해 도시체계 자체가 시간의 흐름에 따라 변화된다. 왜냐하면 중심지의 수, 규모, 성격, 입지 등은 기본적으로 중심서비스의 시장권 규모에 달려 있고, 시장권의 규모는 동태적인 요인에 의해 영향을 받는 규모의 경제, 수요의 밀도, 수송비용 등에 의하여 결정되기 때문이다.

도시체계를 변화시키는 여러 가지 동태적 요인 중에서 기술혁신과 정보통신의 발달은 도시체계에도 큰 영향을 미친다.

기술혁신은 기본적으로 생산과정에서 규모의 경제를 더욱 확대시키고, 수송비를 절감시켜서 사람들의 통행패턴을 크게 변화시킬 것이다. 소득수준이 높아지면 사람들은 생활의 질을 추구하게 될 것이고, 도심에서의 지가폭등은 직장 부근에서 양질의 주거서비스를 받기가 불가능해짐을 의미한다. 예를 들면, 서울에서 상주인구의 외곽 이탈현상은 기술수준의 발달로 빠르고 저렴한 교통시설이 확보되면 될수록 가속화될 것으로 보인다.

여기에 정보통신기술의 발달로 화상통신, 재택근무 등이 확대되면 도시체계 자체가 크게 영향을 받을 것이다(박종화 외, 2006).

3) 도시규모 분포이론

도시규모 분포(city-size distribution)이론은 도시의 인구크기를 지표로 이용하여 도시계층을 파악하는 이론이다. 도시규모 분포이론은 도시규모분포를 어떻게 계층으로 구분하는가에 따라 비계층적 관점에서 접근하는 이론인 순위규모 분포법칙(rank-size distribution rule)과 계층적 관점에서 접근하는 이론인 중심지이론(central place theory)으로 구분한다.

순위규모 분포법칙은 한 도시의 인구규모(size)와 그 규모로 따진 전체 도시들 속의 순위(rank) 사이에 통계학적으로 의미있는 상관관계가 있다고 파악한다. 순위규모 분포는 도시로 향하는 이동인구가 대도시에 과도하게 집중되지 않고, 모든 도시에 골고루 인구가 분산되는 효과로 인하여 각 계층의 도시로 분산되는 상태이기도 하다. 그러나 현실은 특히 개발도상국의 경우 자연적인 추세를 방치하면 도시경제는 대도시를 더욱 유리하게 만들어 도시공간은 더욱 분극화할 가능성이 있다(김형국, 1997).

순위규모 분포정도를 살펴보는 방법으로 데이비스(Davis)의 종주화 지수가 있다. 종주화 지수를 통해 개략적인 도시의 체계를 짐작할 수 있다. 이 지수는 수위도시의 인구를 차하위 3개 도시인구의 합으로 나눈 값인데 0.92 정도가 적정하다고 본다.[6)]

---

6) 어떤 지역 내 도시들이 인구규모에 따라 순위분포가 잘 나타나는 경우 인구규모가 두 번째인 도시의 인구는 수위도시 인구의 1/2 규모가 되고, 인구규모가 세 번째인 도시의 인구는 수위도시 인구의 1/3 규모가 된다. 또한 그 이하의 도시에서도 동일한 비율로 인구규모가 규칙성을 나타낸다.

중심지이론은 인간 정주체계에서 상업활동의 성격과 크기가 갖는 역할을 밝히는 이론이다. 여기서 상업적 크기인 중심성은 계층적이다. 도시활동에서 상업성이 빠질 수 없는 기능인 점에서 상업성의 계층만큼 도시의 계층이 존재한다. 따라서 인간 정주체계에서 중심지 계층이 성립하는 것이다.

중심지는 배후지를 거느리며 중심지 계층은 지역생활권을 확인할 수 있는 근거가 된다. 중심지이론으로 살펴본 도시계층을 통하여 개별 도시의 계층적 지위 변화를 상위 또는 하위 도시와의 기능적 연계 변화로 확인할 수 있는 장점이 있다. 중심지 계층의 변화를 초래하는 결정적 요인은 교통수단의 발달이다(김형국, 1997).

3. 도시의 공간구조이론

도시 내에서 동일하거나 유사한 경제활동은 특정 지역에 집적하면서 일정한 토지이용패턴이 형성된다. 이러한 도시를 전체적인 형태측면에서 살펴보면 독특한 공간구조가 나타나게 된다. 도시의 공간구조와 관련된 주요 이론으로는 동심원지대이론, 선형지대이론, 다핵구조이론 등이 있다(박원석, 2011).

1) 동심원지대이론

버제스(E. W. Burgess)는 1925년 "도시의 성장(The Growth of City)"이라는 논문을 통해 도시내부의 공간구조로 동심원지대이론을 주장하였다.

동심원지대의 구조는 튀넨(J. H. von Thünen)의 고립국이론을 바탕으로 도시적 토지이용의 패턴과 도시적 기능의 배치 패턴에 대해서 적용되고 있다. 튀넨이 제시한 농업지역은 동심원 중심에 도시의 중심(도심)을 둠으로써 도시적 토지이용과 도시기능의 배치가 도심으로부터 거리에 따라 동심원상에 다른 패턴으로 나타난다.

도시의 성장은 도시지역의 외연적 확대로 나타나며, 확대의 전형적인 과정은 일련의 동심원 패턴으로 설명한다. 즉, 도시의 중심이 하나인 단핵도시 차원에서 외연을 향해 차례로 중심업무지구, 점이지대(漸移地帶), 노동자주거지대, 주거지대, 통근자주거지대가 만들어진다. 점이지대란 도심을 둘러싸고 상업지역에 주택지역이 이동한 것으로 공장이 혼재하고 하급주택과 슬럼(slum)이 형성된 지대이다.

그림 2.1.2 버제스의 동심원 지대구조

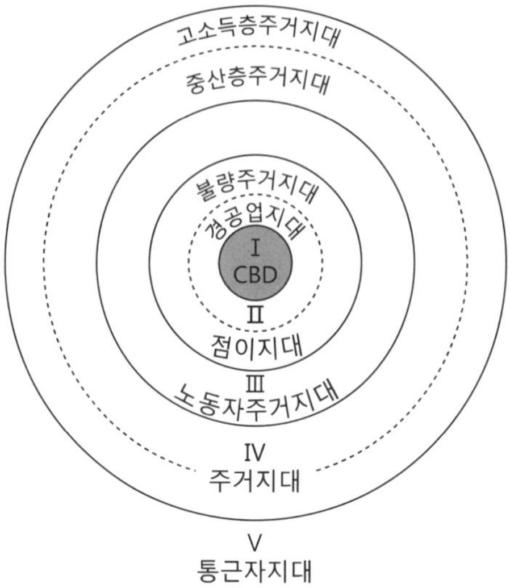

주: CBD(central business district)는 중심업무지구를 말함.

2) 선형지대이론

호이트(H. Hoyt, 1939)는 동심원지대구조를 수정한 형태로 선형지대이론을 주장하였다. 호이트는 도시지역은 전체적으로 원형이며 내부에 하나의 도심이 있다고 가정한다. 이 구조는 기본적으로 동심원패턴을 나타내지만 도시적 토지이용의 배치는 도심으로부터 바깥쪽을 향하여 늘어지는 교통로에 의하여 변형된다. 동시에 도시의 인구증가에 수반해서 도시지역은 교통로를 따라 확대되고 그에 의하여 어떤 방향으로 집중되어 유사성이 있는 토지이용을 나타내는 지대가 늘어난다. 즉, 동심원지대는 교통로에 의하여 변형되며 도시적 토지이용이나 도시기능의 배치는 부채형상의 선형(扇形) 구조를 띠게 된다. 이 이론에 따르면 도시중심부에는 중심업무지구가 존재하고, 도로망을 따라 도매·경공업지구, 저급주택지구, 중급주택지구, 고급주택지구가 분리되어 분포한다.

그림 2.1.3 호이트의 선형지대구조

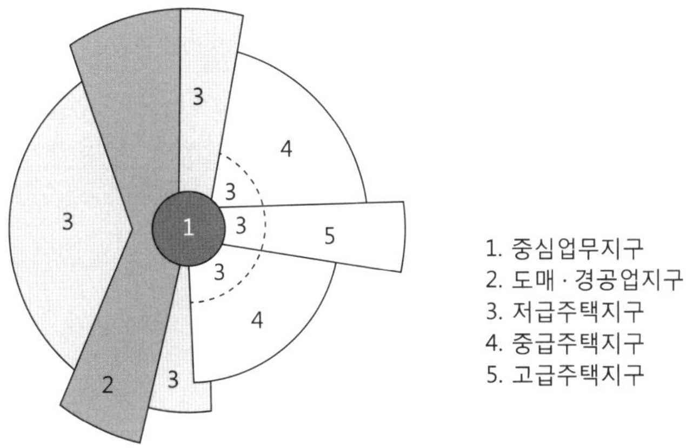

3) 다핵구조이론

해리스와 울만(C. D. Harris & E. L. Ullman, 1945)은 기존의 단핵모형을 수정한 다핵구조이론을 주장하였다. 대부분의 도시에서 도시적 토지이용의 패턴은 단일 중심의 주변이 아닌 각각 떨어진 몇 개의 핵심에 따라 형성된다고 한다. 즉, 도시에서는 한 개 또는 수 개의 핵심에 따른 도시적 토지이용과 도시기능이 각각 특정한 장소에 집중되는 배치패턴을 나타낸다는 것이다.

그림 2.1.4 해리스와 울만의 다핵구조

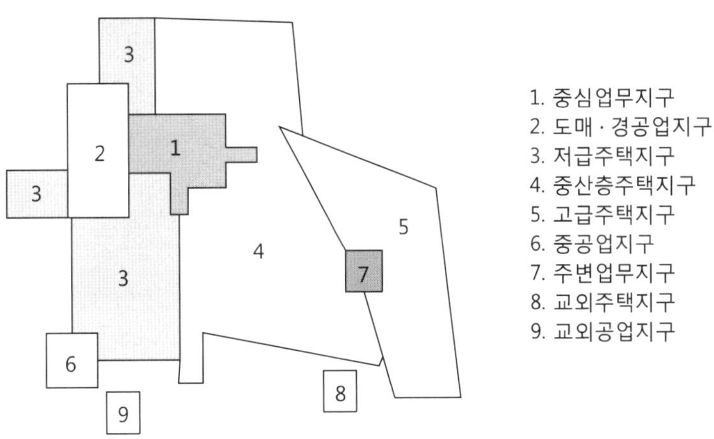

이 이론에 따르면 미국의 도시에서 전형적으로 구분되는 지구로는 ① 중심업무지구, ② 도매·경공업지구, ③ 저급주택지구, ④ 중산층주택지구, ⑤ 고급주택지구, ⑥ 중공업지구, ⑦ 주변업무지구, ⑧ 교외주택지구, ⑨ 교외공업지구 등이 있다.

다핵구조에서 핵은 도시가 클수록 많아지고 전문화된다. 또한 특정한 활동의 입지 유리성, 동종 활동의 집적이익, 이종 활동의 집적불이익 및 고지가 부담의 곤란성 등 네 가지 요인의 조합에 의해 나타난다.

제5절 중심과 주변의 상호작용

1. 중심과 주변의 상호작용의 의의

지역에서 중심과 주변의 상호작용은 정주단위 사이 또는 그 주변에서 나타나는 발전이 공간에 투영된 모습이다. 국토공간상에서 하나 이상의 정주단위가 상호의존적, 상호동행적 성장을 나타내는 중심과 주변의 상호작용권의 발달은 보편적인 현상으로 목격된다. 상호의존적 발전은 한 도시와 그 주변지역 간 그리고 도시와 도시 간에 나타나고 있다(김형국, 1997).

규모와 기능이 크고 작은 도시는 각기 인접한 지역과 밀접한 상호작용을 나타내는 사이에 상위도시가 하위도시를 그 세력권내에 둠으로써 국토공간 또는 지역공간 위에서 중심과 주변의 상호작용권을 만들어낸다.

도시계층의 경우는 도시 간에 반드시 지리적으로 연접되지 않은 채 개구리 뛰기(leap-frog)식의 상호관계가 형성되는 데 비해, 중심과 주변의 상호작용은 연결된 지역과 전염적인 모습으로 나타난다.

지역에서 중심과 주변의 상호작용권의 형성은 교통발달의 함수로 정의된다. 즉, 교통수단의 발달로 인하여 도심에 물리적으로 인접하지 않더라도 필요한 경우에 교통·통신수단으로 도시가 주는 이점을 향유할 수 있는 지역이 도시 주변으로 확산하는데 이를 기능적 집적(functional concentration)이라 한다. 기능적 집적에 의해 이루어진 도시형성지역이 바로 중심과 주변의 상호작용권이다.

또한 농업에 종사하지 않는 인구가 물리적으로 집적한 곳이 통상적인 도시인 데 반해, 중심과 주변의 상호작용권은 외관상으로는 반드시 통상적인 도시가 아니면서도 인접한 대도시의 영향력에 의해 경제 · 사회 · 문화 · 심리적으로는 도시화가 된 지역이기도 하다.

중심과 주변의 상호작용권은 다양한 측면에서 정의되는데, 하게트(P. Haggett)의 영향면(surface), 고트만(J. Gottmann)의 거대도시(megalopolis), 헤벨(C. F. J. Whebell)의 도시회랑, 프리드만과 밀러(J. Friedmann & J. Miller)의 도회권(urban field) 등이 있다(김형국, 1997). 이 책에서는 중심과 주변의 상호작용권을 도시회랑과 도회권으로 구분하여 살펴본다.

2. 도시회랑

중심과 주변의 상호작용과 관련된 개념 가운데 이론적 뒷받침이 체계적으로 이루어진 것은 도시회랑(urban corridor)이다. 도시회랑의 원형은 사람들 사이의 의사소통이 집중적으로 이루어지는 곳이었다. 도시회랑은 잘 발달된 한 묶음의 교통망의 의해 연결된 선형(線形)의 대도시군을 말한다.

도시회랑을 형성하는 요인은 세 가지가 있다. 첫째, 지표상의 생산성은 한결같지 않으며, 기술이나 혁신 역시 전체지역에서 일률적으로 일어나지 않고 몇 개의 지점에서 항상 먼저 창출되어 그 주변으로 퍼져나가는 문화경사 현상을 보인다. 둘째, 인간이 이룬 모든 성취는 최소노력에 의해 이루어지는데, 지표상에서 거리 극복, 즉 교통편의의 제고는 항상 최단거리를 통해 이루어진다. 따라서 문화경사는 최단거리를 따라 진행된다. 셋째, 이미 투자된 자본이나 사회 · 경제적 하부구조는 관성의 원칙(principle of inertia)을 유지한다.

도시회랑의 확인에는 도시밀도가 신뢰할 만한 척도가 되고 있다. 도시회랑의 사례로는 서울에서 인천방향, 부산에서 마산방향, 광주에서 목포방향 등에서 살펴볼 수 있다.

도시회랑에도 개별도시처럼 계층이 존재한다. 이에는 국가적 중요성을 가진 국가도시회랑(national urban corridor), 지역중심의 지역도시회랑(regional urban corridor), 한정된 지방에서 의미를 가지는 지방도시회랑(local urban corridor)의 계층구조가 있다(김형국, 1997).

3. 도회권

도시회랑은 선형(線形)적인 중심과 주변의 상호작용권이지만, 도회권(urban field)은 원형(圓形)적인 중심과 주변의 상호작용권이다. 즉, 도시회랑이 양극에 도시가 존재하고 그 사이에 우세한 교통망이 발달해 있는 경우라면, 도회권은 자체추진적 성장력을 가진 도시가 여러 개의 방사형 교통로를 따라 마치 호수의 물결로 인한 동심원처럼 통근권·주거권·여가권과 같은 영향범위의 외연을 확대하고 있는 경우이다. 이는 시민들의 소득이 증가함에 따라 자가용 보유가 늘어남으로써 사적 기동력이 확보되고, 주거환경에서 쾌적성(amenity)의 중요성이 증가됨으로 인하여 촉발되었다.

도회권은 지역발전의 상징이 되고 있다. 그 작용 메커니즘은 첫째, 중심도시의 크기와 기능에 비례하여 주변 도회권의 크기와 중심도시 주위로 방사하는 발전적 급진효과의 공간적 범위가 결정된다. 둘째, 경제발전의 힘은 도시계층을 따라 대도시에서 전파되는데, 대도시에서 일어나는 계속적인 혁신은 전체 경제공간체계의 성장에 결정적인 영향을 미친다. 셋째, 지역경제발전은 중심도시와의 거리에 반비례한다(김형국, 1997).

4. 중심과 주변의 상호작용 효과

국토의 공간질서는 많은 도시인구를 직접 수용하거나 또는 그 영향권 속에 장악하고 있는 대도시가 주도하고 있고 앞으로도 그러할 것이다. 또한 중심도시와 그 주변의 상호작용으로 선형도시나 원형도시 외에 도시경계가 불명확한 신도시(new city), 네트워크에 기반을 둔 네트워크 도시(network city) 등이 나타날 것이다.

그리고 대도시권 또는 도회권 안에서도 형평성의 문제가 발생할 것이며, 사회·계층적으로도 도회권의 확산은 역진효과를 발생시키고 있다. 도회권의 확산은 직주간 거리가 늘어남을 뜻하므로 일자리와의 접근성을 중시하는 저소득층에게는 교통비용의 추가적인 부담을 의미한다. 그리고 도회권이 형성됨에 따라 원격이동성(telemobility)의 필요에 의해 IT중심의 공간질서가 등장하지만, 컴퓨터·휴대폰 등 정보통신기기의 보급·확산은 저소득층에게 또 다른 부담이 되고 있다(김형국, 1997).

대도시의 적정관리는 어려운 과제로서, 도시문화권, 도시기능권의 지역 범위가 확대됨에 따라 광역지역을 관리하고, 공공시설을 경제적으로 제공하는 등의 지역개발이 보다 중요하게 부각될 것이다.

탐구학습

1. 주요 개념
   - 동질지역 · 결절지역 · 계획지역
   - 지역이동
   - 도시화
   - 도시의 체계
   - 중심과 주변의 상호작용

2. 토론과 과제
   - 지역의 개념과 지역구분의 필요성
   - 지역의 공간구조를 다양한 측면에서 재구성
   - 지역공간구조 변화에 관한 우리나라의 사례

참고문헌

김용웅 외(2009), 신지역발전론, 서울: 도서출판 한울.
김인(1994), 현대인문지리학, 서울: 법문사.
김형국(1997), 한국공간구조론, 서울: 서울대학교출판부.
남영우(2007), 도시공간구조론, 서울: 법문사.
대한국토 · 도시계획학회(2009), 국토 · 지역계획론, 서울: 보성각.
박원석(2011), 부동산입지론, 서울: 양현사.
박종화 외(2006), 지역개발론, 서울: 박영사.
유영옥(1996), 지역정책론, 서울: 학문사.
한국지역개발학회(1996), 지역개발학원론, 서울: 법문사.

황명찬(1989), 지역개발론, 서울: 법문사.

Vanhove, N. and L. H. Klaassen(1980), *Regional Policy: A European Approach*, New York: Saxon House.

http://www.molit.go.kr(국토교통부).

제 2 장

입 지 이 론

제1절 개 요

입지(location)란 경제활동을 위해 선택하는 장소이다. 입지는 부지(site)와 위치(situation)의 관점에서 접근할 수 있다(박원석, 2011). 부지는 부동산이 가지고 있는 특성 그 자체로서 절대적 공간입지라 할 수 있다. 즉, 특정 입지의 물리적 특성과 관련된 요소로 부동산의 면적, 토양, 경사도, 접근도로의 상태 등이 있다. 반면 위치는 상대적 공간입지로서 도시 중심지나 기타 경제활동입지까지의 거리 또는 접근성을 의미한다. 예를 들면, 중심업무지구(CBD)와의 거리, 시장과의 거리, 원산지와의 거리, 경쟁시설과의 거리 등이 여기에 속한다.

입지이론은 경제이론에 공간개념을 도입하여 공간경제학을 발전시킨 기초이론으로 도시 및 지역경제학, 지역개발학에 있어 가장 중요한 분야 가운데 하나이다(홍기용, 1999).

경제주체가 입지를 결정할 때는 각각의 목적에 따라 자신에게 유리한 곳에 입지하려고 할 것이다. 입지행위는 입지하려는 목적에 따라 상이하게 나타난다(최성수, 1995). 예를 들어, 농업, 제조업, 서비스업 등을 수행하는 경제주체는 이윤극대화를 추구하기 위한 측면에서 입지를 결정하고, 공공시설은 복리후생의 극대화를 위하여 입지를 결정할 것이다. 전자를 산업입지, 후자를 공공시설입지라고 한다.

표 2.2.1 입지이론의 구분

구 분		주요 이론
농업		• 농업지대론, 고립국모형(튀넨) 등
제조업	최소비용 측면	• 최소비용이론(베버, 팰란더), 비용극소화이론(후버) 등
	최대수요 측면	• 최대수요이론(뢰쉬), 입지상호의존이론(호텔링) 등
	통합적 측면	• 통합이론(그린헛, 아이사드), 준최적이론(스미스) 등
	현대적 측면	• 행태주의적 입지론(프레드, 노스, 스태퍼드 등), 인큐베이터이론, 제품수명주기이론, 공간적 분업이론, 신산업지구모형 등
서비스업 등		• 중심지이론(크리스탈러), 중력모형 등
공공시설		• 거리최소화 입지모형, 시간최소화 입지모형, 최대수요 입지모형 등

제2절 농업 입지이론

1. 농업 입지의 의의

1차 산업은 농업, 목축업, 임업, 어업 등을 말한다. 주로 땅이나 바다에서 원자재를 직접적으로 추출하거나 경작하는 것으로 1차 산업의 경제적 활동은 그 원자재가 있는 곳에 입지하게 되고, 다른 곳에는 입지할 수 없다. 1차 산업 중에서도 농업은 생존에 가장 기본적인 식량 및 식료품을 생산하는 대표적인 산업으로, 농업의 토지이용과 입지형태는 인류 역사의 발전과정에서 오래전부터 사람들의 관심과 연구의 대상이 되었다.

2. 농업지대론

지대란 원래 생산요소인 토지가 희소하기 때문에 토지이용에 대한 대가로 토지소유자에게 지불하는 것이다. 서로 다른 토지는 비옥도나 자연조건이 달라서 토지의 생산성이 다를 수 있다. 생산성이 높은 토지는 많은 사람이 이용하기를 희망하므로 그만큼 희소성이 높게 되고, 희소성이 높은 만큼 이용에 대한 비싼 지대를 지불해야 한다. 반면 생산성이 낮은 토지는 생산성이 높은 토지에 비하여 낮은 지대를 부담하면서 사용할 수 있다. 지대는 토지의 비옥도에서만 차이가 발생하는 것이 아니라 토지의 절대적인 위치, 즉 시장과의 거리에 따라서도 차이가 발생한다. 왜냐하면, 비옥도가 같은 토지라 할지라도 시장과의 거리에 차이가 있다면 수송비의 차이가 발생하므로 지대의 차이가 발생하게 된다. 이와 같이 서로 다른 생산성 때문에 지대의 차이가 존재하는 것을 차액지대(differential rent)라고 한다(박삼옥, 2000).

이와 달리 경제지대(economic rent)란 용어가 있다. 이는 토지를 이용할 때 토지로부터 회수되는 잉여수익을 뜻한다. 농업적 토지이용을 공간적으로 분화하는 요인이 바로 경제지대이다.

토지를 이용하여 얻는 잉여수익, 즉 경제지대(R)는 다음과 같은 지대요소에 의해서 결정된다. 특정작물에 대한 단위면적당 생산량(E), 단위당 시장가격(p), 단위당 생산비(a), 단위거리당 운송비율(f) 및 시장으로부터의 거리(x)가 주된 요소이다. 이는 다음과 같은 식으로 나타난다.

$$R = Ep - Ea - Ef(x) = E(p-a) - Ef(x)$$

즉, 시장가격에서 생산비와 운송비를 뺀 잉여분의 수익이 경제지대이다. 이 경우 시장과 토지와의 상이한 위치적 거리관계에서 경제지대가 결정되기 때문에 토지당 잉여수익을 입지지대(locational rent)라고 한다.

농업지리학자 둔(Edgar S. Dunn, Jr.)은 작물간의 경제지대가 같아지는 무차별곡선을 찾기 위한 방법을 모색하였다. 이를 통하여 작물간의 경제지대의 무차별지점을 기준으로 작물을 선별하여 경작함으로써 자기가 소유하고 있는 토지에 대한 이용의 극대화를 추구한다. 이에 입각한 토지이용의 패턴은 시장으로부터 원예, 낙농, 방목 등의 순으로 나타났다(김인, 1994).

3. 고립국모형

농업의 공간분화와 토지이용에 대한 고전적인 이론은 독일의 튀넨(J. H. von Thünen)에 의해 체계화되었다.

튀넨의 모형은 다음과 같은 몇 가지의 가정을 기초로 한다. 첫째, 다른 지역과 교역이 전혀 없는 고립된 지역을 가정한다. 둘째, 하나의 점(point)으로 표시되는 도시는 주변지역으로부터 농산물을 공급받으며, 이 도시는 농산물의 판매를 위한 유일한 시장의 기능을 담당한다. 셋째, 이 지역의 모든 토지는 지형의 차이도 없고, 비옥도가 동일한 것으로 가정한다. 넷째, 농산물의 수송비용은 거리와 비례하는 것으로 가정한다. 다섯째, 농산물을 생산하는 농부는 이윤극대화(profit maximization)를 추구하는 경제인(economic man)이다. 여섯째, 고립국내에는 단 하나의 운송수단만이 존재한다. 이러한 전제하에서 튀넨은 고립국에서 토지의 이용형태와 생산집적도의 양면성이 어떻게 변화하는가를 보여주었다.

농산물의 종류에 따라 단위당 교통비가 다르다는 점을 감안한다면, 도시 근처에서는 무겁고 부피가 큰 것이나 상하기 쉬운 것을 생산하고, 거리가 멀어짐에 따라 가격에 비해서 교통비가 저렴한 것을 생산하게 될 것이다. 따라서 비옥도가 동일하다는 가정에 의해 도시를 중심으로 동심원적으로 농업생산이 이루어질 것이므로, 거리에 따라 차별적인 농산물이 재배될 것이라는 것을 알 수 있다. 즉, 도시와의 거리에 따라 각 작물의 생산액과 생산비를 감안한 이윤은 차이가 발생할 것이고, 이윤이 지대를 부담할 수 없을 정도로 낮은 경우에는 지대가 낮은 지역으로 옮겨서 재배하게 될 것이다.

예를 들어, 우유, 곡물, 육류와 같이 세 종류의 농업생산을 한다고 전제하면, 단위면적당 이윤은 우유, 곡물, 육류의 순이고, 단위 면적당 생산물의 운송비도 우유, 곡물, 육류의 순으로 나타났다. 이렇게 하여 [그림 2.2.1]과 같이 도시와의 거리에 따라 작물별 지대곡선을 도출할 수 있다. 이러한 지대곡선을 시장을 중심으로 회전시키면 동심원적인 작물별 토지이용지대가 나타난다.

그림 2.2.1 입지지대곡선

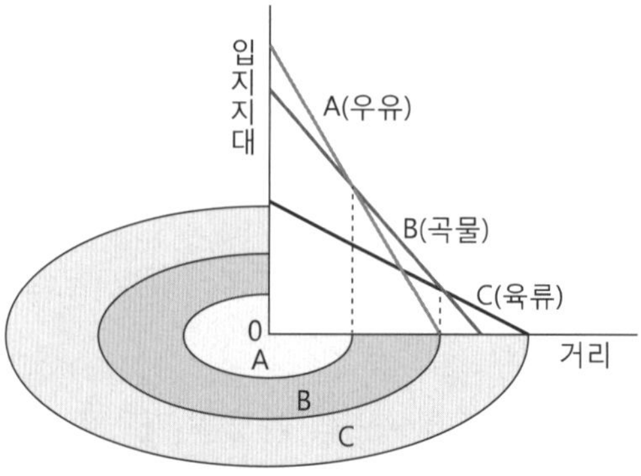

튀넨은 이러한 논리와 실증을 통하여 [그림 2.2.2]와 같이 도시로부터 거리에 따라 원예농업, 임업, 윤작농업, 곡초식농업, 삼포식농업 및 방목 등의 여섯 가지 농업지대가 동심원상으로 배열된다고 주장하였다.

그림 2.2.2 튀넨의 고립국모형

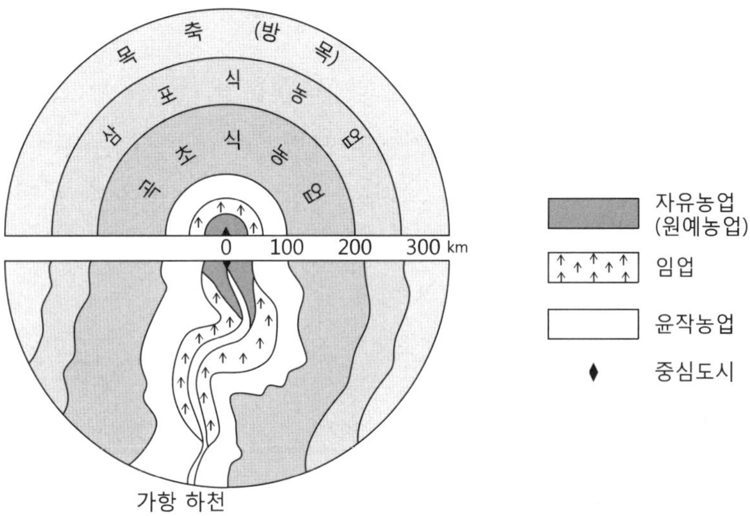

그러나 튀넨의 고립국모형은 엄격한 가정 하에서만 가능한데, 주어진 가정이 너무 비현실적이라는 한계가 있다. 즉, 현실사회에서는 토지의 비옥도가 동일하지 않다는 점, 대도시에는 하천이나 운하와 같은 운송수단이 별도로 존재한다는 점, 대부분의 도시나 지역이 고립국이 아니라 외부와 교류가 가능하다는 점 등에서 무리한 가정임을 전제하고, 동심원이 아니라 비옥도와 하천, 소도시 등으로 인해 불규칙적인 토지이용이 나타날 수 있다고 수정하였다.

이러한 한계에도 불구하고 튀넨의 고립국모형은 동일한 자연조건 하에서 농업활동의 공간적 분화가 이루어짐을 과학적 접근방법에 의해 밝혔다는 점에서 오늘날 농업생산의 공간조직을 이해하고 설명하는 데 큰 공헌을 하였다(이성근 외, 2008).

제3절 제조업 입지이론

1. 제조업 입지의 의의

1) 제조업 입지의 요인

정통경제학은 제조업의 생산활동에 작용하는 공간적 변수를 고려하지 않는다. 그러나 제조업을 경영하는 기업체의 입장에서 보면, 공간적 고려는 필수 불가결하다. 기업체의 활동은 일정 지점에 자리잡고 있는 공장의 생산활동을 위해 원료가 투입되어야 하고, 공장에서 생산된 제품은 시장으로 반출되어야 한다. 따라서 원료산지에서 공장까지, 그리고 공장에서 시장까지 사이에는 지리적 거리가 존재한다. 이러한 거리의 극복에는 교통비용이 소요된다. 제조업의 입지는 교통비가 최소화되는 지점이다(김형국, 1997).

표 2.2.2 학자별 입지결정요인

Arthur O' Sullivan(1995)	J. F. McDonald(1997)	대한국토·도시계획학회(2009)
수송비	수송비	–
시장	시장	시장
에너지	에너지	동력
노동력	노동력	노동력
삶의 질	–	–
임금	임금	–
중간재료	중간재료	원료
공공서비스와 세제	공공서비스와 세제	정부의 영향력(정책)
–	지식	기술
–	자본	자본(돈)
–	토지	토지 등 생산요소
–	–	집적경제(SOC 중요)
–	–	환경·위락경관요인
–	–	조직, 행태, 우연적요인

2차 산업을 대표하는 제조업에 관한 입지이론은 베버(A. Weber)가 발표하면서 체계화되었다. 그 후 후버와 팰란더(E. M. Hoover & T. Pälander) 등은 최소비용입지이론, 뢰쉬(A. Lösch)는 최대수요이론을 발전시켰다. 그리고 비용과 수요를 통합하는 입지이론은 그린헛(M. Greenhut), 아이사드(W. Isard) 및 스미스(D. M. Smith) 등에 의해서 발전되었다(홍기용, 1999).

제조업 입지의 결정요인은 여러 가지로 구분할 수 있으나, 전통적으로는 수송비와 시장이 주요한 변수로 고려되어 왔다. 즉, 수송비의 극소화와 시장(수익)의 극대화를 도모할 수 있는 지역에 입지하게 된다는 것이다.

그러나 실제로 기업체가 입지를 결정함에 있어서 고려하는 변수는 매우 다양하다. 오설리반(Arthur O'Sullivan, 1995)은 입지결정요인으로 수송비, 시장, 에너지, 노동력, 삶의 질, 임금, 지역특화경제와 도시화경제에 의한 다양한 중간재료의 공급, 공공서비스와 세제[1) 등을 들고 있다.

맥도널드(J. F. McDonald, 1997)는 수송비, 시장, 에너지, 노동력, 임금, 중간재료, 공공서비스와 세제, 지식, 자본, 토지 등을 들고 있다.

대한국토·도시계획학회(2009)는 생산요소(원료, 노동력, 자본(돈), 동력, 토지 등), 시장, 집적경제(사회간접자본 역할 중요), 정부의 영향력(정책), 환경요인과 위락경관요인, 조직·기업가의 의사결정 행태 및 우연적 요인 등을 들고 있다.

이러한 다양한 입지요인들은 산업의 유형과 특징에 따라 그 중요도가 상이하게 된다. 예컨대 에너지를 많이 사용하는 산업의 경우는 에너지의 가격을 중요하게 간주하는 반면, 노동집약적인 산업은 저렴한 노동력을 가장 중요한 요소로 평가할 것이다. 또한 산업입지요인은 해당 기업의 규모와 특성에 따라서도 영향을 미치는 요인이 다르다. 이처럼 산업의 입지결정에 영향을 미치는 요인은 다양하고 유동적인 특성을 지니고 있으므로 산업의 유형과 특징, 그리고 규모와 기능 등에 의해서 주요하게 고려되는 요인들은 상이하다고 할 수 있다.

따라서 광범위하고 유동적인 입지요인을 종합적·합리적으로 고려하여 최적의 입지를 결정하는 것은 현실적으로 거의 불가능하다. 일반적으로 개별기업이 입지를 결정함에 있어서는 시장과 수송비를 가장 중요하게 고려한 다음 부차적으로 다른 요인들을 고려하게 된다.

---

1) 세금 감면, 산업기금, 정부대출 및 대출보증, 단지개발 등

2) 제조업 입지의 유형별 특성

제조업 입지의 유형은 완제품의 무게에 대한 국지(局地)원료 무게의 비(比)인 원료지수(material index)로 구분할 수 있다. 즉, 이론적으로는 원료지수가 1보다 크면 공장이 원료산지에 입지하는 경향을 보이고, 1보다 작으면 시장에 입지하는 경향을 보이며, 1인 경우는 시장과 원료산지를 연결하는 직선상의 어느 장소에라도 입지할 수 있다.

표 2.2.3 입지유형별 특성

구 분	특 성
원료지향적 산업	• 원료가 공간적으로 편재 • 원료수송비가 제품수송비보다 비쌈 • 총비용 중 수송비의 비중이 큼 • 제조과정에서 원료의 부피나 중량이 많이 감소 • 예: 제철, 식품가공, 목재가공, 시멘트 산업 등
시장지향적 산업	• 생산과정에서 중량이 증가 • 원료수송비가 제품수송비보다 작거나 동일 • 부패성 재화이거나 취급에 주의가 필요 • 소비자와 많은 접촉을 필요 • 원료가 도처에 산재 • 소비시장에 재고를 확보할 필요가 있음 • 수요에 민감한 재화 생산 • 예: 청량음료, 맥주, 제과점 등
중간지점지향적 산업	• 소비시장과 원료산지 사이의 환적지점에 있는 경우 • 환적지점에서 환적비용이 급격히 증대하거나 감소
노동지향적 산업	• 노동의 양과 질이 지역간에 편재되어 있는 경우 임금이 큰 비중을 차지하는 산업 • 예: 전자, 인쇄, 출판, 섬유, 신발, 합판업 등
집적지향적 산업	• 수송비의 비중이 작고 기술연관성이 높음 • 여러 기업이 한곳에 입지하여 기술, 정보, 시설, 원료 등을 공동이용하여 비용을 절감 • 많은 자본과 고도의 기술이 필요 • 예: 기계공업, 자동차, 석유화학, 제철 등
자유입지형 산업	• 제품수송비의 비중이 매우 낮아 수송비가 입지선정에 별로 작용하지 않음 • 고도의 대규모 기술집약산업 • 예: 자동차, 항공기, 전자산업 등

자료: 이성근 · 이춘근(2008: 49).

따라서 일반적으로 기업체의 입지형태는 주로 수송비에 바탕을 두고 의사결정을 하는 경우(수송비지향적 기업)와 지역의 투입재료의 비용에 바탕을 두고 의사결정을 하는 경우(원료지향적 기업)로 구분할 수 있다.

그러나 현실에서는 수송비와 원료비가 확연히 구분되는 것이 아니라 복합적으로 연계되어 있어, 특정 기업이 어떤 형태의 입지유형을 보이고 있는지를 판단하기는 어렵다. 즉, 대부분의 기업들은 수송비와 원료비 두 가지 기준에 바탕을 둔 입지결정을 하게 되며, 때로는 수송비와 원료비가 상쇄(trade-off)되는 지점에서 입지결정을 하기도 한다(이성근 외, 2008).

2. 최소비용이론

1) 베버의 최소비용이론

독일의 경제지리학자 베버(A. Weber)는 최소비용이론에 입각하여 제조업입지론을 전개하였다. 이 이론은 다음과 같은 가정이 필요하다. 첫째, 천연자원은 공간상에서 불균등하게 분포한다. 따라서 제조업의 원료는 산지원료이다. 둘째, 공업제품에 대한 소비시장의 규모와 위치는 특정한 장소에 국한한다. 따라서 시장을 점입지로 간주한다. 셋째, 노동력은 몇 군데에 한정되어 있고, 비이동적이다. 이 외에 기업인은 최소비용을 추구하는 경제인이고, 시장은 완전경쟁시장이며, 운송체계는 균일하다.

이러한 가정을 전제로 제조업의 가장 이상적인 입지점은 공정에 투입되는 모든 생산인자의 비용절감을 최대화할 수 있는 곳이다. 특히 그는 원료비, 운송비, 노동비를 공업생산에 결정적 역할을 하는 3대 비용요소로 간주하여 지역요인(regional factors)이라고 불렀다.[2] 그리고 공장이 한곳에 단독으로 입지할 때보다 다수의 공장이 한곳에 집중하여 입지할 경우 생산비용의 절감효과를 고려하여 생산비 절감에 대한 집적이익(agglomeration economy) 요인을 국지적 요인이라고 하였다. 그래서 제조업의 입지는 지역요인인 운송비, 노동비, 그리고 국지적 요인인 집적이익에 의해서 생산비가 최대로 절감되는 곳을 찾아 합리적으로 결정된다고 주장하였다.

그는 공장의 최소비용지점을 찾는 데 운송비지향론, 노동비지향론 및 집적이익지향론에 관한 논리를 단계적으로 폈다. 운송비지향론은 제품생산에서 생산요소를 결합

2) 그는 원료의 가격변화는 운송비에 좌우된다고 생각하여 원료비를 운송비에 포함시켰다.

할 때, 운송비를 가장 중요한 요인으로 고려하여 운송비가 최소화되는 지점이 적지라는 것이다. 운송비가 최소가 되는 지점을 찾는 방식으로 그는 입지삼각형을 고안하여 등운송비선(isotim)3)을 활용하였다. 그리고 노동비지향론은 만일 노동비가 저렴한 곳이 있어 최소운송비지점에서 이곳으로 공장의 입지를 이동시킬 경우 입지변경에 의한 운송비의 초과분을 저렴한 노동비로 상쇄시켜 생산비가 절감될 수 있다면 공장의 입지가 최소운송비지점으로부터 벗어나 노동비 절약지점으로 편향될 수 있다고 보았다. 마지막으로 공업집적에 의하여 발생하는 생산비 절감효과로 인해 공장의 입지가 최소운송비지점 또는 노동비절약지점에서부터 벗어나게 되는 집적이익지향론을 폈다(이성근 외, 2008).

그림 2.2.3 노동비를 고려한 최적입지

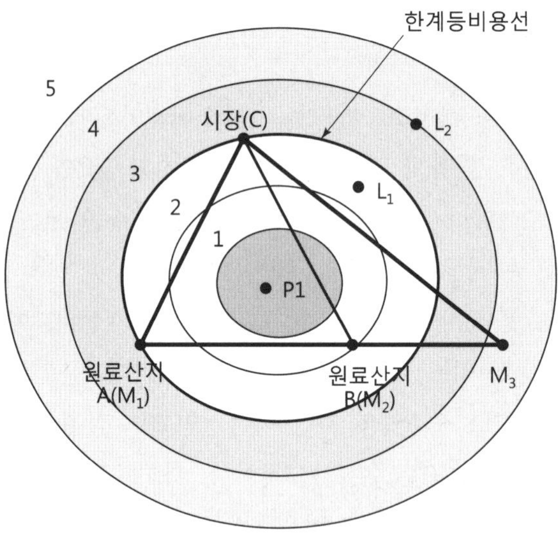

자료: D. M. Smith(1981: 72).

3) 베버는 최소비용이론을 전개하면서 등비용선(isodapane)이라는 개념을 도입하였는데, 등비용선이란 원료산지나 소비시장으로부터 원료 운송비나 제품 운송비들을 고려한 총운송비가 동일한 지점들을 연결한 선이다. 등비용선은 각각의 원료산지나 시장에서 단위무게-거리를 이동하는 데 드는 등운송비선(isotim)을 먼저 구축한 후, 각 지점에서 원료와 제품을 운송하는 데 드는 총운송비를 합쳐서 비용표면도를 구축하는 것이다. 즉 각 지점의 총운송비를 기준으로 하여 총운송비가 같은 지점들을 등치선으로 연결하여 마치 등고선과 같은 개념으로 비용표면도를 구축하여 가장 비용이 적게 드는 지점을 찾아내는 것이다(이희연, 2011).

2) 팰란더의 최소비용이론

팰란더(T. Pälander, 1935)는 상권분석의 관점에서 입지이론을 전개했다. 그는 "가격과 원료산지 및 시장의 위치가 주어져 있을 때 생산은 어디에서 이루어질 것인가" 하는 베버의 최소비용이론의 관점을 수용하면서 "생산지, 경쟁조건, 생산비 및 운송비용이 주어져 있을 때 어떻게 가격이 상권의 범위에 영향을 미치는가"에 관심을 두었다.

팰란더 이론의 주요 내용을 살펴보면, 우선 시장영역에 관한 문제에 대하여 그는 선형시장(linear market)에서 동질의 재화를 생산하는 두 기업의 경우를 이용하여 시장영역의 경계가 어떻게 형성이 되는가를 보였다.

[그림 2.2.4]에서 기업 X와 기업 Y는 횡축을 따라 분포되어 있는 시장을 대상으로 활동하고 있다. 생산비(공장도가격)는 XX′의 거리에 의해 주어진 상태이며, YY′의 가격이 조금 낮은 상태이다. 공장에서 멀리 떨어질수록 소비자가 지불해야 하는 가격은 운송비 때문에 점점 더 비싸지게 된다. 따라서 두 기업의 시장경계선은 E가 되는데 이는 두 명의 생산자로부터 배달되어지는 가격이 똑같아지는 지점이고, 이 점에서 소비자들은 어떤 기업의 제품을 사든지 무차별적이다.

팰란더는 공간경쟁의 상황에서 시장권역의 분석 이후 가격, 원료와 시장의 위치가 주어져 있을 때 생산은 어느 지점에 위치하게 되는가에 대하여 관심을 가졌다. 그는 하나의 원료산지와 하나의 시장의 경우를 가정하여 균일요금제하에서는 두 지점 사이의 어디에도 동일한 반면, 요율점감요금제(tapering price rate)하에서는 원료산지와 시

그림 2.2.4 두 경쟁업체의 상권경계

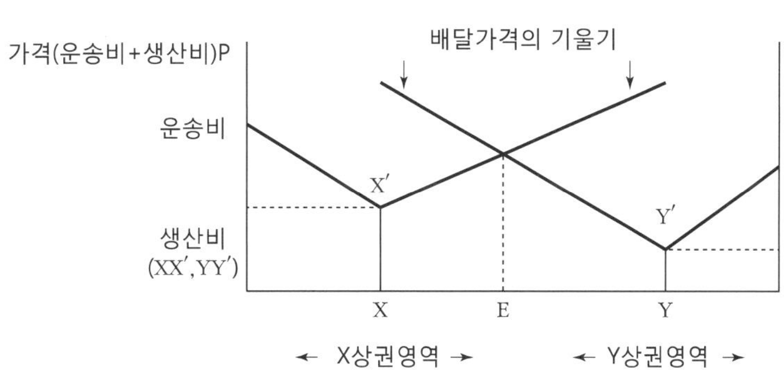

장의 두 지점이 그 둘 사이의 어떤 지점보다도 비용이 더 적게 든다는 점을 보여주었다. 이는 현실 사회의 운송비 증가율은 거리에 따라 감소하기 때문에 수송적환지와 같은 특수한 경우를 제외하고는 최소운송비지점이 입지삼각형 내부에 있지 않고 시장이나 원료산지에 있을 가능성이 크다는 것이다.

팰란더의 이론은 한 지점이 아닌 공간경쟁의 관점에서 상권분석을 수행함으로써 베버의 이론보다는 진일보하였으나 공간상의 비용변화만을 중시하였다는 점에서 베버의 이론적 기반을 크게 벗어나지 못한 것으로 해석된다(박원석, 2011).

3) 후버의 비용극소화이론

후버(E. M. Hoover, 1937)는 "입지이론과 신발 및 가죽산업(*Location Theory and the Shoe and Leather Industries*)"에서 생산자들 간의 완전경쟁과 생산요소의 완전이동성을 가정했고, 운송비와 생산비를 입지의 결정요인으로 보았다. 어떤 지점에 있는 소비자에게 최종 부과되는 배달가격은 생산비와 운송비를 합한 것이 된다(박원석, 2011). 따라서 이는 생산지로부터 같은 최종가격을 갖게 되는 지점을 연결한 등량선으로 나타낼 수가 있다. 생산비가 변화하지 않는다면, 가격에 영향을 미치는 변수는 운송비용뿐이다.

그러나 후버는 수확체감의 영향을 포함시켜 자신의 분석을 확장시켰다. 후버는 기업들이 시장영역이 커질 때 생산량이 증가함에 따라 평균비용이 상승하는 상황(규모의 불경제상황)에 있다고 주장하였다. [그림 2.2.5]에서 기업1은 X점에서 광물을 추출하고, 기업2는 Y점에서 추출한다. A, B, C는 가능한 시장영역의 가장자리를 나타낸다. 만약 시장영역 XA로 공급할 때, 생산비용은 종축의 거리 Xa로 나타나며 선분 aa′는 X로부터 떨어진 만큼 운송비가 추가될 때 배달가격이 어떻게 증가하는가를 나타내고 있다. 후버가 운송기울기라 이름붙인 이 선분은 같은 배달가격이 적용되는 지역을 연결한 등량선의 횡단면을 나타낸다. 만약 시장영역이 B까지 확장된다면 생산비는 b로 상승하고 새로운 운송기울기인 bb′가 적용되며, C까지 시장영역이 확장되면 마찬가지로 cc′가 적용된다. a′, b′ 그리고 c′를 연결시키면 후버가 한계선(margin line)이라고 부른 곡선이 생겨나게 된다. [그림 2.2.5]에서 두 한계선의 교차점(E)에서 X나 Y로부터의 배달가격은 동일하다.

후버는 1948년 "경제활동입지(*The Location of Economic Activity*)"에서 터미널비용과 장거리 운송효과 개념을 도입하면서 입지론을 확대하였다. 터미널비용을 고려할 경우 비용이 두 배가 들기 때문에 원료산지나 시장이 아닌 중간의 어느 지점도 최적의 지점이 될 수 없다. 그러나 후버는 소비시장과 원료산지 사이에 환적지점(transshipment point 또는 break-of-bulk point)이 있을 경우 중간의 환적(이적)지점이 최적입지가 될 수 있다고 보았다. 즉 원료산지에서 소비시장에 이르는 구간에서 운송수단을 바꾸어야 할 경우 환적지점이 오히려 터미널비용이 적게 들기 때문에 최적지점이 된다는 것이다. 실제로 원료를 해외에 의존하여 이루어지는 산업의 경우 항구도시가 최적입지가 되는 것은 바로 이러한 원리 때문이다.

후버는 베버의 이론을 보다 확장시키면서 운송비 구조를 실제 더 반영하였으나, 역시 운송비가 입지에 결정적인 영향력을 미치는 요인으로 보았다는 측면에서 비용에 초점을 둔 이론이다(이희연, 2011).

그림 2.2.5 규모의 불경제하의 두 생산자 간 시장권역

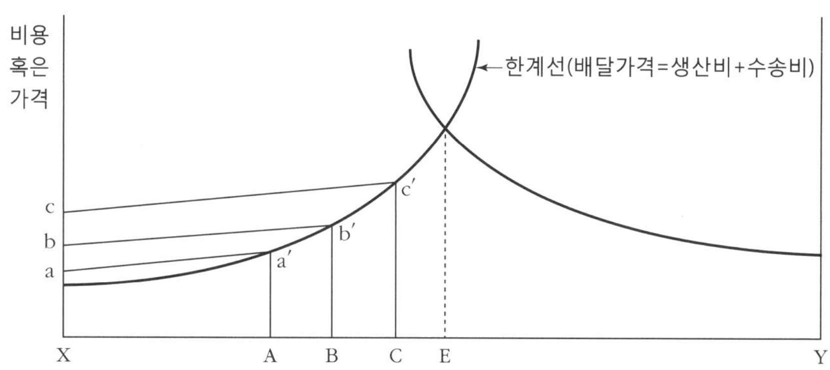

자료: 이성근 · 이춘근(2008: 60).

그림 2.2.6 후버의 환적지점

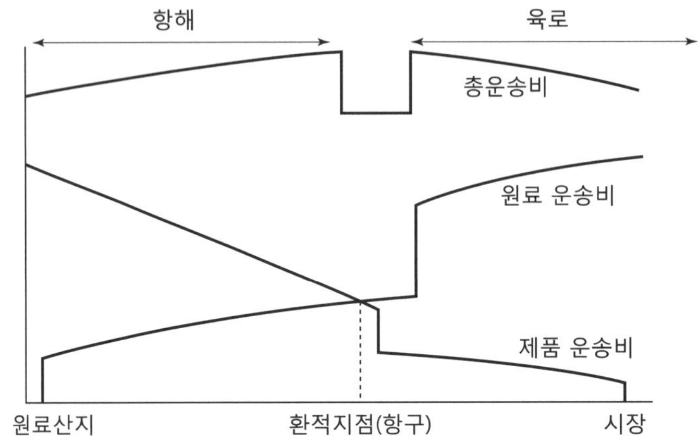

자료: 이희연(2011: 356).

3. 최대수요이론

최대수요이론은 수익을 가장 많이 올릴 수 있는 자리가 공장이 들어설 최적입지가 된다는 이론이다. 생산요소의 비용은 어디서나 모두 동일한 것으로 간주하고, 오직 수요에 대한 공간적 차이만을 전제로 한다. 이 경우 기업가들은 보다 많은 시장수요를 확보하기 위해 상호 경쟁을 하게 되는데, 궁극적으로 자신의 공장이 들어설 자리를 결정하는 데 있어서 상대방 기업가들의 의사결정에 영향을 받게 된다. 이것을 제조업입지의 상호의존성원리(principle of location interdependence)라고 한다. 결국 입지의 상호의존관계에 의해 시장수요의 확보가 균형을 이루는 곳이 최대수익을 만족시키는 최적입지가 된다는 이론이다.

1) 뢰쉬의 최대수요이론

뢰쉬(A. Lösch)는 수요의 개념을 주요 변수로 본 입지이론을 제시했다. 뢰쉬는 최소비용과 최대수익 개념에 의한 베버의 최적입지이론을 거부하고, 최대이윤의 개념에 의한 최적입지를 찾으려고 했다. 그러나 개별공장 차원에서 최적입지 문제는 해결이 곤란하다는 결론에 도달하게 되어 기업 간 상호의존성의 개념을 도입했다. 뢰쉬는 주어진 여건 속에서 모든 경제활동이 공간적으로 어떻게 배열되는지를 보여주기 위해 동질평면을 가정하였다. 구체적인 가정은 다음과 같다. 첫째, 원자재가 균등하게 분포되어 있다. 둘째, 교통요금이 모든 방향으로 동일하게 적용된다. 셋째, 농업에 종사하는 인구도 균등하게 분포되어 있다. 넷째, 모든 개인은 동일한 취향과 선호를 가지고 있다. 다섯째, 모든 개인은 동일한 기술적 지식과 생산의 기회를 가지고 있다(김용웅 외, 2009).

균형상태에 도달하기 위해 뢰쉬의 공간경제에서는 다음과 같은 조건이 충족되어야 한다. 첫째, 모든 입지는 생산자의 이윤이나 소비자의 잉여측면에서 가능한 한 최대로 유리해야 한다. 둘째, 생산활동이 모든 공간을 포괄할 수 있도록 많은 기업이 여러 곳에 입지해야 한다. 셋째, 기업의 신규참여가 개방되어 있어서 비정상적인 이윤은 발생하지 않는다. 넷째, 상품의 공급·생산·판매 권역은 가능한 한 작아서 경쟁에서 살아남을 수 있는 기업의 수가 최대로 된다. 다섯째, 시장권역의 경계선상에서는 소비자의 상품구매방향이 무차별하게 이루어진다.

이러한 상황에서 뢰쉬는 이윤을 추구하는 기업의 입지는 개별 시장권역의 중심부가 최적입지가 되고, 개개의 시장권역은 경쟁균형상태에서 정육각형의 공간구조로 나타날 것이라고 추론하였다. 그러나 베버이론이 수요를 고려하지 못한 점 때문에 비판받은 것과 마찬가지로 뢰쉬이론 역시 비용을 고려하지 못한 점 때문에 비판받는다(대한국토·도시계획학회, 1999).

2) 호텔링의 입지상호의존이론

입지상호의존이론은 실제로 일어나는 경쟁상황은 불완전경쟁 혹은 독점적 경쟁상태라는 가정[4]하에서, 산업입지와 상권의 범위는 수요의 공간적 차이와 기업의 입지상호의존으로 결정된다는 이론이다. 기업이 보다 큰 독점력을 얻기 위해 입지를 경쟁의 수단으로 사용할 수 있으며, 이러한 과점적 특성을 갖는 시장환경에서 기업의 입지는 가격결정, 산출량 및 시장점유율을 결정하는 데 영향을 준다는 것이다(박원석, 2011).

호텔링(H. Hotelling)은 1929년 "Stability in Competition"에서 최대수익설에 입각하여 입지의 상호의존성을 제시하였다. 1마일 정도 되는 해변가에서 아이스크림을 판

4) 베버의 공업입지론에서는 기본적으로 완전경쟁 하에서 모든 기업들이 가격순응자인 것으로 가정하였지만, 이는 현실을 제대로 반영하지 못한다는 비판이 있다.

매하는 2명의 행상인을 설정하고 최대판매수익을 위해서는 좌판을 어디에 차려야 하는지를 알아보는 것이다. 이 때 상정한 가정은 두 가지이다. 첫째, 두 명의 행상인이 동종의 아이스크림을 같은 값에 파는 것이다(즉 가격경쟁하지 않음). 둘째는 아이스크림을 사먹는 피서객들은 가장 가까운 곳을 이용하고 그들은 해변에 균등분포되어 있다는 것이다.

입지상호의존이론의 주요 내용을 살펴보면, 앞에서 제시한 가정 하에서 행상인에게 최적의 자리는 [그림 2.2.7]과 같이 해변(시장)을 반분한 1/4지점인 A, B지점이다. 행상인 갑(甲)의 상권은 OM이고, 행상인 을(乙)의 상권은 ML이 되며, 각 행상인은 자신의 상권에서 독점력을 가진다. 그러나 갑이 A1지점으로 이동해서 중앙 M지점에 가까워지면, 을의 시장 일부를 잠식하여 더 많은 이익을 획득할 수 있다. 을의 입장도 마찬가지이다. 그 결과 두 행상인 모두 최대의 시장 확보를 위해 경쟁적으로 해변 중앙인 M지점으로 이동하게 될 것이다. 두 행상인의 입지경쟁 결과는 정중앙인 M지점에서 최종 균형상태를 이루며, M지점으로부터의 어떠한 이동도 상권의 축소를 가져오므로 더 이상 입지를 변경하지 않게 된다.

그러나 최종 균형상태는 시장 양끝지점에 대한 배달가격을 높이게 되므로 사회적 후생수준이 초기균형상태보다 감소하게 되는 결과를 초래하게 된다.

그림 2.2.7 입지적 상호의존관계

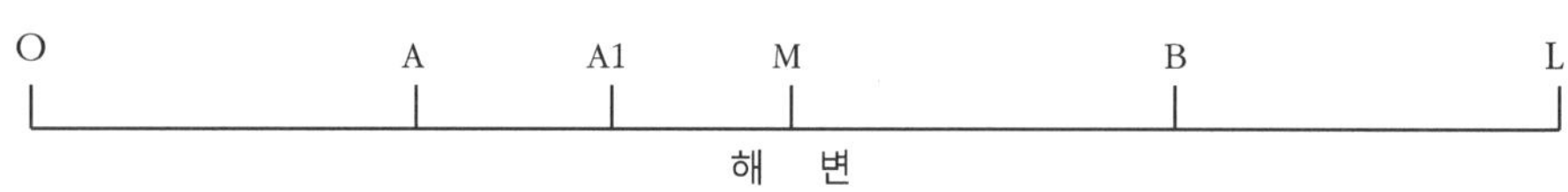

호텔링의 입지상호의존이론의 시사점은 다음과 같다. 첫째, 유사한 제품을 생산하고 비가격경쟁을 하는 기업들의 경우 시장확보를 위한 공간적 경쟁이 기업들을 서로 가까이에 입지하도록 한다는 것이다. 다시 말하면 가격경쟁이 주가 아닌 경우에는 공간 산업클러스터가 자연적으로 형성될 수 있다는 것이다.

둘째, 후생적인 측면에서 기업들의 공간클러스터에 가까이에 사는 소비자들은 멀리 떨어져 사는 사람들에 비해 후생편익을 얻을 수 있다. 왜냐하면 기업이 생산한 재화의 소비비용이 멀리 떨어져 있는 소비자에 비해 훨씬 더 낮기 때문인데 집적경제와 관련되는 문제이다.

호텔링의 입지상호의존이론은 현실세계에서 개별기업들은 모든 입지점에서 제품의 배달가격(수송가격)을 동일하게 부과한다는 점에서 비판을 받는다(이성근 외, 2008).

4. 비용과 수요의 통합이론

1) 그린헛의 통합이론

그린헛(M. L. Greenhut)은 1956년 저술한 "*Plant Location in Theory and in Practice*"에서 총이윤의 극대화[MR(한계수입)=MC(한계비용)]라는 관점에서 제조업의 최적입지를 도출하고자 하였다. 즉, 최대이윤을 최적입지의 기준으로 설정함으로써 최소비용이론과 입지상호의존이론을 통합하고자 하였다.

그린헛이 제조업입지에 영향을 주는 요소로 포함되어야 한다고 주장한 요인들은 다음과 같다. 첫째, 원료비, 운송비, 노동비, 기타 생산제조비용 같은 비용요인이다. 둘째, 기업의 입지적 상호의존성, 일정 시장지역을 독점하려는 성향 등의 수요요인이다. 셋째, 원료산지 혹은 자본시장과의 인접성 같은 비용절감요인이다. 넷째, 고객과의 근접으로부터 얻는 판매성 같은 수익증대요인이다. 다섯째, 공급자 혹은 은행가와의 유대성 내지 친밀성 같은 개인적 비용절감요인이다. 여섯째, 고객과의 양호한 접촉성 같은 개인적 수요증대요인이다. 일곱째, 기업가의 거주지 선호성 같은 순수한 개인적 동기이다.

표 2.2.4 그린헛의 제조업입지요인

구 분	주요 내용
비용요인	• 원료비, 운송비, 노동비, 제조비용 등
수요요인	• 입지상호의존성, 시장독점성향 등
비용절감요인	• 접근성 등
수요증대요인	• 마케팅, 시장성 등
개인적 비용절감요인	• 개인적인 친밀성, 유대성 등
개인적 수요증대요인	• 개인적인 고객과의 접촉성 등
개인적 동기	• 심리적인 선호성 등

그린헛 이론의 핵심은 이윤을 극대화하기 위한 지점은 총수익과 총비용의 차이가 최대가 되는 지점이라는 것이다. 그러나 이윤이 극대화되는 지점은 입지적 상호의존성에 의해 변동될 수 있으며, 가격이나 입지에 대한 기업 간 경쟁이 심할수록 서로 가까운 위치에 집중하여 입지하려는 경향이 나타나는 반면에 가격과 입지에 대한 경쟁이 매우 약하거나 비경쟁적이고 독점화될수록 분산된 입지패턴이 나타나게 될 것으로 보았다. 수요인자는 다른 기업과의 상호의존적 관계를 갖고 있으며 비용인자보다 훨씬 더 지역 간 차이가 크게 나타나며, 경쟁상황이나 가격변동에 민감하여 입지선정에 지대한 영향을 주고 있다(이희연, 2011).

2) 아이사드의 통합이론

아이사드(W. Isard)는 공간경제와 지역과학분야에 크게 공헌하였는데, "입지와 공간경제(1956)", "지역분석방법(1960)"이라는 저서를 통해 튀넨(J. H. von Thünen), 뢰쉬(A. Lösch), 베버(A. Weber)의 이론을 통합하여 하나의 이론으로 개발하고자 하였다. 즉 튀넨의 동심원형태의 경작지 구분은 주요 대도시를 중심으로 배치되는 뢰쉬의 육각형 상권체계와 통합하고자 하였고, 자원의 균등분포 가정에 대해서는 베버의 원료의 국지적 편중조건에서 공장입지가 고려된다는 분석을 도입하였다. 아이사드는 대체원리(substitution principle)를 통해 입지이론을 여타의 경제이론과 통합시키는 것을 중요하게 여겼으며 이와 더불어 수송요인도 주목하였다.

아이사드 이론에서 가장 핵심적인 개념은 경제이론에 있어서 자본이 노동력을 대체할 수 있는 것처럼 여러 입지후보지들 가운데 최적입지에 영향을 주는 생산요소비용들을 서로 대체시킴으로써 최적입지가 달라질 수 있다고 본 것이다.

즉, 아이사드는 대체원리를 적용시켜 기존의 입지론을 보다 일반화하였다고 볼 수 있는데, 그의 이론적 토대도 운송비 최소화에 있다는 점에서 베버의 최소비용이론을 크게 벗어나지 못한 것으로 간주되고 있다(이희연, 2011; 박원석, 2011).

3) 스미스의 준최적이론

스미스(D. M. Smith)는 1966년 고전적 입지이론을 종합하여 비용과 수입의 공간적 상호작용에 의해 최적입지가 결정된다는 견해를 제시하였다. 총수입곡선과 총비용곡선이 만나는 지역 내에서는 항시 이윤이 발생한다고 보고 제조업입지분석에 있어서 이윤의 공간한계(spatial margins of profitability)개념을 제기하였다. 종래의 입지론은 최적지점만을 찾는 데 비해 스미스는 최적지점이 아니더라도 이윤을 창출할 수 있는 공간적 한계구역 내에서 공장이 입지할 수 있음을 제시하는 준최적(suboptimal)이론을 제시하였다.5)

이 이론은 기업가의 능력, 정부의 지원, 규모의 경제, 외부경제 등의 요인에 의해 이윤의 공간한계가 어떻게 변하는지, 최적입지가 어떻게 변하는지 보여주었다. 아울러 생산이론과 입지론을 종합하여 규모-기술-입지(scale-technique-location)의 3자 관계를 증명하였다. 즉, 생산규모에 따라 원료 등의 사용량이 달라질 수 있으며 이에 따라 입지도 달라지며 규모의 경제에도 한계가 존재하고 그 한계는 결국 이윤의 공간한계로 결정된다는 것임을 밝혔다.

[그림 2.2.8]에서 Ma-Mb부분이 이윤이 발생하는 공간한계이고, O지점이 최적의 자리이기는 하지만 Ma-Mb부분도 준최적의 자리(sub optimum location)이기 때문에 공장이 들어설 수 있다(박원석, 2011).

스미스는 인간이 항상 최대의 효율성을 추구하여 합리적인 의사결정만을 내리는 경제인이 아니라, 다양한 환경 하에서 준최적인 경제행태를 보이게 되고, 이러한 의사결정이 개별기업의 입지를 결정하게 된다는 점을 강조하였다. 스미스의 이론은 기업가의 준최적행태를 도입시켜 현실세계에서의 입지패턴을 설명하는 데 보다 유연성을 보이고 있으며, 비경제적인 요인도 입지선정에 영향을 미치고 있음을 밝혀주었다는 점에서 높이 평가되고 있다(이희연, 2011).

그림 2.2.8 스미스의 준최적모형

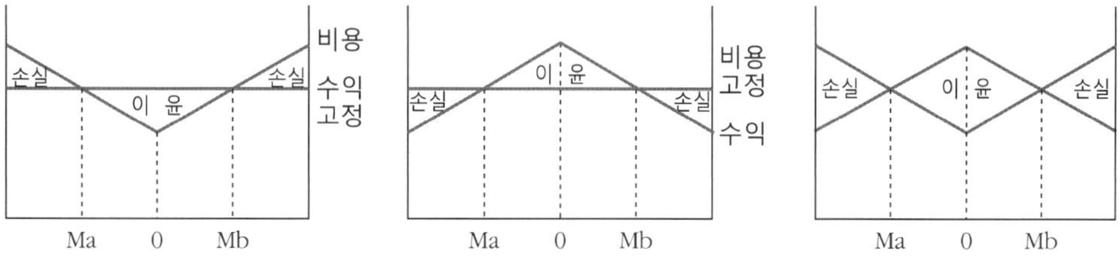

5) 스미스에 앞서 신고전주의 최적입지이론의 제약을 완화하기 위해 로스트론(E. Rawstron)은 1958년 전통적인 최적화이론에 준최적의 입지선정을 통합해 이윤의 공간적 한계(spatial margins of profitability) 이론을 제시하였다. 이 이론에 따르면 이윤의 공간적 한계 내에서 기업은 어느 지역에 위치하든지 비록 최대의 이윤은 아니더라도 어느 정도의 이윤은 얻게 된다. 따라서 이윤극대화 입지라는 가정을 포기한다면 기업은 수익성의 공간적 한계 내에서 자유로운 입지 선택이 가능하다(김용웅 외, 2009).

5. 현대적 제조업 입지이론

1) 행태주의적 입지론

고전적 입지론은 입지결정자인 인간을 합리적 경제인으로 전제하고 있으나 실제 생산활동의 입지패턴을 제대로 설명하지 못하는 것으로 평가되고 있다. 행태주의적 입지론(behavior location theory)은 고전적 입지론과는 전제조건에서 차이가 있는데 첫째, 의사결정자들은 입지 선정에 필요한 완전한 정보를 가질 수도 없고, 또 그 정보를 완전히 합리적으로 이용할 수도 없다. 둘째, 행태주의적 접근에서는 완벽한 정보를 가진 기업가라 하더라도 최적지에서 벗어난 지점에 입지할 수 있음을 강조한다(이희연, 2011).

입지이론에서 행태적 접근을 시도한 지리학자인 프레드(A. Pred, 1967)는 행태행렬(behavioral matrix)의 개념을 도입하였다. 기업가는 제한된 지식과 능력을 가지고 있기 때문에 기업가가 보유한 정보와 이용능력의 차이에 따라 그 기업이 최적의 장소에 입지할 확률은 크게 달라진다고 주장했다. 프레드가 주목한 점은 확률의 개념인데, 현실사회에서 입지 결정은 합리적 경제인의 가정에 기반해서 결정론적으로 이루어지는 것이 아니라 개인의 상황에 따라 확률론적으로 이루어진다는 것이다.

노스(D. J. North, 1974)는 투자-의사결정과정 모형을 제시하였는데, 입지문제는 기업의 궁극적인 목표달성을 위한 정책과정에서 발생하는 하나의 부산물이면서, 일회성이 아닌 상시적인 의사결정과정 내에 포함되어 있다는 인식이 반영되어 있다. 노스는 기업이 자신을 둘러싼 다양한 주변환경에 대응하여 상호작용을 하게 되는데, 이러한 상호작용에 어떤 문제가 야기되면 ① 문제를 인식하고, ② 대응방법에 대한 판단을 하고, ③ 대안들을 탐색하고, ④ 이들의 성공 가능성을 평가하고, ⑤ 최적대안을 결정하고, ⑥ 실행에 옮기고, ⑦ 그 결과를 피드백하는 순으로 해결한다. 입지의사결정의 전 과정을 기업과 그 환경 간의 상호작용의 맥락에서 자극-반응의 과정으로 해석한 것이다. 노스의 투자-의사결정과정은 생산제품에 관한 정책결정, 생산정책의 실현을 위해 필요한 변화요소산정, 대안적 변화방법의 비교평가와 결정, 대안적 입지의 평가 및 산정 등 4단계이다.

노스의 경험적 연구결과를 통해 시사점을 도출하면 첫째, 생산능력의 증대에 따라 공장의 확대가 필요한 경우 일반적인 검토순서는 확장, 분공장 건설, 합병 순으로 진행된다는 점이다. 둘째, 공간적 측면에서는 신규창업 중소기업이 많은 지역이나 공장 부지가 풍부하고 가격이 저렴한 지역에서 이전 빈도가 높다는 점이다. 셋째, 분공장 건설이나 인수는 이동거리가 비교적 짧은 곳이 많지만 분공장의 합병은 모기업에서 멀리 떨어진 곳에서도 입지한다는 점이다.

스태퍼드(H. A. Stafford, 1972)는 입지선정 때 넓은 공간적 범위로부터 특정 지역과 지점으로 축소해 나가는 순차적인 공간탐색을 하게 된다는 순차적 입지결정모형을 제시하였다. 기업환경의 불확실성과 정보의 제약 하에서 입지의사결정이 넓은 공간적 범위에서 특정 지역과 지점으로 점차적으로 축소되는 공간탐색의 순차적 구조를 체계화하였다. 즉, 입지문제에 직면해 있는 의사결정자가 현실세계의 복잡성을 단순화하면서 논리정연하고도 이해하기 쉬운 프로세스로 개발하고자 했다. 스태퍼드의 이론은 고전입지이론의 두 흐름인 최소비용이론과 최대수요이론을 종합하였지만 심리적 접근 등 행태적 개념을 모형에 포함하였다. 스태퍼드가 제시한 입지선정의 단계와 적용원리는 기업가의 행태가 입지결정에 영향을 주며, 입지결정은 공간단위에 따라 그 고려요소가 차별적이라는 사실을 밝혔다는 점에서 의의가 있다. 그러나 그의 모형은 의사결정자가 갖고 있는 제한된 지식과 인식으로 인해 개인의 주관적인 선호도가 입지선정에 결정적인 영향을 미칠 수 있다는 한계가 있다(박원석, 2011).

2) 인큐베이터 이론

인큐베이터 이론(incubator theory)은 취니츠(B. Chinitz, 1961, 1964)의 연구와 관련되는데, 다양한 산업과 규모의 기업을 포함하는 산업클러스터는 여러 가지 다른 유형의 산업과 기업규모를 포함하고 있기 때문에 신생 기업의 성장과 발전을 위해 우수한 인큐베이터로서 활동할 수 있다는 것이다. 이러한 환경 하에서 소기업들은 그들의 성장을 촉진시키는 다양한 지역 영업서비스를 이용할 수 있다는 것이다.

인큐베이터 이론의 주요 내용은 소규모의 새로운 기술혁신기업은 경제적 기반이 약한 경향이 있기 때문에, 이들 업체들은 집적효과를 누릴 수 있는 도시의 중심부에 입지하게 된다는 것이다.

프래그(J. J. Fragg)에 의하면 도시 내에서는 산업과 이윤추구를 보장해주는 다양한 정보를 얻을 수 있고, 사람이 많이 밀집되어 있기 때문에 노동력을 쉽게 구할 수 있으며, 많은 건물이 있기 때문에 필요한 작업장소를 구하기 쉬운 이점이 있다. 그러므로 소규모 제조업체들은 도시 내에 입지하려는 성향이 높은 반면에 기업이 확장하면 도시 외곽으로 이전하게 된다(이성근 외, 2008).

3) 제품수명주기이론

버논(R. Vernon, 1960, 1966) 등의 연구에 의해 제시되었는데, 공간투자패턴의 양적 측면을 설명하는 데 많이 사용되는 접근방법이다. 이 모형에서는 신생기, 성장기, 성숙기, 쇠퇴기 등 제품수명주기에 따라 기업들은 서로 다른 입지특성을 가지게 된다는 것이다. 제품수명주기이론(product life cycle theory)은 새로운 제품이 시장에 도입되어 처음 시장에 알려져 판매되기 시작한 후 시간이 경과함에 따라 매출액 및 침투율이 변화되어 최종적으로 쇠퇴되어 사라져 가는 과정을 나타낸 이론이다.

버논은 이를 국제적인 차원으로 확대하여 각국의 기술 및 소득수준의 차이와 제품의 시장국별 도입시기의 차이에 근거하여 특정 제품의 국제무역 패턴과 해외생산 입지의 변화과정을 설명하고 있다. 버논은 기업들이 제품의 순환주기단계에 따라서 입지활동이 분리된다고 주장하였다. 예를 들면, 제품 순환주기의 초기단계에서는 중심도시와 같은 높은 수준의 산업클러스터에서 기업들은 조사업무나 개발, 높은 수준의 의사결정과 같은 정보지향적인 활동에 따라 입지하는 경향이 있다는 것이다. 하나의 제품과 그 생산과정이 디자인되고 검증되어 개발되면 결국 제품정보는 표준화되고 그것은 생산을 증가시켜, 성숙단계에 이르게 한다. 기업들은 생산과정을 보다 낮은 비용과 보다 덜 훈련된 지역으로 이동하려고 한다. 따라서 보다 낮은 비용과 덜 숙련된 노동을 가진 주변지역들이 보다 성숙되고, 새롭지 않은 표준화된 제품들을 생산하는 공장들을 가지게 된다는 것을 암시하는 것이다. 그 결과 중심지역과 주변지역 간의 생산활동 유형이 분리되는 경향이 있다는 것이다.

이 모형의 중요한 관점은 중심지역과 주변지역의 생산활동에는 어떤 양적인 차이가 존재한다는 것이다. 제품수명주기이론은 시간이란 차원을 도입하여 시간의 흐름에 따라 국가 간 혹은 산업 간 무역 및 직접투자가 발생하는 현상 및 패턴을 설명하고 있다(이성근 외, 2008 재인용).

4) 공간적 분업이론

1970년대 말에 등장한 공간적 분업이론은 전 공간적 차원에 비추어 대도시의 제조업 특성을 밝히려는 이론으로서 원료, 운송비보다는 기업전략, 장소의 특성과 더불어 노동력 요인의 고유성에 관심을 기울이고 있다. 공간적 분업은 산업부문별 분업이 먼저 일어났고, 그 후 동일한 산업부문 내에서 분업이 발생하였으며, 다지역 및 다국적 기업의 출현으로 나타났다. 운영단위의 공간적 분화는 바로 자본의 심화와 생산과정의 재통합, 기존 생산과정의 합리화·표준화 등의 기술적·조직적 변화에서 비롯된다. 그 결과 공장 간의 연계는 단순화되고 거래비용은 감소되어 생산활동에 있어서는 지리적 분산이 가능해져 공간분업이 나타난다.

산업의 기술적·조직적 성숙은 새로운 사무와 서비스기능을 집중하게 하여 경제활동공간의 재조직과 동시에 다공장 기업이 등장하게 되고 공간경제는 이중구조를 이루게 된다. 즉, 고차의 경영관리 및 통제기능은 대도시 중심지에 입지하고, 분공장은 주변지역에 입지하여 새로운 공간적 분업이 이루어지게 되는데, 이러한 측면에서 신 공간분업은 대도시-주변지역의 체계에 따라 기능의 전문화를 형성하게 된다.

1970년대 후반 이후 공간적 분업은 세계적인 차원에서 통제기능과 생산기능이 공간적으로 분산되는 국제적 분업의 형태로 발전해 왔으며, 이에 따라 세계의 주요 대도시는 기업의 핵심적인 의사결정의 중심지 역할을 하는 도시로 성장하게 되었다(이성근 외, 2008 재인용). 공간적 분업이론의 관점에서 제조업의 입지이론을 설명한 대표적인 학자로는 매시(D. Massey, 1984)가 있다.

5) 신산업지구모형

신산업지구(new industrial areas)라는 개념은 일반적으로 교역지향의 생산활동이 공간적으로 제한된 지역에 입지하여 기업 간의 분업, 네트워크, 착근성이 어떤 특정 지역이나 타 지역에 분명하게 나타나는 지구를 말한다(박삼옥, 2000). 실리콘밸리의 IT 산업과 영국 케임브리지의 전자 및 생명공학 클러스터 등과 같은 산업 클러스터는 혁신의 주요 중심지역들이다 이들 클러스터는 소기업들의 클러스터로 구성된 산업들이 주요 대기업들로 구성된 산업에 비해서 훨씬 더 혁신지향적이 된다는 것이다. 왜냐하면 이들 환경하에서는 혁신이 일어나는 적절한 환경을 제시한다는 것이다.

신산업지구모형(new industrial areas model)은 혁신클러스터이론을 발전시킨 계기가 되었다(이성근 외, 2008).

제4절 서비스업 입지이론

1. 서비스업 입지의 의의

3차 산업은 주로 상품의 도·소매, 재정, 보험 및 부동산 그리고 서비스업을 포함하는 개념으로 정의된다. 3차 산업 중 대표적인 업종인 서비스업의 입지요인으로 인구규모, 소비자 접근성, 경쟁자와의 경쟁우위, 그리고 비용 등을 들 수 있다.

표 2.2.5 서비스업 입지요인

구 분	입지요인
인구	• 인구규모, 연령분포, 가계규모, 소득수준, 직업, 고용, 실업, 주택유형 등
접근성	• 보행자 흐름, 대중교통수단, 자가용 소유 여부, 도로구조, 주차, 대형건물, 배달수단, 전망
경쟁성	• 직접경쟁자, 인근상점, 양립성, 주차시설, 소비자연속성, 경영연수, 상점포화정도, 경쟁가능성
비용	• 구매가격, 임대 건물수, 안정성 유지

자료: 홍기용(1999: 74).

이와 달리 서비스업 입지의 요인을 수요와 공급의 측면에서 볼 수 있다. 수요적 요인으로는 인구밀도, 인구이동성, 가구소득수준, 가구의 연령분포, 가구규모 등을 들 수 있고, 공급적 요인으로는 상점규모, 고용인당 매장 면적, 상점성장정도, 경쟁정도, 수요밀도 및 공급밀도 등을 들 수 있다(홍기용, 1999).

한편 3차 산업 가운데 정보산업의 경우 종래의 산업분류에 의하면 서비스업에 해당한다. 3차 산업의 개념이 포괄적이어서 현상을 제대로 반영하지 못하는 한계가 있기 때문에 지식생산성 서비스업을 4차 산업으로 분류하기도 한다(김형국, 1997). 예를 들면, 로펌의 유능한 변호사나 대학병원의 저명한 교수도 3차 산업의 종사자이고, 로펌이나 병원의 단순한 하급 경리직도 3차 산업의 종사자로 분류될 수 있다. 따라서 직업대분류상 전문직, 관리직, 사무직에 종사하는 사람들은 4차 산업의 종사자이고, 사무활동이 중심이 되는 4차 산업을 사무실 산업(office sector)이라고도 한다.

사무실 산업은 정보의 생산, 처리, 취급, 전파 및 다른 조직체의 통제, 관리와 관련되며, 정보처리기술의 비약적 발전에 힘입어 후기산업사회(post-industrial society)의 대표적인 산업으로 성장하였다(김형국, 1997). 그러나 선진국과는 달리 개발도상국의 경우 사무활동과 같은 4차 산업의 비중이 전반적으로 낮은 경향을 보이지만 국가경제의 성장과 함께 그 비중이 증가하고 있다.

서비스업의 공간·경제적 특성을 처음 밝힌 이론이 크리스탈러(W. Christaller)의 중심지이론(central theory)이다. 중심지이론은 서비스업의 서비스 제공업체 간의 상호의존적 입지관계를 알려 주며, 중력모형은 상권의 범위를 결정하는 이론이다.

2. 중심지이론

1) 중심지이론의 전개

중심지이론은 다음과 같은 몇 가지 가정을 전제로 한다. 첫째, 지형은 평탄하고 모든 방향으로 동일한 지형구조를 가진다. 둘째, 인구분포는 공간상에서 모두 균일하다. 셋째, 상품의 수송비용은 거리에 비례하고, 모든 방향으로 수송비용은 같다. 넷째, 주민의 구매력과 소비행태는 모두 동일하다. 다섯째, 인간은 경제인이다.

그리고 중심지이론에서 중요한 세 가지의 용어는 최소요구치(threshold size), 상품의 도달거리(range of goods or services) 및 육각형형태의 배후지이다. 최소요구치(혹은 최소범위)는 상품 또는 서비스 취급업체가 생존할 수 있는 최소시장범위를 의미한다. 그리고 상품의 도달거리는 소비자가 상품 또는 서비스를 구하기 위하여 기꺼이 가고자 하는 경제적 거리이다(김형국, 1997).

이러한 가정 하에서 어떤 상점에서 어떤 상품을 주어진 가격 P에 소비자에게 판매하고 소비자들은 어떤 상품을 구매하기 위해 상점을 방문하는데 MT만큼의 교통비용이 소요된다고 할 때, 상점으로부터 거리 M만큼 떨어져 거주하는 소비자가 어떤 상품을 1단위 구입하는 데 지불하는 실제 가격은 P+MT가 되는데, 이를 배달가격이라고 한다. 따라서 어떤 상품의 소비를 위해 실제로 소비자들이 지불하게 되는 배달가격이 커질수록(거리에 따른 수송비용의 증가로 인한 경우) 그 상품에 대한 수요는 줄어들 것이다. 즉, 어떤 상품에 대한 소비자의 소비량은 상점으로부터 거리가 멀어짐에 따라서 줄어든다. 이와 같은 이유는 상점으로부터 멀리 떨어져 살수록 많은 수송비용을 부담하기 때문이다. 따라서 거리가 증가하면 배달가격이 증가하고 수요는 감소하며, 어느 지점에서는 수요가 0이 될 것이다. 상점에서 수요량이 0이 되는 거리까지가 도달거리이다. 그리고 상점을 중심으로 도달거리를 반경으로 회전시켜서 나타나는 권역이 상점의 상권이다.

주어진 공간에서 중심지 즉, 상점이 하나만 존재한다면 인구분포와 지형의 등질성이라는 가정에 따라 상권의 형태는 원형(圓形)이 된다. 그러나 하나의 상점이 상품을 공급할 수 있는 공간적 범위는 한정되어 있으므로 같은 상품을 공급하는 다른 상점이 다수 입지하게 될 것이다. 같은 상품을 공급하는 상점들의 경우 기존의 상점의 상권에 중복되지 않는 범위내에서 최대한 상권을 확보하는 차원에서 [그림 2.2.9]의 배후지 외접형과 같은 형태로 입지하려고 할 것이다. 그러나 여기에서는 어느 상권에도 포함되지 않아 서비스를 받지 못하는 지역이 발생하게 된다.

모든 지역에서 서비스를 받아야 하므로 상권과 상권 간의 다소의 중복현상이 발생하는 배후지 중첩형으로 상권이 형성될 것이다. 이러한 상황에서 상권이 중복되는 일부 지역에서는 주어진 지역에서 보다 저렴한 비용으로 상품을 구입하려는 경제인의 속성으로 인해 보다 가까운 상점을 이용하려 할 것이다. 이러한 경제적인 상권 분할로 인해 결국 원형의 상권은 육각형의 상권으로 변하게 된다(이성근 외, 2008).

그림 2.2.9 상권의 형성과정

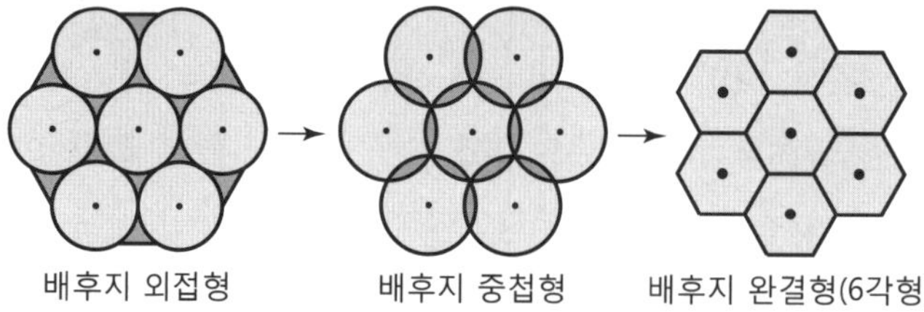

2) 중심지 계층

중심지 계층이란 중심지 상호간의 중심성의 차이, 즉 중심지가 수행하는 3차 산업 기능의 보유 정도에 대한 중심지 간의 차이를 말한다. 이때 중심지의 계층은 인구규모에 비례하는 것이 일반적이나 인구규모가 크다고 해서 반드시 중심성이 크다고 볼 수는 없다. 그러나 크리스탈러는 그의 이론에서 중심성의 크기는 인구규모에 비례하는 것으로 보았다(대한국토·도시계획학회, 2009 재인용).

이때 중심성이 큰 기능들을 보유한 중심지를 고차중심지, 작은 기능을 보유한 중심지를 저차중심지라 한다. 이때 고차의 중심지가 차하의 중심지들이 보유한 기능을 모두 보유하며 자기 특유의 기능을 더 보유한다. 이러한 중심지 계층 간에는 포섭이 발생하게 된다. 중심지 계층의 포섭원리란 고차중심지의 배후지 안에 저차중심지의 배후지와 그 해당 중심지의 수가 어떻게 분할·포섭되는가 하는 중심지 계층 간의 공간조직관계를 원리적으로 설명하려는 것이다. 중심지 계층의 공간포섭원리를 설명하는 데는 k-value체계라는 것이 있다. k-value는 일련의 중심지들의 계층관계에서 최고차중심지의 육각형 안에 차수가 낮은 중심지와 그 육각형의 수가 몇 개씩 포섭되는가 하는 원리를 차수에 대한 k값의 배수로 설명하는 것이다. 크리스탈러는 시장성의 원칙(k=3), 교통의 원칙(k=4), 행정의 원칙(k=7)을 활용하여 중심지 계층의 포섭원리를 설명하였다(이성근 외, 2008).

3. 중력모형

서비스업 입지모형은 소비자들은 출발지에서 가장 가까운 곳에서 구매행위가 이루어진다는 가정 하에서 개발되었다. 레일리(W. J. Reilly)는 소매중력모형(the law of retail gravitation)을 제시하였는데, 두 도시 간의 매출액의 배분비율을 구하는 공식이지만 상권의 범위를 설명하는 데 활용된다. 기본적으로 상업지의 상권은 도시의 인구에 비례하고, 거리의 제곱에 반비례한다는 것이 이론의 주요 내용이다.

$$\frac{S_a}{S_b} = \left[\frac{P_a}{P_b}\right]\left[\frac{D_{bc}}{D_{ac}}\right]^2$$

S_a : c도시의 매출액 중 a도시로 흡인되는 매출액

S_b : c도시의 매출액 중 b도시로 흡인되는 매출액

P_a : a도시의 인구

P_b : b도시의 인구

D_{ac} : c도시에서 a도시까지의 거리

D_{bc} : c도시에서 b도시까지의 거리

서비스업 입지는 입지에 따른 예상수요곡선과 비용곡선에 의해서 결정된다. 우선 수요자의 입장에서 보면 상점에서 거리가 멀수록 거리에 따른 수송비, 시간비용을 많

이 지불하게 된다. 그리고 소비자가격은 상점가격과 수송비용을 합한 가격이기 때문에 상점에서 거리가 멀어질수록 수요가 적어져 우하향곡선의 수요곡선을 그리게 된다. 즉, 상권의 영향력은 거리의 제곱에 반비례하고 시장(인구)의 크기에 비례한다는 중력모형을 따른다.

그러나 이 모형은 상품 질과 서비스의 다양화와 교통시설의 개발 등을 고려하지 않는다는 점에서 비판을 받고 있다(이성근 외, 2008).

4. 사무활동의 입지

사무활동의 입지를 설명할 때, 교통비용의 극소화와 이윤의 극대화는 설명력이 떨어진다. 행태적으로 4차 산업의 입지를 살펴보는 입장은 흔히 사업체들 간의 어떤 업무연계와 그에 따른 상호접촉을 하고 있는지를 살펴보는 데 관심을 가진다.

사무활동 같은 4차 산업은 도시의 집적이익 중 특히 대면접촉의 이점을 추구한다. 즉, 대기업 본사활동은 중앙정부, 금융기관, 회계와 법률같은 전문서비스와의 접촉 편의성을 중요시한다. 이러한 전문서비스와의 기능적 연계가 사무활동의 입지결정에 중요한 요인으로 작용한다. 한편 사무활동의 기능적 연계는 교통과 통신이 상대적으로 덜 발달된 상태에서는 관련 활동들끼리 지리적으로 인접하는 공간적 근접에 의해 확보될 수 있다. 현대에 이르기까지 도시활동 가운데 가장 생산성이 높은 업무활동이 중심업무지구에 집적된 것도 이러한 것과 무관하지 않다(김형국, 1997).

그리고 행태적 관점에서 사무활동의 입지결정에 영향을 미치는 요인은 다음과 같다(박종화 외, 2006 재인용). 첫째, 대면접촉의 편리성이 확보되는 곳에 사무활동이 입지하는 경향이 있다. 이러한 대면접촉의 편리성을 추구하는 사무활동의 입지경향은 대면접촉이 통신수단에 의한 접촉보다 기업의 대외업무추진을 위해 더욱 효과적이라는 사실에 기인한다. 물론 통신수단에 의한 의사교환과 정보의 수집이 불가능한 것은 아니지만, 사교적 분위기의 상실로 의사교환과 정보수집에 제약이 있다.

둘째, 사무활동을 지원하기 위한 전문서비스의 활용이 편리한 지역에 입지하려는 경향을 보인다. 즉, 변호사, 공인회계사, 세무사, 보험 및 금융서비스 등의 편리성이 확보되는 지역에 사무활동이 입지하는 경향을 보인다. 이는 결과적으로 대도시에 사무활동이 집중하는 현상으로 나타난다.

셋째, 사무활동은 전국적인 시장이나 국제적인 시장을 대상으로 한다. 따라서 사무활동은 대도시 간 혹은 외국과의 높은 접근성을 중요시하는 경향을 보인다. 이러한 점에서 주요 교통수단, 특히 국제 항공노선의 이용이 편리한 지역에 입지하게 된다.

넷째, 사무활동의 입지결정은 공간적으로 편향된 판단을 토대로 이루어지는 경향이 있다. 사무활동의 입지결정시에 전통과 위신을 고려하는 것이 바로 그것이다. 곧 도시에 사무용 건물을 가지는 것은 그 장소에 입지하는 것 자체가 기업의 이미지에 기여하는 것이라 생각한다. 또한 사무활동의 입지결정에서 정부나 은행과 같은 기관들이 이미 집적해 있는 곳이 선호되는 것은 불확실성을 줄이는 만족스런 대안이 된다.

제5절 공공시설 입지이론

1. 공공시설 입지의 의의

공공시설은 일반적으로는 국가 또는 지방자치단체가 국민생활의 복지증진을 위하여 설치하는 시설로 학교, 병원, 도서관, 시민회관, 각종 보건 및 후생시설, 공원 등을 말한다.

이러한 공공시설이 제공하는 공공서비스는 우리 생활과 매우 밀접하다. 그런데 공공시설의 입지는 민간시설인 기업이나 가계의 입지요인인 수익극대화나 효용극대화보다는 후생복리증진을 추구한다는 점에서 근본적인 차이가 있다. 즉, 공공시설입지는 공공재정 및 정부정책에 의해 공적인 의사결정과정을 거쳐서 결정되므로 민간시설의 입지와 차별성이 있다. 이러한 의사결정 가운데에서 가장 중요하게 작용하는 것이 공공서비스가 미치는 구역 내의 모든 사람들에게 서비스가 공급되어야 하고, 이용하는 수요자들의 비용이 최소화되어야 한다는 것이다. 즉, 공공시설의 입지는 비용극소화와 후생복지의 극대화 측면에서 입지가 선정된다는 것이다(홍기용, 1999).

공공시설의 입지와 관련된 모형으로는 거리최소화 입지모형, 시간최소화 입지모형, 최대수요 입지모형 등이 있다(대한국토·도시계획학회, 1999).

2. 거리최소화 입지모형

해키미(Hakimi, 1964)가 최초로 개발한 (통행)거리최소화 입지모형은 기본적으로 접근성을 극대화하려는 목적을 가지고 있다.

거리최소화 입지모형은 "수요가 이산(離散)되어 있는 네트워크상에서 모든 시설이용자들의 평균통행거리를 최소화하도록 p개의 시설을 입지한다. 이때 각 시설이용자는 가장 가까운 시설로 통행한다고 가정한다"라고 정의한다.

공공시설의 입지는 이용자의 총 통행거리를 최소화하는 데 있다는 견해이다. 따라서 공공시설 이용자들의 총 통행거리를 최소화($T_{\min}$)하는데 여러 시설이 있는 결절지역의 수(n)와 거리(d)와의 관계는 다음과 같다.

$$T_{\min} = \sum_{i=1}^{n}\sum_{j=1}^{n} a_i d_{ij} X_{ij}$$

a_i : i결절지역 인구

d_{ij} : 두 결절지역(i, j)간 거리

X_{ij} : 두 결절지역의 서비스권역내 입지에 대한 더미변수

n : 결절지역 수

그러나 서비스 지역이 넓을 경우 여러 개의 시설을 입지시켜 이용자의 총 통행거리를 최소화시킬 수 있다. 그 시설 수는 시설건립에 따른 비용과 운영비에 대한 이용자의 절약거리의 기회비용을 고려하여 결정한다.

3. 시간최소화 입지모형

거리최소화 입지모형은 거리의 개념을 강조한 반면, 시간최소화 입지모형(혹은 한정시간 입지모형)은 시간을 고려한 모형으로 토레거스(D. Toregas, 1971) 등에 의해서 제기되었다. 시간최소화 입지모형은 "정해진 시간 이내에 모든 수요가 충족되도록(각 수요지점이 서비스를 이용할 수 있도록) 하는 최소한의 시설 수와 그 입지를 찾는다"라고 정의한다.

시설공급자의 입장에서 보면 이용자들이 한정된 시간 내에 서비스를 제공받을 수 있는 임계지역이 곧 최적입지가 된다. 이런 시설로는 응급시설, 소방시설 등이 있는

데 필요한 시간 내에 서비스를 받아야 이용의 효과를 누릴 수 있으며, 그 시간을 넘어서게 되면 아무런 소용이 없게 된다.

$$T_{\min} = \sum_{j=1}^{n} X_j$$

X_j : 지점 j에 대하여 수요지점에서부터 서비스를 공급하는 시설의 개설 여부에 대한 더미변수

4. 최대수요 입지모형

최대수요 입지모형은 처치와 레벨(R. L. Church & C. S. ReVelle, 1974)에 의해 제시된 모형으로 시설입지의 효과성을 측정하는 근거를 제시해 준다. 시간최소화모형에서 모든 이용자들이 한정된 시간에 서비스를 받는 것은 예산과 인력 등 여러 가지 제약 때문에 문제가 있을 수 있다.

최대수요 입지모형은 "공공기관은 일정한 시간이나 기준거리 내에서 가능한 한 가장 많은 서비스 이용자들에게 서비스가 전달되도록 p개의 시설을 배치한다"라고 정의한다. 즉, 시설이용자의 최대수요($T_{\max}$)를 충족시킬 수 있는 지역에 입지해야 한다는 것이다.

$$T_{\max} = \sum_{i=1}^{n} a_i Y_i$$

a_i : i지역 이용인구

Y_i : i지역에서 한정된 시간에 서비스를 받는지에 대한 더미변수

탐구학습

1. 주요 개념
   - 고립국모형
   - 최소비용이론
   - 최대수요이론
   - 행태주의적 입지론
   - 인큐베이터이론
   - 공간적 분업이론
   - 제품수명주기이론
   - 성장극이론
   - 신산업지구모형
   - 중심지이론
   - 중력모형

2. 토론과 과제
   - 입지이론의 필요성
   - 산업에 따른 입지의 특성과 주요내용
   - 지역사회의 주요시설을 입지이론측면에서 설명

참고문헌

김 인(1994), 현대인문지리학, 서울: 법문사.
김용웅 외(2009), 신지역발전론, 서울: 도서출판 한울.
김형국(1997), 한국공간구조론, 서울: 서울대학교 출판부.
대한국토 · 도시계획학회(2009), 국토 · 지역계획론, 서울: 보성각.
대한국토 · 도시계획학회(1999), 지역경제론, 서울: 보성각.
박삼옥(2000), 현대경제지리학, 서울: 아르케.
박원석(2011), 부동산입지론, 서울: 양현사.
박종화 외(2006), 지역개발론, 서울: 박영사.

이성근 · 이춘근(2008), 최신 지역경제론, 경기: 법문사.
이희연(2011), 경제지리학, 경기: 법문사.
최성수(1995), 지역경제론, 서울: 대왕사.
홍기용(1999), 지역경제론, 서울: 박영사.
McDonald, J. F.(1997), *Fundamentals of Urban Economics*, NJ: Prentice-Hall.
O'Sullivan, Arthur(1996), *Urban Economics*, Irwin: McGraw-Hill.
Smith, D. M.(1981), *Industrial Location: An Economic Geographical Analysis*(2nd Edition), John Wiley & Sons.

제 3 장

지역성장이론

제1절 개 요

전통적으로 지역성장이론은 불균형 성장이론과 균형성장이론으로 구분되며, 성장의 동인에 따라 공급중시이론, 수요중시이론, 수요공급혼합이론 등으로 구분되기도 한다.

불균형 성장이론은 한정된 자원을 가지고 효과가 높은 산업을 선별하여 집중투자하고 그 성장효과를 점차 타 산업으로 파급시키자는 이론으로 여기에는 극화발전이론, 누적성장이론, 중심-주변부이론, 성장거점이론 등이 해당된다. 균형성장이론은 모든 산업의 성장을 동시에 꾀하기 위하여 전산업에 걸쳐 고르게 투자하자는 이론으로, 고전적 균형성장이론, 신고전주의 일반균형이론, 자원재배치이론, 진화주의이론 등이 이에 해당된다.

또한 공급중시이론은 지역의 경제력이 자본투입량과 노동투입량에 의해 결정된다고 보고 있으며, 수요중시이론은 성장이 외부의 수요에 의해 결정된다고 주장하는 이론으로 수출기반이론이 대표적이다. 한편, 수요공급혼합이론은 지역성장에 있어서 수요측면과 공급측면이 모두 작용되어야 한다는 이론으로 누적적 인과모형과 변이-할당모형 등이 이에 해당한다(박종화 외, 1995; 허재완, 1997).

본 장에서는 불균형성장이론과 균형성장이론 그리고 공급중시이론, 수요중시이론, 수요공급혼합이론의 주요 내용들에 대해 살펴보고자 한다.

표 2.3.1 지역성장이론의 분류와 핵심내용

구 분		핵심내용
불균형 성장이론	극화발전이론	• 성장점(growth point) • 분극화현상(polarization effect) • 적하효과(trickling-down effect) • 극화효과(polarization effect)
	누적성장이론	• 확산효과(spread effect) • 역류효과(backwash effect) • 누적적 인과
	중심-주변부이론	• 중심부(core) • 주변부(periphery) • 누적적 혁신
	성장거점이론	• 집중화된 분산전략 • 성장극 이론 • 혁신확산의 이론
균형성장이론	고전적 균형성장이론	• 완전경쟁 • 자본과 노동의 자유로운 이동 • 일시적 지역간 불균형
	신고전주의 일반균형이론	• 생산요소의 자유로운 이동 • 일시적 지역간 소득격차
	자원재배치이론	• 완전경쟁시장 • 경제규모에 비례한 산출 • 생산요소의 완전한 이동 • 총고용상태
	진화주의이론	• 경제성장 단계설 • 국가발전 단계설
수요공급중심 성장이론	공급중시이론	• 생산요소 부존량 • 자본투입량 • 노동투입량
	수요중시이론	• 외부수요 • 경제기반모형
	수요공급혼합이론	• 수요와 공급의 보완작용 • 누적적 인과관계모형 • 변이-할당모형

제2절 불균형성장이론

1. 극화발전이론

허쉬만(A. O. Hirschman)은 경제개발이 불균형의 사슬(a chain of disequilibrium)을 통해서 이루어지고, 성장은 필연적으로 불균형을 동반하게 된다고 주장하였다. 새로운 산업은 현존하는 산업 주위에 위치하게 될 것이며, 그 결과 성장점(growth point)이 형성되게 된다. 이러한 공간적 집중은 다른 지역의 정체현상과 병행된다. 이에 따라 지역적인 분극화현상(polarization effect)이 일어나며, 결과적으로 불균형을 초래하게 된다.

그러나 이러한 불균형은 어느 정도 발전단계를 지나면 지역경제 간의 교류와 보완관계로 인하여 시정되고 지역 간의 소득격차도 해소되게 되며, 결국 균형상태로 이르게 되는데, 이를 허쉬만은 적하효과(trickling-down effect)라고 정의하였다. 극화발전이론(polarized development theory)은 저발전지역에서 가장 부족한 것은 자본이기 때문에 한 지역의 성장은 희소한 자본을 가장 유효하게 이용해서 낙후된 경제구조를 보다 성숙되고 진보된 경제유형으로 변화시키는 능력에 달려 있다고 주장했다(고병호, 1995).

또한 경제성장을 위해서는 상대적으로 특정 부문에 집중해서 투자해야 한다고 주장하고 이러한 집중투자의 성장효과를 극화효과(polarization effect)라 하였다. 이 극화효과를 타 산업 또는 타 지역에 확장시켜야 하며, 이때 개발대상 산업부문의 결정은 투입산출의 관계로 표현되는 전방연계효과(forward linkage effect)나 후방연계효과(backward linkage effect)를 기준으로 해야 한다고 하였다. 성장은 경제의 선진부문에서 후진부문으로, 선진산업에서 후진산업으로 확산된다고 보는 것이 극화발전이론의 핵심이다.

2. 누적성장이론

미르달(G. Myrdal)은 누적적 효과를 가지고 있는 순환인과관계에 관한 단순한 모델이 경제이론의 전형인 정태적 균형이론(statical equilibrium theory)보다 현실의 사회경제 진보과정을 더 일관성 있게 설명할 수 있다고 주장하였다. 그의 이론도 허쉬만과 같이 중심지를 집중 개발하여 그 효과를 확산하자는 것으로 중심지가 성장·확장되면 내부경제(internal economies)와 외부경제(external economies)를 통한 누적효과로 중심지의 성장이 가속화되어 확산효과와 역류효과가 발생된다는 것이다.

확산효과(spread effect)는 중심지에 집중투자를 하면 역류효과에 의해서 인구와 자본이 더욱 집중되고 이에 따라 중심지의 소비가 증가하면 이 증가된 소비를 충족시키기 위하여 배후지에서는 농업생산이나 원료생산을 증대시키고 중심지의 고급기술이 배후지역으로 확산되어 점차 개발효과가 확대되어 간다는 것이다. 그리고 이 확산효과는 중심지의 투자수준이 크면 클수록 그 효과도 크다고 본다(최창의, 1986).

역류효과(backwash effect)는 배후지로부터 인구, 교역기능, 자본 등이 중심지로 이동하는 현상으로, 중심지의 집중투자는 역류효과에 의해서 중심지의 기능이 누적적으로 강화되는 효과를 말한다. 중심지의 집중투자는 고용기회를 증대시키고 배후지보다 높은 임금조건은 인구집중을 유발시킨다. 인구가 집중되고 소득이 증가하면 수요를 증대시켜 새로운 투자를 유인하게 되며, 새로운 투자수요에 대응하기 위하여 배후지의 자본이 중심지로 이동하게 된다. 따라서 중심지 즉, 부유한 지역은 구매력이 높고 요소 수익률이 높아서 집적이 강화되고 부유해지게 된다.

이 이론의 기본적인 가설은 역사적·지리적 이유로 성장지역과 낙후지역 간의 격차는 더욱 커진다는 것이다. 즉, 누적적 인과(cumulative causation) 때문에 유리한 지역은 더욱 성장하게 되고, 불리한 지역은 더욱 저발전지역으로 남는다는 것이다. 따라서 미르달은 자본주의체제에서는 불균형은 불가피한 것이기 때문에 개발과정에서 정부의 강력한 개입이 필요하다고 보았다. 이러한 주장은 성장모델 패러다임의 특징인 하향식개발과 정부개입의 이론적인 근거가 되었다(고병호, 1994).

3. 중심-주변부이론

프리드만(J. Friedmann)에 의해 제시된 중심-주변부 모형(core-periphery model)은 미르달의 누적성장이론과 허쉬만의 극화발전이론의 개념을 혼합하여 발전시킨 이론이다. 그의 모형은 성장지역을 중심부(core)로, 후진지역을 주변부(periphery)라는 용어를 사용하고 있어 중심-주변부 모형으로 불린다. 이는 개발도상국의 경제발전에 있어 핵심적인 구조와 입지적 요소를 규명하기 위하여 설계되었다. 이 모델은 산업화의 과정에서 개발의 공간적 범위를 이해하는 데 가치있는 기여를 하였다.

프리드만은 지배와 의존이라는 대립적 개념에 의하여 중심지와 주변지역은 ① 정책결정과 통제, ② 자본의 흐름, ③ 개혁의 확산, ④ 인구이동이라는 네 가지 중요한 요소의 작용과정에 의하여 공간적 패턴이 결정된다고 주장했다. 경제적 행위(투자)와 인구이동의 상호작용에 의하여 중심지역과 주변지역의 입지(location)와 정주(settlement) 형태가 결정되며, 혁신의 확산과 의사결정의 상호작용의 방향에 따라 중심지와 주변지역의 사회·문화적 공간형태가 결정된다는 것이다.

프리드만은 개발은 누적적인 혁신의 과정을 통해서 발생하고 지역 내에서 상호작용이 가장 높은 곳에 입지하며, 극소수의 변화의 중심지에서 발생한다. 혁신은 이러한 변화의 중심지로부터 잠재력이 낮은 지역으로 확산되어 간다. 중심지역은 혁신의 중심지이고 그 밖의 지역은 중심지역에 의존하는데, 중심지역의 메카니즘에 의하여 개발수준이 결정되는 곳을 주변지역이라고 했다(양영철, 1991).

프리드만은 지역의 성장은 수출기반산업에 의하여 촉발되며, 수출산업의 성장은 지역내부의 산업성장을 가져온다. 이 과정을 통해 중심부의 이점을 강화하는 역할을 하고, 성장이 일어나는 중심부를 제외한 다른 지역은 주변부가 된다. 주변부는 인력, 자본, 물자를 제공하고 착취를 허용하는 시장을 제공한다. 이에 따라 지역간 격차가 증대되고, 이 격차는 도시지역의 계층체계를 통해 해결할 수 있다고 보았다. 도시 중심지는 이미 중요한 지역화경제를 지니고 있으며, 성장거점으로 유리한 환경을 가지고 있다. 따라서 국가경제의 성장은 도시의 계층체계를 통해 성취해나갈 수 있다.

특히 도시는 기능적 연계지역과 공간경제체제를 구축하기 때문에 공간적으로 통합된 국가경제 성장에 기여할 수 있다. 한편 프리드만은 공간적 균형을 달성하기 위한 국가적 노력을 국가발전의 기본적인 전략요소로 받아들여야 된다는 적극적인 견해를 피력하기도 했다(김용웅 외, 2009). 그리고 한 국가에서의 중심지역은 대부분의 경우에 수도가 위치해 있는 지역을 말하며, 거기에서 국가의 자원을 배분하는 직·간접의 의사결정이 이루어지며, 이와 같은 결정은 결국 전지역에 걸쳐 영향을 미친다고 했다.

4. 성장거점이론

성장거점이론은 1950년대 중반에 거론되어 1970년대 중반까지 20년간 지역개발정책의 주요한 전략으로 응용되어져 왔으며, 공간적 차원에서의 불균형성장전략의 이론적 설득력을 제공했다. 뿐만 아니라 성장모델 패러다임과 하향식개발전략의 이론적 설득력을 제공했다. 성장거점이론은 한마디로 낙후지역 내지 침체지역 내에 성장잠재력(growth potential) 및 발전가능성이 큰 중심지 및 거점을 선정하여 이를 집중 개발함으로써 성장거점의 개발효과를 주변지역으로 파급시키고자 하는 데 목적이 있으며, 이른바 집중화된 분산전략(concentrated decentralization)이 그 방법론이다. 또한 불균형개발전략의 주요 이론으로 중앙정부 주도의 집중적·선도적 지역개발방식이며, 자원배분의 효율성을 중시하는 개발전략이다.

성장거점이론은 페로우(F. Perroux)의 성장극이론의 발전된 형태로서 1950년대 후반 균형성장이론과 불균형성장이론의 논쟁의 시발점이 된 이론이다. 집중화된 분산전략으로서 성장거점이론의 요지는 개발의 초기단계에서는 한정된 가용자원을 낙후지역내의 거점에 집중시킴으로써 지역개발의 거점을 확보하고 궁극적으로는 이 거점의 성장력을 주변지역에 파급시킴으로써 지역전체의 성장을 도모한다는 것이다. 이 이론의 핵심적 가정은 두 가지로, 첫째는 성장이란 본질적으로 모든 공간에서 동시에 일어날 수 없으며, 조건을 갖춘 특정 공간에서만 가능하다는 것이다. 둘째는 한 지역의 성장은 혁신(innovation)의 확산과정을 통해서 주변지역으로 파급될 수 있다는 혁신확산의 이론이다.

성장거점이론은 중심도시를 육성하면 그 개발효과가 주변지역으로 파급될 수 있을 것이라는 점에서 개발도상국들로부터 상당히 각광을 받았으며, 1960년대를 거쳐 1970년대 중반에 이르기까지 지역정책의 가장 중요한 전략으로 선호되었다. 그러나 본질적으로 성장거점이론은 하향식 개발이론으로, 그 논리적 유용성에도 불구하고 성장거점지역만이 더욱 성장함으로써 기대했던 파급효과는 일어나지 않고 오히려 새로운 불균형이 나타나고 있다는 점에서 상당한 비판을 받았다(고병호, 1994).

특히 소수의 지리적 공간에 대한 집중투자는 1970년대 중반 이후 일기 시작한 상향식 개발이론과 충돌하면서 패러다임의 붕괴에까지 이르렀다. 그 이유는 첫째, 성장거점도시로의 집중적 투자는 자원배분상의 비형평성 및 주변부의 소외, 둘째, 혁신확산의 불확실성, 셋째, 성장거점도시에 대한 투자효율성이 강조된 나머지 주변지역과 통합개발의 결여, 넷째, 적용국가에서 효과의 불투명성 등을 들 수 있다(한국지역개발학회, 1996).

제3절 균형성장이론

1. 고전적 균형성장이론

고전적 균형이론은 완전경쟁을 가정한 고전경제이론에 입각한 공간경제모형이다. 고전경제이론에서 자본과 노동은 균등한 한계수익을 추구하고 공간적 이동에 장애가 없는 것으로 가정한다. 지역간 불균형은 일시적이며, 장기적으로는 균형상태로 수렴된다. 여기에서는 개발경제체제에서 지역간 불균형은 경제발전과정에서 자연스럽게 발생하는 불가피한 현상에 그치며, 종국적으로는 시장의 힘에 의하여 균형상태로 복귀한다는 것이다.

시간적 제약이나 시장의 불완전성이 배제되는 상황에서 정부는 지역간 격차문제에 대하여 직접 개입할 필요가 없다. 정부의 역할은 자본과 노동의 이동에 있어 시장의 불완전성을 제거하고 국가의 경제성장을 촉진하는 데 치중해야 한다는 것이다. 그러나 고전경제이론과 달리 자본과 노동의 이동에는 여러 가지 제약이 존재한다. 자본의 이동에는 다른 지역에 대한 정보의 부족, 새로운 입지선정을 위한 높은 탐색비용, 공장 및 설비의 이전에 따르는 과다한 이전비용 등 다양한 장애요인이 있다. 한편, 노동자의 입장에서도 새로운 산업사회에 적응할 수 있는 능력부족, 가구이동, 주택마련, 자녀교육 등 많은 장애요인이 있을 수 있다. 이러한 경우 정부는 자본과 노동이동의 장애요인의 제거에 개입함으로써 자본이나 노동의 원활한 이동을 도모하는 것이 필요하다(김용웅 외, 2009).

고전적 균형성장이론은 현실에서 적용되기에는 타당성이 크지 못한 것이 사실이고 몇 가지 문제점을 내포하고 있다. 첫째, 고전이론에서 주장하는 완전경쟁을 위한 시장조건은 존재하지 않는다. 둘째, 자본과 노동의 이동에도 많은 제약이 따른다. 셋째, 지역간 불균형은 국가의 경제성장과정에서 자연적인 균형상태로 회복되기 어렵다는 점이다.

2. 신고전주의 일반균형이론

일반균형이론은 생산요소의 자유로운 이동은 지역간 소득을 균형화시킨다는 기대 아래, 소득수준의 지역간 격차는 일시적인 것으로 간주한다. 이러한 견해는 투입요소가 어느 정도 증대되면 한계물적생산(marginal physical productivity)에 대한 요소가격의 비율이 지역간 동일하게 될 때까지 즉 지역간 균형을 이룰 때까지 계속될 것이라는 이론에 근거한다.

자본과 노동은 한계생산성이 낮은 지역에서 높은 지역으로 이동하게 되므로 초기에는 대도시 중심의 집중과 이로 인한 지역간 격차가 발생한다. 그러나 시간이 경과함에 따라 자본과 노동이 보다 높은 자본효율과 임금을 좇아 타 지역으로 이동하게 되며, 결과적으로 균형상태에 도달하게 된다는 주장으로 현실과 부합되지 않는 이상론이라는 많은 비판을 받아왔다.

프리드만은 대안적 모델로서의 공간균형이론인 농도지구(農都地區)이론을 주장하고 균형모형은 중심과 주변 간의 요소산출비율과 경제성장을 점차적으로 수렴한다고 주장한다. 중심-주변모형이 정부개입의 필요성을 제기하는 반면, 균형모형은 방해받지 않은 시장력에 의해 공간적 균형상태에 도달한다는 가정을 기본으로 하고 있다(한국지역개발학회, 1996).

신고전주의 일반균형이론의 장점은 첫째, 국가경제의 총량모형을 지역경제분석에 쉽게 적용할 수 있고, 둘째, 논리적으로 간결하고 예측가능성이 높으며, 셋째, 성장의 요인으로 개방체제에서 내생적인 요인을 포함하여 지역 내 성장구조와 지역간 관계를 규명할 수 있다(김용웅 외, 2009)는 점이다.

3. 자원재배치이론

자원재배치이론은 스틸웰(Frank J. B. Stilwell)이 주장한 공간거시경제이론(spatial macroeconomics) 중의 하나로서, 성장을 자원의 재배치 결과로 보는 견해이다. 이는 신고전파 일반균형이론을 자원의 이동과 분배라는 시각에서 파악한 이론이다. 즉, 자원재배치이론은 한 지역의 성장 및 지역 간의 경제적 격차는 생산요소의 이동의 결과라고 본다.

자원의 재배치는 지역내 자원의 재배치(intra-regional reallocation)와 지역간 자원의 재배치(inter-regional reallocation)의 두 가지 유형이 있다. 전자는 한 지역내의 생산요소의 이동은 평균 이하의 산출을 낳는 산업부문으로부터 평균 이상의 산출을 가져오는 산업부문으로 옮겨간다는 것을 가정하고 있다. 즉, 생산성이 낮은 산업부문에서 생산성이 높은 산업부문으로 자원을 재배치하여 성장의 효율성을 도모한다는 것이다.

그리고 지역간 자원의 재배치는 성장이라는 지역간의 균형상태를 향한 과정이라 보고 있다. 신고전주의이론과 마찬가지로 완전경쟁시장, 경제규모에 비례한 산출, 생산요소의 완전한 이동 및 총고용상태를 전제로 하여 모든 지역에서 생산성에 대한 요소가격의 비율이 동일하게 될 때에 이르러 비로소 지역간 균형상태에 이를 것임을 가정하고 있다. 따라서 성장의 효율성과 지역간 균형상태를 추구하기 위해서는 자원의 적절한 재배치를 위한 정책의 필요성을 강조하고 있다(한국지역개발학회, 1996).

4. 진화주의이론

진화주의이론은 경제성장은 일정한 단계를 거쳐 진화적으로 이루어지고 단선적 형태의 발전과정을 보이며, 자본과 노동의 축적에 의해 경제규모는 양적·질적 성장을 이룬다는 것이다. 로스토우(W. Rostow)의 경제성장단계설과 프리드만(J. Friedmann)의 국가발전단계설이 대표적인 진화주의이론이라고 할 수 있다.

로스토우는 경제성장단계를 전통사회(traditional society), 사전준비단계(pre-condition for take-off), 도약단계(take-off), 성숙단계(drive to maturity), 대중소비단계(mass consumption)의 다섯 단계로 구분하고, 경제성장의 초기단계에서는 불균형개발과 소득격차문제가 불가피하게 발생되는데, 이것은 경제성장의 초기단계일 뿐이고 시간이 지나면 결국 자동적으로 해소된다고 주장하였다. 그러나 경제성장도 근대화과정도 반드시 단선적이지 않다는 측면에서 진화주의이론은 오랫동안 비판의 대상이 되었다(고병호, 1995).

제4절 수요공급중심 성장이론

1. 공급중시이론

지역성장의 원동력은 해당지역의 공급능력에 있기 때문에 이러한 공급능력을 결정하는 핵심적인 생산요소의 부존량에 의하여 지역의 성장이 결정된다고 보는 이론이다. 따라서 이 이론은 어떤 지역의 경제력은 어떤 지역의 자본투입량과 노동투입량에 의한 함수로 나타난다고 주장한다.

$$Y_r = f(K_r, L_r)$$

Y_r : r지역의 경제력

K_r : r지역의 자본투입량

L_r : r지역의 노동투입량

여기에서 지역의 공급에 대한 수요는 항상 충분히 보장된다고 간주한다. 따라서 지역의 생산능력을 확대시키면, 즉 자본과 노동의 투입만 증가시키면 지역의 성장은 언제나 가능하다고 본다. 이는 국민경제의 성장모형으로 개발된 이른바 신고전파 모형을 지역차원에 적용시킨 까닭으로 신고전 성장모형으로 명명되기도 하였다(허재완, 1997).

이 이론은 각 지역별 생산요소의 부존량에 따라 노동 또는 자본의 한계생산성이 결정되고, 한계생산성이 낮은 곳에서 높은 곳으로 노동 또는 자본의 이동이 나타남에 따라 장기적으로는 모든 지역의 노동과 자본의 비율이 균등하게 되고 결과적으로 소득수준이 공간상의 전지역에서 균일하게 된다고 보는 이론이다(박종화 외, 1995).

2. 수요중시이론

수요중시이론은 지역성장의 원동력이 수요측에 있다고 보고, 지역에서 생산되는 재화와 서비스에 대한 외부수요의 크기가 얼마나 되느냐에 따라 그 지역의 성장규모가 결정된다고 보는 이론이다. 따라서 이는 지역의 공급능력은 항상 충분하므로 수요가 있기만 하면 공급은 자동적으로 그에 대응하여 증가할 수 있다고 가정하고 있다.

수요중시이론의 전형으로는 이른바 경제기반모형(economic base model), 즉 수출기반모형(export base model)을 들 수 있다. 이는 한 지역의 산업을 기반산업(또는 수출산업, basic industry)과 비기반산업(non-basic industry)으로 구분하고, 기반산업은 그 산출물이 전국을 대상으로 생산되므로 지역에서 소비되고 남는 부분은 전국으로 수출된다. 이 모형에서는 한 지역의 경제는 수출되는 산업정도에 의해 성장한다는 입장을 취한다. 기반산업의 활동을 B, 비기반산업의 활동을 N, 지역의 경제성장을 E라고 한다면, $E=B+N$이 되고, 비기반산업의 활동량은 다음과 같이 항상 지역 전체의 경제활동량의 일정 비율이 된다.

$$N=kE \ (0<k<1)$$

여기서 k는 N/E, 즉 비기반산업의 비율을 나타낸다. 이러한 가정하에 전체 경제활동량 E는 다음과 같이 정의된다.

$$E=B+N=B+kE=B/(1-k)$$

이는 지역 외부에서 기반산업에 대한 수요가 1단위 증가할 때 지역 전체의 경제활동은 $1/(1-k)$단위 증가함을 의미한다. 따라서 경제기반모형에 의하면 지역의 경제성장은 해당 지역의 기반산업에 대한 외부의 수요규모가 얼마나 되느냐에 따라 결정됨을 의미한다(허재완, 1997).[1)]

3. 수요공급혼합이론

공급 및 수요중시이론의 정반합(正反合)적인 개념으로 수요공급혼합이론을 들 수 있다. 지역성장의 실제에 있어서는 수요와 공급의 두 요인이 상호 대립적으로 작용하는 것이 아니라 상호 보완적으로 작용한다고 할 수 있다. 이러한 관점에서 지역의 성장을 설명하는 이론을 수요공급혼합이론이라 한다. 이는 크게 두 가지로 나누어 볼 수 있는데, 미르달(G. Myrdal)과 리처드슨(H. Richardson)의 누적적 인과관계모형(cumulative causation model), 펄로프(H. S. Perloff)가 주장한 변이-할당모형(shift-share model)이 바로 그것이다(허재완, 1997).

누적적 인과관계모형은 지역에서 생산되는 산출물에 대한 외부수요의 증가는 생

1) 경제기반모형에 대한 추가적인 설명은 제4부 제3장 지역경제분석(p. 304) 참조.

산요소의 생산성을 증대시킴으로써 도시의 공급능력을 확대하고, 이로 인한 산출물의 대량생산은 생산비를 떨어뜨려 수출가격을 낮추며, 그 결과로 외부수요는 더욱 확대된다. 이처럼 수요요인과 공급요인이 상호 인과관계를 맺고 있어 어느 한쪽 요인의 증가는 누적적으로 지역의 경제성장을 가속화시킨다고 보는 이론이다.

변이-할당모형은 지역경제는 국민경제의 한 구성요소이며, 어느 한 지역의 경제상태는 나라 전체의 경기가 어떠한 상황이냐에 따라 크게 영향을 받게 된다. 지역경제는 해당지역이 어떠한 산업구조를 가지고 있느냐에 따라 크게 영향을 받는다. 산업구조가 비슷한 지역이라 하더라도 특별히 입지적 여건이 좋은 지역의 경우 경제적 경쟁력이 뛰어나기 때문에 입지경쟁력이 불리한 지역들보다 산업의 성장속도가 더욱 빠르게 된다. 이렇듯 한 지역의 경제성장은 ① 국민경제 전체의 성장, ② 해당지역의 산업구조, ③ 해당지역의 입지적 경쟁력 등의 크게 세 가지 요인에 의하여 영향을 받는다고 보는 이론이 바로 변이-할당모형이다.[2)]

2) 변이-할당모형에 대한 추가적인 설명은 제4부 제3장 지역경제분석(p. 310) 참조.

탐구학습

1. 주요 개념
   - 적하효과
   - 극화효과
   - 누적적 인과과정
   - 중심-주변부모형
   - 산업화전략의 성공을 위한 네 가지 기본조건
   - 신고전주의 일반균형이론의 장점
   - 로스토우의 경제성장 5단계

2. 토론과 과제
   - 성장거점이론의 한계
   - 고전주의 균형성장이론의 문제점
   - 수요공급중심 성장이론
   - 신고전주의 일반균형이론의 장점

참고문헌

고병호(1995), "지역개발이론의 체계적 접근과 발전동향에 관한 연구", 한국도시행정학보, 8, 한국도시행정학회.

고병호(1994), "지역개발이론의 체계적 접근과 새로운 패러다임의 형성에 관한 연구", 한국지역개발학회지, 6(2), 한국지역개발학회.

김영모(2004), 지역계획론, 서울: 보성각.

김용웅 외(2009), 新지역발전론, 경기: 한울.

김형국(1991), 국토개발의 이론연구, 서울: 박영사.

대한국토·도시계획학회(2010), 국토 및 지역계획론, 서울: 보성각.

박종화 외(1995), 지역개발론, 서울: 박영사.

양영철(1991), "내생적 지역발전에 관한 연구", 건국대학교 대학원 박사학위논문.

최창의(1986), "지역개발 전략이론의 변천", 산경논총, 6, 강릉대학교 영동산업문제연구소.

한국지역개발학회(1996), 지역개발학원론, 서울: 법문사.
허재완(1997), 도시경제학, 서울: 법문사.

제 4 장

지역전략이론

제1절 개 요

지역경제의 성장은 특정 지역의 경제력을 증진하고 외부로부터 다양한 성장 잠재력을 집중시키므로 다른 지역과의 격차를 확대할 수 있다. 그러나 특정 지역의 경제성장이 주변 지역이나 다른 지역의 경제적 발전을 촉진하는 효과도 나타난다.

지역전략이론은 경제적 효율성을 중요시하는 발전전략과 주민복지를 중요시하는 발전전략으로 구분된다. 불균형발전전략, 하향식 발전전략, 외생적 발전전략은 경제

표 2.4.1 지역전략이론의 특성 비교

구 분	경제지향적 지역전략이론	복지지향적 지역전략이론
전략유형	• 불균형 발전전략 • 하향식 발전전략 • 외생적 발전전략	• 균형발전전략 • 상향식 발전전략 • 내생적 발전전략
발전목표	• 경제효율성과 성장중시	• 주민복지증진과 분배중시
발전동력	• 외부수요 • 외부자본 및 기술	• 내부수요 • 내부자본 및 기술
발전전략	• 외생적 발전	• 내생적 발전
발전형태	• 도시 및 산업발전 • 대규모 투자사업	• 농촌 및 농업발전 • 소규모 투자사업
발전방식	• 국가 선도산업 육성	• 자조기업, 사회적 기업 육성
관련이론	• 슘페터의 혁신이론 • 수출기반이론	• 기본수요이론 • 농도지구이론

자료: 김용웅 외(2009), p. 205 재구성.

적 효율성을 중요시하고, 균형발전전략, 상향식 발전전략, 내생적 발전전략은 주민복지를 중요시하고 있다.

제2절 불균형발전전략과 균형발전전략

1. 불균형발전전략

1) 불균형발전전략의 의의

불균형발전전략에 의하면 경제발전이란 불균형의 지속적인 변화이기 때문에 그 전략은 연관효과가 큰 선도산업에 집중 투자해야 한다는 것이다. 허쉬만(A. O. Hirschman)과 스트리튼(P. Streeten)은 수요와 공급의 불일치가 경제성장의 촉진제라고 주장하고 있다(정정도, 1996). 불균형발전전략은 균형발전전략의 단점으로 지적된 저개발국에서 대규모 자본동원능력이 없다는 점과 이 전략에 따르는 경우 시장기능이 약화되고 정부의 경제계획기능이 지나치게 강화된다는 문제점을 피하면서도 균형발전전략에서 강조하는 자본의 공급과 수요 양 측면에서 상호 의존관계를 전략적으로 활용한다.

불균형발전전략에서는 산업간 불균형을 의도적으로 창출하여 그로 인해 발생하는 확대된 이윤기회를 관련 민간기업들이 자발적으로 인식하여 투자할 수 있도록 유도하게 된다. 이 과정에서 투자재원의 규모는 반드시 대규모일 필요는 없고, 정부의 역할도 불균형을 계획하여 시장기구 내에서 유발투자가 나타나도록 유도한다는 점에서 전면적인 계획을 하는 경우에 비해 제한적이다. 또한 저개발국은 투자결정과 관련된 의사결정능력이 부족하다고 간주하기 때문에 계획된 불균형과 그로 인해 파생된 이윤기회는 이 부족한 의사결정을 유발하고 촉진하는 효과를 가진다는 장점이 있다.

이에 따른 계획된 불균형을 유발기구로 활용하는 데에도 사회간접자본부문과 민간투자부문, 민간투자부문 상호간의 불균형발전모형이라는 두 형태가 있을 수 있다. 사회간접자본부문과 민간투자부문 간의 불균형발전을 통해 민간투자가 유발되는 과정은 사회간접자본의 확충이 민간투자부분의 생산원가를 감소시키는 효과를 가진다는 측면에서 이해될 수 있다. 민간투자부문 상호간의 유발효과는 각 산업별 전방연관효과와 후방연관효과를 감안하여 두 가지 모두가 크면서도 후방연관효과가 더 큰 산업부문이 투자우선순위가 높도록 책정하여 그 우선순위별로 투자를 유도하여 유발투자효과가 크게 확산되도록 하는 것이 불균형발전전략의 골격이다(임장순, 1991).

2) 불균형발전전략의 한계

불균형발전전략은 경제성장 초기단계에는 부족한 자원의 한계를 극복하고 투자의 효율성을 증진하는 데 기여한다. 고전경제이론에 의하면 경제성장과정에서 생산요소의 자유로운 이동이 공간적 균형발전을 유도하기 때문에 경제성장 초기단계의 의도적인 지역간 불균형발전전략은 국가경제 성장에 있어서 효과적인 발전전략이 될 수도 있다. 그러나 경제성장과정에서 지역간 균형이 자동적으로 이루어진다는 보장도 없고, 그것이 보장된다 하더라도 오랜 기간이 소요되기 때문에 저발전지역 주민들의 고통과 사회적 형평성 파괴의 문제를 정당화하지 못하는 한계가 있다.

허쉬만은 지역간 격차의 원인이 되는 역류효과가 경제성장의 일정단계 이후에도 계속되는 경우, 지속적인 경제성장에 저해요인이 되기 때문에 불균형성장의 시정을 위한 정부개입의 필요성을 제기했다. 성장거점 위주의 공간개발전략도 개발효과가 일부 대도시에 집중됨에 따라 낙후지역 주민의 복지증진에 기여하지 못한다는 비판을 받아 왔다. 특히 성장거점의 개발효과 확산은 특수한 경우 외에는 거의 나타나지 않거나 장기간이 요구되어 실효성이 없는 것으로 지적되고 있다(김용웅 외, 2009).

2. 균형발전전략

1) 균형발전전략의 의의

균형발전이란 농업과 공업에 고르게 투자하는 수평적 균형(horizontal balance)을 의미하기도 하고, 원료산업과 제품산업 또는 사회간접자본과 직접생산부문이 고르게 성장하는 수직적 균형(vertical balance)을 의미하기도 하며, 비교우위의 수출산업과 비교열위의 수입대체산업이 고르게 성장하는 것을 의미하기도 한다(박승, 1994; 정정도, 1996 재인용). 또한 균형성장론에서는 한 산업의 생산력의 증대는 타 산업의 구매력의 증대라는 상호수요에 입각하고 있다.

균형성장론은 로젠스타인-로단(P. N. Rosenstein-Rodan)에 의하여 처음 주창되었으며, 그 후 넉시(R. Nurkse), 루이스(W. A. Lewis), 시토브스키(J. Scitovsky)에 의하여 발전되었다. 넉시에 의하면 후진국들은 가난하기 때문에 가난할 수밖에 없는 빈곤의 악순환(vicious circle of poverty)이 되풀이되고 있으며(정정도, 1996), 이러한 여건에서 후진국이 빈곤의 악순환을 단절하고 경제성장을 도모하기 위해서는 무역 이외의 방법, 즉 자본형성을 유도하여 공업화를 추진해야 한다는 것이 균형발전전략의 출발점이다.

모든 산업부문에 대한 투자가 균형적으로 증가하면 실질소득과 국내시장 수요가 증가하여 모든 개별기업에 대한 수요가 증가한다. 개별기업이 단독으로 투자하기에는 투자유인이 부족하나 모든 산업에서 동시적으로 투자가 이루어질 것이 확실하면, 개별기업에 대한 투자유인이 충분히 높아져서 자발적 투자가 유도될 수 있다는 것이 균형발전전략의 골격이다. 이는 투자가 전국적인 규모로 동시에 이루어져야만 자본공급의 불가분성을 극복하고, 수요의 상호보완효과도 거둘 수 있다는 이론이다(임장순, 1991). 이 이론에 따르면 전국적·동시적 자본투자와 이에 대한 체계적 지원과 효과적인 지휘를 위해서는 정부가 주체가 되어야 한다고 주장한다.

2) 균형발전전략의 한계

균형발전전략은 지역간 성장률과 발전수준을 균등화하는 데 치중한다. 그러나 이는 가용자원의 지역간 배분성격을 지니고 있기 때문에 국가경제성장의 침체기에는 정책우선순위에서 밀려나는 것이 일반적이다. 공간적 균형발전전략은 지역내 발전전략 차원에서도 자원의 공간적인 배분을 집중시킬 것인가, 균등하게 분산시킬 것인가 하는 점에서 매우 중요하다. 지역발전의 목표에서 주민의 소득증대와 복지증진의 우선순위가 높을 경우, 지역개발투자는 공간적으로 균등하게 분산하는 정책을 채택한다.

균형발전전략의 당위성은 인정하지만 그 시책의 효율성에 대해서는 많은 비판이 제기되고 있다. 특히 단기적인 차원에서 경제적 효율성과의 상쇄, 정부규제나 개입의 경직성, 개방경제체제하에서 경제활동의 공간적 배분에 대한 정부개입의 비효율성 등이 비판의 대상이 되고 있다. 또한 경제성장 초기단계에는 지역간 불균형의 문제가 그다지 크지 않고, 자원이 극히 한정되어 있어 진정한 개발효과를 추구하기 위해서는 투자지역의 선별이 요구되며, 시장기능에 의한 극화효과 및 역류효과가 너무 커서 정부개입의 효과를 기대할 수 없다는 한계를 가진다(김용웅 외, 2009).

제3절 하향식 발전전략과 상향식 발전전략

1. 하향식 지역발전전략

1) 하향식 지역발전전략의 의의

하향식 지역발전전략은 정책목표의 설정과 그 전략이 중앙정부, 관료집단, 전문가 등에 의하여 추진되는 발전전략을 의미한다. 하향식 접근방법은 1950년대 균형 및 불균형성장 논쟁에 뿌리를 두고 있다. 하향식 지역발전전략의 논리적인 근거는 개발도상국이나 저발전국의 경우에는 경제적 효율성 위주의 발전전략을 채택할 수밖에 없다는 데 있다. 이 경우 개발지역에 있어 경제규모의 확대와 성장이 가장 우선적인 목표이므로 투자의 효율성이 높은 외부기술이나 자본에 대한 의존도가 상대적으로 높아지게 된다.

하향식 개발전략은 한 국가의 자본 및 기술집약적 산업개발을 통해 소수의 산업부문과 소수의 중심지에서 성장이 먼저 일어나고, 그 이후 다른 부문과 주변지역으로 확산된다고 보는 개발전략이다. 주요특성은 첫째, 지역발전을 외부수요와 시장에 의존하는 수출지향적 발전전략의 채택, 둘째, 자본 및 기술집약적 산업의 개발, 셋째, 대규모 투자방식에 의한 규모의 경제 실현, 넷째, 집적경제 기반의 중시와 성장거점전략에 의한 지역발전 등을 들 수 있다. 이를 위해서 국가 전체적인 차원에서 자원을 동원하고 활용하는 전략의 추진이 요구된다. 따라서 효율적인 지역발전의 추진을 위하여 강력한 집행력을 지닌 중앙정부 주도의 전략의 채택이 불가피하다.

하향식 접근방법은 정책의 목표를 경제성장과 생산확대에 두고 있기 때문에 생산요소의 배분, 즉 투자의 기준도 생산요소별 수익을 극대화하고 경쟁력이 있는 집적경제기반 구축을 주요전략으로 한다. 따라서 외부자원을 이용한 선도산업의 육성, 성장거점도시 건설 등을 주요 정책수단으로 한다. 하향식 지역발전전략은 미르달(G. Myrdal), 허쉬만(A. O. Hirschman), 프리드만(J. Friedmann) 등의 지역불균형 발전이론과 수출기반이론, 슘페터(J. A. Schumpeter)의 혁신이론 등을 배경으로 한다(김용웅 외, 2009).

2) 하향식 지역발전전략의 한계

하향식 지역발전전략에서는 지역의 저발전이나 격차문제를 구조적인 원인의 결과로 보기 때문에 개별지역 차원의 접근보다는 국가자원의 재배분이라는 차원에서 중앙정부의 개입이 필수적인 것으로 보고 있다. 그러나 하향식 발전전략은 자원의 활용, 개발추진과 효과의 배분 차원에서 몇 가지 한계를 가지고 있다(김용웅 외, 2009).

첫째, 하향식 지역발전전략은 국가적 또는 사회 전체적 차원에서 정책목표와 전략을 채택하기 때문에 획일적으로 되기 쉽다. 이 경우 개별지역의 특성과 잠재력은 물론 지역적 욕구의 반영이 어렵다.

둘째, 지역발전의 추진과정에서 가장 큰 영향을 받는 지역사회와 주민이 배제되어 지역적 관심과 참여를 얻지 못한다. 이 경우 사업의 집행이 부진할 수밖에 없고, 지역사회는 점차 의존적이고 자생력을 잃게 된다.

셋째, 하향식으로 지역발전이 이루어진다고 하더라도 지역발전의 효과가 외부로 유출되기 쉽다. 이 경우 지역의 인력이나 환경자원은 외부의 이익을 위하여 착취될 가능성이 크고, 지역발전 잠재력은 점차 약화된다.

2. 상향식 지역발전전략

1) 상향식 지역발전전략의 의의

상향식 접근방법(bottom-up approach method), 즉 아래로부터의 개발(development from below)이 의도하는 바는 그 동안의 경제성장 중심의 획일적이고도 중앙집권적인 개발이론에 대한 반전이며, 그러한 개발과정 속에서 개발의 수혜를 받지 못하여 소외되고 낙후되어 온 잔여지역을 그들의 노력과 자원동원을 통하여 개발해 보고자 하는 데 있다. 따라서 주민 스스로의 의사결정과 자발적인 참여에 의하여 지역의 가용자원과 실정에 맞는 개발을 유도해 나가자고 하는 개발이론으로서 내발적 개발의 형태를 띤다. 그러므로 총량적 경제성장을 추구하는 중앙집중 및 도시기반 산업화(urban-based industrialization)에 대한 반전이론이다.

상향식 지역개발전략은 하나의 이론적 체계를 갖추고 있다기보다는 개발을 수행하는 방법이나 정책으로서의 패러다임이며 거시적인 틀이다. 따라서 정책적이고 관리적인 접근방법의 총체를 일컫는 패러다임이다.

1970년대 중반 이후 상향식 개발전략과 관련하여 여러 대안들이 제기되었는데 추구하는 방식은 대체로 다음과 같다. 첫째, 생산요소의 분배에 있어서 요소투입에 대한 산출을 극대화하는 기존의 원칙으로부터 지역 내 자원의 동원을 극대화하는 방향으로의 전환, 둘째, 교역에 있어서 비교우위의 원칙에서 지역간 이익을 형평화하는 원칙으로의 전환, 셋째, 공간구성에 있어서 기능적 조직보다는 영역적 조직을 강화하는 방향으로의 개편, 넷째, 개발방식에 있어서 지금까지의 경제적 기준, 외부동기 및 대규모 성장메커니즘(mechanism)으로부터 보다 폭 넓은 사회적 목표, 협력 및 내부적 동기에 의하여 정의된 개발개념으로의 전환을 의미한다(고병호, 1994).

2) 상향식 지역발전전략의 한계

상향식 지역발전전략의 의의는 지역자원의 활용을 극대화하고 이를 주민복지의 향상과 직접 연결시키는 데 있다. 이는 외부의존적 발전이 외형적인 성장을 가져옴에도 불구하고 주민복지의 향상과는 큰 관계가 없다는 인식에 바탕을 두고 있다. 외부의존적 발전은 지역사회의 운명을 외부적 상황에 의존하도록 하고, 외부의 자본이나 기술은 지역사회의 발전보다는 자체의 수익에만 치중하기 때문에 진정한 지역발전을 기대할 수 없다는 것이다. 따라서 이를 방지하기 위해 지역발전이 지역자원을 바탕으로 지역주민의 참여 속에서 이루어지는 상향식 발전전략이 요구된다(김용웅 외, 2009).

그러나 상향식 발전전략은 다음과 같은 한계를 내포하고 있다. 첫째, 지역의 성장과 발전이 지역상품의 수출과 필요한 자원의 수입에만 의존한다면 경쟁력이 중요한 요소가 될 수 없기 때문에 상향식 지역발전전략은 한정된 지역사회의 발전전략에 적합한 접근이라는 것이다. 둘째, 상향식 개발전략은 개발계획 자체의 상향식 구조와 더불어 개발환경 즉 정치구조, 경제구조, 사회·문화적 가치관, 전통 등의 제반 여건들이 '아래에서 위로' 향하는 데 특별한 장해요소가 없어야 한다는 점이다. 특히 분권시대의 지역발전을 위해서는 상향식, 지역주도의 개발전략보다는 중앙정부와 지방자치단체 간 파트너십 형성이 더욱 중요한 과제가 되고 있다(임경수, 2000).

제4절 외생적 발전전략과 내생적 발전전략

1. 외생적 지역발전전략

1) 외생적 지역발전전략의 의의

지역성장에 있어 내부적 자극이나 잠재력보다는 외부적 자극과 잠재력에 의존하는 성장지향적 발전전략을 외생적 지역발전이라 한다. 이와 같은 외부지향적 발전은 발전의 힘을 외부에서 차입하여 지역경제 규모의 확대만을 추구한다는 차원에서 지역발전의 이전적 접근방법이라고도 불린다. 외생적 지역발전전략은 발전의 이념, 목표 및 전략차원에서 하향식 지역발전 접근방법과 유사하다(김용웅 외, 2009).

외생적 지역발전전략은 외부로부터 기업을 유치하여 지역발전을 꾀하는 전략이다. 여기에서 기업이 외부로부터 유치되는 경우 지역경제 파급효과를 통해서 경제의 성장을 가져온다고 가정한다. 즉, 유치기업의 신규입지는 고용과 인구의 확대를 가져오고 그것은 다시 관련 산업의 발전과 지방재정의 확대를 가져와 기업의 입지여건이 개선되고, 이에 따라 지역이 누적적으로 발전하게 된다고 가정하고 있다.

따라서 외생적 지역발전전략은 충분한 기업유인을 위해 각종 보조나 인센티브를 주고, 값싼 공공인프라를 공급해 주는 것에 초점을 두게 된다. 여기에는 제철단지, 석유화학, 기계공업 등 핵심 기간산업이 잘 발달되어 있는 포항, 구미, 울산, 창원 등의 산업도시가 대표적인 예이다. 이 지역은 인구증가율, 재정자립도, 제조업 인구가 전국 어느 지역보다 높으며, 1인당 소득도 대도시지역 못지않은 수준을 보이고 있다(박경, 2008).

2) 외생적 지역발전전략의 한계

외생적 지역발전전략은 지역 내 생산의 이익이 외부자본가에게 유출되고, 지역경제가 외부시장과 자본에 의하여 통제되는 의존성이 심화되어 지역의 자율성이 약화되며, 지역생산의 증대가 지역주민의 소득으로 직접 연계되지 못한다는 비판을 받고 있다. 이러한 지역발전전략은 지역의 노동력이나 토지 등 자원을 생산수단화함으로써 지역 잠재자원과 발전역량을 위축시키는 등 부정적인 측면이 큰 것으로 지적되고 있다.

외생적 지역발전전략은 단순히 경제나 생산체제의 확대만을 의미하므로 지역주민의 복지증진, 사회체제의 구조적 개선 등 발전의 본질적 목적을 훼손할 우려가 크다. 또한 선진국의 경험에 비쳐볼 때 장기적으로는 지역의 자생적 발전 잠재력을 훼손하고 환경파괴, 소득의 외부유출을 가져오는 부작용을 초래했다는 것이 밝혀졌다(박경, 2008). 게다가 지역이 지닌 잠재자원을 살리지 못하고 지역사회의 발전이나 운명을 지역외부의 여건에 의존함으로써 독립성과 자율성을 상실할 위험이 따르게 된다.

2. 내생적 지역발전전략

1) 내생적 지역발전전략의 의의

내생적 지역개발은 자조(自助)와 지역의 다양성에서 개발을 추구하는 지역화운동(localized movement)이라 볼 수 있다. 이는 경제적 사실에만 주안점을 둔 종래의 개발 패러다임, 즉 공간상에서 경제적인 행위에만 국한된 인간 척도의 귀결로서 인간과 공간의 복잡 다양한 상호관계와 상호기능들이 무시되어버린 기존의 개발가치관과 개발 패턴에 새로운 변화추구로서 지역의 잠재력과 이를 지역발전에 활용하려는 지역차원에서의 개발방식이다.

공간상에서 볼 때 역사, 문화, 지리, 경제 등의 동질적 요소에 의해서 특징지어지는 지역, 즉 서로 상이한 개별적 특성을 갖고 있는 지역은 각각의 지역 이니시어티브(local-initiative)를 통해 변화·발전될 수 있는 자기책임적 활동공간으로서 재조명되는 것이다. 이와 관련하여 내생(endogenous)이란 의미는 개발계획상의 공간적 특성을 나타내며, 내생적 개발(endogenous development)이란 인간의 이용공간, 동질공간, 의사결정공간으로 지역생활공간에 대한 변화를 의미하는 영역적 개발개념으로서 정의할 수 있다.

이러한 개념 하에서 내생적 지역발전전략이란 일반적으로 기존의 지역정책 패러다임과는 서로 상대적인 개발패턴과 전략적 요소들을 내포하고 있으며, 정책적 차원에서 경제, 사회·문화, 생태·환경 그리고 정치 등의 제반 부문에 대한 총체적(holistic)인 가치와 이들 가치들을 제고하는 데 있어서 장·단기적인 효과를 복합적으로 고려한다.

내생적 지역발전은 지역 창의적인 발전계획과 지역고유의 개발 잠재력에 대한 가치창출에 주안점을 두고 있으며, 이는 지역의 발전가능성과 개발여건의 조성·확대 그리고 자율적이고 자조적인 개발과정을 유도하는 측면에서 그 중요성이 있다. 이와 같은 내생적 지역발전은 지역생활공간의 양적·질적 차원에서 개발수준향상뿐만 아니라 다양한 지역생활영역 부문에 존재하는 불균형 해소에 그 정책적 기조를 두고 있다(강인원, 1997).

2) 내생적 지역발전전략의 한계

내생적 지역발전은 이념적인 우월성에도 불구하고 경제성장수준이 어느 정도 성숙된 단계에 도달한 이후부터 부분적인 채택이 가능한 전략이라고 할 수 있다. 성숙사회에서는 산업의 기술력도 일정 수준에 달하고, 발전에 대한 주민의 가치관도 단순한 경제의 성장보다 환경과 삶의 질 향상 등으로 다원화되기 때문이다. 이것은 지역발전전략의 선택이 일반이론에 의해 양자택일로 결정되기보다는 경제발전수준, 지역발전 잠재력, 발전에 대한 주민인식, 참여정도에 따라 다양한 형태로 이루어져야 함을 시사한다.

첫째, 내부적인 수요와 자원에만 의존하는 내생적 발전전략은 개방경제체제하에서 지역의 경쟁력을 약화시킬 위험성을 내포하고 있다. 둘째, 내생적 지역발전은 빈곤의 악순환 고리에서 벗어나지 못하는 저발전지역에 있어 내부적인 수요유발이 곤란하다. 셋째, 주어진 자원을 삶의 질 개선을 위한 다양한 분야에 투입하는 경우, 규모의 경제 이익을 통한 의미 있는 개선효과를 거두기 어렵다. 넷째, 내생적인 발전전략만을 고집할 때, 수출을 통한 화폐소득을 얻기 곤란하다(김용웅 외, 2009).

탐구학습

1. 주요 개념
   - 전방연관효과
   - 후방연관효과
   - 상향식 지역발전전략
   - 하향식 지역발전전략
   - 외생적 지역발전전략
   - 내생적 지역발전전략

2. 토론과 과제
   - 불균형발전전략의 한계
   - 균형발전전략의 한계
   - 하향식 지역발전전략의 한계
   - 외생적 지역발전전략의 한계

참고문헌

강인원(1997), "내생적 개발과 지역정책에 관한 연구", 지역사회개발연구, 22(2), 한국지역사회개발학회.

고병호(1994), "지역개발이론의 체계적 접근과 새로운 패러다임의 형성에 관한 연구", 한국지역개발학회지, 6(2), 한국지역개발학회.

김용웅 외(2009), 新지역발전론, 경기: 한울.

김형국(1991), 국토개발의 이론연구, 서울: 박영사.

박 경(2008), "대안적 지역발전 전략으로서 내생적 발전론", 사회과학연구, 47, 강원대학교 사회과학연구소.

임경수(2000), "하향식개발과 상향식개발에 관한 고찰", 성결대학교 논문집: 인문·사회과학편, 29, 성결대학교.

임장순(1991), "한국의 산업화과정과 기술혁신", 연세대학교 대학원 석사학위논문.

전경구(1999), 지역개발의 이해, 경북: 대구대학교 출판부.

정정도(1996), "한국의 개발전략과 무역구조", 산업과 경영, 9(1), 충북대학교 경영대학부설 산업경영연구소.

조명래(1995), "지역개발학의 파라다임", 한국지역개발학회지, 7(2), 한국지역개발학회.
한국지역개발학회(1996), 지역개발학원론, 서울: 법문사.
황명찬(1993), 지역개발론, 서울: 법문사.

제 5 장

지역개발의 대안이론

제1절 개 요

지역개발이론은 사회적 관심과 시대의 변천에 따라 다양한 측면에서 접근하였다. 지역개발이론은 1960년대 이전의 경우 저개발상태로부터 벗어나기 위한 개발(양적 성장)에 관심을 기울였고 성장극이론, 누적성장이론, 극화발전이론 등 주로 하향식 접근방법을 추구하였다. 1970년대에는 경제성장보다 사회적 측면을 중요시하여 기본수요이론[1], 농도지구이론[2], 소규모 개발론[3], 종속이론[4] 등 주로 상향식 접근방법을 지향하였다. 1980년대 이후에는 지방화시대의 전개와 지역경쟁력을 높이는 전략을 제기하

---

1) 기본수요(basic needs)이론은 1976년 ILO의 세계고용회의에서 제시되었다, 기본수요는 한 사회가 그들의 최빈층을 위하여 설정해 놓아야 할 최소한의 생활수준으로 식량, 주거, 의복과 식수, 위생, 대중교통, 보건 및 교육시설을 의미한다. 이 이론은 빈곤, 실업, 소득불균형 등의 문제를 해결하기 위하여 지역 내의 자원과 기술을 이용하여 자주적으로 사회정의에 입각한 발전과 성장을 유도해 가는 지역개발방법이다(미래도시연구회, 2009).

2) 농도지구(agropolitan)이론은 프리드만(J. Friedmann)과 위버(C. Weaver)가 제안하였는데 농촌지역에서의 지역자원을 바탕으로 한 산업과 연관되며, 성장거점 및 도시 및 산업 지향적 편견을 피하고자 하였다. 이 이론은 자립적(self-reliance) 개발과 기본수요이론의 개념을 통합한 정치적·공간적 개념이다(한국지역개발학회, 1996).

3) 소규모 개발론은 슈마허(F. Schmacher, 1977)에 의하면 저개발국가에서 중간기술을 사용한 소규모 제조업에 기초를 둔 농촌산업화전략을 채택할 것을 주장하였는데, 농촌의 자립과 경제적응방식을 도모하고자 하였다(한국지역개발학회, 1996).

4) 종속(dependence)이론은 마르크스(K. Marx)의 자본주의 경제이론에 뿌리를 두는데, 지역개발현상을 내적 식민지(internal colonialism)라는 개념으로 설명한다. 내적 식민지 개념은 높은 경제성장과 도시의 빠른 발전에도 불구하고 계속 증대되는 농촌빈곤에 대한 구조적 현상을 설명해 주고 있다. 각 국가에서도 중심부 성장지역과 주변부 빈곤지역으로 나뉘어져 지배-종속관계의 구조를 가지고 있으며, 저개발지역은 내적 식민지의 결과라는 것이다(한국지역개발학회, 1996).

면서 포드주의(Fordism)로 대변되는 대량생산체제에서 벗어나기 위한 다양한 논의가 전개되었다(한국지역개발학회, 1996).

기존의 지역개발이론들은 특정 시기에 특정 지역에서만 발전적인 변화가 야기되고, 일부 지역에서는 왜 침체가 지속되는지에 관하여 설명하지 못하였다. 또한 기존의 정책적 노력이 문제의 증상에만 초점을 맞추었을 뿐, 문제의 근본적인 원인을 제거하지 못했다(대한국토·도시계획학회, 2009).

우리나라는 지역발전의 추진체계가 중앙정부에 의존하는 경향이 농후하며, 부문별 추진방식도 부문 간의 운영상 연계·조정이 잘 이루어지지 않는 문제점을 안고 있다. 또한 기존의 지역발전을 위한 정책적 노력이 개별지역의 혁신 잠재력 부족이라는 본질을 간과한 채 가시적인 경제성장이나 물리적 기반 구축에 치우쳤던 경향이 많았다.

이러한 상황에서 경제의 세계화와 지방화, 지식정보화 그리고 혁신의 필요성 증대 등 새로운 사회현상이 대두됨과 더불어 기존 지역개발정책의 한계를 극복하고자 지역의 발전 잠재력을 높일 수 있는 새로운 접근방법과 이론적 체계를 구축하는 과정에서 비가시적·무형적·사회문화적 요소들의 영향을 인식하게 되었다(대한국토·도시계획학회, 2009).

지역개발에 관한 대안이론은 지역이라는 공간을 대상으로 환경·소통·삶의 질을 중시하는 시대상을 반영하여 폭 넓은 견해와 다양한 이론적 측면에서 접근하고 있다. 대안이론은 크게 산업이론, 환경이론, 사회이론으로 구분할 수 있다. 산업이론은 지역 내의 산업을 중심으로 집적과 학습·변화·혁신 및 외부지원을 통해 지역발전을 추구하는 이론으로 유연적 생산체제론, 클러스터이론 및 지역혁신체제론 등이 있다. 환경이론은 지역과 도시에서 환경에 대한 인식의 전환을 통하여 삶의 질적인 향상을 강조하는 이론으로 지속가능한 발전론, 생태도시이론 및 도시재생이론 등이 있다. 사회이론은 지역 내의 다양한 주체의 참여, 목표의 공유 및 협력, 인간의 다양한 역량의 활용을 강조하는 이론으로 지역마케팅이론, 지역거버넌스이론, 네트워크 도시이론, 사회적 자본이론 및 창조적 자본이론 등이 있다.

한편 최근에는 H_2O 지역개발이론과 지역순환형 자립발전모델이 발표되었다. H_2O 지역개발이론은 행복(happiness), 희망(hope), 기회(opportunity) 등 세 가지 요소가 결합된 통합적 개념이다. 이 이론은 지역주민에게 현재의 행복과 미래 시점의 희망을 보장하고, 균등한 기회를 제공하여 지역주민에게 행복과 희망, 기회를 제공하고 이를 통해 지역발전을 도모하고자 한다(이성근 외, 2012).

지역순환형 자립발전모델은 지역선순환 구조와 지역역량 강화를 도모하는 자립발전전략이다. 지역순환은 지역산업 진흥을 통해 새로운 일자리를 창출하여, 지역에서 길러낸 인재를 지역에 정주케 하고, 문화예술 진흥 및 지역복지 확충으로 우수한 정주여건을 갖춤으로써 많은 인재들이 지역으로 모이게 하는 것을 의미한다. 자립발전은 지역 스스로의 역량 강화를 통해 지방정부 주도의 정책개발과 사업진행으로 지역의 내생적 발전을 도모하는 것을 의미한다. 지역순환형 자립발전모델을 달성하기 위해 5振(지역산업진흥, 지역교육진흥, 지역문화예술진흥, 지역복지진흥, 지역창조 및 재생), 3C(역량(Competency), 협력(Cooperation), 융합(Convergence)), 3創(일자리, 기업, 소득 창출)을 제시하였다(이성근 외, 2013).

표 2.5.1 대안이론의 내용

구 분		핵심내용
산업이론	유연적 생산체제론	• Post-Fordism • 유연적 전문화 • 장인생산방식
	클러스터이론	• 집적경제 • 기능적 연계와 네트워크
	지역혁신체제론	• 지역과 혁신 • 상호작용
환경이론	지속가능한 발전론	• 경제와 환경의 지속성 • 의제 21(Agenda 21) • 녹색성장(green growth)
	생태도시이론	• 인간과 생태환경의 공존
	도시재생이론	• 도심공동화 방지 • 도시 기능과 환경의 부흥
사회이론	지역마케팅이론	• 지역의 상품화 • 지역 이미지 제고
	지역거버넌스이론	• 다양한 주체의 참여 • 자율성, 협력과 조정, 네트워크
	네트워크도시이론	• 네트워크 형성 • 호혜성, 상호의존성 및 느슨한 동반자관계
	사회적 자본이론	• 사회적 관계 • 신뢰, 참여, 규범, 네트워크
	창조적 자본이론	• 창조계급

제2절 산업이론

1. 유연적 생산체제론

1) 의 의

유연적 생산체제(flexible production system)론은 피오레와 사벨(M. Piore & C. Sabel)에 의해 처음 제시되고, 허스트(P. Hirst), 자이틀린(Zeitlin) 등 이른바 제도학파로 불리는 학자들에 의해 발전되었다.

세계경제발전을 주도해 왔던 대량생산모델은 1960년대 말부터 점차 경기가 침체되고, 1970년대 두 차례의 석유파동을 거치면서 근본적인 위기에 봉착하게 되었다. 그것은 표준화된 대량생산을 가능하게 만들었던 대량소비시장이 한계에 부딪히고, 생산과 소비 사이의 불균형, 조절위기가 발생하게 된 데서 비롯된다.[5] 이러한 세계적인 불황에도 불구하고 이탈리아의 제3이탈리아(The Third Italy), 일본, 독일의 바덴뷔르템베르크(Baden-Württemberg) 등의 지역에서는 섬유, 특수강, 신발, 세라믹, 오토바이, 기계 장비류, 그리고 부분적으로는 자동차 등의 업종에 이르기까지 엄청난 성장을 나타내고 있었다. 이러한 과정에서 나타나는 공통적인 특징이 새로운 기술체계와 작업조직의 정착이었으며, 이처럼 새롭게 등장한 생산방식을 유연적 생산체제라 한다. 즉, 이러한 지역의 성장은 당시의 일반적인 생산패러다임으로 구축된 대량생산방식인 포드주의(Fordism) 체제에서 벗어나, 포스트 포드주의(Post-Fordism)의 장인생산방식인 유연생산체제로 전환이 되었기에 가능하다고 보았다.

대량생산방식은 규모의 경제를 추구하면서 대규모시장을 목표로 전용기계와 미숙련노동을 사용해 표준화된 제품을 대량으로 생산하는 것인 데 반해, 장인생산방식은 범용기계와 숙련노동을 활용해 소비자 요구에 부응하는 다양한 제품을 탄력성있게 생산하여 범위의 경제(economy of scope)를 창출하는 것이다. 유연적 생산체제론의 대표이론인 유연적 전문화가 장인생산방식에 속한다.

---

5) 이 위기를 돌파하는 방법으로 두 가지가 제안되는데, 하나는 대량생산기술의 원리 아래 기존의 조절제도들을 개발도상국으로 확장시키는 방법이고, 다른 하나는 기존의 대량생산모델과 단절하고 유연적 전문화를 새로운 기술적 패러다임으로 채택하는 것이다.

유연적 전문화(flexible specialization)란 프로그래밍을 자유롭게 할 수 있는 첨단자동화기술(programmable automation)의 도움으로 보다 유연하게 상황변화에 적응할 수 있게 만들어 주는 새로운 형태의 장인적 생산(artisan production)방식을 의미한다. 이것은 다양한 개인의 기호와 필요를 충족시킬 수 있는 주문생산방식으로, 대기업에 의해서가 아니라 10명 안팎으로 구성된 소규모기업들에 의해 채용되고 있는 방식이다. 그런데 유연적 전문화론자들에 따르면 이처럼 규모의 경제(economies of scale)로부터 벗어나 기술적 유연성이 허용하는 범주 내에서 상품의 다변화를 추구하고 있는 범위의 경제를 가져온 주된 요인은 신기술의 발달과 시장수요의 분화이다. 즉, 전자기술의 발달은 시장 변화의 신속한 파악 및 생산방식의 유연한 변화를 가능하게 해 주었다. 아울러 소기업들 상호간의 정보연결망이 더욱 강화됨으로써 전문화를 바탕으로 한 기능적인 결합이 가능해지게 되었다. 이는 규모의 경제가 누려온 이점을 신기술의 발달로 소기업들도 그대로 누릴 수 있게 되었음을 의미한다.

또한 분업원리의 강화에 기초한 전통적인 테일러주의(Taylorism)적 작업조직에도 근본적인 변화가 이루어지게 되었다. 즉, 유연적 전문화체제하의 장인생산방식은 기존의 대량생산체제하의 작업조직과는 근본적으로 상이한 특징을 가지게 된다. 기존의 대량생산체제하에서는 미숙련공과 반숙련공이 압도적인 다수를 차지하고 있었지만, 장인생산방식에서는 고도의 지식과 기능, 기술을 가진 숙련노동자들(craft workers)이 생산을 담당한다. 따라서 이들 숙련노동자들은 구상기능과 실행기능을 모두 담당함으로써 대량생산체제하에서와 같은 노동의 세분화·파편화로 인한 소외감, 노동의욕의 상실 등으로부터 해방되어 보다 적극적이고 능동적으로 작업을 수행한다는 것이다(박진근 외, 1999).

표 2.5.2 기존 생산체제와 유연적 생산체제의 비교

구 분	기존 생산체제	유연적 생산체제
이념	포드주의	포스트 포드주의
생산방식	대량생산방식	장인생산방식
목표	규모의 경제 추구	범위의 경제 추구
생산도구	전용기계 사용	범용기계 사용
노동숙련도	미숙련 노동자	숙련 노동자
제품 특성	표준화된 제품	다양한 제품
생산방법	소품종 대량생산	다품종 탄력적 소량생산

2) 주요 내용

(1) 특 징

대량생산체제가 전용기계 혹은 제품특수적 기계와 미숙련·반숙련노동자를 이용하여 표준화된 제품을 생산하는 것을 특징으로 하는 데 반해, 유연적 전문화 생산체제는 범용기계와 숙련노동자를 이용하여 다양한 주문제품을 생산한다는 점에서 대량생산체제와 뚜렷이 대비된다.

유연적 생산체제의 산업적·지역적 특징을 가장 잘 나타내는 현상은 특정지역에 집중하고 있는 중소기업들이 전문성을 유지하면서 상호간의 밀접한 협동관계를 통하여 범위의 경제를 추구하며 새로운 성장의 주역으로 부각되고 있는 현상이다. 제3이탈리아[6], 독일의 바덴뷔르트템베르크 지역 등은 대기업보다는 소규모기업들이 지배적인 지역으로 알려져 있음에도 불구하고 괄목할 만한 경제성장과 고용창출, 높은 혁신을 보였다. 이들 지역은 저임금과 유순한 노동력의 이점을 가지고 있는 개발도상국가나 선진국의 낙후지역도 아니며, 그렇다고 첨단기술산업을 보유한 지역도 아니어서 기존의 지역발전이론으로는 이 지역의 발전을 쉽게 설명하지 못했다. 이들 지역의 공통점은 상호독립적인 전문적 소규모기업들이 집적하여 긴밀한 상호협동의 네트워크를 지니고 있다는 점이다(김용웅 외, 2009).

(2) 한 계

유연적 생산체제론에 대한 비판으로 네 가지 정도의 한계가 지적되고 있다(박진근 외, 1999). 첫째, 유연적 전문화론자들이 당연시하고 있는 전제들과 단순대립도식에서 파생되는 문제가 지적된다. 그들은 대량시장의 포화상태를 지적하면서, 전통적인 대량생산이 소비와의 불균형으로 인해 위기를 맞게 되고 다양한 시장을 목표로 한 소규모생산이 활성화될 것으로 전제하지만, 현실적으로 대량시장은 여전히 중요한 요소이다.

둘째, 유연적 전문화론자들은 시장조건의 변화에 의해 기술패러다임의 변화, 노동과정과 노동자상태의 변화를 일방적으로 설명하고 있다. 즉, 대량시장의 포화상태, 시장의 세분화가 곧장 기술패러다임의 변화를 불러일으키고 그 결과 구상과 실행의 통합, 분업의 종언, 숙련노동자의 창출을 가져온다고 주장하지만, 그 효과는 직접적이고

6) 제3이탈리아는 이탈리아의 경우 북부에 공업, 남부에 농업의 발달로 중부지역은 특징이 나타나지 않았는데, 1970년대 이후 중소기업의 성장, 이를테면 지역산업집적의 급속한 발전에 따라 경제성장이 나타난 중부 및 북동부지역을 말한다(한주성, 2006). 이 지역의 산업은 섬유·의복·신발·가구산업·기계공구산업 등으로 유연적 전문화 생산체제를 유지하고 있다.

강력하지는 않다.

셋째, 유연적 전문화론에서는 마치 유연적 신기술이 필연적으로 구상과 실행의 통합, 숙련의 증대를 요구하는 것으로 주장하지만, 역시 인과성은 그리 강력하지는 않다.

넷째, 이전에 분리되었던 기능들이 부분적으로 결합되고, 한 노동자가 여러 기계 작업이나 공정을 수행하는 소위 다능공화(多能工化)의 현상 역시 구상과 실행의 통합, 숙련의 상승이라는 관점에서 접근되기보다는 오히려 노동강화라는 측면에서 파악되는 것이 적합하다.

3) 유연적 생산체제와 지역개발

유연적 생산체제의 성공이 가장 가시적으로 드러나는 지역이 바로 산업지구(industrial district)7)이다. 산업지구의 급속한 성장원인은 지역 내 소규모 기업들이 시장수요의 변동에 유연하고 혁신적인 반응을 할 뿐만 아니라, 개별 기업들 간의 협동과 경쟁의 균형 속에서 자원의 지속적인 재조합을 가능케 하는 소기업의 이점을 최대한 활용하기 때문이다.

유연적 생산체제론의 등장 및 산업지구론의 부활은 지역의 중요성을 새롭게 부각시키는 계기로 작용하였다. 사벨(C. Sabel)에 따르면 지역은 19세기 중반에 이르러 경제활동과 경제분석의 기본단위로 자리 잡게 되었는데, 자본주의가 발전하면서 국가경제나 대기업의 중요성이 강조됨에 따라 지역은 부차적 분석범주로 전락해버렸다. 1970년대에 들어와 유연생산체제가 등장하면서 지역은 생산단위로서 새롭게 중요성을 가지게 되었다.

또한, 유연적 생산체제론은 서구 유럽의 지역정책에도 많은 영향을 미쳤다. 틈새시장을 목표로 하는 소규모 모험기업들의 성공적 성장의 전망, 자율성을 갖춘 신산업지구 내부에서 분권화된 경제적 민주주의가 달성될 수 있다는 전망 등을 제시해 준 유연적 생산체제론은 기존 산업들의 몰락, 대량실업에 의한 사회문제, 그리고 호전적인 중앙정부의 도전에 직면해 있었던 1980년대 유럽 각국 정부 및 지방정부들에게는

---

7) 산업지구라는 용어는 1890년 영국의 경제학자 마샬(A. Marshall)에 의해서 최초로 사용되는데 핵심 개념은 전문화된 작은 규모의 단일기업들 다수가 하나의 지리적 지역에 모여 있는 것이다. 이러한 마샬리안 산업지구의 특성은 ① 국지화를 통한 외부경제의 확보, ② 지구 내에서 전문화된 기업들 간의 분업 심화, ③ 지구 내부의 건설적인 협력관계, ④ 기업활동을 고취시키는 지역사회의 분위기라고 할 수 있다(박삼옥, 1994).

매우 매력적인 것이었다. 따라서 런던을 비롯한 많은 지방정부가 발의한 지역경제정책에는 유연적 생산체제론의 사고가 스며들었고, 1990년대 영국 노동당의 새로운 노선으로 제안되기에 이르렀다(김용웅 외, 2009). 즉 소규모 기업들이 대다수를 차지하고 있는 지역에서 유연적 생산체제는 기업의 변화를 통해 지역경제의 발전을 추구하는 개발방식이라고 볼 수 있다.

2. 클러스터이론

1) 의 의

지식과 혁신이 부의 원천이 되는 지식기반경제로 접어들면서 정보통신기술의 발달로 거리 마찰과 교통비용이 상당히 줄어들게 되어 전반적으로 접근성이 크게 향상되었음에도 불구하고, 특정지역으로의 집적화현상은 두드러지게 나타나고 있다(이희연, 2011). 특정산업이 특정지역에 집적되어 있는 현상인 클러스터(cluster)는 흔히 포도송이에 비유되어 설명되며, 우리나라에서는 군집(群集)으로 해석되기도 한다.

클러스터란 어느 특정 분야에서 서로 연관된 산업 및 기능들이 공간적으로 집적하여 서로 경쟁하면서 유기적인 협력관계가 이루어지게 되어 혁신의 창출·활용·확산이 용이해지는 공간적 집적지라고 정의할 수 있다(이희연, 2011). 즉, 제품생산업체, 부품공급업체, 서비스 제공업체, 연관산업, 협회, 연구소 및 대학 등이 서로 지식을 교류함으로써 높은 부가가치를 창출하는 지리적 집중체인 것이다. 이는 기술, 인력, 유통경로 등을 공유하는 산업집단이며, 클러스터에서는 기업들의 단순한 지리적 집적뿐만 아니라 다양한 기업 및 기업지원기관들의 기능적 연계와 네트워크가 구축되어 있다는 것이 특징이다(권영섭·김동주, 2002).

즉, 클러스터는 지리적 집적과 집적되어 입지한 기업과 관련기관 간의 기능적 연계의 개념을 지니고 있다. 이러한 점에서 클러스터는 집적(agglomeration)과 차이가 있다. 집적이란 동일업종의 지리적 연계를 의미하며, 1960~1970년대 우리나라에서 개발된 산업단지가 이에 해당될 수 있다. 순수한 집적모델은 집적내의 활동주체 간의 협력 없이 단순히 물류비용, 공동의 인프라 활용과 같은 집적이익을 향유하기 위해 이루어진 것이다.

클러스터를 주창한 학자로는 하버드대학의 경영학자인 포터(M. Porter)가 대표적이다. 포터는 클러스터를 특정 업종에 종사하는 상호교류기업, 전문공급업체, 서비스 제공업체, 연관산업의 기업, 대학, 상공회의소 등 관련된 제도적 기구들이 서로 경쟁하는 동시에 협조하는 지리적 집적체라고 설명하고 있다(김용웅 외, 2009). 또한 클러스터에서 지역경쟁우위의 원천으로 기업의 전략 및 경쟁여건, 투입요소 조건, 수요조건, 연관산업 및 지원산업 등 네 가지를 제시하였다(Porter, 1998).8)

클러스터는 최근에 새롭게 만들어진 이론이 아니라 마샬(A. Marshall)에 의해 제기된 산업지구(industrial district)의 연장선상에서 설명할 수 있다. 제3이탈리아 지역과 같이 특정 산업의 지리적 집적과 집적으로 인한 기업들 간의 분업 및 건설적인 협력관계 등의 특성을 지닌 산업지구가 발달하게 되고, 이러한 사례가 지속적으로 경쟁력을 가지게 된 것이다. 또한 국가나 지역의 차원에서는 무한경쟁시대에서 지속적인 경쟁우위를 확보하기 위한 전략으로 체계화된 것이 클러스터라고 할 수 있다.

클러스터는 산업클러스터(industrial cluster)와 혁신클러스터(innovative cluster)로 구분할 수 있다(이희연, 2011). 산업클러스터는 특정제품군의 공급망(supply chain)과 관련된 산업들이 특정공간에 집중해 있으면서 이들 산업 간에 네트워킹은 물론이고 이들 산업을 지원하는 다양한 관련주체들 간에 공식적·비공식적 네트워킹과 협력관계가 형성되어 지역 내 해당 기업들의 경쟁력이 성장하거나 성장할 가능성이 있는 지역이다.

혁신클러스터는 지역 내 경제주체 간에 새로운 기술과 혁신에 대한 집단학습이나 기업 간 원활한 기술인력의 이전 등을 통해 조직적·문화적 근접성이 학습능력으로 발전하고, 집단학습을 통해 형성된 잠재적 혁신능력이 실질적인 성과로 전환할 수 있도록 지원하는 혁신지원체계가 구축되어 있는 지역이다. 산업클러스터가 혁신클러스터로 발전하기 위해서는 집단학습과 혁신지원체계 구축이 필요함을 알 수 있다.

2) 주요 내용

(1) 특 징

클러스터는 첫째, 집적경제(agglomeration economy)에서 파생되는 이익을 누리기

8) 포터의 다이아몬드 모형이론(1998)에서 제시하고 있는데, 원래는 국가의 경쟁우위전략에 관한 것이다. 클러스터의 경쟁력으로는 ① 경쟁하면서 다른 한쪽으로는 상호 협력하는 기업의 전략 및 경쟁 여건, ② 자원, 노동, 자본, 기술 등 투입되는 요소의 질과 전문화 수준 등 투입요소 조건, ③ 지역시장의 크기와 지역수요와 같은 수요조건, ④ 전후방 연관산업과의 협력관계와 지방정부, 연구소, 금융, 법률 등을 포함한 연관산업 및 지원산업의 존재와 경쟁력 등이 있다.

위해서, 둘째, 특정지역에 구축되어 있는 자원 구입과 상품판매 네트워크를 활용하고자 하며, 셋째, 입지를 위한 탐색비용을 절감할 뿐만 아니라 신기술 정보를 신속히 감지하고, 넷째, 기업의 성장에 필요한 상권을 확보하기 위해서 등장하였다(고석찬, 2004).

또한 클러스터는 국가나 지역의 경제·산업에 있어서 경쟁력을 좌우하는 중요한 요건이 되고 있다. 포터에 의하면 (산업)클러스터는 세 가지 측면에서 장점이 있다. 첫째, 클러스터를 구성하는 기업과 산업의 생산성을 향상시킨다는 것이다. 둘째, 그 기업과 산업의 혁신을 추진하는 능력을 강화시키고, 그것에 의해 생산성의 성장을 지속한다는 것이다. 셋째, 혁신을 지속하는 클러스터를 통해 신규사업의 형성을 자극시킨다는 것이다(나주몽, 2004).

그러나 클러스터의 위험요소, 즉 단점도 제기되고 있다. 첫째, 고착화 효과(lock-in effect)이다. 클러스터의 활동이 어느 특정 산업분야에 지나치게 치중되어 있는 경우 해당 산업분야가 쇠퇴과정에 접어들 때 해당 지역경제 전체를 위기에 빠뜨릴 수 있다는 것이다. 둘째, 경쟁압력의 감소를 들 수 있다. 클러스터 구성원 간의 경쟁유인이 약화될 가능성이 있다. 혁신을 위한 가장 강력한 추진력은 경쟁이라는 점에서 이러한 현상은 혁신과정을 저해할 수 있다. 셋째, 자급자족적인(self-sufficient) 경향을 들 수 있다. 클러스터 구성원인 기업들이 클러스터를 닫힌 공간으로 인식하고 클러스터 외부의 기회와 동향을 인지하지 못하는 위험에 빠질 수 있다. 이러한 위험성은 클러스터 구성원들이 클러스터의 경계와 관련하여 보다 개방적인 태도를 취할 필요가 있음을 의미한다(국가균형발전위원회, 2005).

표 2.5.3 클러스터의 장·단점

장 점	단 점
• 집적경제 이익 • 지역 내 네트워크 활용용이 • 시장·기술변화 정보 신속파악 • 상권 확보용이 • 생산성 증가 및 비용 절감 • 혁신추진능력 강화 • 집단학습기회 제공	• 고착화 효과 • 경쟁압력의 감소 (혁신 추진력 감소) • 클러스터내 자급자족적 경향

(2) 유 형

클러스터의 유형은 성숙도에 따라서 신흥(emerging) · 성장(growing) · 성숙(mature) · 쇠퇴(declining) 클러스터로 구분한다. 그리고 규모와 범위에 따라 메가 클러스터(mega cluster), 지역적 네트워크(local network), 지식기반 클러스터(knowledge-based cluster) 등으로 구분한다. 또한 클러스터 내에서 주도적인 역할을 담당하는 주체를 기준으로 대학 · 연구소 주도형, 대기업 주도형, 창작자 주도형, 지역특산형 및 실리콘밸리형 등으로 구분한다(복득규 외, 2003).

대학 · 연구소 주도형은 대학이나 연구소의 연구개발능력과 성과를 기반으로 형성된 클러스터로 미국 샌디에이고(San Diego)의 바이오 클러스터와 국내의 대덕밸리가 대표적인 사례이다. 이러한 클러스터에는 주로 바이오나 나노기술산업이 입지하는 경향이 있다.

대기업 주도형은 대기업이 입지함으로써 관련 중소기업과 하청기업, 신기술개발 벤처기업 등이 기술가치사슬을 형성하는 유형으로, 일본의 토요타시(豊田市) 자동차 클러스터, 스웨덴 시스타(Kista)나 핀란드의 울루(Oulu)의 무선통신클러스터가 대표적이다. 최종 제품을 완성하는 데에 수많은 부품과 기술의 조합, 이들 기능을 수행하는 많은 기업들이 필요한 대규모 장치조립산업을 중심으로 클러스터가 구축되며, 우리나라에는 울산의 자동차클러스터를 예로 들 수 있다.

창작자 주도형은 특정 개인을 중심으로 형성된 클러스터를 말한다. 세계 영화의 본산지인 미국의 할리우드(Hollywood)와 국내의 충무로 등이 대표적인 사례이다. 창작자 주도형은 영화나 게임, 만화 등 창조성이 강조되는 문화산업을 중심으로 형성되고 있다.

지역특산형은 가장 오래된 클러스터이다. 일정 지역에서 수백년 동안 내려온 명성과 장인정신을 바탕으로 도자기와 의류, 구두 등 예술품과 명품 소비재를 만들어내고 있다. 이탈리아 모데나(Modena)의 의류와 타일, 우리나라 이천과 문경의 도자기 등이 대표적인 사례이다.

실리콘밸리형은 클러스터의 발전에 있어서 가장 고도화된 유형이다. 미국의 실리콘밸리(Silicon Valley)가 대표적인데, 실리콘밸리형의 구성주체들은 세계적인 경쟁력을 가지고 스스로 혁신할 수 있는 능력을 가지고 있다.

표 2.5.4 클러스터의 유형

구 분	해외사례	국내사례	주요 특징
대학·연구소 주도형	• 미국 샌디에이고	• 대덕단지	• 대학과 연구소의 연구 성과와 능력이 관건 • 바이오, 나노 등
대기업주도형	• 일본 토요타시 • 스웨덴 시스타 • 핀란드 울루	• 울산	• 대기업의 입지 • 자동차, 통신시스템 등 조립산업
창작자주도형	• 미국 할리우드	• 충무로, 테헤란로	• 창조성이 뛰어난 개인 • 영화, 게임 등 문화산업
지역특산형	• 이탈리아 모데나	• 이천 도자기, 문경 도자기	• 전통 숙련기술과 장인정신 • 도자기, 패션의류, 타일 등 예술품과 명품 소비재
실리콘밸리형	• 미국 실리콘밸리 • 중국 중관촌	–	• 미국 실리콘밸리 외 유사사례가 거의 없음 • 새로운 기술과 산업 창조

자료: 복득규 외(2003).

3) 클러스터와 지역개발

클러스터가 지역경제에 미치는 영향에 주목하여 지역에서 경쟁력 강화의 수단으로 클러스터가 형성되도록 하여야 한다. 지역개발 차원에서 클러스터가 성공적으로 조성되기 위해서는 몇 가지 유의해야 할 사항이 있다(복득규 외, 2003). 첫째, 유형과 능력에 맞는 전략의 설정이 필요하다. 성공한 클러스터의 결과에만 관심을 가져 선진지역을 외형적으로 모방하기에 급급하기보다는 지역의 여건에 맞는 전략을 도입해야 한다. 둘째, 촉발자의 선도적 노력이 필요하다. 클러스터 조성에 대해 많은 주체들이 공감할 수 있는 지역의 발전 비전을 가지고 클러스터 형성을 주도하는 촉발자가 필요하며, 이들의 노력이 절대적으로 요구된다. 셋째, 장기적 안목을 가지고 추진해야 한다. 클러스터는 산업단지와 달리 장기간의 시간이 필요하다. 클러스터 형성을 위해 신속하게 추진하되 장기적인 시각과 인내심을 가지고 지속적으로 추진하는 것이 필요하다.

3. 지역혁신체제론

1) 의 의

지역혁신체제(Regional Innovation System: RIS)는 경제협력개발기구(OECD) 등을 중심으로 하여 주장된 것으로 기술혁신시스템(technology innovation system)을 지역적 차원에서 접근한 개념이라 할 수 있다. 즉, 지역을 단위로 하여 경제적으로 유용한 새로운 기술과 지식의 생산·확산·활용에서 상호작용하는 요소(elements)와 주체들(actors) 간에 형성되는 관계로 설명할 수 있다(윤윤규 외, 2004; 이공래, 2004).

실무적 측면을 강조한 개념으로는, 지역혁신체제를 지방정부, 대학, 기업체, 시민사회, 지방언론 및 연구기관 등 지역 내 다양한 혁신주체들이 네트워크를 형성하여 지역의 연구개발과 생산과정, 지식의 창출·확산·활용과정 등에 공동으로 참여함으로써 지역발전을 선도하는 유기적 체제로 정의하고 있다. 즉, 지역 내 경제주체 간의 상호작용과 공동학습을 가능케 함으로써 지역의 자생력을 키우는 데 다른 어떠한 시스템보다 효과적이라는 철학에 근거하고 있다. 이는 서구의 많은 나라에서 성공한 사례를 보여줌으로써 경험적으로 입증되고 있다(국가균형발전위원회, 2005).

한편, 지역혁신체제는 국가혁신체제(National Innovation System: NIS)를 지역이라는 공간단위에 적용한 것이라고도 한다(김용웅 외, 2009; 이성근 외, 2003). 지역 단위에서 혁신체제를 비교하고 분석하여 지역의 경쟁력을 강화하려는 것이라 하겠다.

클러스터가 생산네트워크에 치중하였다면, 지역혁신체제는 클러스터를 포함한 금융환경, 제도적 환경, 지식하부구조, 생산의 특화구조, 수요와 경쟁, 그리고 신뢰와 협력 등 지역에서 혁신을 창출하기 위한 다양한 기관과 제도, 사회적 자본의 집합적 시스템이라 할 수 있다. 클러스터가 주로 생산체제에 관심을 두고 있는 반면, 지역혁신체제에서는 기업들의 혁신성과 경쟁력은 생산체제뿐만 아니라 점차 사회문화적·제도적 환경에 달려 있으며, 기관·제도·정부의 역할과 지역에 기반한 산업의 혁신전략을 중시한다(권영섭 외, 2002).[9]

9) 클러스터와 지역혁신체제의 이러한 차이점에도 불구하고 양자의 구분에 대하여 실익이 없다는 주장도 있다(윤윤규 외, 2004 재인용).

표 2.5.5 지역혁신체제와 클러스터의 비교

구 분	지역혁신체제	클러스터
의의	• 지역을 단위로 하여 혁신주체들이 지역의 혁신역량을 강화하는 체제	• 특정 분야에서 상호 연관이 깊은 다양한 기업과 기관이 네트워크를 형성하고 있는 공간적 집적지
주요 개념	• 지역, 혁신, 제도적 환경, 상호작용(상호교류와 네트워크)	• 집적, 생산체제, 기능적 연계, 네트워크
관련성	• 클러스터를 포함하는 상호작용 시스템	• 지역혁신체제의 실체적 구현체
공통점	• 유기적인 접근을 취하는 측면에서 유사	
차이점	• 포괄적·집합적 시스템 • 중간적 관점에서 제도적 네트워크 강조 • 혁신전략 중시	• 기업이 중심적 분석단위 • 미시적 관점에서 혁신주체 간의 상호관계 강조 • 생산체제, 생산네트워크 중시

자료: 한주성(2006); 이종호 외(2008) 수정인용.

지역혁신체제론이 기존의 지역발전이론과 다른 점은 혁신에서 물리적 하부구조의 존재 여부보다 혁신 주체들 간의 상호작용, 즉 그들 간의 상호교류 및 학습네트워크의 질과 시너지 효과의 창출 여부에 초점을 둔다는 점이다. 그리고 상호작용을 촉진할 수 있는 기구나 요소를 창출하고, 상호작용을 저해하는 장애요소를 제거하는 방안에 관심을 둔다(김용웅, 2009).

이러한 지역혁신체제는 내생적 발전전략, 지역전략산업 육성전략 및 국가균형발전토대 형성전략 등의 성격을 가지고 있다(박종화 외, 2006).

2) 주요 내용

(1) 중심 내용

쿡(P. Cooke)은 지역혁신체제의 중심 내용을 다음과 같이 주장하였다(김용웅 외, 2009). 첫째, 지식기반경제에서 기업 및 산업경쟁력의 핵심은 끊임없는 혁신의 창출 및 습득능력에 달려 있다.

둘째, 혁신은 상호작용 및 학습과정에서 발생·전파·습득이 이루어진다. 기업의 혁신은 기업내부적 역량보다는 기업 간, 기업과 연구소 간, 기업과 공공부문 간의 관계에 의해, 그리고 더 넓은 차원으로 볼 때는 각 혁신주체가 공유하는 제도와 문화 속에서 창출되고 학습된다. 이런 점에서 혁신은 체제적인 성격을 띤다.

셋째, 혁신체제는 특정 공간(territory)에 기반한다. 이때 공간의 단위를 국가에 초점을 두면 국가혁신체제, 지역에 두면 지역혁신체제가 된다.

넷째, 특정 공간은 다른 공간보다 혁신을 위한 더 좋은 환경을 지닌다. 즉, 어떤 국가나 지역은 다른 국가나 지역에 비하여 유용한 혁신체제를 지니고 있다.

다섯째, 경제적 단위로서 국가단위의 중요성이 약화되고 지역단위의 중요성이 강화되는 추세에 있으며, 지역단위의 혁신체제가 중요해지고 있다.

여섯째, 지역발전을 위해서는 지역의 지속적인 혁신능력, 즉 튼튼한 지역혁신체제를 갖추는 것이 필요하며, 이것이 바로 지역경쟁력의 핵심이다. 지역경쟁력은 그 지역에 입지한 기업의 경쟁력, 그리고 그 지역이 속한 국가의 경쟁력과 불가분의 관계에 있다.

마지막으로 튼튼한 지역혁신체제를 갖추기 위해서는 지역 내부의 각 주체들 간의 긴밀한 협력 네트워크와 상호학습과정이 중요하며, 이는 지역의 고유한 제도적·문화적 분위기에 크게 의존한다.

(2) 구성요소

지역혁신체제의 구성요소를 일반적으로 하부구조(infra-structure)와 상부구조(super-structure)로 구분한다(이희연, 2011). 하부구조는 혁신을 위한 구체적인 지원체제를 의미하는 것으로, 도로·공항·통신망과 같은 물리적 하부구조와 대학·연구소·금융기관·교육훈련기관·지방정부 등과 같은 사회적 하부구조를 포함한다. 이때 중요한 것은 이들 사회적 하부구조들의 존재 여부가 아니라 지역 내에서 혁신활동을 위해 얼마나 효율적으로 운영되는가 하는 것이다. 상부구조는 지역의 조직과 제도, 문화, 분위기, 규범 등을 의미한다. 이러한 상부구조의 요소들은 신뢰와 협력의 문화를 지속시킬 수 있는 통제와 조정력을 잘 발휘함으로써 혁신 네트워크 형성을 강화하는 기능을 한다.

쿡은 혁신체제가 강한 지역의 일반적 특성으로 재정운영에 있어서 지방정부의 자주역량, 지역밀착형 금융·대학·연구소, 직업훈련기관, 기업 내·기업 간 협력 및 혁신 태도, 지방정치의 분권적이고 민주적 자세, 이를 강화해주는 지역의 협력적인 제도·문화를 들고 있다(김용웅 외, 2009).

(3) 유 형

지역혁신체제는 기준에 따라 다양하게 구분된다(이공래, 2004). 운영특성에 따라 자생형(grass-roots RIS), 네트워크형(network RIS), 중앙정부 통제형(dirigiste RIS)으로 나누어지고, 특성화 분야에 따라 자기창출형(self-creating RIS), 흡수형(absorptive RIS),

자족형(self-sufficient RIS), 지식강화형(knowledge-intensifying RIS) 등으로 구분한다. 그리고 주도적인 혁신주체에 따라 기업 주도형, 대학 주도형, 공공연구기관 주도형으로 나누어지며, 주도기업의 특성에 따라 중소기업형(localized RIS), 중소·대기업 상호작용형(interactive RIS), 세계화형(globalized RIS)으로 구분한다.

표 2.5.6 지역혁신체제의 유형

구 분		특 징	국내외 사례
운영 특성	자생형	자체 조직이 운영	미국 실리콘밸리, 이탈리아 북부 등
	네트워크형	네트워크에 의해 기술 확산·공유	독일 바덴뷔르템베르크 등
	중앙정부 통제형	중앙정부가 직접 개입	프랑스 론알프, 대덕단지, 대만 신주단지 등
특성화 분야	자기창출형	지역산업이 전문공급자	–
	흡수형	지식을 공급받음	–
	자족형	자율적·독립적 활동	–
	지식강화형	지식흡수, 자기 제품 등에 지식집약도 강화	–
혁신주체	기업 주도형	기업이 상호 네트워크 구축하여 기술개발·혁신	–
	대학 주도형	대학이 주도하여 혁신활동	미국 스탠포드대, 영국 옥스퍼드대, 핀란드 울루대 등
	공공연구기관 주도형	공공 연구기관이 연구원의 창업과 기술이전	–
주도기업 특성	중소기업형	지역내 대기업 부재	이탈리아 투스카니, 덴마크 템퍼, 일본 토호쿠
	중소·대기업 상호작용형	기업간의 상호작용 활발	–
	세계화형	세계적 기업 주도	–

(4) 장점과 한계

지역혁신체제론의 장점으로는 첫째, 각 지역에서 혁신을 지원하는 제도와 하부구조를 효율적으로 구축하는 데 기여할 수 있다는 점이다. 혁신지원을 위한 각종 기구들이 잘 발달되어 있다는 서유럽에서도 지역 중소기업들이 실질적으로 도움이 된다고 느끼는 지원기구는 소수에 불과하다는 조사결과에서 알 수 있듯이 지원정책이나 제도, 기구, 인원, 시설, 자금 등이 제공된다고 해서 혁신이 저절로 이루어지는 것은 아니다. 그러나 지역혁신체제론은 지역에 실질적으로 혁신을 유발할 수 있는 체제를 구축하는 데 관심을 가지고 있기 때문에 다른 논의들보다 현실 적합성이 높다.

둘째, 발전지역이나 낙후지역을 가릴 것 없이 모든 지역에서 적용이 가능하다는 점이다. 산업지구론에서는 실리콘밸리나 제3이탈리아 지역과 같이 소수의 역동적인 소기업 집적지역만을 대상으로 하는 것과 비교된다.

한편 지역혁신체제론의 한계로는 첫째, 국가혁신체제와 지역혁신체제 사이에 놓여 있는 공간적 영역의 구분이 모호하다. 즉, 어디까지가 국가혁신체제의 영향이고, 어디까지가 지역혁신체제의 영향인지 불분명하다. 둘째, 산업에 따라 또는 혁신의 성격에 따라 각기 다른 혁신체제를 필요로 할 수 있다는 점을 간과하는 경향이 있다(강현수 외, 2000).

3) 지역혁신체제와 지역개발

지역혁신체제는 지역개발을 위한 지역경쟁력 확보의 가장 중요한 요인으로 혁신을 꼽는다. 지역의 발전을 위해서는 이러한 혁신이란 체제가 지역에 어떻게 정착하도록 할 것인지가 중요하다.

지역혁신체제를 지역에 적용하기 위해서는 지역이 가진 혁신체제의 특성과 지식의 유통경로를 파악하고, 각 지역혁신체제가 가진 문제점을 파악하여 개선하도록 노력해야 한다. 지역의 다양한 혁신주체들 간의 적극적인 네트워크 형성과 참여는 지역의 발전을 이끄는 원동력이 될 것이다.

제3절 환경이론

1. 지속가능한 발전론

1) 의 의

1972년 로마클럽의 제1차 보고서인 “성장의 한계(The Limits to Growth)”[10)]에서 환경과 개발에 관한 강한 우려를 표명하면서, 지속가능한 발전(sustainable development) 이란 용어를 사용하였다. 이 개념이 공식화된 것은 환경과 개발에 관한 세계위원회(WCED)가 1987년에 발표한 “우리 공동의 미래(Our Common Future)”라는 보고서에 의해서다. 환경적으로 건전하고 지속가능한 발전(Environmentally Sound and Sustainable Development: ESSD)의 개념에 대하여 미래세대가 그들의 필요를 충족시킬 능력을 저해하지 않으면서 현세대의 필요를 충족시키는 발전이라고 정의하였다. 즉, 협의로는 경제의 지속가능성이지만, 국제연합환경개발회의(UNCED)가 밝힌 광의의 개념은 경제뿐만 아니라 자연자원을 포함한 생태계 전체가 지속가능할 것을 요구하고 있다.

기존의 경제성장과정이나 국토발전정책은 지속가능한 친환경적 차원에서의 접근보다 경제적 효율성 내지는 물적 시설의 공급에 치중하였으며, 사전적인 환경의 영향이 고려된 개발이 아니라 사후 처리에 중점을 두어왔다. 이에 따라 우리의 다음 세대들이 살아가야 할 환경의 질(quality of environment)에 대한 배려는 현세대의 경제적 성취의 뒷전으로 밀려났고, 환경오염의 외부불경제는 대부분 내부화되지 못한 채 사회적 부담으로 작용하였다. 이에 따라 UN을 비롯한 국제기구에서는 환경의 중요성을 인식하고, 지속가능한 발전의 개념을 도입하였다.

2) 주요 내용

지속가능한 발전이란 경제성장 위주의 발전전략으로 인한 환경자원의 고갈과 생태계의 피해가 점차 심화되고 있으며, 인류의 생존기반을 위협하는 단계에 달하였다는 인식하에 탄생한 환경친화적 발전[11]개념이다.

---

10) ‘성장의 한계’는 MIT의 교수들이 식량 생산, 산업 생산, 지하자원 이용량, 인구, 환경오염물질 배출량 등 5개 변수를 기본으로 삼아 인류의 미래를 예측한 모형의 분석결과 보고서로서, 핵심 메시지는 인류가 계속 경제성장을 추구하다가는 머지않아 인류의 종말이 오게 된다는 것이다. 경제성장률을 극적으로 낮추지 않는 한 자연자원의 고갈과 환경오염으로 인한 인류의 종말은 피할 수 없고, 기술진보는 대재앙을 시간적으로 약간 늦출 뿐이라는 내용이다(김형국, 2011).

11) 발전의 개념은 그동안 국민총생산의 총량적 증대만을 의미하였으나, 새로운 개념의 발전이란 소득의 공정한 분배, 교육, 건강 등 복지증진과 함께 생태환경의 안정성과 균형의 유지 등 환경가치가 포함된 총체적 삶의 질의 개선을 의미한다. 따라서 친환경적 지속가능한 발전을 위해서는 자연과 인간의 공생관계를 유지할 수 있는 환경적 수용능력의 한계 내에서 발전이 필요하다. 특히 현세대의 발전의 결과가 미래세대의 잠재력을 박탈하지 않도록 하는 세대 간의 형평성이 중시된다. 구체적인 전략으로는 첫째, 생태계와 자연환경자원에 대한 훼손이 최소화되고, 둘째, 개발 및 관리에 있어 재생불능자원의 투입이 최소화될 수 있으며, 셋째, 폐기물 및 오염물질의 생성이 최소화될 수 있는 접근방법이 필요하다(김용웅 외, 2009).

WCED 위원장이였던 브룬트란트(Brundland)는 지속가능한 발전 개념의 핵심이 다음 네 가지 차원에 있다고 설명하고 있다. 첫째, 빈곤의 추방과 기본생활의 향상이다. 둘째, 자원의 보전과 생활을 윤택하게 하는 자원의 사용가능성 확대이다. 셋째, 성장의 개념을 확대하여 경제적 성장뿐만 아니라 사회적·문화적 발전도 성장의 범주에 함께 고려해야 한다는 것이다. 넷째, 성장을 위한 정책결정의 단계에서 항상 경제학과 생태학의 통합을 이루어야 한다는 것이다.

결국 지속가능한 발전 개념이 의미하는 바는 우리가 물려줄 환경과 자연자원의 여건 속에서 미래세대도 최소한 우리 세대만큼 잘 살 수 있도록 담보하는 범위 내에서 우리에게 주어진 환경을 이용하고 자연자원을 이용하자는 것이다(이정전, 1995). 이런 점에서 지속가능한 발전은 과거의 성장일변도의 발전과는 환경가치의 재인식, 미래지향적 관점의 강조, 형평성의 추구 등 세 가지 측면에서 뚜렷한 차이를 보인다. 지속가능한 발전 개념은 개발도상국의 전통적 근대화모형을 비판하면서 현대 산업사회의 개조를 목표로 할 뿐만 아니라 개발도상국의 전통적 발전방향에 수정을 가하는 양면적 내용을 담고 있다.

1992년 6월에 브라질 리우데자네이루에서 열린 UNCED에서 채택된 의제 21 (Agenda 21)은 지속가능한 발전의 이념 아래 다음과 같은 구체적인 목표를 제시하였다. 첫째, 성장회복, 둘째, 성장의 질 변화, 셋째, 직업, 식량, 에너지, 물, 위생에 있어서 기초적인 수요의 충족, 넷째, 지속가능한 인구수준 유지, 다섯째, 지하자원의 보존과 질적 향상, 여섯째, 기술의 지향점에 대한 재조정과 위험성 관리, 일곱째, 정책결정과정에서 환경과 경제의 결합 등이다(김용웅 외, 2009).

3) 지속가능한 발전과 지역개발

지속가능한 발전을 통한 지역개발은 지역개발정책의 수립에서 경제와 환경적 접근을 통합함으로써 자원이용활동 간의 마찰을 최소화하고, 사회경제적 기회(생산성의 극대화)를 증진하며, 미래세대의 이익을 위하여 환경자산을 물려주는 것을 의미한다.

지역개발 측면에서 의제 21을 통해 지속가능한 발전이념을 공식적으로 표방하면서 지방자치단체의 참여와 협조가 이 강령의 목적 달성에 결정적 요인임을 밝히고 있다. 우리나라는 많은 지방자치단체에서 주민과 협의를 거쳐 지방의제 21을 설치하였다. 이를 통하여 지역적 차원에서 지속가능한 발전을 위한 환경선언과 행동강령 및 개발지침을 만들어 실천하고 있다(김용웅 외, 2009).

최근에는 지속가능한 발전의 개념이 보다 진화하여 실천적인 측면이 강조된 녹색성장(green growth)이라는 개념이 대두되었다. 녹색성장이란 환경과 경제의 선순환구조를 통해 양자의 시너지효과를 극대화하고 이를 새로운 동력으로 삼는 성장이다. 환경의 비용을 최소화하고 편익을 최대화하는 방식으로 경제성장을 추구하는 것으로 경제성장의 지속성과 환경의 시장가치화가 전제되어 있다. 녹색성장의 실행에는 중앙정부, 지방자치단체, NGO, 지역주민 등 다양한 추진주체 간의 협력이 필요하다(이성근 외, 2011)는 측면에서 지역개발전략의 한 방안으로 볼 수 있다.

2. 생태도시이론

1) 의 의

산업화·도시화와 물질문명의 발달은 자연환경의 훼손, 오염심화, 폐기물 증가, 에너지 부족 등 많은 환경문제를 발생시키고 있다. 환경의 급속한 파괴는 지구의 자정능력을 초과하여 인류에게 치명적인 파국을 가져다 줄 것이라는 인식을 하게 되면서 지구환경의 보전을 위한 노력이 대두되었다.

1992년 브라질에서 개최된 UNCED에서는 지속가능한 발전을 가능하게 하는 국제적인 협력방안을 모색하였다. 지속가능한 발전은 지역개발과정에서도 반영되어 지속가능한 도시를 조성해야 한다는 데에 많은 학자들의 의견이 일치되고 있고, 이 목표를 달성하기 위한 방안으로 대두된 개념이 생태도시(eco-city)이다.

생태도시는 인간과 환경 사이의 총체적인 관계를 인식한 뒤에 인간생활의 무대로서의 도시를 환경적으로 보다 바람직한 곳으로 조성하고, 기존의 도시는 적극적인 개선을 해 나가고자 하는 것이다. 고도산업화사회와 환경의 조화를 모색하고 이를 유지·발전시키기 위하여 새로운 도시구조와 이를 기반으로 한 환경보전형 생활양식(ecological lifestyle)의 실현을 목적으로 생태도시라는 개념이 등장하였다(김귀곤, 1994).

생태도시는 도시를 하나의 유기적 복합체로 보고 다양한 도시활동과 공간구조가 생태계의 속성인 다양성·자립성·순환성·안정성 등을 포함하는 인간과 자연이 공존할 수 있는 환경친화적인 도시라고 정의할 수 있다(이재준, 2005).

2) 주요 내용

생태도시와 관련성이 있는 체계이론으로는 생태학적 접근, 도시신진대사론, 사회학적 도시연구 등이 있다(이성근 외, 2012 재인용). 생태학적 접근은 도시를 하나의 생태단위로 인식하고 물질과 에너지의 순환체계를 분석하는 접근방법이다. 도시신진대사론은 도시가 생물의 신진대사과정과 유사하게 외부로부터 자원과 에너지를 흡수하여 그 자신의 생명력을 유지하고 외부로 폐기물을 배출한다고 본다. 사회학적 도시연구는 도시가 무생물·생물·인간으로 구성되어 있으며, 구성요소는 다중구조 또는 위계구조를 지닌다고 본다.

생태도시의 유형은 생물다양성, 자연순환형, 지속가능성 등의 핵심내용을 중심으로 하여 구분한다(이창우, 2004). 첫째, 생물다양성을 중시하는 생태도시는 도시 내부의 생물적 요소들을 보호하여 생물다양성을 확보하고자 하는 도시이다. 인간과 자연의 공존을 추구하기 위해 서식지 보호, 비오톱(biotop), 녹화, 동물보호 등을 중점으로 계획한다.

둘째, 자연순환형 생태도시는 인간활동이 지구환경(수권, 기권, 지권 등)에 미치는 영향을 최소화하고자 하는 도시이다. 물 순환, 에너지 순환, 환경오염 저감 등을 위해 자연형 하천, 투수성 포장, 중수도, 재생에너지, 도시농업 등을 중심으로 계획한다.

셋째, 지속가능성 생태도시는 물리적 환경의 지속가능성에서 나아가 사회적·경제적 지속가능성을 고려하고 인간활동, 도시계획, 환경정책 등 관련 분야를 반영한 도시이다. 지속가능한 지표 작성, 환경의식 제고, 환경교육, 녹색소비운동, 생태마을 조성 등과 같은 사업을 중시한다.

3) 생태도시와 지역개발

생태도시는 도시라는 유기체를 대상으로 인간과 환경의 공존을 목표로 하고 이를 실천하는 개발방식이라고 할 수 있다. 생태도시는 지역개발이라는 측면에서 생물의 다양성을 고려한 자연친화적인 방식과 자원·에너지 순환형 개발방식 및 미래세대까지 생각하여 지속가능성을 확보하는 방식을 통해 지역의 생물다양성, 지역의 자립성, 물질순환성, 지역사회의 안정성을 확보할 수 있는 모델이라고 하겠다.

생태도시의 성공은 무엇보다도 중심이 되는 주체인 지역주민의 형태에 달려 있다. 생태도시는 궁극적으로 인간공동체이기 때문에 그 속에 거주하는 주민들이 생태환경에 대해 정확히 인식하고 그들의 주거를 생태주거로 영위하여 환경과의 조화를 이루어야 한다. 생태도시에서는 거주자의 태도와 생활방식의 전환, 진보된 의식수준 및 사회전체를 염두에 두는 상호간의 배려를 전제로 하지 않으면 효용성이 없다. 또한 생태적 혹은 친환경적인 지역의 조성을 위해서는 지역사회의 적극적인 참여가 필수적이다. 환경에 관심이 있는 개인이나 단체뿐만 아니라 정책입안자, 계획가 및 주민 모두가 하나의 파트너십을 가져야 지속적인 삶을 위한 지역환경의 조성이 가능하다(박정희, 2001).

3. 도시재생이론

1) 의 의

(1) 개 념

로버트와 사익스(P. Roberts & H. Sykes, 2000)는 도시재생을 지역(area), 주로 도시지역(urban area)이 지니고 있는 문제를 해결하고, 여건변화에 취약한 지역경제와 사회, 환경 등의 조직을 장기적인 관점에서 개선하는 것을 목적으로 실시하는 종합적이고 통합적인 계획 또는 활동으로 정의한다(진영환 외, 2010).

도시재생은 사전적 의미로 신도시·신시가지 위주의 도시 확장에 따라 나타나는 기존 시가지 노후화로 발생하는 도심공동화(donut effect)[12]를 방지하고 침체된 도시경제를 활성화시키기 위하여 새로운 기능을 도입하고 창출함으로써 물리환경적, 산업경제적, 사회문화적으로 재활성화 또는 부흥시키는 것이다. 도시재생은 시가지를 새로 개발하기보다는 기존 도시가 가진 전통과 잠재력을 재생하여 도시를 도시민이 원하는 공간으로 재탄생시키기 위한 일련의 개발 패러다임으로 정의할 수 있다(김영 외, 2010).

우리나라는 도시재생의 개념을 산업구조의 변화(기계적 대량생산 위주 산업에서 전자공학·하이테크·IT 등 신산업) 및 신도시·신시가지 위주의 도시 확장으로 상대적으로

12) 도심공동화란 도심이 과밀·혼잡해지고, 저소득층의 거주로 범죄율이 높아지게 되어 중상류층은 쾌적한 교외로 나가서 도시는 마치 도우넛 형태로 가운데가 텅 비게 되는 현상을 말한다. 도심공동화를 촉진하는 요인으로는 도심부 주요시설의 노후화 및 교외화 현상, 도시정비의 불균형을 강조하는 도시정책 요인, 일자리 감소를 원인으로 보는 도시경제침체론, 도심의 교통체증에 따른 접근성 제약, 도시의 외연적 확산, 시청사 등 행정기관의 이전정책 등이 있다.

낙후되고 있는 기존 도시에 새로운 기능을 도입·창출함으로써 경제적·사회적·물리적으로 부흥시키는 것으로 본다.

그림 2.5.1 도시재생의 개념

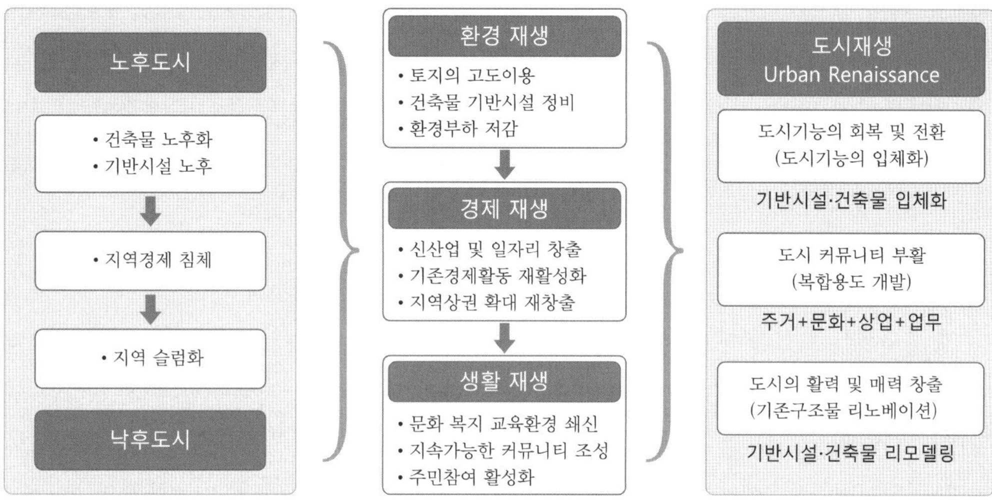

자료: 국토교통부 도시재생사업단.

(2) 등장배경

1990년대 이후 수도권의 인구증대에 따라 주택공급의 수단으로서 시행된 신도시 개발위주의 정책으로 도시의 주요 기능들이 신시가지·신도시로 이동함에 따라 구도심은 정주인구가 감소하고 환경, 생활, 경제적 측면에서 도시기능이 약화되었다. 대도시와 중소도시, 중심지와 주거지 등 도시규모와 지역적 여건에 따라 많은 도시들이 쇠퇴현상을 겪고 있다. 국내의 도시쇠퇴문제는 서울보다 수도권에서, 수도권보다는 지방도시에서 더 심화되어 나타나고 있으며, 지방으로 갈수록 도심부의 쇠퇴뿐만 아니라 도시전체의 쇠퇴현상도 나타나고 있다.

일반적으로 도심은 도시의 중심에 생성된 중심지로서 고도의 판매기능과 재화 및 서비스를 제공하는 조밀한 시가지를 형성해왔다. 하지만 인구의 교외화 및 교통·정보통신의 발달로 인한 전자상거래의 보편화 등으로 전통적인 중심지는 급속히 그 기반을 잃어가고 있다. 영국, 미국, 일본 등 선진국에서는 이러한 경험을 토대로 도심재개발과 도시재생을 통하여 도심을 매력 있고 활기찬 도시공간으로 재창출하고 다양한 도심활성화 정책과 지원으로 더욱 살기에 적합하고 풍요로운 도시를 만들고 있다(김영 외, 2007).

우리나라에서도 인구 감소, 지역경제 침체, 주거환경의 노후화 등으로 쇠퇴하는 도시지역에 활력을 불어넣는 도시재생(urban regeneration)에 관심을 가지고 이를 본격적으로 추진하고자 2013년에 「도시재생 활성화 및 지원에 관한 특별법」(약어로 도시재생법이라 함)을 제정하였다. 특별법의 제정으로 지역주민과 지방자치단체가 중심이 되어 지역특성에 맞는 경제·사회·문화 등 종합적 재생이 추진될 수 있는 틀이 마련되었다.

2) 주요 내용

도시재생은 도심공동화 현상을 방지하여 침체된 지역경제를 활성화시키고, 지역 내 산업구조 변화에 따른 다양한 공간구조 변화를 반영하며, 지역주민의 지속적인 생활여건 확보와 커뮤니티 활성화 및 도시의 사회적·문화적 기능회복 등을 목적으로 하고 있다. 최근의 경향은 안전, 생태, 계획설계 기법 등 다양하고 총체적인 접근이 이루어지고 있다.

외국의 경우 도시의 물리적 환경, 산업, 경제, 사회, 문화적 측면에서 도시의 모든 분야를 부흥시킨다는 포괄적 의미를 포함하고 있으며, 이러한 도시재생사업은 기존 도시정비사업이 물리적 환경의 개선에 치중되던 것에서 벗어나 지속가능한 도시의 커뮤니티를 형성하고 물리적·사회적·경제적 부분을 고려하는 통합적인 접근이 이루어지고 있다. 예를 들면, 미국의 도시재생은 커뮤니티 운동과 연계되어 중심시가지 활성화사업과 연계되어 있고, 일본의 경우에는 마을 만들기 운동으로 도시재생사업이 이루어지고 있으며, 영국은 근린지역재생운동과 연계되어 도시재생사업이 추진되고 있다(이성근 외, 2012).

즉, 도시재생은 도시정비(urban renewal)[13]보다 한 차원 발전된 의미로서 도시의 물리적·사회적·경제적·문화적 측면 등 모든 분야를 고려하여 부흥시키려는 포괄적인 접근방법이다.

---

13) 도시정비와 관련된 법률은 「도시 및 주거환경정비법」, 「도시재정비촉진을 위한 특별법」이 있으며 관련된 내용은 제5부 제1장 제2절(p. 377) 참조.

표 2.5.7 선진국(영국·미국 등)이 추진한 도시재생정책 변천과정

구 분	1950년대 Reconstruction	1960년대 Revitalization	1970년대 Renewal	1980년대 Redevelopment	1990년대 Regeneration
주요 전략과 경향	Master Plan에 의한 도시노후지역의 재건축, 교외지역의 성장	교외지역과 주변부의 성장, revitalization의 초기시도	renewal과 근린단위계획에 관심, 주변부개발 계속	대규모 개발 및 재개발 계획, 대규모 프로젝트 위주	정책과 집행이 보다 종합적인 형태로 전환, 통합된 처방에 대한 강조
공간적 차원	지방 및 해당 부지차원의 강조	지역차원의 활동 등장	초기에는 지역 및 지방차원, 후에는 지방차원이 강조	초기에는 해당 부지차원, 후에는 지방차원을 강조	전략적 관점의 재도입, 지역차원의 활동 성장
경제적 측면	공공부문 투자(일부 민간부문 투자 동반)	1950년대 이후 지속된 민간투자의 영향력 증대	공공부문의 재정압박으로 인해 민간투자의 성장	선별적 공공자금을 받은 민간부문이 주도적 역할	공공과 민간 자발적 기금 간의 균형이 중요
사회적 측면	주택 및 생활수준의 향상	사회복지 증진	커뮤니티 위주의 시책과 보다 많은 권한 부여	선별적인 국가지원하에서의 커뮤니티 자활	커뮤니티 역할의 강조
물리적 측면	내부지역의 복원과 주변지역의 개발	기존 지역의 재건과 병행하여 1950년대 시책 유지	노후 도시지역의 재개발 확대	대규모 재개발 및 신개발, 대규모 개발 프로젝트	1980년대보다 신중한 개발계획, 문화유산과 자원유지·보전
환경적 측면	경관 및 일부 조경 사업	선별적인 개선	일부 혁신적인 사업을 통한 환경 개선	환경적 접근에 대한 관심증대	환경적 지속성이라는 보다 넓은 개념 도입

자료: 이성근 외(2012: 85) 재인용.

3) 도시재생과 지역개발

지역개발측면에서 도시재생은 다양한 기능의 복원을 의미하며, 다양한 분야에 걸쳐 복합적이고 총체적인 접근이 이루어져야 한다. 즉, 사회의 다양한 주체가 삶의 질 개선을 위한 노력을 다양한 부문에서 접목하고 융합한 결과가 도시재생이라고 할 수 있다.

도시재생을 통해 지역개발이 지속가능하기 위한 방법은 다음과 같다(이성근 외, 2012). 첫째, 양의 확대로부터 질적인 제고가 필요하다. 물리적인 측면의 개발로 양적인 확대에 집중된 기존의 개발방식보다 삶의 질을 향상시키는 것이 요구된다. 둘째, 도심의 활성화를 도모해야 한다. 도심의 역사성을 살리고, 문화시설과 여가시설 등을 도심에 확충하여 인구가 유입되도록 하여야 한다. 셋째, 지역사회와 주민이 참여하고 주도하는 사업이어야 한다. 지역에 직결된 문제들을 정보교환과 합의형성을 통해 해결하려는 노력이 필요하다.

도시재생과 유사한 목적을 갖고 있으며, 사회적으로 삶의 질에 대한 요구가 증가되면서 이를 개선하고자 하는 새로운 지역개발 개념들이 제시되고 있다. 실행수단 측면에서는 두 가지 성향으로 구분할 수 있다(김영 외, 2007). 하나는 뉴어바니즘(new urbanism), 스마트성장(smart growth), 어반 빌리지(urban village), 압축도시(compact city) 등과 같이 현대도시의 문제발생 원인을 기존의 토지이용 및 개발패턴에서 찾아 새로운 물리적 개발, 정비의 지침을 제시하는 형태이다. 또 하나는 지방의제 21, 슬로시티(slow city), 마을 만들기 등과 같이 자연환경과 생활환경의 질적 저하를 지적하며, 환경과 인간을 배려하는 활동에 대한 직접적 지침이나 프로그램을 제시하는 형태이다. 도시재생은 이를 포함하여 광범위하게 다루어서 계획되어야 하는 것을 말한다.

제4절 사회이론

1. 지역마케팅이론

1) 의 의

(1) 개 념

마케팅(marketing)이란 소비자의 욕구를 밝히고, 그 욕구를 충족시킬 제품을 개발하며, 제품이 주는 편익을 개인이나 조직에게 소개·전달하고, 적절한 시장으로 유통시키는 것을 말한다(장홍섭 외, 2002). 최근 마케팅의 대상으로서 지역에 대한 관심이 증대되고 있다.

지역마케팅(regional marketing)[14)]이란 지역을 관리하는 개인이나 조직에 의해 추구되는 일련의 경제·사회적 활동을 함축하는 현상으로, 공적·사적 주체들이 기업가와 관광객뿐만 아니라 그 지역 주민에게 매력적인 곳이 되도록 하기 위해 특정한 지역의

---

14) 이희연(2011), 한주성(2006), 이무용(2002) 등은 장소 마케팅(place marketing)이란 용어를 사용하고 있으나, 이 책에서는 지역이라는 공간에 초점을 두고 지역마케팅이라고 정의하기로 한다.

이미지를 판매함으로써 지역을 활성화시키기 위한 다양한 방식의 노력이라고 할 수 있다. 상술하면, 지역 자체를 하나의 상품으로 인식하고 지역에 관한 모든 문화와 생산품, 즉 지역의 유·무형의 자산과 이러한 자산을 통해 만들어진 유·무형의 생산물들을 자원으로, 그 지역의 구성원들이 협력하여 대상고객인 기업, 관광객, 지역주민들이 선호하는 이미지, 제도 및 시설들을 개발하여 이를 외부에 알리고, 상품화함으로써 지역의 발전을 추구하는 모든 활동이라 할 수 있다.

(2) 등장배경

지역이라는 장소에 대한 가치와 인식이 변화하면서, 지역의 상품화와 판매를 통한 지역마케팅 논의가 활발하게 이루어지게 된 배경으로는 크게 세 가지 측면에서 설명할 수 있다(이희연, 2005). 첫째, 서구 도시들이 겪었던 탈산업화와 경제의 재구조화를 들 수 있다. 특히 1970년대 이후 포드주의(Fordism)에서 포스트 포드주의(Post-Fordism)로의 경제구조의 변화에 따라 기존의 제조업이 쇠퇴한 지역에서는 일자리 및 기업유치를 위한 경쟁이 심각해지면서 투자유치의 선점을 위한 차별화전략의 하나로 채택한 것이다.

둘째, 소득의 증가, 노동시간의 단축, 여가시간 확대, 자기계발의 욕구는 문화적 요구의 다양성 및 고급화를 추구하게 되었으며, 지역주민의 문화적 충족과 삶의 질 향상에 대한 수요를 충족시키는 방안의 하나로 대두하게 되었다.

셋째, 지방정부가 관료주의에서 기업가주의로 변화하면서 적극적으로 지역개발을 위하여 지역마케팅 정책을 모색하게 된 것이다. 지방정부는 지역경제를 활성화시키기 위해 스스로 경영능력을 갖춘 기업가적 지방정부로 변화하면서 민간부문과 파트너십 구축을 통하여 지역의 삶의 질과 지역 이미지를 향상시켜 궁극적으로는 기업이나 잠재적 투자가, 관광객 및 지역주민, 이주자들을 유인하여 경제성장을 시도하게 되었다. 즉, 지역을 더 이상 기업활동을 위한 무대로만 여기지 않고 상품화하고 판매할 대상으로 간주하게 되었기 때문에, 지방관리뿐만 아니라 사업자, 기관의 리더가 참여하는 기업가적 지방정부는 사업환경, 삶의 질 그리고 지역 이미지를 향상시키려는 전략으로 도입하게 된 것이다.

지역마케팅의 좋은 사례로는 'Colorful Daegu', 'Yes Tokyo', 'I ♥ New York', 'Hi, Seoul' 등을 들 수 있다.

2) 주요 내용

지역마케팅을 추진하기 위한 전략수립에서 일곱 가지 핵심적인 내용은 다음과 같다. 첫째, 장기적인 지역의 비전의 수립이다. 지역의 궁극적인 목표, 미래상 등에 대한 정확한 이해가 필요하다. 둘째, 지역이 처한 상황의 명확한 이해이다. 즉, 지역의 장·단점과 기회, 위협요인 등에 대한 정확한 조사가 필요하다. 셋째, 분명한 고객의 설정이다. 지역마케팅의 실제적인 고객이 누구이고 그들의 수요가 무엇인가를 파악해야 한다. 넷째, 고객의 요구에 맞는 상품의 정비가 필요하다. 고객의 입장에서 인프라, 관광여건 등을 조성하고 상품을 개발해야 한다. 다섯째, 경쟁자가 누구인지 정확하게 파악해야 한다. 여섯째, 차별적인 독특한 상품의 개발이 필요하다. 마지막으로 하나의 목소리를 내야 한다. 마케팅에 직·간접적으로 관련된 다양한 조직들은 고객들에게 너무 많은 이미지와 메시지를 전하면 안 된다.

지역마케팅을 통해 지역의 경제 활성화를 위한 새로운 패러다임으로 정착하기 위해서는 두 가지의 선결과제가 있다. 첫째, 문화 혹은 지역문화의 진정한 의미를 명확하게 인식해야 한다. 기존의 지역문화정책은 레저(leisure)와 오락용 여가관광공간을 물리적으로 제공하는 하드웨어적 물량 공급정책에 초점을 두거나 음악·미술·문학 등 예술분야를 중심으로 진행되어 왔다. 따라서 지역마케팅은 지역 커뮤니티가 성장하도록 자양분을 제공하는 방향으로 추진되어야 한다. 즉, 주민들이 정체성을 확인하고 강력한 소속감을 지니는 장소가 되도록 마케팅전략을 수립해야 한다.

둘째, 지역마케팅은 정부와 주민이 지역의 미래와 비전을 함께 공유하며 합의를 통해 그 구체적인 과정과 추진방안을 도출해내고 실천함으로써 시민들 스스로가 자신의 삶의 공간을 디자인해 나가는 내발적 지역발전전략이 되어야 한다. 이를 위해서는 강력한 민관 파트너십 조직의 구축이 기본 바탕이 되어야 한다(이무용, 2002).

3) 지역마케팅과 지역개발

지역마케팅은 지역경제의 활성화와 지역 이미지 확보를 목적으로 하고 있다. 이러한 지역마케팅이 지역에 미치는 효과는 다음과 같다(한주성, 2006). 첫째, 지역의 고유한 역사와 문화를 통한 지역 이미지와 정체성의 확립은 주민들에게 지역에 대한 애착심을 유발하여 정주가능성과 주민통합을 달성하게 한다.

둘째, 외부기업과 관광객을 지역에 유치함으로써 지역경제를 활성화시키고 지역경쟁력을 확보하는 지역발전의 경제적 수단이 된다.

셋째, 지방정부, 지방기업, 지역주민 등의 지역주체가 스스로 자신의 생활공간을 창의적인 의지와 노력에 의해 능동적으로 바꾸어 나가는 주민참여의 내발적 지역발전 전략으로서의 가능성을 가진다.

넷째, 지역 고유의 문화와 역사를 지역발전의 자원으로 활용하여 지역 나름대로의 독창적인 발전전략을 추진할 수 있어 한국의 근대화과정에서 고질적인 병폐로 지적된 지역갈등을 긍정적이고 생산적인 형태로 표출시키고 지역불균형을 해소하는 데 유용하다.

다섯째, 각 지역은 지역문화의 중요성을 인식하고 지역주민의 삶의 질 향상과 연결된 문화상품화를 추구하는 미래지향적이고 창조적인 아이디어를 결집하도록 하여 문화의 시대라고 일컫는 21세기에 주요한 지역개발의 방식으로 기능할 수 있다.

2. 지역거버넌스이론

1) 의 의

(1) 개 념

거버넌스(governance)를 이해하기 위하여 통치(government)와 비교해 볼 필요가 있다. 통치는 국가의 형식적인 제도와 합법적인 독점을 의미하는 것으로 국가라는 행위자 중심의 개념이다. 그러나 거버넌스는 국가 이외의 행위자들이 추가되어 행위자보다는 통치과정과 결과에 초점을 맞추는 개념으로, 우리나라에서는 적당한 용어가 없으나 민관협치(民官協治)라는 용어로 번역되기도 한다(박상욱 외, 2005).

거버넌스에 대하여 로즈(Rhodes)는 정책네트워크(policy networks), 후드(Hood)는 공공관리(public management), 캠벨(Campbell)은 경제부문간 조정(coordination of sector economy) 등으로 다양하게 부르고 있다.

거버넌스의 개념은 이론적 초점과 관심영역에 따라 시대별로 변화해 왔다. 1970년대에는 국가수준의 관리능력으로 이해되어 거버먼트와 동일한 의미로 사용되었고, 1980년대에는 민관협력의 파트너십으로 사용되었으며, 1990년대에는 시민사회의 참여와 합의형성과 같은 절차적 합리성을 중시하는 개념으로 확대되었다(이성근 외, 2011). 2000년대에는 세계화·분권화에 대응하여 국가운영의 틀을 전면적으로 재구축하기 위한 새로운 거버넌스제도와 체계의 개발에 대한 필요성이 확대되었다.

거버넌스는 다양한 이해집단이 공동으로 참여하여 자율적으로 의사를 결정하고 이를 협력적으로 추진하는 메커니즘을 의미한다. 지역거버넌스(regional governance)는 지역의 사회·경제적 목적달성을 위한 다양한 이해집단 간 교류·협의·합의 등 상호작용을 촉진하는 추진체계를 의미한다.

거버넌스의 특징적 요소로는 자율성, 협력과 조정, 네트워크를 들 수 있다. 거버넌스는 공공의사결정과 집행이 이루어지는 다양한 형태를 나타내는 개념으로 크게 두 가지 차원에서 유형화할 수 있는데, 하나는 구조(structure)로서의 거버넌스이고, 다른 하나는 과정(process)으로서의 거버넌스이다. 구조로서의 거버넌스는 계층(hierarchy), 시장(market), 네트워크(network)로서의 거버넌스로 구분되며, 과정으로서의 거버넌스는 선도와 조정(steering and coordinating), 분석적 틀(analytical framework)로서의 거버넌스로 구분된다(김용웅 외, 2009; 대한국토·도시계획학회, 2009).

(2) 등장배경

지역거버넌스 논의가 증대된 구체적인 배경은 다음과 같다(김용웅 외, 2009). 첫째, 정치적 민주화와 분권화의 진전으로 정부의 일방적인 이해조정과 사회적 합의기반 조성이 곤란하게 되었고, 주민과 시민단체가 자율적으로 갈등을 해소하고 사회적 합의기반을 도출하는 참여적 통치체제로서 중요성이 부각되었다. 둘째, 사회기관과 조직이 분절화되면서 사회문제에 대한 종합적인 대응이 곤란해졌다. 이에 따라 경제적·사회적 문제의 해결을 위해 협력적인 제도적 기반과 접근방법의 필요성이 증대되었다. 셋째, 신지역주의 현상 등 사회경제적 여건이 급격히 변화하는 데 비해, 정부 시스템과 제도는 경직되어 새로운 변화를 적절히 수용하지 못했다는 점이다. 지역발전 촉진수단으로서 거버넌스는 지역발전에 대한 사회적 참여와 합의를 중시하며, 지역발전의 자원을 보유하고 있는 이해집단의 참여를 강조한다.

한편, 거버넌스의 등장을 과학기술 및 산업부문과 연계하여 살펴보면, 거버넌스의 등장배경은 혁신이론의 그것과 같다고 할 수 있다. 전세계적으로 1950~1960년대는 안정적인 경제성장을 이루었고, 정부의 통제력에 대한 믿음을 갖게 하였다. 그러나 1970~1980년대 이후 경제의 위기로 인해 공공지출의 자동적 증가와 국가수입의 정체 등 정부재정위기로 인해 정치적 자원이 약화되면서 거버넌스의 발전이 촉진되었다. 즉 1970년대 이후 경제적 위기를 거치면서 경제와 과학기술영역에서 혁신체제론이라는 새로운 이론적·정책적 돌파구를 열었다면, 정치적 영역에서는 거버넌스라는 새로운 이론적·정책적 대안을 도출했다고 할 수 있다(박상욱 외, 2005).

2) 주요 내용

지역거버넌스는 지역 내 대학, 기업, 시민단체 및 각종 공공기관뿐만 아니라 중앙정부, 인접 지방정부와의 협의와 합의, 공동노력이 요구된다. 중앙정부와 지방정부, 지방정부 상호간, 정부와 지역사회 등 복수의 정치적 계층(political hierarchy)이 관련된 거버넌스를 다층적 거버넌스(multi-level governance)라고 한다(김용웅 외, 2009).

다층적 거버넌스는 의사결정이 공식적 당국으로부터 공공과 민간의 네트워크로 이전된 정도, 관할영역의 배타성 여부, 관할의 전문화와 유연성의 정도를 기준으로 두 가지 유형으로 구분한다.

첫 번째 유형은 소수의 계층에 소속되어 있는 한정된 수의 정부 간의 권력 분점에 관심을 지닌 연방주의에 토대를 두고 있다. 두 번째 유형은 관할의 계층이나 수가 제한되어 있지 않고 매우 많으며, 다양한 공간적 규모를 지니고 있다. 관할의 대상도 종합적이기보다 구체적이며, 특정과업 중심적인 특성을 지닌다. 이것은 공공서비스가 경찰산업, 소방산업, 보건산업, 교통산업 등 다양한 서비스산업으로 구성된 경우와 같다.

3) 지역거버넌스와 지역개발

지역거버넌스를 통하여 지역개발을 도모하기 위해서는 다양한 이해당사자 및 관련 집단의 참여와 협력을 이끌어내어 다원적이고 다층적인 지역협력·제휴체제의 구축이 필요하다. 향후의 지역발전은 어떻게 지역별로 효율적인 거버넌스체계를 구축하여 사회적 협의와 합의를 이끌어내는가 하는 점에 달려 있다. 특히 지방자치제도에 따른 지역발전은 중앙정부와 지방자치단체의 동반자관계와 네트워크를 형성하여 공동으로 문제의 해결과 목적을 달성하는 노력이 더욱 중시될 것으로 전망된다.

지역거버넌스의 구축을 위해서는 몇 가지 조건이 필요하다. 첫째, 지역사회 내 민관협력 및 제휴체제를 구축해야 한다. 둘째, 다른 도시 및 지역과의 다양한 협력과 제휴관계를 확대해야 한다. 셋째, 상위계층의 정부, 특히 중앙정부와의 협력·제휴체제를 구축해야 한다.

또한 분권화시대의 협력·제휴형 지방자치제의 확립에서 가장 중요한 것은 지역사회 수준의 참여, 민관협력, 지역 협력에 의한 거버넌스체계의 운영이다. 지역거버넌스의 구축과 운영을 위해서는 다음과 같은 것이 필요하다. 첫째, 다양한 참여와 협력체제 구축을 위해서는 지역사회 내부적 자각과 실천의지를 갖추는 것이다. 둘째, 다양한 이해의 조정과 기능의 통합을 위한 집단적 의사결정시스템의 구축이다. 지역문제의 해결이나 정책결정을 위해 여러 행정부서가 종합적인 대응을 할 수 있도록 수평적이며 유연한 지방행정 처리절차와 제도를 마련해야 하고, 민관 동반자 관계구축 및 협동을 위한 집단적 의사결정과 사업추진체계 구축에 각별한 노력이 필요하다. 셋째, 다양한 참여주체 간 교류와 협력을 촉진할 수 있는 사회적 여건과 기반을 마련하는 것이다. 우선적으로 지방행정조직 내 정보 및 교류 네트워크 구축이 요구되며, 다양한 지역정보·교류 네트워크의 형성도 필요하다(김용웅 외, 2009).

3. 네트워크 도시이론

1) 의 의

후기 산업사회로 접어들고 정보통신기술이 발달하면서 경제의 세계화[15]가 진전됨에 따라, 과거의 중심지 이론으로는 설명할 수 없는 공간구조 간의 네트워크를 통한 연계성과 가상집적(virtual agglomeration)이 중요하게 부각되었다(이희연, 2011).

네트워크라는 개념은 혁신의 핵심적인 요소이다(Capello, 2000). 네트워크는 다양한 경제주체 간의 정보교류, 협력, 보완 등을 위한 연결망이라 할 수 있는데 네 가지 특성이 있다. 첫째, 호혜성이다. 일방적인 강요와 통제가 아니라 상호 이익증진에 기여한다. 둘째, 상호의존성이다. 참여자 간의 의존관계를 강화시키고 네트워크를 통한 시너지의 증진을 가능하게 한다. 셋째, 느슨한 동반자 관계이다. 독자적인 활동과 선택을 허용하는 관계이다. 넷째, 권력이다. 네트워크는 새로운 정보와 협력적 교류관계를 형성할 수 있게 유도해준다(Moulaert & Sekia, 2003).

최근 도시와 지역은 지구화(globalization)된 경제활동을 조정·통제하고, 새로운 기술혁신의 거점으로 중요성이 커지고 있다. 도시와 지역이 세계적인 수준의 경제활동

15) 경제의 세계화(혹은 지구화)는 공간적으로 분산된 생산 및 경제활동을 연계하는 원거리 정보·통신기술을 기초로 한다.

과 기술혁신의 중심지 역할을 수행하기 위해서는 다양한 정보와 지식 및 전문기능을 갖춘 다른 도시 및 지역과의 기능적 연계와 교류가 필요하다. 네트워크는 지역혁신역량의 함양과 혁신여건의 구축에서 내부적 교류가 주요 수단이 되기 때문에 중요하다. 지역의 혁신여건은 의사결정 및 전략수립에서 자율적인 역할을 하는 주체, 특정한 형태의 인프라 등 물적 기반, 지식과 노하우 등 사회적 요소와 함께 여건 변화에 적응할 수 있는 집단적 학습능력을 자율적으로 배양할 수 있는 관행과 제도를 의미한다. 그러나 혁신여건 조성에서 중요한 것은 기업, 고객, 전문가 집단, 지방정부 및 지역사회조직 간에 원활한 교류와 상호작용을 이룰 수 있는 사회적 네트워크를 형성하는 것이다.

지역발전에서 네트워크는 지역 내 혁신과 학습역량의 증진을 위한 수단의 차원을 넘어 도시의 규모와 기능의 한계를 극복하는 수단으로서 중요성이 커지고 있다(Cameron, Davoudi & Healey, 1997).

네트워크 도시란 보완적 연계 또는 협력을 통해 외부효과를 유발하는 전문화된 중심지 간의 수평적·비계층적 관계로 형성된 도시체계를 의미한다. 네트워크 도시의 1차적 형태는 도시와 지역을 연결하는 인프라 시스템(도로 및 철도, 하수도 등)으로 나타나고, 2차적 형태는 도시와 지역 간 경제활동 및 인구의 공간적 상호작용과 원거리 정보·통신망, 제도적 교류체계를 의미한다.

네트워크 도시체계란 도시결절점 간 비위계적 관계의 네트워크 속성을 가지는 도시체계를 말한다. 즉, 전문성을 지닌 도시들이 상호간 수평적·비위계적 관계를 통해 외부성을 공급받게 되며, 각 중심지 간에 존재하는 자본·정보·지식·기술·제품 등의 상호교류를 통한 보완적 네트워크를 형성한다(박양호·김창현, 2002). 이는 도시 간의 관계가 비전문화된 중심지 간의 수직적이고 계층적인 관계에서 벗어나, 상호보완적이고 의존적인 시너지관계로 이행하고 있음을 의미한다. 네트워크를 맺고 있는 도시들 사이에서 전문화, 보완관계, 공간분업 또는 시너지 협력, 혁신에 입각한 외부경제가 구축된다. 또한 대도시 주변 소도시들에게 새로운 경쟁력이 부여되며, 경제의 세계화시대에서의 도시의 입지적 이점은 도시들 간의 관계가 아닌 네트워크 관계에 따라 달라지며, 교통비용보다 정보비용이 훨씬 더 중요하게 간주되고 있다(이희연, 2011).

2) 주요 내용

(1) 유 형

네트워크 도시는 자유시장체제 속에서 경쟁력 강화전략을 추진하는 기업의 공간행태 논리에서 이론적 배경을 찾을 수 있다. 기업의 공간행태를 토대로 네트워크는 세 가지 유형으로 구분할 수 있다(Capello, 2000). 첫째, 계층적 네트워크(hierarchical network)이다. 이 유형은 재화와 서비스의 시장지역 또는 생산투입요소의 구입시장을 통제하는 중심지 간에 형성된다. 농산품시장의 계층화 등 농촌지역, 공공행정의 영역적 계층화, 중심도시 내 대기업의 하청지역 간에 형성된다.

둘째, 보완적 네트워크(complementarity network)이다. 이 유형은 수직적 통합의 경제성을 바탕으로 전문화되고 보완적인 중심지 간에 형성된다. 도시들은 시장의 상호의존성과 개별 중심지의 넓은 시장지역을 보장하는 도시 간 자연적 또는 계획적 분업을 통해 연계된다.

셋째, 시너지 네트워크(synergy network)이다. 이 유형은 네트워크의 외부성에 근거하며, 유사하거나 협동적인 중심지들로 구성된다. 개별 중심지의 시장지역을 통합함으로써 규모의 경제를 확보한다. 장거리 통신망을 통해 개별시장을 실질적으로 통합한 금융도시들이 이 유형에 해당된다.

(2) 구성요소

네트워크 도시의 형성을 위해서는 세 가지 구성요소가 필요하다(Capello, 2000). 첫째는 네트워크 요소(network element)이다. 중심지 이론과 같이 비중첩형 시장논리에 의해 지배되는 공간계층적 관계에서는 존재하지 않는다. 최근에는 유사한 규모, 유사한 전문성을 지닌 도시 간 비공간적인 연계관계가 형성되고 있다.

둘째는 네트워크의 외부성 요소(network externality element)이다. 네트워크의 외부성 요소란 네트워크 형성과 참여로 얻는 경제 편익을 의미한다. 네트워크의 외부효과는 수송비 최소화 및 비중첩형 시장에 대한 통제력의 극대화를 의미하는 것이 아니라, 지역 간 협력과 네트워크의 활용에 따른 규모의 경제, 보완 및 시너지 효과를 의미한다.

셋째는 협력요소(cooperation element)이다. 도시 간의 관계는 더 이상 계층성이나 특화도시 간 경쟁에 의해 지배되지 않는다. 네트워크 도시에 바탕을 둔 협력적 관계는 개별지역의 물리적인 성장을 가져오지 않고도 협력적인 방법으로 규모의 경제를 실현할 수 있고, 네트워크 효과를 공유할 수 있다.

(3) 효 과

개별 도시와 지역이 네트워크에 참여함에 따른 효과는 다음과 같다. 첫째, 공공행정의 효율성을 높인다. 네트워크를 통한 추가 정보와 노하우는 위험부담, 불확실성, 정보의 부족을 최소화함으로써 공공행정의 효율성을 증진하는 역할을 한다. 네트워크 도시는 공공행정 중에서도 특정 전문분야의 개선에 기여한다. 특히 폐기물 처리, 환경보전 등 기술 및 관리 측면의 성공사례는 특정 도시정책의 효율성을 높이는 역할을 한다.

둘째, 네트워크 도시는 참여하는 도시와 지역 간 보완관계를 통해 개별지역에 추가이익을 창출하는 시너지 효과를 창출한다. 시너지 효과는 시장의 통합을 촉진해 규모의 경제 이익을 창출한다. 예를 들면, 첨단 통신수단을 통해 실질적인 시장통합을 이룬 금융도시 간의 네트워크가 있다.

셋째, 참여주체의 제도적 역량증진이다. 네트워크는 참여자에게 지역에서 해결할 수 없는 효율적이고 선진적인 도시정책에 관한 노하우를 제공함으로써 제도적 능력을 증진하는 역할을 한다.

네트워크 참여에 따른 효과로서 해당 목적의 실현은 도시와 지역의 발전성과를 높여준다. 도시와 지역발전의 성과와 네트워크의 활성화 간에는 긍정적 관계가 존재하는데, 네트워크에 참여하는 지역 수가 많고 이용빈도가 높을수록 지역발전의 성과는 높다. 그 이유는 네트워크 참여 도시 수가 많아지면 정보공급 및 성공사례의 기반이 확대되고, 네트워크 이용강도가 높아지면 참여자 간의 협력적 행태가 증가하기 때문이다(Capello, 2000).

카펠로는 네트워크 참여를 통하여 목적을 달성하기 위한 세 가지 전제조건을 다음과 같이 제시하였다(Capello, 2000; 김용웅 외, 2009). 첫째, 참여도시의 정책적 의지의 진지성이다. 정책적 진지성은 네트워크 참여로 인한 재정적·행정적 부담을 이해하고 수용하려는 의지를 의미한다. 정책 의지는 업무회의에 책임 있는 대표의 참석 여부, 지역 간 네트워크 운영을 위한 모임의 자율적 개최 여부 등을 통해 알 수 있다.

둘째, 네트워크 행태에 대한 개방성, 네트워크 행태가 요구하는 조직 및 제도의 혁신을 받아들일 수 있는 유연성이다. 네트워크 행태에 대한 개방성과 조직의 변화정도가 높아질수록 외부성이 커지고, 네트워크 효과인 효율성 증진, 시너지 효과 및 제도적 역량강화 등으로 질적 개선이 이루어진다.

셋째, 행정절차, 관행, 제도 및 조직 혁신의 병행이다. 장기적인 발전전략은 행정절차, 내부조직 및 제도 등의 구조적인 전환을 요구한다. 그 동안 도시 및 지역의 문제나 서비스의 제공은 개별부서별 업무로 다루어져 왔다. 지역문제나 행정처리에 종합적 대응체계를 갖추고, 공공의사의 결정과 집행과정에서 지역 내 다양한 조직과 기관 및 시민단체와의 협력방식의 도입이 필요하다.

3) 네트워크 도시와 지역개발

최근 지역 상호간의 연계와 협력은 도시문제의 광역화에 대비하고, 경제의 세계화·정보화 등 환경변화 속에서 개별 도시와 지역들의 문화적인 전통과 잠재력을 유지·발전시키기 위해 그 필요성이 증대되고 있다. 지역 간 연계와 협력은 광역 서비스 공급을 위한 인접지역 간 협력의 차원을 넘어, 지역의 산업경쟁력과 기술혁신을 증진하는 역할로 확대되고 있다.[16] 향후 도시와 지역의 발전은 지역 간의 치열한 경쟁보다는 자원의 효율적인 이용, 정보와 지식의 공유, 발전의 시너지 효과를 높일 수 있는 지역 간 협력과 제휴에 의해 결정될 것이다.

네트워크 도시이론은 지역개발 측면에서 두 가지 의미가 있다. 첫째, 중간 규모의 도시들은 도시가 가진 경쟁력을 훼손하지 않으면서도 기능을 개선할 수 있다. 중심지이론에서는 도시기능의 개선을 위해 기능의 양적·질적 확대를 요구했으나, 네트워크 도시이론에서는 도시 간 기능적 연계와 보완으로 기능의 확대를 대체할 수 있기 때문에 중간 규모 도시 고유의 전문성과 경쟁력의 약화를 방지할 수 있다.

둘째, 도시가 양적 성장을 도모하지 않고도 경제성장의 주도적 역할을 할 수 있다. 도시의 양적 성장 압력의 축소는 환경의 쾌적성과 도시 고유의 정체성을 유지하게 하는 요인이 된다. 도시나 지역 간 네트워킹은 참여도시와 지역의 정보 및 지식의 증대,

16) 네트워크 도시이론은 중심지이론의 대안이론으로 도시 간의 관계를 더 이상 크리스탈러(W. Christaller)의 중심지이론과 같이 비중첩형 시장논리에 의해 지배되는 공간계층성에 의존하지 않는다. 첫째, 크리스탈러는 계층적으로 비전문화(hierarchical despecialization)된 중심지를 예상했으나 실제는 도시 전문화가 산업 생산뿐만 아니라 서비스산업 차원에서도 나타났다. 둘째, 중심지이론에서는 계층적으로 도시기능의 종합성을 가정하고 있으나 종합적 도시기능을 갖춘 도시가 거의 없고, 고위 도시기능이 하위 도시에 존재하는 등 도시기능의 전문화가 이루어지고 있다. 셋째, 도시계층성에 의한 수직적 연계 대신에 유사한 기능이나 규모를 지닌 도시 간 수평적 연계(horizontal linkages)가 확대되고 있다. 이 밖에 유사한 규모와 기능을 지닌 도시 및 지역 간에도 보완관계를 통한 시너지 연계가 형성되고 있어, 계층적 수직연계만을 상정한 중심지이론이 더 이상 적용되지 않는다(김용웅 외, 2009).

자원이용의 효율화, 경쟁력 증진 등을 위해 반드시 필요하다.

그러나 도시 간의 네트워킹이 가능하기 위해서는 지역사회 내부의 수평적 협력과 참여문화의 정착, 그리고 지역 간 협력에 대한 지방행정 관료 및 지도자의 인식전환과 노력이 요구된다(김용웅 외, 2009).

4. 사회적 자본이론

1) 의 의

지식기반사회로 진전되면서 사회적 자본이 중요하게 부각되는데, 사회적 자본이란 사회 모든 관계망에 퍼진 의식과 규범·질서·제도 등을 총칭하는 개념으로 눈에 보이지는 않지만 지역경쟁력을 높이는 데 영향을 주는 것으로 알려져 있다.

사회적 자본(social capital)은 금융자본(financial capital), 물적자본(physical capital)과 함께 생산과정의 필수요소인 새로운 자본으로서 관심이 높아지고 있다. 사회적 자본에 대한 논의는 1980년대 후반부터 국가 및 사회 발전과 관련해 사회과학 분야에서 활발히 전개되어 왔는데 통일된 견해는 없다. 다만 사회적 자본이 사람 간에 발생하는 상호관계에 기초한다는 데에는 의견이 일치된다.

사회적 자본의 개념은 하니판(L. J. Hanifan)에 의해 처음 도입되었고 콜맨(J. Coleman), 푸트남(R. Putnam) 등에 의해 체계적인 분석과 논의가 이루어지고 있다. 하니판은 사회적 자본을 '개인과 가족 간의 선한 의지, 동료애, 동정 등'으로 정의했다. 콜맨[17]은 사회적 자본을 '사람들이 바람직한 목표를 성취하도록 개인의 행동을 상호조정하는 사회적 규범과 사회적 관계'로 정의했다. 그리고 사회적 자본을 사회적 상호작용의 양과 질을 형성하는 제도적 관계와 규범으로 지칭하고 그 제도와 규범을 지탱하게 하는 접착제 역할을 하는 것으로 보았다. 한편 푸트남은 사람들이 협동하면 사회가 좀 더 나아질 수 있다는 가정 하에 '상호간의 이익을 위해 사회구성원의 행위조정과 협동을 촉진하는 신뢰, 규범, 네트워크'로 정의했다. 사회적 자본은 인적 자본, 물적 자본과 함께 경제성장을 가져오며 아울러 인적 자본과 물적 자본의 투자이익을

---

17) 콜맨(Coleman, 1998)은 자본을 물리적 자본, 인적 자본, 사회적 자본으로 구분하였다. 물리적 자본은 도구, 기계 생산, 설비 등, 인적 자본은 개인 안에 체화된 기술이나 지식 등, 사회적 자본은 사람들 사이의 신뢰관계에 내재한 것으로 신뢰하는 사람들 간의 네트워크에 의해 발현되는 것으로 보았다(이희연, 2011).

증진시키는 역할을 한다고 주장했다.

World Bank(2000)는 사회적 자본을 '사람들이 바람직한 목표를 성취하도록 행동을 상호 조정토록 하는 사회적 구조에 간직된 규범과 사회적 관계'라고 정의했다. 사회적 자본은 본질적으로 사회 내 행위자 속에 존재하는 것이 아니라 구조의 관계 속에 존재하면서, 그 조직의 생산성을 증대시키고 특정한 목표의 성취를 가능하게 한다(김용웅 외, 2009).

World Bank(2007)는 무형의 자산으로 불리는 사회적 자본이 국부(國富)를 창출하는 데 기여하는 부분이 전체 국부의 80%에 이르는 것으로 분석하였다. 25개 국가를 대상으로 사회적 자본을 추정한 결과 스위스는 1인당 사회적 자본이 54.2만 달러로 1위로 나타났고, 미국이 5위로 41.8만 달러, 프랑스 40.4만 달러, 일본 34.1만 달러였는데, 한국은 10.8만 달러로 22위였다. 그만큼 스위스의 법과 제도가 올바르게 정착되어 있고, 부정부패가 없는 성숙한 시민의식과 신뢰가 깊게 잡혀 있는 나라임이 입증되었다(이희연, 2011).

2) 주요 내용

(1) 구성요소

푸트남은 사회적 자본을 '조정과 협력을 촉진하는 네트워크, 호혜적 규범, 사회적 신뢰 등 참여자들이 공유하는 목표를 추구하기 위해 효율적으로 함께 일할 수 있도록 하는 조건'이라 하여 사회조직의 특성을 중시하고, 협력적 네트워크, 호혜적 규범, 사회적 신뢰를 핵심적인 구성요소로 보았다. 공동체를 구성하는 시민들 사이에 수평적으로 조직화된 네트워크는 연대가 강할수록 사회적 자본의 형성에 긍정적으로 작용하지만, 후원자-고객 관계 등 수직적으로 조직화된 네트워크는 그 연대가 강할수록 부정적으로 작용한다. 한편 호혜적 규범은 시민들 사이에 도움을 서로 주고받는 균형화된 호혜관계, 일반화된 호혜관계를 말한다. 어느 한쪽이 일방적으로 주고 다른 한쪽은 받기만 하는 일방적인 관계나 가족·동창 등 특수한 집단들 내에서만 서로 도움을 주고받고 다른 집단은 차별화하는 특수화된 호혜관계는 공동체 전체의 사회적 자본 형성에 부정적으로 작용할 수 있다.

후쿠야마(F. Fukuyama)는 사회적 자본을 '특정 사회에서 혹은 사회의 특정 부문에서 신뢰의 확산에서 생기는 능력'으로 보았다. 그리고 사회적 자본의 핵심적인 구성요소를 신뢰, 규범, 참여, 네트워크로 보았다. 규범은 호혜성을 기본속성으로 공동체 유대감을 강화시키는 역할을 하고, 신뢰는 존경과 우의 등 특별한 관계에 기반을 두고 구성원 간의 상호관계를 강화하는 역할을 한다. 참여는 공익 촉진에 의무감을 느끼며, 공공문제에 적극적으로 관여하여 이를 해결할 수 있는 단초를 제공하는 역할을 하고, 네트워크는 개인이나 집단 등 행위자들 상호관계를 통해 구성원 상호간 관계와 유대를 돈독하게 하는 역할을 한다.

한편 뉴턴(K. Newton)은 사회적 자본을 규범, 신뢰, 참여를 기본으로 하는 가치, 정치적·경제적·사회적 목적 달성을 위해 서로 이어주는 네트워크로 보았다(이희창 외, 2005).

표 2.5.8 사회적 자본의 구성요소

연구자	구성요소
콜맨(1990)	• 의무, 기대, 신뢰, 규범, 제재, 네트워크
푸트남(1993)	• 협력적 네트워크, 호혜적 규범, 사회적 신뢰
후쿠야마(1995)	• 신뢰, 규범, 참여, 네트워크
뉴턴(1997)	• 규범, 신뢰, 참여, 네트워크
삼성경제연구소(2009)	• 신뢰, 사회규범, 네트워크, 사회구조
서울시정연구원(2010)	• 신뢰, 규범, 네트워크, 참여, 사회구조
이희태(2012)	• 신뢰, 규범, 네트워크, 참여

자료: 이희태(2012) 수정인용.

(2) 주요 특징

사회적 자본의 특징은 다른 자본과의 차별적 특성과 사회적 자본의 개념이 지닌 공통적인 특성 차원에서 살펴볼 수 있다(김용웅 외, 2009).

첫째, 사회적 자본은 행위자들 사이에 존재하는 자본이다. 사회적 자본은 개인의 경제적 자본이나 개인적 역량을 의미하는 인적 자본 등 사적 자본(private capital)과 구별된다. 사회적 자본은 개인 간의 상호작용과 네트워크 및 결사체 속에 배태되어 있어 공동체사회가 지닌 공공재의 성격을 지닌다.

둘째, 물적·인적 자본은 소유 주체에 이익이 배타적으로 주어지지만, 사회적 자본은 이익이 공유된다. 사회적 자본은 지역과 같은 공동체사회를 전제로 하는 경우 공공재처럼 모든 사회 구성원에게 이익이 공유된다.

셋째, 사회적 자본은 유동적이어서 소유주체 간에 지속적인 유지 노력이 필요하다. 사회적 자본은 지속적인 교육과 사회적 관행의 준수를 위한 집단적 노력의 결과로서 쉽게 형성되지 않는다.

넷째, 사회적 자본은 등가교환이나 동시교환을 전제로 하지 않는다. 신뢰해준 만큼의 대가를 보장하지 않지만, 신뢰라는 사회적 자본의 사용을 높일수록 이익과 효과는 더욱 커지는 포지티브 섬(positive-sum)의 결과를 가져온다. 또한 사회적 자본은 물적 자본의 교환과는 달리 동시교환이 일어나지 않는다.

다섯째, 사회적 자본은 특정 사회의 공동목표 달성이나 생산활동을 촉진하는 생산요소의 역할을 한다. 사회적 자본의 질과 내용에 따라서 지역의 발전과 같은 특정 사회의 목표 달성의 결과가 달라질 수 있다. 사회적 자본은 지역의 발전을 촉진하는 역할을 하고, 지역의 발전은 사회적 자본의 축적을 촉진하는 역할을 하기 때문에 상호 순환적이다.

여섯째, 사회적 자본은 특정한 사회구조에 배태되어 있어 장소의 이전이 불가능하다. 경제적 자본과 물적 자본은 공간적 이동이 가능하지만 사회적 자본은 공간적 이동이 곤란하기 때문에 수입하거나 외생적인 형성이 어렵다. 따라서 사회적 자본의 형성과 축적을 위한 사회구성원의 집단적인 인식과 역량을 키우는 것이 필요하다.

일곱째, 사회적 자본은 개인 간의 특정한 행동을 조정·통제할 수 있는 힘을 지닌다. 사회적 자본은 비공식적인 규범이며 사회적 조직의 형태를 지니지만, 사회구성원의 묵시적 합의 속에서 사회적 규범으로서 힘을 갖는다.

(3) 기 능

사회적 자본의 기능은 관점 및 주제에 따라 다양하게 논의할 수 있다(이희태, 2012 재인용). 첫째, 사회적 자본은 전통적인 자본의 대체 및 보완기능을 한다. 전통적인 자본을 대체하여 제도 역량의 확충, 신뢰사회 구축 등을 통해 삶의 질을 개선하기도 하고, 전통 자본과 결합하여 생산성이나 만족도를 높일 수 있는 보완기능을 갖는다. 둘째, 사회적 자본은 정부의 성과향상에 기여한다. 정부의 각종 규제 및 제도를 고안하고 유지하는 데 필요한 비용과 노력을 절감할 수 있기 때문에 정부의 효율을 높일 수 있다. 셋째, 사회적 자본은 지역발전에 기여한다. 시민사회의 자발적인 참여와 노력을 통해 지역발전과 공공재 생산에 기여하게 된다. 넷째, 사회적 자본은 삶의 만족에 긍정적인 영향을 미친다. 사람들 간의 교류빈도 및 밀도가 높고, 상호 신뢰가 높아지면 삶의 만족이 높아지게 된다. 다섯째, 사회적 자본은 사회의 다양한 갈등을 해결하는 데 기여한다. 갈등당사자 간의 의사소통, 상호존중 및 신뢰, 상호의존을 증대시키기 때문에 갈등의 조정뿐만 아니라 발생한 갈등이 격화되지 않도록 하는 역할을 수행한다. 여섯째, 사회적 자본은 구성원들 사이에 정보가 원활하게 소통되도록 하는 기능을 한다. 정보공유는 개별적인 정보수집 비용을 줄일 수 있고, 그만큼 효율적인 사회가 될 수 있다.

3) 사회적 자본과 지역개발

사회적 자본과 지역개발의 관계는 일방적 관계가 아니라 상호 영향을 주고받는 쌍방향의 순환관계라고 할 수 있다(김용웅 외, 2009).

사회적 자본이 지역에 미치는 영향과 효과는 다양한 측면에서 살펴볼 수 있다. 첫째, 경제적 측면에서 사회적 자본은 경제성장에 영향을 미치며, 생산적이어서 기대하지 않았던 성과를 얻을 수 있게도 한다. 둘째, 정치·행정적 측면에서 사회적 자본의 접근방법은 시장경제와 민주제도를 강화하는 역할을 하며 수평적 네트워크, 신뢰와 협력은 정치와 경제의 성과를 증진시킨다. 셋째, 환경적 측면에서 사회적 자본은 지역환경 개선과의 관계에서도 긍정적인 역할을 한다. 사회적 자본이 풍부하고 네트워크 형성이 활발한 지역일수록 공동체의 환경개선 인식과 성과가 높은 것으로 나타났다.

따라서 사회적 자본은 직·간접적으로 지역사회의 개발에 긍정적인 영향을 미치며 지역의 경쟁력을 높이는 데 기여하고 있다.

5. 창조적 자본이론

1) 의 의

(1) 개 념

창조적 자본은 플로리다(R. Florida)가 "창조적 계급의 도래(*The Rise of the Creative Class*)"에서 주장하였다. 단순히 학력이나 기술로 측정되는 인적 자본보다는 개인의 경험과 학습 속에서 만들어진 창조적 능력, 즉 새로운 지식·기술·문화를 창조할 수 있는 창조적 자본이 혁신적 지역발전에 더 중요하다고 하였다. 지역개발에서 인적 자본의 창조적 요소를 창조적 자본이라고 규정할 수 있다(정동일 외, 2010). 인적 자본론에서는 지역의 발전을 뒷받침하는 동력은 사람이고, 경제성장은 사람이 밀집된 곳에서 촉진되고 펴져 나간다고 주장한다. 창조적 자본이론에서는 특정 지역의 성장은 창조자본을 보유한 창조계급의 입지선택에 의해 촉진되므로 도시나 지역이 살아남으려면 창조계급의 유치경쟁에서 승리해야 한다고 주장한다.

(2) 등장배경

지역을 중심으로 하는 지역개발이론은 마샬(A. Marshall)의 산업지구론에서 제시한 집적경제효과를 이론적 바탕으로 하여 신산업지구이론으로 발전하였다. 이후 푸트남(R. Putnam)이 주장한 사회적 자본(social capital)이 가미되면서 클러스터이론, 지역혁신이론 등으로 확대 발전되어 왔다. 또한 글래서(E. Glaeser)가 주장한 인적 자본(human capital)이 지역발전의 화두가 되기도 하였다.

하지만 최근에 들어서는 창조적 자본(creative capital)의 개념이 대두되고 있다. 선진국에서는 창조적 계급 유치를 주요 내용으로 하는 창조도시 전략을 지역발전정책으로 추구하는 도시와 지역이 많이 나타나고 있다. 이와 같은 창조도시 전략은 과거 제조업 중심의 도시인 영국의 맨체스터(Manchester), 미국의 피츠버그(Pittsburgh) 등이 제조업의 경쟁력을 상실하면서 새로운 서비스 중심의 도시로 변모하는 과정에서 도시재생정책의 하나로서 주목하였다(최기조, 2010). 즉 특정 지역의 발전을 위해서는 창조적 자본을 보유한 창조적 계급을 유치하여 입지결정을 하도록 하는 전략이다.

2) 주요 내용

플로리다의 창조적 자본이론은 기본적으로 지구화에 따른 경제환경의 변화와 경제공간의 재편 추세에 기초한다. 1970~1980년대의 포드주의 이후 등장한 소위 ‘지역화된 지식경제(a regionalized knowledge economy)’에 주목한 것이다. 그런데 이 포스트 포드주의 경제의 경쟁력은 지식기반 혁신산업이며, 그 공간적 결과는 대도시권에 유리하게 전개되고 있다. 이러한 추세는 지역에서 기업에 대한 인센티브에 초점을 맞춘 정책으로 나타나서, 우리나라의 경우 기업하기 좋은 도시를 향한 열풍으로 이어졌다. 기업에 대한 인센티브 정책은 경제특구를 비롯한 도시지역의 외자유치전략의 핵심이다. 플로리다의 창조계급론은 지역경쟁력에 대한 접근법의 전환을 의미한다. 지역발전전략의 초점을 기업환경(business climate)에서 인재환경(people climate)으로 전환시켰다는 데 의의가 있다.

창조계급이란 새로운 양식을 창조하는 일에 종사하는 사람이며 두 집단으로 이루어진다. 첫째, 핵심 창조계급(super creative class)이다. 이는 전달과 확산이 수월하고 유용성이 넓은 새로운 형식이나 디자인을 생산해내는 사람으로 과학자, 기술자, 디자이너, 건축가 등이다. 둘째, 창조적 전문가(creative professional)이다. 주로 지식집약적 산업에 종사하며 특정 문제의 해결을 위해 복잡한 지식에 의존해 창조적으로 문제를 풀어가는 사람으로 하이테크, 법률서비스, 사업경영 등의 분야에 종사한다(이철호, 2011).

표 2.5.9 플로리다의 창조계급

구 분		내 용
창조계급	핵심 창조계급	• 새로운 형식이나 디자인을 생산
		• 컴퓨터와 수학 관련 직업
		• 건축과 공학 직업
		• 생명, 물리과학, 사회과학 직업
		• 교육, 훈련, 사서 직업
		• 디자인, 연예, 오락, 스포츠미디어 직업
	창조적 전문가	• 주로 지식집약적 산업에 종사, 창조적으로 문제를 풀어감
		• 관리 직업
		• 사업과 재정운영 직업
		• 법률에 관한 직업
		• 건강관리 개업의와 전문 직업
		• 고소득의 판매와 판매관리 직업

자료: 이철호(2011: 113) 재인용.

3) 창조적 자본과 지역개발

창조적 자본을 보유한 창조계급과 지역개발과의 관계에 대하여 플로리다는 다음과 같이 주장하였다(이철호, 2011). 첫째, 이질성이 큰 지역일수록 창조계급의 유인·보유 비율이 높으며 발전의 속도가 빠르다. 사회적 자본은 강한 유대의 배타성이라는 딜레마가 있는 반면 약한 유대(weak ties)가 새로운 사회작용을 낳고 외부인의 진입을 수월하게 함으로써 규범과 가치의 조정뿐만 아니라 새로운 아이디어의 유입을 촉진한다.

둘째, 사회적 · 문화적 어메니티(amenity)가 좋은 지역일수록 창조계급의 비율이 높으며 발전의 속도가 빠르다. 지역발전에는 기업유인으로만 충분하지 않고 필요한 사람의 유인도 수반되어야 한다는 것이다. 사회 · 교육 · 경제의 측면에서 안락과 안전을 보장하는 복지국가가 발전에 유리하다는 의미이다.

셋째, 기술 · 지식집약산업의 비율이 높은 지역일수록 창조계급의 비율이 높고 발전의 속도가 빠르다. 기술집약적 · 지식집약적 산업이 집중된다는 것은 발달된 인재환경의 파생효과이고, 이는 기업환경의 척도로 이해된다.

넷째, 도시지역의 사이즈가 클수록 창조계급의 비율이 높고 발전의 속도가 빠르다. 사람이 모이고 인재를 신속히 동원할 수 있는 능력이 있을 때 기업의 경쟁력이 생기고 결과적으로 지역의 경쟁력이 생긴다. 그러므로 인재와 창조계급은 큰 도시지역에 집중된다.

탐구학습

1. 주요 개념
   - 유연적 생산체제
   - 클러스터
   - 지역혁신체제와 국가혁신체제
   - 지속가능한 발전
   - 생태도시
   - 도시재생
   - 지역마케팅
   - 지역거버넌스
   - 네트워크 도시
   - 사회적 자본
   - 창조적 자본

2. 토론과 과제
   - 지역개발의 전통이론과 다양한 대안이론의 대두배경과 구분
   - 대안이론의 주요내용과 특징
   - 대안이론의 구체적인 국내외 사례

참고문헌

강현수 · 이철우(2000), "지역 중소기업 혁신 네트워크 사례 분석과 정책적 함의", 한국공간환경학회, 소기업 혁신 네트워크를 이용한 도시형 산업지구개발전략 심포지엄 논문집.

고석찬(2004), 지역혁신 이론과 전략, 서울: 대영문화사.

국가균형발전위원회(2005), 동북아시대의 한반도 공간구상과 균형발전전략, 서울: 제이플러스애드.

권영섭 · 김동주(2002), 지식기반산업의 입지특성과 지역경제활성화 방안 연구, 국토연구원.

권영섭 · 변세일(2003), 지역별 지식기반산업 육성과 지역혁신체제 구축방안, 국토연구원.

김귀곤(1994), “생태도시와 지속가능한 개발”, 환경과 생명, 환경과 생명 여름호.
김영 외(2010), “통합창원시 도시재생요인 분석에 관한 연구”, 도시행정학보, 23(4), 한국도시행정학회.
김영 외(2007), “지방쇠퇴도시 도심공간분석과 도시재생기법”, 주거환경, 5(2), 한국주거환경학회.
김용웅 외(2009), 신지역발전론, 서울: 도서출판 한울.
김형국(2011), 녹색성장 바로 알기, 경기: 나남.
나주몽(2003), “일본의 지역클러스터의 형성과 발전전략”, 한국지역개발학회지, 16(1), 한국지역개발학회.
대한국토 · 도시계획학회(2009), 국토 · 지역계획론, 서울: 보성각.
미래도시연구회(2009), 지역계획론, 서울: 보성각.
박삼옥(2000), 현대경제지리학, 서울: 아르케.
박삼옥(1994), “첨단산업발전과 신산업지구: 이론과 사례”, 대한지리학회지, 29(2), 대한지리학회.
박상욱 외(2005), 혁신주체의 참여를 통한 과학기술 거버넌스 구축방안, 과학기술정책연구원.
박양호 · 김창현(2002), 국토균형발전을 위한 중추기능의 공간적 재편방안, 국토연구원.
박정희(2001), “생태도시 조성과 주민 참여”, 한국생활환경학회지, 8(1), 한국생활환경학회.
박종화 외(2006), 지역개발론, 서울: 박영사.
박진근 외(1999), 경제학대사전, 서울: 박영사.
복득규 외(2003), 클러스터, 삼성경제연구소.
송위진(2004), 국가혁신체제에서 정부의 역할과 기능: 혁신체제론적 접근, 과학기술정책연구원.
어정연 · 여홍구(2008), “도시재생측면을 고려한 수변공간구성 연구”, 국토계획, 43(4), 대한국토 · 도시계획학회.
윤윤규 · 이재호(2004), 지역산업육성과 지역혁신체제 구축에 관한 연구, 한국개발연구원.
이공래(2004), 지역기술혁신체제에서의 공공연구기관의 역할과 발전방향, 과학기술정책연구원.
이무용(2002), “도시마케팅 전략에 대한 문화적 제 고찰”, 도시정보, 247, 대한국토 · 도시계획학회.
이성근 외(2013), 지역순환형 자립발전모델, 대구경북연구원.
이성근 외(2012), H_2O 지역개발론, 서울: 도서출판 집현재.
이성근 외(2011), 녹색성장과 지역경영, 경북: 영남대학교 출판부.
이성근 외(2003), 경북지역의 지역혁신체제 구축과 지역전략산업 육성방안, 과학기술부.
이재준(2005), “한국형 생태도시 계획지표 개발에 관한 연구”, 국토계획, 40(4), 대한국토 · 도시계획학회.
이정전(1995), “지속가능발전의 개념과 시장의 원리”, 지속가능한 사회와 환경, 서울: 박영사.
이종호 · 이철우(2008), “집적과 클러스터: 개념과 유형 그리고 관련 이론에 대한 비판적 검토", 한국경제지리학회지, 11(3), 한국경제지리학회.
이창우(2004), "생태도시란 무엇인가?", 환경운동연합 · 한겨레신문사, 2004년 생태도시만들기 캠페인 2차 워크숍 발표자료.
이철호(2011), "창조계급과 창조자본", 세계지역연구논총, 29(1), 한국세계지역학회.
이희연(2011), 경제지리학, 경기: 법문사.
이희연(2005), "세계화시대의 지역연구에서 장소마케팅의 의의와 활성화방안", 한국도시지리학회지, 8(2), 한국도시지리학회.
이희창 · 박의봉(2005), "사회자본과 지역발전", 한국행정논집, 17(4), 한국정부학회.
이희태(2012), "지방정부의 경쟁력 강화를 위한 사회적 자본 확충 전략", 지방정부연구 16(3), 한국지방정부학회.
정동일 · 성경륭(2010), "창조적 지역발전과 그룹지니어스", 한국사회학, 44(1), 한국사회학회.
진영환 외(2010), "도시재생과 커뮤니티 비즈니스", 국토연구, 65, 국토연구원.
최기조(2010), "창조적 계급과 지역성장의 관계에 대한 실증연구", 지역연구, 26(3), 한국지역학회.
한주성(2006), 경제지리학의 이해, 서울: 도서출판 한울.
한국지역개발학회(1996), 지역개발학원론, 서울: 법문사.
Capello, R.(2000), "The City Network Paradigm: Measuring Urban Network Externalities," *Urban Studies*, 37(11).
Cameron, S., S. Davoudi and P. Healey(1997), "Medium-Sized Cities in Europe," in *Medium-Sized Cities in Europe*, European Foundation for the Improvement of Living and Working Conditions.
Moulaert, F. and F. Sekia(2003), "Territorial Innovation Models: A Critical Survey," *Regional Studies*, 37(3).
Porter, M. E.(1998), "Clusters and The New Economics of Competition," *Harvard Business Review*, November-December.
http://www.kourc.co.kr(국토교통부 도시재생사업단).

제 3 부

지역개발의 과정

제 1 장

지역현상 및 잠재력분석

제1절 현황분석

1. 의 의

지역개발은 지역문제의 인식에서 출발한다. 지역개발이 특정 지역에 경제·사회발전에 필요한 물적 기반을 조성하고 지역이 당면하고 있는 문제를 해결하는 계획적이고 실천적인 활동이라고 할 때 우선 지역의 현재 상태를 정확하게 파악하는 것이 필요하다(김용웅 외, 2009; 강문수, 2010). 현황분석을 위해서는 우선 자료의 수집이 필요하다. 자료를 통해 현황의 파악이 가능하고 성취하고자 하는 목표가 도출된다. 그러므로 지역개발은 지역의 특성과 지역을 둘러싼 환경의 현재 상황에 대한 정확한 조사로부터 시작된다고 할 수 있다(이성근, 2006).

지역문제를 규명하기 위해서는 지역이 안고 있는 대내외적인 현황을 분석하여야 한다. 대상지역이 안고 있는 대내외적인 현황이란 주로 인구, 면적, 산업경제, 토지이용 및 교통, 환경 등 다양한 분야를 망라하는 종합적 부문을 포함한다. 다만, 개발대상이 지역전체의 종합적 부문이 아니라 특정 분야에 한정된 부문일 경우 현황분석은 특정한 분야에 한정하여 조사할 수 있다.

한편 현황분석은 현재뿐만 아니라 미래에 예상되는 상황에 대한 예측도 병행하여야 한다. 때문에 목표에서 설정된 미래와 현재의 상황이 변화되는 경우 발생하게 될 미래와의 차이를 정확히 파악하여야 한다(권영찬·이성복, 2002).

2. 주요 내용

현황분석에서 사용되는 자료는 횡단면 자료(cross-sectional data)와 종단면 자료(longitudinal data)로 구분할 수 있다. 먼저 횡단면 자료는 여러 분석항목을 어느 한 시점에서 살펴볼 때 사용된다. 이는 계획의 기준연도가 되는 시점의 자료로서 특정시점의 인구, 토지이용, 산업현황, 교통현황 등을 살펴보는 것이다.

다음으로 종단면 자료는 하나의 분석항목에 대해 특정 기간의 변화에 따른 추세를 살펴보는 데 사용된다. 대체로 2년, 5년, 10년 단위의 시차로써 흐름을 파악할 수 있는데, 이를 통해 해당분야에 대한 흐름을 살펴볼 수 있다. 지역개발계획에서 종단면 자료는 대상지역의 과거 특정시점으로부터 기준시점까지 추세를 분석하는 데 사용된다. 한편 현황분석에서는 비교가능한 다른 지역의 현황을 분석하여 지역간, 부문간 비교를 통해 대상지역을 살펴보는 것도 좋은 방법이다.

어떤 특정지역을 대상으로 지역개발계획을 수립한다고 할 때 현황분석의 주요 내용으로는 자연지리적 특성, 인문사회적 특성으로 나누어 살펴 볼 수 있다. 제3차 경상북도 종합계획 재수정계획(2012~2020)을 예로 살펴보면 자연지리적 특성으로 경상북도의 위치, 면적, 지형, 지세, 기후, 해안, 하천 등을 다루고 있다. 그리고 인문사회적 특성으로 인구, 토지이용, 지역경제, 사회간접시설, 문화관광자원, 지식정보화 등을 다루고 있다.

그 밖에 지역역량, 개발수요 등 계획목적에 따라 여러 가지 현황분석이 있을 수 있다. 이러한 내용은 대체로 수립하는 계획의 목적, 성격, 대상에 따라 상이하다. 현황분석이 제대로 이루어졌을 때 이를 바탕으로 한 미래의 바람직한 개발지표 설정과 부문별 계획수립의 기초자료로 활용이 가능하다.

3. 분석방법

현황분석에서 사용되는 자료는 자료원(data source)에 대한 접근이 직접적인가 간접적인가에 따라 1차 자료(primary data)와 2차 자료(secondary data)로 나누어진다. 먼저 1차 자료는 계획의 대상이 되는 지역의 주민들로부터 현지조사나 관찰, 면접 등을 통해 직접적으로 도출한 자료를 말한다. 그리고 2차 자료는 현상에 대한 정보를 담고 있는 기존의 여러 가지 통계자료, 보고서 등 문헌정보를 의미하는 것으로 문헌자료라고도 한다(대한국토 · 도시계획학회, 2000). 주로 서적, 정기간행물, 통계자료 등은 중요한 2차 자료원이 된다.

1차 자료는 현실에 기반한 정확한 정보를 제공해 줄 수 있는 반면 비용과 시간이 많이 필요하다는 단점이 있다. 또한 인구센서스, 산업통계 등과 같이 방대한 정보를 얻기가 현실적으로 어려운 경우가 많다. 2차 자료는 공간적으로 멀리 떨어진 곳의 자료나 과거의 자료를 비교적 적은 노력과 비용으로 이용할 수 있다. 또한, 공공기관의 정기 간행물 등을 활용할 경우 시계열분석(time series analysis)이 가능하다는 장점이 있다. 반면 활용하고자 하는 시점에서 분석단위가 다르거나, 조작적 정의가 어려운 경우 자료의 활용성에 문제가 되는 단점도 있다(김렬, 2009).

현황분석을 위해서는 현지조사, 면접, 관찰 등을 통한 1차 자료와 서적, 통계연보 등을 통한 2차 자료를 적절히 활용할 수 있으며, 특히 2차 자료는 원자료(raw data)의 가공과 분석을 통해 현황에 대한 정확한 분석에 유용하게 활용할 수 있다. 한편 현황분석을 위한 2차 자료의 가공 및 분석방법으로는 현재의 상황을 정확히 기술(descriptive)할 수 있는 빈도(frequency)와 평균(mean)이 많이 사용된다.

제2절 수요분석

1. 의 의

지역개발계획은 지역의 현재상태와 성취하고자 하는 미래상태 간의 간격을 염두에 두고 검토할 문제에 대한 정보수집이 우선되어야 한다(이성근, 2006). 이러한 현재상태와 성취하고자 하는 미래상태 간의 간격이 지역개발계획의 수요이다. 지역개발계획에서 수요분석은 다양한 정책대안과 전략을 선택할 수 있게 한다.

따라서 지역개발계획에서 다양하게 표출되는 개발수요를 제대로 진단하고 이를 분석하는 것은 현황분석과 함께 지역개발의 첫걸음이라 할 수 있다.

2. 주요 내용

지역개발계획을 수립할 때 수요분석은 대상지역에 어떠한 시설, 부문이 필요한가를 조사·분석하는 것이다. 지역개발계획의 목적과 성격에 따라 필요한 수요를 분석해 볼 수 있는데, 대체로 주거시설, 문화시설, 의료시설, 복지시설, 교육시설, 교통시설, 환경시설, 산업시설, 고용기회, 지역생활 여건, 정보통신시설, 주택공급 확대, 문화시설 확충, 교통여건 확충, 교육시설 확충, 환경오염 방지, 복지시설 확충, 정보기반 확충 등을 들 수 있다.

또한 기업체의 경우 산업분류, 공장규모, 생산품, 종업원수, 생산액, 하청 및 원청업체와의 거래활동, 연구개발활동, 기업활동을 위한 정부의 지원 등에 대한 사항 등을 수요조사 항목으로 들 수 있다.

지역개발 과정에 있어 수요분석은 지역별, 계층별로 차별화된 수요진단을 위해 대상을 구분하여 실시하기도 한다. 지역의 지역개발계획을 수립하기 위하여 주민, 공무원, 기업체 등으로 나누어 각각의 개발수요를 조사할 수 있다.

3. 분석방법

수요분석을 위해서 활용되는 기법은 질문지법, 면접조사, 전문가조사 등으로 매우 다양하다. 그러나 폭 넓은 조사를 특정분야 및 특정계층에게 편향(bias) 없이 동일하게 접근하기 위하여 질문지법이 많이 활용된다. 질문지법이란 미리 설계한 질문서(questionnaire)를 응답자에게 배부하고, 응답자가 기록한 설문지를 회수하여 기록된 내용을 분석하는 방법으로 가장 대표적인 자료수집방법의 하나이다. 질문지법은 주로 응답자와 조사자가 직접 대면을 하지 않고 진행되는 경우가 많으므로 정확한 수요 분석을 위해서는 질문서의 설계가 매우 중요하다.

일반적으로 질문지를 설계하는 과정에서 거치는 절차는 다음과 같다. 첫째, 지역의 문제, 계획의 목적 등에 비추어 질문의 내용을 구성한다. 둘째, 질문의 내용별로 질문의 형태와 순서를 결정한다. 셋째, 질문의 어구 구성과 질문의 순서를 결정한다. 넷째, 질문을 배열하여 질문서를 결정한다. 다섯째, 사전검사를 거쳐서 질문지를 수정한다. 여섯째, 질문을 확정하고 질문서를 인쇄한다(박용치 외, 2008).

질문의 형식은 개방형과 폐쇄형으로 구분할 수 있는바, 지역개발계획의 수립과정에서 수요분석을 위한 질문에서는 주로 폐쇄형을 활용하고 있다. 이는 폐쇄형 질문이 개방형 질문에 비하여 응답하기 쉬우며, 설문조사에 대한 응답자의 거부반응을 최소화할 수 있다. 그리고 질문지에 표출된 수요를 분석함에 있어서 개방형에 비하여 편리하기 때문이다. 그러나 미리 제시된 답안에 기표하는 형태의 응답을 요구함으로써 응답자의 수요를 정확히 파악하는 데 한계가 있으므로 질문지의 사전 검사에 있어서 항목들의 신뢰도와 타당성을 신중하게 검토하여야 한다.

질문서를 배부하고 회수하는 방법은 우편조사, 배포조사, 집단조사, 전화조사, 면접조사 등으로 나눌 수 있는데, 우편조사 및 배포조사가 많이 활용된다. 우편조사는 저렴한 비용, 응답자의 충분한 시간적 여유 보장 등의 장점이 있는 반면, 회수율이 낮고 응답내용이 모호한 경우 확인할 방법이 없다는 단점이 있다. 배포조사는 우편조사와 유사하나 직장 또는 가정에 질문서를 전달하고 이를 나중에 회수하는 방식으로 일반적으로 우편조사보다 회수율이 조금 더 높다(남궁근, 2008). 특히 공무원 등 조사대상이 한정된 집단일 경우 현실적으로 가장 많이 활용되는 방법이다.

제3절 관련계획분석

1. 의 의

지역개발 관련계획은 계획수립 목적에 따라 다양한 형태의 계획이 존재한다. 다만 일정지역을 대상으로 계획을 수립할 경우 계획은 일관성을 지녀야 한다. 이는 계획이 수립되고 집행될 경우 어떠한 구속력을 가지기 때문이다. 계획의 대상인 주민이나 기관·단체에게 예측가능성, 안정성 등을 제공하기 위하여 계획간의 연계성 및 내적 일관성을 확보하여야 한다. 이를 위하여 지역개발계획을 수립할 경우 당해 지역을 대상으로 하는 기존 계획을 검토하여야 한다.

일반적으로 계획과 계획간의 관계는 수직적인 관계와 수평적인 관계로 구분할 수 있다. 계획간의 수직적 관계에서 상위계획을 검토하고, 수평적 관계에서는 당해 지역의 관련계획을 검토한다.

2. 주요 내용

선행계획을 검토할 경우 주요 내용으로는 비전, 미래상, 추진전략, 장기발전전략 등을 우선적으로 검토하여야 한다. 예를 들어, 어떤 지역에 대한 기존의 선행계획에서 주거지역으로 발전시킬 것으로 이미 계획을 수립하였다면, 이후에 수립되는 계획에서 이와 배치하는 공업지역으로 발전시킨다는 계획을 수립할 경우 계획간 상충이 발생하게 되므로 이를 미연에 조정할 필요가 있다.

예컨대, 경상북도 경산시의 산업진흥계획을 수립할 경우 상위계획으로는 경상북도 산업진흥계획, 국가산업진흥계획 등을 검토해야 하고, 관련계획으로는 경산시 차원에서 이미 수립된 과학기술진흥계획, 산업육성계획 등 산업과 관련된 계획을 검토해야 한다. 그리고 관련계획을 검토할 때 그 계획의 집행으로 인한 성과가 어떠하였는가를 분석하는 것도 중요하다.

3. 분석방법

관련계획을 분석하기 위한 기법으로 흔히 내용분석법(content analysis)과 체크리스트법(checklist method)이 활용된다. 먼저 내용분석법은 자료의 성질을 탐구함으로써 상황이나 내용에 관한 파악을 위해 개발된 방법이다. 일반적으로 분석하는 내용에 대한 단어, 주제, 가치 등의 기준을 정해 나오는 강도나 횟수 등을 분석한다. 이에 따라 관련계획의 내용분석을 통해 관련계획의 비전, 목표, 전략, 지표 등을 파악할 수 있다.

다음으로 체크리스트법은 문제에 관련된 항목을 나열하고 그 항목별로 특정 변수에 대하여 검토하여 분석하는 기법이다. 이러한 체크리스트법은 비교적 사용법이 간단하고 신속하게 실시할 수 있어서 분석 및 평가를 위한 기준으로 많이 활용된다.

체크리스트법의 종류로는 평가를 하려고 하는 사업과 특별히 관련된 영향의 종류를 제시해 주는 영향체크리스트법(impact checklist method), 단순한 영향이나 평가의 변수목록만을 열거하고 어떤 측정방법이나 해석방법에 대한 지침은 주어지지 않은 단순체크리스트법(simple checklist method), 평가항목의 측정방법에 대한 지침을 포함한 기술체크리스트법(descriptive checklist method), 그리고 변수의 값에 대안별로 −5에서 +5까지 상대적 측면에서 척도화시킨 척도체크리스트법(scaling checklist method) 등이 있다(박용치 외, 2008).

이러한 내용분석법과 체크리스트법은 지역개발계획의 관련계획 검토, 수행과정, 수행성과를 분야별로 검토하는 데 유용하게 활용할 수 있다.

제4절 여건변화 전망

1. 의 의

지역개발계획을 수립하기 위하여 지역을 둘러싼 현재의 상황을 분석하는 것도 중요하지만 미래상황을 예측하는 것도 매우 중요하다. 계획이 현재의 문제를 해결하여 미래의 바람직한 모습을 그려가는 것을 전제로 하기 때문이다. 따라서 지역개발계획에서는 미래의 상황을 예측하기 위한 노력이 필요하다.

지역개발을 둘러싼 여건변화에 대한 전망을 위해서는 일반적으로 과거로부터 현재의 추세를 감안하여 미래를 예측하게 된다. 때문에 과거와 현재의 객관적 진단이 전제되어야 미래를 정확하게 예측할 수 있다. 미래예측은 정량적 분석과 정성적 분석이 모두 가능하나 지역외부의 동향 등을 분석하고, 당해 부문의 특수성을 감안하여 전문가들이 수행하는 것이 일반적이다.

2. 주요 내용

지역개발계획의 수립에 있어 여건변화의 전망은 해당지역에 영향을 미치는 미래상황을 살펴보는 것이다. 예를 들어, 제3차 경상북도 종합계획 재수정계획(2012~2020)에서는 경북의 여건변화로 낙동강시대 도래, 신도청시대 개막, 선도전략산업 육성 본격화, 백두대간의 가치 부상, 신국제공항의 유치가능성, 광역교통망 구축에 따른 접근성 개선 등을 들고 있다.

또한 여건변화는 부문별로 나누어 전망해 볼 수 있다. 대체로 인문사회 여건, 산업경제 여건, 교통통신 여건, 정보 및 과학기술 여건, 문화복지 여건 등으로 구분할 수 있다.

인문사회 여건으로는 인구증감, 인구구조의 변화, 노령인구의 증가, 가치관의 다양화 등을 들 수 있다. 산업경제 여건은 산업구조의 변화, 지식기반 서비스업의 증가, 전자상거래의 활성화 등을 들 수 있다. 교통통신 여건은 도시화의 정체, 도시권의 광역화, 교통수요의 다양화, 고속교통네트워크의 증대 등을 들 수 있고, 정보 및 과학기술 여건은 디지털화, 인터넷 활용, 과학기술의 발전 등을 들 수 있다. 문화복지 여건으로는 다양한 문화복지수요의 증대, 노인복지 및 여성복지 수요의 증가 등을 들 수 있다.

이러한 분류는 종합계획에서 볼 수 있는 형태이고, 부문별 계획에서는 해당부문에 대하여 정밀한 여건전망이 이루어지기도 한다.

3. 분석방법

지역개발계획의 지향점은 지역의 미래이다. 따라서 지역개발계획의 실현가능성을 제고하기 위해서는 미래에 대한 정확한 이해와 가정이 요구된다(이성근, 2006). 일반적으로 미래예측은 정량적 미래예측과 정성적 미래예측으로 구분할 수 있다. 정량적 미래예측은 시계열분석, 인과분석, 시스템 다이나믹스, 모의실험을 들 수 있고, 정성적 미래예측은 델파이기법, 시나리오기법, 실현가능성평가기법, 브레인스토밍법 등을 들 수 있다(Dunn, 1981; 이성근, 2006). 이 가운데 지역예측기법으로, 정량적 미래예측기법으로 시계열분석, 정성적 미래예측기법으로 델파이기법과 시나리오기법이 많이 활용된다.

먼저 시계열분석은 시간의 경과에 따른 어떤 항목의 변화경향을 분석하고 그에 따른 미래의 상태를 예측하는 방법이다. 시계열분석은 과거로부터 현재에 이르는 변화를 분석함으로써 미래를 예측하는 동태적인 분석방식이다. 시계열분석은 과거의 변화경향에 관한 계량적인 분석을 토대로 미래를 추정하는 방법이므로 예측의 객관적인 준거를 제시해 준다(김신복, 2006).

다음으로 델파이기법(delphi technique)은 어떤 문제를 예측, 진단, 결정하는 데 있어 의견의 일치를 볼 때까지 전문가집단으로부터의 반응을 체계적으로 도출하여 분석하는 기법이다(이성근, 2006). 이 방법은 전문가집단의 의견을 조합하는 방식으로, 원래 토의에서 나타나는 여러 가지 왜곡된 의사전달의 근원을 제거하기 위해 고안되었다. 즉, 한 사람 혹은 몇몇 사람에 의한 분위기 조성, 동료집단의 견해에 따라야 하는 압력, 개성차이와 사람들간의 갈등, 권위 있는 사람들의 의견을 공공연하게 반대하는 데 따른 어려움을 피하기 위하여 설계되었다.

마지막으로 시나리오기법은 미래에 발생할 것이라고 예상되는 일련의 일들을 정리하는 방법이다. 시나리오기법은 미래상황이 매우 불확실한 분야나 시기에 사용할 수 있다. 시나리오기법은 미래에 영향을 줄 현재의 거시적, 미시적 여건을 살펴보고 도출된 추세를 종합하여 미래에 발생가능한 시나리오를 제시하는 것이다. 이렇게 나온 시나리오에서 미래의 비전을 도출하고 비전달성을 위한 구체적인 방안을 찾는 과정을 거친다.

제5절 잠재력분석

1. 의 의

계획수립단계에서 잠재력분석은 매우 큰 의미를 지니고 있다. 어떠한 계획 목표를 설정하고 목표 달성을 위한 전략을 모색하며 실현가능한 대안을 선택하는 것이 무엇보다 중요하기 때문이다. 잠재력이란 외부에 드러나지 않았지만 어떤 일을 능히 수행해가는 물적·비물적 자원을 포함한 힘 또는 능력을 의미한다.

지역개발계획에서 잠재력분석은 계획을 집행하는 주체나 수용하는 대상이 집행하거나 수용할 정도의 역량을 지니고 있는지 또는 자원은 충분히 확보하고 있는지 등을 분석하는 것이다. 이러한 잠재력을 제대로 분석할 경우에만 많은 대안 가운데에서 최선의 실현가능한 대안을 선택할 수 있다.

2. 주요 내용

지역개발계획에서 잠재력분석은 그 지역에 대한 강점(strength), 약점(weakness), 기회(opportunity), 위협(threat)을 분석하는 것이다. 강점은 경쟁대상과 비교하여 우위에 있는 부분을 의미하고 약점은 경쟁대상과 비교하여 열위에 있는 부분을 의미한다.

강점과 약점은 다른 지역과 비교하여 도출되는 상대적인 개념으로서 주로 대상지역의 대내적인 요인에 해당한다.

기회는 외부환경에서 대상지역이 갖는 유리한 부분을 의미하고 위협은 외부환경에서 우리 지역이 갖는 불리한 부분을 의미한다. 기회와 위협은 지역개발계획의 대상이 되는 지역을 둘러싼 대외적인 환경에서 영향을 받는다.

표 3.1.1 SWOT 분석의 요인

구 분	대내적 요인	대외적 요인
긍정적 요인	강점	기회
부정적 요인	약점	위협

예를 들어, 경상북도 구미시의 산업진흥계획을 수립한다고 할 때 먼저 대내적인 강점으로는 구미가 전자정보기기산업에 대한 대규모 집적지를 보유하고 있다는 것이고, 약점은 생산기능이 우수한 데 비하여 고급의 연구개발기능이 취약하다는 것을 들 수 있다. 기회로는 IT산업을 지속적으로 육성한다는 국가적 정책을 들 수 있으며, 그럼에도 불구하고 고급인력이 수도권을 선호한다는 것은 위협으로 지적할 수 있다.

한편 잠재력분석을 통해 얻어낸 강점, 약점, 기회, 위협요인을 통해 기회로부터 강점을 살리기 위한 전략(SO전략), 약점을 극복하면서 기회를 살리는 전략(WO전략), 위협을 회피하기 위해 강점을 활용하는 전략(ST전략), 약점을 최소화하고 위협을 회피하는 전략(WT)을 도출할 수 있다. 이러한 전략은 지역이 가진 잠재력의 정확한 분석을 통해 지역개발의 목표설정과 전략과제 도출을 가능하게 한다.

표 3.1.2 SWOT 분석의 전략

구분	강 점	약 점
기회	• SO전략 –기회로부터 강점을 살리기 위한 전략	• WO전략 –약점을 극복하면서 기회를 살리는 전략
위협	• ST전략 –위협을 회피하기 위해 강점을 활용하는 전략	• WT전략 –약점을 최소화하고 위협을 회피하는 전략

3. 분석방법

지역개발계획의 수립과정에 있어 잠재력을 분석하기 위하여 활용되는 기법으로 SWOT 분석을 들 수 있다. SWOT 분석은 강점(S), 약점(W), 기회(O), 위협(T)을 기본으로 하여 대내외에서 발생하는 긍정적인 내용과 위협적인 내용을 분석하여 지역개발계획의 방향성을 잡는 분석방법이다.

SWOT 분석의 가장 큰 장점은 내부와 외부의 제 요소들을 동시에 판단 할 수 있다는 점이다. SWOT 분석 이외에 다른 분석들은 내부와 외부환경 중 하나만을 집중하는 경향이 있지만 SWOT 분석의 경우 내부와 외부의 모습을 동시에 파악할 수 있으므로 장기적 안목에서도 유리하다. 또한 SWOT 분석은 분석 자체가 간단명료하게 정리되기 때문에 쉽게 문제점을 파악할 수 있다.

SWOT 분석을 정확하게 이해하기 위해서는 제반 사항에 관한 지식이 필요하다. 그 이유는 SWOT 분석이 장황한 설명문 형식이 아니라 짧은 문장으로 끝나고 추가 설명이 들어 있지 않기에 기초적인 지식이 없는 상태에서는 분석 자체를 이해하지 못할 수가 있으며 이해하더라도 부분적인 면에서 그릇된 해석을 할 수 있기 때문이다. SWOT 분석을 위해서는 문장을 명료하게 만들고 국내외 환경영향을 간략하게 정리할 수 있어야 한다. 뿐만 아니라 SWOT 분석에서 제시되는 약점이나 위협에 대해 체계적으로 설명할 수 있어야 한다.

SWOT 분석은 계획환경의 분석을 돕는 과정이다. 때문에 모든 환경을 SWOT 분석만으로 해결하려고 하는 것은 잘못된 방법이다. 그러나 SWOT 분석은 계획과정에서 현재 대상지역이 가진 내부적인 강점과 약점, 환경적인 기회와 위협을 파악하기 위해 사용하고 있는 분석방법 가운데 가장 대표적인 방법이다.

탐구학습

1. 주요 개념
   - 현황분석
   - 횡단면자료와 종단면자료
   - 1차자료와 2차자료
   - 내용분석법
   - 체크리스트법
   - 시계열분석
   - 델파이기법
   - SWOT 분석

2. 토론과 과제
   - 현황분석과 계획목표의 관계
   - 수요분석의 필요성
   - 관련계획분석의 필요성
   - SWOT 분석의 필요성

참고문헌

경상북도(2012), 제3차 경상북도 종합계획 재수정계획(2012~2020).
권영찬 · 이성복(2002), 기획론, 서울: 법문사.
김렬(2009), 연구조사방법론, 서울: 박영사.
김신복(2009), 발전기획론, 서울: 박영사.
남궁근(2008), 정책학, 서울: 법문사.
대한국토 · 도시계획학회(2000), 국토 · 지역계획론, 서울: 보성각.
박용치 외(2008), 조사방법론, 서울: 대영문화사.
이성근(2006), 정책계획론, 서울: 법문사.
Dunn, W. N.(1994), *Public Policy Analysis*, N. J.: Prentice-Hall.

제 2 장

구 상 계 획

제1절 비전 및 미래상

1. 의 의

비전(vision)이나 미래상은 미래에 있어서 규범적이고 바람직한 어떤 상황을 제시하는 함축적인 용어의 조합이라고 볼 수 있다. 지역개발계획에서 비전과 미래상은 지역의 바람직한 미래모습을 제시함으로써 계획을 둘러싼 구성원들에게 몰입과 동기를 부여하고 협력을 유도한다. 또한 비전과 미래상은 구성원 사이의 의사결정 기준으로 활용될 수도 있다. 이는 합리적 계획과정에 있어서 일반적 목표(goal)에 해당한다고 볼 수 있다(이성근, 2006).

비전이나 미래상은 목표의 구체화정도에서 매우 광범위하게 진술되며, 사용하는 용어는 조작적으로 정의되는 것이 아니라 감각적으로 제시되는 경우가 많다. 그리고 계획의 대상을 광범위하게 규정하는 속성이 있다(나기산, 2005). 비전이나 미래상은 계획의 주체 및 대상이 모두 수용할 수 있어야 한다. 즉, 공유된 비전이 되어야만 이를 달성하기 위한 세부적인 전략이나 세부목표의 수립에 있어서 추진력을 확보할 수 있다.

2. 주요 내용

비전이나 미래상은 지역계획 수립의 근거가 되는 지역문제와 매우 밀접한 연관이 있다. 이는 지역문제를 해결하기 위하여 지역개발계획이 수립되고, 비전이나 미래상은 지역문제를 해결하고 미래의 바람직한 발전상을 제시하는 슬로건과 같은 역할을 하기 때문이다.

예를 들면 제4차 국토종합계획 수정계획의 비전은 '대한민국의 새로운 도약을 위한 글로벌 녹색국토'이다. 그리고 제3차 경상북도 종합계획 재수정계획(2012~2020)의 비전은 '녹색·창조·통합의 새경북'으로 설정하였다. 이처럼 비전이나 미래상은 수립하는 지역개발계획의 내용을 망라하여 계획이 궁극적으로 지향하는 모습을 나타낸 것이다. 한편 비전은 수치로 표현되기도 한다. 중소기업청은 '혁신형 중소기업 30만개 육성'이라는 비전을 설정하였고 프랑스의 메츠시는 2,000개의 기업을 유치하겠다는 의미에서 '메츠 2000'이라는 비전을 설정하였다.

3. 설정방법

비전이나 미래상의 설정은 비전의 확인, 비전의 명료화 그리고 비전의 순위화의 3단계로 나누어 진행된다. 먼저 확인은 개인과 지역의 가치와 잠재력을 면밀히 검토하는 단계이다. 다음으로 명료화는 확인된 비전을 보다 완전하게 이해하고 기술하는 시도이다. 그리고 우선순위의 결정은 일정기준에 의해 비전을 조정하고 질서를 부여하는 과정이다. 우선순위결정은 잠재적 기회의 성숙성 또는 해결가능성과 같은 본질적 기준, 고객의 수요, 문제의 보편성 영향정도, 정치적 관심도, 사회적·경제적 편익 등과 같은 기준을 사용하여 결정한다.

비전수립은 먼저 필요한 기초용어와 핵심키워드를 발굴하고 비전수립 방향에 대한 아이디어를 수렴할 필요가 있다. 그리고 비전의 필요성, 중요성 등을 충분히 교육홍보한 후 비전의 캐치프레이즈를 설정한다(전국시장·군수·구청장협의회, 2010). 전통적으로 비전을 설정할 때 주로 계획가의 전문적인 역할과 책임을 강조해 왔으나 최근에는 비전의 설정·선택에 있어 주민을 포함한 다양한 이해관계자의 참여를 강조하고 있다.

비전의 설정은 가능한 한 모든 구성원이 참여하여 수립하는 것이 바람직하다. 특히 참여적 목표설정의 기법으로는 기술보완기법, 공개과정기법 등이 있다(정환용, 2009). 먼저 기술보완기법은 비전설정에 있어서 다양한 참여자가 표현한 비전을 전문가가 종합적으로 체계화하여 비전을 도출하는 기법이다. 공개과정기법은 비전의 설정을 위한 각계각층의 의견을 수렴하여 공개적인 논의과정을 거치면서 비전을 완성해 나가는 기법이다.

전통적으로 비전설정에서 전문가의 역할이 강조되었으나 최근에는 주민을 비롯한 다양한 이해관계자의 의견을 수렴하고 구성원이 공감하는 비전을 도출하기 위해 이러한 기법들이 활용되기도 한다.

제2절 구체적 목표와 과제

1. 의 의

지역개발계획에 있어 구체적 목표와 과제는 앞서 살펴본 비전이나 미래상을 구현하기 위한 세부적인 실천수단이라고 할 수 있다. 때문에 구체적 목표와 과제는 비전 및 미래상에 비하여 구체적으로 기술되며, 사용되는 용어는 조작적으로 정의된다. 그리고 목표달성 및 과제의 추진기간을 명확하게 규정하며, 계량적인 지표로서 표현된다. 또한 계획목표 및 과제의 대상이 되는 집단은 매우 구체적으로 정해진다(나기산, 2005).

이러한 구체적 목표와 과제는 비전이나 미래상을 구현하기 위한 수단적인 위치에 서게 된다.[1] 그러나 과제를 달성하기 위한 세부적인 실천과제와의 관계에 있어서는 목표의 위치에 서게 된다. 즉, 구체적 목표와 과제는 추상적인 비전과 실천적인 세부 실천과제의 중간영역에 위치하여 두 영역을 상호연계시키는 기능을 담당한다.

2. 주요 내용

지역개발계획의 수립에 있어서 구체적 목표와 과제는 일반적으로 계획부문별로 도출된다. 계획의 비전이나 미래상은 지역의 미래에 있어서 바람직한 모습을 추상적으로 나타낸 것인 바, 이를 구현하기 위한 구체적 목표와 과제는 몇가지 측면에서 개

1) ends-means chain에서 볼 때, 비전과 미래상이 ends에 해당하고 구체적 목표나 과제는 means에 해당한다.

별적으로 접근하여 설정된다.

앞서 보았던 제4차 국토종합계획 수정계획에서 '대한민국의 새로운 도약을 위한 글로벌 녹색국토'라는 비전을 구현하기 위한 부문별 목표로서 '경쟁력 있는 통합국토', '지속가능한 친환경국토', '품격있는 매력국토', '세계로 향한 열린 국토'를 설정하고 있다. 또한 제3차 경상북도 종합계획 재수정계획(2012~2020)에서는 '녹색·창조·통합의 새경북'으로 비전을 설정하고 있는데 이를 위한 부문별 목표로서 '튼튼하고 희망이 있는 녹색산업경제', '활력 넘치고 살기좋은 지역균형발전', '건강하고 행복한 문화복지공동체', '아름답고 지속가능한 그린 청정환경', '소통하고 신뢰하는 연계·협력'으로 5대 목표를 설정하고 있는데 이것이 구체적 목표의 한 사례이다.

3. 설정방법

구체적 목표와 과제는 설정된 비전을 효과적으로 달성하기 위한 수단이다. 구체적 목표와 과제의 조건은 달성여부의 성과측정과 구체적인 실행계획 수립이 가능해야 한다. 구체적 목표와 과제의 설정기준은 ① 측정가능한 상태일 것, ② 그 대상이 되는 모집단을 한정할 것, ③ 변동량을 포함할 것, ④ 목표달성의 기간을 구체화할 것을 들 수 있다.

구체적 목표와 과제는 매우 다양한 원천을 통하여 제시된다. 첫째, 전문가적 권위(authority)로서, 문제해결을 위한 과제의 탐색에서 전문가의 도움이 활용된다. 예를 들면, 지역의 교통환경 개선을 위한 지역교통개선위원회의 의견이 교통사고 예방을 위한 정책대안의 원천이 되기도 한다. 둘째, 통찰력으로, 이는 어떤 문제에 대한 통찰력이 있다고 믿어지는 사람들의 직관, 판단, 묵시적 지식 등에 기인하여 제시되기도 한다. 셋째, 혁신적 분석방법으로, 이는 다수의 상충하는 목표들의 우선순위를 부여하는 데 활용된다. 넷째, 과학적 이론으로, 자연과학과 사회과학에 의해 산출된 해석들이 정책대안의 중요한 원천이 된다. 다섯째, 동기부여로, 계획가의 신념, 가치, 욕구 등이 정책대안의 원천이 되기도 한다. 여섯째, 유사사례의 활용으로, 이는 다른 나라, 도시, 지역 등에서의 계획문제에 대한 선행경험이 중요한 정책대안으로 설정되기도 한다. 일곱째, 유추로서, 이는 다른 종류의 문제 사이의 유사성이 정책대안의 원천이 된다(나기산, 2005).

제3절 계획지표의 설정

1. 의 의

지역개발계획의 수립에 있어 계획지표란 계획대안의 집행으로 인해서 기대되는 성과 또는 대안을 집행하기 위하여 달성되어야 할 최소한의 요건 및 상황을 계량적으로 나타낸 지표이다. 설정된 목표를 달성하기 위한 대안이 창출되고 그 대안이 집행되기 위해서 갖추어야 할 대내외적 환경을 의미함과 동시에 대안의 집행으로 나타나는 성과 및 산출을 계량적으로 나타낸 것을 계획지표라 할 수 있다. 이러한 계획지표는 계획의 최종적인 상태를 설정함으로써 계획추진의 목표를 제시하고 정당성을 부여하기도 한다.

2. 주요 내용

지역개발계획의 수립에 있어 계획지표는 일반적으로 부문별로 나누어 설정한다. 일반적인 지역개발계획에서 설정하는 계획지표를 살펴보면 다음과 같다.

우선 계획인구의 설정이다. 계획인구는 지역성장과 발전정도를 나타내는 통합적·상징적인 지표로서 토지이용·교육·문화·사회복지·주택·상하수도 분야의 양적 개발지표와 서비스 수준을 결정하는 가장 기본적인 계획지표이다. 인구는 총인구를 추정하는 것은 물론 성별·연령별 인구·인구추이도 추정하는 것이 일반적이다.

다음은 경제지표로서 지역총생산·수출입액·경제활동인구·취업률·업체수 등이 이에 해당된다. 그리고 생활환경지표로서 교통·정보통신·주택·상수도·하수도·폐기물지표 등이 있는데, 이를 세부적으로 살펴보면 교통지표에는 도로포장률·도로율 등이 제시되고, 정보통신지표에는 PC보급률·인터넷이용자 비율 등을 들 수 있다. 주택지표로는 가구당인구 및 주택보급률·1인당 전용면적 등이 있고, 상수도지표는 상수도 보급률, 1일 급수량 등으로 구성된다.

또한 사회복지문화지표로는 교육·문화·체육·의료·사회복지 등으로 구분되는데, 세부적으로 살펴보면 교육지표에는 학급당인원·학교당학급수·학생당교원수 등이 있고, 문화지표에는 공공도서관·공연시설·문화복지시설 개수 등이 있다. 체육지표에는 종합경기장·실내체육관수 등이 있으며, 의료지표에는 병상률·의사율·종합병원수 등을 들 수 있다. 사회복지지표에는 노인복지·아동복지·여성복지·장애인복지 등에 대한 세부시설 수 등이 있다. 이러한 계획지표는 계획의 종류나 성격에 따라 다양한 형태로 나타난다.

3. 설정방법

계획지표를 설정하는 과정은 세 가지로 구분된다. 첫째, 무엇을 예측할 것인가이다. 즉 예측할 대상(object)이 무엇인가를 결정해야 한다. 다음으로 어떻게 예측할 것인가이다. 이 단계에서는 예측을 위한 몇 가지 기초(basis)를 선정하여야 한다. 마지막으로 선정된 대상과 기초에 가장 적합한 기법(technique)을 선택하여야 한다.

우선 어떻게 예측하는가에 대하여 살펴보면, 여기에는 추세연장, 이론적 가정, 식견 있는 판단 등 세 가지가 있다. 먼저 추세연장(trend extrapolation)이란 과거에 관찰된 추세를 미래로 연장하는 것이다. 추세연장은 새로운 정책이나 예기치 못한 사건이 사건의 진행방향을 바꾸는 데 간여하지 않는다면 과거에 일어났던 것들이 미래에도 같이 일어날 것이라고 가정하는 것이다. 추세연장은 귀납적 논리(inductive logic)에 근거한다. 특정한 관측치로부터 일반적인 결론이나 주장을 추론하는 과정에 기초한다(정덕주, 2013). 추세연장에서 우리는 보통 일단의 시계열자료를 가지고 시작하며 과거 경향을 미래로 투사하여 추정한다.

둘째, 이론적 가정(theoretical assumption)으로 이는 한 사건이 다른 사건에 근거해서 발생할 것으로 예측하는 체계적으로 구성되고 실증적으로 검증할 수 있는 일단의 법칙이나 명제를 말한다. 이론적 가정은 인과관계의 형태를 띠고, 그 구체적인 역할은 설명하고 예측하는 것이다. 이론적 가정의 이용은 연역적 논리(deductive logic)에 입각한 것이다(김신복, 2006).

마지막으로 전문가적 판단은 귀납적 혹은 연역적 추론보다는 경험과 통찰력에 기초한 지식을 가리킨다. 이 판단은 대개 전문가 혹은 지식인들에 의해 표현되며, 이론이나 실증적 자료가 없거나 부적합한 경우에 이용된다. 전문가적 판단은 종종 회상적 논리(retroductive logic)에 기초한다. 다시 말해 미래에 대한 주장에서 출발하여 그 주장을 뒷받침하는 데 필요한 정보나 가정을 거꾸로 찾아내는 추론과정에 기초한다(나기산, 2005).

제4절 추진전략

1. 의 의

그리스어 strategia(將帥術)에 그 어원을 두고 있는 전략(strategy)이란 용어는 전쟁에서 적을 속이는 술책이라는 뜻을 가지고 있으며, 18세기 말까지의 전쟁은 이와 같은 의미로서만 통하였다(노화준, 2010). 그러나 전략의 개념은 본질적으로 동적인 것이기 때문에 전술이 복잡해지고 다양화됨에 따라 전략의 개념도 점차 변화하였다. 시대의 변천에 따라 무기기술이 발전되었듯이 전략의 개념도 발전되었으며, 또한 전략은 군사적 개념으로서의 범위를 벗어나 국가경영전략, 기업전략 등 비군사적 분야에도 응용되고 있다.

2. 주요 내용

지역개발계획의 수립에 있어 비전 및 미래상을 구현하기 위하여 산업경제, 지역기반, 환경, 복지 등 다양한 부문에 걸쳐 대안들을 창출하고 또한 집행하게 되는데, 이러한 과정에 있어 다양한 효율성 및 효과성, 목표달성정도를 극대화하기 위하여 몇 가지의 원칙 및 규범을 설정하게 되는 바, 이를 추진전략이라 한다.

이를테면 앞서 살펴보았던 제4차 국토종합계획 수정계획의 경우 비전과 목표를 달성하기 위해 국토경쟁력 제고를 위한 지역특화 및 광역적 협력강화, 자연친화적이고 안전한 국토공간 조성, 쾌적하고 문화적인 도시·주거환경 조성, 녹색교통·국토정보 통합네트워크 구축, 세계로 열린 신성장 해양국토기반 구축, 초국경적 국토경영기반 구축의 6대 추진전략을 설정하고 있다.

또한 제3차 경상북도 종합계획 재수정계획(2012~2020)에서는 비전과 목표를 달성하기 위한 7대 추진전략을 설정하고 있는데 네트워크형 도시개발 및 농어촌 정주기반

강화, 전통산업 경쟁력 강화 및 미래형 녹색기술·산업육성, 강·산·해와 한(韓)문화가 어우러진 문화관광지대 실현, 사통팔달 녹색교통·물류 및 정보통신망 확충, 쾌적한 생활 및 서민이 행복한 복지체계 구축, 녹색성장지향형 지역자원의 개발과 효율적 관리, 기후변화에 대응한 환경보전·관리 및 재해지역 구현이 그것이다.

3. 설정방법

지역개발계획의 수립과정에 있어 추진전략은 계획이 포괄하고 있는 분야별로 구분하여 수립되는 것이 일반적이다. 예를 들어, 어떤 도시의 종합계획에서 도시인프라부문, 산업경제부문, 과학 및 정보통신부문, 환경 및 관광부문, 복지 및 의료부문, 문화교육부문 등 7대 부문으로 계획이 수립된다면, 부문별로 대안을 창출하고 집행하는 원칙을 세우게 되므로 추진전략도 역시 이러한 부문별로 구분하여 설정된다.

추진전략의 경우에도 각 부문의 내용을 종합적으로 설명하고 효율적으로 집행하기 위한 슬로건 형태로 제시된다. 즉, 앞서 살펴본 비전과 미래상이 당해 지역의 미래의 모습을 나타낸 슬로건이라면 추진전략은 그 미래상을 만들어가는 방법론적인 차원에서의 슬로건이라 할 수 있다(김신복, 2006).

탐구학습

1. 주요 개념
   - 비전
   - 목표
   - 추진전략
   - 계획지표

2. 토론과 과제
   - 비전의 설정방법
   - 목표의 설정방법
   - 계획지표의 설정방법

참고문헌

경상북도(2012), 제3차 경상북도 종합계획 재수정계획(2012~2020).
국토교통부(2011), 제4차 국토종합계획 수정계획.
김신복(2009), 발전기획론, 서울: 박영사.
나기산(2005), 정책분석론, 서울: 법문사.
노화준(2010), 정책분석론, 서울: 박영사.
이성근(2006), 정책계획론, 서울: 법문사.
정덕주(2013), 기획론, 서울: 피앤씨미디어.

제 3 장

부문계획

제1절 지역공간구조계획

1. 공간구조 및 생활권

1) 의 의

공간상에는 사람, 자원, 정보 등이 특정한 지역에 입지를 하고 있으면서 다른 지역의 사람, 자원, 정보 등과 끊임없이 상호교류를 하고 있다. 이러한 사람, 자원, 정보의 입지와 흐름은 일정한 규칙 혹은 패턴을 가지는 공간구조를 이루게 된다(이성근 외, 2008).

지역의 공간구조에서 초점으로 삼는 것이 정주체계인데, 정주체계란 사람들과 경제활동이 공간상에 규칙성을 가지고 일정한 목적달성을 위하여 상호작용하고 있는 것을 말한다(박종화 외, 2006). 이러한 정주체계가 우리나라에서 법적·제도적으로 실현된 것이 생활권이라 할 수 있다.

생활권은 주민들 간의 경제적·사회적·문화적인 생활 및 감정상 깊은 연대관계를 형성하고 있는 공간적 지역단위이며, 공동생활권·지역경제권·공통의 정치적 가치(제도)·심리적인 동질성 등 공동사회를 형성하고 있다고 할 수 있다. 즉, 생활권은 개인 또는 인간집단의 일상생활 활동이 파급되어 교류되는 범위라고 할 수 있다. 공간적인 의미에서 개개 시민의 생활행동 영역의 집약적인 공간이라 할 수 있겠으나, 생활의 구조와 형태가 변화함에 따라서 생활의 영역이 크게 확대되어가고 있다(김연기, 1985).

생활권에 대한 계획은 인구규모, 생활환경수준, 공동서비스시설의 종류 등에 따라 정주단위를 위계화하고, 정주단위별로 특성을 부여하여 목표를 설정하며, 사회적·물리적 기능과 요소를 배분·설치하는 데 주안점을 둔다.

생활권 설정은 「국토계획법」 제19조에서 규정한 도시·군기본계획을 법적 근거로 들 수 있다. 도시·군기본계획은 공간구조, 생활권의 설정 및 인구의 배분에 관한 사항을 포함하도록 하고 있다.

2) 내용과 절차

(1) 계획 내용

생활권 계획의 내용은 사회적 측면과 물리적 측면에서 접근할 수 있다. 사회적 측면으로는 첫째, 공동체의식 형성과 주민 간 교류기회 확대, 둘째, 주민 간의 동질성 및 연대의식 형성, 셋째, 지역문화 창달 및 가치관의 공유 등이 있다.

물리적 측면으로는 첫째, 자족적인 도시적 편의성 제공, 둘째, 교통수단별 단위생활권의 체계화, 셋째, 생활권 계층에 따른 공공편익시설 및 서비스의 제공, 넷째, 생활권별 다양한 욕구 및 가치관의 수용 등이 있다.

(2) 구분기준

생활권 계획은 거주민들의 생활양식, 편익시설의 이용행태에 의한 이용거리, 이용가구수 및 소득수준, 행정구역의 범위 등에 따라 위계별로 구성하며, 보통 단위생활권이 하나의 보행권이 되도록 하는 것이 바람직하고 생활권 특성에 따라 보행권, 통학권, 일상생활권 및 행정단위권 등을 고려하여 설정한다.

생활권은 일반적으로 소생활권(1차생활권), 중생활권(2차생활권), 대생활권(3차생활권)으로 구분한다. 소생활권의 경우 초등학교 1개를 중심으로 한 보행권으로 제안되며, 중생활권의 경우 1차생활권이 3~4개 정도 모인 규모로 간선도로에 의해 구획되며 중고등학교 통학권을 기준으로 구성되고, 상업시설과 공공시설들의 배치를 대상으로 하고 있다. 대생활권은 대도시 크기의 생활권으로 하나의 완결된 공간적 체계로서 생산과 소비까지 모든 시민활동이 적절하게 수용될 수 있는 규모로 내부에 주거 외의 용도지역이 설정되어 있고, 도심 성격의 중심지까지 포함하는 것으로 볼 수 있다(권영상, 2011).

표 3.3.1 생활권 구분

구 분	1차 소생활권	2차 중생활권	3차 대생활권
설정 기준	• 근린생활권 단위	• 지방 소도시 규모 • 대중교통시설 중심의 생활권	• 대도시 규모 • 도심 또는 부도심의 성격
공간적 범위	• 보행으로 10분 이내 거리	• 대중교통수단 10~15분	• 도시적 범역(자기완결성)
인구 규모	• 1~2만	• 5~10만	• 20~30만
토지이용 특징	• 주거환경 보호가 최우선	• 지역중심과 2~3가지 토지이용	• 주거, 상업뿐 아니라 생산시설도 입지
특징	• 초등학교의 통학권 • 전통적 시장의 형성규모 • 지역간 간선도로 경계 • 행정동 단위와 일치하는 것이 생활권 형성에 유리	• 중심에는 혼합적 토지이용 도모(지역중심역할)	• 도심 또는 부도심 성격의 중심지 • 구 단위 행정구역과 일치하는 것이 생활권 형성에 유리
주요 시설	• 초등학교, 동사무소, 파출소, 우체국, 유치원, 약국, 마을회관, 근린상점, 은행 등	• 중학교, 고등학교, 구청, 경찰서, 소방서, 도서관, 보건소, 쇼핑센터(백화점) 등	• 대학교, 시청, 연구기관, 종합병원, 문화공연장, 백화점, 대규모 유통센터 등

자료: 이종화(2009: 34).

(3) 설정절차

생활권을 설정하는 절차는 일반적으로 현황분석, 장래성장 변화예측, 정주단위의 구분 및 설정의 단계를 거쳐 마지막으로 완성된다.

먼저 현황분석에서는 공간구조, 통근권, 개발축, 교통축, 상권 등 환경여건 조사 및 시설현황 조사 등을 수행한다. 장래성장 변화예측단계에서는 당해 및 인접 지역의 장래성장과 변화예측, 장래의 생활패턴 변화, 이상적인 생활권패턴 및 규모기준설정 등이 이루어진다. 그리고 정주단위 구분 및 설정의 단계에서는 위계별 생활권 구분기준설정, 단위권역별 공공편익시설의 수요추정 및 공급계획을 수립한다. 마지막으로 생활권 설정의 단계에서는 근린분구, 근린주구 및 근린지구 등 위계별 생활권의 영역설정, 생활권별 공공편익시설 계획, 주거유형별 공동·공유공간 계획 등 부문계획이 이루어진다.

그림 3.3.1 생활권의 설정절차

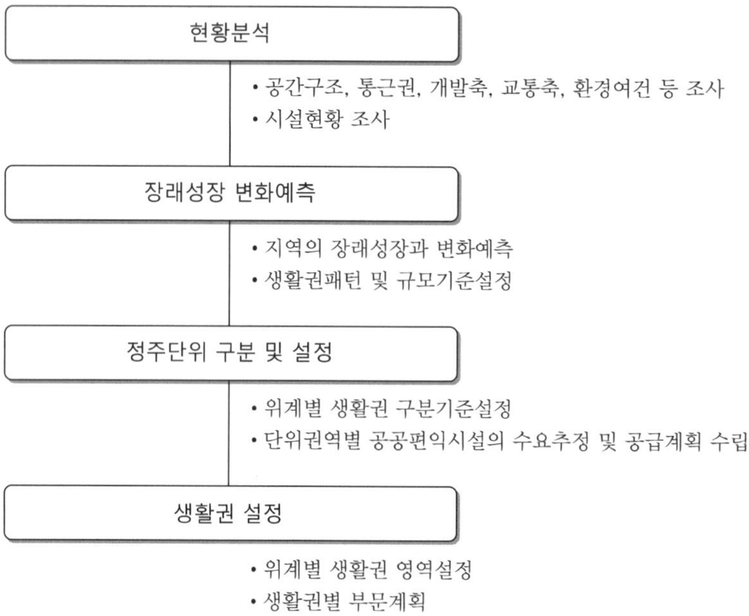

2. 토지이용계획

1) 의 의

토지이용계획은 한정된 토지자원을 효율적으로 이용할 수 있도록 질서를 부여하는 계획수립과정 및 계획내용을 의미한다. 또한 토지이용계획은 토지기능의 혼합, 행위의 상충, 토지의 비효율적 이용에 따른 사회적 비용을 최소화하기 위하여 토지소유자의 이용권 일부를 제한함으로써 개발과 보전이 조화를 이룰 수 있도록 함과 동시에 자원의 합리적 이용을 도모하는 것이 목적이다.

구체적으로 토지이용계획은 기능별로 토지수요를 예측하고 기능별 최적지에 토지이용을 배분하는 과정으로서, 다음 내용을 목적으로 하고 있다(대한국토·도시계획학회, 2010). 첫째, 제한된 토지공간에서 시민의 안녕을 유지하고 쾌적한 생활을 향유할 수 있도록 다양한 도시활동과 시설을 합리적으로 조합·배열한다. 둘째, 토지공간에 입체공간을 조성함으로써 시민이 능률적이고 안정된 경제·사회 및 문화활동을 향유할 수 있도록 한다. 셋째, 토지자원의 가치를 부여하고 지역의 미래상에 부합하는 계획

수립을 통해 항구적인 시민생활을 기약하도록 한다.

2) 내용과 절차

(1) 계획 내용

토지이용계획 수립시에는 다음과 같은 사항을 고려하여야 한다(G. Golany, 1976). ① 대상지역 및 주변지역의 물리적·지리적·역사적·문화적 특성 고려, ② 자연환경의 물리적·생태적 균형 유지, ③ 지역 부존자원의 개발 및 활용, ④ 기능본위의 토지이용설계와 건전한 사회생활 보장, ⑤ 용도별 기능 분화로 인한 지역 간 통행량 증가를 최소화함과 동시에 안전하고 쾌적한 접근성이 보장되는 교통체계의 확립, ⑥ 미래 확장에 대비한 토지의 확보, ⑦ 지역사회의 균형을 유지할 수 있는 주거밀도 유지, ⑧ 기반시설 및 공용시설의 적절한 공급, ⑨ 효율적인 토지이용과 통제체계의 확립 등이 주요내용이다.

(2) 고려사항

토지이용계획은 토지자원을 대상으로 토지이용과 시설배치 등을 공공에 의해 통제함으로써 건전한 형태공간이 창출될 수 있도록 생성과 변화 원칙을 제시하는 데 의미를 둔다.

한편 샤핀(F. S. Chapin)은 토지이용을 결정함에 있어 경제적 요인, 사회적 요인, 공공의 이익 등 세 가지 요인이 고려되어야 하며, 이들 요인은 조화를 이루어야 한다고 주장하였다(대한국토·도시계획학회, 2010).

첫째, 경제적 요인은 토지도 일종의 재화이기 때문에 시장기능에 의해 가치를 부여받게 되므로, 토지가치에 부합하는 토지이용이 이루어져야 한다는 것이다. 즉, 동일한 위치와 조건의 토지일지라도 접근도와 서비스 시설의 편의도 혹은 환경의 질적 조건에 따라서 토지이용이 달리 적용되어야 함을 의미한다.

둘째, 사회적 요인은 집단사회에 있어 토지공간의 공유개념에서 비롯된다. 경제적 요인만을 고려한 토지이용 결정이 이루어질 경우, 인간의 가치와 행동은 반드시 효율성에 따라 정해지는 것만이 아니기 때문에 사회의 구조적인 부분과 조화를 이루지 못하는 경우가 발생할 수 있다. 따라서 토지이용을 결정하는 데 있어 사회적 요인에 대한 신중한 고려가 요구된다.

셋째, 공공의 이익이다. 경제적 요인과 사회적 요인은 상호보완적으로 복잡하게 얽혀져 있으나 토지이용계획의 부분계획으로서 계획을 결정하기 위해서는 환경목표, 즉 일반적으로 공공이익이라는 점에서 접근할 필요가 있다. 공공이익의 요소로는 안전성(safety), 보건성(health), 편리성(convenience), 쾌적성(amenity), 경제성(economy) 등이 있으며, 이같은 요소들이 계획수립과정에서 충분히 반영되어야 한다.

(3) 용도지역지구제와 토지적성평가

용도지역지구제는 토지이용계획을 구체적으로 실현하는 대표적인 법적·행정적 방안의 하나이다. 토지용도 및 구조물형태를 규제하여 시민 개개인의 이익을 보장함과 동시에 공공의 이익을 도모할 수 있게 하는 도구로서, 토지이용계획에서 가장 보편적으로 이용되고 있는 제도이다. 이러한 용도지역지구제는 지역의 특성에 맞는 용도를 지정함으로써 재산가치를 보호함과 동시에 토지의 기능을 분리함으로써 공해·화재 등으로부터 안전성을 확보하는 것을 목적으로 한다.

용도지역지구제의 장점은 능률적인 토지이용과 쾌적한 환경의 제공, 상세한 규정에 의한 행정시행상의 용이성, 시설설치에 대한 기초자료, 정부와 토지소유자 사이의 상호이익 등을 들 수 있는 반면, 규제의 경직성으로 변화에 대한 탄력성이 부족하다는 단점을 가지고 있다(대한국토·도시계획학회, 2010).

용도지역지구제에 의한 토지이용계획은 「국토계획법」에 의거 도시·군관리계획에서 지정함으로써 실현된다. 용도지역은 크게 도시지역·관리지역·농림지역·자연환경보전지역으로 나누어진다. 도시지역은 주거지역·상업지역·공업지역·녹지지역으로 세분화되고, 관리지역은 계획관리지역·생산관리지역·보전관리지역으로 세분화된다.[1]

용도지역지구의 결정으로 토지이용에 대한 기능뿐만 아니라, 용적률·건폐율 등과 같은 물리적 개발여건에 대한 규제가 이루어진다. 또한 용도지역은 중복지정이 불가능하여 기능 간의 상호 배타적인 성격을 나타내지만, 용도구역·용도지구의 경우는 중복지정이 가능하다.

용도지역지구제와는 달리 필요한 지역에 국한하여 수립하는 지구단위계획은 도시계획수립대상지역 안의 일부에 대하여 토지이용을 합리화하고 그 기능을 증진시키며 미관을 개선하고 양호한 환경을 확보하며, 해당 지역을 체계적·계획적으로 관리하기 위하여 수립하는 도시·군관리계획이다.

1) 자세한 내용은 제5부 제5장 제2절 토지정책(p. 474) 참조.

토지적성평가는 계획적인 국토관리의 목적을 달성하기 위하여 도입된 장치 중의 하나이다. 토지적성평가는 관리지역을 세분화(계획·생산·보전관리지역)하는 등 보다 과학적·합리적으로 토지의 현황을 분석하여 용도지역·지구·구역을 지정·변경하거나, 도시·군계획시설 계획, 도시개발사업·정비사업 계획 또는 지구단위계획을 수립하는 경우에도 실시한다.

토지적성평가는 토지분류방법에서 출발하여 토양·경사도 등의 물리적 특성을 기초로 적정한 용도를 평가하는 적성평가로 발달하였다. 따라서 토지적성평가는 토지가 가진 물리적 특성, 사회·경제적 특성, 입지적 특성 등의 제 특성에 기초하여 적정한 이용가능성과 보전필요성을 평가하고 계층화하는 것이다(채미옥 외, 2003).

토지적성평가는 토지이용계획의 친환경성과 현실적합성을 높이기 위한 수단으로 활용되며, 토지이용계획의 적합성을 제고하는 기능을 담당한다.

(4) 수립절차

토지이용계획은 일반적으로 ① 기본방향 설정, ② 대상지 선정, ③ 수요예측, ④ 입지배분, ⑤ 집행계획 및 실행 등의 수립절차를 통해서 이루어진다(대한국토·도시계획학회, 2011). 우선 기본방향 설정단계에서는 사업의 비전과 목표를 설정한다. 비전과 목표는 계획지표로 구체화되고, 토지이용계획 전반에 직·간접적으로 영향을 준다. 두 번째 단계는 대상지 선정단계이다. 사업의 기본방향에 적합한 대상지를 확정하는 단계로서, 대상지의 후보군 설정, 현장조사, SWOT 분석, 평가 및 계획구역 확정 등을 수행한다. 세 번째 단계는 수요예측단계로서 대상지에 도입되어야 할 시설의 종류와 규모를 추정한다. 필요한 시설을 예측하여 시설의 후보군을 만들고 스크리닝(screening)하여 시설계획을 하며, 규모계획에서는 시설계획에 기초하여 주거·상업·공업·녹지·공공기반시설 및 시설용지의 면적을 추정한다. 네 번째 단계는 입지배분단계로서 시설 및 규모계획의 결과물을 대상지에 배치한다. 다섯 번째 단계에서는 토지이용계획(안)에 법적·행정적인 효력을 부여하여 계획안을 실현시키는 단계이다. 법적으로 용도지역지구제, 지구단위계획, 도시·군계획시설 계획, 도시개발사업 계획 등의 집행계획을 통하여 실행·완성된다.

일반적으로 토지이용계획 수립절차는 일방통행적인 과정이 아니며 상호과정 간의 환류(feedback)를 필요로 한다.

제2절 지역생활환경계획

1. 주거계획

1) 의 의

주택이란 물리적 건물 그 자체를 의미하고, 주거란 사람이 생활하는 장소로 개념지을 수 있다. 즉, 생활하는 인간이 주체가 되느냐, 안 되느냐의 여부에 따라 그 개념이 다르게 정의될 수 있다. 광의의 주거개념은 개개인의 주택 내에서 개인생활과 그를 둘러싼 생활환경의 종합적인 총체로서, 물리적 주택의 범위와 개인생활, 가족공동생활, 접객·사교 등의 근린생활, 사회생활이 함께 어우러지는 생활공간의 개념으로 정의할 수 있다.

주거환경이란 거주자가 항상 건강하고 쾌적하게 거주하는 것이 가능하고, 주거 내에서 이루어지는 작업과 능률이 효율적이고, 거주자가 휴식을 취하며 피로를 풀고, 혹은 사고발생을 방지하는 환경조건을 실내에서 만들어내는 것이다. 주거와 관련한 계획수립의 법적 근거로는 「국토의 계획 및 이용에 관한 법률」, 「택지개발촉진법」, 「도시 및 주거환경정비법」, 「주택법」 등을 들 수 있다. 특히 「도시 및 주거환경정비법」에 의거한 도시·주거환경정비 기본계획과 「주택법」에 의한 주택종합계획 등이 대표적인 주거관련 계획이라 할 수 있다.

2) 내용과 절차

(1) 계획내용

도시·주거환경정비 기본계획에서는 ① 주거환경정비사업의 기본방향, ② 주거환경정비사업의 계획기간, ③ 인구·건축물·토지이용·정비기반시설·지형 및 환경 등의 현황, ④ 주거지 관리계획, ⑤ 토지이용계획·정비기반시설계획·공동이용시설 설치계획 및 교통계획, ⑥ 녹지·조경·에너지공급·폐기물처리 등에 관한 환경계획, ⑦ 사회복지시설 및 주민문화시설 등의 설치계획, ⑧ 주거환경정비구역으로 지정할 예정인 구역의 개략적 범위, ⑨ 단계별 정비사업 추진계획, ⑩ 건폐율·용적률 등에 관한 건축물의 밀도계획, ⑪ 세입자에 대한 주거안정대책 등의 내용이 포함되어야 한다.

주택종합계획에는 ① 주택정책의 기본목표 및 기본방향에 관한 사항, ② 국민주택·임대주택의 건설 및 공급에 관한 사항, ③ 주택·택지의 수요·공급 및 관리에 관한 사항, ④ 주택자금의 조달 및 운용에 관한 사항, ⑤ 저소득자·무주택자 등 주거복지 차원에서 지원이 필요한 계층에 대한 주택지원에 관한 사항, ⑥ 건전하고 지속가능한 주거환경의 조성 및 정비에 관한 사항, ⑦ 주택의 리모델링에 관한 사항 등이 포함된다.

(2) 수립절차

도시·주거환경정비 기본계획은 특별시장·광역시장 또는 시장이 10년 단위로 수립하여야 한다. 또한 매 5년마다 타당성 여부를 검토하여 결과를 기본계획에 반영하여야 하며, 기본계획을 수립 또는 변경하고자 하는 때에는 14일 이상 주민에게 공람하고 지방의회의 의견을 들은 후 지방도시계획위원회의 심의를 거쳐야 한다.

대도시[2)]의 시장이 아닌 시장은 기본계획을 수립 또는 변경한 때에는 도지사의 승인을 얻어야 하며, 도지사가 이를 승인함에 있어서는 지방도시계획위원회의 심의를 거쳐야 한다. 또한 기본계획이 수립 또는 변경된 때에는 당해 지방자치단체의 공보에 고시하여야 하고, 국토교통부령이 정하는 방법 및 절차에 따라 국토교통부장관에게 보고하여야 한다.

주택종합계획의 수립은 국토교통부장관이 수립·시행하며, 연도별 계획과 10년 단위 계획으로 구분한다. 연도별 계획은 10년 단위 계획을 토대로 해당 연도 2월 말까지 수립하여야 하며, 관계 중앙행정기관의 장 및 시·도지사가 제출한 주택종합계획에 반영되어야 할 정책 및 사업에 관한 소관별 계획서를 기초로 하여 주택종합계획(안)을 마련하여 관계 중앙행정기관의 장과 협의한 후 주택정책심의위원회의 심의를 거쳐 확정한다.

시·도 주택종합계획의 수립은 시·도지사가 특별시·광역시·도 또는 특별자치도의 조례로 정하는 바에 따라 연도별 시·도 주택종합계획 및 10년 단위의 시·도 주택종합계획을 수립하여야 한다. 이 경우 시·도 주택종합계획은 국토교통부장관이 수립한 주택종합계획에 적합하여야 하며, 연도별 시·도 주택종합계획은 10년 단위의 시·도 주택종합계획에 적합하여야 한다. 시·도지사는 연도별 시·도 주택종합계획

2) 「지방자치법」 제175조에 따른 서울특별시·광역시 및 특별자치시를 제외한 인구 50만명 이상의 대도시를 말한다. 경기도 수원시, 경상북도 포항시 등이 예이다.

또는 10년 단위의 시·도 주택종합계획을 수립하였을 때에는 이를 국토교통부장관에게 제출하여야 한다.

2. 환경계획

1) 의 의

환경계획이란 개발사업과 관련된 환경요인들을 체계적으로 분석·관리하여 개발에 따른 부정적 환경영향을 최소화하고 환경적 혜택을 극대화하기 위한 행동이라고 정의할 수 있다. 환경계획은 난삽한 환경문제에 체계적으로 대처하기 위해 1960년대 말에 등장한 비교적 새로운 영역이다. 계획과정에서 환경적 관심을 체계적으로 다룬 사람은 맥하그(Ian McHarg)이며, 이후 레오폴드(Leopold) 등에 의해 발전되어 왔다. 환경계획은 인구와 번영과 성장에 따라 인간이 환경을 파괴할 능력이 보다 증대되었고, 인간의 산출물과 산출방법이 환경파괴적인 측면이 높아졌기 때문에 등장했다.

환경계획은 환경관리에 관한 종합적 접근으로, 그 특징은 ① 장래의 불확실성에 대한 예방적 접근이고, ② 환경과정과 정책에 대한 통합적 성격을 반영하고, ③ 의사결정에 대한 전략적 견해를 견지하는 것이다. 환경계획수립과 관련된 법적 근거로는 「환경정책기본법」에 의한 국가환경종합계획, 「자연환경보전법」에 따른 자연환경보전기본계획, 「수도권 대기환경개선에 관한 특별법」에 따른 수도권대기환경관리기본계획, 「수질 및 수생태계 보전에 관한 법률」에 따른 오염총량관리기본계획 등이 있다. 이 외에 도쿄의정서, 생물종보전협약, 리우협약 등을 주요 근거로 제시할 수 있다.

2) 내용과 절차

(1) 계획내용

환경계획과 환경관리가 도시마다 다르지만, 모든 도시지역은 다음 아홉 가지 요소를 포함하여야 한다. ① 다루려는 환경문제의 명료화, ② 협력이 요구되는 문제, ③ 우선순위결정, ④ 문제특화적인 환경관리전략의 협상, ⑤ 도시환경전략의 설정, ⑥ 환경행동계획의 합의, ⑦ 사업계획의 우선순위결정, ⑧ 모니터링과 평과과정, 주기적인 조정, ⑨ 환경계획과 관리능력의 강화 등이다.

표 3.3.2 환경계획의 차원과 내용

차 원	주요 내용
분야별 환경계획	• 자연생태계의 보전, 녹지보호 및 네트워크, 야생동식물 및 서식지 보호, 자연경관보호 및 토양보전 • 토지이용, 자원 및 에너지 절약 • 대기 및 기후, 수자원, 용수공급 및 처리 • 폐기물 재활용 및 처리 • 소음방지
환경친화적 계획 및 행정구조	• 국가, 시, 도 환경비전 • 지속가능발전을 위한 계획 이념과 지침 • 중앙과 지방, 광역-기초 간 합리적 업무분장 • 계획부서와 환경부서 간의 통합조정기능 • 기타 관련부서와의 통합조정기능 • 국제환경협력체제
환경친화적 사회기반 형성	• 시민단체 활성화 • 지방의제 21 활성화 • 시민참여의 제도적 장치 • 환경교육, 환경정보시스템, 환경정보공개

자료: 대한국토 · 도시계획학회(2010).

(2) 수립절차

환경계획은 목표로 하는 환경수준에 적합하지 않은 경우에 대한 대응책이라는 소극적 입장이 아니라, 보다 좋은 환경의 질을 확보하기 위해 개발행위의 계획시점에서 충분한 환경보전을 고려한다는 적극적인 생각 가운데 그 위치를 생각할 수 있다. 국가환경종합계획은 환경부장관이 관계 중앙행정기관의 장과 협의하여 10년마다 그 초안을 마련하여 공청회 등을 열어 국민, 관계 전문가 등의 의견을 수렴한 후 국무회의의 심의를 거쳐 확정한다.

국가환경종합계획에는 다음의 사항이 포함되어야 한다. 즉, ① 인구 · 산업 · 경제 · 토지 및 해양의 이용 등 환경변화 여건에 관한 사항, ② 환경오염원 · 환경오염도 및 오염물질 배출량의 예측과 환경오염 및 환경훼손으로 인한 환경의 질 변화전망, ③ 자연환경의 현황 및 전망, ④ 환경보전 목표의 설정과 달성을 위한 단계별 대책 및 사업계획, ⑤ 사업의 시행에 소요되는 비용의 산정 및 재원조달방법, ⑥ 기타 ①~⑤의 부대되는 사항 등이다.

3. 공원녹지계획

1) 의 의

공원녹지란 광의의 개념으로는 개방공간을 의미하고, 협의의 개념으로는 식생의 생장이 가능한 공간을 의미한다. 광의의 공원녹지를 개방공간(open space)으로 이해하는 것은 공원녹지가 개방공간에서 차지하는 가치의 중요성 때문이다. 공원녹지에 대한 관심이 제고되고 있는 것은 도시화와 도시성장에 의해 주택용지·공업용지·교통용지 같은 도시적인 토지수요가 증대됨에 따라 녹지공간이 점차 감소되어 도시환경의 쾌적성을 나타내는 지표의 하나로 녹지공간의 확보정도를 점검할 정도에 이르렀기 때문이다.

법률상의 개념으로는 「도시공원 및 녹지 등에 관한 법률」(약어로 도시공원법이라 함)에서 공원녹지란 쾌적한 도시환경을 조성하고 시민의 휴식과 정서 함양에 기여하는 도시공원·녹지·유원지·공공공지 및 저수지, 나무·잔디·꽃·지피식물 등의 식생이 자라는 공간, 그 밖에 쾌적한 도시환경을 조성하고 시민의 휴식과 정서 함양에 기여하는 공간 또는 시설 등을 의미한다. 공원녹지와 관련한 계획수립의 근거는 「도시공원법」에 따른 공원녹지기본계획, 「자연공원법」에 따른 국립공원계획·도립공원계획·군립공원계획, 「국토계획법」에 따른 도시·군기본계획에서도 공원녹지에 관한 내용을 포함하도록 규정하고 있다.

2) 내용과 절차

(1) 계획 내용

공원녹지기본계획에 포함되는 주요내용은 ① 지역적 특성 및 계획의 방향·목표에 관한 사항, ② 인구·산업·경제·공간구조·토지이용 등의 변화에 따른 공원녹지의 여건변화에 관한 사항, ③ 공원녹지의 종합적 배치에 관한 사항, ④ 공원녹지의 축과 망에 관한 사항, ⑤ 공원녹지의 수요 및 공급에 관한 사항, ⑥ 공원녹지의 보전·관리·이용에 관한 사항, ⑦ 도시녹화에 관한 사항, ⑧ 그 밖에 공원녹지 확충·관리·이용에 필요한 사항 등이다.

그리고 공원녹지기본계획은 「국토계획법」에 의거 수립되는 도시·군기본계획과 부합하여야 하며, 공원녹지기본계획의 내용이 도시·군기본계획의 내용과 다른 때에는 도시·군기본계획의 내용이 우선한다.

(2) 수립절차

공원조성의 계획과정은 ① 공원의 유형결정, ② 계획목표를 설정, ③ 계획입지를 선정, ④ 개발면적을 산정, ⑤ 수요예측을 실시, ⑥ 시설계획 수립 등의 과정으로 계획을 수립한다. 이때 공원면적 산정과정에서는 부지특성을 검토하고 부정형한 부분을 제거·조정하는 과정을 거쳐서 정형화된 부지를 확보하고 부지경계선을 확정하게 된다. 또한 수요예측은 소득계층과 연령계층을 구분하여 분석하고 유사 공원 이용률을 추정하고 동시에 공원이용시간을 산정한다. 이를 통해 계층별 이용자수를 추정한다(대한국토·도시계획학회, 2010).

일반적으로 공원조성을 위한 계획수립절차는 「국토계획법」의 적용을 받는다. 그러나 구체적인 입안결정, 공원의 설치 및 관리 등에 관한 규정은 「도시공원법」에서 정하고 있다. 또한 도시공원에 관한 도시·군계획이 결정된 때에는 해당 도시공원이 위치한 행정구역을 관할하는 시장 또는 군수가 그 도시공원에 관한 조성계획을 입안하여야 한다.

제3절 지역산업경제계획

1. 지역산업진흥

1) 의 의

지역개발에 있어서 가장 중요한 과제 중의 하나는 지역의 특성에 맞는 산업을 육성하여 일자리를 창출하고 주민의 소득을 높이는 데 있다. 일반적으로 산업은 크게 세 부문으로 분류되는데, 1차 산업에는 농·축·임·수산업, 2차 산업에는 광·제조업 그리고 3차 산업에는 사회간접자본 및 서비스업이 포함된다. 일반적으로 산업진흥계획이란 이 세 부문에 대한 개발계획을 모두 담고 있어야 한다. 그러나 좁은 의미에서 산업이란 2차 산업, 그 중에서 특히 제조업을 의미한다. 그것은 제조업의 발전이 지역에 미치는 파급효과가 다른 산업에 비해 높기 때문이다.

지역의 산업, 특히 제조업을 발전시키기 위해서는 기업의 역할이 매우 중요하다. 기업활동을 활성화하기 위해서는 크게 세 가지 접근방안이 가능하다. 첫째, 지역 내 기존 기업체의 경쟁력을 강화시킴으로써 지역산업을 활성화하는 방안이다. 이는 산업기반이 어느 정도 구축되어 있는 지역에서 채택하는 산업진흥계획이라 할 수 있다. 둘째, 외부에 있는 새로운 기업체를 해당 지역 내로 유치함으로써 지역산업을 활성화하는 방법이다. 지역 내 산업기반이 취약한 낙후지역이나 쇠퇴지역에서 가장 적극적으로 활용하는 방안이다. 이 방안은 다른 방안에 비해 지역개발에 미치는 파급효과가 상대적으로 신속하고 광범위하게 나타나기 때문에 많이 활용되고 있다. 셋째, 지역 내 기업이나 개인들의 창업의욕을 자극하여 신규기업을 창출함으로써 지역산업의 진흥을 유도하는 방법이다. 이 방안은 지역 잠재자원의 활용을 통한 지역개발이라는 내발적 지역개발의 일종으로 어느 정도의 산업기반을 가지고 있는 지역에서 활용할 수 있는 산업진흥계획이라 할 수 있다(대한국토·도시계획학회, 2010).

지역산업진흥을 위한 계획은 다양한 분야에서 수립되고 있다. 「국가균형발전특별법」에 의거한 지역발전계획, 「산업발전법」에 의거한 지역진흥사업시행계획, 산업기반기술개발계획, 「산업기술기반조성에 관한 법률」에 의거한 기술기반조성계획, 「산업집적활성화 및 공장설립에 관한 법률」에 의거한 지역산업진흥계획 등이 그 예이다.

2) 내용과 절차

(1) 주요 내용

지역산업진흥계획의 궁극적인 목표는 지역주민의 소득증대와 고용창출이다. 그러나 지역의 여건에 따라서 산업진흥계획의 목표는 다양하게 설정될 수 있다. 즉, 중소기업의 비중이 높은 지역에서는 지역중소기업의 경쟁력 강화로 설정할 수 있고, 경쟁력이 취약한 산업구조를 가진 지역에서는 산업구조 개편으로 나타날 수 있다. 이 외에도 환경친화형 산업구조의 확립, 지역특화산업의 육성 등이 지역산업진흥계획의 목표로 설정된다.

지역산업진흥계획의 목표설정은 해당지역의 산업이 추구하는 지향점을 정하는 것이다. 그런데 해당 지역의 산업이 장차 어떠한 방향으로 나아가야 할지를 결정하기 위해서는 무엇보다도 먼저 해당 지역의 산업이 현재 어디에 와 있는지를 파악하여야 한다. 따라서 해당 지역의 개발 잠재력, 타 지역에 대한 비교우위의 정도, 해당 지역의 산업진흥을 가로막는 장애요인 등에 대한 분석이 전제되어야 한다. 지역산업의 현황을 분석하기 위해서는 지역 내 기업의 변화, 지역주민 및 기업에 대한 수요조사, 지역의 가용자원 분석 등을 통해 종합적으로 수행하는 것이 필요하다.

지역산업의 진흥을 위해 활용할 수 있는 수단과 내용은 인프라 지원, 경영과 기술 및 마케팅 지원, 산업인력의 양성 및 재교육, 기술개발 지원, 산업기술에 관련된 데이터베이스의 구축 및 활용 지원 등으로 다양하게 나타난다. 일반적으로 지역산업진흥계획의 직접적인 목표가 무엇이냐에 따라 활용하는 수단이나 내용은 다르게 나타난다. 예를 들어, 창업 및 기업유치가 목표일 경우 자금 및 시설지원이 주된 사업으로 활용되고, 기업의 기술경쟁력을 제고하는 것이 목표일 경우 기술개발 지원이 주된 사업으로 활용된다.

한편, 최근의 지역산업진흥계획은 공간적 범위를 시·도별로 한정하기도 하지만, 광역권으로 확장되기도 한다. 광역권으로 확장할 경우 특정산업에 대한 중복지원의 배제, 규모의 경제를 통한 성과 극대화 등이 가능하기 때문이다.

(2) 수립절차

지역산업진흥을 위한 계획은 개별 법률에 의거하여 다양하게 수립되고 있다. 지역산업진흥계획의 수립절차는 「산업집적활성화 및 공장설립에 관한 법률」에 의거한 지역산업진흥계획을 사례로 하여 살펴본다.

시·도지사 및 대도시 시장(「지방자치법」 제175조에 따른 서울특별시·광역시 및 특별자치시를 제외한 인구 50만 이상 도시의 시장을 말한다)은 5년 단위로 관할 구역의 산업집적활성화 등 지역산업의 발전을 위한 지역산업진흥계획을 수립할 수 있다. 계획에는 지역의 산업 현황, 지역의 산업발전역량, 지역의 산업발전비전, 지역산업육성을 위한 세부 실행계획, 재원조달방안 등이 포함된다. 따라서 지역의 산업현황이나 발전역량 등에 대하여 구체적이고 종합적인 조사분석이 선행되어야 한다. 그리고 지역산업의 비전 및 세부계획 수립을 위하여 지역산업의 전문가로 구성된 자문위원회를 구성하여 운영한다. 시·도지사 및 대도시 시장은 지역산업진흥계획을 수립하여 산업통상자원부장관에게 제출하고, 산업통상자원부장관은 계획의 타당성 여부 등을 평가한 후 그 결과에 따라 지원할 수 있다. 이 경우 관계 중앙행정기관의 장과 협의하여야 한다.

2. 지방과학기술진흥

1) 의 의

과학기술(science & technology)의 개념을 파악하기 위하여 먼저 과학과 기술의 개념부터 살펴볼 필요가 있다. 과학이란 자연현상에 대한 일반적인 진리나 법칙을 체계화하여 확립한 지식을 말한다. 그리고 기술은 과학을 활용하여 인간의 효용을 증가시킬 수 있는 상품을 생산하는 데 활용될 수 있는 응용된 지식을 의미한다. 그러나 이러한 과학과 기술이 명확하게 분리되거나 독립적으로 존재하는 것은 아니다. 이들은 서로 얽혀 있어서 어느 것이 과학이고 어느 범위부터가 기술인지를 구분하기는 매우 어렵다. 특히 이들은 오랫동안 상호 작용을 통하여 발전해 왔기 때문에 상호 의존적인 특징을 나타낸다(이공래, 2000).

한편 과학기술이란 자연과학, 응용과학, 공학 및 생산기술을 일괄해서 논하거나 취급할 때 쓰이는 총칭적 용어이다. 그리고 과학은 기술의 진보를 촉진하고, 또한 기술이 제기하는 문제는 과학의 발전을 자극하는 상승효과 때문에 과학기술은 지속적으로 발전하고 있으며, 과학과 기술은 불가분의 관계에 있다.

우리나라에서는 과학기술발전을 위한 기반을 조성하여 과학기술을 혁신하고 국가경쟁력을 강화함으로써 국민경제의 발전을 도모하고 나아가 국민의 삶의 질 향상과 인류사회의 발전에 이바지함을 목적으로 지난 2001년 「과학기술기본법」을 제정하였다. 이 법은 과학기술혁신이 인간존엄을 바탕으로 하여 자연환경 및 사회윤리적 가치와 조화를 이루도록 하고, 경제·사회발전의 원동력이 되도록 하며, 과학기술인의 자율성과 창의성이 존중되도록 하고, 자연과학과 인문·사회과학이 상호 균형적으로 연계·발전되도록 함을 기본이념으로 하고 있다. 이 법에 의거하여 국가 및 지역의 과학기술진흥계획을 수립하고 있다.

2) 내용과 절차

(1) 주요 내용

「과학기술기본법」에 의하면, 미래창조과학부장관이 과학기술기본계획과 지방과학기술진흥종합계획을 수립하도록 규정하고 있다. 과학기술기본계획은 과학기술발전에 관한 중·장기 정책목표와 방향을 설정하는 계획으로 5년마다 수립하고 있다. 이 계획에는 과학기술의 발전목표 및 정책의 기본방향, 과학기술혁신 관련 산업정책, 인력정책 및 지역기술혁신정책 등의 추진방향, 과학기술투자의 확대, 과학기술 연구개발의 추진 및 협동연구개발 촉진, 기업·대학 및 연구기관 등의 과학기술혁신 역량의 강화, 연구 성과의 확산, 기술이전 및 실용화 촉진, 기초연구의 진흥, 과학기술교육의 다양화 및 질적 고도화, 과학기술인력의 양성 및 활용 증진, 과학기술지식과 정보자원의 확충·관리 및 유통체제의 구축, 지방과학기술의 진흥, 과학기술의 국제화 촉진, 남북 간 과학기술 교류협력의 촉진, 과학기술문화의 창달 촉진, 민간부문의 기술개발 촉진 등을 내용으로 한다.

지방과학기술진흥종합계획은 연구개발사업의 지원, 과학기술기반구축의 지원, 지방과학기술진흥 성과의 확산 및 산업화 촉진, 지방의 과학기술인력·산업인력의 양성 및 과학기술정보유통체제 구축 등에 대한 지원 등을 내용으로 한다.

(2) 수립절차

「과학기술기본법」에 의하면, 미래창조과학부장관은 지방의 과학기술진흥을 촉진하기 위하여 지방과학기술진흥협의회 및 국가과학기술위원회의 심의를 거쳐 지방과학기술진흥종합계획을 수립하고, 이를 지방자치단체의 장에게 알려주도록 규정하고 있다. 그리고 지방과학기술진흥종합계획의 연도별 시행계획을 수립하여 지방과학기술진흥협의회의 심의를 거쳐 확정하고 추진하도록 규정하고 있다.

또한, 민간의 정책참여를 높이고 과학기술정책의 투명성과 합리성을 높이기 위해 관계 중앙행정기관의 장 및 지방자치단체의 장은 과학기술관련 정책을 수립함에 있어 소관 과학기술관련 위원회에 민간전문가 및 법인·단체 또는 시민단체의 참여를 확대하고 정책의 대상이 되는 개인·법인 및 단체의 의견을 조사하여 정책의 형성 및 집행에 이를 최대한 반영하도록 규정하고 있다.

3. 지역문화진흥

1) 의 의

문화란 어떤 집단의 구성원이 지닌 사유, 정보교환, 행동, 생활 등 그 집단에서 습득하여 계승해 온 양식을 의미한다(생명과학대사전). 지역문화진흥계획의 대상인 문화는 협의의 문화와 광의의 문화로 구분된다. 협의의 관점에서는 문화를 예술문화로 한정한다. 이 관점에 의하면 문화에는 문학, 음악, 미술, 연극, 영화 등이 해당된다. 이와는 달리 광의의 관점은 삶의 양식 및 그에 따른 물질적 생산물 모두를 문화로 보고 있다. 여기에는 사회제도, 관습, 신뢰체계, 장소의식, 네트워크 및 기업문화 등 삶의 질 향상에 기여할 수 있는 보다 넓은 요소들을 포함하는 입장이다.

문화진흥계획은 일상생활이 이루어지는 도시나 지역의 문화적 매력과 활동을 개발·육성하는 일련의 프로그램을 지칭하는 것으로 이해할 수 있다.

한편, 지역개발에 있어 문화는 순수한 문화의 개념에 경제적 의미를 부가하여 문화산업의 의미로 이해하는 것이 일반적이다. 문화산업이란 문화상품의 기획, 개발, 제작, 생산, 유통, 소비 등과 이에 관련된 서비스를 하는 산업을 말한다. 여기에서 문화상품이란 영화, 음악, 게임, 출판, 인쇄, 방송영상물, 문화재, 만화, 캐릭터, 애니메이션, 에듀테인먼트, 모바일문화콘텐츠, 디자인, 광고, 공연, 미술품, 공예품 등을 의미한다(문화산업진흥기본법 제2조). 따라서 문화산업진흥계획은 문화산업 관련 기업 및 대학, 연구소 등의 밀집도가 다른 지역보다 높은 지역으로서 집적화를 통한 문화산업 관련 기업 및 대학, 연구소 등의 영업활동, 연구개발, 인력양성, 공동제작 등을 장려하고 촉진하기 위한 계획활동으로 이해할 수 있다.

우리나라의 경우 지역문화진흥계획이 따로 규정되어 있지는 않다. 그러나 「문화예술진흥법」, 「문화산업진흥기본법」, 「국토계획법」 등에서는 지역의 문화진흥에 관련된 사항을 규정하고 있다.

2) 내용과 절차

(1) 주요 내용

지역의 문화진흥을 위해서는 문화적 이미지 향상, 지역판촉, 문화지구 조성 등을 많이 활용한다. 첫째, 문화적 이미지 향상으로, 이는 주로 도심의 활성화를 위한 전략이다. 도시의 성장과정에서 혼잡 및 노후화로 인해 도심이 공동화되는 등 활력을 상실하는 현상이 발생하는데, 이것을 치유하고 재생시키기 위해 동원하는 전략이다. 문화적 이미지 향상의 대표적인 방식은 기함(flagship) 전략이다. 먼저 도심 가운데 파급효과가 큰 지역을 선정하여 문화행사와 이벤트 등을 개최함으로써 지역의 상징성과 이미지를 제고시킨다. 이를 위해서는 노후화된 시설의 물리적 개선을 포함하여 환경적 쾌적성을 제공함과 동시에 다양한 소프트웨어를 제공한다.

둘째, 지역판촉(regional marketing)으로, 이는 장소를 상품화함으로써 지역발전을 도모하는 전략이다. 이 전략은 고도의 이동성을 가진 글로벌 경제시대에 특정한 지역만이 지닐 수 있는 지역적 특성이 지역발전 및 경쟁력의 요소가 되고 있음에 착안하고 있다. 따라서 지역의 특수성, 특정한 지역만이 지니고 있는 문화자산이 지역발전 전략의 유용한 수단으로 부각되고 있는 것이다. 지역판촉전략 가운데서도 문화적 지역판촉의 중요성이 증가하고 있다. 문화적 지역판촉은 지역이 지니고 있는 문화가치를 극대화함으로써 관광객이나 기업을 끌어들여 지역발전을 도모하는 전략이다.[3]

셋째, 문화지구 조성이다. 문화지구는 문화적 환경이나 활동을 집중적으로 계획·지원하기 위한 일단의 지역을 말한다. 이러한 지역으로는 문화시설 및 문화업종 등이 밀집되어 있거나 이를 계획적으로 조성하고자 하는 지역, 비록 문화시설이나 문화활동이 밀집되어 있지는 않더라도 고유성과 역사성을 갖추고 있어 문화적 특성을 보호할 가치가 있는 지역, 토지이용계획상 문화시설용지를 확보하여 문화지구를 조성하고자 계획하는 곳 등을 들 수 있다.「문화예술진흥법」,「국토계획법」, 관련 조례에 따라 문화지구를 지정하고 이를 계획적으로 관리함으로써 지역의 문화발전을 도모함은 물론 지역발전을 유도하고 있다.

(2) 수립절차

「문화예술진흥법」에 따라 문화지구를 지정·관리하고 있다. 시·도지사는 ① 문화시설과 민속공예품점·골동품점 등의 문화시설 등이 있거나 이를 계획적으로 조성하려는 지역, ② 문화예술 행사·축제 등 문화예술활동이 지속적으로 이루어지는 지역, ③ 그 밖에 국민의 문화적 삶의 질을 향상시키기 위하여 문화지구로 지정하는 것이 특히 필요하다고 인정되는 지역으로 대통령령으로 정하는 지역 등을 대상으로 조례에 의하여 문화지구로 지정할 수 있다. 그리고 지정된 문화지구를 관할하는 시장·군수·구청장 또는 특별자치도지사는 대통령령으로 정하는 바에 따라 문화지구관리계획을 작성하여 시·도지사의 승인(특별자치도지사의 경우는 제외)을 받아야 한다.

한편, 문화지구관리계획의 수립절차를 보면, 시장·군수·구청장은 해당 문화지구 주민의 의견을 청취하여 문화지구의 지정일부터 1년 이내에 관리계획을 작성하여 시·도지사의 승인을 받아야 한다. 시장·군수·구청장은 관리계획의 승인을 받으면 지체 없이 주요 내용을 공보에 공고하여야 한다.

---

3) 지역판촉에 대한 자세한 내용은 제2부 제5장 제4절 사회이론(p. 172) 참조.

제4절 지역보건복지계획

1. 보건의료

1) 의 의

보건의료의 개념을 협의로 보면 의료기관에서 이루어지는 질병의 진단과 치료, 즉 진료 의미의 의료보호(medical care)를 의미하고, 광의의 개념으로는 건강 진단 및 치료 이외에도 조기진단, 조기치료, 예방, 재활에 이르는 건강유지·증진을 위한 모든 노력을 포함하는 건강관리(health care)를 의미한다. 「보건의료기본법」에서는 보건의료를 국민의 건강을 보호·증진하기 위하여 국가·지방자치단체·보건의료기관 또는 보건의료인 등이 행하는 모든 활동으로 규정하고 있다.

보건의료는 접근방법에 따라 세 가지로 구분할 수 있다. 첫째, 보건의료는 공공에 대한 서비스를 의미한다. 이는 개별적 서비스와 대비되는 개념으로 다수를 대상으로 하는 보건의료서비스를 지칭하는 것인데, 공공구강보건사업, 국민을 대상으로 한 금연운동 등이 이에 해당한다.

둘째, 공공성이 강조되는 개념으로 개개인의 이익보다는 사회의 이익을 대변한다는 의미를 가진다. 다른 영역에서와 마찬가지로 보건의료에서도 개인의 이익이 사회 전체의 편익과는 배치되는 일이 있을 수 있다. 우리나라에서는 민간보건의료의 공공성이란 말을 흔히 사용하는데, 이는 민간보건의료기관이라 할지라도 공공의 이익을 위한 사업에 참여해야 함을 의미한다. 이 개념은 종종 국가보건의료체계의 궁극적인 목표로 설정되기도 하고 보건의료체계에서의 국가의 역할로서 설정하기도 한다.

셋째, 가장 많이 사용되는 공공보건의료 개념으로 공공보건의료 인력이나 기관 등에 의해 제공되는 보건의료서비스를 의미한다. 이 경우 보건의료서비스의 주체는 반드시 공공기관이 되어야 한다. 이러한 개념적 차이에도 불구하고 우리는 이상의 개념들을 특별히 구별하지 않고 사용하고 있다.

우리나라의 보건의료 계획수립의 법적인 근거는 「보건의료기본법」을 들 수 있다. 이 법은 보건의료에 관한 국민의 권리·의무와 국가 및 지방자치단체의 책임을 정하고 보건의료의 수요 및 공급에 관한 기본적인 사항을 규정함으로써 보건의료의 발전과 국민의 보건 및 복지증진에 이바지함을 목적으로 지난 2000년 제정되었다. 이 법은 보건의료를 통하여 모든 국민이 인간으로서의 존엄과 가치를 가지며 행복을 추구할 수 있도록 하고, 국민 개개인이 건강한 삶을 영위할 수 있도록 제도와 여건을 조성하며, 보건의료의 형평과 효율의 조화를 기할 수 있도록 함으로써 국민의 삶의 질을 향상시키는 것을 기본이념으로 한다.

2) 내용과 절차

(1) 주요 내용

보건복지부의 2010 보건복지백서에 의하면 지역보건의료계획의 주요 부문은 크게 아홉 가지로 나누어 볼 수 있다. 첫째, 평생국민건강관리사업으로, 생애주기별 건강상 특성과 주요 건강위험요인을 고려한 평생국민건강관리를 위한 사업의 시행 및 건강지도·보건교육 등을 담당할 전문인력의 양성과 건강관리정보체계의 구축이다.

둘째, 여성과 어린이의 건강증진으로, 건강한 자녀의 출산·양육의 지원 등 여성과 어린이의 건강을 보호·증진하기 위한 계획을 수립해야 한다.

셋째, 노인의 건강증진으로, 노인의 질환을 예방 또는 조기발견하고 질병상태에 따른 적절한 치료와 요양이 이루어질 수 있도록 하는 등 노인의 건강을 보호·증진하기 위하여 시책을 강구하여야 한다.

넷째, 장애인의 건강증진이다. 선천적·후천적 장애 발생의 예방과 장애인의 치료 및 재활 등 장애인의 건강을 보호·증진하기 위한 시책을 강구하여야 한다.

다섯째, 학교보건의료로서, 국가 및 지방자치단체는 학생의 건전한 발육과 건강을 보호·증진하고 건강한 성인으로 성장하기 위하여 요구되는 생활습관·정서 등을 함양하기 위한 정책을 수립해야 한다.

여섯째, 산업보건의료이다. 국가는 근로자의 건강을 보호·증진하기 위하여 필요한 시책을 강구하여야 한다.

일곱째, 환경보건의료로서, 국민의 건강을 보호·증진하기 위하여 쾌적한 환경의 유지와 환경오염으로 인한 건강상의 위해 방지 등에 대한 사항을 강구하여야 한다.

여덟째, 식품위생·영양이다. 국민의 건강을 보호·증진하기 위하여 식품으로 인한 건강상의 위해 방지와 국민의 영양상태의 향상에 대한 계획을 수립해야 한다.

아홉째, 주요질병 관리체계의 확립이다. 국민건강에 위해가 큰 질병 중에서 특별히 관리하여야 할 필요가 있다고 인정되는 질병을 선정하고, 이를 관리하기 위하여 필요한 시책을 수립해야 한다.

(2) 수립절차

지역보건의료계획은 「지역보건법」에 근거하여 매 4년마다 수립하고, 이를 기초로 매년 연차별 시행계획 수립 및 시행결과에 대한 평가가 이루어지고 있다.

보건의료발전계획의 수립절차를 보면, 보건복지부장관은 관계 중앙행정기관의 장과의 협의 및 보건의료정책심의위원회의 심의를 거쳐 보건의료발전계획을 수립한다. 그리고 최종적인 심의는 국무회의를 거쳐야 한다. 보건의료정책심의위원회는 보건의료에 관한 주요시책을 심의하기 위하여 국무총리 소속하에 구성하되, 위원장 · 부위원장 각 1인을 포함한 20인 이내의 위원으로 구성한다.

지역보건의료계획은 광역시 · 도, 전국 지방자치단체 보건사업의 4년 단위 중장기 계획으로 보건복지부가 시 · 도에 사업지침서를 통보하면(10월), 시 · 도는 이를 시 · 군 · 구에 시달하고(10월), 시 · 군 · 구는 지침서에 기반하여 작성된 사업계획서를 시 · 도에 제출(익년 1월), 시 · 도는 계획서를 취합하여 보건복지부에 제출(익년 2월)하는 과정을 거쳐서 수립된다.

계획서 작성시 지역보건의료계획 총괄은 각 시 · 군 · 구에서 담당하나, 주요 보건사업 시행계획은 보건소별로 작성하도록 규정되어 있어(보건복지부, 2011a), 시 · 군 · 구와 보건소 간의 연계를 강조하고 있다. 보다 구체적으로 시 · 도지사 및 시 · 군 · 구청장은 지역보건의료계획을 수립하기 전에 지역내 보건의료 실태와 지역주민의 보건의료의식 · 행태 등에 대하여 조사를 실시하고, 조사결과에 따라 당해 지역에 필요한 사업을 종합적으로 수립해야 한다. 이때 국가 또는 시 · 도의 보건의료시책과 부합되게 계획을 수립하여야 한다.

수립된 계획서는 지역보건의료심의위원회의 심의를 거치고, 2주 이상 주민의 공람을 거친 후에 당해 시 · 군 · 구의회 의결을 받아 시 · 도에 제출하여야 한다. 지역보건의료심의위원회는 위원장 1인을 포함한 20인 이내의 위원으로 구성하며, 지역주민, 보건의료관련 전문가, 기관, 관계공무원으로 구성된다(지역보건법시행령 제2조).

2. 지역복지

1) 의 의

지역복지는 용어상으로 지역사회와 복지의 개념을 통합한 것으로서 아동복지, 청소년복지, 노인복지라는 복지에 지역성이 강조된 것이다. 국가적으로 추진하는 전국적 의미의 복지개념보다는 규모가 지역적으로 제한된 것이며, 개인복지나 가정복지라고 하는 좁은 개별복지보다는 차원이 높은 개념이라고 할 수 있다. 따라서 지역복지는 어느 특정분야에 국한된 것이 아니고 사회사업, 공중보건, 성인교육, 공공행정, 도시계획, 정신건강분야 등의 전문가들과 민간단체 또는 정치단체의 자원봉사자들에 의해 광범위하게 수행된다. 지역복지의 개념은 '주민 스스로가 지역사회에서 주민복지와 관련된 문제를 발견하여 계획을 수립하고 자체자원을 이용하여 해결하며 필요한 경우 외부로부터의 지도 및 지원을 받아 계획을 실천하는 과정'이라고 할 수 있다.

공공기관이나 사회단체 또는 주민조직에 의해 추진되는 주민을 위한 지역복지의 특성을 보면 다음과 같다. 첫째, 기본단위가 지역이다. 지역은 생활권으로 실명될 수 있으며, 생활권은 1차, 2차 및 3차 생활권으로 분류된다. 전국적 단위로 국가에서 실시하는 복지가 아니라 지역사회단위에서 생활권별로 추진하는 기본적 복지이다. 둘째, 주민조직과 민간단체 또는 행정기관의 협력이다. 주민들의 자발적 참여에 의해 이루어지는 것을 본질로 하나 지역복지는 전문적 지식과 기술을 필요로 하며 자금이 뒷받침되어야 하므로 행정기관에서 지도·지원할 때 더 큰 효과를 낼 수 있다.

셋째, 소외계층을 배려한다. 주민들의 소득증대와 사회환경을 개선하고 각종 편의시설을 확충하며, 정상적인 생활을 영위할 수 없는 노약자를 보호하는 활동을 전개한다. 즉, 도로, 주택, 공공이용시설 등 주민전체와 관련된 사업을 추진하면서 장애자, 부녀자, 노인 등과 같이 보호와 지원이 없이는 정상적 생활이 어려운 사람들을 위한 시설관리와 봉사활동을 전개한다.

넷째, 시설중심의 복지와 대인중심의 복지이다. 시설중심의 복지란 종합복지관, 지역사회회관, 어린이놀이터, 경로당, 고아원, 양로원 등의 시설을 통해서 주민복지를 실현하는 것을 의미하며, 대인중심의 복지란 생활보호대상자에 대한 생활비 지급, 각종 보험, 봉사활동 등 생계활동이 어려운 사람을 대상으로 하는 복지를 의미한다.

다섯째, 기획 및 예산관리의 주민참여이다. 지역복지는 행정주도형으로 이루어지는 것이 아니라, 주민의 필요에 의해 주민이 관리하는 성향이 강하다. 주민조직이 주체가 되어 계획을 수립하고 자체의 인적·물적 자원에 기초를 두고 있는 것이다. 그러나 현실적으로 지역주민들로서는 기술이나 자금규모 면에서 부족하며 지속적인 복지활동을 수행하기 어렵기 때문에 중앙정부에서 적극적인 지도 및 지원을 하지 않으면 안 될 것이다. 이런 의미에서 지역복지는 지역주민, 자원봉사단체 및 지방자치단체를 주요 행위자(actors)로 하고 중앙정부를 간접적인 행위자로 구분할 수 있다.

지역복지에 관한 계획을 수립하는 근거는 복지 분야에 따라 개별법에서 규정하고 있다. 다만, 분야를 망라하여 공간적으로 수립하는 계획으로는 「사회복지사업법」에 의거한 지역사회복지계획과 「농어촌주민의 보건복지증진을 위한 특별법」에 의한 농어촌보건복지기본계획이 있다. 이외에 개별법으로 「영유아보육법」, 「장애인복지법」, 「노인복지법」, 「한부모가족지원법」, 「아동복지법」, 「군인복지기금법」, 「국민기초생활보장법」 등이 있다.

2) 내용과 절차

(1) 계획내용

「사회복지사업법」에 의거하여 수립되는 지역사회복지계획의 내용을 분야별로 살펴보면 다음과 같다. 첫째, 노인복지의 경우, 노인 주택 및 급식제도 등과 같은 제도 및 시책의 전환, 거택노인의 복지 등에 대한 관심이 필요하다. 둘째, 장애인 복지로서, 이 경우 장애발생의 예방과 조기발견·조기처우, 장애인의 취업 및 고용보장, 더 나아가 소득보장, 장애인 복지시설의 운영과 개선 등에 대한 사항이 고려된다. 셋째, 아동복지로서, 이 경우 아동을 위한 환경개선, 보호아동에 대한 적극적 복지프로그램 개발, 전문요원의 확보 등이 주요 관심사항이며, 넷째, 부녀자복지의 경우, 모자가정의 빈곤, 교육, 비행, 정서불안 및 사회적 냉대, 미혼모의 경우 안정시설, 정신심리학적 프로그램의 개발 등, 윤락여성의 경우 건전한 성도덕관, 전문상담가 육성, 의료 서비스의 제공, 자활 프로그램 개발 등이 주요 내용으로 설정된다.

(2) 수립절차

지역복지에 있어 종합계획의 성격을 지니고 있는 지역사회복지계획의 수립과정을 보면 다음과 같다.

우선 계획수립의 책임자인 시장·군수·구청장은 사회복지관련 기관·단체 등에 대하여 자료제공 및 협력을 바탕으로 지역주민 등 이해관계인의 의견을 들은 후 지역사회복지협의체의 심의를 거쳐 당해 시·군·구의 지역사회복지계획을 수립하고 이를 시·도지사에게 제출하여야 한다. 이 경우「지역보건법」에 의거하여 수립된 지역보건의료계획과 연계되도록 하여야 한다. 그리고 시·도지사는 제출받은 시·군·구의 지역사회복지계획을 종합·조정하여 사회복지위원회의 심의를 거쳐 시·도의 지역사회복지계획을 수립하고 이를 보건복지부장관에게 제출하여야 한다. 이 경우에도「지역보건법」에 의한 지역보건의료계획과 연계되도록 하여야 한다.

제5절 사회기반시설계획

1. 의 의

1) 사회기반시설의 개념

종래의 사회간접자본(Social Overhead Capital: SOC)은 ① 생산활동에 필요한 자본 중에 기업이 직접 비용을 지불하지 않아도 되는 자본, ② 재화의 특성으로 보아 인간생활에 필요불가결한 재화로서 공동소비성, 비배제성과 같은 특성 때문에 시장기구에 의해 충분한 공급을 기대하기 어려운 것, ③ 단순히 재화 및 서비스를 공급하는 주체를 기준으로 공공부문에 의해 공급되는 것 등 다양하게 정의되었다. 그러나 사회간접자본은 사회의 발전에 따라 그 의미와 성격 및 역할 등이 달라지고 있으며, 오늘날 사회간접자본에는 생산활동에 직접 기여를 하는 교통·물류, 산업단지, 에너지 등을 포함하는 생산기반시설뿐만 아니라 국민의 쾌적하고 안락한 생활을 증진시키는 학교, 문화·체육시설, 보건·복지시설, 임대주택 등 생활편익시설을 포함하는 것으로 본다. 따라서 종전의 사회간접자본의 개념은 사회기반시설의 개념으로 대체되고 있다. 여기서 사회기반시설(infrastructure)은 인간생활에 기본적으로 필요한 시설로 정의할 수 있다. 「국토계획법」에서는 기반시설로 표현하고 있으며, 그 종류는 다음과 같다.

표 3.3.3 기반시설의 종류

구 분	종 류
교통시설	도로·철도·항만·공항·주차장·자동차정류장·궤도·운하, 자동차 및 건설기계검사시설, 자동차 및 건설기계운전학원
공간시설	광장·공원·녹지·유원지·공공공지
유통·공급시설	유통업무설비, 수도·전기·가스·열공급설비, 방송·통신시설, 공동구·시장, 유류저장 및 송유설비
공공·문화체육시설	학교·운동장·공공청사·문화시설·체육시설·도서관·연구시설·사회복지시설·공공직업훈련시설·청소년수련시설
방재시설	하천·유수지·저수지·방화설비·방풍설비·방수설비·사방설비·방조설비
보건위생시설	화장시설·공동묘지·봉안시설·자연장지·장례식장·도축장·종합의료시설
환경기초시설	하수도·폐기물처리시설·수질오염방지시설·폐차장

「국토계획법」에서는 기반시설 중 광역적인 정비가 필요한 시설을 광역시설이라 한다. 광역시설은 둘 이상의 특별시·광역시·특별자치시·특별자치도·시 또는 군의 관할 구역에 걸쳐 있거나 둘 이상의 특별시·광역시·특별자치시·특별자치도·시 또는 군이 공동으로 이용하는 시설을 말한다. 또한, 기반시설 중 도시·군관리계획으로 결정된 시설을 도시·군계획시설이라 한다.

2) 사회기반시설계획의 의의

사회기반시설계획은 사회기반시설을 설치하기 위한 계획을 말하며, 사회기반시설의 종류에 따라 다양한 계획이 있다. 사회기반시설계획을 수립하는 경우에는 지역의 공간구조나 인구구조의 변화를 반영하여 필요한 양만큼 필요한 시기에 공급되도록 하여야 한다.

사회기반시설계획의 대표적인 것으로 교통, 공원녹지, 수도, 하수도 관련계획 등이 있다. 대부분의 사회기반시설은 그 확보를 위한 개별법이 있으므로 각 법령을 확인하고 법령에 따라 확보하도록 한다. 각 개별법에 근거한 법정계획을 예시하면 다음과 같다.

표 3.3.4 사회기반시설계획(예시)

구 분	근거법률	계 획	수립권자	계획기간
교통계획	도시교통정비촉진법	도시교통정비기본계획	시장(특·광역시장, 특별자치도지사 포함), 군수	20년
		도시교통정비중기계획		10년
도로계획	도로법	도로정비기본계획	도로관리청(국토부장관, 시·도지사4), 시장 등)	10년
	농어촌도로정비법	도로기본계획	군수·시장	–
공원녹지계획	도시공원 및 녹지 등에 관한 법률	공원녹지기본계획	특·광역시장, 특별자치시장·도지사, 시장	10년
수도계획	수도법	수도정비기본계획	국토부장관, 특·광역시장, 특별자치시장·도지사, 시장·군수	10년
하수도계획	하수도법	하수도정비기본계획	특·광역시장, 특별자치도지사, 시장·군수	20년
하천계획	하천법	하천기본계획	하천관리청(국토부장관, 시·도지사)	10년

2. 교통계획

1) 의 의

교통은 '인간의 의지에 의한 사람과 물자의 장소적 이동현상'으로서 인간이 사회생활을 영위하는 데 있어 필수 불가결한 행위이다. 국가나 지역의 발전은 교통체계의 발달정도에 의해 좌우되고, 개인의 빈부 차이는 이동성(mobility)의 정도에 의해 좌우되고 있다. 따라서 오늘날에는 교통문제가 개인적으로나 국가적으로나 최대 관심사의 하나가 되고, 교통문제를 해결하기 위한 과학적 사고과정인 교통계획에 대한 일반의 관심이 날로 고조되고 있다.

교통계획이란 교통문제를 해결하고 장래의 수송수요를 원활하고 안전·저렴·쾌적하게 처리하기 위하여 교통체계를 합리적으로 계획운영하는 방안을 강구하는 것이다.

교통계획과 관련한 법적 근거는 매우 다양하다. 우선 「국토계획법」의 도시·군기

4) 여기서 시·도지사는 특별시장, 광역시장, 도지사, 특별자치시장, 특별자치도지사를 통털어서 말한다.

본계획에서 교통계획을 수립하도록 하고 있다. 그리고「교통체계효율화법」에서 국가기간교통망계획, 교통시설투자계획, 특별교통대책, 지능형교통체계기본계획, 국가교통기술개발계획 등을 수립하도록 하고 있고,「도시교통정비촉진법」에서 도시교통정비 기본계획을 수립하도록 규정하고 있다.

2) 내용과 절차

교통계획 수립시 고려사항은 다음과 같다. 첫째, 교통계획은 당해 시·군의 공간구조와 교통특성 및 인접도시와의 연계 등을 충분히 검토하여 광역교통 및 도시교통의 총체적 교통체계를 구상한 후 수립한다.[5] 둘째, 교통계획은 각종 차량 및 교통시설에 의한 대기오염, 소음, 진동, 경관 저해, 자연생태계 단절 등의 문제가 없도록 계획한다. 셋째, 교통시설들은 이용자의 편익을 위하여 여러 기능이 복합적으로 발휘될 수 있도록 계획을 수립한다.

한편, 도시교통정비 기본계획의 수립은 ① 국토교통부장관의 도시교통정비지역의 지정·고시, ② 시장(특·광역시장, 특별자치도지사 포함)이나 군수의 기본계획 입안, ③ 국토교통부장관이나 도지사와의 협의, ④ 시장이나 군수의 기본계획 확정·고시의 순으로 이루어진다.

3. 도로계획

1) 의 의

도로는 고속국도, 일반국도, 특별시도·광역시도(廣域市道), 지방도(地方道), 시도(市道), 군도(郡道), 구도(區道) 등으로 구분한다(도로법 제8조). 지방도 중 중요 도시, 공항, 항만, 산업단지, 주요 도서(島嶼), 관광지 등 주요 교통유발시설지역을 연결하며 고속국도와 일반국도로 이루어진 국가 기간도로망을 보조하는 도로로서 그 노선이 지정된 것을 국가지원지방도라 한다.

한편,「국토계획법」에 의한 도시·군계획시설로서 도로는 사용 및 형태에 따라 다음과 같이 구분한다.

5) 이하「도시·군기본계획수립지침」(국토교통부 훈령) 5-5-1 참조.

표 3.3.5 도시·군계획시설로서 도로의 구분

구 분	내 용
일반도로	• 폭 4미터 이상의 도로로서 통상의 교통소통을 위하여 설치되는 도로
자동차전용도로	• 특별시·광역시·특별자치시·시 또는 군(이하 시·군이라 함)내 주요지역간이나 시·군 상호간에 발생하는 대량교통량을 처리하기 위한 도로로서 자동차만 통행할 수 있도록 하기 위하여 설치하는 도로
보행자전용도로	• 폭 1.5미터 이상의 도로로서 보행자의 안전하고 편리한 통행을 위하여 설치하는 도로
보행자우선도로	• 폭 10미터 미만의 도로로서 보행자와 차량이 혼합하여 이용하되 보행자의 안전과 편의를 우선적으로 고려하여 설치하는 도로
자전거전용도로	• 하나의 차로를 기준으로 폭 1.5미터(지역 상황 등에 따라 부득이하다고 인정되는 경우에는 1.2미터) 이상의 도로로서 자전거의 통행을 위하여 설치하는 도로
고가도로	• 시·군내 주요지역을 연결하거나 시·군 상호간을 연결하는 도로로서 지상교통의 원활한 소통을 위하여 공중에 설치하는 도로
지하도로	• 시·군내 주요지역을 연결하거나 시·군 상호간을 연결하는 도로로서 지상교통의 원활한 소통을 위하여 지하에 설치하는 도로(도로·광장 등의 지하에 설치된 지하공공보도시설을 포함). 다만, 입체교차를 목적으로 지하에 도로를 설치하는 경우는 제외

2) 내용과 절차

도로의 관리청은 ① 국도: 국토교통부장관, ② 국가지원지방도: 특별자치시장·도지사·특별자치도지사(특별시와 광역시에 있는 구간은 해당 시장), ③ 그 밖의 도로: 해당 노선을 지정한 행정청이다.

도로관리청은 10년 단위로 그 소관 도로의 장기적인 정비방향을 제시하는 도로정비 기본계획을 수립하고, 5년마다 그 타당성을 검토하여야 한다(도로법 제22조). 기본계획에는 ① 도로정비의 목표 및 방향, ② 도로의 정비·관리계획, ③ 환경친화적인 도로의 건설방안, ④ 소요재원의 조달방안 등이 포함되어야 하며, 기본계획을 수립하거나 변경하려면 관계 행정기관의 장(특별시장·광역시장·특별자치시장·도지사 또는 특별자치도지사가 도로의 관리청이면 국토교통부장관을, 시장·군수 또는 구청장이 도로의 관리청이면 특별시장·광역시장·특별자치시장 또는 도지사를 각각 포함한다)과 협의하여야 한다.

4. 학교계획

1) 의 의

교육은 인간이 삶을 영위하는데 필요한 규범·지식·기술 등을 가르치고 배우는 활동이며, 크게 학교교육과 사회교육으로 구분한다. 여기서 학교는 유아교육·초등교육·중등교육·고등교육을 담당하는 장소를 말하는데, 국가와 지방자치단체는 교육의 기회가 균등하도록 정책을 시행하여야 한다(교육기본법 참조).

학교는 지역 전체의 인구규모 및 취학률을 감안한 학생수를 추정하여 지역별 인구밀도에 따라 적절한 배치간격을 유지하여야 하며, 통학에 위험하거나 지장이 되는 요인이 없어야 한다.

2) 내용과 절차

초등학교는 통학거리가 1,500미터 이내로 하여야 하며(단, 도시지역 외의 지역에 설치하는 초등학교 중 학생수의 확보가 어려운 경우에는 학생수가 학년당 1개 학급 이상을 유지할 수 있는 범위까지 통학거리를 확대할 수 있다), 2개의 근린주거구역단위에 1개의 비율로 배치(단, 관할 교육장이 필요하다고 인정하여 요청하는 경우에는 그보다 낮은 비율로 설치할 수 있다)한다. 중학교 및 고등학교는 3개의 근린주거구역단위에 1개의 비율로 배치하여야 하며, 근린주거구역의 범위는 이미 개발된 지역의 경우에는 개발현황에 따라 정하고, 새로이 개발되는 지역(재개발 또는 재건축되는 지역을 포함한다)의 경우에는 2천세대 내지 3천세대를 1개 근린주거구역으로 한다(단, 인접한 지역의 개발여건을 고려하여 필요한 경우에는 2천세대 미만인 지역을 근린주거구역으로 할 수 있다).

한편, 300가구 규모 이상의 개발사업을 시행하는 자는 개발사업을 시행하기 위하여 수립하는 계획에 학교용지의 조성·개발에 관한 사항을 포함시켜야 한다(학교용지 확보 등에 관한 특례법 제3조).

5. 정보통신계획

1) 의 의

정보통신계획은 고도정보화시대에 대비하여 주민이 정보통신의 혜택을 균형 있게 누릴 수 있도록 정보수요를 예측하여 정보체계를 구상하고 정보망의 구축 및 정보의 활용방향을 강구하는 것을 말한다. 따라서 정보통신계획의 목표로는 지역간 균등한 정보접근성의 보장, 지역특성에 맞는 정보망의 구축과 뉴미디어의 보급 촉진 등을 들 수 있다.

정보통신계획은 「국토계획법」의 도시·군기본계획에서 이를 수립하도록 하고 있으며, 「국가정보화기본법」에서는 국가정보화기본계획을 수립하도록 하고 있다. 중앙행정기관의 장과 지방자치단체의 장은 기본계획에 따라 매년 국가정보화 시행계획을 수립·시행하여야 한다(제7조).

2) 내용과 절차

정보통신계획 수립시 고려사항은 다음과 같다. 먼저, 정보통신계획에서는 정보시스템을 주민생활 및 기업활동과 연계하여 활용할 수 있는 방안을 함께 계획하여야 한다. 둘째, 정보통신수단별로 향후 이용수요에 대응하여 계획하되, 정보통신시설의 유형과 기능에 따라 이들 시설이 상호 연계되어 통합적인 기능을 발휘할 수 있도록 수립한다.

정보통신계획의 기대효과는 다음과 같다. 우선 지역의 균형적 발전이다. 정보통신기술의 발달로 시간적·공간적 제약이 점점 줄어들고 있으며, 정보통신망의 구축방법에 따라 정보의 집중을 막고 균형적 분산이 가능하므로 지역의 균형적 발전이 가능하다는 것이다. 둘째, 지역산업의 발전이다. 지역정보화가 이루어지면 지역산업의 발전을 고양할 것임을 쉽게 상정할 수 있다. 지역정보화의 진전에 따라 우선 정보통신산업이 가장 크게 발전할 것이다. 셋째, 지방행정의 효율화이다. 정보통신시스템을 이용하기 때문에 주민생활과 밀접한 관련이 있는 행정서비스가 과거에 비해 훨씬 빠르고 다양하게 제공되며, 또한 행정서비스의 체계화와 종합화가 추진되기 때문에 하나의 창구를 통한 민원서비스가 가능해질 것이다. 넷째, 지역주민생활의 질 향상이다. 지역정보화는 지역주민의 생활에 필요한 정보를 적기에, 필요한 형태로 쉽게 얻을 수 있으므로 만족감을 얻으며, 동시에 지역주민생활의 질이 고양된다. 다섯째, 지역 환경문제 및 방재문제 해결에 도움을 준다. 예를 들어, 정보통신을 통해 정보를 획득함으로써 교통대체효과가 있어 대기 중에 이산화탄소를 적게 배출하게 할 수 있으며, 원격 환경감시시스템을 통해 환경오염에 대한 감시가 가능하다.

탐구학습

1. 주요 개념
   - 생활권
   - 토지이용계획
   - 용도지역지구제
   - 토지적성평가
   - 환경계획
   - 공원녹지
   - 지역산업진흥계획
   - 지역판촉
   - 지역보건의료계획
   - 지역사회복지계획
   - 기반시설
   - 사회기반시설계획
   - 교통계획

2. 토론과 과제
   - 생활권 설정의 필요성
   - 토지이용계획의 필요성과 주요내용
   - 시 · 도 주택종합계획의 내용과 한계
   - 지역산업진흥계획의 목표
   - 지역문화진흥의 필요성
   - 지역사회복지계획의 내용
   - 사회기반시설계획의 종류
   - 교통계획 수립시 고려사항

참고문헌

권영상(2011), "우리나라 신도시 계획에서 생활권 공간구조의 변화", 국토계획, 46(2), 대한국토 · 도시계획학회.

김연기(1985), "생활권 중심의 지방자치단체구역 적정화를 위한 연구", 사회문화연구, 4, 대구대학교 사회문화연구소.

김용웅 외(2009), 신지역발전론, 경기: 한울아카데미.

대한국토 · 도시계획학회(2011), 도시계획론, 서울: 보성각.

대한국토 · 도시계획학회(2010), 국토 · 지역계획론, 서울: 보성각.

박종화 외(2006), 지역개발론, 서울: 박영사.

보건복지부(2011a), 제5기 지역보건의료계획 2012년도 통합시행계획 수립지침.

보건복지부(2011b), 2010년 보건복지백서.

보건복지부(2010), 제3기(2011~2015) 공공보건의료계획 작성지침.

이공래(2000), 기술혁신이론 개관, 과학기술정책연구원.

이성근 · 이춘근(2008), 최신 지역경제론, 경기: 법문사.

이종화(2009), "주거지 계획 이론의 변화에 따른 국내 생활권 계획의 특성 분석", 한양대학교 도시대학원 석사학위논문.

진영효(1998), "도농통합지역생활권(정주권)", 도시문제, 대한지방행정공제회.

채미옥 · 김정훈(2003), 토지적성평가제도의 개선방안 연구, 국토연구원.

채미옥 · 지대식(2001), 지속가능한 국토관리를 위한 토지적성평가에 관한 연구, 국토연구원.

한국지역개발학회(1998), 지역개발학원론, 서울: 법문사.

Golany, G.(1976), *New-Town Planning: Principles and Practice*, New York: Wiley.

http://www.law.go.kr(국가법령정보센터).

http://www.molit.go.kr(국토교통부).

제 4 장

계획집행과 관리

제1절 계획집행의 의의

1. 계획집행의 개념

계획집행은 계획과정에서 계획결정 이후에 이루어지는 단계이고, 또한 계획결정과 계획평가를 연결하는 단계이기도 하다. 집행에 대한 정의는 학자에 따라 '미리 설정한 목표를 달성하기 위한 행동'(Van Meter & Van Horn), '권위있는 정책지시를 실천하는 과정'(Nakamura & Smallwood), '계획이 효과적으로 달성되도록 하는 일련의 활동들'(C. O. Jones), '예측된 결과를 달성할 수 있는 능력 또는 목표의 설정과 이를 달성하기 위한 활동 간의 상호작용'(Pressman & Wildavsky) 등 매우 다양하게 정의한다(노시평 외, 2006). 계획집행이란 일반적이고 추상적인 계획안을 점차적으로 위계에 따라 연역화하여 구체화시켜 행동에 옮기는 과정이라고 할 수 있다. 간략하게 설명하면 집행은 계획을 행동에 연결하는 것이라고 이해할 수 있다. 집행에 대한 최초의 체계적 연구는 프레스만(J. Pressman)과 윌다브스키(A. Wildavsky)가 1973년 출간한 '집행(*Implementation*)'에서 미국경제개발청의 실업구제프로그램의 일환으로 시행한 오클랜드(Oakland) 지방의 사업이 성공하지 못한 이유를 계획과 집행의 분리에 그 원인이 있다고 지적한 이래 집행에 대한 많은 연구가 이루어져 왔다(정환용, 2009).

2. 계획집행의 특성

집행의 특성은 의사결정과정, 복잡한 과정, 상호적응적 과정, 순환적 과정으로 표현할 수 있다(이성근, 2006).

구체적으로 살펴보면 첫째, 계획은 집행되는 가운데 재해석되고 수정되며 새로이 결정되기 때문에 집행을 하나의 의사결정으로 볼 수 있다. 둘째, 집행은 복잡한 과정이다. 즉, 집행과정은 여러 단계로 세분되며, 각 단계들은 상호 영향을 교호함은 물론 여러 사람과 조직들이 참여하는 복합과정이다. 그 이유는 집행기관마다 그 구조, 운영방식, 정치적 지지, 전문기술, 계획지향면에서 차이가 있기 때문이다. 셋째, 집행은 상호적응적 과정이다. 즉, 집행은 과거처럼 단순히 기계적 의미의 집행이 아니라, 현지상황에 적응될 수 있도록 수정되고 재설계되어야 한다. 그렇게 함으로써 계획표류를 방지하고 계획발전을 확보할 수 있기 때문이다. 넷째, 집행은 순환적 과정이다. 즉, 집행은 계획과정 중 단일방향적 과정이 아니며, 수립 및 평가과정과도 상호작용을 한다. 그리하여 계획과정의 여러 단계들은 순환과정을 이룬다.

3. 계획집행의 접근방법

집행의 방법론적 접근은 성공적 계획집행을 연구목표로 하는 하향식 접근방법과 계획집행현장에서 실제로 일어나고 있는 상태를 기술·설명하는 것을 연구목표로 하는 상향식 접근방법, 그리고 이 양 접근을 통합하여 고찰하려는 입장이 있다(이성근, 2006; 정환용, 2009).

하향식 접근방법은 정부의 계획으로부터 출발한다. 우선 계획가와 대상집단의 행동이 계획에 관한 결정과 어느 정도 부합되는가를 규명하고, 이어서 계획목표가 얼마나 달성되었는가를 검토한다. 다시 말해서 계획의 영향이 계획목표와 얼마나 합치되어 있는가를 규명한다. 다음으로는 계획산출이나 영향에 기여한 요인들이 무엇인가를 검토하고 경험을 토대로 하여 계획이 어떻게 수정되고 변화했는가를 살펴보는 것이다.

상향식 접근방법은 하향식 접근방법의 결함을 시정하기 위하여 등장하였다. 상향식 접근방법은 서비스를 대상집단에 전달하는 계획가로부터 출발하여 그들의 목표, 전략, 활동, 이해관계자 등을 규명하고 더 나아가서 관련된 정부계획이나 비정부계획을 수립하고, 재정적 뒷받침을 제공하며 집행을 담당하는 지방자치단체나 중앙정부의 관계자들에 대해 고찰하는 것이다. 즉, 상향식 접근방법은 일선 관료들로부터 출발하여 정부부문이나 민간부문의 최고결정가로 거슬러 올라간다는 것이다.

통합적 접근방법은 1980년대 이후 엘모어(R. Elmore), 사바티어(P. Sabatier) 등이 하향적 접근과 상향적 접근을 통합함으로써 시도하였다. 엘모어는 계획결정자들이 계획작성시 하향적 접근방법에 의해 계획목표를 결정하되, 상향적 접근방법에서 제시하는 방법을 수용하여 가장 집행가능성이 높은 수단을 선택하는 방법을 수용하여 양 접근방법의 통합을 이루고자 하였다.

4. 계획집행방법

집행방법은 다양하지만 하나의 도구나 방법을 통해서 계획을 집행할 수 없기 때문에 집행을 성취하기 위해서 지방정부의 직접적 개입을 통한 방법, 다른 개인이나 기관에게 의도된 목표달성을 유도하는 방법, 그리고 토지이용개발형태와 성격의 통제를 통한 방법의 세 가지 혼합된 방법이 있다(정환용, 2009).

첫째, 직접개입은 지방정부가 주체가 되어 개발사업과 개발계획을 수행해 나가는 방법으로 토지의 공적취득과 공공개량사업 등이 있다. 둘째, 간접적인 유인책과 억제책으로 지방정부는 다양한 목표와 활동에 비해 권력과 자원이 한정되어 있기 때문에 민간부문의 개발이 잘 이루어질 수 있도록 공공투자정책, 공공재정 및 과세정책, 그리고 개발유인책을 주로 활용한다. 셋째, 개발규제방법으로 용도지역지구제와 계획기준 등이 있다.

제2절 집행조직

1. 집행조직의 의의

일반적으로 계획집행조직은 정태적인 조직과 동태적인 조직으로 구분할 수 있다. 정태적 조직은 환경의 변화에도 불구하고 본래의 상태를 그대로 유지하려는 것을 전제로 한다. 그리고 동태적 조직은 환경의 변화를 중요시하며 체계의 효율성을 위해 집행절차와 구조를 고정시키지 않고 상황에 대응할 수 있도록 유동적으로 두는 것을 말한다.

1) 정태적 조직

정태적 조직은 합법적·합리적 권위에 의하여 결정된 계획을 집행하는 것으로 그 특징은 다음과 같다(이성근, 2006). 첫째, 정태적 조직의 전형은 관료제라 할 수 있는데, 여기에서의 모든 기능은 개인의 의도에 따라 운영되는 것이 아니라 합법적이고 합리적인 법규에 의해서 운영된다. 둘째, 이 조직은 고도의 분업화에 의해 각 조직원의 임무가 부여되고 계층제의 원칙을 따른다. 셋째, 이 조직은 소유권과 경영권을 완전히 분리시키는 것을 원칙으로 하는데, 이는 입법부와 사법부가 분리된 형상과 비슷하다. 넷째, 이 조직은 직업관료들에 의해 구성되며 고용인은 직업인으로서 평생을 자기 조직체와 함께 한다는 직업의식을 가진다.

한편 정태적 조직의 단점으로는 크게 세 가지를 들 수 있다. ① 법규의 과잉준수를 통해 형식주의를 초래하여 조직의 목표를 달성하는 데 방해가 된다. ② 분석의 초점을 내부에만 맞추고 그 환경을 소홀히 한다. ③ 비공식적인 조직을 등한시한다.

2) 동태적 조직

동태적 조직은 급변하는 환경에서 여러 가지 문제를 해결하기 위한 조직인데 여기에는 위원회, 단위사업조직, 행렬조직, 네트워크조직 등이 있다.

첫째, 위원회는 특정문제를 해결하기 위하여 각 기관의 전문가들로 구성된 조직으로 다음과 같은 특징을 가지고 있다. ① 각 부문의 구성원이 참여하기 때문에 부처 간의 조정이 원활해질 수 있다. ② 특정문제의 해결을 위해서 이해관계자가 참여함으로써 조직 내의 사기가 향상된다. ③ 장기적인 관점에서 볼 때, 조직원들에게 참여의 기회를 넓혀줌으로써 정책집행자의 능력을 높여줄 수 있다. 그러나 이러한 위원회제도는 여러 사람을 참여시키기 위해 많은 준비과정과 시간과 경비를 필요로 하고, 위원장에게 많은 권한과 책임이 주어질 때에는 위원들을 압도하여 편향될 우려가 있다. 또한 각 기관의 전문분야로부터 사람들이 참여하기 때문에 각자의 전문시각으로 문제해결을 할 경향이 있으며 위원들의 책임감이 낮을 수가 있다(이성근, 2006).

둘째, 단위사업조직은 중요한 단위사업이나 특정한 목표를 달성하기 위하여 일정한 기간 이미 설치된 부처와는 별도로 편성되는 조직의 형태이다. 이 조직은 어떠한 부처에도 소속되지 않고 독자적인 사업계획을 가지며 존속기간이 한정되어 있고 환경의 변화에 신축성있게 대응하는 장점을 가지고 있다.

셋째, 행렬(matrix)조직은 종축과 횡축의 두 지휘명령계통을 설치하고 이원적 관리에 의해 활동하는 조직을 의미한다. 이러한 행렬조직은 환경의 다양화에 대응하기 위하여 생겼으나 이원적 관리에 따른 조직질서의 혼란이 최대의 문제로 지적된다.

넷째, 네트워크조직은 하나의 조직 내부에서 수행하던 업무와 기능들의 일부를 아웃소싱하여 중심 조직은 핵심업무나 본사기능만 수행하도록 하는 형태의 조직구조이다.

2. 집행조직의 기능

계획의 조직상 의미는 계획에 대한 책임의 배분과 관계된다(정환용, 2009). 계획조직이 갖는 기능은 크게 계획기능, 집행기능, 평가기능, 관리기능으로 나누어 볼 수 있다. 먼저 계획기능에서는 정부의 추진목표를 달성하기 위해서 최선의 선택 가능한 대안을 선택하는 기능을 수행한다. 이후 집행기능은 선택된 대안을 실행하기 위하여 부서별로 역할을 분담하고 조정하는 기능을 한다. 그리고 평가기능은 합리적인 기준에 따라서 집행된 대안에 대한 모니터링, 자체평가, 외부평가를 의미한다. 이러한 모든 과정에 대해서 부서 간 의사소통 및 갈등관리 등을 담당하는 관리기능을 수행하고 있다.

3. 집행조직의 일반모형

계획조직의 일반적 모형은 독립위원회모형, 행정조직모형, 참여모형, 통합조직모형으로 살펴 볼 수 있다(이성근, 2006).

첫째, 독립위원회모형은 중앙정부 및 지방정부의 특정계획을 수립하기 위하여 독립계획위원회를 설치하는 것이다. 즉, 정부 내의 기관으로 최고정책집행자의 직접적인 통제는 받지만 집행이나 입법기능은 독립되어 있는 모형을 의미한다. 둘째, 행정조직모형은 최고정책집행자 아래 입법기관과는 독립되어 있는 행정기관과 예산기관을 두고 그 부처별로 해당 계획기관을 설치하는 모형이다. 이러한 특징으로 인하여 행정조직모형은 타 모형보다 실행력이 강하며 통합적인 차원에서 주로 공공서비스 문제를 다룬다. 셋째, 참여모형은 다양한 형태의 외부집단이 참여하여 계획이 이루어지는 것을 말한다. 넷째, 통합조직모형은 위의 세 가지 모형을 혼합하여 계획결정이 공공 혹은 집단적 관심을 최대한 반영할 수 있도록 사용하는 모형이다.

제3절 투자재원 조달

1. 투자재원 조달의 의의

지방재정(local finance)이란 지방정부의 기능을 수행하기 위해 필요한 재원을 조달·지출·관리하는 것을 뜻한다. 국가재정이 국민경제의 성장·안정 및 소득분배에 주목표를 두고 있다면, 지방재정은 지역의 경제개발과 지방주민의 기본적인 욕구 충족 및 복지증진에 그 목표를 두고 있다. 지방재정은 자원배분과 소득 재배분, 경제 안정의 기능 등을 갖는데, 그 중 자원배분의 기능이 가장 중요하다.

지방정부가 지역개발을 추진하기 위해서는 지역개발사업에 대한 소요예산을 추정하고 이를 토대로 연차별 시행계획을 작성하도록 하며, 새로운 세원 발굴 등 지방재정의 확충방안을 고려하여 지방재정수입에 대한 예측을 수행하여야 한다. 지방재정수입 충당분 이외의 자금소요에 대해서는 민자유치, 중앙정부로부터 보조, 외자유치 등의 재원조달방안을 사업의 공공성과 수익성 등 각 사업의 특성에 따라 마련하여야 한다.

지방정부가 지역개발을 위해 사용할 수 있는 투자재원 조달방안은 ① 지방자치단체의 자체재원조달, ② 중앙정부로부터 재원조달, ③ 민간부문의 활용을 통한 재원조달 등으로 나누어 살펴볼 수 있다.

2. 투자재원 조달방안

1) 지방자치단체의 자체재원조달

지방정부의 자체재원으로는 크게 지방세와 세외수입, 지방채, 지역개발기금 등으로 나눌 수 있다.

(1) 지방세

지방세란 지방자치단체가 공공활동수행에 필요한 재정수요를 충족하는 수단의 하나로 직접적인 보상없이 주민으로부터 강제적으로 징수하는 화폐수입으로서 가장 기본적인 재정수입이다. 지방세는 지방자치단체가 독자적으로 사용할 수 있는 자주재원의 성격을 가지고 있으며, 보조금과 달리 용도지정이 되어 있지 않은 일반재원이다.

현행「지방세법」에 의하면 우리나라 지방세제도는 11개 세목(2011년 지방세법 개정으로 14개 세목에서 축소)으로 구성되어 있다. 과세권자가 광역자치단체인 경우 특·광역시세 또는 도세로 구분되고, 기초자치단체인 경우 시·군세 또는 구세로 구분된다. 또한 조세의 사용목적이 한정되어 있는 목적세와 사용목적이 한정되어 있지 않고 일반적인 운영경비를 위해 징수하는 보통세로 분류할 수 있다.

표 3.4.1 우리나라의 지방세 체계

구 분			세제 내용
광역자치단체	특·광역시세	보통세	• 취득세, 레저세, 담배소비세, 지방소비세, 주민세, 지방소득세, 자동차세
		목적세	• 지역자원시설세, 지방교육세
	도세	보통세	• 취득세, 등록면허세, 레저세, 지방소비세
		목적세	• 지역자원시설세 · 지방교육세
기초자치단체	구세	보통세	• 등록면허세, 재산세
	시·군세	보통세	• 담배소비세, 주민세, 지방소득세, 재산세, 자동차세

(2) 세외수입

세외수입은 지방자치단체 자체수입 중 세제의 성격을 갖지 않는 일체의 수입을 의미한다. 세외수입은 징수근거와 용도 형태가 다양한 것이 특징이며, 수입형성방법에 따라 광의, 협의, 최협의로 구분할 수 있다. 광의의 세외수입은 지방재정수입 가운데 지방세, 지방교부세, 국고보조금을 제외한 나머지 수입일체를 의미한다. 협의의 개념은 경상적인 세외수입만을 의미하고, 여기에는 일반회계와 특별회계에 의한 많은 종류의 수입이 포함된다. 최협의의 개념은 협의의 세외수입 가운데 특별회계에 의한 영업수입을 제외한 세외수입을 말한다. 여기에는 일반회계의 사용료, 수수료, 재산임대수입 등이 있으며 매년 반복적으로 징수되는 경상적 수입으로서, 세외수입 중 가장 보편적인 수입원을 말한다.

(3) 지방채

지방채란 지방자치단체가 정부 또는 민간부문으로부터 증서차입 또는 채권발행에 의하여 장기차입형태로 자금을 조달하는 것을 말한다. 지방채는 지방자치단체의 채무이나 우리나라는 안전행정부장관의 연초승인과 그 승인의 한도 내에서 지방자치단체 의회의 의결에 의해 발행하도록 하고 있어 지방채 개별승인제 대신 지방채 발행총액 한도제를 운영하고 있다(지방재정법 제35조).

(4) 지역개발기금

지방자치단체는 급증하는 지역개발 투자수요에 필요한 재원을 효율적으로 조달하기 위한 방안의 하나로 지역개발기금을 설치·운영하고 있다. 그 이유는 계속 증대되고 있는 지역개발 투자수요에 현재의 빈약한 자주재원 규모나 재원조달기능이 미흡하기 때문이다. 지역개발기금을 구성하는 재원으로는 중앙정부의 재정자금, 지방세수 증대에 따른 추가세입, 금융기관차입과 차관, 공채발행 등을 들 수 있다.

2) 중앙정부로부터 재원조달

지방자치단체가 최소한의 행정수준을 유지하기 위해 필요한 재원을 보장해 주면서 아울러 자치단체 간의 재정력격차를 시정하기 위해 국세수입의 일부 또는 기타 자금을 일정기준에 따라 지방자치단체에 배분하는 제도를 지방재정조정제도라 한다. 우리나라에서 국가와 지방자치단체 간의 지방재정조정제도로는 지방교부세, 국고보조금, 광역·지역발전특별회계가 있다.

(1) 지방교부세

지방교부세(local share tax)제도는 지방재정조정제도 중 가장 핵심적인 것으로서, 국가수입 중 일부를 재정력이 취약한 자치단체의 행정운영에 필요한 재원으로 교부하여 지방자치단체 간 재정을 조정함으로써 지방행정의 균형적인 발전을 기하려는 제도라 할 수 있다. 지방교부세는 세원의 대도시 편재 등에 따른 문제를 합리적으로 조정하기 위한 조정재원으로서, 본질적으로는 지방세의 대체적 재원의 성격을 갖는 일종의 간접과징형태의 지방세라고도 할 수 있다.

(2) 국고보조금

국고보조금은 국가정책상 필요가 있거나 또는 지방자치단체의 재정사정상 필요하다고 인정될 때 국가예산범위 안에서 지방자치단체에 교부하는 것으로 보조금 이외에 부담금, 조성금, 장려금, 위탁금 등도 여기에 포함된다. 보조금은 대부분 용도와 수행조건 등을 지정하는 조건이 붙게 되며, 일정한 자부담을 하여야 하고, 보조금 중 남은 잔액은 일반용도로 쓸 수 없다(김동기, 2008). 국고보조금은 지방자치단체의 재정력의 불균형을 조정할 목적보다는 일정한 지방행정수준의 유지와 특정사업의 장려를 목적으로 하고 있기 때문에 지역 간의 재정적 불균형을 조정하는 역할은 미약하다. 또한 국고보조금은 지방자치단체의 재정부담을 경감시키는 이점은 있지만 재정의 중앙통제 강화라는 문제점을 안고 있다.

(3) 광역 · 지역발전특별회계

광역 · 지역발전특별회계는 지역의 특화발전 및 광역경제권의 경쟁력 향상을 위하여 지방자치단체에 예산을 지원하는 것으로서, 2005년부터 시행하던 국가균형발전특별회계를 2010년부터 광역 · 지역발전특별회계로 재편하였다. 광역 · 지역발전특별회계는 광역발전계정, 지역개발계정, 제주특별자치도계정으로 구분하고 있다.

특히 참여정부 시절에 운용되던 지역혁신사업계정을 광역발전계정으로 전환하여, 규모화 · 광역화 · 협력화 · 상생화를 뒷받침할 목적으로 재원규모를 확대하였다. 또한 지역개발사업계정은 지역개발계정으로 전환하여 기초생활권의 지역개발사업, 지역문화 · 예술 · 체육진흥, 기초관광자원 육성, 향토산업 육성, 농산어촌 생산기반확충사업, 상수도시설, 소상공인 지원사업, 대중교통 등이 지원대상이다.

표 3.4.2 광역 · 지역발전특별회계 편성체계 변경내용

구 분	국가균형발전특별회계	광역 · 지역발전특별회계
광역발전계정	• 시 · 도자율편성사업 • 국가직접편성사업	• 국가직접편성사업
지역개발계정	• 시 · 도자율편성사업 • 시 · 군 · 구자율편성사업 • 국가직접편성사업	• 시 · 도자율편성사업 • 시 · 군 · 구자율편성사업
제주특별자치도 계정	• 시 · 도자율편성사업 • 균형발전기반지원사업 • 특행기관 이관사무 • 국가직접편성사업	• 시 · 도자율편성사업 (기초생활권사업 포함) • 특행기관 이관사무 • 국가직접편성사업

지금까지의 국가균형발전특별회계는 부처간 이해관계에 따른 칸막이와 자치단체의 자율성 제약, 유사사업의 중복투자 등에 대해 지적을 받아왔다. 이에 따라 유사사업의 과감한 통폐합, 자치단체의 재정운영 자율성 확대, 자치계획권의 신장 등을 촉진하고자 지역개발계정 전체를 포괄보조금으로 운용하도록 하였다. 즉, 200여개에 달하였던 유사·중복사업을 대폭 통합하여 22개 사업군으로 재편하였다. 사업군 내에서는 지자체가 자율적으로 사업을 기획하여 추진할 수 있도록 하고 공모방식을 폐지하였다.

예산지원방식은 지자체 자율편성사업으로 시·도 자율편성사업과 시·군·구 자율편성사업으로 구분된다. 시·도 자율편성사업은 시·도 단위에 지역개발계정의 한도액(ceiling)을 설정하면, 시·도는 한도액 범위에서 관할 시군에 대한 한도액을 산정하여 교부하는 방식이다. 그리고 시·군·구 자율편성사업인 기초생활권개발사업은 기존의 농촌지역 및 낙후지역 대상 지역개발사업으로 하나의 정책군으로 통합하여 도시활력증진지역, 성장촉진지역, 일반농산어촌지역, 특수상황지역으로 구분하여 교부되며, 그 내용은 다음과 같다.

표 3.4.3 시·군·구 자율편성사업의 내용

주관부처	포괄보조 사업명	대상	보조율(%)
국토교통부	도시활력증진지역 개발	99개 시·군·구	50
	성장촉진지역 개발	70개 시·군·구	100
안전행정부	특수상황지역 개발	15개 시·군 및 도서	80
농림축산식품부	일반농산어촌지역 개발	117개 시·군	70

한편, 2011년 신규사업부터는 시·군·구 자율편성의 내역사업을 폐지하고 포괄보조금의 용도자율성을 확대하는 차원에서 생활기반 확충, 소득창출, 지역경관 개선, 역량 강화 등 4대 기능으로 개편하여 운용하고 있다(지역발전위원회, 2013).

포괄보조금의 도입으로 지자체의 재정운영 자율권, 계획자치권 등이 신장하는 반면에, 책임성 확보를 통한 재정자원의 효율적 배분이 문제될 수 있다. 이 때문에, 정부는 지역개발계정은 소관부처가 포괄보조금 가이드라인을 제시하여 1차 평가를 실시하고 지역발전위원회가 2차 종합평가하는 방식으로 사후평가에 대한 평가체계를 재정비하였다. 평가결과는 익년도 포괄보조금에 연계하여 시군별 인센티브 형태로 반영하여 지방재정의 자율성과 책임성 간 조화를 도모하고 있다.

3) 민간부문으로부터 재원조달

지역개발에서 민간으로부터 재원을 조달하는 방법은 공공시설의 건설과 운영을 위하여 부족한 재원의 일부 또는 전부를 민간부문으로부터 조달하고 대신 민간부문에게 일정범위내 공공시설의 운영 및 수익을 보장하는 제도라고 할 수 있다. 민간자본을 유치하는 형태는 직접참여방법, 간접참여방법, 사무위탁방법, 그리고 민관협력방법(제3섹터) 등으로 나누어 볼 수 있다.

첫째, 직접참여방법은 민간부문에서 공공사업을 직접 시행하는 형태이다. 이 경우 민간부문이 건설, 자금조달, 그리고 운영까지 책임을 지는 형태로서 유료도로와 유료터널의 경우에 흔히 활용된다. 이 방법은 민간기업이 수익성 확보에만 치중하는 것을 방지하기 위해 요금이나 가격규제를 대개 병행하고 있다.

둘째, 간접참여방법은 민간부문이 자본참여만을 하는 경우이다. 시급한 지역개발사업이지만 지방자차단체가 재정적 여력이 없을 때, 민간의 자본을 직접 폭넓게 활용하기 위하여 민간자본이 공공투자사업에 활용되는데, 정부보증채 발행, 공사·공단의 채권발행, 민간차입 등이 이에 해당한다.

셋째, 사무위탁형태의 계약(contracting out)방식이다. 이는 민간기업에 업무의 전부 또는 일부를 위탁해서 처리하는 형태로서 폐기물 수거, 도로보수, 공항 운영, 탁아시설 운영 등과 같이 경비를 절약하고 서비스의 질을 개선할 수 있는 장점이 있다.

넷째, 민관협력(public-private partnership)형태이다. 이는 도시 및 지역문제를 해결하기 위하여 공공부문과 민간부문의 협력형태(제3섹터)로 사업을 추진하는 경우이다. 공공성이 요구되는 대규모의 사업에 민간부문의 기술·자금·경영능력 등을 활용하기 위하여 지방자치단체와 민간부문의 중간에 위치하여 공익성과 수익성을 동시에 확보하는 민관혼합출자 회사형태가 민관협력형태 내지 제3섹터방식이다(박종화 외, 2004).

(1) 민관공동출자사업

민관공동출자사업은 공익을 추구하는 제1섹터인 공공부문과 사익을 추구하는 제2섹터인 민간부문이 결합한 제3섹터 형태라 할 수 있다. 지방자치단체와 민간부문이 공동으로 출자하여 설립하는 법인으로서 공익과 사익을 함께 추구할 수 있으며, 「지방공기업법」을 근거로 민관공동사업이 활발히 추진되고 있다. 민관공동출자사업은 지역개발사업과 관련하여 철도, 도로, 공항, 도시철도, 여객운항사업, 리조트, 관광개발, 교통터미널 건설 등 대상분야가 다양해지고 있는 추세이다.

민관공동출자사업의 기대효과는 ① 새로운 재원조달에 기여, ② 민간부문이 가지고 있는 창의력과 전문성 활용, ③ 공익성과 수익성의 조화로운 결합을 통한 민관 양부문의 발전에 기여, ④ 지방자치단체로부터 독립성 보장을 통한 생산성 증대 등을 들 수 있다.

그러나 민관공동출자사업은 ① 민자유치의 어려움, ② 공익성 확보의 곤란, ③ 책임의 한계설정 곤란, ④ 대상사업 선정의 어려움, ⑤ 지방자치단체의 엄격한 통제장치, ⑥ 조세감면이나 보조금 등 재정지원 장치의 부재 등의 제약을 받고 있다(이승철, 2011).

(2) BTL 사업

BTL(build-transfer-lease) 사업은 「사회기반시설에 대한 민간투자법」에서 규정하고 있는 민간투자사업방식의 하나로서 임대형 민간투자사업이라고도 한다. 우선 민간부문이 자금을 투자하여 공공시설을 건설(build)하고, 시설의 완공시점에 소유권을 지방자치단체에 이전(transfer)하며, 일정기간 동안 시설의 사용 또는 이용권한을 가지고 그 시설을 지방자치단체에 임대(lease)하여 임대료를 받아 시설투자비를 회수하는 방식이다.

우리나라는 종전의 도로 등 교통시설 위주로 이루어지던 민간투자사업에서 민간이 직접 이용료 수익을 통해 투자금액을 회수하는 BTO(build-transfer-operate) 방식을 주로 이용해 왔으나, 민간투자사업 대상이 수익에 취약한 교육·복지·문화 등 생활기반시설 분야까지 확대되면서 BTL 방식의 민간투자사업이 활발해지는 추세이다.

BTL 방식의 시설 및 부대사업의 운영은 국가 또는 지방자치단체가 직접 운영하거나 사업자에게 위탁운영할 수 있으며 사업자에게 위탁하는 경우에 사업자는 일정기간 동안 적정 수익률에 의해 산정된 임대료에 유지관리비용을 더한 금액에 부대사업수익을 제외한 만큼을 정부 및 지방자치단체로부터 지급받게 된다.

BTL 사업은 민간자본을 활용하여 지자체의 재정지원사업의 폭을 넓힐 수 있으며, 민간부문은 확실하게 투자비의 회수를 보장받을 수 있다. BTL사업은 교육시설, 환경시설, 주거시설, 문화·복지시설, 도시철도사업 등에 널리 활용되고 있다.

BTL 사업에서 민간부문의 참여체계를 살펴보면 다음과 같다(이승철, 2011). ① 지자체는 민간부문으로부터 투자를 유치할 공익시설을 선정하고 기본사업계획을 수립하여 민간사업자를 모집한다. ② 민간사업자는 특정시설을 건설·운영하는 것을 목적으로 하는 프로젝트 회사(Special Purpose Company: SPC)를 설립하여 회사에 참여한다. ③ 사업자로 선정된 SPC는 자기 책임 아래 설계-자금조달-건설-운영의 역할을 담당한다. ④ 지자체는 일정기간 동안 시설을 임차해 사용하면서 SPC에게 임대료를 지급함으로써 시설투자비를 보전해 준다.

(3) BTO 사업

BTO(build-transfer-operate) 사업은 「사회기반시설에 대한 민간투자법」에 의한 민간투자사업방식의 하나로서, 사회기반시설의 준공(build)과 동시에 당해시설의 소유권이 국가 또는 지방자치단체에 귀속(transfer)되며 사업시행자에게 일정기간의 시설관리 운영권(operate)을 인정하는 방식으로 시행되는 민간투자사업이다.

BTO 방식은 주로 도로·철도·항만 등 교통시설 등 운영에 따른 충분한 사용료수익으로 투자금 회수가 예상되는 시설을 대상으로 시행되며, 정부의 민간투자사업계획에 의한 정부 주도의 시행은 물론 민간제안방식으로도 시행 가능하다. BTO 방식의 민간투자자는 준공 후 약정된 시설관리 운영기간 동안 시설사용자로부터 직접 이용료를 징수하여 수익을 올리고 투자금을 회수하게 되므로 '수익형 민간투자사업'이라고도 한다.

(4) BOT 사업

BOT(build-own-transfer) 사업은 시설의 완공 이후 일정기간 민간부문에 소유권이 인정되며, 그 기간 만료시점부터 지자체에 소유권이 이전되는 방식이다. 이러한 방식은 주로 재정적자의 누적이나 외채문제로 자금조달이 어려운 개발도상국들이나 국가사업의 민영화정책을 추진하고 있는 국가들의 인프라 개발에 도입되고 있다. 그러나 BOT 프로젝트는 비교적 공사기간이 장기적이며 정치적 안정성에 따른 위험이 큰 것이 단점으로 지적된다.

제4절 갈등관리

1. 갈등관리의 의의

1) 갈등의 개념과 유형

지방자치가 본격적으로 실시된 이후에 입지 및 개발과 관련된 공공갈등이 크게 증대되는 양상을 보이고 있다. 지방자치단체와 주민 간의 분쟁은 대부분 쓰레기·폐기물 처리시설 등 지역적인 차원의 공급처리시설 및 일상생활관련 시설입지 분쟁으로 나타나고 있고, 지방자치단체 상호간의 분쟁은 광역시설의 입지 및 비용분담과 지역간 개발의 경합에 의해 발생하고 있다. 또한 중앙정부와 주민 간의 분쟁은 댐 건설, 원자력발전소 건설 등 위험시설과 사회복지시설 입지분쟁 및 보상분쟁이 주류를 이루고 있다.

이와 같이 공공갈등이 사회갈등의 지배적 유형으로 등장하고 있음을 알 수 있다. 갈등당사자를 기준으로, 공공갈등의 개념을 국가와 지방자치단체, 정부투자기관 등이 당사자인 갈등으로서 국민의 권리와 의무에 영향을 미치는 정책, 법령, 사업의 추진과정에서 공공기관과 국민 또는 공공기관 상호간의 이해관계 충돌로 인해 발생하는 갈등과 분쟁으로 정의할 수 있다(대통령자문 지속가능발전위원회, 2005a).

갈등의 유형을 구분하는 방식은 매우 다양하나, 갈등 당사자, 갈등 발생원인, 갈등쟁점 등을 기준으로 갈등의 유형을 구분할 수 있다. 공공갈등을 갈등 당사자를 기준으로 정부와 주민 간의 갈등, 중앙정부와 지방정부 간의 갈등, 지방정부들 간의 갈등으로 구분할 수 있다. 또한, 갈등의 발생원인을 기준으로 이익갈등(interest conflict)과 가치갈등(value conflict)으로 구분한다. 이익갈등은 이해관계나 욕구의 충돌로 인해 발생하고, 가치갈등은 가치 신념체계나 또는 이념의 충돌로 인해 발생한다. 갈등의 쟁점에 따른 구분은 쟁점의 영역에 따라 산업갈등, 의료갈등, 교육갈등, 정치갈등, 환경갈등, 이념갈등 등으로 구분한다(대통령자문 지속가능발전위원회, 2005a).

2) 공공갈등의 특성

공공갈등은 사적 개인 또는 집단 사이에서 발생하는 민민갈등과는 다른 몇 가지 특징을 가지고 있다.

첫째, 갈등의 당사자와 관련하여 공공갈등이 가지고 있는 가장 두드러진 특징은 이해당사자 자체가 특정화되기 어렵다는 점을 들 수 있다. 공공갈등의 경우 직접적 이해관계를 갖는 집단이 크고 다양할 뿐 아니라 여기에 간접적 이해관계를 갖는 사람을 합하면 당사자의 범위는 전체 국민이 되는 경우도 적지 않다.

둘째, 갈등원인과 관련하여 공공갈등이 갖는 특징으로는 그 원인이 복합적이라는 점을 들 수 있다. 중앙정부나 지자체가 시행하는 공공사업을 둘러싼 갈등에서는 상충된 이해관계와 가치가 모두 갈등의 원인이 된다. 따라서 한편에서는 이익갈등이면서 다른 한편에서는 가치갈등이 된다. 또한 새만금간척사업이나 천성산 관통터널공사를 둘러싼 갈등에서 볼 수 있듯이 대립된 전문적 견해가 추가적인 원인이 되기도 한다(지속가능발전위원회, 2005a).

2. 갈등관리의 내용

갈등관리란 갈등을 해소하고 완화시키는 것뿐만 아니라 갈등을 용인하고 이를 보완하는 조치를 취하는 것, 또는 유익하다고 판단되는 갈등을 형성하면서 오히려 상호간의 이익을 확보하는 것, 나아가 미래의 재현에 대응할 수 있는 예방전략까지 포함하는 포괄적인 개념이다(이승철, 2011). 갈등의 예방과 해결을 위해 선호되는 주요 관리수단은 다양한 유형의 참여적 의사결정과 협상·조정·중재와 같은 대안적 분쟁해결(alternative dispute resolution: ADR) 방법이 있다(노춘희 외, 2012).

공공갈등의 효과적인 관리방안을 살펴보면 다음과 같다(이순자 외, 2011).

첫째, 갈등의 사전예방을 위하여 주민의 참여기회를 확대할 필요가 있다. 중요 지역개발사업을 추진할 경우, 반드시 구상단계나 계획수립단계에서 지역주민이나 이해당사자 대표가 포함된 협의기구를 마련하고, 사전 의견수렴 절차를 통해 주요 사안에 대한 합의를 이끌어냄으로써 갈등확산을 미연에 방지할 필요가 있다.

둘째, 계획의 투명성 확보를 위해 정보공개를 제도화해야 한다. 우선 불필요한 갈등을 감소시키기 위해서는 적극적인 홍보와 교육, 설득을 통해 갈등요인을 사전에 차단할 필요가 있다. 이를 위해 갈등사안에 대한 Q&A 배포, 협의결과 홈페이지 게재, 지속적인 순회설명회·간담회를 통한 이해당사자의 의견 수렴 등이 필요하다. 그리고 비선호시설의 입지와 관련하여 입지선정과정부터 집행과정에 이르기까지 전과정을 대상지역 주민들에게 투명하게 공개하여 불안감을 미리 해소시켜 주어야 한다.

셋째, 구체적이고 실질적인 보상체계를 확립할 필요가 있다. 갈등관리를 위한 각각의 상이한 요구와 이의 해결을 위한 결정 사이에서 가장 중요한 장치는 보상체계의 확립이라 할 수 있다.[1] 특히 사회간접자본이나 환경기초시설의 입지 등 지방자치단체와 주민 간의 갈등관계가 심각하게 예견되는 사안에 대해서는 반드시 공평성과 형평성에 입각한 보상원칙의 적용이 중요하다(이승철, 2011).

넷째, 대안적 갈등관리수단의 활성화가 필요하다. 당사자 협상, 제3자 개입 등의 ADR 갈등관리방식이 사법적 판단이나 정치적 수단보다 갈등해결 가능성이 높다. 따라서 제도적으로 갖추어진 갈등관리제도의 하나인 갈등관리심의회의 운영내실화 및 갈등조정협의회의 역할과 기능을 확대할 필요가 있다. 또한 공식적인 절차를 거친 조정자(또는 중재자) 이외에도 지역갈등 해결을 위해 자발적으로 구성·운영되는 기구 또는 대책위원회를 적극 활용할 필요가 있다.

다섯째, 공공갈등관리제도의 구속력 확보가 필요하다. 2007년에 제정된 「공공기관의 갈등 예방과 해소에 관한 규정」은 실질적인 갈등예방과 해결에 대한 구체성이 결여되어 있고, 대통령령에 머물러 있어 영향력이 크지 않은 실정이다. 따라서 공공갈등관리의 본래 목적에 부합하고 현 규정의 한계들을 극복할 수 있도록 기본법 제정이 필요하다.

여섯째, 갈등관리 평가 및 환류시스템이 필요하다.

일곱째, 갈등사례별 특성이 반영된 갈등매뉴얼을 작성하여 공공갈등에 체계적이고 능동적으로 대응할 수 있도록 해야 한다.

---

1) 이와 관련한 제도로 부지경매(site auction)가 있다. 이는 개발주체가 어느 시설입지에 대한 경매가를 내걸고 지방자치단체가 해당 시설의 입지에 상응하는 금전적 보상 및 시설입지에 대한 주민의 동의를 얻어 입찰에 응하고, 개발주체는 입찰할 지방자치단체의 제안내용과 입지조건 등을 고려하여 최적의 장소를 선정하는 입지결정방식이다.

탐구학습

1. 주요 개념
   - 계획집행
   - 지방재정조정제도
   - 광역·지역발전특별회계
   - 민간투자사업
   - 공공갈등

2. 토론과 과제
   - 우리나라 지방세의 체계와 문제점
   - 지방자치단체의 투자재원조달방안
   - 민간투자사업의 문제점과 활성화방안
   - 공공갈등의 사례와 관리방안

참고문헌

건설교통부(2007), 도종합계획의 정체성 확립 및 효과적 실행방안 연구.
김수신(2011), 도시행정론, 서울: 한국통신대학교출판부.
노시평 외(2006), 정책학의 이해, 서울: 비앤앰북스.
노춘희·강현철(2012), 새로 쓴 도시학, 서울: 형설출판사.
노화준(2010), 정책분석론, 서울: 박영사.
노화준(2006), 정책평가론, 서울: 법문사.
박종화(2009), 도시경영론, 서울: 박영사.
박종화 외(2004), 지역개발론, 서울: 박영사.
양지청 외(2002), 국토계획 평가체계 구축방안 연구, 경기: 국토연구원.
이달곤(2004), 지방정부론, 서울: 박영사.
이성근(2006), 정책계획론, 서울: 법문사.
이성근·이춘근(2008), 지역경제론, 서울: 법문사.
이순자 외(2011), 공정사회를 향한 지역개발사업 갈등관리 실태평가 및 실효성 제고방안, 경

기: 국토연구원
이승철(2011), 지방행정론, 대전: 글누리.
정환용(2009), 계획이론, 서울: 박영사.
지속가능발전위원회(2005a), 공공갈등관리의 이론과 기법 上, 서울: 논형.
지속가능발전위원회(2005b), 공공갈등관리의 이론과 기법 下, 서울: 논형.
지역발전위원회(2013), 지역발전정책의 성과와 과제.
http://www.law.go.kr(국가법령정보센터).

제 5 장

평가 및 환류

제1절 계획평가의 의의

1. 평가의 개념

계획이 집행되고 나면 계획대로 실행되었는가를 파악하기 위해 집행의 결과를 평가하는 것이 중요하다. 계획평가의 필요성은 계획이 집행되는 과정에서나 또는 집행이 끝난 후에 계획이 설정된 목표대로 집행되었는가 또는 당초 계획대로 결과가 나타났는가에 대한 분석이다(정환용, 2009).

평가의 목적은 지식, 관리, 그리고 책임성의 3가지 관점에서 고찰할 수 있다(노화준, 2006; 정환용, 2009). 첫째, 현재 관심의 대상이 되고 있는 정책이나 프로그램의 평가를 통하여 사회현상에 대한 새로운 지식을 발전시키고 장기적으로 이를 정책의 개발과 사회문제의 해결에 응용하고자 하는 것이다. 둘째, 계획결정이나 집행과정에 필요한 정보를 제공하여 이들 과정을 바람직하게 추진되도록 하는 것으로 정책과정상 환류기능을 수행한다. 셋째, 계획평가의 목적이 계획결정자나 프로그램 관리자들로 하여금 효과성과 운영상의 질이라는 두 가지 측면에서 그들의 관할하에 있는 프로그램들의 가치에 대한 책임을 지도록 함으로써 정부자원을 최선의 방법으로 활용한다.

2. 평가의 유형

평가유형은 관점에 따라 여러 종류로 구분할 수 있다(노화준, 2006). 계획집행과 관련하여 집행 이전의 사전평가와 집행 이후의 사후평가로 구분할 수 있다. 사전평가는 계획안 선택 이전의 평가로 진행되거나 진행될 의사결정과정에 정보를 제공하기 위해 계획안의 효과나 결과를 사전사정(preassess)하는 것이다. 사후평가는 계획이 완전히 집행되었을 때 계획의 목표달성과 효과를 사정하기 위한 평가이다.

또한 평가시기에 따라 형성평가(formative evaluation)와 총괄평가(summative evaluation)로 구분할 수 있다. 형성평가는 계획의 집행과정 중에 수행되는 것이며, 총괄평가는 계획의 종료 후에 실시하는 사업의 효과에 초점을 두는 평가이다. 형성평가는 집행 도중에 집행의 관리와 전략의 수정 보충을 위한 것으로 과정평가와 중복이 되는 것이 많다. 총괄평가는 영향평가(impact evaluation), 결과평가(outcome evaluation), 효과성평가(effectiveness evaluation)라고도 불리운다(노화준, 2006; 정환용, 2009). 이 평가의 목적은 평가대상집단의 변화상황, 변화요인, 변화의 경제적 타당성 정도 그리고 변화의 문제해결에의 적합도 등을 검토하는 것이다.

제2절 평가내용

이하에서는 평가의 단계에 따라 사전평가와 중간평가의 하나인 모니터링, 그리고 사후평가에 대하여 살펴보고자 한다.

1. 사전평가

1) 사전평가의 의의

사전평가(ex-ante evaluation)는 지역개발계획이 확정되기 전에 여러 계획대안의 집행에 따른 영향을 예측하고 비교하여 각 계획대안 중 최선의 대안을 선택하기 위한 근거를 마련하는 작업이라고 정의된다. 일반적으로 합리적인 계획과정은 ① 목표설정, ② 목표를 달성하기 위한 대안의 마련, ③ 최선의 대안 선택, ④ 계획의 집행단계로 진행되는데 사전평가는 대안마련과 대안선택의 중간에 위치한다(노화준, 2006).

지역개발계획이 집행되기 이전에 수행되는 평가로 이는 주로 계획의 입안과정에서 타당성을 분석하는 정책분석이 이에 해당된다. 정책평가의 개념을 광의로 해석할 때 정책분석을 포함하므로, 이러한 사전평가도 정책평가의 범주에 포함될 수 있다.

이는 계획에 따른 공공정책의 실시로 나타나게 될 효과를 사전적으로 평가하고 가장 효율적으로 정책을 집행할 수 있는 방안을 탐색하는 과정에서의 평가이다. 이러한 사전적인 평가를 통해서 정책의 집행 여부와 정책의 우선순위를 결정할 수 있다.

2) 사전평가의 세부기준

계획안 선택을 위한 평가기준으로 채드윅(G. Chadwick)이 제시한 7개의 필수적인 국면을 중심으로 검토하기로 한다(정환용, 2009 재인용).

첫째, 실현가능성(feasibility)으로, 정치적 실현가능성과 재정적 실현가능성의 관점에서 고려하는 것이 보통이다. 재정적 실현가능성은 자원과 관련하여 다루기 때문에 여기서는 주로 물리적·기술적 실현가능성에 관한 내용에 초점을 둔다. 즉 대안이 기술적·물리적으로 실현가능한가, 그리고 실제 운영가능한가 하는 점에 관한 내용을 검토한다.

둘째, 효과성(effectiveness)으로, 이는 계획과정에서의 목표는 현재의 상황에 대해 무엇이 불만족스러운가를 나타내고 목표의 측정수단을 통해 문제의 해결방안을 제시해 준다. 효과성은 설정된 목표의 달성정도를 나타낸다. 그러나 대안의 효과성을 측정함에 있어 유의할 점은 일부 목표의 경우 계량화하여 측정하기 어려운 것도 있다는 점이다.

셋째, 성과수준(level of performance)이다. 계획에 의해 어떤 수준의 서비스가 제공되는가에 관한 것이다. 이 기준은 목표에 이르는 효과성과 밀접한 관계가 있지만, 보다 낮은 수준으로 계량화 가능성, 만족·불만족 수준, 기타 임계치와 관련된 것이다.

넷째, 자원(resources)으로, 대안에 의해 소비되는 재정자원은 중요하고, 이 소비된 자원은 여러 방법으로 평가된다. 주요 사업에 대한 국가적 중요성을 갖는 지출이 계획의 성과를 측정하는 척도로서 이용될 수 있다. 두 번째 측면은 특정한 투자의 효과가 지역사회에서 예상된 이용 가능한 자원과 관계된다. 세 번째 측면은 사용된 자원에 대해 적절한 수익이 발생했는가 하는 것이다.

다섯째, 보전(conservation)으로, 이는 계획에 의해 소비되는 비재생자원도 중요하다. 토지도 비재생자원인데 이 반대로 취급하는 경우가 많다. 비재생자원 중에서 수자원은 가장 값진 자원의 하나이고, 에너지도 가까운 장래에 중요한 의미를 갖게 될 것이다.

여섯째, 영향(incidence)으로, 계획이 상이한 이익집단에 미치는 배분적 효과는 어떤 것인가 하는 점이다. 계획에 의해 영향을 받게 되는 개인과 집단들에 대한 전략의 충격은 많은 차이가 있으며, 체계전체의 성과를 광범하게 측정하는 것은 상당한 불평등과 불이익을 감출 수도 있다.

일곱째, 불확실성(uncertainty)이다. 여기서 고려되어야 할 불확실성은 미래에 대한 것과 미래의 가치에 대한 것이다.

2. 모니터링

1) 모니터링의 개념

모니터링(monitoring)이란 정책이나 사업계획의 운용과 그 결과의 관계를 밝히기 위한 프로그램의 운영에 관한 정보의 수집·관리활동(최봉기, 2008)으로, 모니터링은 가장 대표적인 과정평가(중간평가)들 가운데 하나이다. 이는 계획과 정책의 체계가 기술된 목적의 달성을 수행하고 있는가를 나타내기 위해 선정된 정보를 주기적으로 기술하는 것이다. 모니터링과 평가는 현행 사업계획의 효율성과 장래 사업계획의 선택과 설계를 개선하기 위해 돕는 필수적 관리도구이다. 모니터링은 사업의 진척·집행 중 당면한 문제, 그리고 집행의 효율성에 관한 지속적인 반추를 제공하기 위해 설계된 내부적인 사업계획 활동이다.

2) 모니터링의 내용

모니터링은 그것이 어디에 더 중점을 두느냐에 따라 프로그램 과정모니터링, 산출결과 모니터링, 균형성 분석으로 나눌 수 있다(노화준, 2006). 프로그램 과정모니터링은 프로그램에 대한 투입들과 프로그램 활동들을 측정하고, 측정된 프로그램에의 투입과 프로그램 활동들을 사전에 설정되었거나 또는 기대되는 것들과 비교하고, 이들 프로그램이 원래 구상한 대로 집행되었는지를 결정하는 데 목적이 있다.

산출결과 모니터링은 프로그램에 대한 투입, 활동 및 결과들을 측정하고, 그 프로그램의 산출결과들을 사전에 결정하였거나 기대했던 산출결과들과 비교하고, 만일 원래에 의도하였던 산출결과가 이루어지지 않았을 경우에는 그 원인을 찾아 이를 시정함으로써 의도된 산출결과를 가져오도록 하는 데 목적이 있다. 프로그램 과정모니터링과 산출결과 모니터링의 중요한 차이는 프로그램 과정모니터링이 투입과 활동의 기술에 더 중점을 두는 데 반해, 산출결과 모니터링은 프로그램에 의하여 이루어진 산출결과나 성과의 측정과 비교에 더 중점을 둔다.

한편 균형성 분석은 동일 프로그램 내에서 단위사업들 간의 균형적인 추진 여부, 프로그램과 관련된 타사업들의 적시추진 여부 및 그 내용의 적합성을 평가하는 것이며, 서로 다른 기관에서 유관프로그램들을 집행하는 경우에는 각각의 프로그램들을 구성하고 있는 단위사업들의 집행의 균형성 여부를 평가하는 것이다. 이러한 균형성 평가들을 통하여 문제점이 발견되면 이를 조기에 조정하자는 데 균형성 분석의 목적이 있다(노화준, 2006).

3. 사후평가

1) 사후평가의 개념

사후평가는 계획이 집행된 후 계획의 집행에 의해 실제로 발생한 영향을 측정하여 계획의 의도와 그 집행결과를 비교하는 작업이라고 정의할 수 있다(노화준, 2006). 즉, 사후평가는 계획집행 이후에 수행되는 평가로 계획의 효과와 영향을 평가하는 것이다. 일반적으로 정책의 평가는 사후적 평가를 의미한다.

2) 사후평가의 평가항목

평가의 항목은 크게 네 가지로 나누어진다(정환용, 2009). 첫째, 계획은 집행되었는가이다. 이는 어느 정도까지 계획이 집행되었는가 하는 점이다. 계획의 실제 집행에서는 원래 계획의 의도나 내용이 왜곡될 수 있다. 평가는 실제 발생된 효과만을 측정하기 때문에 실제 집행된 내용과 계획에서의 의도를 차별화할 수 있다. 때문에 평가의 첫 번째 단계는 집행된 내용과 계획된 것의 일관성 또는 상위성을 결정해야 한다. 여기서 사용되는 기법은 프로그램 모니터링, 투입평가, 과정평가, 계획 대 성과 비교 등의 다양한 기법이 활용된다.

둘째, 목표는 성취되었는가이다. 또한 목표는 어느 정도 성취되었는가 그리고 원하는 결과가 도출되었는가 하는 문제이다. 여기서 결과평가 또는 전후비교기법이 사용된다.

셋째, 프로그램은 효과적이었는가이다. 계획집행 후 관찰된 상황의 변화는 사용된 프로그램의 직접적인 효과였는가에 관한 질문이다. 여기서 실험-준실험 설계기법이 사용된다.

넷째, 프로그램은 효율적이었는가이다. 발생된 효과와 비용의 비율을 파악하는 것으로 효과가 비용을 초과할 때 효율적이라고 본다. 비용-편익분석 또는 비용-효과분석이 사용된다.

3) 사후평가의 방법

평가기법은 여러 기준에 의해 구분할 수 있다. 계획집행 후 평가인 사후평가로 많이 쓰이는 기법은 전후비교, 유무비교, 실제 대 계획 성과비교법, 실험모형, 준실험모형, 그리고 비용지향적 접근으로 구분하여 고찰할 수 있다(정환용, 2009 재인용).

전후비교법(before-and-after comparisons)은 가장 많이 쓰는 평가방법으로 계획이나 사업이 진행되기 전의 상황과 계획이 집행된 후의 여건을 비교하는 방법이다. 이 방법에서는 계획집행 전의 자료를 수집하고 계획의 목표와 관련 평가기준을 확인하는 단계가 따르지만, 기본적으로 계획 전후의 변화는 계획에 의한 영향으로 간주하고 있기 때문에 계획에 의하지 않은 자연스러운 변화도 계획의 영향으로 간주하게 되는 단점이 있다.

유무비교법(with-and-without comparisons)은 계획이 집행된 지역(또는 집단)과 비교대상지역으로 사업이 시행되지 않은 지역을 대비하여 사업의 영향을 확인하려는 기법으로, 전후비교법에서처럼 자연스런 변화는 제거할 수 있는 장점이 있으나, 비교대상이 되는 지역을 선정하는 데 따르는 문제점이 있다.

실제 대 계획성과 비교법(actual vs planned performance comparisons)은 실제적인 사업 후 자료를 사업집행 전에 설정한 목표와 비교하는 방법이다. 여기서는 일정기간에 대해 사전평가기준으로 목표를 설정하고 실제 발생된 성과에 대한 자료를 획득하여, 목표성과와 실제성과를 비교하고, 그 차이에 대해 사업계획 자체에서 발생된 것인가 또는 사업 외 요인에 의해 발생된 것인가를 설명하는 과정을 취하게 된다.

계획집행의 영향을 평가하기 위해 사용하는 사회실험(social experiment)은 실험실이 아닌 사회라는 상황 속에서 행해지는 실험으로, 개념이나 기본논리는 실험실의 실험과 동일하다. 사업전후비교의 한계를 극복하기 위해 사용되는 실험모형[experimental (controlled) models]은 영향평가 대상집단(실험집단)과 비교대상집단(통제집단)을 비교하여 영향의 정도를 파악하는 방법이다. 여기서 실험집단과 통제집단은 집행된 계획 이외에는 모든 조건이 동일하다. 따라서 두 집단이 동일하도록 하는 요인들은 통제하여 두 집단 간의 어떠한 차이도 집행된 계획의 결과로 간주한다. 여기서 계획의 순영향은 실험집단의 총변화와 통제집단의 총변화의 차이로서 추정된다. 이 방법의 어려움은 계획 이외의 모든 요인들을 통제한다는 것이 현실적으로 불가능하다는 점에 있다. 실험설계의 유형은 통제변수의 통제 정도에 따라 변수의 완전통제가 가능하다고 보고 접근하는 진실험설계(pure experimental design)에서 완전통제의 어려움을 인정하는 준실험설계(quasi-experimental design)에 이르기까지 여러 변형이 있다(정환용, 2009).

계획집행 전 계획안 선택을 위해 사용된 비용-편익분석이나 비용-효과분석과 같은 비용지향평가접근(cost-oriented evaluation approaches)이 영향평가에서도 사용될 수 있다.

제3절 평가결과의 환류

1. 평가결과 환류의 의의

우리가 계획을 평가하는 가장 중요한 목적은 평가의 결과로 도출된 사실들을 계획수립의 시스템에 반영시켜 계획수립의 질을 높이고 계획의 내용을 개선하며, 계획과 관련된 우리의 경험적 지식의 기초를 높이자는 데 있다. 계획평가에서 발견된 지식이 얼마나 효과적으로 활용될 수 있느냐 하는 것은 계획평가의 관리가 얼마나 효과적으로 이루어지고 있느냐 하는 것과 밀접히 관련되어 있다.

계획평가의 결과로 발견된 사실들은 계획의 수립, 예산의 편성, 프로그램의 집행과 수정 등의 과정에서 수단적 활용, 개념적 활용 또는 설득을 위한 활용 등 여러 가지 형태의 활용을 통하여 이들 과정에 영향을 미치게 된다(노화준, 2006). 여기서 수단적 활용이란 정책결정자나 문제해결자의 문서화된 구체적인 행동들을 지칭한다. 개념적 활용이란 평가결과에 의하여 얻은 정보를 구체적으로 문서화가 가능한 어떤 목적에 직접적으로 관련시키지 않으면서도 어떤 하나의 이슈에 관한 사고에 영향을 미치도록 평가를 활용하는 것이다. 그리고 설득을 위한 활용이란 정치적 입장을 옹호하거나 또는 비판하기 위한 노력의 일환으로서 평가의 결과를 나열함을 말한다.

이러한 측면에서 수단적 활용이란 정책결정, 프로그램 기획, 예산편성 등에 평가의 결과가 직접적으로 활용되는 것을 말하고, 개념적 활용이란 평가의 결과가 정책결정, 프로그램의 기획, 예산편성 등의 과정에서 정책결정자, 프로그램 설계자, 예산편성자 등의 사고에 영향을 미침으로써 간접적으로 이들의 결정에 활용되는 것을 말한다.

2. 평가결과의 활용현황

우리나라의 경우 계획평가의 결과가 널리 활용되지 못하고 있다. 특히 수단적 활용의 목적으로 활용되지 못하고 있는 실정이다(노화준, 2006). 실제로 대부분의 평가들은 수단적 활용을 위하여 시작되고 있으며, 또 앞으로 평가가 활발히 이루어질 것이냐의 여부도 바로 수단적 활용이 얼마나 극대화될 수 있느냐 하는 것에 크게 의존된다고 보아도 지나치지는 않을 것이다.

정책평가의 결과활용을 제약하는 요인들에 대해 학자들에 따라 매우 다양하게 설명하고 있으나 평가자료의 신뢰성 결여, 결과자료의 표현 및 전달방식의 난해성, 평가결과에 대한 이용자의 부정적 태도, 평가결과의 악용 등의 이유를 들 수 있다(노시평 외, 2006; 최봉기, 2008).

3. 평가결과 환류의 활성화 방안

계획평가 결과의 활용도는 제도나 조직운영의 개선에 의해서도 이루어질 수 있으나, 개별적인 평가프로그램의 수행과정이나 수행방법의 개선에 의해서도 이루어질 수 있다. 평가결과의 활용도를 제고시키기 위해서는 평가결과의 활용을 저해하는 문제들을 통제하거나 제거해야 한다(노시평 외, 2006).

첫째, 우선 평가의 질을 향상시키는 것이 필요하다. 사용되는 정보의 신뢰성을 높이고 치밀한 연구설계에 의한 타당성 높은 방법을 사용해 평가방법의 적절성에 대한 논란을 줄일 필요가 있다.

둘째, 평가 이용자들의 요구와 필요를 정확히 파악하고 현실성 있는 정책정보를 산출한다면 평가결과의 활용도를 높일 수 있다.

셋째, 평가자와 평가결과 이용자 사이의 의사전달을 원활하게 함으로써 정책평가의 활용도를 높일 수 있다.

넷째, 이용자의 저항을 줄일 수 있는 제도적 장치를 마련해야 할 것이다. 외부 전문기관의 의한 평가를 제도화하고 평가결과가 악용되지 않도록 필요한 조치를 취해야 한다.

탐구학습

1. 주요 개념
   - 계획평가
   - 사전평가, 사후평가
   - 모니터링

2. 토론과 과제
   - 계획평가의 유형
   - 사후평가방법
   - 모니터링 종류
   - 평가결과의 활용방안

참고문헌

건설교통부(2007), 도종합계획의 정체성 확립 및 효과적 실행방안 연구.

노시평 외(2006), 정책학의 이해, 서울: 비앤앰북스.

노화준(2010), 정책분석론, 서울: 박영사.

노화준(2006), 정책평가론, 서울: 법문사.

박종화 외(2004), 지역개발론, 서울: 박영사.

양지청 외(2002), 국토계획 평가체계 구축방안 연구, 경기: 국토연구원.

이성근(2006), 정책계획론, 서울: 법문사.

이성근 · 이춘근(2008), 지역경제론, 서울: 법문사.

정환용(2009), 계획이론, 서울: 박영사.

정환용(2006), 도시계획학원론, 서울: 박영사.

최봉기(2008), 정책학개론, 서울: 박영사.

제 4 부

지역개발의 분석

제 1 장

지역인구분석

제1절 개 요

1. 지역인구분석의 개념

지역인구분석은 지역개발계획을 수립함에 있어 가장 중요한 지표로 활용되는 미래의 인구를 객관적인 방법을 활용하여 분석하는 활동이다. 지역인구는 출생, 사망, 전입, 전출 등의 요인에 의해 끊임없이 변화한다. 따라서 미래 인구분석의 정확성을 높이기 위해서는 인구 변화의 요인들을 적절하게 분석하는 것이 중요하다. 또한 지역인구는 주간인구와 야간인구에서 큰 차이를 보이고 있기 때문에 지역개발사업의 성격과 대상에 따라서 주간인구와 야간인구 가운데 적절한 것을 선택하는 것이 중요하다.

2. 지역인구분석의 필요성

지역개발계획에서 가장 중요한 계획지표 가운데 하나로 미래의 인구를 들고 있다. 지역인구의 규모와 구성은 해당 지역의 장래 공공시설에 대한 수요를 결정하는 기초자료로 매우 중요한 의미를 가진다. 지역의 인구규모와 구조에 따라 각종 공공시설, 토지이용, 주택, 생활편의시설의 규모와 수를 결정하기 때문이다. 인구분석에 있어서는 인구의 정량적 분석뿐만 아니라, 정성적 분석과 인구 구성의 변화, 출생과 사망의 변화 등에 대한 분석도 중요하다.

3. 지역인구분석의 유형

지역의 장래 인구를 분석하는 기법은 다양하게 개발되어 있다. 지역인구의 변화 요인은 출생, 사망, 유입, 유출 등이다. 이러한 지역의 인구변화 요인별로 각각 추정하여 인구를 분석하는 것을 요소모형(component model)이라 하고, 요인별로 분석하지 않고 지역의 전체인구를 총량으로 분석하는 것을 비요소모형(noncomponent model)이라고 한다. 비요소모형은 과거로부터 현재까지의 인구추이를 기반으로 한 추정식을 만들어 미래인구를 분석하는데, 여기에는 선형모형, 지수모형, 수정지수모형, 로지스틱모형, 회귀모형, 비교모형, 비율모형 등이 있다. 그리고 요소모형은 출생, 사망, 유입 및 유출을 각각 추정하고 이들을 합산하여 지역인구를 분석하는 모형으로 코호트 생잔모형이 대표적이다.

일반적으로 비요소모형에 비해 요소모형이 요구하는 자료의 양이 방대하지만, 정확한 추정이 가능하다. 따라서 10년 이내의 중·단기적 인구추정에 있어서는 비요소모형, 그 이상의 장기적 인구추정에 있어서는 요소모형을 활용하는 것이 바람직하다.

제2절 비요소모형

비요소모형은 추정하고자 하는 지역의 미래 인구가 과거에서 현재까지와 같은 추세로 진행될 것이라고 가정하고, 장래의 인구를 예측하는 방법이다. 이것은 해당지역이 향후 새로운 인구유입을 불러일으킬 만한 대규모의 개발행위 등이 없이 기존과 유사한 형태가 유지될 경우에 활용할 수 있는 방법이다. 자료를 구하기 쉽고 계산과정이 간단하기 때문에 지역계획과정에서 유용하게 사용되는 기법이다. 특히 시간과 비용이 한정되어 있는 경우 더욱 유용하다(김홍배, 2001).

1. 선형모형

선형모형(linear model)은 추정하고자 하는 지역의 연평균 인구증가수가 일정하다는 가정 하에서 장래 인구를 추정하는 분석기법으로서 추정식은 다음과 같다. 인구추정모형 가운데 가장 간편한 모형으로 일정한 성장을 경험하는 지역이나 과거로부터 현재까지 낮은 성장을 하는 지역에 적용하는 것이 바람직하다.

$$P_n = P_o + bn, \quad b = \frac{P_o - P_t}{t}$$

P_n : n년 후의 추정인구
P_o : 기준년도의 인구(the base population level)
b : 연평균 인구증가수(the growth population per time period)
n : 연수(기간)
P_t : 현재로부터 t년 전의 인구

2. 지수모형

지수모형(exponential model)은 특정한 기간에 걸쳐 연평균 인구증가율이 일정하다는 가정 하에 이용하는 모형으로 급속한 발진을 하는 지역에서 적용이 가능하다. 그러나 이 모형은 인구증가율이 일정하다는 가정에 기반하고 있기 때문에 인구성장을 과다하게 추정하는 우려가 있다. 일반적으로 지역의 인구증가율은 한계점 이후에는 점차 감소함에도 불구하고, 동일한 인구증가율을 적용할 경우 과다한 인구분석의 결과를 낳을 수 있다. 따라서 지수모형은 급격하게 인구가 증가하는 신도시에 대해 단기적인 추정에 한하여 활용하는 것이 바람직하다. 지수모형의 추정식은 다음과 같다.

$$P_n = P_o(1+r)^n$$

P_n : n년 후의 추정인구
P_o : 기준년도의 인구(the base population level)
r : 인구증가율
n : 연수(기간)

3. 수정지수모형

수정지수모형(modified exponential model)은 지수모형의 단점을 보완하기 위하여 고안되었다. 즉, 지수모형이 무한한 인구증가 및 동일한 인구증가율을 전제로 하기 때문에 현실적으로 활용하기에는 한계가 있으므로, 지역 인구성장의 상한선을 설정하고 이에 가까워지면 일정비율만큼 성장의 속도가 떨어질 것으로 가정한다. 인구성장을 유지시키는 자원에 어떤 한계가 있다고 볼 때, 인구성장에 어떤 상한이 있을 것인지 예견할 수 있다(박종화 외, 1996). 수정지수모형의 추정식은 다음과 같다.

$$P_n = a + P_o(1+r)^n$$

P_n : n년 후의 추정인구
P_o : 기준년도의 인구(the base population level)
a : 파라메터
r : 인구증가율
n : 연수(기간)

4. 로지스틱모형

로지스틱모형(logistic model)은 인구성장이 초기에는 완만하게 성장하다가 일정기간이 지나면 급속한 증가율을 나타내고, 또 일정기간이 지나면 그 증가율이 점차 감소하여 결국에는 인구가 일정수준을 유지하는 성장경향을 보이는 지역의 인구추정을 하는데 적합한 모형이다. 한마디로 비스듬한 S자형의 모양으로 인구가 성장할 때 적용가능한 모형이다. 이 모형은 특정범위(K)까지 인구 증가가 일어난다는 전제하에 인구의 상한을 설정하여 예측하는 성장한계모형이다. 로지스틱모형은 대도시권에서 인구를 어느 상한선까지 통제하고자 할 때 인구목표와 성장속도와의 관계를 분석하는데 유용하게 사용된다(N. Oppenheim, 1980). 로지스틱모형의 추정식은 다음과 같다.

$$P_n = K/(1+e^{a+bn})$$

P_n : n년 후의 추정인구
K : 상한선(상수)
a, b : 파라메터

5. 회귀모형

회귀모형(regression model)은 한 변수(종속변수)가 다른 변수(독립변수)에 의해서 어떻게 영향을 받는가를 분석하는 방법이다. 선형모형과 지수모형은 초기년도와 최종년도의 인구만을 고려하여 그 증가율을 산정하기 때문에 연도에 따라 인구의 증감이 교차되는 도시에서는 적용이 어렵다(대한국토·도시계획학회, 2006). 이러한 결점을 보완하는 방법이 회귀분석이다. 즉, 인구라는 종속변수에 영향을 미치는 독립변수를 도출하고, 각 독립변수의 값을 구하여 미래의 인구를 추정하는 방법이다.

Y를 인구, X를 인구에 영향을 미치는 변수라고 하면, 회귀모형의 추정식은 다음과 같다.

$$Y = a_0 + a_1X_1 + a_2X_2 \cdots + a_nX_n$$

Y : 지역의 인구

a_0 : 상수

X_1, X_2, X_n : 독립변수

a_1, a_2, a_n : 각 변수의 기울기(회귀계수)

6. 비교모형

비교모형(comparative model)은 해당 지역과 역사적 배경이나 성장형태가 유사한 지역의 인구변화추세를 이용하여 해당 지역의 인구를 추정하는 기법이다. 선형모형, 지수모형, 로지스틱모형 등 앞서 설명한 모형들은 대부분 해당지역의 과거에서 현재까지의 인구변화를 인구추정의 기초자료로 활용하는 데 비하여, 비교모형은 유사한 지역의 인구변화자료를 활용한다는 점에서 큰 차이를 보이고 있다. 비교모형의 추정식은 다음과 같다.

$$cP_{t+n} = (p)dP_{(t-g)+n}$$

cP_{t+n} : c지역의 n년도 후의 인구

$dP_{(t-g)+n}$: d지역의 시차를 제외한 n년도 후의 인구

g : 시차

p : 유사지역 d의 비율

7. 비율모형

비율모형(ratio model)은 특정 지역은 그 지역을 포함하는 보다 상위공간과 밀접한 의존성을 가지고 있다는 전제하에, 특정 지역의 인구를 추정할 때 그 지역이 포함된 상위공간의 인구를 추정한 후, 해당 지역의 인구가 상위공간에서 차지하는 비율을 적용하여 추정하는 기법이다. 예를 들면, 경상북도 경산시 자인면 인구를 추정할 때, 경산시의 인구를 먼저 추정하고 자인면의 비율을 적용하여 추정하는 기법이다. 따라서 이는 지역의 전체인구를 추정하는 경우보다 지역을 구성하고 있는 특정 도시 또는 특정 공간영역의 인구를 추정하는 데에 유용하다(박종화 외, 1996). 또한 추정하고자 하는 지역이 소규모이거나 과거부터의 자료가 부족한 경우에 유용하게 사용할 수 있다.

제3절 요소모형

요소모형은 출생, 사망, 유입, 유출 등 인구변화를 유발하는 네 가지 요소의 효과를 고려하여 지역의 인구를 추계한다. 일반적으로 비요소모형에 비해 과학적인 접근을 통해 추계하므로 널리 이용되는 모형이다. 그러나 지역수준에서 획득하기 어려운 다양하고 상세한 자료를 확보해야 할 뿐만 아니라 추계과정이 복잡하다는 단점을 가지고 있다. 여기에서는 코호트생잔모형(cohort-survival model)을 중심으로 살펴보기로 한다. 코호트생잔모형은 지역인구분석의 방법 가운데 가장 대표적인 방법이다. 특정기간에 있어서 특정 국가 또는 지역의 인구변동(증감)은 다음의 식으로 나타낼 수 있다.

$$\text{인구변동} = (\text{출생} - \text{사망}) + (\text{유입} - \text{유출})$$

여기서 코호트(cohort)란 통계적으로 동일한 특색이나 행동 양식을 공유하는 집단을 의미하며, 가장 전형적인 것이 연령 코호트이다. 예를 들면, 2010년에 태어난 자들의 집단은 '2010년 출생 코호트'로 불려지고, 2010년에 결혼한 사람들의 집단은 '2010년 결혼 코호트'로 불려진다.

코호트생잔모형에 있어서 코호트는 통상 연령 코호트를 가리키며, 이 방법은 인구

총수뿐만 아니라 연령별 인구추계에도 적용할 수 있다. 코호트생잔모형에서는 각 연령 코호트에 대하여 인구학적 방정식으로 나타나는 출생, 사망, 유입, 유출의 각 인구변동요인을 고려하여 장래 인구를 추정한다. 즉, 기준년도의 인구와 출생률, 사망률 및 인구이동 등의 변화요인을 고려하여 장래의 인구를 추정하는 것이다.

첫째, 출생의 경우에는 가임여성(15~45세)의 코호트별 인원과 출산율, 신생아 성비 등을 활용하여 추정하고자 하는 시점까지의 신생아 수를 구한다. 둘째, 생존인구는 성별 및 연령 코호트에 따르는 사망률을 활용하여 추정하고자 하는 시점까지의 생존인구를 구한다. 셋째, 유입 및 유출은 기존의 코호트별 유입인구와 유출인구를 구한다. 유입과 유출인구는 지역의 교육, 직업, 소득, 환경 등에 따라 많은 차이가 있으나, 현실적으로 이러한 모든 요인을 고려한 추정식을 구하기는 매우 어렵다(김홍배, 2001). 여기서는 인구변화요인의 장래에 대한 가정이 중요하게 작용한다. 인구의 생사에 의한 증감은 단순한 생물학적 요인뿐만 아니라 사회적 요인도 크게 작용하는 것이므로 과학적 가정을 정립하는 것이 매우 중요하다. 코호트생잔모형에 의한 기본적인 추정식은 다음과 같다.

$$P_n = P_o + (B_{n-o} - D_{n-o}) + (MI_{n-o} - MO_{n-o})$$

P_n : n년 후의 추정인구
P_o : 기준년도의 인구
B_{n-o} : 기준년도와 n년 사이의 출생인구
D_{n-o} : 기준년도와 n년 사이의 사망인구
MI_{n-o} : 기준년도와 n년 사이의 유입인구
MO_{n-o} : 기준년도와 n년 사이의 유출인구

여기에서 $B_{n-o} - D_{n-o}$는 생물학적 요인, 즉 출생, 사망 등에 의한 예측인구이며, $MI_{n-o} - MO_{n-o}$는 사회적 요인에 의한 예측인구이다. 따라서 추정인구는 기준년도의 인구에 생물학적 요인에 의한 예측인구와 사회적 요인에 의한 예측인구의 합으로 나타난다.

탐구학습

1. 주요 개념
   - 요소모형과 비요소모형
   - 코호트생잔모형
   - 주간인구와 야간인구

2. 토론과 과제
   - 지역개발에서 장래 인구분석을 해야 하는 이유
   - 주간인구와 야간인구의 편차가 큰 지역의 사례

참고문헌

김홍배(2001), 도시 및 지역경제분석론, 서울: 기문당.
대한국토 · 도시계획학회(2006), 도시계획론, 서울: 보성각.
박종화(1997), 지역경제론, 서울: 박영사.
박종화 외(1996), 지역개발론, 서울: 박영사.
홍기용(1990), 지역경제론, 서울: 박영사.
大友 篤(1997), 地域分析入門, 東洋經濟新聞社.
Oppenheim, N(1980), *Applied Models in Urban and Regional Analysis*, Prentice-Hall Inc.
Hufschmidt, M. M. et al.(1983), *Environment, Natural Systems, and Development: An Economic Valuation Guide*, Johns Hopkins University Press.

제 2 장

지역공간 및 격차분석

제1절 개 요

1. 지역공간 및 격차분석의 개념

지역공간 및 격차분석은 정주체계를 비롯한 지역의 공간구조를 분석하는 것에서부터 지역간 발전의 수준을 분석하는 것까지를 범위로 한다. 공간구조분석은 사람들과 경제활동이 공간상에 규칙성을 가지고 일정한 목적달성을 위해 상호작용하는 정주체계를 분석하는 것이다. 즉, 대도시, 중소도시, 소도시, 농촌 등이 공간에 분포할 때, 규칙성과 원인, 공간간 상호작용 등을 분석의 대상으로 한다.

지역이 가지고 있는 사회적·자연적 자원의 유무와 크기 등에 따라 기능의 크기가 다르게 나타난다. 모든 지역의 결절(기능)이 동일하지 않고 차이가 발생하게 되는데, 차이의 정도와 원인 등을 규명하는 것을 지역격차분석이라고 한다.

2. 지역공간 및 격차분석의 필요성

공간상에는 사람, 자원, 정보 등이 특정지역에 입지하고 있는 동시에 다른 지역의 사람, 자원, 정보 등과 끊임없이 상호교류를 하고 있다. 이러한 사람, 자원, 정보의 입지와 흐름은 일정한 규칙 혹은 모양을 가지게 된다. 예컨대, 특정도시는 왜 규모가 그렇게 결정되는가 그리고 그 도시는 다른 도시와 어떤 관계를 설정하고 있는가에 대한 이유가 존재하는 것이다. 일반적으로 인구규모에 따라 도시의 크기가 결정되고, 도시간 상호교류는 상호보완성의 원리에 따라 이루어진다. 따라서 지리적으로 인접해 있다고 하더라도 같은 규모의 도시 간에는 상호교류가 상대적으로 적게 이루어지는 특징을 가진다.

이를 통해 정주형태의 공간질서와 그 속에 내재하는 법칙이나 논리를 규명함으로써 정주현상에 대한 정확한 이해뿐만 아니라 효율적이고 실천성이 확보된 지역개발을 추진할 수 있다. 그리고 지역간 격차에 대한 명확한 분석을 통해 지역간 균형발전을 유도하는 시사점을 모색할 수 있다는 점에 지역격차분석의 중요성을 둘 수 있다.

제2절 공간구조분석

1. 분포와 특성

지리적 분석 또는 공간적 분석과 같은 지역분포에 관한 분석은 지역분석 중에서 가장 기초적인 것이다. 즉, 특정지역에 대한 자연적 변수에 국한하지 않고, 사회경제적 변수를 양적으로 파악·측정하고 분석하기 위해서는 특정지역에 대한 변수의 양을 파악·측정하는 것이 필요하다. 그리고 특정지역 내부에 있어서 변수의 배분 또는 분포 모양을 파악하는 것도 중요하다.

인구이동이나 교역 등 지역의 교류와 상호작용의 분석 또는 지역구조와 도시기능 등의 분석에 대해서는 우선 특정지역을 구성하는 부분지역에 대한 변수의 양적 분포를 기초로 하는 것이 필요하다.

지역은 공간으로서 여러 가지 특성을 지니고 있다. 인간의 행동에 의해 발생하는 사회경제적 변수는 여러 가지 공간적 특성의 영향을 받아 지역적인 차이를 발생시키는 경우가 있다. 그리고 지역분석에서는 대상지역 내의 각 부분에 대한 사회경제적 변수나 문화적 변수, 지형이나 기후 등의 자연환경적 요인에 더하여 이들 공간적 특성도 고려하는 것이 필요한 경우가 많다. 그러나 사회경제적 변수, 문화적 변수 또는 자연환경이 구체적인 것에 반하여 지역의 공간적 특성은 추상적인 것이기 때문에 간과하기 쉽다(大友 篤, 1997).

1) 거 리

지표면에 있어서 인간의 행동을 전제로 볼 때, 거리(distance)란 특정지역 간의 공간적인 장벽이다. 인간이 어떤 지역으로부터 다른 지역으로 이동함에 있어서 극복하지 않으면 안 되는 것은 두 지역 간의 거리이다. 이 경우에 두 지역을 두 지점으로 보고 그 거리를 미터나 마일 등의 단위로 나타낸 것이 물리적 거리이다.

더욱이 인간이 의식하는 공간적인 장벽에는 심리적인 것도 존재한다. 예를 들면, 매일 통근이나 통학을 위해 다니고 있는 교통로와 자주 다니지 않는 교통로를 비교하면 양자의 실제거리는 동일하다고 하더라도 후자 쪽이 전자보다도 멀다고 느끼는 경우가 많다. 즉, 인간이 의식하는 공간적인 장벽의 두께는 실제거리나 시간거리만으로 반드시 측정 가능한 것은 아니며, 두 지점 간의 공간적인 장벽의 두께를 인간의 심리적인 측면으로부터 측정하는 인지거리라는 개념도 필요하게 된다.

이와 같이 거리라는 개념을 지역분석에 있어서 사용하기 위해서는 실제거리뿐만 아니라 시간거리, 비용거리, 인지거리 등이 필요하다.

2) 접근가능성

두 지점 간의 공간적인 장벽의 두께를 종합적인 시점에서 파악한 개념이 접근가능성(accessibility)이다. 어느 CEO가 신규공장을 설립하기 위해 A, B 두 후보지를 선정했다고 하자. 공장으로서의 입지조건은 몇몇 조건을 제외하고는 완전히 동일하다고 가정한다. 근로자는 C역에 도착하여 노선버스를 활용하여 출근하며, 그 밖의 교통수단은 이용할 수 없다고 한다면 CEO는 당연히 C역으로부터 실제거리 또는 시간거리가 짧은 쪽에 공장을 설립하게 된다. 그러나 C역으로부터 A 또는 B까지의 노선버스 운행횟수가 현격하게 다른 경우에는 실제거리 또는 시간거리가 다소 길어지더라도 운행횟수가 많은 쪽으로 결정할 수도 있다. 즉, 두 지역 간의 공간적인 장벽의 두께를 거리뿐만 아니라 노선버스의 운행횟수라는 다른 요소도 고려하여 종합적으로 측정하고 있는 것이다. 이 경우 운행횟수가 많은 쪽이 접근가능성이 높은 것으로 본다.

이와 같이 지역분석에 있어서 거리 이외에도 접근가능성으로 불려지는 공간적 특성을 고려해야 되는 경우도 있다.

3) 상대적 입지

특정지역의 부분이 공간적인 위치 때문에 다른 부분보다도 경제적·사회적 또는 정치적으로 유리한 경우가 있다. 이 경우 그 부분은 상대적 입지(relative location)가 좋다고 한다. 예를 들면, 동일한 토지조건이나 생산성을 가진 농촌이라고 하더라도 대도시에서 멀리 떨어진 농촌보다 대도시 근교의 농촌이 시장에 가깝다는 공간적인 위치로 인하여 경제적으로 유리하다. 즉, 대도시 근교의 농촌이 대도시라는 시장에 가깝다는 점에서 원격지의 농촌보다 상대적 입지가 좋다는 것이 된다.

4) 집 적

지역내 어떤 부분이 타 부분에 비해 특정한 기능이 집중되는 경우가 있는데, 이것이 집적(agglomeration)이다. 예를 들면, 상가는 상업의 집적지이며 도시는 인구의 집적지이다. 상가의 경우에는 다수의 상점이 특정한 좁은 공간에 모임으로써 상점 간의 경쟁이 심화되는 집적의 불이익이 있는 반면, 분산된 경우에 비하여 많은 상점의 공간적 장벽이 엷어지게 되고 접근가능성이 높아지게 되어 많은 구매자를 불러 모을 수 있다는 점에서 집적의 이익이 있다. 소위 서울을 비롯한 수도권의 인구나 경제기능의 집중현상은 이와 같은 이유에서 일어나고 있는 것이다. 즉, 대도시에 있어서 인구의 집적은 주택난, 교통난, 환경문제 등 인간의 생활에 있어서 갖가지 불이익을 발생시키고 있지만, 한편으로는 근무지나 학교 또는 정보나 사업소 등에의 접근가능성이 높기 때문에 이익이 발생하기도 한다. 결국 집적의 이익과 불이익을 비교하면 이익이 크기 때문에 대도시에의 인구나 경제기능의 집적이 점점 진전되게 된다. 인류가 촌락으로부터 마을, 도시를 만들고, 대도시나 거대도시를 건설해 온 사실은 인구집적의 이익이 불이익보다 크다는 것의 방증일 수 있다.

5) 규 모

거리, 접근가능성, 상대적 입지, 집적 등은 지역을 점(點)으로 간주하였을 때의 공간적 특성이지만, 지역을 면(面)으로 보았을 경우의 공간적 특성으로서는 지역의 규모가 있다. 모릴(R. Morrill)은 규모란 한정된 공간의 크기 또는 넓이를 의미하지만, 규모라는 공간적 특성이 그 지역의 사회경제적 특성에 영향을 미친다고 보고 있다. 그는 각국에 있어서 토지면적과 단위당 생산비, 수송비, 천연자원의 부존량, 그리고 국민소득과의 관계를 분석하여 이러한 사고방식을 규명하였다. 즉, 공간의 규모도 다른 공간적 특성과 마찬가지로 지역분석에 있어서 설명인자가 될 수 있다는 것이다.

6) 형 상

형상(shape)이란 어떤 공간의 물리적 모양이다. 자신이 거주하고 있는 지역이 어떤 형상을 하고 있는가를 정확하게 파악하고 있는 경우는 매우 적다. 그러나 지역의 형상도 지역의 규모와 마찬가지로 그 지역의 사회경제적인 특성에 영향을 미칠 가능성을 갖고 있다. 예를 들어, 남북한 전체의 국토면적은 약 22만 ㎢로서 프랑스의 국토면적(약 55만 ㎢)에 비하여 작다. 그러나 우리나라와 프랑스의 극남에서 극북까지 거리는 거의 유사하다. 그것은 프랑스가 둥근 형태의 형상을 하고 있는 데 비하여 우리나라의 국토는 작지만 좁고 긴 형태를 띠고 있기 때문이다. 또한 반도형태의 우리나라는 배타적 경제수역을 적용함에 있어 프랑스와 같은 경우보다 유리한 조건을 갖게 된다.

2. 관계와 상호작용

지역간 상호작용 또는 지역간 교류의 개념을 이동이라는 현상으로 설명할 수 있다. 그러나 이 개념은 두 지역 이상에 있어서 이동주체의 상호교류(협의의 '지역간 이동') 외에 소수의 특정지역으로부터 다수의 지역으로 또는 다수의 지역으로부터 소수의 특정지역으로 이동도 포함된다. 이러한 이동형태는 전자의 경우에는 확산(diffusion), 후자의 경우는 집중(concentration)이라 부르고, 이는 협의의 지역간 이동(migration)과는 구별해서 취급되는 경우가 많다(大友 篤, 1997).

1) 거리이동모형

거리이동모형은 지역간 상호작용 모델의 기초가 되는 것으로 그 기초적인 전제는 지역간 교류 또는 이동이 지역간 거리의 함수로 표시된다고 하는 것이다. 일반적으로 교류주체(인구, 물자, 정보 등)의 교류 또는 이동은 거리의 증가에 따라 감소하는 경향이 있다. 출발지와 도착지 간의 거리가 클수록 거리의 저항이 커지기 때문에 교류 또는 이동의 거리가 커지면 교류 또는 이동의 정도가 작아진다.

$$F_{ij} = \frac{k}{{D_{ij}}^{\alpha}}$$

F_{ij} : i지역과 j지역 간의 교류(또는 이동)량
D_{ij} : i와 j 간의 거리
α, k : 상수

2) 중력모형

지역상호간 작용을 분석할 때에 가장 많이 이용되는 모델이 중력모형이다. 이 모형은 뉴턴이 발견한 중력의 법칙 또는 만유인력의 법칙을 사회경제적인 지역변수에 응용한 것이다. 이 법칙에 의하면 질량을 각각 M_i, M_j라고 할 때, 두 물체 간에 작용하는 힘은 다음과 같다.

$$F = \frac{M_i M_j}{D^2} \cdot g$$

D : 두 물체 간의 거리
g : 만유인력계수

이 법칙은 '두 물체의 질량이 클수록 그들이 서로 끄는 힘은 커지며, 두 물체 간의 거리가 멀어질수록 그들이 서로 끌어당기는 힘은 작아진다'라는 것을 나타내고 있다. 즉, 중력모형은 물체의 질량 대신에 지역변수의 총량을, 중력 대신에 지역 간 상호작용을 적용한 것이다. 그러나 사회경제적인 변수에 있어서는 지역 간 상호작용은 중력의 법칙과 같이 정확히 거리의 제곱이 된다고 할 수는 없다. 그래서 중력모형은 다음과 같은 식으로 나타낼 수 있다.

$$F_{ij} = \frac{M_i M_j}{{D_{ij}}^{\alpha}}$$

F_{ij} : i지역과 j지역 간의 교류(또는 이동)량
M_i, M_j : i지역과 j지역의 인구수
D_{ij} : i지역과 j지역 간의 거리
α : 상수

3. 지리정보시스템

지리정보시스템(Geographic Information System: GIS)은 지리적으로 활용가능한 모든 형태의 정보를 효과적으로 수집·저장·갱신·조정·분석·표현할 수 있도록 하는 하드웨어와 소프트웨어 및 지리적 자료 그리고 인적자원의 통합체를 말하며, 지표면에 위치한 장소를 설명하는 자료를 모으고, 이를 이용할 수 있게 하는 시스템이라고 할 수 있다.

GIS는 공간 데이터와 밀접한 관련을 가지고 있으므로 인구예측 및 토지이용계획, 기상항공 정보분석, 상·하수도망, 통신망, 전력망, 도시가스망, 도로 등 지상·지하 시설물 설치 및 관리, 공장부지, 농작물 재배지역, 산업단지 선정 등에 많이 활용된다.

GIS를 이용목적의 관점에서 보면, 시설물 관리를 목적으로 한 시설물관리(Facility Management: FM) 시스템과 계획지원을 목적으로 하는 의사결정지원시스템으로 나눌 수 있지만, 일반적으로 GIS에는 시설물관리시스템도 포함하는 경우가 많다. 미국에서는 GIS 중에서도 토지정보를 취급하는 시스템을 토지정보시스템(Land Information System: LIS)이라 하고, 또한 시가지에 대한 정보를 취급하는 시스템에 대해서는 도시정보시스템(Urban Information System: UIS)이라고 한다. 우리나라에서는 1995년부터 국가지리정보체계(NGIS) 사업이 추진 중이며, 2000년 「국가지리정보체계의 구축 및 활용 등에 관한 법률」이 제정되었다.

GIS는 다양한 지구표면정보의 활용을 위하여 공간적으로 위치를 표현하는 지형정보와 그 형태와 기능을 설명·보완하는 비도형 속성정보를 그래픽과 데이터베이스의 관리기능 등과 연계하여 정보를 저장·추출·관리·분석하여 사용자를 지원하는 정보체계 관련기술을 기초로 한다. 지리정보시스템이 갖추어지면 다양한 공간분석이 가능하고, 그래픽 정보나 관련 데이터베이스 등 각종 지형정보를 상세히 알 수 있을 뿐 아니라 처리도구와 조작도구를 이용해 방대한 공간자료를 효율적으로 관리할 수 있다. 그밖에 사용자의 요구에 즉시 부응할 수 있는 도면검색 시스템을 통해 도면과 속성정보를 유기적으로 결합할 수 있고, 각종 정보를 쉽게 교체할 수 있으며, 도면의 반영구적 사용과 수작업 관리로 인한 인위적인 오차 배제 등이 가능하다.

제3절 지역격차분석

인구와 자본, 그리고 정보 등은 특정지역으로 모이는 특성을 지닌다. 이는 '모든 지역에서 발전이 동시에 이루어지지 않는다'라는 퍼로우(F. Perroux)의 주장에서도 알 수 있다. 즉, 특정지역은 성장을 하는 반면에 그 외 지역은 정체 혹은 쇠퇴하는 특성을 보인다. 이러한 현상을 일으키는 가장 큰 이유는 집적의 경제라고 할 수 있다. 그 결과 인구와 자본, 그리고 정보는 지역적으로 공간적 불평등을 가져올 수밖에 없다.

불균형개발론의 입장에서 보면, 어느 정도의 지역간 격차 혹은 불평등은 필연적이라고 할 수 있다. 그러나 지역간 격차가 클 경우 중심지역에는 외부불경제가 나타나고, 주변지역에는 과소의 문제를 유발하게 된다. 따라서 격차와 불평등은 적정한 수준에서 조정·관리되어야 할 것이다. 이러한 격차를 측정하는 대표적인 방법으로는 지니계수, 변이계수, 십분위분배율, 지역별 비율, 집중지수 등이 있다(한주성, 2006).

1. 지니계수

지니계수는 일반적으로 로렌츠곡선의 45도 이하의 면적에 대한 불균등면적의 비로써 표시한다. 로렌츠곡선은 두 변수의 누적적 관계를 시각적·정량적으로 비교하는 도표로서 커브가 대각선에 근접할수록 격차가 줄어드는 것을 나타낸다. [그림 4.2.1]에서 지니계수는 삼각형 OAB의 면적에서 I가 차지하는 비율로 계산할 수 있다.

예를 들어, 우리나라의 광역시·도의 인구와 소득의 구성비를 인구규모가 작은 지역부터 각각 횡축과 종축에 누적비율로 표시하면 반달형의 곡선이 나타날 수 있는데, 지니계수는 대각선에 의해 형성된 삼각형의 면적과 반달형의 면적의 비율이다. 따라서 지역간 소득이 완전히 균등하게 배분되었다면 지니계수는 0이 되고, 완전한 불평등상태라면 1이 되며, 다음의 수식을 통해 산출한다.

$$Gini = \frac{1}{2n^2\mu_t} \times \sum_{i=1}^{n} \sum_{j=1}^{n} |y_i - y_j|$$

μ_t : 시간 t의 평균소득

y_i : i지역의 소득

y_j : j지역의 소득

그림 4.2.1 지니계수와 로렌츠곡선

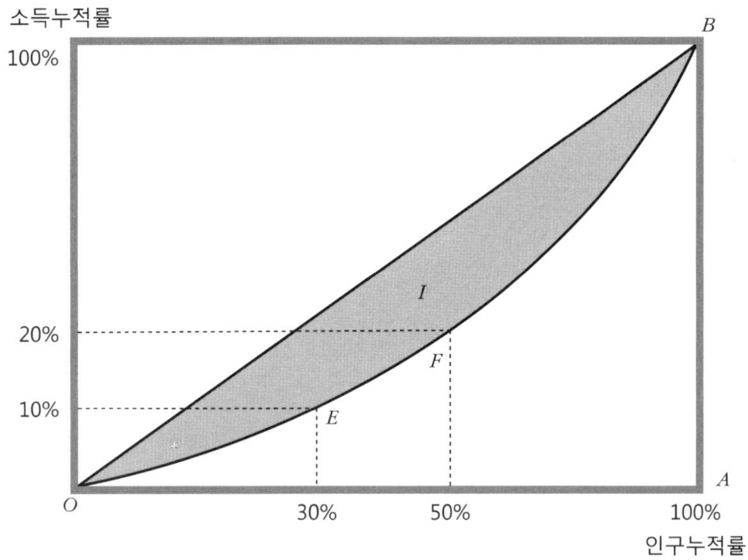

2. 변이계수

변이계수(coefficient of variation)는 어떤 변수들의 표준편차를 평균치로 나눈 값으로 그 변수의 분포정도를 나타낸다. 변이계수가 작으면 작을수록 지역 간의 격차가 작은 것으로 평가할 수 있다. 따라서 지역별로 인구규모가 유사하다면 변이계수가 작게 나타날 것이고, 반대로 인구규모가 차이가 있다면 변이계수가 상대적으로 크게 나타날 것이다.

이러한 변이계수는 분산지향적 측정지수로서 계산이 용이하다는 장점이 있지만, 규모단위와 산술적 평균에 지나치게 의존하고 있는 단점이 있다.

$$CV = \frac{\sqrt{\sum_{j=1}^{n}(y_j - \mu)^2 \times f_j}}{\mu}$$

CV: 변이계수

y_j : j지역의 소득

μ : 전국의 평균소득

f_j: 전국 대비 j지역의 인구비율

3. 십분위분배율

지니계수처럼 체계적이지는 않지만 사용방법이 간단하기 때문에 많이 활용되는 불평등도의 측정방법으로 십분위분배율(十分位分配率, deciles distribution ratio)이 있다. 이는 특정한 국가나 지역의 최하위소득계층 40%가 전체소득에서 차지하는 점유율을 상위소득계층 20%가 전체소득에서 차지하는 점유율로 나눈 값이다. 즉, 국가나 지역의 모든 가구를 소득의 크기에 따라 소득이 적은 순서대로 일렬로 정렬한 다음 10등분하여, 소득이 높은 제 9, 10 십분위계층의 소득합계에 대한 소득이 낮은 제 1, 2, 3, 4 십분위계층 소득합계의 비율로 구한다.

비율이 높을수록 소득이 평등하게 분배되었다고 볼 수 있다. 십분위분배율은 최대값이 2이고 최소값이 0이다. 소득이 완전히 평등한 지역이라면 하위 40%가 받는 소득의 합은 전체 소득의 40%가 되고 상위 20% 계층이 받는 소득의 합은 전체 소득의 20%가 되므로 십분위분배율은 2가 될 것이다. 반대로 소득이 완전히 불평등한 경우라면 한 사람만이 전체 소득을 모두 가지고 나머지는 소득이 없으므로 이 때 십분위분배율은 0이 된다.

4. 지역별 비율

특정한 영역에 대한 기능의 지역분포를 가장 단순히 표현하는 것이 지역별 통계량이다. 예를 들어, 두 시점 간에서 기능이나 현상의 지역적 분포를 비교할 경우 영역 전체의 통계량이 두 시점 간에서 변화했을 때는, 절대수치에 따른 지역간 비교·관찰은 큰 의미가 없다. 그래서 이용되는 것이 변수의 통계량이 영역 전체에서 차지하는 지역별 구성비, 즉 지역별 비율(단순집중도)이다.

이 지역별 비율은 인구의 지역분포, 즉 전체인구에서 차지하는 각 지역의 인구비율로서 인구비중이라고도 한다. 또한 특정한 지역에 대해서 사용할 경우에는 그 지역에 관한 비율을 집중도라고 하는 경우도 있다. 전국 또는 특정지역을 도시지역과 농촌지역으로 구분할 경우, 전국인구 또는 특정지역인구에서 도시지역이 차지하는 인구의 비율(도시인구비중이라고도 한다)은 그 나라 또는 지역의 도시화 수준(도시화율이라고도 한다)을 나타내는 지표로서 이용된다.

5. 집중지수

지역분포는 어떤 변수의 값이 지역에 대한 배분이라는 형태로 나타나는 것과 동시에 각 지역의 공간적 넓이에 대한 백분율로 나타나기도 한다. 이렇게 변수를 지역간 통계량의 분포형태가 아닌 지역 분포에 대응한 형태로 관찰함으로써 특정변수에 대한 지역의 양상을 더욱 분명히 나타낼 수 있다. 지역의 내부에 있어서 특정한 변수가 특정한 공간에 집중적으로 분포되어 있는지, 또는 지역내의 각 공간에 균등하게 분포되어 있는지를 측량하는 지표로서 집중지수가 있다.

$$C = \frac{1}{2}\sum |X_i - Y_i|$$

X_i : 부분지역 어떤 통계량의 지역별 백분율

Y_i : 부분지역의 면적 백분율

여기서 집중지수가 작으면 균등하게 분포되어 있다고 하고, 집중지수가 크면 지역별로 편재되어 있다는 것을 나타낸다. 만약 면적이 넓은 부분지역이 많이 있고, 면적이 좁은 부분지역이 적게 있어 지역균형이 잘 되어 있으면 통계량과 면적비율의 차이가 적게 되고, 반대의 경우에는 크게 된다.

탐구학습

1. 주요 개념
   - 지역간 상호작용과 중력모형
   - 지니계수, 변이계수, 십분위분배율, 집중지수

2. 토론과 과제
   - 특정도시를 사례로 할 때, 공간적 특성을 결정하는 요인
   - 집적과 도시규모가 상이한 이유
   - 중력모형을 활용한 도시간 상호작용의 사례

참고문헌

권용우 외(1998), 도시의 이해, 서울: 박영사.

김 인(1994), 현대인문지리학, 서울: 법문사.

김형국(1997), 한국공간구조론, 서울: 서울대학교 출판부.

박종화 외(1996), 지역개발론, 서울: 박영사.

이번송 외(1996), 서울시 사회복지 서비스의 평가모형개발: 자치구별 공급수준 평가를 중심으로, 서울시정개발연구원.

최성수(1995), 지역경제론, 서울: 대왕사.

한주성(2006), 경제지리학의 이해, 서울: 한울.

홍경희(1993), 도시지리학, 서울: 법문사.

大友 篤(1997), 地域分析入門, 東洋經濟新聞社.

Hufschmidt, M. M. et al.(1983), *Environment, Natural Systems, and Development: An Economic Valuation Guide*, Johns Hopkins University Press.

Isard, W.(1960), *Methods of Regional Analysis: An Introduction to Regional Science*, Cambridge: MIT Press.

Oppenheim, N.(1980), *Applied Models in Urban and Regional Analysis*, Prentice-Hall, Inc.

제 3 장

지역경제분석

제1절 개 요

지역경제분석은 해당 지역의 성장특성을 파악할 수 있게 한다. 일반적으로 지역경제는 국가경제에 종속되어 있지만, 해당 지역의 경제구조와 특성에 따라 다른 지역과 차별성을 갖는다. 예컨대, 철강산업으로 특성화되어 있는 경상북도 포항시의 지역경제와 산업이 특성화되어 있지 않는 경상북도 안동시의 지역경제는 그 구조와 특성이 상이할 것이고, 이러한 특성에 의해서 지역경제는 상이한 발전패턴과 결과를 유발하게 될 것이다. 이러한 지역경제분석은 정태적인 측면이 아니라 동태적인 측면, 그리고 미시적인 측면이 아니라 거시적인 측면에서 접근하게 된다. 그리고 지역경제분석의 대표적인 기법으로는 경제기반분석, 변이할당분석, 그리고 산업연관분석 등이 있다.

제2절 경제기반분석

1. 기반과 비기반의 개념

경제기반분석(basic-nonbasic analysis)은 경제기반모형(economic base model) 혹은 수출기반이론(export base theory)이라고도 한다. 경제기반모형에 의하면, 지역의 경제성장은 외생적 수요(exogenous demand)에 달려 있기 때문에 지역의 성장은 지역산업이 재화와 용역을 얼마만큼 외부지역에 수출하느냐에 달려 있다. 이러한 경제기반분석은 지역의 경제구조를 파악하고, 지역의 성장특성을 분석하는 데 활용된다. 즉, 지역의 경제활동은 지역의 경제적 기반을 지탱하고 있는 활동과 그러한 활동을 지원하기 위한 활동으로 구분하여 양자의 활동량이 어떠한가를 분석한다.

경제기반모형은 지역의 경제활동을 기반활동과 비기반활동으로 구분한다. 여기서 기반활동(basic activities)은 재화와 용역을 외부지역에 수출하여 지역내로 소득을 가져오는 활동을 말하며, 비기반활동(nonbasic activities)은 기반활동에 의하여 지역내로 유입된 소득이 창출하는 부수적 활동으로 그 소득을 가지고 주민들의 수요를 충족시키는 활동을 말한다. 즉, 특정 지역의 경제활동은 ① 해당 지역에 있어서 자기소비분을 제한 잉여분을 그 지역 외에 이출하는 활동, ② 해당 지역에 있어서 자기소비분으로써 그 지역의 내부수요를 위한 활동, ③ 해당 지역에 있어서 자기소비분에 대하여 대응할 수 없어 지역 밖으로부터 이입하는 활동 등으로 구분할 수 있다. 이 가운데 ①은 그 지역의 외부로부터 소득을 얻음으로써 그 지역의 존립과 발전을 지탱하지만, ②는 지역의 내부에서 소득을 발생시킬 뿐이며, ③은 ①과는 반대로 그 지역 밖으로 소득을 유출하는 것이다. 이러한 의미에서는 ①은 기반활동, ②와 ③은 비기반활동으로 불려진다.

예를 들면, 울산광역시의 경우 H자동차의 생산물(자동차)은 울산광역시 내부의 수요를 충족할 뿐만 아니라, 울산광역시 이외 지역의 수요에 대응하여 생산된다. 이 경우 울산광역시 이외의 지역에 이출된 자동차가 가져다주는 소득은 울산광역시의 경제적 성장을 가져다주는 기반(economic base)이 된다. 따라서 H자동차의 이러한 이출을 위한 활동을 울산광역시의 기반활동으로 보게 된다. 이에 대하여 울산광역시에 거주하는 H자동차의 종사자와 그의 가족이 일상생활을 위하여 필요로 하는 물질(식료품, 일용잡화, 의료 등)이나 서비스(이용, 미용, 의료 등)는 주로 울산광역시 내부로부터 조달된다. 따라서 식료품소매업, 일용잡화소매업, 의료품 등의 활동은 울산광역시에 있어서 비기반활동이다. 이러한 경제기반의 개념은 다음과 같은 추상적인 형태로 나타낼 수 있다. 지역(또는 도시)의 인구가 그 지역에 있어서 취업자수에 비례한다고 가정하면 다음과 같다.

$$E = EN + EB \qquad \text{(a)}$$

E : 총취업자수 또는 총생산액

EN : 비기반활동에 종사하는 취업자수 또는 생산액

EB : 기반활동에 종사하는 취업자수 또는 생산액

위의 (a)식을 새롭게 정리하기 위해서 양변을 EB로 나누어 주면 다음과 같다.

$$\frac{E}{EB} = \frac{EN+EB}{EB} = 1+\frac{EN}{EB} \qquad \text{(b)}$$

$\frac{EN}{EB}$: 기반·비기반 비율 또는 BN비율

$\frac{E}{EB}$ 및 $1+\frac{EN}{EB}$: 지역승수

(b)식에서 $1+\frac{EN}{EB}=\alpha$로 놓으면, $E=\alpha \times EB$가 된다.

한편 기반부문의 취업자수는 다음의 (c)식으로 구하게 된다.

$$EB_i = \frac{(LQ_i - 1)}{LQ_i} \times Q_i \qquad \text{(c)}$$

EB_i : i기반산업의 생산액

LQ_i : i산업의 입지계수

Q_i : i산업의 생산액

따라서 비기반부문의 취업자수는 총취업자수에서 기반산업의 취업자수를 제외한 취업자수가 된다. 그리고 특정지역의 취업자수는 기반(산업)활동에 종사하고 있는 취업자수에 의해 결정된다. 그러므로 특정 지역에 있어서의 경제예측을 위해서는 이러한 BN비율이나 지역승수는 매우 중요한 의미를 지니게 된다. 또한 여기서는 E로서 취업자수를 이용하고 있으나, 경제예측이나 순수한 경제기반을 추계하기 위해서는 소득, 생산액, 또는 부가가치액 등을 사용하기도 한다.

2. 기반과 비기반의 구분

지역의 경제활동 가운데 어느 부분이 기반활동이고, 어느 부분이 비기반활동인가를 명확히 구별하는 것은 어렵다. 기반과 비기반의 측정방법에는 크게 직접조사방법과 간접추정방법이 있으며, 이 가운데 몇 가지를 소개하면 다음과 같다.

1) 직접조사방법

직접조사방법(direct survey method)에는 전수조사와 표본조사가 있으며, 주로 설문지를 보내거나 현지면접조사를 하게 된다. 조사대상은 연구지역내의 모든 업체이거나 표본추출된 업체가 해당되며, 조사내용에는 업종, 고용자수, 매출액, 지역 외 매출액(또는 매출비율)이 포함된다. 이 방법은 다른 측정방법과 마찬가지로 대개 고용자수를 기반-비기반의 측정지표로 삼는다. 만약 어떤 업체가 100명의 고용자가 있고, 총매출액의 70%를 다른 지역으로 판매한다면 이 업체의 고용자 중 70명은 기반고용이며, 나머지 30명은 비기반고용으로 간주된다. 이러한 업체별 조사결과는 업종별·산업별로 종합하여 최종적으로 연구지역 전체의 기반-비기반 고용수준을 결정하게 된다. 직접조사방법의 유용성은 지역 외 매출액(또는 매출비율)을 각 업체들이 얼마만큼 정확하게 응답하느냐에 달려 있다.

2) 임의가정법

간접추정방법에는 여러 가지가 있지만 가장 쉬운 방법은 임의가정방법(arbitrary assumption method)으로서 각 사업들을 대체적인 특성에 따라 분석자가 임의로 기반과 비기반으로 나누는 방법이다. 이 방법에서는 흔히 농업과 제조업은 기반산업으로 분류하고, 대부분의 서비스업은 비기반산업으로 분류하고 있다. 그러나 지역내 모든 산업은 어느 정도의 기반기능과 비기반기능을 가지고 있다. 예를 들어, 반도체 제조업체가 생산한 가전제품의 경우 대부분은 다른 지역으로 수출되나 일부는 지역내에서 판매될 것이기 때문이다. 이러한 부정확한 결과초래에 대한 문제점은 더욱 세분화된 산업분류를 통한 판단에 의해 어느 정도 해결할 수 있을 것이다.

3) 입지계수법

입지계수(Location Quotient: LQ)는 어떤 지역의 특정산업이 국가전체에 비해 어느 정도 특화되어 있는가를 측정하는 지표로서 특화계수라고도 한다. 어떤 지역의 i산업에 대한 입지계수(LQ_i)를 구하는 공식은 다음과 같다.

$$LQ_i = \frac{R_i/R}{N_i/N}$$

$$= \frac{(\text{지역 } i\text{산업 고용자수/지역 총고용자수})}{(\text{전국 } i\text{산업 고용자수/전국 총고용자수})}$$

입지계수는 각 산업에 대하여 전국의 구성비를 기준으로 하여 산출하고 그 계수가 1일 때에는 취업자 1인당 생산액이 같고, 또한 인구 1인당 소비액이 같다고 가정하면 이 지역은 생산과 소비에 있어서 과부족이 없는 균형상태로 본다. 그리고 계수가 1보다 클 때는 그 지역에 있어서는 그만큼 당해지역에서 필요로 하는 이상으로 그 산업의 생산물이 생산되고 그 잉여분이 지역 밖으로 이출되고 있음을 나타내고 있다.

4) 최소요구치법

최소요구치법(minimum requirements method)은 주로 도시의 경제기반분석에 사용되는 것으로서, 우선 도시의 인구규모계급별로 각 도시를 분류하고, 각 도시의 산업별 구성비를 산출한다. 그리고 같은 계급에 속하는 도시 가운데서 각 산업에 대한 최소치를 나타내는 것을 추출하여 그 수치를 가지고, 그 규모계급에 있어서 당해산업의 비기반활동의 최소요구치로 간주한다. 이때 이 비율을 초과하는 고용량은 기반 고용으로 파악한다. 센서스 자료를 이용하여 미국의 도시들을 인구규모별 그룹으로 나누어 14개 산업별 최소요구치 비율을 계산한 결과에 의하면, 도시규모가 커질수록 비기반의 비율이 높아지는 패턴이 나타났다(Ullman et al., 1971).

3. 분석구조와 방법

1) 경제기반승수

경제기반승수(economic base multiplier: M)는 지역의 기반부문 고용이 한 단위 증가할 때 지역의 전체 고용이 증가하는 비율을 말한다. 이것을 식으로 표시하면 다음과 같다.

$$M = \frac{E}{EB} = \frac{EB + EN}{EB} = 1 + \frac{EN}{EB} \qquad \text{(d)}$$

$$M = \frac{E}{EB} = \frac{E}{E-EN} \qquad \text{(e)}$$

E : 총취업자수

EN : 비기반활동에 종사하는 취업자수

EB : 기반활동에 종사하는 취업자수

위와 같이 고용을 지표로 한 경제기반승수를 고용승수라고도 한다. 위의 두 공식은 경제기반승수 M의 구성요소와 해석방법을 두 가지 측면에서 제시한 것이다. 공식 (d)는 기반활동에 의해 새롭게 창출된 서비스(비기반)활동의 크기로써 승수가 결정된다는 것을 보여주며, 공식 (e)는 EN/E이 클수록, 즉 지역 전체고용 중에서 비기반고용이 차지하는 비중이 클수록 승수가 커진다는 것이다.

예를 들어, 어떤 지역의 총고용이 50,000명이고 비기반고용은 30,000명일 경우 기반고용은 20,000명이고 기반-비기반 비율(B/N비)은 2 : 3이며 경제기반승수는 50,000÷20,000=2.5가 된다. 이 때 새로운 공장이 지역내에 입지하여 기반활동의 고용이 1,000명 증가한다면 총고용은 1,000×2.5=2,500명이 증가할 것으로 예상할 수 있다. 여기서 기반고용 1,000명의 증가에 대한 승수효과에 의해 비기반고용이 1,500명 증가할 것으로 추정하는 것이다. 이러한 전통적인 경제기반승수는 단지 지역의 전체고용 중에서 지역내 비기반고용이 현재 차지하고 있는 비중 또는 평균 성향을 반영한 것으로서 상황변화에 따른 고용의 증감을 예측하기에는 다소 부정확하다. 이를 보완하기 위해 전통적인 경제기반승수와 구별되는 경제기반 영향승수(또는 한계승수) 개념이 있다.

전통적인 경제기반승수(M): $E = M \times (EB)$

경제기반 영향승수(MI): $\Delta E = M \times (\Delta EB)$

기반활동의 변화에 따른 영향 및 효과를 예측하기 이해서는 경제기반 영향승수(MI)를 사용해야 하고, 기반고용의 변화(ΔEB)와 총고용의 변화(ΔE) 사이의 관계를 정확히 파악해야 한다.

2) 소득승수

경제기반승수를 추정하는 지표가 소득이면 그 승수를 소득승수(income multiplier)라고 한다. 소득의 증가분을 ΔY, 투자의 증가분을 ΔI , 한계소비성향을 MPC(marginal propensity to consume), 승수를 k라 할 때 소득의 증가와 소득승수는 다음과 같이 결정된다.

$$\Delta Y = \Delta I(1 + MPC_1 + MPC_2 + MPC_3 + \cdots\cdots) = \Delta I \times \frac{1}{(1 - MPC)}$$

$$k = \frac{\Delta Y}{\Delta I} = \frac{1}{(1 - MPC)}$$

이러한 승수공식은 지역의 소득승수를 구하기 위해 전용할 수 있다. 단 지역의 한계소비성향은 새로 발생한 지역가계소득 중에서 지역내에서 소비되는 비율을 말하며, 저축, 세금뿐 아니라 외부지역에서 소비하여 누출되는 부분은 제외하게 된다.

4. 경제기반분석의 평가

경제기반분석은 이론적 개념이 비교적 단순하여 쉽게 이해할 수 있으며, 분석에 필요한 자료의 양도 상대적으로 적을 뿐 아니라 일단 고용승수를 산출해 내면 새로운 기반산업의 입지나 확장에 따른 고용승수효과를 쉽게 예측할 수 있다. 그리고 이를 바탕으로 새로운 경제상황에 따른 생산, 소득, 고용, 나아가서 인구 등의 변화를 예측할 수 있기 때문에 그 활용도가 높다. 또한 경제기반분석은 중심도시와 배후지의 상호관계를 이해하는 데 도움을 준다. 즉, 중심도시가 주변지역에 얼마나 의존하고 있는가, 주변지역에서 통근하는 사람들의 중심도시에 대한 역할은 무엇인가 등에 대한 해답을 얻을 수 있다. 그러나 경제기반분석은 다음과 같은 한계와 기술적인 문제가 있다(Isard, 1960; 대한국토 · 도시계획학회, 1999).

우선 개념적인 한계로서, 첫째, 경제기반분석은 복잡한 지역의 경제활동을 단순히 기반활동과 비기반활동으로 나누고 있으나, 실제로는 기반과 비기반으로 분류하기 어려운 산업활동이 있다. 예를 들면, 같은 지역내의 수출업체에 부품을 공급하는 업체는 개념 정의에 따라 비기반활동으로 분류되지만 간접적으로 수출활동을 한다고 볼 수 있다. 둘째, 기반활동만이 지역경제의 원동력이며 비기반활동은 지역성장에 기여하지 않는 부수적인 활동이라는 기본가정에 대한 비판이다. 비기반활동도 상호간의 교류에 의하여 승수효과를 누적시키고 있으며, 대도시의 경우 기반산업은 변화하고 다른 지역으로 이동할 수도 있지만 비기반활동은 기본적인 서비스산업으로서 지속적이기 때문에 오히려 기반적인 활동이라고 볼 수 있다. 셋째, 산업구조의 변화에도 불구하고 경제기반승수가 지속적으로 일정하다는 가정은 비현실적이며, 경제기반분석은 1년 정도의 단기변동의 예측에는 유용하게 쓰일 수 있지만 장기예측에는 부적절하다. 넷째, 수출부문에 대해서는 관심을 가지면서 수입부문에 대해서는 무시하고 있다. 따라서 지역전체의 경제성장에 대한 평가에서 경제기반분석과는 별도로 수입부문의 기능에 대한 분석이 필요하다.

다음으로 기술적인 문제로서, 첫째, 기반활동과 비기반활동을 분리하여 측정하는 방법상의 문제이다. 직접조사방법이 가장 좋으나 비용과 시간이 많이 드는 한계가 있고 간접추정방법들은 만족스럽지 못한 것이 사실이다. 둘째, 기반활동과 비기반활동을 계량화하기 위해서 사용되는 측정지표에 관한 것이다. 측정지표로서 사용될 수 있는 것은 고용, 부가가치, 생산액, 판매액, 사업소득, 가계소득 등이 있으나, 고용지표는 다른 지표보다 불리한 지표임에도 불구하고, 자료수집의 편리성과 고용변화 및 인구증감에 민감한 지역경제의 현실성 때문에 많이 사용되고 있다. 셋째, 연구지역의 범위에 관한 문제이다. 경제기반분석의 경우 지역범위에 따라 승수에 차이가 날 뿐만 아니라, 어떤 산업이 기반산업이 될 수도, 비기반산업이 될 수도 있기 때문에 신중해야 한다. 경제기반분석은 비교적 작은 지역의 복잡하지 않은 지역경제상황에 적합한 분석기법이다. 넷째, 연구할 산업의 분류를 어느 정도로 세분할 것인가에 관한 문제이다. 경제기반분석의 경우 산업분류의 세분정도에 따라 승수에 차이가 나며, 가능하면 세분된 산업자료를 사용하는 것이 모든 지역경제분석에서 정확한 결과를 얻는 데 큰 도움이 된다.

제3절 변이할당분석

1. 변이할당분석의 개념

변이할당분석(shift-share analysis)은 산업구조와 지역경제성장 간의 관계를 분석하기 위한 것으로서 전이할당분석이라고도 한다(홍기용, 1990). 크래머(Daniel B. Creamer, 1942)가 미국 제조업의 입지변화를 설명하기 위해 처음 시도한 이래, 던(Edgar S. Dunn, 1960)은 현재 사용되고 있는 고전적인 변이할당분석기법을 개발하였다. 변이할당분석은 지역경제 이론가뿐만 아니라 지역계획 전문가들도 많이 사용하고 있는 분석모형 중의 하나이다(박종화, 1997).

변이할당분석모형은 지역의 산업 및 고용성장률을 국가성장률과 비교하여 그 지역의 성장효과를 여러 가지 성분으로 나누어 설명하는 계량기법모형으로서, 이는 지역경제성장의 구조적 분석, 즉 지역경제성장의 이면에 내재하고 있는 원인을 파악하기 위한 지역경제분석모형이다. 변이할당분석은 소도시에서부터 대도시에 이르기까지 다양한 규모의 공간영역이 그 분석대상이 될 수 있으며, 이를 위해서는 최소한 연구대상영역과 준거영역의 두 가지 시점의 경제적 자료가 필요하다. 변이할당분석의 자료로서는 부가가치, 투자액, 생산액 등 다양한 경제적 자료가 사용될 수 있지만 실제적으로는 자료획득의 용이성 때문에 고용자수가 널리 사용되고 있다.

2. 변이할당분석의 구조와 방법

변이할당분석에서는 한 지역의 특정산업의 성장을 국가의 모든 산업의 성장, 국가전체적인 측면에서 그 산업의 성장 그리고 그 지역의 모든 산업의 성장과 관련지어서 보아야 한다. 즉, 변이할당분석은 한 지역의 특정산업의 성장은 국가성장효과, 산업구조효과, 그리고 지역할당효과의 세 가지 요인으로 나눌 수 있다는 가정에서 출발한다.

$$\text{국가성장효과} = U_{ij}(o) \times \frac{U(t) - U(o)}{U(o)}$$

$$\text{산업구조효과} = U_{ij}(o) \times \left(\frac{U_i(t)}{U_i(o)} - \frac{U(t)}{U(o)} \right)$$

$$\text{지역할당효과} = U_{ij}(o) \times \left(\frac{U_{ij}(t)}{U_{ij}(o)} - \frac{U_i(t)}{U_i(o)} \right)$$

$U_{ij}(o)$: j지역 i산업의 기준시점 총생산액

$U_{ij}(t)$: j지역 i산업의 비교시점 총생산액

$U_i(o)$: 전국 기준시점의 i산업 총생산액

$U_i(t)$: 전국 비교시점의 i산업 총생산액

$U(o)$: 전국 기준시점의 총생산액

$U(t)$: 전국 비교시점의 총생산액

이러한 변이할당분석모형을 발달과정순으로 정리하면 다음과 같다. 첫째, 전통적 또는 고전적 변이할당모형으로서, 이는 연구대상지역에 대한 두 시점의 산업별 고용자료가 주어지면 지역고용성장(d)에 기여한 효과를 국가성장효과(g), 산업구조효과(m), 지역할당효과(c) 등 3개의 성분으로 나눈다. 따라서 j지역의 i산업의 지역고용성장에 대한 고전적 변이할당모형은 다음의 식으로 나타낼 수 있다(대한국토·도시계획학회, 1999).

$$d_{ij} = g_{ij} + m_{ij} + c_{ij}$$

이러한 고전적인 변이할당모형은 측정기반이 기준연도에만 고정되어 있어 최종연도까지 동태적으로 나타나는 변화를 반영할 수가 없으며, 산업구조효과와 지역할당효과가 혼합되어 있다는 두 가지 문제점을 안고 있다.

둘째, Esteban-Marquillas 모형이다. 위의 문제점을 해결하기 위해 스페인의 경제학자 Esteban-Marquillas(1972)는 동일비율고용(homothetic employment)의 개념을 사용해서 지역할당효과(c_{ij})를 순수지역할당효과(c'_{ij})와 배분효과(a_{ij})로 분리함으로써 고전적 변이할당모형이 안고 있던 산업구조효과와 지역할당효과의 혼합문제를 해결한 다음과 같은 모형을 제시하였다.

$$d_{ij} = g_{ij} + m_{ij} + c'_{ij} + a_{ij}$$

여기서 동일비율고용이란 어떤 지역(j)의 고용구조가 국가의 고용구조와 동일할 때 나타날 수 있는 j지역 i산업의 고용자수를 말한다. 이 모형 또한 동일비율고용이 기준연도에만 근거를 두기 때문에 배분효과를 구성하고 있는 특화성과 경쟁우위성이 나타내는 양수와 음수의 표시변화는 배분효과의 해석을 잘못 이끌 수 있다는 문제점을 안고 있다.

셋째, ANOVA(분산분석) 모형이다. 전통적 변이할당모형은 일종의 표준화기법이기 때문에 분석결과에 대한 통계학적 검증이 불가능하다. K. Berzeg(1978)는 ANOVA 모형에 기초한 추론적 선형모형을 개발하여 변이할당 항등식에 대한 통계학적 가설검증을 가능케 한 다음과 같은 모형을 제시하였다.

$$V_{ij} = \alpha + \beta_i + \varepsilon_{ij}$$

α : 국가성장률의 추정치

β_i : 산업구조성장률의 추정치

ε_{ij} : 지역할당효과 성장률로서 임의의 오차항

이 모형은 고용자수가 아니라 고용증가율(r_{ij})을 추정하도록 되어 있다. 이러한 ANOVA 모형의 추론적 특성은 예측과 정책을 위한 가설검정을 가능하게 한다. 그러나 이 모형은 완전히 폐쇄된 시스템을 요구함으로써 국가나 한 지역을 연구대상으로 선정했을 경우 모든 하부지역이 포함되는 자료가 수집되어야 하기 때문에 이 모형의 활용에는 한계가 있다.

넷째, Arcelus 모형이다. 경쟁효과 내에 포함되어 있는 효과들을 분리하기 위해서 F. J. Arcelus(1984)는 지역할당효과(c_{ij})를 지역성장효과(Rg_{ij})와 지역산업구조효과(Rm_{ij})로 나누었다. Esteban-Marquillas의 동일비율고용의 개념을 채용하여 다음과 같은 수식을 제시하였다.

$$d_{ij} = g_{ij} + m_{ij} + Rg_{ij} + Rm_{ij}$$

이 모형에 의하면 지역성장효과(Rg_{ij})는 j 지역과 국가 간의 총고용 증가율의 차이를 반영하며, 지역의 전체 성장에 따른 i 산업의 지역고용변화를 나타낸다. 지역산업구조효과(Rm_{ij})는 i산업의 경쟁력이 j 지역과 국가 간에 얼마나 차이가 있는가를 반영하며, 결국 지역산업구조에 따른 그 지역의 고용변화를 알기 위한 것이다.

끝으로, 동태적 모형이다. 고전적 변이할당모형의 기준연도문제를 해결하는 방법으로서 R. A. Barff and P. L. Knight(1988)는 동태적 변이할당방법(dynamic shift-share approach)을 개발하였다. 즉, 변이할당모형은 두 시점간의 고용구조의 지속적 변화에 대한 설명이 불가능하나, 일년 단위의 고용자료를 사용하여 산업구조의 변화에 영향을 주는 성분들을 매년 조정함으로써 해결하였다.

한편 j시 i산업의 총생산액이 다음과 같다고 할 때, 국가성장효과, 산업구조효과, 그리고 지역할당효과를 구해 보면 다음과 같다.

표 4.3.1 변이할당분석의 예제

구 분	2012년	2022년
전국 총산업의 총생산액	2,000	5,500
전국 i산업의 총생산액	80	500
j시 i산업의 총생산액	20	200

이러한 경우 국가성장효과는 $20\times\frac{5500-2000}{2000}=35$이고, 산업구조효과는 $20\times\left(\frac{500}{80}-\frac{5500}{2000}\right)=70$, 그리고 지역할당효과는 $20\times\left(\frac{200}{20}-\frac{500}{80}\right)=75$이다. 즉 j시 i산업은 지역할당효과가 가장 크고, 그 다음으로 산업구조효과, 국가성장효과 순으로 나타나고 있다. 따라서 j시 i산업은 지역적 특성과 산업적 특성에 의해서 발전하고 있다고 평가할 수 있다. 변이할당분석의 세 가지 효과를 추정해 냄으로써, 해당 산업이 어떤 효과에 의해서 성장하는지, 그리고 해당 산업의 경쟁력을 제고하기 위해서는 어떤 효과의 문제를 해결해야 하는지를 파악할 수 있다.

3. 변이할당분석의 평가

지역경제분석모형으로 흔히 사용되고 있는 변이할당분석의 장단점은 다음과 같이 정리할 수 있다(박종화, 1997; 대한국토·도시계획학회, 1999). 우선 장점으로서, 첫째, 지역경제성장의 횡적 차원과 종적 차원을 동시에 파악할 수 있다. 횡적 측면은 산업간 또는 지역간과 같이 수평적인 관계에서의 우위와 열위에 대한 논의를 가능하게 하고, 종적 측면은 국가에서 지역에 이르기까지 수직적인 관계에서의 상호관계를 밝혀준다. 둘째, 아주 간결하고 이해하기 쉬운 분석기법으로서 시간과 자료가 제약되어 있는 경우에도 무리 없이 사용될 수 있다. 자료가 불충분하여 시계열분석이 불가능한 경우에도 두 시점에서의 자료만 확보되면 동태적인 분석이 가능한 모형이다. 셋째, 분석자체가 간편할 뿐만 아니라 산업구조에 관련된 정책적 대안을 제시할 때 이해가 용이하기 때문에 지역경제정책 관련자는 물론이고 일반 시민들에게도 정책의 영향을 비교적 쉽게 전달할 수 있다.

한편 단점으로서는, 첫째, 기준연도에만 기반을 두고 성장률을 측정하기 때문에 기준연도와 최종연도 사이에서 일어나는 변화를 반영할 수가 없다. 둘째, 지역할당효과에는 순수한 지역할당효과뿐 아니라 전체 지역산업에서 특정한 산업이 차지하는 비중도 영향을 미치기 때문에 산업구조효과와 지역할당효과가 혼합되어 있다. 셋째, 변이할당모형을 응용한 고용예측에서는 미래의 고용이 과거의 고용증가 추세를 따른다는 가정을 취함으로써 현실적인 예측력이 낮다는 점이다. 넷째, 변이할당모형의 측정치가 산업분류의 세분 정도에 따라 민감하게 변하며 자료수집의 편의성 때문에 노동생산성을 반영할 수 없는 고용자료가 측정지표로 많이 사용되는 점이다. 끝으로, 변이할당모형은 지역 내부에 존재하고 있는 다양한 산업들간의 상호연관관계에 대한 설명을 제공하지 못하며, 또한 특정산업이 성장했으면 왜 성장했고 쇠퇴했으면 왜 쇠퇴했는지에 대한 구체적인 원인을 밝혀주지 못한다.

제4절 산업연관분석

1. 산업연관분석의 개념

산업연관분석은 일정기간 동안 한 지역에서 생산된 모든 재화와 용역의 각 산업간 거래, 최종수요부문과 산업간 거래, 생산부문과 산업간 거래관계를 분석하는 기법으로서 투입산출분석이라고도 한다. 산업연관분석은 각종 승수와 연관관계를 파악하여 지역경제의 연관구조를 분석하는 데 목적이 있다. 산업연관표의 세로방향은 각 산업부문에서 구입한 원재료와 노동이나 자본의 투입을 나타내는 비용구성을, 그리고 가로방향은 각 산업부문에서 생산된 생산물이 중간재나 최종재로 판매된 내역을 나타내는 판로구성을 각각 의미하며, 산업연관표를 통해 그물과 같이 복잡하게 얽혀 있는 산업부문 간의 모든 상호연관관계를 한눈에 파악할 수 있다.

산업연관표는 1930년대 초 레온티에프(W. W. Leontief)에 의하여 시작된 이후 현재 선진국에서 개발도상국에 이르기까지 많은 나라에서 작성되어 경제구조분석은 물론 각종 경제정책의 파급효과 측정이나 경제계획수립 등의 기초자료로 다양하게 이용되고 있다. 이러한 산업연관모형의 기본가정은 다음과 같다. 첫째, 결합생산(joint production)이 존재하지 않는다. 이는 한 산업은 하나의 생산물만 생산한다는 가정으로 산업과 상품이 1대 1로 대응하고 있다는 것이다. 즉, 산업부문별로 하나의 기술구조를 가진다는 것을 의미한다. 둘째, 대체활동(substitution activity)이 존재하지 않는다. 이는 각 상품의 생산방법은 하나밖에 없다는 가정이다. 즉, 어떤 특정상품의 생산기술은 하나이며 기술방법의 대체는 없다는 의미로서 선택의 가능성을 배제하는 것을 의미한다. 셋째, 규모의 경제(economies of scale)가 존재하지 않는다. 이는 각 산업이 사용하는 투입량은 그 산업의 산출수준만의 1차함수로서 수확체증이나 수확체감이 아닌 수확불변의 법칙이 적용된다는 것으로 불비례투입물의 존재를 인정하지 않는 가정이다. 넷째, 외부경제(external economies)가 존재하지 않는다. 이 가정은 수개의 생산활동이 동시에 가동되는 총효과는 각각의 개별활동에 의한 효과의 합계와 일치한다는 것으로, 각 산업의 생산활동은 운수, 통신, 기타 보조산업 등 외부시설 및 산업발전의 영향을 받지 않는다는 것이다. 그러나 이러한 가정들은 어디까지나 경제현실을 단순화하기 위한 것이며, 현실적으로 투입계수는 불비례투입물, 즉 간접비용의 존재, 기술진보, 생산물 구성의 변화 및 투입물 대체현상 등에 의하여 변화하고 있어 산업연관모형에 의한 경제분석의 제약요인으로 작용하고 있다.

한편 우리나라에서는 한국은행이 1960년 최초로 산업연관표를 작성한 이래 최근에 이르기까지 모두 16차례에 걸쳐 산업연관표를 작성·발표해오고 있다. 우리나라의 산업연관표는 1958년 당시의 부흥부 산업개발위원회가 1957년 및 1958년의 산업연관표를 작성하면서 비롯되었다. 그러나 이 산업연관표는 일종의 시산표에 불과하였으며, 비교적 체계있는 형식과 내용을 갖춘 실질적인 산업연관표가 작성된 것은 제1차 경제개발 5개년계획 수립을 위한 기초자료로 이용하기 위하여 한국은행에서 1960년 산업연관표를 작성하면서부터라고 할 수 있다. 그 이후로 한국은행은 경제규모의 확대와 경제발전에 따른 산업구조의 변화를 더욱 정확히 파악하기 위하여 매 5년 단위로 1960년, 1963년, 1966년, 1970년, 1975년, 1980년, 1985년, 1990년, 1995년, 2000년, 2005년의 실측표를 작성하고 있다. 그리고 실측표 작성의 중간연도에 각 연도의 연장표를 작성하고 있는데, 최근 발표된 연장표는 2010년이다.

2. 투입산출계수와 승수효과

1) 투입산출계수

투입산출계수(input-output coefficient)를 투입계수(direct input coefficient) 또는 기술계수(technical coefficient)라고 부르기도 한다. 산업연관모형에서는 i산업에서 j산업으로의 흐름은 전적으로 j산업의 총생산량에 의존하게 된다. 자동차산업의 생산이 늘어나면 원자재를 제공하는 철강산업의 생산도 늘어나게 된다. 투입산출계수는 이와 같은 관계를 설명하는 것이다. 즉 j산업의 제품 또는 서비스를 1단위 생산하기 위하여 투입되는 i산업의 제품 또는 서비스의 양은 다음과 같이 계산된다. 산업연관모형에서는 특정산업 간의 투입산출계수가 특정값으로 고정되어 있어, 생산에 있어서의 규모의 경제효과를 고려할 수 없다는 한계가 있다.

$$a_{ij} = \frac{Z_{ij}}{X_j}$$

Z_{ij} : j산업 생산을 위해 투입된 i산업의 중간 수요량

2) 생산유발계수

생산유발계수는 최종수요가 1단위 증가하였을 때 이를 충족시키기 위하여 각 산업부문에서 직·간접적으로 유발되는 생산액 수준을 나타내는 것으로, 이는 도출과정에서 역행렬이라는 수학적 방법이 이용되므로 역행렬계수라고도 한다. 이러한 생산유발계수는 최종수요로부터 파생되는 파급효과를 나타내는 승수의 성질을 가지므로 케인즈의 투자승수와 구별하여 다부문승수(multi-sector multiplier) 혹은 레온티에프승수(Leontief multiplier)라고도 한다.

일반적으로 국산품과 수입품을 통합하여 표시한 경쟁수입형의 산업연관표로부터 도출된 $(I-A)^{-1}$형의 레온티에프 역행렬에서 계산되는 생산유발계수와 국산품과 수입품을 분리한 비경쟁수입형의 산업연관표에서 도출된 $(I-Ad)^{-1}$형의 역행렬에서 계산되는 생산유발계수는 다른 값을 갖게 되는데, 그 차이는 수입중간재의 사용 여부와 관계되는 것으로서, 만약 모든 산업부문이 국산중간재만 사용한다고 가정하면 두 계수는 같게 될 것이다. 따라서 두 계수의 차이가 큰 산업부문은 그 산업 또는 연관산업의 수입의존도가 높은 산업이다.

3) 영향력계수와 감응도계수

영향력계수는 어떤 산업부문의 생산물에 대한 최종수요가 한 단위 발생할 때 전산업부문에 미치는 영향으로 후방연쇄효과(backward linkage effect)를 의미한다. 이는 전산업평균에 대한 상대적 크기로 나타내는 계수로서, 당해산업의 생산유발계수의 열(列)합계를 전산업평균으로 나눈 값이다.

그리고 감응도계수는 모든 산업부문의 생산물에 대한 최종수요가 각각 한 단위씩 발생할 때 어떤 산업이 받는 영향으로 전방연쇄효과(forward linkage effect)를 의미한다. 이는 전산업평균에 대한 상대적 크기로 나타내는 계수로서, 그 산업의 생산유발계수의 행(行)합계를 전산업평균으로 나눈 값이다.

4) 수입유발계수

수입유발계수는 어떤 생산물에 대한 최종수요가 한 단위 증가했을 때, 이에 의하여 유발되는 직·간접의 수입액을 나타낸다. 이는 수입중간투입률에 생산유발계수를 곱하여 계산된다.

5) 부가가치유발계수

부가가치유발계수는 어떤 산업부문의 국내생산물에 대한 최종수요가 한 단위 증가했을 때 발생하는 직·간접의 부가가치를 나타낸다. 이는 부가가치행렬과 생산유발계수를 곱하여 계산된다.

6) 노동유발계수

노동유발계수는 어떤 산업부문의 최종수요가 한 단위 증가하였을 때 발생하는 직·간접의 노동유발효과를 나타낸다. 이는 산업별 노동력행렬과 생산유발계수를 곱하여 계산된다.

7) 관련 승수

산업연관모형에서는 어떤 산업의 최종수요가 한 단위 변화할 때 경제 전체에 미치는 영향을 생산승수(output multiplier), 소득승수(income multiplier), 그리고 고용승수(employment multiplier)로 나타낸다. 우선 생산승수는 생산량의 변화를 측정하는 것이고, 소득승수는 가계부문의 소득변화를 측정하는 것이며, 그리고 고용승수는 고용의 변화를 측정하는 것이다.

3. 산업연관분석의 방법

산업연관분석의 가상적인 단순 사례분석을 위하여 다음과 같이 고립된 경제권역을 가정한다. ① 수출입도 없고 정부도 없으며 저축과 투자, 그리고 재고도 없다. ② 고립된 경제권역 내부에서 현재 모든 것이 구매·처리·판매되고 소비된다. ③ 최종

구매자(가계)와 제1차적 공급자(가계)는 각각 한 명씩 뿐이다. ④ 가계가 노동과 관리와 같은 제1차적 투입물을 공급한다. ⑤ 산업체는 농업과 제조업의 두 가지 형태만 존재한다. 이 경우 단순한 투입산출표를 가상 수치를 사용하여 작성하면 〈표 4.3.2〉와 같다(A. Bendavid-Val, 1983).

표 4.3.2 가상적인 투입산출표 (단위: 만원)

구 분		중간구매자들		최종구매자 (가계)	총판매 (산출계)
		농 업	제조업		
중간공급자들	농업	100	300	600	1,000
	제조업	50	100	350	500
제1차적 공급자들	가계	850	100	150	1,100
총구매(투입계)		1,000	500	1,100	2,600

단순한 투입산출분석의 〈표 4.3.2〉에서 '균형의 조건'이 충족되어 있다는 것을 알 수 있다. 산업별 투입계와 산출계는 정확하게 일치하고 있다. 또한 총투입계와 총산출계(2,600만원)가 일치하고 있음을 알 수 있다.

첫번째 행(行)의 자료를 해석하면 다음과 같다. 총 1,000만원의 농산물 판매는 산출물 중 100만원은 농업에 재가공 목적(씨앗, 사료, 비료 등)으로 판매되고, 산출물 중 300만원은 재가공(통조림 등)을 위해서 제조업에 판매되고, 나머지 600만원은 가계소비를 위하여 최종구매자에게 판매된 것이다.

그리고 첫번째 열(列)의 자료를 해석하면 다음과 같다. 총 1,000만원의 농산물을 산출하기 위하여 농업 그 자체로부터 산출물을 100만원 구입하고, 제조업으로부터 만들어진 투입물을 50만원 구입하고 가계로부터 노동력과 같은 제1차적 투입물을 850만원 구입해야만 한다는 것이다. 기타 행(行)과 열(列)의 해석도 동일한 방식으로 가능하다. 다음으로 투입산출계수의 일정성의 조건을 이해하기 위하여 구체적인 숫자를 이용해서 살펴보기로 하자. 〈표 4.3.2〉를 근거로 투입산출계수를 계산하면 〈표 4.3.3〉과 같다.

표 4.3.3 투입산출계수표

구 분	농 업	제조업
농업	0.10	0.60
제조업	0.05	0.20
가계	0.85	0.20

4. 산업연관분석의 평가

산업연관분석의 장단점은 다음과 같이 요약·정리될 수 있다(박종화, 1997). 우선 산업연관분석의 장점으로서, 첫째, 일반균형적 분석기법으로서 여러 부문을 동시에 고려하고 있다. 분석의 중립성과 적응성이 있어서 시장경제체제나 중앙계획경제체제 어디서나 이용될 수 있다. 둘째, 기술적인 분석도구로서 지역투입산출표는 아주 간단 명료하게 많은 양의 정보를 제공해 준다. 시계열분석에서는 제공할 수 없는 산업간 관계성에 대한 포괄적인 정보를 제공해 줄 뿐만 아니라 지역간 및 지역내의 재화와 서비스의 이동분석을 가능케 해 준다. 셋째, 산업연관분석은 선택적인 시뮬레이션 용도로 이용될 수 있다. 예컨대, 특정산업의 최종수요의 변화가 중간과정부문의 수요증가에 미치는 영향을 시뮬레이션할 수 있을 뿐만 아니라 지역경제구조에 있어서의 변화의 영향을 시뮬레이션할 수 있다.

한편 산업연관분석의 단점을 보면, 첫째, 기술수준이 급변하고 있는 오늘날 기술적 투입산출계수의 일정불변의 가정은 현실성이 약하다. 둘째, 하나의 상품은 하나의 전문산업분야에서 생산된다는 산업연관모형의 기본가정은 현실성이 약하다. 셋째, 생산과정에 있어서 투입물 간의 대체효과를 제대로 다루지 못함으로써 지역간 경쟁력 효과에 대한 분석이 용이하지 않다. 넷째, 지역수준의 투입산출 회계자료라는 것은 간단하게 얻어질 수 있는 자료가 아니어서 지역 투입산출표를 작성하는 것이 쉬운 일이 아니다. 다섯째, 지역산업연관분석은 새로운 산업의 진입이나 오래된 산업의 퇴출과 같은 산업구조적 변화의 동태성을 다루기에 적합하지 않다.

탐구학습

1. 주요 개념
   - 경제기반분석: 기반산업, 비기반산업
   - 변이할당분석: 국가성장효과, 산업구조효과, 지역할당효과
   - 산업연관분석: 투입산출계수, 생산유발계수(영향력 계수, 감응도 계수)

2. 토론과 과제
   - 경제기반분석의 평가
   - 변이할당분석의 평가
   - 산업연관분석의 평가

참고문헌

대한국토 · 도시계획학회(1999), 지역경제론, 서울: 보성각.

박종화(1997), 지역경제론, 서울: 박영사.

이성근 · 이춘근(2008), 지역경제론, 서울: 법문사.

홍기용 외(2002), 지역경제학의 이해, 서울: 박영사.

홍기용(1990), 지역경제론, 서울: 박영사.

Isard, Walter(1960), *Methods of Regional Analysis: An Introduction to Regional Science*, Cambridge: MIT Press.

Ullman, E. L., M. F. Dacey and H. Brodsky(1971), *The Economic Base of American Cities*, Seattle: University of Washington Press.

제 4 장

지역환경분석

제1절 개 요

환경의 사전적 개념은 생활하고 있는 주위의 자연적 조건이나 사회적 상황을 말한다. 지역환경은 지역에 영향을 주는 자연적 조건이나 사회적 상황으로서 자연환경, 사회환경, 경제환경, 행정환경 등이 모두 포함된다. 지역환경분석은 지역의 현재뿐만 아니라 미래의 다양한 환경에 대해 분석하는 것을 말한다. 지역환경분석의 대상은 기후·지형 등 자연환경, 인구·교육 등 사회환경, 산업·재정 등 경제환경, 법령·계획 등 행정환경 등 다양하다.

이러한 측면에서 지역환경분석은 기준에 따라 여러 가지로 구분할 수 있으나 현실적으로 환경가치분석과 환경영향평가가 대표적이다. 환경가치분석은 시장가격이 존재하지 않는 환경가치를 추정하여 지역개발의 타당성 검토에 활용한다. 또한 환경영향평가는 지역개발이 환경에 미치는 영향을 사전에 평가하여 지속가능한 개발을 유도한다. 환경영향평가는 「환경영향평가법」에 의해 자연생태환경, 대기환경, 수환경, 토지환경, 생활환경, 사회 및 경제환경 등 여섯 분야로 구분할 수 있다.

제2절 환경가치분석

1. 환경가치분석의 의의

1) 환경재의 가치

환경재의 가치는 크게 사용가치와 존재가치로 구분되는데 이러한 사용가치와 존재가치의 합이 환경재가 제공하는 총가치이다. 사용가치는 환경재를 물리적으로 이용하면서 발생하는 가치로서 다시 직접사용가치와 간접사용가치로 구분할 수 있다. 호수가 있다고 가정하면 호수에서 수상활동을 하거나 물을 소비하는 것이 호수에서 발생되는 직접사용가치이다. 그러나 호수는 인간이 직접 수상활동을 하지 않아도 다양한 생물이 살아가는 생태적 환경을 제공하거나 경관을 제공하기도 한다. 이러한 경관가치와 생태적 가치는 호수에서 발생하는 간접사용가치이다.

한편 환경재는 사용가치 이외에도 존재가치를 가지기도 하는데 존재가치는 환경재를 직접적으로 이용하지 않아도 환경재가 본연적으로 가지고 있는 고유의 가치라고 할 수 있다. 개인이 물리적으로 환경을 이용하지 않았음에도 불구하고 환경에 부여하는 가치인 존재가치가 실제로 존재하는가에 관해서는 논란이 있다. 그러나 환경경제학자들은 사람들이 환경단체에 가입하거나 자신이 직접 감상할 수도 없는 야생동물의 보호를 위해 기부행위를 하는 것을 고려할 때, 이러한 존재가치를 인정해야 한다고 주장한다(권오상, 2010). 존재가치는 다시 대리소비로 인한 가치와 청지기적 가치로 구분된다. 대리소비의 가치란 어떤 개인이 자신이 직접 환경재를 이용하지 않더라도 자신이 알고 있는 사람이나 혹은 일반 대중이 환경재를 소비할 수 있다는 사실자체로부터 얻는 가치이다. 청지기적 가치란 환경재가 합리적으로 이용되어 미래세대를 위해서 보존된다는 사실 자체로부터 얻는 가치를 의미한다(김상봉, 2009).

표 4.4.1 환경재의 가치유형

유 형		내 용
사용가치	직접사용가치	• 호수에서의 수상활동 • 물의 소비
	간접사용가치	• 경관의 가치 • 생태적 가치
존재가치	대리소비로 인한 가치	• 가족 및 친지, 일반대중의 이용
	청지기적 가치	• 가족이나 후세를 위해 자연보존, 오지의 습지 등을 보존

자료: 권오상(2010).

2) 환경가치분석의 필요성

흔히 사업의 타당성평가는 비용·편익분석을 통해 수행된다. 비용·편익분석은 정부나 공기업이 수행하는 사업의 사회적 이익과 사회적 손실을 비교해서 경제적 타당성을 평가하는 기법이다. 여기서 사회적 이익과 사회적 손실이란 어떤 개인이나 개별기업의 입장이 아닌 국민경제 전체의 입장에서 본 이익과 손실을 의미한다(이정전, 2000). 이러한 비용·편익분석기법을 통해 사업의 타당성을 평가할 때, 환경파괴에 따른 가치손실 부문에 대한 평가는 매우 중요하다. 즉 환경파괴의 가치평가가 사업의 타당성을 결정짓는 절대적인 요인으로 작용할 수 있기 때문이다.

정부가 추진하는 대부분의 사업은 규모가 매우 큰 사업이다. 따라서 환경파괴는 이들 사업으로 인해 필연적으로 발생하게 된다. 그렇다면 개별 사업에 대한 사업타당성을 보다 엄격히 평가하기 위해서는 사업시행으로 인해 발생되는 환경파괴의 손실가치를 보다 정확히 계상해야 하는 문제에 직면하게 되는 것이다. 이러한 측면에서 환경가치분석의 필요성이 강조되고 있다.

2. 환경가치분석의 방법

1) 여행비용접근법

여행비용접근법(Travel Cost Method; TCM)은 관광지, 유원지 등 위락시설이나 휴양시설의 가치를 추정하는 데 널리 사용되어 왔다. 1950년대 후반에서 1960년대에 개발된 이 기법은 관찰된 행동에 근거하여 입장료, 사용료 대신에 가변적인 여행비용을 이용하여 수요곡선을 도출함으로써 가격이 없는 환경재의 가치를 구할 수 있다는 것을 전제로 하고 있다. TCM은 비시장재화의 측정기법 중 가장 오래된 기법으로서 레크리에이션 시설이나 문화·관광유적 등의 가치를 소비자의 현시된 선호가 실현된 자료를 이용하여 간접적으로 도출하는 방법이다.

여행비용접근법은 공원, 호수, 야영장 등과 같은 여가시설의 개선으로 발생하는 편익을 추정하는 방법으로 널리 이용되고 있다. 이 방법의 기본적인 틀은 어떤 위락지역의 시설을 이용하기 위해 사람들이 얼마의 액수를 지불할 용의가 있는지를 추정하기 위하여 그 위락지역에 도달하는 데 소요되는 시간과 비용에 관한 정보를 이용하는 것이다(김사헌, 2003).

이 방법의 적용을 위해 먼저 위락시설의 방문객들로부터 여행경비, 여행기간, 연령, 소득, 직업 등에 관한 자료를 설문조사한다. 다음 단계에서는 방문객의 방문을 종속변수로 하고, 설명변수인 여행비용, 사회경제적 변수를 이용하여 방문율 방정식을 추정한다. 이 방정식으로부터 위락지에 대한 수요함수를 구한 후 총수요곡선 아래의 면적을 더하여 위락지 방문에 따른 총편익을 추정하게 된다.

이 방식의 단점은 다목적 여행인 경우 각 목적간 비용의 배분이 어렵고, 추정치의 의미가 명확하지 않는 등 문제점을 가지고 있고, 존재가치 등 비사용편익을 추정할 수 없다는 단점이 있다.

개발프로젝트에 의해 위협받는 문화재나 역사적 유적의 가치 또한 이 여행비용접근법에 의해 분석 가능하다. 그러나 이렇게 하여 산출된 가치는 당해 자원전체를 대상으로 한 것이 아니며, 최저평가치인 것을 인식하지 않으면 안 된다(권오상, 2010).

2) 헤도닉가격법

헤도닉가격법(Hedonic Price Method; HPM)은 환경재의 비시장적 내재가치를 간접적으로 추정하기 위한 방법으로 특성가격법이라고도 한다. 헤도닉가격법을 이용한 편익추정방법은 크게 두 단계로 나누어지는데, 첫 번째 단계는 각 특성의 한계내재가격을 추정하고, 두 번째 단계에서는 추정된 가격을 그 특성 외의 다른 모든 특성들에 회귀시킴으로써 그 특성에 대한 수요곡선을 추정한다. 헤도닉가격법은 토지시장이나 주택시장 등을 환경가치에 대한 대체시장으로 이용하여 환경가치를 추정하게 해 준다.

즉 주택을 소유하는 소비자는 효용을 주택 그 자체에서만 얻는 것이 아니라 그 주택이 가지고 있는 여러 가지 특성(주택규모, 주택환경, 지역의 교육환경, 자연환경 등) 등을 통하여 얻게 된다는 헤도닉가설을 적용하여 부동산가격에서 환경가치를 분리해 내는 방법이다. 예컨대 경관의 화폐적 가치를 주택시장에서 도출하기 위해 다음과 같은 주택가격방정식을 가정해 볼 수 있다.

$$P_h = f(S, N, A, Q)$$

여기서 종속변수인 P_h는 주택가격이고, S는 주택의 특성(면적, 방수 등), N은 지역특성(범죄율, 학군 등), A는 거주편의성(시장접근도, 도로접근도 등), Q는 환경질(대기질, 소음, 경관 등)을 나타내는 변수이다. 주택가치방정식 P_h를 환경질 변수인 Q에 대해 편미분하여 환경질의 한계내재가치(marginal implicit value of environment)를 구할 수 있다. 즉 Q의 한계내재가격을 P_q라고 하면 $\partial P_h / \partial Q = P_q(S, N, A, Q)$가 성립된다. 이때 한계내재가격은 환경질 한 단위를 개선하기 위해서 개인이 지불하고자 하는 한계지불의사와 일치한다. 그리고 이 추정된 가격을 다른 모든 특성들에 대해 회귀시킴으로써 그 특성에 대한 수요곡선을 추정할 수 있다. 단 헤도닉함수를 추정하는데 있어 주의하여야 할 점은 함수형태에 관한 설정인데, Box-Cox 함수로 전환시키는 것이 일반적이다. 모든 단계를 거쳐 Q에 대한 수요함수가 개인별로 추정되었다면 ΔQ만큼 환경질이 개선되었을 때의 편익은 수요곡선 이하의 면적으로 측정할 수 있다(권오상, 2010).

헤도닉가격법은 대기질 등 환경개선에 대한 편익추정에 많이 사용되어 왔다. 그러나 이 방법은 가계의 주거선택결과에만 의존하므로 공원, 기타 위락시설 등 그 지역내 다른 지점에서의 환경질 개선에 대한 가계의 선택을 포착하지 못한다. 그리고 이 방법은 사람들의 구체적인 행동반응에 기초한 것이므로 건강에 미치는 장기적 효과 등에 관한 사항은 제대로 반영하지 못한다. 또한 변수선택에 의해 결과가 민감하게 변화하고, 추정방법에 따라 추정치가 편향될 가능성이 크다. 그러나 보다 근본적으로 이 방법은 시장자료를 이용하는 만큼 시장이 규제되거나 왜곡된 상태 하에서 환경가치를 추정할 수 없다는 단점이 있다(김상봉, 2009).

3) 회피행위모형

개인은 환경오염으로 인해 발생하는 위험도를 사전에 줄이기 위해 방어행위를 할 수도 있고, 이미 발생한 환경피해를 완화하기 위한 회피행위를 취할 수 있다. 회피행위모형(Averting Behavior Model; ABM)은 주로 환경재와 시장재 사이의 대체관계를 이용해 환경재의 가치를 평가하는 방법이다(국토연구원, 2006).

이 모형은 대기오염과 같은 총체적 환경질과 사무실내 공기처럼 각 개인이 접하는 개인적 환경질을 구분하고, 각 개인은 개인적 환경질의 변화로 인해 효용변화를 경험한다고 가정하고 있다. 각 개인은 총체적 환경질이 악화되면, 자신의 개인적 환경질이 동시에 나빠지는 것을 방지하기 위해 공기정화와 같은 오염완화수단을 구입하는데, 이러한 완화행위를 분석해 총체적 환경질 개선의 편익을 분석할 수 있다.

그러나 회피행위모형은 회피행위의 비결합성의 문제점을 내포하고 있다. 비결합성 가정이란 오염피해를 회피하거나 완화하기 위한 행위는 오염피해 완화기능밖에 하지 않는다는 가정이다. 예컨대 실내공기를 외부의 오염된 공기와 차단하기 위해 에어컨을 가동하는 경우, 에어컨은 실내공기의 정화기능도 하지만, 실내온도를 낮추어 쾌적함을 가져다주기도 한다. 따라서 대기정화만을 에어컨의 기능으로 인정해 에어컨 사용량과 대기오염의 관계를 추정할 경우 오류가 발생할 수도 있다(이정전, 2000).

4) 조건부가치평가법

조건부가치평가법은 가상가치평가법이라고도 하는데 소비자가 이용하고 있는 비시장재화의 보존을 위해 어느정도 금액을 지불할 의사가 있는지 사용자에게 직접 설문하여 그 비시장재화의 가치를 평가하는 방법이다. 조건부가치평가법은 힉스의 잉여이론에 기반을 두고 있고, 직접 재화를 이용하지 않는 사람이 재화에 대해 부여하는 가치까지 평가할 수 있다는 장점이 있다. 그러나 실제상황이 아닌 가상상황을 전제하여 개인의사를 질문하는 것이기 때문에 정확한 가치를 추정하기 위하여 유의해야 할 사항이 있다(권오상, 2010). 첫째, 조사자가 가상적 상황에 대해서 충분히 현실성 있게 묘사하여 응답자가 상황에 대해서 숙지할 수 있도록 해야 한다. 둘째, 응답자가 정확한 평가를 내릴 수 있도록 응답자의 지불수단을 명시하여야 한다.

지불의사의 표현방식은 입찰게임, 개방형질문, 지불카드 등을 들 수 있다(Mitchell & Carson, 1989). 입찰게임은 우선 지불의사에 대해서 확인한 후 지불의사가 있다면 그 금액을 높여가면서 질문하는 방식이다. 이 때 최고금액을 비시장재화의 가치로 간주한다. 그러나 금액의 편의(bias)가 생길 수 있다는 단점을 지니고 있다(Desvousges et al., 1987). 개방형 질문은 응답자가 직접 써내는 방식이나, 응답자별로 큰 격차가 발생할 수 있다는 단점을 지니고 있다. 지불카드 방법은 개방형의 문제를 개선하기 위해서 등장한 방법으로 응답자는 재화에 대해서 기본적으로 지불되는 금액과 관련된 표를 받아보고 난 후, 이를 참조하여 지불의사를 기입하는 방식이다.

이러한 조건부가치평가법의 장점은 첫째, 다양한 종류의 재화에 적용이 가능하다는 점이다. 시장의 관찰이 불가능한 재화에도 적용이 가능하고, 정책대안을 설명하는데 필요한 자료가 현실적으로 존재하지 않거나, 과거의 시장자료가 환경의 질, 대체재, 위험 등과 같은 현재의 정보를 반영하지 못하는 경우에도 적용할 수 있다. 둘째, 비사용재화의 가치를 직접 측정할 수 있다. 셋째, 조건부가치평가법 자체가 타당성과 신뢰성의 검증이 가능하다(Pearce & Turner, 1990). 넷째, 조건부가치평가법은 평가대상을 실제로 사용해서 누리게 되는 사용가치가 아닌 수동적 사용가치를 측정할 수 있는 보편적으로 인정된 기법이며 널리 사용되고 있다(김태윤 외, 2009).

이러한 장점에도 불구하고 조건부가치평가법은 다음과 같은 한계가 지적되고 있다. 첫째, 응답자의 지불의사에 근거하여 가치를 평가하는데 이 때 응답자들이 지불의사의 기록을 거부하는 경향이 많이 나타나 실제로 사용하는 자료가 부족할 수 있다는 점이다. 둘째, 충분히 이해할 수 있으면서 가능성이 있는 시나리오, 가상상황을 만들어내야 한다. 비시장재화의 가치가 지니는 속성이 다양할수록 가상시장을 제시하기가 곤란하고 그에 대한 피설문자의 이해 역시 제각각이어서 비시장가치를 객관적으로 추정하기가 쉽지 않다(이영성 외, 2004). 셋째, 어떠한 속성의 조합으로 이루어지는 다양한 대안을 가상시장에 반영시킬 수 없기 때문에 총가치만을 추정할 수 있다. 넷째, 설문조사에 전적으로 의존하고 있기 때문에 설문지의 작성이 매우 중요하고, 설문시행, 사후분석에 세심한 주의가 필요하다(Mitchell & Carson, 1989). 또한, 응답자의 해당 서비스에 대한 이해나 이용경험의 유무 등에 따라 그 결과가 크게 달라진다는 문제가 있다.

5) 선택모형

조건부가치평가법은 비시장재화나 서비스의 가치측정에 널리 사용되어 왔다. 그러나 최근에는 조건부가치평가법과 같이 행위적 연계법의 일종이나 조건부가치평가법의 단점을 보완할 수 있는 선택모형(Choice model)의 사용이 늘어나고 있다(최성록 외, 2009). 선택모형은 컨조인트 분석(conjoint analysis)의 한 형태로 마케팅 분야에서 개발되었고 현재는 환경자원, 공공시설 등의 가치평가에 유용하게 활용되고 있다.

선택모형은 조건부가치평가법과 마찬가지로 설문조사에 의해서 가치를 평가한다. 그러나 선택모형은 응답자들이 현상태를 포함한 여러 가능한 대안들로부터 선호하는 선택을 표시한다는 점에서 차이가 있다. 설문지에는 기준점을 포함한 3개의 대안을 제시하고, 응답자는 이중에서 하나를 선택하면 된다. 각각의 선택 질문은 초이스세트(choice set)라고 하고 각각의 대안은 공통의 속성들(attributes)로 묘사되며 대안들은 속성들이 취한 수준들(levels)에 의해서 차별된다. 초이스 세트들의 순서는 실험설계(experimental design)를 사용하여 만들어지기 때문에 응답자들은 속성수준의 가능한 조합 전범위에 걸쳐 선택을 하게 되고 응답자들의 선택은 다양한 속성들 사이에 배타적 선택을 하고자 하는 의도를 표출한다(최성록 외, 2009; 이영성 외, 2004).

선택모형의 장점은 첫째, 속성가치와 보상잉여를 측정할 수 있는 풍부한 자료세트가 있으며 편익이전(benefit transfer)의 잠재성을 측정하고 응답자의 편의(bias)를 감소시킬 수 있다는 점이다. 둘째, 편익을 구성하는 조합으로 다양한 대안을 작성하여 개선상태를 피설문자에게 보다 풍부하게 묘사해 줄 수 있을 뿐만 아니라 실험적 방법을 활용하여 정책이 가지는 속성들의 조합이 변화할 때 소비자의 선호가 어떻게 변화하는지를 파악할 수 있다. 셋째, 이를 통해 편익을 구성하는 개별속성의 가치를 정확히 추정할 수 있다(Train, 2009; 이영성 외, 2004). 이러한 이유로 선택모형은 환경가치를 비롯한 비시장가치의 평가에 있어 많은 관심을 받고 있다.

제3절 환경영향평가

1. 환경영향평가의 의의

환경영향평가는 개발이 환경에 미칠 부정적 영향을 사전에 예방하기 위한 제도이다. 환경영향평가는 자연과정(natural process)과 인간활동(human activities)간의 경제적·사회적·생태적 지속성의 확보와 조화로운 실현을 위해 환경을 고려한 개발계획의 수립과 의사결정을 지원하는 절차이다. 즉 지역개발 계획 수립과 이를 시행하는 과정에서 해당사업의 경제성과 환경성을 동시에 고려하여 지속가능한 사업계획 수립과 이행을 도모하기 위해 거쳐야 하는 과정이다.

환경영향평가는 1977년「환경보전법」을 제정하면서 도입되었다. 이후 1990년의「환경정책기본법」제정 등을 거쳐 1993년에 대규모 개발사업의 환경영향평가를 대폭 개선하여 별도의「환경영향평가법」을 제정하였다. 1999년에는「환경·교통·재해 등에 관한 영향평가법」을 제정하여 환경, 교통, 재해, 인구에 관한 영향평가를 통합하여 운영하다가 2008년 교통, 재해, 인구에 관한 영향평가를 분리하고 환경영향평가제도만을 규정하는「환경영향평가법」을 개정하였다.

2011년에는「환경정책기본법」에 따른 사전환경성검토와「환경영향평가법」에 따른 환경영향평가를 하나의 법률로 규정하고자 또다시「환경영향평가법」을 개정하였다. 개정된「환경영향평가법」에서는 종전「환경정책기본법」상 사전환경성검토를 전략환경영향평가와 소규모 환경영향평가로 나누었다. 이러한 과정을 거쳐 환경영향평가는 전략환경영향평가, 환경영향평가, 소규모 환경영향평가로 구분되었다.

2. 환경영향평가의 주요 내용과 특징

1) 전략환경영향평가

전략환경영향평가는 환경에 영향을 미치는 지역개발 계획을 수립할 때 환경보전계획과의 부합여부를 확인하고 정책대안의 선정·분석 등을 통해 해당 계획의 적정성 및 입지타당성을 검토하는 것이다. 전략환경영향평가의 시행은 개발사업 관련 상위

행정계획부터 소규모 개발사업에 이르기까지 지속가능한 개발을 담보하는 제도로서 중요성이 있다.

전략환경영향평가는 도시개발, 산업단지 조성, 도로건설, 철도건설, 공항 건설, 수자원 개발, 산지개발, 체육시설 설치 등에 관한 계획을 수립할 때 그 해당하는 행정기관의 장이 실시해야 한다. 전략환경영향평가 대상계획은 다음과 같이 구분된다.

첫째, 정책계획을 들 수 있다. 정책계획은 국토의 전 지역이나 일부 지역을 대상으로 개발 및 보전 등에 관한 기본방향이나 지침 등을 일반적으로 제시하는 계획을 말한다.

둘째, 개발기본계획을 들 수 있다. 개발기본계획은 국토의 일부 지역을 대상으로 하는 계획으로서 구체적인 개발구역의 지정에 관한 계획, 개별 법령에서 실시계획을 수립하기 전에 수립하여 실시계획의 기준으로 작용하는 계획을 말한다.

2) 환경영향평가

환경영향평가는 환경에 영향을 미치는 실시계획, 시행계획 등의 허가, 인가, 승인, 면허 혹은 결정 등을 할 때 해당 사업이 환경에 미치는 영향을 미리 조사·예측·평가하는 제도이다. 이를 통해 개발사업에서 환경파괴를 최소화하거나 제거시킬 수 있는 방안을 마련할 수 있다.

환경영향평가는 도시개발사업, 산업단지 조성사업, 도로건설사업, 철도 건설사업, 공항건설사업, 수자원개발사업, 산지개발사업, 체육시설 설치사업 등에서 사업시행자가 실시해야 한다. 환경영향평가의 세부평가항목은 자연생태환경분야, 대기환경분야, 수환경분야, 토지환경분야, 생활환경분야, 사회 및 경제환경분야 등의 여섯개 분야이다.

환경영향평가를 위해 사업시행자는 환경영향평가서 초안을 작성하여 주민 등의 의견을 들어야 하고, 계획 또는 사업에 대하여 승인을 하는 기관의 장은 환경영향평가 대상사업에 대한 승인이나 확정을 하기 전에 환경부장관에게 협의를 요청하여야 한다. 환경부장관이 협의를 요청받으면 주민의견 수렴절차 등의 이행여부, 환경영향평가서의 내용 등을 검토하고 환경영향평가서 혹은 사업계획의 보완·조정을 요구할 수 있다.

사업시행자는 사업을 시행할 때, 사업계획에 반영된 협의내용을 이행하여야 하며,

해당 사업을 착공한 후에는 그 사업이 주변 환경에 미치는 영향을 조사하고, 그 결과를 환경부장관, 승인기관의 장에게 통보해야 한다.

표 4.4.2 전략환경영향평가와 환경영향평가의 비교

구 분	전략환경영향평가	환경영향평가
성격	• 지속가능발전, 환경적 연관성 규명	• 환경상 영향에 대한 구체적 규명
특징	• 환경적 합목적성 충족과 자연환경시스템의 유지에 중점	• 환경영향 최소화 방안에 중점
내용	• 광범위한 잠재적 대안 고려	• 대안검토 곤란
시기	• 의사결정 초기단계	• 의사결정 마지막 단계
주체	• 행정기관의 장	• 사업시행자
대상	• 101개 행정계획	• 77개 개발사업

3) 소규모 환경영향평가

소규모 환경영향평가는 환경보전이 필요한 지역이나 난개발이 우려되어 계획적 개발이 필요한 지역에서 개발사업을 시행할 때에 입지의 타당성과 환경에 미치는 영향을 미리 조사·예측·평가하여 환경보전방안을 마련하는 것을 말한다.

소규모 환경영향평가는 다음에 해당하는 개발사업의 시행자가 실시한다. 즉 ① 보전이 필요한 지역과 난개발이 우려되어 환경보전을 고려한 계획적 개발이 필요한 지역으로서 대통령령으로 정하는 지역에서 시행되는 개발사업, ② 환경영향평가 대상사업의 종류 및 범위에 해당하지 아니하는 개발사업으로서 대통령령으로 정하는 개발사업이 해당된다.

한편, 사업시행자는 소규모 환경영향평가 대상사업에 대한 승인 등을 받기 전에 소규모 환경영향평가서를 작성하여 승인기관의 장에게 제출하여야 하며, 승인기관장 등은 소규모 환경영향평가 대상사업에 대한 승인 등을 하거나 대상사업을 확정하기 전에 환경부장관에게 소규모 환경영향평가서를 제출하고 소규모 환경영향평가에 대한 협의를 요청하여야 한다. 환경부장관은 소규모 환경영향평가서를 검토한 결과 소규모 환경영향평가서 또는 사업계획 등을 보완·조정할 필요가 있는 등 대통령령으로 정하는 사유가 있는 경우에는 승인기관장 등에게 소규모 환경영향평가서 또는 해당 사업계획의 보완·조정을 요청하거나 보완·조정을 사업자 등에게 요구할 것을 요청할 수 있다.

탐구학습

1. 주요 개념
   - 환경가치
   - 환경가치의 유형
   - 환경가치의 추정방법
   - 헤도닉가격법
   - 회피행위모형
   - 조건부가치평가법
   - 선택모형
   - 환경영향평가
   - 전략환경영향평가
   - 소규모 환경영향평가

2. 토론과 과제
   - 환경가치분석의 필요성
   - 환경가치분석의 유형
   - 우리나라 환경영향평가제도의 변화과정
   - 환경영향평가제도의 문제점과 개선방안

참고문헌

국토연구원(2006), 공간분석기법, 서울: 한울.
권오상(2010), 환경경제학, 서울: 박영사.
김사헌(2003), 관광경제학, 서울: 백산출판사.

김상봉(2009), 공공투자분석, 서울: 세창출판사.

김태윤 · 김상봉(2009), 비용 · 편익분석의 이론과 실제, 서울: 박영사.

이영성 외(2004), "선택모형을 이용한 생태복원의 환경가치 추정에 관한 연구", 국토계획, 39(3), 대한국토 · 도시계획학회.

이정전(2000), 환경경제학, 서울: 박영사.

최성록 외(2009), DMZ일원 주요자원의 보전가치 추정연구, 강원발전연구원 · 경기개발연구원.

Desvousges, W. H., V. K. Smith & A. Fisher(1987), "Option Price Estimates for Water Quality Improvements," *Journal of Environmental Economics and Management*, 14(3), Elsevier.

Mitchell, R. C. & R. T. Carson(1989), *Using Surveys to Value Public Goods*, Resources for the Future.

Pearce, D. W. & R. K. Turner(1990), *Economics of Natural Resources and the Environment*, Maryland: Johns Hopkins University Press.

Train, Kenneth(2009), *Discrete Choice Methods with Simulation*, New York: Cambridge University Press.

http://www.law.go.kr(국가법령정보센터).

제 5 장

지방재정분석

제1절 개 요

1. 지방재정분석의 개념

지방재정분석은 「지방재정법」 제55조에 근간을 두고 1998년부터 운영하고 있는 제도로서, 지방자치단체의 정책결정, 유사 자치단체간 상대비교, 재정정보 수요자에 대한 재정정보 제공, 그리고 국가의 지방재정에 대한 거시적 조망 및 정책활용 차원에서 중요한 의의를 지니고 있다.

이러한 지방재정분석은 재정상태의 범위를 어떻게 보느냐에 따라 다양한 정의가 존재한다. 최협의로는 지방정부가 단기간에 지불할 수 있는 현금지불능력, 협의로는 예산상의 지불능력, 광의로는 장기적인 지불능력을 의미하며, 최광의의 개념으로는 시민이 원하는 서비스에 부응하기 위한 서비스 수준 지불능력을 의미한다(Grove, 1980). 이를 보다 구체적으로 정의하면 지방자치단체의 각종 사업에 소요되는 경비의 지불능력, 지역경제 파탄에의 저항능력, 미래의 수요변화에 대한 대처능력을 분석하는 것을 의미한다(배인명, 2007).

이러한 지방재정분석제도는 지방자치단체의 재정상태와 운영실태 및 성과를 객관적인 통계자료를 토대로 종합 점검, 분석, 평가함으로써 지방재정의 건전성, 안정성, 효율성, 투명성을 높이고 자치단체의 재정확충 및 예산절감의 노력을 진작시키는 데 그 목적을 두고 있다(한국지방행정연구원, 2012).

2. 지방재정분석의 필요성

지방재정분석은 지방자치단체의 재정여건이나 운영상태 또는 구조적인 문제를 체계적으로 분석하고 그 결과 파악된 현상이나 문제점을 재정진단 및 중기재정계획수립 등에 이용하기 위하여 도입된 제도이다(김종희, 2006).

우리나라의 경우 지방자치단체 재정자립도는 계속 하락하고 있어 통계작성이 시작된 1997년 63.0%였으나 2012년 52.3%로 하락했다. 또한 재정자립도가 30%에도 미치지 못하는 기초지방자치단체가 151개나 된다. 지방재정을 보전하기 위하여 지방재정관리제도를 도입하고 있어 지방자치단체의 파산가능성은 낮아지고 있으나, 부실운영에 대한 책임제도는 미흡한 실정이다. 이와 더불어 경기침체, 산업구조 변화 등의 외적 요인과 무리한 공약실천, 지역경제쇠퇴, 행정관리 실패 등 내적 요인이 결부되어 지방자치단체의 세입은 감소하고 세출은 증가하는, 즉 재정건전성이 악화되고 있다. 이에 따라 지방자치단체의 재정건전성을 강화하고 재정위기를 사전에 진단하기 위하여 필요한 것이 지방재정분석제도이다. 필요성을 구체적으로 살펴보면 다음과 같다(한국지방행정연구원, 2012).

첫째, 지방자치단체의 자율성과 책임성을 균형있게 조화시킬 수 있도록 지방자치단체의 재정책임성을 제고하고, 이를 통해 재정위기를 예방하기 위하여 필요하다.

둘째, 국가와 지방이 협력적 동반자로 공생발전할 수 있도록 재정의 건전성, 효율성, 투명성 등을 주기적으로 종합·점검해볼 필요가 있다. 지방재정상태 및 재정운용상황에 대한 검증, 운영실태 및 개선노력 파악, 재정위기상황의 진단 및 사전검증을 통하여 조기경보시스템 역할을 할 수 있도록 하는 것이 지방재정분석제도이다.

셋째, 투명한 행정과 지역주민의 참여를 촉진시키기 위하여 객관적인 자료를 지역주민 등 이해관계자에게 제공하여야 한다. 따라서 지방자치단체의 세입확충 및 예산의 절감도, 예산운용에 있어서의 계획성, 투명성을 객관적으로 분석한 결과를 공개하여 재정선진화를 도모하고, 주민 감시 및 통제, 참여유도를 촉진하기 위하여 재정분석을 실시한다.

넷째, 지방재정상태의 다양한 비교평가 및 정책지원의 근거를 제공해주고 재정운영의 점검을 통해 재정선진화를 유도하기 위해서 지방재정분석이 필요하다.

다섯째, 지역주민에게 제공되는 행정서비스의 질 확보를 위하여 재정측면의 균형발전 정도를 파악하는 장치가 필요하다. 또한 지방재정분석을 통하여 재정측면에서의 자치단체간 재정성과와 균형발전 정도를 파악해볼 수 있다.

3. 지방재정분석의 활용

첫째, 중앙정부가 지방으로의 재정을 이전하기 위한 객관적인 판단기준이 된다(윤영진, 1998). 재정력을 측정하기 위하여 기준재정수입액과 기준재정수요액을 산정하고 이를 바탕으로 교부세를 배분하는 것이 이에 해당된다. 둘째, 지방자치단체의 재정상태나 재정운영에 대한 비교평가를 위한 자료로 활용할 수 있다. 또한 해당 지방자치단체가 동일유형의 상위 목표를 설정하고 이를 달성하도록 유도함으로써 자율재정분석시스템으로도 사용할 수 있다. 셋째, 지방자치단체가 스스로 재정에 대하여 진단해봄으로써 문제점을 발견하고 해결책을 모색하기 위하여 활용할 수 있다. 미국에서 활용되고 있는 재정추이감시제도[1]가 이에 해당된다고 볼 수 있다(배인명, 2007). 넷째, 국가의 지방재정에 대한 거시적 조망 및 정책 수립에 활용할 수 있다. 즉, 지방재정분석은 자치단체의 수입, 지출 및 재정수지, 자산 및 부채와 관련된 정책이 미칠 영향을 미리 예측하는 '사전적 활동'의 성격과 정책(예산) 집행 이후 나타나는 상태와 결과를 측정하는 '사후적 활동'의 특성을 함께 지니고 있다(한국지방행정연구원, 2012).

제2절 재정력 분석

1. 재정력 분석의 의의

지방자치단체의 재정력은 주민들에게 안정적인 공공서비스를 제공하기 위한 기초가 된다(김주영, 2002). 재정력이라는 용어는 다음과 같은 두 가지 의미로 해석해 볼 수 있다. 첫째, 협의의 개념으로서 지방자치단체의 재정수입 확보능력(revenue raising ability)을 의미한다. 이런 차원에서 본다면 지방재정력은 지방자치단체가 예산회계상

1) 환경, 조직, 재정적 요인이 지방자치단체의 재정상태에 어떠한 영향을 미치는가를 분석하는 관리도구로서, 지방자치단체의 재정상태의 변화추이뿐만 아니라 자신들의 재정상태에 대한 종합적 분석이 가능하도록 하는 제도를 말한다(Grove, 1980).

의 재정적자 없이 장기적으로 재화와 서비스의 공급수준을 유지하면서 새로운 재정수요에 대처할 수 있는 능력을 의미한다(안용식 · 이종수, 1997). 재정수입 확보능력을 나타내는 지표로는 재정자립도와 자주재원비율을 주로 활용하고 있고, 그 외에 1인당지방세수입, 재정력지수 등이 있다. 둘째, 광의의 개념으로서 지방자치단체의 재정운영상태 혹은 재정상태(fiscal condition)를 의미한다.

지방자치단체는 재정능력을 객관적으로 판단하여 재정계획 및 각종 사업계획을 효율적으로 추진해야 한다. 또한 지역주민들에게 안정적인 공공서비스를 제공해 주어야 한다. 이를 위해서 필요한 것이 지방자치단체의 재정력 분석이라고 할 수 있다. 뿐만 아니라 중앙정부에서 지방교부세 배분, 성장촉진지역 선정, 지방채 승인 등 국가사업의 기준으로 활용되기도 한다. 또한 지방자치단체의 자주재원, 자체수입 확보방안을 모색하기 위한 근거자료로도 활용된다.

2. 재정력 분석의 방법

1) 재정력 측정지표

우리나라의 지방재정분석은 지방교부세 산정시 회귀방정식을 일부 이용하나 대부분 재정지표값의 측정을 통해 이루어져 왔다. 안전행정부는 재정지표 측정의 결과를 지방자치단체의 재정능력 측정 및 예산편성, 지방교부세 산정 및 배분, 국고보조금의 차등보조, 지방채 허가, 재정진단 및 공개 등의 시행과정에 활용하고 있다. 현재 협의의 개념으로서 재정력을 측정하는 지표로는 재정자립도, 재정력지수 등을 활용하고 있다.

2) 재정자립도

재정력을 수입확보능력이라고 정의하는 경우 가장 많이 쓰이는 재정지표는 재정자립도이다. 재정자립도는 지방자치제 실시 이전부터 일반인들에게도 가장 널리 알려져 있는 재정력 지표로, 지방자치단체의 전체 재원에 대한 자체수입의 비율을 의미한다. 즉, 지방자치단체의 수입 자체조달능력을 의미한다. 자치단체의 재정이 경제활동이나 행정활동의 변화에 대응할 수 있는 탄력성을 어느 정도 가지고 있는가를 표현하는 지표로서의 기능도 갖는다.

재정자립도＝(자체수입/일반회계 세입)×100

재정자립도는 다음과 같은 특성을 갖는다. 첫째, 단순성과 명료성을 지니고 있다. 재정자립도 지표는 비교적 이해하기 쉬운 항목들로 구성되어 있을 뿐 아니라, 그 산식도 간단하여 이해하기 편리하며 개념이 단순명료하게 전달된다. 분모인 지방자치단체의 총수입을 구성하는 자체수입과 의존수입은 쉽게 이해될 수 있으며, 분모에 사용된 자체수입이 다시 분자에 들어감으로써 단순한 산식으로 구성되어 있다는 것이다. 이와 같은 장점은 지표의 계산을 매우 쉽게 하는 요인이 되기도 한다. 둘째, 재원조달의 자립성 지표가 된다. 재정자립도는 지방재정의 여러 측면 중에서도 재원조달 측면에 초점을 맞춘 지표이다. 관점을 바꿔서 보면, 해당 자치단체의 중앙정부 의존도를 파악하고자 하는 지표이다. 한편 재정자립도 지표가 재원조달면에서의 자립성을 나타내기는 하지만, 재원사용면에서의 자주성을 표현하지는 않는다. 재원사용면에서 지방자치단체가 어느 정도의 자율성 내지 자주성을 갖는가는 자주적으로 사용할 수 있는 재원인 자체수입과 지방교부세[2]가 총수입에서 차지하는 비율을 표시하는 재정자주도[3]에 의해 표현될 수 있다. 셋째, 지방재정조정제도 운용의 근거지표가 된다. 재정자립도 개념은 자체수입을 중시하는 지표로서 지방재정조정제도 운용과도 밀접한 관계를 맺고 있다. 현행의 국세와 지방세 간 세원의 불균형 하에서는 지방재정의 중앙의존성이 높을 수밖에 없다. 이러한 현실에서 재정자립도의 수준은 재정적 자치능력 평가지수로서 지방재정의 상황을 한눈에 알 수 있게 하는 유용한 지표로 활용되어 왔다.

3) 재정력지수

재정자립도가 지닌 이해의 용이성, 계산의 편의성 등과 같은 유용성에도 불구하고 지방재정의 일면만 제한적으로 나타낸다는 단점이 존재하여 등장하게 된 것이 재정력지수이다. 재정력지수는 기본적인 행정수행을 위한 재정수요의 실질적인 확보능력을 나타내는 지표로, 전국의 지방자치단체의 표준적인 수준의 재정수요를 충족시킨다고

2) 엄밀히 표현하면, 특별교부세를 제외한 지방교부세와 자체수입의 합이어야 한다.

3) 재정자주도＝[{자체수입＋자주재원(지방교부세, 재정보전금, 조정교부금)}/일반회계 세입]×100

가정할 때, 해당 지방자치단체가 갖고 있는 표준적인 규모의 재원으로 재정수요를 얼마나 충당할 수 있는가 하는 비율이다. 일반적으로 비율이 높을수록 세입자주기반이 좋은 것을 의미하며, 1을 초과하면 기본적인 재정수요액을 충족했다고 본다. 우리나라의 경우 재정력지수는 지방자치단체에 보통교부세를 교부하는 기준으로서 기준재정수요액과 기준재정수입액을 산정하는 과정에서 부수적으로 측정되고 있다.

재정력지수 = (기준재정수입액/기준재정수요액) × 100

먼저, 기준재정수요액은 지방자치단체가 일정한 행정수준을 유지하는 데 필요로 하는 기본적인 재정수요를 말한다. 다시 말하면, 자치단체별 자연적 · 지리적 · 사회적 제반 여건에 대응하는 합리적인 수준의 표준적인 재정수요를 의미한다. 기준재정수입액은 기준재정수요액에 대응하는 개념으로서 각 자치단체의 재정수입을 합리적으로 측정하기 위하여 표준수준의 일반재원수입액을 기초로 산정한 금액이다.

기준재정수요액 = 기초수요액 + 보정수요액 + 수요자체노력
기준재정수입액 = 기초수입액 + 보정수입액 + 수입자체노력

재정력지수의 성격을 재정자립도 지표의 성격과 대비하여 살펴보면 다음과 같다. 첫째, 재정력지수는 재정자립도에 비해 산식이 다소 복잡하고, 그 개념이 명확하지 않다는 단점이 있다. 재정력지수의 구성요소인 기준재정수요액이나 기준재정수입액이라는 개념 자체가 모호하고, 집계과정이 매우 복잡하다. 집계과정이 복잡하다는 것은 결국 이 지표를 일반인이 이해하는 데도 어렵다는 것을 의미한다.

둘째, 재정자립도가 재원조달의 자립성을 강조하는 데 비해, 재정력지수는 재정수요를 충족하는 데 있어서 확보가능한 재원규모가 얼마나 되는가 하는 점을 표현한다는 점에서 차이가 있다. 그러나 재원조달 측면을 파악한다는 점에서는 유사하다. 또한 재정력지수가 태생적으로 의존수입인 지방교부세를 배분하는 기준으로서 산정되고 있기 때문에 재정자립도와 마찬가지로 의존수입의 존재는 무시하고 있다.

셋째, 재정력지수는 기준재정수입액에서 자체수입 규모, 재정수입확보 능력, 인구규모 등이 고려된다는 점에서 재정자립도와 차이가 있다. 그러나 지수형태이기 때문에 자체수입의 규모나 재정수입확보 능력, 총량규모 등이 비율로서만 표현되지 절대규모로서는 표현되지 못한다는 점에서는 재정자립도 지표와 유사하다.

넷째, 재정력지수는 재정자립도 지표가 지출측면에서의 공공서비스 생산비 차이를

전혀 반영하지 못하는 데 비해 기준재정수요액 산정시 적용되는 보정계수를 통해 지출측면에서의 생산비 차이를 반영한다는 점에서는 현저한 차이를 보인다. 또한 기준재정수요액 산정시 지방자치단체의 재정지표를 활용하고 있다는 점도 긍정적인 요소라고 할 수 있다.

다섯째, 재정자립도가 총세입 규모가 확정되어야 사후적으로 산정될 수 있는 반면에 재정력지수는 기준재정수요액과 기준재정수입액이라는 사전적인 예상치를 이용한다는 점에서도 차이가 있다.

제3절 투자가용재원 분석

1. 투자가용재원 분석의 개념

투자가용재원이란 지방자치단체의 세입재원 중 경직성 경비(인건비와 부서운영비, 채무상환비 등 반드시 지출되어야 하는 경비)와 법정 의무경비(지방교육세, 징수교부금, 교육재정교부금, 적립기금 등), 보조사업비와 지방비부담금 등 기본적이고 필수적인 지출수요 충당경비를 제외한 금액으로 지방자치단체가 투자사업 등 새로운 지출수요에 충당할 수 있는 재원을 말한다.

이것은 일반적으로 사업타당성 조사 등에 있어서 한계가용재원의 효율적 배분을 위한 유용한 기준으로 사용되고 있다. 정부나 지방자치단체의 재정활동은 향후에 확보될 수 있는 가용재원이 계획적으로 확보되기가 곤란하다면 아무리 좋은 사업계획이라도 원활히 추진되기가 어렵다. 따라서 향후 사업에 필요한 재원규모를 판단하는 것도 중요하지만 사업을 추진하는 기관의 전체적인 자금흐름을 파악한 후, 향후 가용재원을 정확하게 파악하는 것도 중요하다.

실질적인 가용재원 규모는 의존재원(국고보조금, 지방교부세, 시·도보조금, 광역지역발전특별회계)을 제외한 지방자치단체의 자체투자사업비를 대상으로 하되, 자체사업 중 당해 연도에 지출이 의무화되어 있거나 정책적 판단이 필요하지 않은 투자사업(계속사업, 소규모투자사업 등)을 제외한 금액으로 산정하여야 한다.

2. 투자가용재원 분석의 필요성

지방자치단체는 정부의 재정능력과 투자가능한 재원의 범위와 수준을 판단하여 재정계획을 효과적으로 추진하는 것이 중요하다. 이를 위해서는 무엇보다도 조달가능한 세입규모와 필수적으로 지출되어야 하는 법정·의무적 경비 및 특정경비의 내용을 분석한 후 실제로 투자할 수 있는 가용재원의 규모를 파악하여야만 계획과 의사결정에 있어서 새로운 개발수요 또는 추가적인 지출수요에 대응하기 위한 외부재원의 조달규모와 수단을 강구할 수 있다. 투·융자심사사업의 경우 지방자치단체의 목표달성을 위한 개별사업의 타당성 및 대안분석, 투자우선순위 조정, 적정소요 판단에 따른 총사업비 및 사업기간의 확정 등 연차별 투자계획을 수립함에 있어서 보다 합리적인 판단과 효율적인 재원배분을 위해 가용재원의 산정이 필요하다.

3. 투자가용재원 분석의 방법

지방재정 투·융자심사분석에 의한 가용재원 현황을 살펴보면 다음과 같다. 세입합계(자체재원, 의존재원)에서 세출합계(경상비, 의존재원사업, 채무상환, 예비비 등)를 차감하여 가용재원을 산출하며, 가용재원은 다시 자체사업재원과 신규투자가용재원으로 구분한다.

투자가용재원(자체사업재원, 신규투자가용재원) = 세입합계 − 세출합계

표 4.5.1 지방재정 투·융자사업심사 가용재원의 산정내역

구 분	항 목
세입합계(Ⅰ)	• 자체재원: 지방세, 세외수입 • 의존재원: 국고보조금, 시·도보조금, 지방교부세, 지방채
세출합계(Ⅱ)	• 경상비: 인건비, 경상적 경비 • 의존재원사업: 의존재원, 지방비 부담금 • 채무상환: 지방채상환, 채무부담행위 • 예비비 등: 예비비, 기타
자체사업 가용재원	• 자체사업재원(Ⅲ) − 소규모사업, 계속사업, 투자심사제외사업, 시·군·구 지원사업
	• 신규투자가용재원(Ⅰ − Ⅱ − Ⅲ)

제4절 투 · 융자심사

1. 투 · 융자심사의 의의

예산편성지침의 폐지, 개별 지방채 발행 승인제도의 폐지 등으로 인하여 지방자치단체의 재정자율권이 신장되었다. 반면 일부 지방자치단체들의 방만하고 무계획적인 재정운용, 경제성을 고려하지 않은 행사성 사업 추진 등으로 인한 지방채의 증가 등 지방재정의 위기에 대한 우려가 확산되고 있다. 따라서 지방예산의 계획적 · 효율적 운영과 각종 투자사업에 대한 무분별한 중복투자를 방지하고 건전한 지방재정운영을 도모하기 위하여 재정관리제도가 사전 · 사후로 나뉘어 시행되고 있다.[4)]

투 · 융자심사제도는 「지방재정법」에 근거하여 1991년에 '지방사업투자심사규정'이 제정되면서 제도적인 장치가 마련되었다. 이는 지방예산의 계획적 · 효율적 운용과 무분별한 중복투자를 방지하기 위하여 예산편성전에 사업의 타당성 · 효율성 등을 심사하고, 각종 재정계획과 연계된 계획재정 운영을 도모하기 위하여 도입된 제도이다(박병희 외, 2011).

2. 투 · 융자심사의 방법

1) 예비타당성조사

(1) 의 의

중앙정부에서 운용하는 예비타당성조사는 예산편성 및 기금운용 계획수립 과정에 활용하기 위해 실시하는 것이다. 이는 대형 신규 공공투자사업의 정책적 의의, 경제성 판단을 통하여 사업의 효율적인 추진방안을 모색하고, 예산낭비 방지, 재정운영의 효율성 제고에 목적이 있다. 이는 1999년 「예산회계법」 시행령을 근거로 하여 도입되었으며, 2006년 「국가재정법」 제정을 통하여 기본운영 틀이 법제화되었다.

예비타당성조사는 기획재정부 주관으로 대규모 계획에 대한 신규투자를 우선순위

4) 사전지방재정관리제도로는 지방채발행 총액한도제도, 지방재정 투 · 융자심사제도 등이 해당되고, 사후지방재정관리제도로 지방교부세 인센티브 및 패널티 제도 등이 해당된다.

에 입각하여 투명하고 공정하게 결정함으로써 예산낭비 방지 및 재정운영의 효율성 제고에 기여함을 목표로 한다. 또한 각 부처가 수립한 사업계획에 대해 사업의 타당성 여부, 대안의 검토, 사업 추진과정에서 고려할 점 등 사업 추진과 관련된 객관적이고 중립적인 정보를 사전에 충분히 제공하여 향후 사업 추진여부, 적정 사업시기와 최적 사업규모 등의 결정이 합리적으로 이루어지도록 하고 있다.

이러한 예비타당성조사는 경제적 타당성을 주된 대상으로 삼는다는 점에서 기술적 타당성을 주로 검토하는 타당성조사와는 차이가 있다(이종수, 2009).

(2) 대상사업의 범위 및 요건

예비타당성조사의 대상은 총사업비가 500억원 이상이고, 국가의 재정지원 규모가 300억원 이상인 신규사업으로서 건설공사 포함사업, 정보화사업, 국가연구개발사업 등이 해당된다(국가재정법 시행령 제13조). 또한 2012년부터는 복지사업 등 중기재정지출[5)]이 500억원 이상인 비건설 재정사업에 대해서도 장기비용추계, 효율적인 전달체계 및 추진대안을 제시하는 타당성분석을 거쳐서 사업을 실시하도록 규정하고 있다(기획재정부, 2012). 이러한 규정에도 불구하고 공공청사나 교정시설, 초중등 교육시설의 신증축 사업, 문화재 복원사업, 국가안보와 관계된 국방관련 사업, 남북교류협력에 관계되거나 국가간 협약·조약에 따라 추진하는 사업, 도로유지보수 등 단순개량이나 유지보수사업, 재해예방, 복구지원 등 시급한 추진이 필요한 사업 등은 제외된다.

총사업비는 설계비, 보상비, 공사비 등 사업 추진에 소요되는 모든 경비를 합한 총금액으로 국고, 지자체 지원, 민간부담분 등이 포함되며, 원칙적으로 각 중앙관서의 장이 제시한 총사업비를 기준으로 한다. 그리고 총사업비에는 융자사업비도 포함되며, 국가재정지원 규모 산정시에는 융자사업비는 제외한다.

(3) 절 차

예비타당성조사에 해당하는 사업을 예산 또는 기금운용계획안에 반영하고자 하는 경우 조사에 소요되는 기간을 감안하여 사업시행 전전년도까지 기획재정부장관에게 예비타당성조사를 요구하여야 한다. 예비타당성조사 요구는 매년 2회(7월, 11월) 예비타당성조사요구서를 작성하여 제출하고, 이와 동시에 디지털 예산회계시스템(D-Brain)을 통하여 사업별 요구서를 등록하여야 한다. 뿐만 아니라 관련 기관의 요구가 없다고 하더라도 기획재정부장관은 예산편성 및 기금운용계획 수립과 관련하여 필요하다

---

5) 신규사업 착수 이후 5년간 소요되는 재정지출을 합한 금액을 의미한다(기획재정부, 2012).

고 인정하는 경우 해당 중앙관서 장의 요구가 없더라도 예비타당성조사를 실시할 수 있다.

예비타당성조사 사업대상은 조사요구가 들어온 이후 중장기 투자계획과의 부합성, 사업계획의 구체성, 사업 추진의 시급성, 국고 지원의 요건, 지역균형발전 요인 또는 기술개발 필요성 등을 고려하여 재정사업평가자문회의를 거쳐 선정한다. 선정된 사업은 기획재정부장관의 요청에 의해 한국개발연구원 공공투자관리센터에서 총괄하여 예비타당성조사를 수행하며, 국가연구개발사업의 경우는 한국과학기술기획평가원에서 총괄하여 수행한다. 예비타당성 조사분석 수행기간은 4개월을 원칙으로 하며, 각 기관에서 수행한 예비타당성 조사결과는 경제성분석, 정책적 분석, 지역균형발전 분석에 대한 평가결과를 종합적으로 고려하여 제시한다(기획재정부, 2012).

2) 지방재정 투·융자심사

(1) 의 의

지방재정 투·융자심사제도는 국가 및 지방자치단체의 재원이 한정된 상황 하에서 지방재정의 계획적·효율적 운용을 보장하고, 국가계획과 지방계획의 연계, 합리적 예산편성을 통한 투자효율의 극대화에 의의가 있다. 또한 투자사업의 적정성과 사업의 우선순위를 판단하기 위하여 사업계획과 관련된 모든 요소와 미래에 발생 가능한 여건을 분석·검토하는 데 그 의의가 있으며, 이는 다음과 같은 관점에서 필요하다. 첫째, 투자사업에 대한 경제적·사회적·재무적 타당성을 사전에 분석·평가하여 경제성이 낮은 투자의 억제와 투자사업의 부실화를 사전에 예방할 수 있다. 둘째, 지방자치단체가 가용재원을 고려하여 부문별 투자우선순위를 정함으로써 계획결정과 예산편성의 기초자료로 활용하여 투자효율의 극대화와 예산의 절약을 이룰 수 있다. 셋째, 투자심사과정을 거침으로써 투자사업에 대한 사업계획의 완비 및 시행전 사전보완, 투자사업의 결정을 위한 자료를 체계적으로 분석할 수 있다.

(2) 심사대상사업 및 기준

투자심사대상사업은 세출예산상 사업예산에 해당되는 사업비와 행사성 경비로서 다음 회계년도부터 시행하고자 하는 모든 신규투자사업을 포함하고 있으며, 특별한 사유가 있을 경우 당해년도 사업도 심사가 가능하도록 운영하고 있다. 또한 매년 또는 격년제로 개최되는 행사성 사업의 경우에는 사업비가 직전대비 20% 이상 증액된 경우를 제외하고는 3년마다 투자심사를 실시하도록 규정하고 있다. 사업비에는 보상비, 설계비, 입찰공고비 등 부대적 경비를 포함한 총사업비 개념으로 하고 있다.

표 4.5.2 사업비 규모에 따른 심사주체별 투자심사의 종류

구 분		내 용
자체심사	시·군·자치구	• 사업비 50억원 미만의 신규투자사업 • 사업비 전액을 자체재원으로 부담하여 시행하는 신규투자사업* • 총사업비 3억원 이상 5억원 미만의 행사성 사업과 홍보관 사업
	특별시·광역시·도·특별자치도	• 사업비 300억원 미만의 신규투자사업 • 사업비 전액을 자체재원으로 부담하여 시행하는 신규투자사업* • 총사업비 5억원 이상 30억원 미만의 행사성 사업과 홍보관 사업
의뢰심사	시·도	• 시·군·구의 사업비 50억원 이상 300억원 미만인 신규투자사업 • 시·군·구의 총사업비 5억원 이상 30억원 미만인 행사성 사업과 홍보관 사업 • 2개 이상 시·군·자치구와 관련되는 총사업비 10억원 이상의 신규투자사업 • 사업비 전액을 자체재원으로 부담하여 시행하는 시·군·구의 본청 및 의회청사 신축사업
	중앙(안전행정부)	• 시·도 또는 시·군·구의 사업비 300억원 이상의 신규투자사업 • 2개 이상의 시·도와 관련되는 총사업비 10억원 이상의 신규투자사업 • 외국의 자본이 도입되는 총사업비 10억원 이상의 신규투자사업 • 시·도 또는 시·군·구의 총사업비 30억원 이상의 행사성 사업과 홍보관 사업 • 사업비 전액을 자체재원으로 부담하여 시행하는 시·도의 본청 및 의회청사 신축사업 • 기타 안전행정부장관이 국가경제 및 사회정책상 필요하다고 인정하는 사업

주: *자체재원으로 부담하여 시행하는 본청 및 의회청사의 신축사업은 제외함.
자료: 지방재정투·융자사업 심사규칙.

투자심사대상사업은 다음 회계년도부터 시행하고자 하는 모든 신규투자 단위사업으로 세출예산구조상 세부사업의 사업예산에 해당되는 일반투자사업, 행사성 경비사업이다. 일반투자사업은 세출예산서의 경제성질별 분류상 투자사업비가 이에 해당되며, 형식적으로 당해 자치단체가 사업주체가 아니라 하더라도 실질적으로 재정지출이 수반되는 사업을 포함한다. 행사성 경비사업은 시설물·구조물 등을 임시적으로 설치·구축하는 경비와 각종 행사개최를 위하여 지출되는 경상경비를 포함하는 사업으로 정하고 있다. 투자심사의 주체는 당해 자치단체의 장이 되며, 사업비 규모에 따라 자체심사 또는 의뢰심사하여 그 결과를 기초로 예산편성에 반영하여야 한다.

또한 투자심사를 거쳐서 타당성을 인정받았으나 사업비가 50% 이상 늘어나거나,[6] 투자심사 후 3년 이상 사업추진이 지연되거나 보류된 사업의 경우는 재심사를 거쳐야만 한다.

한편, 재해복구 등 원상복구를 목적으로 하는 사업과 안전행정부령으로 정하는 사업에 대해서는 재정투·융자심사를 적용하지 않는다(지방재정법 제41조).[7]

(3) 투·융자 심사의 절차

투·융자심사는 국가장기계획 및 경제·사회정책과의 부합성, 중·장기 지역계획 및 지방재정계획과의 연계성, 소요자금 조달 및 원금상환능력, 재무적·경제적 수익성, 사업의 필요성 및 시급성, 주민숙원·수혜도 및 사업요구도, 사업규모 및 사업비의 적정성, 종합평가·분석의 8개 대항목을 기준으로 수행된다(행정안전부, 2011).

심사의뢰 시기는 크게 정기심사와 수시심사로 구분할 수 있다. 정기심사는 매년 3회(1월 31일, 7월 31일, 10월 31일)로 나누어 실시하되 필요하다고 인정하는 경우 수시심사(투자심사의뢰서 제출일로부터 40일 이내)를 추가로 실시할 수 있다.

투·융자심사의 절차는 지방자치단체의 사업 주무부서에서 단위사업별 계획을 수립하면서 시작된다(박병희 외, 2011). 해당부서에서 투·융자심사자료를 작성하여 심사부서에 제출하면, 심사부서는 관련부서 공무원과 심사부서 공무원으로 실무투자심사위원회를 구성하여 사전실무심사를 수행하며, 총사업비가 500억원 이상일 경우 전문기관에 타당성 조사를 의뢰한다. 그리고 심사를 의뢰하고자 하는 경우 자치단체장은 단위사업계획서, 투자사업우선순위표, 회계별 가용재원판단서, 기타자료 등을 첨부하여 시·도의 경우 30일 전, 시·군·구의 경우 45일 전[8]에 투자심사의뢰서를 제출하여야 한다. 심사의뢰를 받은 기관은 투자심사결과를 심사완료일로부터 14일 이내에 지방자치단체장에게 통보하여야 하며, 투자심사결과는 적정, 조건부추진, 재검토, 부

---

6) 투자심사 후 사업비가 50% 이상 늘어난 사업 중 시·군·구 자체심사 투자사업 중 사업비가 20억원 이상 늘어난 사업, 시·도 자체심사 사업 중 사업비가 40억원 이상 늘어난 사업, 시·도 의뢰심사 중에서 사업비가 50억원 이상 늘어난 사업, 중앙의뢰심사 중에서 사업비가 300억원 이상 늘어난 사업이 이에 해당한다.

7) 심사제외 대상사업은 총 23개로 경지정리 등 당연제외사업 20개, 수도권 대기환경개선 사업, 신활력사업, 살기좋은 지역 만들기 국가지정 시범사업의 경우가 이에 해당한다.

8) 1차 심사완료일 기준으로 제시되었으며, 2차, 3차 심사의 경우 시·도는 심사완료일 60일 전, 시·군·구는 80일 전까지 투자심사의뢰서를 제출하여야 한다.

적정으로 구분하여 통보한다. 그리고 투자심사결과는 중기지방재정계획의 수립 등 지방재정관련 계획수립시에 반영하여야 한다.

탐구학습

1. 주요 개념
   - 지방재정분석
   - 재정력분석
   - 재정자립도
   - 재정력지수
   - 투자가용재원 분석
   - 예비타당성조사
   - 지방재정 투·융자심사

2. 토론과 과제
   - 지방재정분석의 필요성 및 과제
   - 지방재정 재정력 분석의 방법 및 한계
   - 지방재정 투·융자심사의 필요성 및 과제

참고문헌

기획재정부(2012), 2012년 예비타당성조사 운용지침.

김종희(2006), 지방재정론, 서울: 범론사.

김주영(2002), "경기도 기초자치단체의 재정력 분석과 결정요인 연구", 경기논단, 4(1). 경기: 경기개발연구원.

박병희 외(2011), "지방재정투융자심사제도의 문제점과 개선방안 모색", 재정정책논집, 13(4). 한국재정정책학회.

배인명(2007), 지방재정분석제도의 실효성에 대한 연구, 국정관리연구, 2(2), 성균관대학교 국정관리대학원.

안용식 · 이종수(1997), "지방재정력 측정을 위한 모델개발과 FMS 컴퓨터 프로그램의 설계", 지방재정학보, 2(1), 한국지방재정학회.

윤영진(1998), "지방재정진단모형의 이론적 동향", 지방재정학보, 3(1). 한국지방재정학회.

이성근 · 박의식(2010), 최신 지방재정론, 한국행정DB센터.

이종수(2009), 행정학사전, 서울: 대영문화사.

한국지방행정연구원(2012), FY 2011 지방자치단체 재정분석 종합보고서.

행정안전부(2011), 지방재정투융자사업 심사 매뉴얼.

Grove, Sanford M.(1980), *Evaluating Financial Condition: An Executive Overview for Local Government*, Washington D.C.: ICMA.

http://www.law.go.kr(국가법령정보센터).

제 6 장

지역투자분석

제1절 개 요

국가나 지방자치단체에서 추진하고자 하는 프로그램이나 프로젝트는 많은 데 비해서 자원은 한정되어 있는 것이 일반적이다. 따라서 한정된 자원으로 어떤 프로그램이나 프로젝트를 수행해야 할지를 검토하고 결정하기 위해서는 프로그램이나 프로젝트의 수행과 관련된 투자분석을 하여야 한다. 중앙정부에서 대규모사업(총사업비 500억원 이상)에 대한 신규 투자시에 예비타당성조사를 실시하고 있으며, 지방정부는 계획적이고 효율적인 지방재정운용을 위해 일정규모 이상의 사업에 한하여 예산편성 전에 사업의 효율성 등을 심사하기 위해 투·융자심사제도를 운용하고 있다. 이와 같이 투자심사는 국가 및 지방자치단체의 재원이 한정된 상황 하에서 지방재정의 계획적·효율적 운용을 보장하고, 투자효율을 극대화하는 데 의의가 있다. 또한 투자사업의 적정성과 사업의 우선순위를 판단하기 위하여 사업계획과 관련된 모든 요소와 미래에 발생가능한 여건을 분석 검토하는 데 의의가 있다.

일반적으로 투자분석을 위해서는 경제적·재무적 타당성 및 대안의 우선순위를 설정하는데 계층화분석법(Analytical Hierarchy Process: AHP)이 널리 이용된다. 경제성 분석방법으로는 비용편익분석과 비용효과분석, 산업연관분석 등을 들 수 있으나 본장에서는 제3장에서 살펴본 산업연관분석을 제외한 비용편익분석과 비용효과분석에 대해 간단히 살펴보고자 한다. 그리고 재무성 분석방법과 AHP분석에 대해 살펴보고자 한다.

제2절 경제성 분석

1. 경제성 분석의 의의

1) 경제성 분석의 개념

경제성 분석은 일반적으로 비용편익분석을 통하여 이루어지는데, 개별사업자의 입장이 아니라 국가 전체적인 입장에서 사회적 편익과 사회적 비용을 추정하여 사회적 순현재가치(NPV)를 측정하는 방법이다. 비용편익분석은 소비자의 지불의사의 합으로 산출되는 사회적 편익과 사용된 자원에 대한 차선적 사용을 선택하지 않음으로 해서 잃어버리는 편익의 합으로 이해되는 사회적 기회비용과의 차이를 측정·비교하는 것으로 진행된다.

경제성 분석에서 사회적 편익과 비용의 측정에 사용되는 기본원칙은 다음과 같다. 첫째, 사회적 편익과 비용은 모두 화폐가치로 측정되어야 한다. 가능하면 경쟁가격으로 측정되어야 하나 경쟁가격이 없는 경우 잠재가격으로 측정한다. 둘째, 세금, 이자비용 등 이전비용 등은 사회에 가져오는 실질가치와 무관하므로 사회적 순현재가치 계산에서 제외한다. 셋째, 사회적 순현재가치는 사회적 편익과 사회적 비용을 사회적 할인율로 할인하여 계산한다(한국개발연구원, 2008).

2) 비용편익분석과 비용효과분석 비교

후생경제학에 바탕을 둔 비용편익분석은 비용과 편익 모두 화폐단위로 환산하여 순현재가치(Net Present Value: NPV), 편익비용비(Benefit Cost Ratio: BCR), 내부수익률(Internal Rate of Return: IRR) 등을 도출함으로써 계획에 대한 타당성평가를 수행하게 된다. 그러나 저출산극복 프로그램, 보건서비스 프로그램 등의 사회계획과 같이 합리적인 가치의 부여가 어려운 경우는 편익을 금전적 가치로 추정하기가 거의 불가능하다고 할 수 있다. 이러한 경우에 합리성을 결여하면서까지 편익을 금전적 가치로 환산하는 것이 아니라 총비용과 총효과를 비교하여 계획을 평가하게 되는데, 이러한 기법을 비용효과분석(cost effectiveness analysis)이라고 한다. 따라서 비용효과분석은 편익이 금전적인 단위로 측정될 수 없거나 혹은 경쟁적인 대안의 편익 크기와 유형이 비교될 수 있으리라고 예상되는 경우에 이용될 수 있다.

그러므로 비용효과분석은 비용편익분석과 동일하게 계획결정가가 어떤 대안을 선택하는 데 있어서 합리적인 결정을 내릴 수 있도록 객관적인 정보를 제공한다는 점에서는 동일하지만, 비용편익분석과는 달리 편익을 금전적 가치로 환산하지 않고 산출물을 그대로 분석에 활용한다는 측면에서는 상이하다. 이처럼 비용효과분석의 경우 비용은 화폐단위로 측정되지만 편익은 화폐단위로 측정되는 것이 아니라 물건의 단위나 용역의 단위 및 기타 측정이 가능한 효과로 나타나는 바, 비용효과분석에서는 효과/비용비 혹은 비용/효과비를 기준으로 계획의 타당성을 평가하게 된다(이성근·이춘근, 2008).

2. 경제성 분석절차

공공부문 투자사업의 평가절차는 민간부문 투자사업의 평가절차와 대체로 유사하나, 비용과 편익의 측정을 위한 항목이나 할인율의 결정 등이 민간부문과는 크게 다르다.

일반적으로 비용편익분석의 절차는 다음과 같은 단계로 나누어 볼 수 있다. 첫째, 대안의 식별단계로 이 단계에서는 설정된 목표를 달성하기 위한 모든 대안들을 식별하는 것이다. 둘째, 각 대안들의 편익과 비용을 추정하는 단계이다. 이 단계에서는 먼저 사업기간과 할인율을 결정하여 각 대안들의 각 연도별 편익과 비용을 현재가치로 환산하여 총비용과 총편익을 추정하는 것이다. 공공프로그램이나 프로젝트를 평가하는 데 적용되는 할인율은 사회적 할인율(social rates of discount)을 적용한다. 셋째, 대안들의 비교·평가를 위한 기준을 결정하여 비교하는 단계이다. 이 단계에서는 각 대안들의 능률성을 측정할 적절한 기준을 선정하는 것이다. 이러한 기준으로는 NPV, BCR, IRR 등이 있다. 넷째, 민감도분석을 시행하고 최선의 대안을 선택하는 단계이다. 타당성을 평가하기 위해 사용되는 경제성 평가의 편익과 비용의 계산에는 많은 불확실성이 내포되어 있다. 이러한 불확실성에 대처하기 위한 민감도분석은 투자비나 경제성에 영향을 미칠 수 있는 중요한 변수, 예를 들어 초기 공사비, 운영비, 교통수요, 할인율 등에 대해서 각 변수가 일정량만큼 변화되었을 경우 경제성이 어떻게 변화하는지 파악하는 방법이다. 예비타당성조사에서도 이러한 변수들에 대한 민감도분석을 실시하고 있다. 다만 해당 사업별로 민감도분석의 범위 및 방법은 다르게 적용될 수 있다. 마지막으로 이상의 분석결과를 토대로 최선의 대안을 선택하는 단계이다(노시평 외, 2006).

그림 4.6.1 경제성 분석의 절차

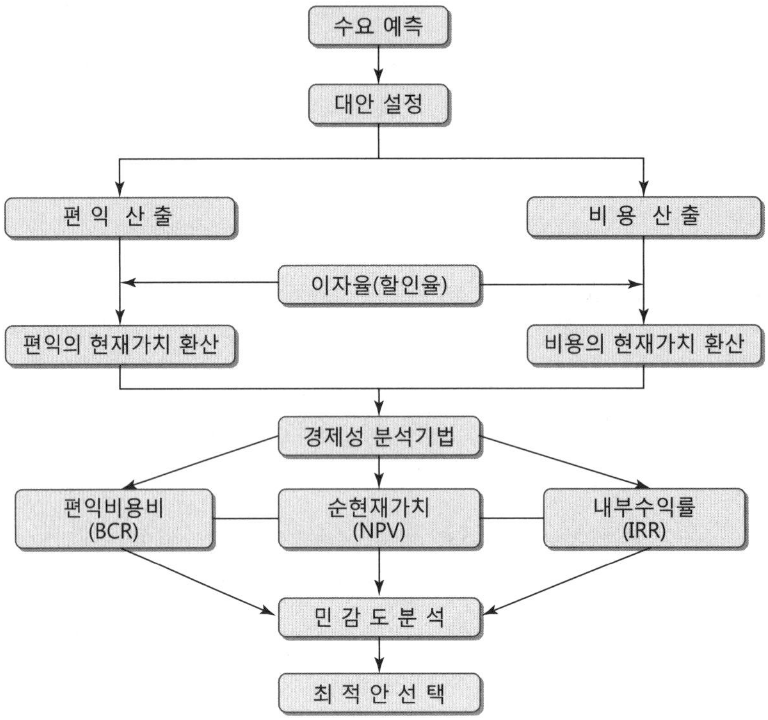

자료: 황효수(2005: 24).

3. 경제성 분석기법

경제성 분석은 정량적인 평가의 대표적인 방법으로 경제적인 특성을 다른 대안들과 비교·분석하는 것이다. 경제성 분석에는 일반적으로 편익비용비, 내부수익률, 순현재가치 등을 통하여 분석한다.

표 4.6.1 경제성 분석기법의 비교

분석기법	판 단	장 점	단 점
편익비용비(BCR)	BCR≥1	• 이해용이, 사업규모 고려가능	• 상호배타적 대안 선택의 오류 발생 가능
순현재가치(NPV)	NPV≥0	• 대안 선택시 명확한 기준 제시 • 장래발생편익의 현재가치 제시 • 현계 순현재가치 고려 • 타 분석에 이용 가능	• 이해의 어려움 • 대안 우선순위 결정시 오류 발생 가능
내부수익률(IRR)	IRR≥r	• 사업의 수익성 측정가능 • 타 대안과 비교가 용이 • 과정과 결과 이해가 용이	• 사업의 절대적 규모 미고려 • 몇 개의 내부수익률이 동시에 도출될 가능성 내재

자료: 한국개발연구원(2008: 56).

1) 편익비용비

편익비용비란 총편익과 총비용의 할인된 금액의 비율, 즉 장래에 발생될 비용과 편익을 현재가치로 환산하여 편익의 현재가치를 비용의 현재가치로 나눈 것이다. 편익비용비가 높은 대안일수록 경제적 타당성이 높은 것으로 평가한다. 대안의 편익비용비가 1보다 크면 그 대안은 비용에 비해 더 큰 편익이 발생됨을 가리킨다. 편익비용비는 어떠한 특정 항목을 편익 혹은 비용으로 처리하는가에 따라 값이 달라진다는 단점이 있으나 일반적으로 투자심사기준으로 사용되고 있다.

$$\text{편익의 총현재가치} = \sum_{t=0}^{n} \frac{B_t}{(1+r)^t}$$

$$\text{비용의 총현재가치} = \sum_{t=0}^{n} \frac{C_t}{(1+r)^t}$$

$$\text{편익비용비} = \frac{\sum_{t=0}^{n} \frac{B_t}{(1+r)^t}}{\sum_{t=0}^{n} \frac{C_t}{(1+r)^t}}$$

B_t : t시점의 편익

C_t : t시점의 비용

r : 사회적 할인율

t : 사업의 기간(연수)

2) 순현재가치

순현재가치는 투자사업의 전기간에 걸쳐 발생하는 순편익의 합계를 현재가치로 환산한 것을 의미하며, 이 순현재가치가 정(+)으로 나타나면 그 사업은 타당성이 있는 것으로 평가된다. 그러나 순현재가치는 순편익의 흐름을 사업 개시연도의 가치로 평가하였지만 사업규모에 대하여 표본화되어 있지 않기 때문에 사업간 비교에는 적당하지 않다는 단점이 있다. 순현재가치의 계산공식은 다음과 같다.

$$\text{순현재가치} = \sum_{t=0}^{n} \frac{B_t}{(1+r)^t} - \sum_{t=0}^{n} \frac{C_t}{(1+r)^t} = \sum_{t=0}^{n} \frac{B_t - C_t}{(1+r)^t}$$

r : 사회적 할인율
t : 사업의 기간(연수)

3) 내부수익률

내부수익률이란 계획이 원만히 진행된다는 전제하에서 기대되는 예상수익률로서 계획의 전기간에 걸쳐 발생하는 편익의 현재가치와 비용의 현재가치를 일치시켜 순현재가치(NPV)가 영(zero)이 되게 하는 할인율을 말한다. 내부수익률이 사회적 할인율보다 크면 경제성이 있다고 판단한다. 내부수익률은 사업의 규모에 의존하지 않는다는 장점은 있으나 수익의 발생구조에 따라 계산되지 않는 단점이 있다.

$$\sum_{t=0}^{n} \frac{B_t}{(1+\lambda)^t} = \sum_{t=0}^{n} \frac{C_t}{(1+\lambda)^t}$$

λ : 내부수익률
t : 사업기간

제3절 재무성 분석

1. 재무성 분석의 개념

재무성 분석이란 사회 전체의 입장이 아닌 개별 사업주체의 입장에서 실제의 금전적 비용과 수입(현금흐름)을 추정하고, 이에 따른 재무적 수익성을 계산하여 그 사업의 타당성을 검토하는 방법이다. 재무성 분석에는 실제의 투자예산액과 자금순환과정을 매우 중요시한다.

앞에서 살펴본 경제성 분석과 재무성 분석의 차이를 살펴보면 다음과 같다. 첫째, 경제성 분석은 국민경제적 입장에서 비용과 편익을 계산하므로 상품가격이나 환율, 임금 등은 원칙적으로 잠재가격으로 계산하여야 하나, 재무성 분석은 개별 사업주체의 입장에서 모든 것을 계산하므로 단순 시장가격을 적용하여도 무방하다. 둘째, 경제성 분석에는 세금, 이자비용 등 이전비용이 제외되어야 하나, 재무성 분석에서는 비용에 포함되어야 한다. 셋째, 할인율의 적용에 있어서 경제성 분석에서는 사회적 할인율이 적용되어야 하나, 재무성 분석에서는 시장이자율, 사업위험 등을 고려하여 재무적 할인율이 적용되어야 한다(한국개발연구원, 2008).

표 4.6.2 경제성 분석과 재무성 분석의 비교

구 분	경제성 분석	재무성 분석
평가의 관점	국민경제적 입장	개별 사업주체의 입장
측정가격	잠재가격	시장가격
세금, 이자비용 등 이전비용	제외	포함
적용될 할인율	사회적 할인율	시장이자율, 사업위험 등 (재무적 할인율)

자료: 한국개발연구원(2008: 80).

2. 재무성 분석기법

사업의 재무성 분석을 위해 가장 널리 활용되는 방법은 현금흐름할인법인데, 현금흐름할인법은 미래의 현금흐름을 예측한 후 가중평균자본비용(Weighted Average Cost of Capital: WACC) 등으로 대변되는 자본의 기회비용으로 할인한 현재가치를 구하여 평가하는 방법이다. 현금흐름할인법에는 순현재가치법 및 내부수익률법, 수익성지수법(Profitability Index method: PI) 등이 있다(한국개발연구원, 2008).[1]

1) 경제성 분석에서의 순현재가치(NPV)와 내부수익률(IRR)과 구별하기 위해 재무성 분석에서는 재무적 순현재가치(FNPV)와 재무적 내부수익률(FIRR)로 표기한다.

1) 순현재가치법

순현재가치법은 예상되는 현금의 유입과 유출을 가중평균자본비용으로 할인한 값들의 합으로 나타낼 수 있다. 이것은 투자안이 채택됨으로 인해 증가되는 기업의 가치를 의미하는데, 이렇게 얻은 재무적 순현재가치(FNPV)가 0보다 크면 사업의 재무적 타당성이 있는 것으로 판단한다.

$$\text{재무적 순현재가치(FNPV)} = \sum_{t=0}^{n} \frac{R_t}{(1+r)^t} - \sum_{t=0}^{n} \frac{C_t}{(1+r)^t}$$

R_t : t기간의 현금유입
C_t : t기간의 현금유출

2) 내부수익률법

내부수익률법은 계획사업에 대한 투자로부터 기대되는 현금 유입과 현금 유출의 현재가치를 일치시키는 할인율, 즉 내부수익률(FIRR)을 산출하고 이를 자본비용과 비교하여 투자안을 평가하는 방법이다. 이때 내부수익률이 자본비용보다 높을 경우 재무적 타당성이 있다고 판단한다.

$$\sum_{t=0}^{n} \frac{R_t}{(1+FIRR)^t} = \sum_{t=0}^{n} \frac{C_t}{(1+FIRR)^t}$$

R_t : t기간의 현금유입
C_t : t기간의 현금유출

3) 수익성지수법

수익성지수법은 투자로 인하여 발생하는 현금유입의 현가를 현금유출의 현가로 나눈 비율로 수익성지수가 1보다 크면 재무적 타당성이 있는 것으로 판단한다. 순현재가치법이 어떤 투자안의 재무적 타당성을 절대적 금액으로 측정하는 데 비하여, 수익성지수법은 투자안의 비용 대비 수익을 상대적 비율로서 측정하는 것이다.

$$PI=\frac{\sum_{t=0}^{n}\frac{R_t}{(1+r)^t}}{\sum_{t=0}^{n}\frac{C_t}{(1+r)^t}}$$

R_t : t기간의 현금유입

C_t : t기간의 현금유출

제4절 계층화 분석

1. 계층화 분석의 의의

계층화분석법(Analytical Hierarchy Process: AHP)은 의사결정 대안을 평가하거나 미래를 예측하기 위한 방법으로 개발되었다. AHP기법은 1970년대 초 새티(T. Saaty)에 의해 개발된 이후 경제, 재정, 정치, 게임 및 스포츠 등 광범위한 분야에 예측과 우선순위 설정을 위해 널리 활용되어 왔다.

우리나라에서도 지난 2000년부터 정부사업의 예비적 타당성을 조사하기 위하여 AHP기법을 '다기준분석방법'이라는 이름으로 개발하여 활용하고 있다. 예비타당성조사의 마지막 단계는 경제성 분석과 정책적 분석(지역경제 파급효과 추정, 지역낙후도 평가, 재원조달 가능성 평가, 관련 계획 및 정책과의 일치성, 사업의 추진의지 및 선호도평가 등) 결과를 종합하여 사업의 추진 여부에 대한 최종적인 판단을 도출하는 단계이다. 그러나 경제성 분석과 정책적 분석 결과를 종합하는 데에는 다음과 같은 어려움이 있다.

첫째, 정량적 분석결과와 정성적 분석결과를 통합하는 데 어려움이 있다. 둘째, 정량적 분석의 경우에도 서로 상이한 척도를 갖는 평가항목을 통합하기에 어려움이 있다. 셋째, 평가의 일관성과 사업의 특수성을 동시에 반영해야 하는 어려움이 따른다. 넷째, 종합평가에 참여하는 여러 평가자들의 의견을 종합하여 최종적인 결론을 도출하는 데 어려움이 있다(한국개발연구원, 2008).

이와 같은 어려움을 극복하기 위하여 우리나라는 예비타당성조사에서 다기준 분석방법론의 하나인 AHP기법을 활용하고 있다. AHP기법은 하나의 문제를 시스템으로 보고 이 문제를 여러 개의 계층으로 분해한 다음, 각 계층별로 여러 개의 구성요소나 대안들을 설정하고 이들이 상위계층의 평가기준들을 얼마나 만족시키는가 하는 데 따라서 대안들의 선호도를 평가하는 방법이다(노화준, 2010). AHP기법의 가장 큰 특징은 문제를 구성하는 다양한 평가요소들을 주요 요소와 세부 요소들로 나누어 계층화하고, 계층별 요소들에 대한 쌍대비교(pairwise comparison)를 통해 요소들의 상대적 중요도를 도출하는 데 있다.

2. 계층화 분석의 절차

AHP기법은 공공투자사업의 정성적 특성을 평가에 반영하고, 평가에 참여한 연구진의 전문적 판단을 적절히 유도해 낼 수 있는 방법으로서, 일반적으로 ① 평가의 개념화(conceptualizing), ② 평가기준의 확정 및 계층구조 설정(structuring), ③ 평가기준 가중치 측정(weighting), ④ 대안 간 선호도 측정(scoring), ⑤ 종합점수 산정(synthesizing), ⑥ 환류과정(feedback), ⑦ 종합판단 및 정책제언 도출(concluding) 순으로 수행된다(한국개발연구원, 2008).

1) 평가의 개념화

AHP 분석의 첫 단계는 평가의 목표, 평가요소, 고려대안, 제약조건, 평가자, 이해관계자 등 평가에 대한 개념적 틀을 형성하는 개념화단계이다. 이 개념화과정을 통해 평가자들은 평가대상사업이 가지고 있는 다양한 특성들과 쟁점사항 등 사업전반에 대한 이해도를 높이고, 사업에 대한 정보와 문제의식을 공유할 수 있게 된다. 사실 이 단계는 에비타당성조사 초기에 수행되어야 대상사업에 대한 올바른 이해와 함께 조사가 진행될 수 있다. 효율적이고 효과적인 개념화과정을 위해 브레인스토밍(brainstorming) 기법이 사용된다.

2) 평가기준의 확정 및 계층구조 설정

개념화단계에서 식별된 평가요소들에 대한 검토를 거쳐 평가기준을 확정하고, 동질적인 집합으로 군집화한 뒤, 이 집합을 적절한 수준으로 계층화하는 구조화단계이다. 평가기준 확정을 위해서는 우선 식별된 평가항목들의 의미를 정의하여 혼돈과 오해의 소지를 최소화할 필요가 있다.

종합평가에서 고려될 평가항목들이 확정된 후 다음 단계는 서로 다른 중요성과 범위를 가진 항목들을 동질적인 집합으로 군집하고, 이 집합을 적절한 수준으로 계층구조화하는 것이다. 일반적으로 하위수준의 요소는 상위수준의 요소를 구체화하는 세부 평가기준이 된다.

3) 평가기준 가중치 측정

이 단계는 계층구조의 각 수준별로 평가항목 간 상대적 중요도를 결정하는 단계이다. 동일한 수준, 동일한 군집에 속하는 두 평가항목의 모든 짝(pair)에 대해 평가자들에게 평가항목 간 상대적 중요도 또는 선호도를 비교하는 질문을 반복하여 수행한다. 이러한 쌍대비교 과정에는 평가자의 판단을 어의적인 표현으로 나타내고, 이에 상응하는 적정한 수치를 부여하는 수량화과정이 포함된다.

4) 대안 간 선호도 측정

이 단계는 각 평가항목을 기준으로 대안에 대한 선호도를 점수로 부여하는 과정이다. 예비타당성조사 AHP분석에서는 가중치 설정단계와 마찬가지로 각 평가항목을 기준으로 사업 시행 대안과 사업 미시행 대안 간의 상대적 적정성을 쌍대비교를 통하여 평점을 부여하도록 하고 있다.

5) 종합점수 산정

이 단계는 평가기준별 가중치와 각 기준에 대한 대안들의 평점을 곱해서 대안별 종합평점을 구하는 단계이다. 비교대안 중 높은 종합평점을 받은 대안이 AHP 모형에 의한 선택대안이 된다.

6) 환류과정

환류과정은 AHP분석의 유용성을 높이는 또 하나의 특성이다. 검토과정의 주안점은 응답일관성이 낮은 응답자에게 비일관성에 관한 정보를 제공하여 의사결정을 다시 수행하도록 함으로써 의사결정의 비일관성을 줄여 나가는 데 있다. 만약 의사결정자가 형식화된 질문지에 적절하게 응답하지 못한다면 AHP 계층구조를 재고하여야 한다. 계층구조를 형성하고 있는 각 요소들의 정의 및 설명이 잘못된 경우에도 마찬가지이다.

7) 종합판단 및 정책제언 도출

AHP분석의 마지막 단계는 환류과정을 거친 후에 도출된 종합평점을 근거로 '사업시행' 대안과 '사업 미시행' 대안 간에 최종적인 결정을 내리고, 정책담당자에게 제시할 정책제언을 도출하는 단계이다.

탐구학습

1. 주요 개념
   - 경제성 분석(비용편익분석)
   - IRR, NPV, BCR
   - AHP

2. 토론과 과제
   - 비용편익분석과 비용효과분석의 차이
   - AHP분석의 절차
   - 경제성 분석의 한계

참고문헌

노시평 외(2006), 정책학의 이해, 서울: 비앤앰북스.
노화준(2010), 정책분석론, 서울: 박영사.
노화준(2006), 정책평가론, 서울: 법문사.
박병식 외(2009), 현대도시와 행정, 서울: 대영문화사.
박종화(2009), 도시경영론, 서울: 박영사.
박종화 외(2004), 지역개발론, 서울: 박영사.
이달곤(2004), 지방정부론, 서울: 박영사.
이성근(2006), 정책계획론, 서울: 법문사.
이성근 · 이춘근(2008), 지역경제론, 서울: 법문사.
한국개발연구원(2008), 예비타당성조사 수행을 위한 일반지침 수정 · 보완연구(제5판).
황효수(2005), "민간투자사업의 재무적 타당성분석 합리화방안", 부경대학교 대학원 박사학위 논문.

제 5 부

지역개발의 정책

제 1 장

공 간 정 책

제1절 국토정책

1. 의 의

우리나라는 해방 이후 국토개발이라는 용어가 널리 쓰이다가 1960년대 경부터 지역개발이라는 용어가 보편적으로 사용되고 있다(대한국토 · 도시계획학회, 1992). 해방 이후 우리나라가 추진한 지역개발정책은 경제발전 초기에는 제한된 자원의 효율적 배분과 경제성장의 기반 구축에 정책적 관심이 집중되었다. 그러나 산업화와 도시화가 급격하게 진행되면서 수도권 집중과 지역 격차가 심화되면서 지역간 균형발전, 사회통합, 지속가능한 지역발전이 강조되어 왔다.

그간의 우리의 지역발전정책은 수도권과 지방간 대립구조가 지속되어 왔고, 행정구역간 형평성 확보가 중시되어 왔다. 또한 중앙 주도의 시 · 도 등 행정구역단위의 분산적 지원체계는 재정투자에도 불구하고 투자의 효율성이 저조하고, 지방은 중앙에 대한 의존성이 지속되었다(지역발전위원회, 2013).

이하에서는 국토개발정책 중에서 국토종합계획과 수도권정비계획, 이명박정부와 박근혜정부의 지역발전정책에 대해 살펴본다.

2. 주요 내용

1) 국토종합계획

일반적으로 협의의 국토계획이라고 하면 국토종합계획을 의미하며, 국토전역을 대상으로 국토의 장기적인 발전방향을 제시하는 종합계획이다. 국토종합계획은 도종합계획 및 시·군종합계획의 기본이 되며, 부문별계획과 지역계획도 국토종합계획과 조화를 이루도록 하고 있다.

우리나라에서 근대적 의미의 국토개발과 계획은 1960년대부터 시작되었으며, 국토종합계획은 1970년대부터 수립되어 국가발전에 필요한 각종 사회간접시설의 건설, 국토 정주여건의 개선 등에 공헌하였다. 현재는 기존의 제4차 국토종합계획(2000~2020)을 수정한 제4차 국토종합계획 수정계획(2011~2020)을 운영 중에 있다.

제1차 국토종합개발계획(1972~1981)은 고도경제성장을 위한 기반시설 조성을 목표로 수도권과 동남해안 공업벨트 중심의 거점개발 추진에 중점을 두었다. 이 계획의 특징은 전국을 4대권(한강, 금강, 영산강, 낙동강)과, 8중권(수도권, 태백권, 충청권, 전주권, 광주권, 대구권, 부산권, 제주권), 17개 소권(17개 중소도시)으로 구분하고 이중에서 8중권을 개발단위로 하여 사업을 추진하는 것이었다. 이 계획에서는 이러한 권역의 구분에 따라 사업의 규모, 우선순위, 성격 등이 결정되었으며 개발전략으로 성장거점개발방식을 채택하였다.

제2차 국토종합개발계획(1982~1991)은 인구의 지방정착과 생활환경 개선을 목표로 수도권 집중억제와 권역 개발에 중점을 두었다. 이 계획의 특징은 다핵개발과 지역경제권개발이라는 새로운 개발방식을 채택하였다. 이 시기는 지역발전정책의 효율적인 추진을 위해 중앙정부의 주도적인 추진방식에서 벗어나 지방자치단체와 민간부문의 창의·주도에 의한 분권적·자율적인 추진방식을 도입했다는 점이 특징이다. 중앙정부 권한의 지방이양과 민간자본의 참여 촉진을 위한 행정적·제도적 조치가 이루어졌다.

제3차 국토종합개발계획(1992~2001)은 개발과 보전의 조화, 복지향상을 목표로 서해안 신산업지대 육성 및 분산형 국토개발에 중점을 두었다. 이 계획의 특징은 개발의 목표를 지역의 성장과 균형발전에 두었으며, 지역개발의 전략으로 지역생활권이라는 새로운 방안을 제시하였다. 이것은 전국을 28개 지방생활권으로 나누고 지방생활권에는 거점도시를 지정하여 그 도시에 투자를 집중하는 방식이었다. 그러나 종래의 지역생활권형태의 거점전략이 별로 효과가 없었으며 서울의 성장억제에도 불구하고 서울의 성장세가 계속되었기 때문에 1987년에 제2차 국토계획의 일부를 수정하여 전국을 28개 생활권에서 4개의 지역경제권(수도권, 중부권, 동남권, 서남권)으로 통폐합하였다.

한편 21세기에 전개될 새로운 여건변화에 주도적으로 대응하기 위하여 제3차 국토종합개발계획을 조기종료하고 계획의 명칭도 국토종합계획으로 변경하였다. 이에 따라 제4차 국토종합계획이 2000년부터 수립·시행되었으며, 그 계획기간도 종전과 달리 20년(2000~2020)으로 연장하였다. 제4차 국토종합계획은 과거 국토개발과정에서 누적되어 온 국토의 불균형, 환경훼손 등의 문제점을 해소하면서 한반도가 세계로 도약하기 위한 새로운 국토발전의 마스터플랜을 제시하고자 계획의 추진방식과 경제·사회 공간융합을 통한 '21세기 통합국토 실현'을 기본이념으로 하였다. 이 계획은 개방형의 π형 연안 국토축과 10대 광역권을 개발하여 지역균형개발을 촉진하고 국토환경의 적극적인 보전을 위해 개발과 환경의 조화전략을 제시하고 있었다.

2003년 참여정부가 출범하면서 강력한 국가균형발전정책의 추진을 뒷받침하기 위하여 제4차 국토종합계획 수정계획(2006~2020)을 수립하였다. 이 수정계획은 '약동하는 통합국토 실현'을 기조로 ① 상생하는 균형국토, ② 경쟁력있는 개방국토, ③ 살기좋은 복지국토, ④ 지속가능한 녹색국토, ⑤ 번영하는 통일국토 등 다섯 가지 목표를 설정했다. 제4차 국토종합계획 수정계획에서는 약동하는 통합국토 구축의 공간적 기반으로서 3개의 개방형 국토축(남해안축, 서해안축, 동해안축)과 7+1의 경제권역[1]을 설정하였다. 특히 이 시기에는 정부에서 중점적으로 추진하고 있는 중앙정부 부처 이전과 국가공공기관의 이전시책을 반영하여 지방이전과 지방분산계획을 담고 있었다.

2008년 이명박정부에서는 제4차 국토종합계획 수정계획(2011~2020)을 수립하여 '글로벌 녹색국토'의 실현을 비전으로, 4대 기본목표를 ① 경쟁력있는 통합국토, ② 지속가능한 친환경국토, ③ 품격있는 매력국토, ④ 세계로 향한 열린 국토로 삼았다. 수정계획은 국토균형발전 위주의 국책 기조에서 탈피해 국가경쟁력을 제고하기 위해 국토 행정구역단위를 탈피하여 지역정책 공간단위의 광역화에 초점을 둔 광역경제권

1) 7+1경제권역은 자립형 지방화와 지역간 상생을 촉진하는 다핵연계형 국토구조를 구축하기 위한 것으로 수도권, 강원권, 충청권, 전북권, 광주권, 대구권, 부산권, 제주도를 특화산업을 기반으로 자립형 지방화와 지역의 국제경쟁을 위한 기본단위로 육성하고자 하였다.

개발전략을 채택하였다. 이 전략은 인구 500만명 내외의 5대 광역경제권(수도권, 충청권, 호남권, 대경권, 동남권)과 인구 100만명 전후의 비교적 독립적인 2개의 특별광역경제권(강원권, 제주권)인 이른바 5+2 광역경제권을 설정했다. 광역경제권 개발전략과 함께 3차원 공간구조별 지원전략의 일환으로 기초생활권(161개) 및 초광역개발권 전략을 제시하고 있다.

표 5.1.1 우리나라 국토종합계획의 내용

명칭	제1차 국토종합계획	제2차 국토종합계획	제3차 국토종합계획	제4차 국토종합계획	제4차 국토종합계획 수정계획	제4차 국토종합계획 수정계획
기간	1972~1981	1982~1991	1992~2001	2000~2020	2006~2020	2011~2020
기조	• 공업화 추진	• 인구의 지방 정책과 수도권 과밀완화	• 수도권 집중과 지역간 불균형 해소	• 21C 통합 국토의 실현	• 약동하는 통합국토	• 글로벌 녹색국토
목표	• 국토이용관리의 효율화 • 개발기반(SOC)의 확충 • 국토자원개발과 자연의 보호 • 국민생활환경의 육성	• 인구의 지방 정착 유도 • 개발가능성의 전국적 확대 • 국민복지수준의 제고 • 국토자연환경의 보전	• 지방분산형 국토골격의 형성 • 생산적·자원 절약적인 국토의 이용 • 복지수준의 향상과 환경의 보전 • 통일에 대비한 기반 조성	(4대목표) • 균형국토 • 녹색국토 • 개방국토 • 통일국토	(5대목표) • 균형국토 • 녹색국토 • 개방국토 • 통일국토 • 복지국토	(4대목표) • 통합국토 • 친환경국토 • 매력국토 • 열린국토
국토 공간 구조	• 국토의 발전역량 강화와 거점 개발 ※ 4대권, 8중권, 17소권	• 다핵구조 형성과 지역생활권 조성 ※ 28개 지역생활권: 대도시생활권 5, 지방도시생활권 17, 농촌생활권 6	• 다핵구조 형성과 지역경제권 형성 ※ 9개 지역경제권과 특정지역	• 개방형 통합 국토축 형성 • 연안국토축+동서내륙축 ※ 권역과 시도 ※ 10대광역권	• 3개 개방형 국토축과 7+1 경제권역 설정	• 개방형국토축+광역연계형 국토(5+2 광역경제권 중심) ※ 초광역개발권, 광역경제권, 기초생활권

자료: 정환용(2009: 329); 국토해양부(2011)에서 재구성.

2) 수도권정비계획

수도권정책의 대상인 수도권은 현재 서울특별시와 인천광역시 및 경기도 전역을 포함하는 지역이다. 1982년 「수도권정비계획법」을 제정하는 과정에서 수도권의 광역화현상을 반영하여 현재의 경계로 수도권의 범위가 확장되었다.

수도권정책의 목표는 ① 수도권으로의 인구 및 산업 집중을 분산하고, ② 수도권 내부의 공간구조를 효율적으로 정비하는 것이다. 특히 집중억제목표를 달성하기 위하여 수도권에 집중된 중앙행정기관 및 권한의 지방 이전, 제조업의 증가 억제, 고등교육기관의 신·증설 억제 등을 주요 관리수단으로 활용하였다. 이 밖에도 대형건축물 등의 수도권입지를 억제하기 위한 과밀부담금제도, 공장 및 대학의 총량규제와 산업단지의 신규억제 등도 시행하였다(지역발전위원회, 2013).

제1차 수도권정비기본계획(1984~1996)의 주된 내용은 수도권의 공간적 범위를 서울, 인천 및 경기도 전역으로 확대하고, 일정규모 이상의 공장·학교·업무 및 판매시설 등 인구집중 유발시설 신설 및 증설을 억제하되 수도권을 5개 권역으로 구분하여 권역별로 차등 규제한다는 것이다. 이때 구분된 5개 권역은 이전촉진권역, 제한정비권역, 개발유도권역, 자연보전권역, 개발유보권역 등이다.

제2차 수도권정비계획(1997~2011)은 제1차 계획에서의 5개 권역을 과밀억제권역, 성장관리권역, 자연보전권역 등 3개 권역으로 통합 조정하는 한편, 공장 및 대학의 신·증설에 대한 규제방식을 개발규제에서 총량규제로 전환하고, 인구집중 유발시설에 대한 직접적이고 물리적인 규제방식을 과밀부담금제도라는 간접적이고 경제적인 제재방식으로 전환하였다. 특히 권역조정과정에서 과밀억제권역과 자연보전권역을 줄이고 성장관리권역을 크게 늘려 수도권 내 개발대상지역을 확대시킴으로써 수도권정책방향을 적극적인 규제에서 소극적인 규제로 전환하였다. 따라서 제2차 수도권정비계획은 수도권정책의 합리화 및 현실화라는 명분으로 단행된 규제완화조치라 할 수 있다.

제3차 수도권정비계획(2006~2020)은 행정중심복합도시의 건설, 공공기관의 지방이전 등 국가균형발전계획을 반영한 제4차 국토종합계획 수정계획이 수립됨에 따라 제2차 수도권정비계획(1997~2011)을 조기에 종료하고 새로운 수도권의 비전과 발전방향을 담은 계획이다. 제3차 수도권정비계획의 주요내용은 첫째, 4대 정비목표는 ① 선진국 수준의 삶의 질을 갖춘 수도권으로 정비, ② 지속가능한 수도권 성장관리 기반의 구축, ③ 지방과 더불어 발전하는 수도권의 구현, ④ 동북아 경제중심지로서의 경쟁력있는 수도권 형성이다. 둘째, 수도권 공간구조의 개편방안으로는 ① 서울 중심적 공간구조를 다핵연계형 공간구조로 전환, ② 지역별 특성을 고려한 클러스터형 산업벨트의 구축, ③ 서울 중심의 방사형 교통체계에서 환상격자형 교통체계로 전환, ④ 수도권 내 낙후지역 개발을 통해 균형있는 발전의 촉진이다. 셋째, 3개 권역(과밀억제권역, 성장관리권역, 자연보전권역)제도의 운영방안을 제시하고 있다. 단기적으로는 현행과 같은 권역별 규제시책을 유지하되, 공공기관 종전부지, 노후 공업지역 등 계획적 정비가 필요한 지역을 대상으로 수도권 규제를 차등 적용하는 정비발전지구제도를 도입하여 획일적 규제의 문제점을 보완하였다. 중장기적으로는 중앙정부와 지자체가 상호 협력하여 수도권의 관리목표를 설정하고 상세계획 등을 통하여 수도권의 토지 이용을 엄격하게 관리하는 계획관리체제로 전환을 추진하고자 하였다(대한국토·도시계획학회, 2008).

3) 이명박정부의 지역정책

기존의 지역개발정책이 주로 행정구역(시·도, 시·군·구)을 공간단위로 설정하여 사업을 추진하였지만 이명박정부의 지역발전정책은 기초생활권, 광역경제권, 초광역개발권을 공간단위로 하는 3차원 지역개발전략을 추진하고 있다(지역발전위원회, 2013).

(1) 기초생활권

기초생활권의 목표는 '전국 어느 시·군에 살든지 주민의 기본적 삶의 질 보장'이며, 대도시를 제외한 163개 시·군을 기초생활권으로 설정하였다.[2] 시·군의 자율적 기초생활권 계획 수립과 포괄보조금 등 제도적 토대 위에 특성화·차별화된 개발, 삶의 질 및 소득 제고, 차등적인 생활기반 확충, 연계·협력활성화를 추진전략으로 설정하였다. 기초생활권의 주요시책은 지역이 자발적으로 추진할 5대 과제(지역 부존자원의 성장동력화, 향토·지역연고산업의 고부가가치화, 역사·문화의 장소마케팅, 지역리더의 활성화, 지역간 연계·협력체계 구축)와 국가가 지원해야 할 5대 과제(지역 의료·복지 여건 개선, 지역 문화복지수준 향상, 지방교육 활성화, 지역의 생활여건 개선, 지역녹색성장)로 구성하였다.

2) 마산, 창원, 진해의 통합으로 현재의 기초생활권은 161개이다.

(2) 광역경제권

광역경제권은 지역의 경쟁력 강화를 목표로 5+2, 7개 권역을 대상으로 선도산업 육성, 인재 양성, 성장거점 조성, 30대 선도사업을 주요 시책으로 설정하였다. 광역경제권은 역사·문화적 동질성, 인구 규모 등을 고려하여 전국의 16개 시·도를 인구 500만 내외의 5대 광역경제권(수도권, 충청권, 호남권, 대경권, 동남권)과 인구 100만 내외의 2개의 특별광역경제권(강원권, 제주권)으로 구분하였다.

(3) 초광역개발권

초광역개발권은 대외개방형 지역발전을 선도하고 광역경제권을 연계·보완할 수 있도록 4+α 벨트형 권역을 설정하였다. 남해안 선벨트, 서해안 신산업벨트, 동해안 에너지·관광벨트, 남북교류·접경벨트의 4개 벨트와 내륙특화벨트(α)를 대상으로 초광역개발 기본구상을 마련하고 벨트별 종합계획을 수립·추진하였다.

초광역개발권의 5대 추진전략은 ① 동북아 초국경적 경제협력 강화, ② 초국경 및 초광역 인프라 구축, ③ 국가 신성장동력 육성 및 거점 연계강화, ④ 초광역 공유자원을 활용한 지역공동발전, ⑤ 한반도 통일시대에 대비한 국토기반 조성이다.

4) 박근혜정부의 지역정책

박근혜정부는 지역발전정책의 비전을 '국민에게 행복을, 지역에 희망을 주기 위한 지역희망(HOPE) 프로젝트'로 제시하면서 실제생활이 이루어지는 공간에 기반을 둔 지역행복생활권 개념을 도입하였다. 지역행복생활권은 전국 어디서나 기초인프라, 일자리·교육·문화·복지서비스가 충족되는 주민 일상생활공간으로 주민·지자체가 주도하도록 하고 있다. 이는 인구, 지리적 인접성, 공공·상업서비스 분포 등을 고려하여 중추도시생활권, 도농연계생활권, 농어촌생활권으로 구분할 수 있다.

3. 평가와 과제

전 지구적 기후변화, 경제체제의 글로벌화, 인구감소와 고령화 등 국토를 둘러싸고 빠르게 변화하는 대내외적인 여건과 환경변화는 국토 전반에 다양한 영향을 미칠 것이다. 새로운 국토정책 수립과정에서는 이를 미리 전망하고 향후 예상되는 주요과제를 다음과 같이 도출할 수 있다(국토해양부, 2011; 미래도시연구회, 2009).

첫째, 국토에 가장 큰 영향을 미치는 메가트렌드는 전 지구적 기후변화와 자원위기 심화이다. 1997년 교토의정서 이후 발리로드맵(2007), 코펜하겐 협정 등 글로벌 차원의 대응논의가 확산되면서 우리나라에서도 온실가스 감축을 위한 실천적 대책수립이 시급해지고 있다. 동시에 에너지 수요증가에 따라 한정된 에너지자원 고갈에 대한 위기감도 고조되고 있다. 기후변화에 따라 물 부족이나 홍수, 해일 등 재해의 가능성이 더욱 커지면서 재해에 대해 안전한 국토형성이 요구되고 있다. 앞으로의 국토는 환경이 보존되고 생태지역이 조성되어야 하며 이를 위하여 환경지향적 및 생태지향적 지역개발이 이루어져야 한다.

둘째, 거대 지역경제권 중심의 신개방 경쟁체제가 가속화될 전망이다. 한-미 FTA, 한-EU FTA 등 FTA의 확산, 경제 블록화 등으로 기존의 국가 간 경쟁체제에서 지역 간 경쟁체제로 전환됨에 따라 광역적 지역경제권 형성이 큰 흐름으로 자리잡고 있다. 따라서 지역의 경쟁력 확보를 위한 전략산업 육성, 매력있는 생활환경 조성, 양호한 인프라 구축, 우수인재 보유 등이 보다 중시될 전망이므로 지역들은 자기지역의 특성에 맞는 국제기능과 국제시설 등을 갖추도록 노력해야 한다.

셋째, 인구구조의 변화와 고령화 등 사회환경의 변화가 지속될 것이다. 인구감소, 1·2인가구의 급증 및 고령화 등에 따라 경제성장 시스템·산업구조·개인의 행동양식 등 경제·사회 모든 분야에 걸쳐 근본적인 변화가 예상되므로 국토정책도 이에 맞게 변화할 필요가 있다.

넷째, 에너지 절약형 교통체계 및 첨단 정보통신기술이 연계 발전하는 유비쿼터스-그린(Ubiquitous-Green)시대가 본격적으로 전개될 전망이다. 신속·안전한 이동 및 탄소배출량 저감을 위해 교통기술과 IT기술이 결합된 지능형교통시스템, 스마트하이웨이 등이 보다 확대될 것이다.

다섯째, 환경·문화 등 삶의 질에 대한 요구가 증대될 것이다. 여가시간과 소득의 증대에 따라 여가·문화공간 수요 및 쾌적한 환경에 대한 요구도 보다 증대될 전망이다. 동시에 고령인구를 위한 여가시설 공급, 장애인 편의 증대를 위한 생활기반시설 공급 등이 더욱 중요한 가치로 부각될 것이다.

마지막으로, 남북한 긴장이 지속되고 있으나 중장기적으로 상호 신뢰 확보 및 호혜적 교류확대를 통해 한반도의 경제적 통합을 위해 새로운 전기를 마련할 필요성도 증대될 것이다. 따라서 통일을 대비한 국토개발을 위해서 북한의 지역개발에 관한 현황파악이 필수적으로 선행되어야 하며, 아울러 남북 체제 통합시 지역간 균형발전과 경제의 효율성 극대화를 이룰 수 있는 국토공간구조의 구축을 위한 전략이 모색되어야 한다.

제2절 도시정책

1. 의 의

도시정책이란 도시에서 야기되는 각종 문제를 해결하려는 정부의 의도적인 노력이며 이는 물리적·사회적·경제적·행정적 계획을 망라하는 도시종합계획으로 이해되고 있다. 이러한 도시개발정책은 도시계획 관련법규들을 통해 구현되기 마련이다(박병식 외, 2009).

넓은 의미의 도시개발은 신시가지 개발 및 신도시 건설, 도시공간구조의 개편, 도시기반시설의 정비, 도시경제개발뿐만 아니라 생활환경계획, 사회복지사업, 자연환경 및 역사적·문화적 환경의 보전행위 등도 포함된다. 좁은 의미의 도시개발은 기능면에서 물적 개발을, 그리고 공간적 측면에서 한 도시내에서의 개발을 뜻한다(노춘희 외, 2012).

우리나라에서 시행되고 있는 도시개발 사업방식을 사업시행 근거법률에 따라 분류하면 크게 도시·군 계획사업과 비도시·군 계획사업으로 분류할 수 있다. 「국토의 계획 및 이용에 관한 법률」(약어로 국토계획법이라 함)에 의해 도시·군 계획사업으로 분류되는 사업에는 ① 도시·군 계획시설사업, ② 「도시개발법」에 의한 도시개발사업, ③ 「도시 및 주거환경정비법」에 의한 정비사업이 있다. 반면에 특별법 또는 개별법에 의한 개발사업은 비도시·군 계획사업으로서 그 종류가 다양하다. 이러한 사업은 도시·군 계획사업은 아니지만 관계법령에 의해 개발계획이 승인되면 일반적으로 도시·군 계획사업으로 의제되며, 「택지개발촉진법」에 의한 택지개발사업, 「공공기관 지방이전에 따른 혁신도시 건설 및 지원에 관한 특별법」에 의한 혁신도시개발사업, 「기업도시개발 특별법」에 의한 기업도시개발사업 등이 있다.

표 5.1.2 도시개발사업의 유형

대분류	근거 법률	도시개발사업의 유형
도시·군계획 사업	• 국토계획법	• 도시·군 계획시설사업
	• 도시개발법	• 도시개발사업
	• 도시 및 주거환경정비법	• 주거환경개선사업, 주택재개발사업, 주택재건축사업, 도시환경정비사업, 주거환경관리사업, 가로주택정비사업
특별법 또는 개별법에 의한 개발사업(비도시·군계획사업)	• 택지개발촉진법	• 택지개발사업
	• 주택법	• 주택건설사업
	• 산업입지 및 개발에 관한 법률	• 산업단지개발사업
	• 물류시설의 개발 및 운영에 관한 법률	• 물류단지개발사업
	• 기업도시개발 특별법	• 기업도시개발사업
	• 신행정수도 후속대책을 위한 연기·공주지역 행정중심복합도시 건설을 위한 특별법	• 행정중심복합도시건설사업
	• 공공기관 지방이전에 따른 혁신도시 건설 및 지원에 관한 특별법	• 혁신도시개발사업
	• 경제자유구역의 지정 및 운영에 관한 특별법	• 경제자유구역개발사업
	• 도시재정비 촉진을 위한 특별법	• 도시재정비사업
	• 지역균형개발 및 지방중소기업 육성에 관한 법률	• 개발촉진지구개발사업
	• 보금자리주택건설 등에 관한 특별법	• 보금자리주택사업

자료: 대한국토·도시계획학회(2008: 44)에서 재구성.

2. 주요 내용

1) 신도시개발정책

(1) 개 념

신도시의 개념은 학자들의 신도시를 이해하는 관점과 신도시 개발목적에 따라 다양하게 나타나고 있지만, 신도시는 국가의 사회·경제 및 국토정책의 일환으로 계획에 따라 건설되며, 해당 도시민의 생활에 필요한 서비스와 일자리를 충족하는 자족성을 지닌 정주공간을 의미한다. 신도시의 개념을 광의로 해석할 경우 위성도시(satellite city)나 침상도시(bed town) 등 모도시 의존적 도시는 물론 생산·소비·유통 등 모든 기능을 갖춘 독립적 도시개발도 포함한다(박종화 외, 2004).

(2) 신도시개발의 유형

신도시개발의 유형은 여러 가지 기준에 따라 구분할 수 있으나 신도시 개발목표에 따라 ① 특정지역에 산업을 집중적으로 개발할 것을 목표로 하는 산업신도시개발과 산업기지의 배후신도시개발, ② 수도권 인구분산 등 대도시 문제해결을 목표로 하는 신도시개발, ③ 특정 낙후지역을 거점으로 중점 개발하는 신도시개발, ④ 연구학원도시의 건설을 위하여 특정지역을 개발하는 신도시개발 등으로 구분할 수 있다.

우리나라 신도시들은 산업기지 배후도시, 대도시의 과밀문제 해결, 낙후지역 개발, 연구단지 조성, 국토균형개발 등 정책적 필요성에 의해서 건설되었거나 건설될 도시들이 대부분이다(김수신 외, 2011b).

표 5.1.3 우리나라 신도시개발의 유형

구 분	내 용
산업도시 및 산업기지 배후도시	• 울산, 포항, 구미, 창원, 여천, 광양 등
대도시 문제해결	• 성남(서울시 불량주택철거이전), 안산(서울시 공해공장 이전), 과천·둔산·계룡(서울시 행정기능 분산), 분당·일산, 동탄·판교 등(수도권의 주택공급), 영동·여의도·잠실·목동·상계(서울시 도심기능분산 및 주택공급)
낙후지역 개발	• 동해시
연구학원도시	• 대덕연구단지
국토균형발전	• 행정중심복합도시(연기·공주), 기업도시(충주·원주 등), 혁신도시(11개 광역시·도에 모두 10개 선정)

(3) 신도시정책의 특징

우리나라의 신도시개발에서 다음과 같은 문제점이 나타났다. 첫째, 신도시 자족기능의 결여로서, 신도시가 복합적인 기능을 갖춘 독립적인 도시라기보다는 단순한 침상도시(bed town)로서의 위성도시를 양산하였다. 둘째, 비효율적인 토지이용계획으로, 신도시개발이 단순히 기존도시의 외연적 확산을 도모함으로써 토지이용의 비효율성과 환경문제를 일으키고 있다. 셋째, 개발의 비민주성과 중앙집권성으로서, 모든 개발계획이 중앙정부의 통제하에 이루어지기 때문에 지방정부 참여의 제약과 동시에 해당주민의 개발과정에의 참여의 미흡을 들 수 있다. 넷째, 자연자원의 파괴문제로서, 무분별한 신도시개발로 인하여 자연생태계 파괴문제가 있다.

2) 도시재개발정책

(1) 의 의

도시는 다른 유기체와 같이 시간이 지남에 따라 끊임없이 변하고 있으며 기능적으로나 물리적으로 노후현상이 나타나게 된다. 선진국 대도시들의 중심지는 불량지구 혹은 불량 노후건물군이 형성되어 생활환경이 악화되고 있으며, 개발도상국 대도시들의 변두리지역에는 무허가건축물 혹은 불법 건물군이 형성되어 생활환경이 악화되고 있다.

우리나라에서의 재개발사업의 변천과정을 살펴보면 다음과 같다. 1965년 「도시계획법 시행령」 개정에서 재개발지역 설정에 관한 항목이 신설되어 도시재개발이 법적 뒷받침을 받게 되었고 정부의 정책에 반영되게 되었다.

1971년 「도시계획법」을 개정하면서 도시재개발사업 조항을 신설하고, 1973년에 1981년까지를 시한으로 하는 한시법으로서 「주택개량촉진에 관한 임시조치법」을 제정하여 주택개량사업을 도시계획사업으로 규정하였고 재개발사업에 각종 세금을 면제해 주는 지원제도를 강화하였다.

1976년에 「도시재개발법」이 독립된 단일법으로 제정되어 재개발사업은 주택개량재개발사업과 도심재개발사업으로 구분되었다. 그 후 1989년에는 「도시저소득주민의 주거환경개선사업을 위한 임시조치법」을 제정하여 주거환경개선사업이 새로이 시작되었다. 주거환경개선사업은 도시 저소득주민이 거주하는 노후 혹은 불량건축물 밀집지역에 공공시설 정비 및 주택의 건설과 개량, 그리고 소득원의 개발 등을 목적으로 1999년까지를 유효기간으로 하였으나 2004년 12월 31일까지 연장하여 시행되었다.

이후 2003년에 기존의 「도시재개발법」과 「도시저소득주민의 주거환경개선사업을 위한 임시조치법」을 통폐합하여 「도시 및 주거환경정비법」을 제정하였다. 그러나 기존의 재정비사업방식으로는 개별적·국지적인 민간 위주의 사업에서 나타나는 한계를 극복할 수 없었기 때문에 2005년에 새로이 「도시재정비촉진을 위한 특별법」을 제정하였다.

(2) 재개발 유형

도시재개발정책의 유형은 다양하게 분류할 수 있다. 재개발사업은 추진방식 혹은 추진수단에 따라 전면재개발(redevelopment), 수복재개발(rehabilitation), 보전재개발(conservation)으로 나눌 수 있다. 전면재개발은 철거를 위주로 하는 사업으로서, 슬럼화하여 시가지로서 필요한 기능과 환경을 상실한 지구에 시가지를 조성하는 것을 말한다. 수복재개발은 어떤 지역의 기능과 환경이 어느 정도 악화되었거나 악화되고 있는 지역에서 기존의 건축물과 환경을 최대한 살리면서 부분적인 수술과 정비를 해 나가는 재개발방법이다. 보전재개발이란 충분한 기능과 건전한 환경을 가지고 있지만 그대로 방치하면 장래에 악화될 염려가 있는 지구 또는 역사적 혹은 문화적으로도 훌륭한 건축물이 많은 지구에 대해서 건축 및 도시계획의 행정지도에 의해 악화를 예방하는 사업이다(박종화 외, 2004).

「도시 및 주거환경정비법」에서는 정비사업을 주거환경개선사업, 주택재개발사업, 주택재건축사업, 도시환경정비사업, 주거환경관리사업, 가로주택정비사업으로 분류하고 있다.

한편「도시재정비촉진을 위한 특별법」에 의한 재정비촉진사업은「도시 및 주거환경정비법」에 따른 주거환경개선사업·주택재개발사업·주택재건축사업·도시환경정비사업·주거환경관리사업·가로주택정비사업, 「도시개발법」에 따른 도시개발사업, 「전통시장 및 상점가 육성을 위한 특별법」에 따른 시장정비사업,「국토계획법」에 따른 도시·군계획시설사업으로 분류된다.

(3) 재개발정책의 내용

「도시 및 주거환경정비법」에 의한 정비사업의 내용은 다음과 같다.

① 주거환경개선사업: 도시저소득주민이 집단으로 거주하는 지역으로서 정비기반시설이 극히 열악하고 노후·불량건축물이 과도하게 밀집한 지역에서 주거환경을 개선하기 위하여 시행하는 사업

② 주택재개발사업: 정비기반시설이 열악하고 노후·불량건축물이 밀집한 지역에서 주거환경을 개선하기 위하여 시행하는 사업

③ 주택재건축사업: 정비기반시설은 양호하나 노후·불량건축물이 밀집한 지역에서 주거환경을 개선하기 위하여 시행하는 사업

④ 도시환경정비사업: 상업지역·공업지역 등으로서 토지의 효율적 이용과 도심

또는 부도심 등 도시기능의 회복이나 상권활성화 등이 필요한 지역에서 도시환경을 개선하기 위하여 시행하는 사업

⑤ 주거환경관리사업: 단독주택 및 다세대주택 등이 밀집한 지역에서 정비기반시설과 공동이용시설의 확충을 통하여 주거환경을 보전·정비·개량하기 위하여 시행하는 사업

⑥ 가로주택정비사업: 노후·불량건축물이 밀집한 가로구역에서 종전의 가로를 유지하면서 소규모로 주거환경을 개선하기 위하여 시행하는 사업

기존의 개별적·국지적 재정비사업방식의 한계를 극복하기 위해 제정된 「도시재정비 촉진을 위한 특별법」은 낙후된 기존의 구시가지의 재개발 등 각종 정비사업을 좀 더 광역적으로 계획하여 효율적으로 개발할 수 있는 체계를 확립하고 도시기반시설을 획기적으로 개선함으로써 기존 도시에서의 주택공급 확대와 함께 도시의 균형발전을 도모하고 국민의 삶의 질 향상에 기여하는 데 목적이 있다.

또한, 현행 제도의 미비점을 보완하여 공공의 역할과 지원을 강화함으로써 주민의 생활여건을 개선하고 구도심을 비롯한 도시 내 쇠퇴지역 등의 기능을 증진시키고 지역공동체를 복원하여 자생적 도시재생을 위한 기반을 마련할 필요가 있었다. 이를 위해 2013년 4월 「도시재생 활성화 및 지원에 관한 특별법」을 제정함으로써 계획적이고 종합적인 도시재생 추진체제를 구축하고 물리적·비물리적 지원을 통해 민간과 정부의 관련 사업들이 실질적인 도시재생으로 이어지도록 하였다.

3) 최근 도시개발정책

최근 우리나라의 도시를 대상으로 하는 대표적인 정책은 국가균형발전을 위해서 추진하는 행정중심복합도시와 혁신도시, 그리고 지방의 경제활성화를 위해서 추진되고 있는 기업도시 등을 들 수 있다.

(1) 행정중심복합도시

행정중심복합도시 건설계획의 배경은 심각한 국토발전의 불균형, 과거 발전전략의 한계 등의 문제를 해결하기 위하여 국가균형발전을 위한 실천전략의 하나로 행정중심복합도시의 건설을 계획하였다.

2004년 「신행정수도의 건설을 위한 특별조치법」에 대한 헌법재판소의 위헌결정 이후, 정부에서 2005년 3월에 「신행정수도 후속대책을 위한 연기·공주지역 행정중심

복합도시 건설을 위한 특별법」을 공포하였다. 동법에서는 행정중심복합도시의 예정지역의 지정, 중앙행정기관 등의 이전계획, 행정중심복합도시 건설을 위한 기본계획, 개발계획 및 실시계획을 수립·시행하도록 하고 있고, 행정중심복합도시의 추진기구 등을 규정하고 있다.

세종시는 2005년 도시개념 아이디어 국제공모를 통하여 환상(ring)형 도시구조를 마련하여 국민통합을 상징화하는 등 도시형태와 건설이념을 연계하였고, 연구·의료·교육·문화 및 비즈니스를 조화롭게 배치하고 생활권별로 개발을 추진하여 2030년까지 인구 50만명의 선진형 첨단자족도시로 육성할 계획이다. 세종시는 「세종특별자치시 설치 등에 관한 특별법」이 2010년 12월 제정되어 세종시의 모습이 구체화되었으며, 2012년 7월 1일 출범하였다. 세종시의 내용은 아래 표와 같다.

표 5.1.4 세종시 예정지역 및 관할구역

구 분	예정지역	세종시 전체
지정면적	72.91㎢	465.23㎢
편입행정구역	연기군, 공주시	연기군, 공주시, 청원군
	5면 33리	1읍 11면 135리
거주인구	2.1천명	94천명

자료: 국토해양부(2011: 84).

그러나 세종시는 정부기관 이전만으로는 도시의 성장동력 창출에 한계가 있으므로 충분한 자족기능을 갖춘 명품도시로 발전할 수 있도록 보완대책을 마련해야 한다. 행정기관 이전 등에 맞춰 기반시설 조성을 적기에 마무리하고, 도시자족기능 확충 및 배후주거지 개발을 중점 추진해야 한다. 또한 기업, 대학, 유통·상업시설 등이 수도권에서 이전하거나 신규 투자하는 경우 인센티브를 제공하는 등 적극적인 지원방안을 검토하여 도시의 조기 활성화를 도모해야 한다.

(2) 혁신도시

혁신도시 건설은 수도권의 과밀문제와 국토불균형문제를 해결하기 위한 대안적인 분산정책의 성격을 띠고 있으며, 2005년 6월에 공공기관의 시도별 이전계획이 확정·발표되었고, 이에 따라 10개 광역자치단체에서 혁신도시의 입지후보를 2005년 12월말까지 확정하였다. 또한, 정부는 공공기관의 지방이전을 원활하게 추진하고, 지역적 특성을 고려한 새로운 형태의 혁신도시를 효율적으로 조성하기 위한 법적 토대를 마련하기 위해 2007년 1월「공공기관 지방이전에 따른 혁신도시 건설 및 지원에 관한 특별법」(약어로 혁신도시법이라 함)을 제정하였다.

혁신도시는 이전공공기관을 수용하여 기업·대학·연구소·공공기관 등의 기관이 서로 긴밀하게 협력할 수 있는 혁신여건과 수준 높은 주거·교육·문화 등의 정주환경을 갖추도록 광역시·도에 개발하는 미래형도시를 말한다. 또한, 혁신도시는 탈중앙(분권)과 탈중심(분산)의 가치를 지향하고 있다. 즉, 중앙집권적 지방통치체제 및 중심부의존적 국토도시구조를 혁신하자는 것이다.

한편, 혁신도시는 규모에 따라 혁신지구형(소규모: 부산, 제주), 신시가지형(중규모: 울산, 강원, 경북, 경남, 대구), 신도시형(대규모: 충북, 광주·전남, 전북)으로 구분할 수 있다. 특히 부산의 경우는 4개 지구로 분산배치하였으며, 광주·전남은 공동으로 조성하는 것이 특징이다.

(3) 기업도시

기업도시란 산업입지와 경제활동을 위해 민간기업 주도로 개발되는 도시로서, 기업 자신이 필요한 용지를 개발하여 생산·연구개발 등 유관 산업과의 연계성 및 효율성을 극대화함과 동시에 정주에 필요한 주택·교육·의료 등 자족적 복합기능을 가진 도시를 말한다. 기업도시는 크게 세 가지의 유형으로 구분되는데, 제조업과 교역 위주의 산업교역형 기업도시, 연구개발 위주의 지식기반형 기업도시, 관광·레저·문화 위주의 관광레저형 기업도시 등이다(기업도시개발 특별법 제2조).

정부에서는 민간자본을 활용한 도시개발을 통해 기업의 국내투자를 확대하고 지역경제의 활성화를 통한 지역발전을 도모하기 위하여 2004년「기업도시개발 특별법」을 제정하여 기업도시개발을 추진하게 되었다. 기업도시 우선 입지대상은「국가균형발전 특별법」상 성장촉진지역으로 선정된 지역, 지역경제 활성화 및 고용증대 등 국민경제 발전에 효과가 큰 지역 또는 지식기반집적지구로 지정된 지역(산업교역형·지식기반형 한정)을 우선적으로 선정하고 있으며, 수도권·광역시(군지역은 지정대상에 포함) 지역과 대규모 개발사업이 집중된 지역으로서 기업도시위원회의 심의를 거쳐 국토교통부장관이 고시하는 지역은 입지지역으로 제한을 두고 있다.

정부에서는 2005년 8월에 태안(관광레저형), 무주(관광레저형), 원주(지식기반형), 충주(지식기반형), 무안(산업교역형), 영암·해남(관광레저형)지역을 기업도시 시범사업지역으로 선정하였다. 이 중에서 태안, 충주, 원주가 착공되었으나, 무주는 국제금융위기로 인한 경영악화 및 국내 부동산경기 침체로 사업시행자가 사업을 포기하여 문화체육관광부에서 2011년 1월 개발구역 지정을 해제함에 따라 사업이 중단되어 5개 사업을 추진 중에 있다(국토해양부, 2012).

3. 평가와 과제

우리나라의 도시는 21세기에 접어들면서 새로운 변화를 맞고 있다 화석연료 사용 및 온실가스 배출 증가 등 지구온난화에 대한 글로벌 차원의 대응, 인구감소 및 세계에서 가장 빠른 고령화 진행, 전방위적 FTA 확산, 경제 블록화 등 지역간 경쟁 가속화에 대한 대응 등 국내외 여건 변화가 예상된다. 따라서 도시개발정책의 방향도 향후 전망되는 변화에 능동적으로 대처해 나가야 할 과제를 안고 있다(국토해양부, 2011).

첫째, 인구감소에 대비한 도시공간구조 재편요구가 증대될 것이다. 인구감소 등으로 인하여 신시가지 개발에 의한 도시 확산이 한계에 도달하고, 기존 도심의 기능이 지속적으로 쇠퇴하면서 도시경쟁력은 약화될 전망이므로 기존도심 활력증진을 위한 재생사업이 활성화될 것이다. 또한 인구감소 및 고령화 등으로 인구구조 변화에 따라 도시 내 공공서비스 수요가 점차 다양화되고, 새로운 공공편익시설 정비 필요성이 증가할 것이다.

둘째, 기후변화에 대비한 저탄소 녹색도시 형성요구가 증가할 것이다. 기후변화·에너지위기시대 도래에 대응하고 도시의 글로벌 경쟁력 확보를 위해 기존 도시공간에 대한 개선 필요성이 증대됨에 따라 도시 내 자연순환체계 확보, 도시 내 녹지면적 확대 및 복원에 대한 필요성이 증대될 것이다.

셋째, 개방과 소득수준 향상에 따른 도시문화가 다양화될 것이다. 도시 간 경쟁이 강화됨에 따라 도시별로 자긍심을 살릴 수 있는 전통 및 문화 등 다양한 도시정체성 발굴 노력이 증가할 것으로 예상된다. 세계화시대에 지방정부가 국제경쟁력을 갖추기 위해서는 국제통상·외교와 관련된 중추관리기능을 강화하여야 하고, 서울을 비롯한 일부 대도시는 국제경쟁력을 갖춘 생산자서비스업을 육성시켜야 한다.

넷째, 향후 지역개발수요의 증가에 따라 지방정부의 공공투자재원은 부족하게 될 가능성이 크다. 지방정부는 투자재원의 부족문제를 해결하기 위해 민간자본의 활용,

지방채의 발행, 지방세원의 확충, 지역개발자금제도의 활용 등과 같은 다양한 방법이 강구되어야 한다.

제3절 농촌 및 낙후지역정책

1. 의 의

1960년대 우리나라는 특정지역개발을 통해 산업화를 촉진하고 자원개발을 통해 국가의 경제성장을 도모하는 데 치중했다. 그러나 1980년대부터 국토의 불균형발전이 심각한 문제로 대두됨에 따라 수도권 집중을 완화하는 동시에 지역간 균형발전을 위해 농촌 및 낙후지역에 자립적 성장기반을 마련해주고 생활공간으로 활력을 촉진할 수 있도록 안전행정부의 접경지역지원사업 · 오지개발사업 · 도서종합개발사업, 농림축산식품부의 신활력지원사업 · 농어촌생활환경정비사업 · 농촌마을종합개발사업, 국토교통부의 개발촉진지구사업 · 살기좋은지역만들기, 환경부의 도서지역식수원개발사업, 산림청의 산촌종합개발사업 등 다양한 정책들을 시행해 왔다. 그러나 이들 정책은 포괄적이고 체계적인 지원프로그램의 부재, 중앙정부 주도의 시혜적인 정책추진, 소규모 분산투자로 인한 효과성 저하 등 여러 가지 측면에서 정책의 적정성에 대한 비판과 정책추진의 한계에 직면하게 되었고, 더욱이 일부 농촌지역과 낙후지역의 저발전은 더욱 더 심화되는 양상을 보였다.

이에 따라 2003년 지역간 불균형을 해소하고 지역혁신 및 특성에 맞는 발전을 통하여 자립형 지방화를 촉진하기 위해 제정된 「국가균형발전특별법」(약어로 균형발전법이라 함)을 2009년 개정하여 종래 부처별로 추진하던 농촌지역 및 낙후지역 지원사업을 도시활력증진지역, 일반농산어촌지역, 특수상황지역, 성장촉진지역으로 구분하였다. 이에 따라 낙후지역을 지역 낙후도를 기준으로 한 성장촉진지역과 접경지역, 개발대상도서 등 행정적 · 지리적 특수성에 의해 구조적으로 불리한 여건에 있는 특수상황지역으로 구분하여 지원체계를 정비하였다. 또한 농촌지역 및 낙후지역의 효율적인 사업추진을 위하여 120개의 일반농산어촌지역개발은 농림축산식품부가 지원하고, 70개의 성장촉진지역개발은 국토교통부가 지원하도록 하였다. 본 절에서는 농촌지역의 주요 정책으로 '농업 · 농촌발전 기본계획', '농림어업인 삶의 질 향상 기본계획', '농산어촌지역 포괄보조사업계획'을 중심으로, 낙후지역의 주요 정책으로 '성장촉진지역', '특수상황지역', '특정지역개발제도', '개발촉진지구제도' 그리고 박근혜정부의 주요 정책을 중심으로 살펴보고자 한다.

2. 주요 내용

1) 농업·농촌발전 기본계획

농업이란 농작물생산업, 축산업, 임업 및 이들과 관련된 산업이며, 농촌이란 군지역 전체와 시지역 가운데 농촌소득을 위한 지역으로 농림축산식품부장관이 고시한 지역을 말한다. 이러한 농업과 농촌의 발전을 도모하기 위하여 농업·농촌이 나아갈 방향과 국가의 정책방향에 관한 기본적인 사항을 규정하기 위하여 「농업·농촌기본법」을 제정하였다.

이 법에서 농업은 국민의 식량을 안정적으로 공급하고 국토환경보전에 이바지하는 등 경제적·공익적 기능을 수행하는 기간산업으로서 국가경제의 조화로운 발전의 기반이 되도록 하고, 농업인은 자율과 창의를 바탕으로 다른 산업종사자와 균형된 소득을 실현하는 경제주체로 성장하여 나가도록 하며, 농촌은 고유한 전통과 문화를 보존하는 풍요로운 산업·생활공간으로 발전시켜 이를 미래세대에 승계되도록 하는 것을 기본이념으로 삼고 있다.

농림축산식품부장관은 농업의 발전과 농촌의 균형 있는 개발을 위하여 농업·농촌발전 기본계획을 수립하여 국회에 제출하여야 한다. 기본계획에는 농업·농촌발전을 위한 시책 기본방향, 식량의 적정 자급목표, 농업·농촌에 관하여 정부가 추진하여야 할 시책의 구체적 내용, 기타 농업·농촌의 종합적·계획적 발전을 추진하기 위하여 필요한 사항을 포함하여야 한다. 한편, 광역시장 및 도지사는 기본계획과 그 관할지역의 특성을 고려하여 광역시·도 농업·농촌발전계획을 수립·시행하여야 한다. 또한 시장·군수·구청장은 시·도 계획과 그 관할지역의 특성을 고려하여 시·군·구 농업·농촌발전계획을 수립·시행하여야 한다.

2) 농림어업인 삶의 질 향상 기본계획

농림어업인 삶의 질 향상 기본계획은 DDA, FTA 등 개방확대에 대응하고 낙후된 농산어촌 지역주민의 삶의 질 향상을 위해 2004년 3월「농림어업인 삶의 질 향상 특별법」이 제정되면서 후속 대책으로 삶의 질 향상위원회 중심으로 범정부적 추진체계를 구축하고 매 5년마다 기본계획을 수립하도록 하고 있다. 또한 동 기본계획에 따라 시·도, 시·군 5개년 계획을 수립하고 관계부처에서는 연도별 시행계획을 수립·추진하도록 하고 있다.

이에 따라 기획재정부 등 11개 부처가 참여하여 '삶과 휴양, 산업이 조화된 복합 정주공간으로서의 농산어촌' 구현을 목표로 교육, 복지, 지역개발, 산업 등 4대 분야 133개 과제와 20.3조원의 투융자계획이 포함된 제1차 농림어업인 삶의 질 향상 5개년(2005~2009) 기본계획을 수립하였다. 그리고 중점 추진과제는 농어촌 복지기반확충, 농어촌 교육여건개선, 농어촌 지역개발촉진, 복합산업 활성화 등으로 설정하였다. 2010년 평가결과 당초 투융자계획(20.3조원)보다 109.9% 상향된 22.3조원이 투융자된 것으로 나타났다.

제2차 농림어업인 삶의 질 향상 5개년(2010~2014) 기본계획에서는 2008년 12월 완료된 복지, 교육 및 기초생활여건 등에 대한 농림어업인 복지실태조사 실시결과와 1차 기본계획 평가결과, 여건변화에 따른 정책 패러다임의 변화에 따라서 '삶터, 일터, 쉼터가 조화된 행복한 농어촌' 구현을 목표로 보건·복지, 교육, 기초생활 인프라 등 7대 분야 133과제와 34.5조원의 투융자계획을 수립하였다. 그리고 중점추진과제를 농어촌 보건·복지증진, 교육여건개선, 기초생활 인프라확충, 경제활동 다각화, 문화·여가 여건향상, 환경·경관개선, 지역발전 역량강화 등으로 설정하고 있다.

3) 농산어촌지역 포괄보조사업계획

정부는 2010년부터 종전의 균특회계에서 추진하던 200여개 지역개발 계정사업을 22개 사업군으로 통폐합하고 지자체에 포괄적인 재정지원을 위해 균특회계를 광특회계로 개편하고 포괄보조금제도를 도입하였다. 이에 따라 농림축산식품부는 소관 포괄보조사업의 효율적인 관리·운영을 위한 계획체계를 구축하기 위하여 161개 시·군에 대하여 농산어촌지역 포괄보조사업 5개년(2010~2014) 계획을 수립토록 하여 2010년 12월 완료하였다.

이 계획에서는 농림축산식품부에서 제시한 포괄보조사업 계획수립 가이드라인에 따라 시·군단위 포괄보조사업을 하나의 통합계획으로 수립하고 계획수립시 지역주민, 관련 공무원, 민간전문가 및 시민사회단체 등이 참여하는 지역발전협의체 등을 구성하여 의견수렴을 강화하도록 하였다. 또한 기존에 시·군에서 수립한 기초생활권 발전계획을 참고하여 농림축산식품부 소관 3개 포괄보조사업군인 일반농산어촌개발, 농어촌자원복합산업화지원, 농어업기반정비 등으로 구분하여 계획수립하도록 하고 있다.

표 5.1.5 농림축산식품부 소관 포괄보조사업군

사업군	대상 시군	지역개발계정
일반농산어촌개발	120개 시·군	시·군자율편성
농어촌자원복합산업화지원	161개 시·군	시·도자율편성
농어업기반정비	161개 시·군	시·도자율편성

포괄보조사업 계획수립시 일반농산어촌개발사업에서는 ① 읍·면소재지 종합정비, ② 권역단위종합정비, ③ 신규마을조성 및 재개발, ④ 기초생활 인프라정비 등의 유형으로, 농어촌자원복합산업화지원사업은 ① 농수산물 생산·유통기반구축지원, ② 농수산물 제조·가공지원, ③ 농수산물체험·전시지원, ④ 농어촌체험·관광지원, ⑤ 농공단지조성 및 재정비 등의 유형으로, 농어업기반정비사업은 ① 밭기반정비, ② 대구획경지정리, ③ 농업생산기반종합정비, ④ 농업사관학교건립, ⑤ 전북실용농업교육센타건립, ⑥ 씨감자생산기반조성, ⑦ 소형어선인양기설치, ⑧ 지방어항, ⑨ 복합다기능부잔교시설, ⑩ 양식어장관리, ⑪ 인공어초, ⑫ 수산종묘관리, ⑬ 내수면어업생산관리 등의 종전 사업유형으로 계획수립하도록 하였다.

4) 성장촉진지역

「국가균형발전 특별법」 제2조에서는 '성장촉진지역'이란 생활환경이 열악하고 개발수준이 현저하게 저조하여 해당 지역의 경제적·사회적 성장을 촉진하기 위하여 필요한 도로, 상수도 등의 지역사회 기반시설 구축 등에 국가와 지방자치단체의 특별한 배려가 필요한 지역으로서 소득, 인구, 재정상태 등을 고려하여 대통령령으로 정하는 지역을 말한다. 동법 시행령 제2조에서는 시·군·구 중 시·군을 대상으로 연평균 인구변화율, 소득수준, 재정상황 및 지역접근성 등을 지역발전위원회가 5년마다 종합평가한 결과 지역사회 기반시설 구축 등에 국가와 지방자치단체의 특별한 배려가 필요하다고 인정되는 지역 중에서 지역발전위원회의 심의를 거쳐 안전행정부장관과 국토교통부장관이 공동으로 고시하는 지역을 지칭하고 있다.

이러한 낙후지역의 효율적인 지역개발은 이명박정부의 신지역발전정책에 따른 163개 기초생활권 계획에서 그동안 부처별로 추진된 낙후 지역지원사업(5개 부처, 15개사업)을 4개 지역(도시활력증진지역, 일반농산어촌지역, 특수상황지역, 성장촉진지역)별 포괄보조사업으로 재편하고 기존의 낙후지역을 성장촉진지역과 도서지역 및 접경지역을 포함하는 특수상황지역으로 분리하였다. 특수상황지역은 안전행정부가 관장하여 지역개발사업을 추진하고 낙후도가 심한(낙후도 상위 30% 이내) 전국 70개 시·군지역을 성장촉진지역으로 지정하여 도로, 상하수도 등 기반시설을 국토교통부가 지원하도록 제도적인 기반을 정비하였다. 또한 성장촉진지역에는 국고보조율 상향 등 추가적인 혜택을 부여하는 새로운 정책을 추진하고 있다.

5) 특수상황지역

(1) 도서지역

「도서개발촉진법」에 의하면 도서(島嶼)란 제주특별자치도 본도를 제외한 해상의 모든 섬을 말한다. 일반적인 개념으로 도서란 사면이 바다로 둘러싸인 지역으로 내륙과 사회·경제·문화적으로 격리되어 있고, 토지면적이 좁은 장소적 협소성을 지니고 있는 지역을 말한다. 그리고 무인도서란 사람이 살지 않거나 농업이나 어업목적으로 일시적으로 거주하거나 전략상 군경만이 주둔하고 있는 섬을 말한다.

21세기는 해양을 어떻게 개발하고 활용하느냐에 따라서 국가의 생존과 번영이 좌우될 수 있기 때문에 많은 국가들이 해양영토 확장과 바다개척에 막대한 예산을 투입해 오고 있다. 우리나라도 삼면이 바다로 둘러싸인 반도국가로 약 3,153개의 도서들을 보유하고 있어, 해양 및 도서개발을 위한 유리한 지리적 장점을 보유하고 있다. 이러한 해양 및 도서개발의 중요성을 인식하고 부처별로 다양한 정책을 추진해오고 있다. 특히 안전행정부가 주관하는 도서종합개발사업은 20년 동안 추진되어 온 대표적인 정책으로서, 1986년에 「도서개발촉진법」이 제정되면서 본격화되기 시작했다.

도서종합개발사업은 해양 및 도서자원을 어떻게 개발하고 활용할 것인가에 초점을 두었다기보다는 낙후된 도서지역의 생활, 생산, 소득, 복지시설의 정비 및 확충을 통하여 도서주민의 소득증대와 복지증진에 역점을 두고 추진되어 왔다. 즉, 제1차 도서종합개발 10개년(1988~1997)계획에서는 449개 도서지역을 대상으로 9,700억원이 투입되었고, 제2차 도서종합개발 10개년(1998~2007)계획에서는 410개 도서지역을 대상으로 9,793억원이 투입되었다. 2008년도에 계획완료한 제3차 도서종합개발 10개년(2008~2017)계획에서는 개발대상 372개 도서지역에 1조 7,780억원이 투입될 전망이다.[3)]

그동안의 도서종합개발사업이 도서지역의 특성과 개발 잠재력에 따른 합리적인 개발이 이루어지지 못하였다는 지적에 따라, 제3차 도서종합개발 10개년 계획에서는 도서의 특성을 고려하지 않고 소규모 분산투자로 추진되던 종래의 사업방식을 지양하고, 도서별 여건과 특성을 고려한 유형화·특성화 계획방식[4)]으로 계획을 수립하였다. 또한 도서지역 낙후성의 근본적인 원인인 격절성(隔絶性) 해소에 가장 효과적 수단이고 도서주민의 최대 숙원사업인 연육연도교 사업을 안정적으로 확대·추진하고자 하였다.

(2) 접경지역

접경지역이란 「접경지역지원 특별법」에서 1953년 7월 27일 체결된 「군사정전에 관한 협정」에 따라 설치된 비무장지대 또는 해상의 북방한계선과 잇닿아 있는 시·군(강화군, 옹진군, 김포시, 파주시, 연천군, 철원군, 화천군, 양구군, 인제군, 고성군)과 「군사기지 및 군사시설 보호법」에 따른 민간인 통제선 이남(以南)의 지역 중 민간인 통제선과의 거리 및 지리적 여건 등을 기준으로 하여 대통령령으로 정하는 시·군(고양시, 양주시, 동두천시, 포천시, 춘천시)을 말한다. 다만, 비무장지대는 제외하되 비무장지대 내 집단취락지역[5)]은 접경지역으로 본다.

접경지역은 남북분단의 특수성으로 토지이용의 규제가 심하고 이에 따른 지역개발의 투자가 미흡하여 인구증감률, 도로포장률, 상수도보급률, 제조업 종사자수 비율 및 군사시설 보호구역 점유비율 등에서 전국의 평균지표보다 저조한 낙후지역이다. 이에 정부는 2000년 1월 접경지역의 경제발전과 주민복지를 향상하고, 접경지역의 자

---

3) 제1차 도서종합개발 10개년계획~제3차 도서종합개발 10개년계획에서 투입된 재원은 관계부처 예산을 제외한 안전행정부에서 지원된 예산만 반영하였음.

4) 유형화·특성화 계획이란 도서의 입지나 도서의 자원, 주변도서와 유기적 관계 등 도서의 특성을 고려하여 도서를 유형화하고 계획을 수립하는 방식으로 도서가 가지고 있는 문화, 역사, 자연 등을 토대로 섬에 대한 그랜드 디자인(grand design)을 수립하고 구체화하여 계획을 수립하는 것을 말한다(홍기남, 2007).

5) 비무장지대 내 집단취락지역은 비무장지대 중 경기도 파주시 군내면에 위치한 집단취락지역으로 한다.

연환경을 체계적으로 보전·관리하며, 평화통일의 기반조성을 위해 「접경지역지원법」을 제정하였다.

그간 추진된 접경지역지원사업은 주로 정주생활환경개선에 초점이 맞춰진 가운데 실질적으로 지역개발의 파급효과가 미비하고 사업의 성격상 통일을 대비한 사업으로 간주하기 어려운 등 그 내용상 일반적인 지역개발사업과 차이점을 발견하기 어려운 것이 사실이다. 특히, 접경지역지원사업 추진의 근간이 되는 「접경지역지원법」이 「국토기본법」 및 「군사시설보호법」의 하위법으로 규정되어 있고, 재원조달에 대한 규정이 마련되지 않아 향후 안정적이고 원활한 사업추진에 어려움이 예상되는 상황이었다(김범수, 2007). 이러한 상황에서 2008년 신지역발전정책의 초광역권 개발구상이 발표되면서 남북교류 및 접경벨트가 구체화되기 시작했다. 이것은 한반도의 중심에 위치한 비무장지대 일원과 접경지역을 대한민국의 랜드마크로 조성한다는 야심찬 정책으로서, 한반도 평화정착과 남북한 공동번영을 위한 기반구축 및 보전지대 육성을 목표로 하고 있다. 이 지역을 남북한 공동번영과 평화창출을 위한 남북관계 개선의 촉진제로서 발전시키고, 접경지역의 구조적 한계를 극복하는 지역발전정책이다. 이와 같은 접경지역의 장기발전을 위해 2011년 7월 '접경지역 발전종합계획(2011~2030)'을 완료하고, 2000년 1월 제정된 「접경지역지원법」을 2011년 5월 「접경지역지원 특별법」으로 전부개정하여 접경지역의 범위와 지원범위를 확대하고, 범정부차원의 지원을 강화하는 등 다양한 문제점들을 개선하였다.

6) 특정지역개발제도

특정지역개발은 경제적으로 낙후된 지역, 문화유산의 보호 및 관광자원의 개발이 필요한 지역, 자연재해 및 산업재해 지역, 기타 특별히 집중적인 개발이 필요한 지역 등을 개발하는 것을 의미한다. 그리고 특정지역개발의 법률적인 근거가 되었던 「국토건설종합계획법」과 「특정지역종합개발촉진에 관한 특별조치법」은 1994년도에 폐지되었고, 현재의 특정지역개발은 상위법인 「국토기본법」과 하위법인 「지역균형개발 및 지방중소기업육성에 관한 법률」 등에 근거하여 시행되는 개발계획이다.

특정지역개발사업은 1960년대에는 주로 공업단지조성과 자연자원개발에 역점을 두고 추진하였으며, 3개소의 특정지역(서울·인천, 울산, 아산·서산)이 지정되었다. 1970년대는 관광자원개발에 역점을 두었는데 강원도 영동·동해지역이 특정지역으로 지정되었다. 1980년대는 낙후지역개발에 역점을 두고 제주도, 태백산, 다도해, 88고속도로 주변 등 4개소의 특정지역이 지정되었다. 1990년대에는 통일동산 특정지역과 백제문화권 특정지역만이 신규로 지정·개발되었고, 1994년 「지역균형개발 및 지방중소기업육성에 관한 법률」(약어로 지역균형법이라 함)이 제정·시행되면서 광역권개발계획 및 개발촉진지구제도가 도입되었고 특정지역개발제도는 종결되었다.

그러나 광역권 및 개발촉진지구제도와 보완적 관계에 있으면서 차별성을 가진 새로운 개발제도의 필요성이 제기되어 2002년 「지역균형법」을 개정하여 특정지역개발제도를 재도입하였다. 새로 도입된 특정지역은 대상지역의 성격에 따라 문화관광권형, 산업전환지대형, 특수입지형으로 구분할 수 있으며, 지정기준은 기존의 개발촉진지구 지정면적이 150㎢ 이상, 광역권개발권역의 지정면적이 3,000～9,000㎢인 점을 감안하여 개발제도간 연계성을 강화시키기 위하여 그 중간규모인 500㎢ 이상으로 하고 있다(국토해양부, 2011).

7) 개발촉진지구제도

개발촉진지구는 1980년대 이후 국토의 균형개발을 위한 낙후지역 개발사업의 비중이 점차 확대되고 1990년대에 들어서면서 기존의 특정지역 개발사업이 종결단계에 이르면서 1994년 「지역균형법」 제정시 도입되었다. 이 제도는 이전의 특정지역개발제도가 지정기준의 모호성과 중앙정부 차원의 지원방안 미흡으로 실효성이 낮은 것으로 평가되어 이를 대체하기 위한 새로운 수단으로 도입되었다. 이 제도의 취지는 지방의 발전 잠재력을 개발하고 민간부문의 자율적인 참여를 유도하여 지역개발사업이 효율적으로 추진되도록 하여 인구의 지방정착과 지역경제 활성화를 통하여 국토의 균형발전을 이루려는 데 있다.

개발촉진지구는 대상지역의 특성에 따라 낙후지역형, 도농통합형, 균형개발형으로 구분해 특성있는 개발을 추진하고 있다. 첫째, 낙후지역형은 개발수준이 타 지역에 비해 현저히 낮은 지역으로 인구증감률, 재정력지수, 도로율 등 8개 지표 가운데 1개 이상의 지표가 전국 하위 30% 미만이어야 한다. 둘째, 도농통합형 개발촉진지구 지정의 구체적인 기준은 없으나 개발수준이 상대적으로 낮고 향후 경제구조의 변화로 지역쇠퇴가 우려되는 통합시를 대상으로 한다. 셋째, 균형개발형은 지역균형개발 및 지방중소기업육성에 관한 법률에 의한 광역권 내 지역으로 전력·용수 등 입지여건이

양호해 개발효과가 큰 지역과 복합단지 개발이 추진되고 있는 지역, 인근지역 복합단지와 연계해 집중적인 개발이 필요한 지역을 지정한다.

개발촉진지구는 광역자치단체장의 신청에 의하여 국토교통부장관이 지정하고 광역자치단체에 의한 개발계획과 실시계획의 수립과정을 거쳐 집행된다. 개발촉진지구는 최소한 150㎢ 이상으로 하되 지원 및 공간범위를 제한하기 위해 광역시 및 도는 총면적의 20% 범위 내에서 지정된다. 개발촉진지구로 지정되면 중앙정부는 행정·금융·세제의 지원과 수익성 제고를 위한 사업권 부여 등 각종 지원을 제공한다. 현행 개발촉진지구제도는 중앙정부는 각종 지원책만을 제공하고 실질적인 계획의 수립과 집행은 지방자치단체와 민간에 이양함으로써 민간의 창의와 투자를 촉진하고 있다.

8) 박근혜정부의 농촌 및 낙후지역정책

박근혜정부의 농촌지역 및 낙후지역정책은 140개 국정과제 중 51대 과제인 누구나 살고 싶어 하는 복지농어촌건설에 포함되어 있고 크게 생활환경개선, 맞춤형 복지실현, 우리 농촌운동 확대·발전 등의 3대 부문이다.

첫째, 생활환경개선 부문은 읍면소재지의 중심지 기능 및 공공서비스 기능을 강화하기 위한 농촌형 보육시설, 보건소 현대화, 거점 산부인과, 농촌공원 조성, 문화·체육시설 및 공공도서관 등을 조성한다. 그리고 읍면소재지 배후 마을의 기초인프라 확충을 위해 슬레이트지붕 교체, 노후주택 신·개축, 마을 공동급식시설, 정보화 시설, CCTV 설치 등이다.

둘째, 맞춤형 복지실현 부문은 농업인을 위한 건강보험 및 국민연금의 확대, 농업인 안전재해보험 확대, 영농·가사 도우미, 농업안전보건센터 지정 등이다. 그리고 고령자를 위한 농지연금 확대, 농촌특성을 반영한 기초생활 수급제 보완, 공동생활홈, 경로당 가사도우미 지원 등이다.

셋째, 우리 농촌운동 확대·발전 부문은 지역주민 주도의 지역발전을 위한 체험관광 및 문화마을 등 색깔마을 만들기 지원, 들녘별 경영체 및 농업 공동체 회사 확대를 위한 농업 공동경영체 육성 등이다. 그리고 도시민의 참여촉진과 농촌유입을 위하여 도시자본·기술·경험을 활용한 일자리 창출, 농촌 생활환경개선, 지역축제 및 치유의 숲 조성 등이다.

3. 평가와 과제

지금까지의 우리나라 농촌지역 및 낙후지역 지원제도는 지역의 개발수요와 장소적 특성을 고려한 지원사업에 별다른 관심을 기울이지 않았다. 동일한 농촌지역 및 낙후지역의 범주에 속하더라도 각 지역의 인구와 경제 그리고 사회특성에 차이가 있음에도 불구하고, 각 지역의 특성을 충분히 고려하지 않은 채 동일한 기준에 의한 지원수단을 추진해 왔으며, 따라서 각 부처별 다양한 지원사업에도 불구하고 성과는 기대만큼 크지 않았다.

이에 따라 농촌 및 낙후지역정책은 전국 어디에 살든지 최소한의 생활수준을 보장하기 위하여 ① 농산어촌은 마을단위 기초생활 인프라를 완비하고 중심 읍·면 활성화 등 관련 사업을 연계 추진하며, ② 중소도시는 주거환경 정비, 구도심 재생 등을 종합적으로 추진하여 중소도시와 농산어촌을 연결하는 자립적 지역발전의 거점으로 조성하고, ③ 낙후도가 심각한 지역은 '성장촉진지역'으로 지정하여 도로, 상하수도 등 기초인프라를 확충하고 지역주민의 소득증대를 위한 기반구축에 중점을 두고 지원하도록 하였다.

이러한 농촌지역 및 낙후지역의 효율적인 지역개발은 「균형발전법」의 개정과 포괄보조금제 도입에 따라 그동안 부처별로 추진되던 15개의 단위사업을 통·폐합하여 일반농산어촌지역개발과 접경지역 및 개발대상 도서지역이 포함된 특수상황지역개발로 분리하여 지원하고, 또한 지역의 연평균 인구변화율, 소득수준, 재정상황 및 접근성 등을 고려하여 지정하는 성장촉진지역개발에 따라서 지역균형발전을 견인하는 동력이 될 것으로 기대된다.

그리고 박근혜정부의 농촌지역 및 낙후지역정책인 누구나 살고 싶어 하는 복지농어촌건설에 포함되어 있는 생활환경개선, 맞춤형 복지실현, 우리 농촌운동 확대·발전 등은 읍면소재지의 공공서비스기능 강화와 배후 마을의 기초인프라를 확충하고 주민주도의 지역발전과 도시민의 참여를 촉진하여 농촌 및 낙후지역개발을 위한 새로운 전기를 맞을 것으로 기대된다.

탐구학습

1. 주요 개념
   - 국토종합계획
   - 수도권정비계획
   - 광역권개발제도
   - 지역행복생활권
   - 성장촉진지역
   - 도서지역
   - 접경지역
   - 특정지역개발제도
   - 개발촉진지구제도
   - 신도시개발
   - 도시재개발
   - 행정중심복합도시
   - 혁신도시
   - 기업도시

2. 토론과 과제
   - 1~4차(수정계획) 국토종합계획의 주요내용과 특징
   - 1~3차 수도권정책의 주요내용과 특징
   - 광역권개발제도의 주요내용
   - 개발촉진지구제도의 주요내용
   - 특정지역개발제도의 주요내용
   - 신도시개발정책의 주요내용
   - 도시재개발정책의 주요내용
   - 최근 도시개발정책(행정중심복합도시, 혁신도시)의 주요내용

참고문헌

국가균형발전위원회(2005), 낙후지역개발사업의 조정 · 통합에 관한 기초연구.

국토해양부(2012), 2012년도 국토의 계획 및 이용에 관한 연차보고서.

국토해양부(2011), 2011년도 국토의 계획 및 이용에 관한 연차보고서.

기획재정부 외(2009), 제2차 농림어업인 삶의 질 향상 및 농산어촌지역개발 5개년 기본계획 (2010~2014).

김범수(2007), 접경지역지원사업의 실적 및 효율적 추진방안, 강원발전연구원.

김수신 외(2011a), 지역개발론, 서울: 한국방송통신대학교출판부.

김수신 외(2011b), 도시행정론, 서울: 한국방송통신대학교출판부.

김용웅 외(2003), 지역발전론, 서울: 한울.

노춘희 외(2012), 새로 쓴 도시학, 서울: 형설출판사.

농림수산식품부(2011), 농산어촌지역개발분야 포괄보조사업 5개년계획 보완가이드라인.

농림수산식품부(2010), 일반농산어촌개발 사업추진매뉴얼.

대한국토 · 도시계획학회(2008), 도시개발론, 서울: 보성각.

대한국토 · 도시계획학회(2004), 국토 · 지역계획론, 서울: 보성각.

대한국토 · 도시계획학회(1992), 도시계획론, 서울: 형설출판사.

대한민국정부(2011), 제4차 국토종합계획 수정계획.

대한민국정부(2005), 제4차 국토종합계획 수정계획.

대한민국정부(1999), 제4차 국토종합계획.

미래도시연구회(2009), 지역계획론, 서울: 보성각.

박병식 외(2009), 현대도시와 행정, 서울: 대영문화사.

박종화(2009), 도시경영론, 서울: 박영사.

박종화 외(2004), 지역개발론, 서울: 박영사.

윤원근(2003), 국토정책과 농촌계획, 서울: 보성각.

이달곤(2004), 지방정부론, 서울: 박영사.

이성근(2006), 정책계획론, 서울: 법문사.

이성현(2009), "성장촉진지역 선정을 위한 평가지표 설정에 관한 연구", 한양대학교 석사학위 논문.

이주형(2009), 21세기 도시재생의 패러다임, 서울: 보성각.

재정경제부 외(2005), 제1차 농림어업인 삶의 질 향상 및 농산어촌지역개발 5개년 기본계획 (2005~2009).

정환용(2009), 도시계획학원론, 서울: 박영사.

지식경제부 외(2009), 新지역발전정책 시리즈 1; 新지역발전정책구상.

지역발전위원회(2013), 지역발전정책의 성과와 과제.
지역발전위원회(2009), 기초생활권발전 계획수립매뉴얼.
지역발전위원회 외(2009), 기초생활권정책 시리즈 2009-1; 지역발전을 향한 행복한 동행.
차미숙 외(2008), 지역개발사업의 통합적 추진모형 구축 및 적용방안(I), 국토연구원.
홍기남(2007), "제3차 도서개발 10개년 계획의 비전과 전략", 지방재정, 한국지방재정공제회.
http://www.law.go.kr(국가법령정보센터).
http://www.region.go.kr(지역발전위원회).

제 2 장

자원 · 환경정책

제1절 수자원정책

1. 의 의

물은 모든 생명체의 근원이 되는 절대자원으로서 생명체의 성장에 필수적일 뿐만 아니라 일반 재화의 생산에도 없어서는 안 될 중요한 원료이다. 인간의 생존과 생활을 위해서 물은 필요한 때에, 필요한 곳에서, 필요한 양만큼, 원하는 수질로 공급되어야 한다(윤양수 외, 1998). 수자원이란 자원으로서 이용가능한 물을 의미하며, 이용용도에 따라 생활용수, 공업용수, 농업용수, 유지용수 등으로 구분할 수 있다.

수자원의 문제는 크게 수량문제와 수질문제로 구분할 수 있다. 수량문제는 다시 수량의 과잉과 부족으로 세분할 수 있다. 첫째, 수자원의 과잉으로 인한 홍수피해의 문제이다. 우리나라는 전국토가 몇 개의 큰 유역으로 이루어져 있고, 지형상 유로연장이 짧고 하상경사가 급해 단기간 내에 많은 양의 홍수가 발생하는 특징이 있다. 둘째, 수자원의 부족문제이다. 강우량은 계절적 · 지역적으로 심한 불균형을 이루고 있고, 비현실적인 용수단가로 인해 수자원의 낭비가 심한 편이다. 셋째, 수질문제로서 깨끗하지 못한 물의 문제이다.

표 5.2.1 수자원의 문제

문제의 유형		주요 내용
수량문제	수자원의 과잉	수자원의 과잉으로 인한 홍수피해
	수자원의 부족	강우량의 계절적 · 지역적 불균형, 수자원의 낭비
수질문제		깨끗하지 못한 물

수자원 문제를 해결하기 위한 정부의 정책을 수자원정책이라 한다. 수자원정책의 목표로는 ① 깨끗하고 안전한 먹는 물 공급과 가뭄 등에 대비한 안정적인 수자원의 확보, ② 수생태계의 보전·관리와 수질개선, ③ 물 절약 등 수요관리, 빗물 이용·하수 재이용 등 순환체계의 정비 및 수해의 예방, ④ 자연친화적인 하천의 보전·복원, ⑤ 수질오염 예방·처리를 위한 기술개발 및 관련서비스 제공 등이 있다.

수자원정책은 기능에 따라 국토교통부, 농림축산식품부, 산업통상자원부, 안전행정부, 환경부 등 각 부처별로 다원화되어 있고, 중앙부처의 일선집행업무는 특별행정기관, 공기업, 지방자치단체 등이 담당하고 있다. 광역 및 지방자치단체는 중앙정부의 위임업무와 지방하천 및 소하천의 관리, 지방상수도의 관리, 지하수 관리 등을 담당한다.

표 5.2.2 수자원정책의 내용

구분	관련부처	관련법률	관련계획	주요 내용	
				수자원관리	수자원개발
수량	국토교통부	• 하천법 • 댐건설지원법 • 지하수법 • 공유수면관리법 • 한국수자원공사법	• 수자원장기종합계획 • 유역종합치수계획 • 하천기본계획 • 댐건설장기계획	• 국가하천관리 • 홍수관리 • 다목적댐관리 • 광역상수도정책	• 다목적댐 건설 • 내륙주운 • 광역상수도 건설 • 하천정비사업
	산업통상자원부	• 전원개발촉진법	• 전원개발계획	• 발전용댐관리	• 발전용댐 건설
	농림축산식품부	• 농어촌정비법 • 농어촌발전촉진법	• 농어촌용수계획	• 관개용수(댐)관리 • 하구둑(농업용)	• 저수지 건설 • 간척지담수호 • 지하수개발(농업용)
	안전행정부	• 소하천정비법 • 자연재해대책법 • 온천법	• 소하천정비계획 • 방재기본계획	• 소하천관리 • 풍수해(방재청) • 온천수관리 • 상·하수도시설관리	• 지방용수댐 건설 • 지방상수도 건설 • 소하천정비사업
수질	환경부	• 환경정책기본법 • 수질 및 수생태계 보전법 • 4대강 특별법1) • 수도법 • 하수도법 • 먹는물관리법	• 물환경관리기본계획	• 수질관측 수질규제 • 지방상수도정책 • 음용수관리 • 도시하수종말처리장 • 공단폐수처리장	• 하수도 • 하천정화사업

2. 주요 내용

1) 관련 계획

(1) 하천계획

「하천법」상 하천은 국가하천과 지방하천으로 구분한다. 국가하천은 국토교통부장관이 관리하고, 지방하천은 시·도지사(즉, 특별시장·광역시장·특별자치시장·도지사·특별자치도지사)가 관리한다. 한편, 하천과 관련된 계획을 요약하면 다음의 표와 같다.

표 5.2.3 하천 관련 계획

계 획	주요 내용	수립권자	계획기간
수자원 장기종합계획	• 수자원의 안정적인 확보와 하천의 효율적인 이용·개발 및 보전	국토교통부장관	20년 (5년마다 재검토)
유역 종합치수계획	• 하천유역의 수자원 개발·이용의 적정화, 하천환경의 개선, 홍수예방 및 홍수발생 시 피해의 최소화 등	국토교통부장관	10년 (5년마다 재검토)
하천기본계획	• 하천의 이용 및 자연친화적 관리에 필요한 기본적인 사항 등	하천관리청	10년 (5년마다 재검토)

(2) 수도계획

「수도법」에 따라 국토교통부장관, 특별시장·광역시장·특별자치도지사·시장·군수(광역시의 군수는 제외)는 일반수도 및 공업용수도를 적정하고 합리적으로 설치·관리하기 위하여 10년마다 수도정비기본계획을 수립하여야 한다. 이 경우 국토교통부장관은 국가나 한국수자원공사가 설치·관리하는 광역상수도 및 공업용수도에 관한 수도정비기본계획을 수립하고, 특별시장·광역시장·특별자치도지사·시장·군수는 그 특별시·광역시·특별자치도·시·군이 설치·관리하는 일반수도 및 공업용수도에 관한 수도정비기본계획을 수립하여야 한다. 또한, 환경부장관은 국가 수도정책의 체계적 발전, 용수의 효율적 이용 및 수돗물의 안정적 공급을 위하여 수도정비기본계획을 바탕으로 하는 전국수도종합계획을 10년마다 수립하여야 한다.

---

1) 4대강 특별법은 「한강수계 상수원수질개선 및 주민지원 등에 관한 법률」과 「낙동강(또는 금강, 영산강·섬진강)수계 물관리 및 주민지원 등에 관한 법률」의 4개 법률을 말한다.

(3) 하수도계획

「하수도법」에 따라 환경부장관은 국가 하수도정책의 체계적 발전을 위하여 10년 단위의 국가하수도종합계획을 수립하여야 하고, 유역환경청장 또는 지방환경청장은 공공하수도의 중복설치방지와 효율적인 운영·관리를 위하여 20년 단위의 유역하수도정비계획을 수립하여야 한다. 또한, 특별시장·광역시장·특별자치도지사·시장 또는 군수(광역시의 군수는 제외)는 20년 단위의 하수도정비기본계획을 수립하여야 하며, 지방자치단체의 장은 하수도정비기본계획에 따라 공공하수도를 설치하여야 한다.

2) 수자원개발사업

(1) 하천정비사업

하천정비사업은 홍수피해를 방지하고 부수적으로 물 부족문제를 감소시키기 위해 실시한다. 최근 국민의 삶의 수준과 환경의식의 향상에 따라 기존 치수위주의 하천정비방식에서 벗어나 하천의 생태를 보존하고 하천을 주민의 휴식·친수공간으로 조성하는 생태하천으로의 정비방식이 일반화되고 있다. 사례로 이명박정부의 4대강 살리기사업이 있다.

(2) 댐건설사업

댐은 건설하는 목적에 따라 이수측면의 용수공급, 수력발전, 주운(舟運) 등과 치수측면의 홍수조절, 사방(沙防) 등이 있으며, 이 중 한 가지 목적에만 사용되는 것을 단일목적댐, 두 가지 이상의 목적으로 사용되는 댐을 다목적댐이라 한다.

표 5.2.4 댐의 현황

부 처	종 류	사 례	관 리
국토교통부	다목적댐	• 충주댐, 대청댐, 소양강댐, 안동댐, 합천댐, 섬진강댐 등	한국수자원공사
	용수전용댐	• 대암댐, 영천댐, 구천댐, 광동댐, 운문댐, 평림댐 등	한국수자원공사
	홍수전용댐	• 평화의 댐, 한탄강댐 등	한국수자원공사
산업통상자원부	발전용댐	• 화천수력발전소, 춘천수력발전소, 삼랑진양수발전소 등	한국수력원자력(주)
농림축산식품부	관개용수댐	• 나주댐, 장성댐, 영산강하구둑 등	한국농어촌공사
안전행정부	지방용수댐	• 동복댐, 가창댐 등	지방자치단체

(3) 상수도사업

수도는 일반수도·공업용수도 및 전용수도로 구분하며, 일반수도는 광역상수도·지방상수도·마을상수도로 세분된다(수도법 제3조). 광역상수도는 국가·지방자치단체·한국수자원공사 또는 국토교통부장관이 인정하는 자가 2개 이상의 지방자치단체에 원수나 정수를 공급하는 일반수도를 의미하며, 계절적·지역적으로 편중되어 있는 수자원을 확보하여 가뭄시에도 안정적인 용수공급을 도모하고 지역간 용수수급 불균형을 해소하는 기능을 수행한다. 광역상수도의 정책기능은 국토교통부가, 건설 및 운영은 한국수자원공사가 담당한다. 지방상수도는 지방자치단체가 관할 지역주민, 인근 지방자치단체 또는 그 주민에게 원수나 정수를 공급하는 일반수도로서 광역상수도 및 마을상수도 외의 수도를 말한다. 지방상수도의 정책기능은 환경부가, 건설 및 운영은 지방자치단체가 담당한다.

한편, 마을상수도란 지방자치단체가 100명 이상 2,500명 이내의 급수인구에게 정수를 공급하는 일반수도로서 1일 공급량이 20㎥ 이상 500㎥ 미만인 수도 또는 이와 비슷한 규모의 수도로서 특별자치도지사·시장·군수·구청장이 지정하는 수도를 말한다.

표 5.2.5 일반수도사업의 내용

구 분		관 할		주요 내용
		정책기능	건설·운영	
일반수도	광역상수도	국토교통부	한국수자원공사	• 국가·지방자치단체·한국수자원공사 또는 국토교통부장관이 인정하는 자가 2개 이상의 지방자치단체에 원수나 정수를 공급
	지방상수도	환경부	지방자치단체	• 지방자치단체가 관할 지역주민, 인근 지방자치단체 또는 그 주민에게 원수나 정수를 공급하는 일반수도로서 광역상수도 및 마을상수도 외의 수도
	마을상수도	지방자치단체		• 지방자치단체가 100명 이상 2,500명 이내의 급수인구에게 정수를 공급하는 일반수도로서 1일 공급량이 20㎥ 이상 500㎥ 미만인 수도 또는 이와 비슷한 규모의 수도로서 특별자치도지사·시장·군수·구청장이 지정하는 수도

3. 평가와 과제

1) 평 가

수자원정책에 대해서는 다음과 같은 평가가 있다.

먼저, 수자원정책의 조정기능이 미약하고 연계가 곤란하다. 수자원정책이 여러 부처로 분산되어 시행되고 있어 부처간 분쟁이 발생할 경우 이를 중재하고 종합적으로 책임질 기관이 없으며, 수량문제와 수질문제의 연계관리가 곤란하다.

둘째, 행정구역단위의 하천관리로 인한 문제이다. 하천을 국가하천, 지방하천, 소하천으로 분할하여 행정구역단위로 관리하고 있어 하천공사, 수질관리 등에 수계[2)]별 상·하류별 일괄관리가 곤란하고 지역간 수리권 분쟁을 조정하기 어렵다.

셋째, 상수도사업의 규모가 영세하여 규모의 경제성을 누리지 못하고 있으며, 상수도요금과 하수도요금이 낮아 수자원의 낭비가 심한 편이다.

넷째, 관련법령의 문제이다. 다양한 부처에서 사안별로 법령을 제정하여, 법령간 연계성이 부족하고 중복사항이 많아 관리 부실이나 업무의 중복을 초래하였다(건설교통부, 2007).

2) 과 제

(전)국토해양부의 수자원장기종합계획(2006~2020)에 의하면, 2020년에 물 수요량은 35,568백만㎥/년이나 물 공급량은 35,129백만㎥/년으로 예상되어 전국적으로 439백만㎥/년간 부족할 것으로 나타났다. 수자원정책의 목표를 효율적으로 달성하기 위해서는 향후 다음과 같은 개선이 필요하다.

첫째, 안정적인 수자원 확보와 수질보전이 요구된다. 물공급의 원활한 확보를 위해서는 빗물관리, 해수의 담수화, 해양심층수 개발, 인공강우, 지하수개발 및 활용 등 지역특성에 적합한 대체수자원을 확보하여야 한다. 또한 수자원의 수질은 오염원 유입저감대책, 하수처리율의 제고 및 수질정화기능이 있는 수목·수생식물 식재, 습지 조성 등을 통하여 안정적으로 보전하도록 하여야 한다.

둘째, 수자원의 효율적인 이용 및 절약 촉진과 물산업 육성이 필요하다. 물 절약기

---

2) 하천의 본류, 지류 및 파천 등으로 이루어진 한 하천의 전체적인 흐름계통을 말한다.

술의 보급 확대 및 노후관 교체 등 물 절약을 위한 인프라를 구축하고 빗물 이용시설, 중수도, 하·폐수처리수 재이용시설 확대보급 등 물 재이용의 활성화를 위한 법적·제도적 기반을 마련하여야 할 것이다. 한편 세계 물시장이 계속 확대되고 있는 바, 물산업 육성과 브랜드화를 통해 수출산업화가 가능하도록 여건을 조성할 필요가 있다.

셋째, 광역상수도와 지방상수도의 통합·연계운영으로 효율성을 제고하여야 하며, 상·하수도 요금의 현실화가 필요하다.

넷째, 수자원 관리체제를 정비할 필요가 있다. 부처별로 다양화된 관리체계를 수자원종합관리기구를 설치함으로써 조정기능을 강화하여 합리적으로 운영하도록 해야 한다. 현재 우리나라는 수자원관리의 기본법이 없이 부처별, 기능별 및 개별법에서 각각 규율하여 물 관련 정책의 통합적 수립과 관리가 곤란한 실정으로 물관리기본법의 제정이 필요하다(이성근 외, 2011).

제2절 지역에너지정책

1. 의 의

에너지정책의 환경은 급변하고 있으며, 어려워지고 있다. 개발도상국의 에너지소비는 증가하고 있고, 미국·유럽·중동 등의 국제정세는 빠르게 변하고 있다. 특히 기후변화의 주요 원인으로 지목받고 있는 온실가스의 배출을 억제하기 위한 환경규제는 더욱 강화되고 있는 실정이다. 이에 따라, 세계 각국은 에너지[3]의 확보를 위해 치열한 경쟁을 펼치고 있으며, 에너지 효율개선, 신재생에너지의 개발·보급 등에 박차를 가하면서, 미래의 에너지 위기에 대응하고 있다(지식경제부, 2013 수정인용).

이처럼 에너지는 사회·경제의 생존·발전을 위한 국민생활과 국가산업의 필수재화로서 중앙정부에 의한 강력한 중앙 집중적 관리체계를 기본으로 하는 정책분야이다.

그러나 지방자치제의 시행과 성숙으로 지방자치단체의 역할이 중요하게 인식되면서 지방자치단체 차원의 지역에너지정책도 주목된다. 지역에너지정책은 지방자치단체

3) 에너지란 연료·열 및 전기를 말한다(에너지법 제2조). 에너지원으로는 불(제1 에너지), 석유(제2 에너지), 원자력(제3 에너지), 신재생에너지(제4 에너지), 에너지 효율 제고(제5 에너지) 등이 있다(김형국, 2011).

가 국가에너지정책 목표의 맥락에서 지역의 부존자원과 에너지를 적극 개발하여 경제적이고 안정적인 에너지 공급을 자주적으로 확보하면서 지역별 경제·산업구조의 특수성을 반영하는 에너지 절약과 에너지 이용효율의 향상을 추구하는 정책이다(이창기 외, 1994 수정인용). 하지만 지역에너지정책은 지역차원의 에너지 생산·공급·소비에 관한 정책이므로 근본적으로 국가차원의 에너지정책과 그 맥을 같이 한다고 볼 수 있다.

2. 주요 내용

에너지 부문은 다른 경제 부문들에 견주어 여러 가지 고유한 특성이 있다. 첫째, 소비에 수반하는 외부성의 크기가 상대적으로 크다. 둘째, 전력·가스·지역난방 같은 네트워크 에너지 산업의 경우 자연독점성이 강하다. 셋째, 에너지 수급과 관련된 일부 공공재적 성격의 서비스와 기능에 대한 수요도 적지 않다(김형국, 2011). 이러한 이유로 에너지 부문에 대한 신중한 정부 정책이 요구된다.

또한 에너지정책은 사회간접자본인 에너지 인프라의 구축을 통한 에너지의 원활한 확보와 보편적 공급이 중요시된다. 에너지 공급은 에너지 재화 및 서비스를 사회구성원 누구나가 사용할 수 있도록 한다는 지리적 목표와 함께 공급의 신뢰성(reliability), 경제적 효율성(economic efficiency) 및 형평성(equity)을 기한다는 내용적 목표를 가지고 있다(김호철, 2007 재인용). 정부에서는 국가 및 지역경제의 지속적인 성장을 뒷받침하기 위하여 에너지의 수급시스템을 안정적으로 달성하기 위한 다양한 정책을 추진하고 있다.

1) 이명박정부의 에너지정책

이명박정부는 저탄소 녹색성장이라는 패러다임 아래에서 지속가능한 경제·사회구조를 구축하기 위한 노력을 기울였다. 과거의 경제성장과 국민생활안정을 위한 안정적 에너지수급체계 구축에서 에너지효율(energy efficiency), 친환경(environmental protection), 에너지안보(energy security)를 동시에 고려하는 3E에 중점을 두었다. 이를 위해 범국가적인 에너지정책 추진체제를 정립하고, 국내외 자원개발을 대폭 확대하는 동시에 에너지저소비형 산업구조 및 지속가능한 녹색경제의 기반을 구축하는데 전력을 다하였다. 이명박정부가 추진한 에너지와 관련된 주요 정책을 살펴보면 다음과 같다(지식경제부, 2013).

첫째, 해외자원개발 확대이다. 정상급 자원외교를 통해 이라크, UAE 대형 유전에 참여하게 되는 등 해외자원개발을 국가적 아젠다로 설정하여 범정부적인 노력을 하였으며, 자원개발 펀드 도입, 자원개발 아카데미 설치·운영, 석유공사 대형화전략 수립 등 해외 자원 개발을 위한 인프라를 구축하기 위해 노력하였다.

둘째, 에너지 저소비형 사회구조로의 전환이다. 제조업 비중이 높은 에너지다소비형 산업구조는 선진국에 비해 에너지소비효율이 낮은 실정이다. 이에 연간 에너지원단위를 평균 2% 이상 제고하는 것을 목표로 다양한 에너지절약 및 효율향상 대책을 수립·추진하였다. 전체 에너지 소비의 60%를 차지하는 산업부문의 에너지 이용효율의 제고를 위해 온실가스·에너지 목표관리제를 추진하였으며, 녹색생활 캠페인을 통한 국민들의 참여와 실천을 독려하였다.

셋째, 신재생에너지[4] 개발·보급 활성화이다. 에너지 절약시책 추진과 더불어 환경친화적인 신재생에너지의 개발 및 보급 노력을 확대하고자 2030년까지 신재생에너지의 비중을 총에너지의 11%로 확대하는 계획을 추진하였다.

넷째, 에너지 복지 구현이다. 에너지복지사업들을 효율적으로 집행하기 위하여 2006년 한국에너지재단을 설립하고, 전기요금의 인상에 대비하여 정율요금할인제도를 정액감면제도로 개편하는 한편, 저소득 가구 및 사회 복지시설에 대한 에너지시설 효율개선사업을 추진하였다.

다섯째, 기후변화 대응이다. 교토의정서(Kyoto Protocol) 채택 이후 온실가스의 배출감축 의무에 대처하고, 국내산업의 국제경쟁력에 대한 부정적 영향을 최소화하기 위해 '저탄소 녹색성장'이라는 비전하에 온실가스를 2020년 배출전망치 대비 30% 감축하겠다는 목표를 설정하여 선제적인 노력을 하였다.

여섯째, 안정적 에너지 공급기반 구축이다. 우리나라는 에너지의 97%를 수입하고 있으며, 대부분 중동지역에 의존하고 있다. 따라서 에너지의 안정적인 공급이 중요하므로 국가에너지 수요를 충족시킬 수 있도록 에너지원별 세부전략을 수립하였다. 석유는 비축유 추가구입, 산유국과 협력강화, 석유제품 경쟁촉진 및 유통구조개선과 가짜석유 근절을 통한 소비자편익 제고 등을 추진하였고, 가스는 중장기 도입계약 추

4) 신재생에너지는 기존의 화석연료를 변환시켜 이용하거나 햇빛, 물, 지열, 강수, 생물유기체 등을 포함하여 재생가능한 에너지를 변환시켜 이용하는 에너지로 신에너지(연료전지, 석탄액화가스화 및 중질잔사유가스화, 수소에너지 등)와 재생에너지(태양광, 태양열, 바이오, 풍력, 수력, 해양, 폐기물, 지열 등)를 말한다.

진, 도입국·도입형태 다양화, 국내 인프라 구축 및 비전통가스 개발·도입 확대 등에 주력하였다. 전력은 발전설비 및 안정적 송·배전망 확충과 전력요금 개편을 통한 안정적인 공급을 위해 노력하였다.

일곱째, 에너지 기술입국 실현이다. 에너지 기술개발사업은 에너지 기술의 중요성이 점차 증대되면서 국가 주요 R&D사업으로 지원이 1조원 규모로 확대되었다. 그린에너지, 스마트그리드, IT·NT 등을 연계한 융·복합 에너지기술개발 추진, 핵심재료 국산화 등을 추진하였다.

2) 박근혜정부의 에너지정책

박근혜정부의 에너지정책은 안정적 공급기반 확보와 국민들이 안심하고 신뢰하는 에너지정책을 목표로 추진되고 있다(산업통상자원부). 박근혜정부의 에너지정책의 구체적인 내용을 살펴보면 다음과 같다(산업통상자원부; 제18대 대통령직 인수위원회, 2013).

첫 번째 목표는 에너지의 안정적 공급기반 확보이다. 석유는 중동 중심의 도입선을 미주·유럽 등으로 다변화를 추진하고 장기 도입계약을 확대하도록 한다. 가스는 세일가스의 개발과 이용확대에 따른 국제시장 변화에 선제적으로 대응하기 위하여 북미 세일가스의 적기 도입을 추진한다. 전력은 발전설비를 확충하여 선진국 수준의 예비전력을 확보하도록 하고, 입지에 대한 주민의 수용성을 높이도록 하며, 합리적인 전기소비 유도를 위한 요금체계를 개편하도록 한다. 원전은 안전성, 경제성, 환경성, 사회적 수용성 등을 종합 고려하여 중장기 비중을 확정하여 추진한다. 신재생에너지는 보급을 가로막는 규제 및 제도를 개선하고, 산업화를 촉진하는 기술개발 및 전력수요를 효율적으로 관리하기 위한 전국적인 스마트그리드 기반구축 등에 주력한다. 이를 추진하기 위해 신재생에너지 중장기 보급목표를 재설정하고, 태양광·풍력·조력 등 신재생에너지의 국내 잠재량, 입지정보, 시도별 설치가능성 등이 포함된 자원지도를 향상시키도록 한다. 신재생에너지 보급제도의 경우에도 보조금 투입위주에서 시장창출을 통해 산업화가 촉진되도록 정책을 전환하고, R&D투자확대 등을 통해 풍력, 태양광 등 분야의 기술경쟁력을 제고하도록 한다.

두 번째 목표는 국민들이 안심하고 신뢰하는 에너지정책 추진이다. 세부적으로 살펴보면, 첫째, 원자력 안전관리체계를 구축한다. 장기가동 원전에 대한 EU방식의 Stress Test 실시 등 안전점검 시행, 국민의 신뢰를 확보하기 위한 안전규제의 투명성 제고, 원전비리의 근원적 척결을 위한 원전관리시스템 재정비, 세계 최고 수준의 원자력안전규제 전문역량 확보 등 안전을 최우선으로 원자력안전관리를 실질적으로 강화함으로써 국민이 안심할 수 있도록 한다.

둘째, 온실가스 감축 등 기후변화 대응이다. 온실가스를 획기적으로 감축할 수 있는 기술개발에 대한 투자를 확대하고, 건물·수송 부문의 에너지 효율기준도 지속 강화한다. 이를 달성하기 위하여 신축 건축물에 LED 등 고효율 기자재의 설치를 확대하고, 자동차 연비기준도 2020년까지 일본이상으로 설정하며, 수요관리형 요금 등 요금체계 개편 및 신규사업자 참여기반 제도를 개선하도록 한다.

셋째, 해외자원개발의 내실화를 위해 공기업은 리스크가 큰 탐사개발을 추진하고, 민간은 개발·생산 중심으로 역할을 분담하도록 한다. 민간의 투자촉진을 위하여 자원개발펀드에 대한 리스크 보증확대, 기업 맞춤형 고급인력 양성, 매장량 평가·시추 전문기업을 육성한다.

넷째, 에너지유통구조 개선 및 시장기능 활성화 등을 통해 원가를 절감하도록 한다. 석유는 알뜰주유소, 전자상거래 등을 통해 가격경쟁과 투명성을 제고하고, 가스는 규제완화를 통해 민간의 직수입을 활성화하며, 전력은 발전경쟁 확대를 위한 거래제도 개선과 중장기 구조개선 방안 수립을 추진한다.

다섯째, 서민·취약층의 에너지요금 부담을 덜어주기 위하여 저소득층에 대한 전기요금과 가스요금 할인을 확대하도록 한다.

박근혜정부는 안전 최우선의 에너지정책을 통해 편리하고 안정적인 에너지소비가 가능해지고, 에너지복지도 확대될 것으로 기대하고 있다.

3. 평가와 과제

우리나라는 에너지소비가 세계 10위이고, 석유의 소비는 세계 7위를 기록할 만큼 에너지 소비가 확대되고 있다. 세계시장은 신흥경제국의 에너지 수요증가로 에너지 수급이 불안정해지고, 자원민족주의는 확산될 우려가 높다. 이러한 상황에서 우리나라는 에너지도입에만 머물지 않고 적극적인 에너지 개발을 추진하여 동해 가스전 개발·베트남 가스전 개발·희유금속 등 해외자원을 확보하는 성과를 얻었다. 또한 기후변화라는 지구적인 문제에 대해서도 녹색성장을 패러다임으로 적극적인 대응의지를 표방하였다. 이를 통해 에너지문제에 대한 국민들의 관심과 기대는 높아졌다.

하지만 우리나라에서 최근 빈번하게 발생하는 원전사고, 전력수급불안 등의 문제는 에너지수급구조 개선의 필요성이 여전히 높다는 것을 보여준다. 에너지의 안정적인 공급과 에너지의 효율적인 사용을 도모하기 위한 정책에 중점을 두면서 단기적인 처방보다는 근본적인 에너지 정책의 추진이 요구되고 있다. 또한 화석연료에서 탈피하여 신재생에너지와 같은 녹색에너지에 대한 적극적인 대응이 필요하다. 이를 위해서는 다음과 같은 노력이 요구된다(이성근 외, 2011 수정인용). 첫째 바이오디젤, 해양에너지 등 성장잠재력이 큰 에너지부문에 대한 기술개발에 적극적으로 나서야 한다. 새로운 분야에 대한 에너지 개발로 환경적으로 무해하고 무한한 청정에너지 시장을 선점할 수 있을 것이다. 둘째, 태양광에너지, 풍력에너지 등의 기술은 개발도상국의 기술수준이 선진국 수준에 근접하고 있으므로 우리나라가 경쟁력을 가질 수 있는 분야, 예를 들면 축전지 · 수소 · 연료전지 등 고부가 틈새시장을 개척하는 지혜가 요구된다.

제3절 지역환경정책

1. 의 의

산업화 이후 세계적인 경제성장과정에서 나타난 지구 온난화, 기상 이변, 해양 오염, 산림 파괴, 에너지 고갈 등의 문제를 해결하기 위해 1987년 '환경 및 개발에 관한 세계위원회(UNCED)'의 브룬트란트보고서(The Brundtland Report)에서 '환경적으로 건전하며 지속가능한 발전'(Environmentally Sound and Sustainable Development; ESSD)의 개념이 제시되었고 1992년 리우지구환경선언에서 그 개념이 구체화되었다. 우리나라는 2010년 경제와 환경의 조화로운 발전을 위하여 저탄소 녹색성장을 효율적으로 추진하고자 「저탄소 녹색성장 기본법」을 제정하였다.

1990년 제정된 「환경정책기본법」에서는 환경을 자연환경과 생활환경으로 구분하고 있다(제3조). 자연환경은 지하, 지표(해양을 포함) 및 지상의 모든 생물과 이를 둘러싸고 있는 비생물적인 것을 포함한 자연의 상태(생태계 및 자연경관을 포함)를 말하며, 생활환경은 대기 · 물 · 토양 · 폐기물 · 소음 · 진동 · 악취 · 일조 등 사람의 일상생활과 관계되는 환경을 말한다. 이러한 환경은 인간생활이 이루어지는 특정한 장소를 가리킬 뿐만 아니라 인간생활과 사회발전에 직·간접적으로 영향을 미치는 모든 외적배경의 의미를 포함하고 있다.

환경정책은 환경문제를 해결하기 위한 활동이라고 할 수 있다. 환경의 개념이 광범위하므로 환경정책의 범위는 매우 넓다. 또한 주요 환경문제는 국가적 차원을 넘어 세계적 차원의 문제이므로 환경정책은 전 세계적으로 공동으로 추진해야 할 내용이 많다.

2. 주요 내용

1) 국가환경종합계획

「환경정책기본법」에서는 환경부장관에게 국가환경종합계획을 수립하도록 의무화하고 있다. 국가환경종합계획은 국가 환경정책의 비전과 추진전략을 제시하는 환경분야의 최상위계획으로서 10년 단위의 장기계획이다.

2005년 수립된 국가환경종합계획(2006~2015)에서는 '지속가능한 선진국가 조성'을 비전으로 설정하고, 7대 핵심전략으로 ① 안전하고 살기좋은 생활환경 조성, ② 지속가능하고 활력있는 자연생태 보전, ③ 자연자원 보전과 효율적·순환적 이용, ④ 환경을 지키는 경제, 경제를 살리는 환경, ⑤ 환경형평성 구현 기반구축, ⑥ 동북아 환경보전 및 환경협력 강화, ⑦ 지구적 지속가능한 발전의 선도를 제시하고 있다.

국가환경종합계획의 종합적·체계적 추진을 위해 환경부장관은 5년 마다 환경보전중기종합계획을 수립하여야 한다. 한편, 시·도지사는 국가환경종합계획 및 환경보전중기종합계획에 따라 관할 구역의 지역적 특성을 고려하여 해당 시·도의 환경보전계획을 수립·시행하여야 하며, 시장·군수·구청장(자치구의 구청장을 말함)은 해당 시·군·구의 환경보전계획을 수립·시행하여야 한다.

2) 부문별 환경정책

(1) 온실가스 감축

우리나라가 1990년 이후 온실가스 배출량 증가율이 OECD회원국 중 1위로 발표(2009)되어 국제적 압력이 가중될 것으로 예상됨에 따라 2009년에 2020년까지 온실가스 배출예상량의 30%를 감축한다는 자발적 감축목표를 설정하여 발표하고, 후속조치로서 2011년 부문별 · 업종별 · 연도별 국가 온실가스 감축목표를 확정하였다(환경부, 2012). 목표달성을 위해 온실가스 · 에너지목표관리제를 도입하였다. 이는 온실가스를 다량으로 배출하거나 에너지를 많이 소비하는 사업장 또는 업체를 관리업체로 지정하고, 관리업체 별로 온실가스 감축목표와 에너지 절약목표를 설정하여 그 이행을 정부가 관리하는 제도이다.

한편, 대규모 온실가스 배출 사업장 등에서 효과적으로 온실가스를 감축하기 위하여 2015년부터 배출권거래제를 본격 시행하기 위한 근거 법령인 「온실가스 배출권의 할당 및 거래에 관한 법률」을 2012년 제정하였다. 배출권거래제는 시장메커니즘을 활용하여 효과적으로 온실가스를 감축하고, 기업체 온실가스 감축에 대한 경제적 동기를 제공함으로써 중장기적인 녹색기술 개발을 유인하여 기존의 에너지 저효율 및 다소비, 탄소의존형 경제구조를 저탄소형으로 전환시켜 주는 효과가 기대된다(환경부, 2012).

(2) 대기환경 보전

대기환경 보전정책의 기본목표는 맑고 깨끗한 대기환경을 유지하여 국민의 건강을 보호하고 국민이 쾌적한 환경에서 생활하도록 하는데 있다. 이를 위해 대기환경기준을 설정하고, 황산화물 등 26개 대기오염물질에 대하여 배출허용기준을 설정하였다. 배출허용기준은 업계의 기술 및 대처능력을 감안하여 단계적으로 강화하고 있다. 또한, 고체연료 사용 제한, 저황연료류의 공급 확대, 수도권 공동주택 등에 대한 청정연료 사용 의무화, 자동차 공해 줄이기 등을 시행하고 있다.

한편, 환경오염 · 환경훼손 또는 자연생태계의 변화가 현저하거나 현저하게 될 우려가 있는 지역을 특별대책지역으로 지정·고시할 수 있으며(환경정책기본법 제22조), 환경기준을 초과하였거나 초과할 우려가 있는 지역으로서 대기질의 개선이 필요하다고 인정되는 지역을 대기환경규제지역으로 지정할 수 있도록 하였다(대기환경보전법 제18조).

(3) 폐기물 관리

「폐기물관리법」에서는 폐기물을 발생원 및 발생량에 따라 생활폐기물과 사업장폐기물로 구분하고 있다(제2조). 폐기물의 수집 · 보관 · 운반 · 처리는 법령이 정하는 기준 및 방법에 따라야 하고, 생활폐기물은 시장 · 군수 · 구청장이 관할구역 안에서 배출되는 것을 수집·운반·처리해야 한다. 사업장의 폐기물은 폐기물 배출자에게 책임이 있으며, 배출자는 사업장폐기물의 발생을 최대한으로 억제하고, 모든 폐기물을 적정하게 처리하여야 할 의무를 가진다. 이를 위반하였을 경우, 범칙금·오염유발부담금 등을 부가하며, 기타 오염배출권거래제도를 두고 있다. 또한 1회용품 사용규제, 포장폐기물 발생억제, 쓰레기 종량제, 재활용품 분리배출 촉진 등의 정책을 시행하고 있다.

3) 경제적 유인정책

(1) 배출부과금

배출부과금은 주로 환경규제입법에서 국가가 오염물질배출자에 대하여 환경오염 방지비용에 충당할 목적으로 부과하는 금전적 제재이다. 1983년 도입한 이 제도는 「대기환경보전법」상 대기오염물질 배출과 「수질 및 수생태계 보전에 관한 법률」상 수질오염물질 배출에 대해 부과한다. 배출부과금은 배출허용기준 이하로 배출하는 경우 부과하는 기본부과금과 배출허용기준을 초과하여 배출하는 경우 부과하는 초과부과금으로 구분된다.

한편, 「하수도법」에서는 일정량 이상의 하수를 공공하수도로 유출시킬 수 있는 건축물 등의 소유자(건축 또는 건설 중인 경우에는 건축주 또는 건설주체를 말한다)에게 공공하수도 개축비용의 전부 또는 일부를 부담시키는 원인자부담금제도를 시행하고 있다(제62조).

(2) 환경개선부담금

환경개선부담금이란 환경의 오염원인자부담원칙에 따라 오염물질을 배출하는 자에게 그 처리비용을 부담시키기 위해 1991년 「환경개선비용 부담법」을 제정하여 1993년부터 시행된 제도이다. 부과대상은 환경오염물질을 다량으로 배출하여 환경오염의 직접적인 원인이 되는 건물이나 그 밖의 시설물의 소유자 또는 점유자와 경유를 연료로 사용하는 자동차의 소유자이다. 부담금은 반기별(연 2회)로 산정·부과한다.

(3) 재활용부과금

당초 환경부는 1992년부터 폐기물예치금제도를 시행했다. 이 제도는 가전제품과 합성수지제품 등 환경오염원을 생산하는 기업에 대해 예치금을 부과하였다가 기업의 폐품회수율이 일정수준에 이를 경우 이를 반환해 주는 제도이다. 그러나 2002년 「자원의 절약과 재활용촉진에 관한 법률」을 전부개정하여 폐기물예치금제도를 폐지하고 대신 재활용부과금제도를 도입했다. 즉, 재활용이 가능한 제품 · 포장재의 제조업자나 수입업자(포장재는 포장재를 이용한 제품의 판매업자를 포함)에게 그 제품 · 포장재의 폐기물을 회수하여 재활용하거나 재활용사업공제조합에 분담금을 내도록 하고, 이를 이행하지 않는 경우에는 재활용의무량 중 재활용되지 아니한 폐기물의 재활용에 드는 비용에 그 100분의 30 이하의 금액을 더한 금액(즉, 재활용부과금)을 징수한다(제19조).

4) 기타 환경정책

(1) 환경영향평가제도

환경영향평가제도란 개발사업의 사업계획을 수립함에 있어서 해당 사업으로 인하여 환경에 미치는 해로운 영향을 미리 예측·분석하고 부정적인 환경영향을 줄이는 방안을 마련하는 계획과정의 일환이며 의사결정을 지원하는 수단이다(환경부, 2012). 이 제도는 1977년 제정된 「환경보전법」에서 처음 도입된 이후 1981년부터 본격적으로 실시되었으며, 환경영향평가 항목에는 대기환경, 물환경, 토지환경, 자연생태환경, 생활환경, 사회 · 경제환경의 6개분야 21개 항목이 있다.5)

(2) 환경분쟁조정제도

환경분쟁조정제도는 날로 복잡해져 가고 있는 환경분쟁을 행정기관의 전문성과 신속성을 활용하여 소송외적 방법으로 처리하기 위해 마련된 제도이다(환경부, 2012). 제도 운영을 위해 환경부에 중앙환경분쟁조정위원회를, 특별시 · 광역시 · 도 또는 특별자치도에 지방환경분쟁조정위원회를 설치하고 있다(환경분쟁 조정법 제4조).

환경분쟁조정의 종류에는 알선(斡旋), 조정(調停), 재정(裁定)의 3가지가 있다. 알선은 알선위원이 분쟁당사자의 화해를 유도하여 합의가 이루어지게 하는 절차이며, 조정은 조정위원회가 사실조사후 조정안을 작성하여 양측에 수락을 권고하는 절차이고, 재정은 재정위원회가 인과관계 및 피해액을 판단하여 결정하는 재판에 준하는 절차이다.

5) 자세한 내용은 제4부 제4장 제3절 환경영향평가(p. 331) 참조.

3. 평가와 과제

환경정책은 다음과 같은 특징이 있다. 첫째 비용과 부담의 분리현상으로 무임승차의 가능성이 높다는 것이다. 이는 환경이 비경쟁성과 비배제성이 적용되는 공공재 또는 공공서비스의 속성을 가지고 있기 때문이다. 둘째, 환경정책은 그 효과를 발생할 때까지의 시차가 비교적 길다는 것이다. 셋째, 환경오염의 최적규제수준을 파악하는 것이 현실적으로 어렵다. 넷째, 환경오염은 피해 범위가 대개 광역적이고 가해자를 밝히기가 대단히 어렵다는 것이다. 따라서 환경정책 수행에 어려움이 많다.

그동안의 환경정책에 대해 다음과 같은 평가가 있다. 첫째, 기후변화 대응, 해양투기 근절, 멸종위기 동물의 보호 등과 관련한 국제적 환경정책에 대해 한계를 보이고 있다. 둘째, 국가 주도의 정책이 많고 지방자치단체의 재정이 열악하여 독자적인 지역환경정책은 미진하였다. 셋째, 국가나 지방자치단체의 조직간 또는 조직내에서 경쟁이나 이해충돌로 인해 정책추진에 어려움이 있는 경우가 많았다.

환경정책의 과제를 요약하면 다음과 같다. 먼저, 환경문제의 특성상 국가간 및 지역간 환경정책의 협력이 강화되어야 할 것이다. 둘째, 환경정책이 효과를 발휘하기 위해서는 많은 시간이 필요하므로 종합적이고 체계적인 정책을 수립하고 지속적으로 시행하여야 할 것이다. 셋째, 환경문제에 대해 법적규제와 경제규제뿐만 아니라 시민의식 변화가 필요하므로 환경교육의 생활화가 필요하다.

탐구학습

1. 주요 개념
   - 수자원
   - 수자원정책
   - 하천정비사업
   - 댐건설사업
   - 상수도사업
   - 에너지
   - 신재생에너지
   - 지역에너지정책
   - 지역환경정책

2. 토론과 과제
   - 하천정비사업의 효율적 추진방안
   - 수자원정책의 관할
   - 수자원정책의 과제
   - 에너지정책의 필요성
   - 분권화시대 지역에너지정책의 방향
   - 지역환경정책의 유형별 장단점

참고문헌

건설교통부(2007), 통합수자원관리를 위한 수자원정책의 연구.

권오상(2003), "지역에너지정책과 에너지조례제정의 의미와 효과", 2003년도 하계학술대회 발표논문집, 한국행정학회.

김대영(2005), "우리나라 환경산업 활성화를 위한 환경기술이전제도의 개선에 관한 연구", 환경법연구, 27(3), 한국환경법학회.

김용웅 외(2009), 신지역발전론, 경기: 한울아카데미.

김종원 외(2012), 녹색성장·광역·통합시대의 선진적 수자원 관리방안(Ⅱ), 경기: 국토연구원.
김종원 외(2011), 녹색성장·광역·통합시대의 선진적 수자원 관리방안(Ⅰ), 경기: 국토연구원.
김현제(2003), "에너지절약정책의 추진체계 개선방안", 국토, 260, 국토연구원.
김형국(2011), 녹색성장 바로 알기, 경기: ㈜나남.
김호철(2007), "에너지정책 거버넌스의 변화에 관한 고찰", 자원·환경경제연구, 16(2), 한국환경경제학회.
박삼옥·박태윤(1996), 지속가능한 발전을 위한 지역산업정책, 한국환경기술개발원.
백규석(2006), "생태적 지속가능성 실현을 위한 국토환경정책방향", 자연과 문명의 조화, 54(7), 대한토목학회.
산업자원부·에너지경제연구원(2007). 에너지통계연보.
신항식(2005), "국내 환경산업의 현황 및 발전방향", 자연과 문명의 조화, 53(9), 대한토목학회.
우영호(1994), "지역에너지활성화 방안", 에너지관리, 216, 에너지관리공단.
윤양수 외(1998), 자원 및 환경관리정책의 변화와 과제, 경기: 국토개발연구원.
이비안(2007), "대기오염물질총량규제 및 배출권거래제도에 대한 검토: 수도권 대기환경개선에 관한 특별법과 관련하여", 공법학연구, 8(1), 한국비교공법학회.
이성근 외(2012), 자립적 지역발전론, 서울: 집현재.
이성근 외(2011), 녹색성장과 지역경영, 경북: 영남대학교출판부.
이정전(2000), 환경경제학, 서울: 박영사.
이정전(1995), 녹색경제학, 서울: 한길사.
이창기 외(1994), "지역에너지정책의 변화와 발전방향", 한국정책학회보, 3(2), 한국정책학회.
제18대 대통령직인수위원회(2013), 제18대 대통령직인수위원회 제안 박근혜정부 국정과제.
지식경제부(2013), 2012 산업통상자원백서.
환경부(2013), 2013년 주요업무 추진계획.
환경부(2012), 2012 환경백서.
환경부(2005), 2005 환경백서.
한국수자원공사(2008), 수자원개발사업.
http://www.law.go.kr(국가법령정보센터).
http://www.me.go.kr(환경부).
http://www.molit.go.kr(국토교통부).
http://www.motie.go.kr(산업통상자원부).

제 3 장

산업경제정책

제1절 과학기술정책

1. 의 의

과학기술정책은 국가 및 지역발전의 중요한 수단으로 인식되고 있다. 일반적으로 과학기술정책은 국가차원에서 과학과 기술의 역량을 제고하기 위하여 기술개발에 대한 분야를 설정하고 구체적인 전략을 수립하는 과정이다. 한편, 지역과학기술정책은 한 지역의 과학기술을 구체적인 전략에 따라 추진하는 지역정책이라고 할 수 있다.

과거 산업화시대의 균형적인 지역발전정책은 산업의 지역배치를 도모하기 위한 하부구조의 구축과 함께 산업단지의 배치라는 관점에서 정책이 추진되었으나(현재호 외, 1998), 21세기 지식기반경제시대를 맞이하여 지식(knowledge)이라는 요소가 경쟁력의 원천으로 부각되면서, 사이언스파크(science park), 테크노파크(technopark)와 같은 과학기술단지를 조성하는 등의 정책이 추진되었다.

지역과학기술정책의 성격을 살펴보면, 첫째, 지역과학기술정책은 지역을 대상으로 하고 있으며 정책효과를 통해 지역의 발전을 유도한다(권기창 외, 2004). 둘째, 지역과학기술정책은 미래지향성과 불확실성을 가지고 있다. 연구개발 등 투자에 따른 위험부담이 높으며, 대규모의 장기적인 투자가 필요한 경우도 있다. 셋째, 지역과학기술정책은 경제적 파급효과가 크고 지역경쟁력 제고라는 이데올로기적 성격을 가지고 있다. 넷째, 지역과학기술정책은 정치성을 띠고 있다. 필연적으로 가치의 선택이자 우선순위의 결정이라는 과정을 거치게 된다(성지은, 2006). 다섯째, 그동안 독립적으로 발전해 온 과학기술의 각 부문들이 융합되면서 새로운 부문들이 만들어지고 있다. 부문별 과학기술이 상호 보완적으로 발전하면서 이들이 네트워크형 과학기술로 형성되고 과거에 엄격히 구별하던 기초연구, 응용연구, 개발연구, 상업화의 단계가 일련의 과정으로 다루어지기도 한다. 여섯째, 거대과학의 출현과 더불어 국가의 과학기술에 대한 정책적 개입이 보편화되는 현상을 지닌다.

최근에는 지역과학기술정책이 수도권 집중을 완화하고 국토의 균형발전을 촉진하는 측면에서 정책적인 도구로 사용되기도 한다. 이를 통해, 지역과학기술정책은 사회통합, 갈등해소, 성장잠재력 확충, 갈등의 은폐 및 전환 등의 다양한 기능을 수행하기도 한다.

2. 주요 내용

과학기술정책은 공간을 대상으로 하는 거점정책과 특정한 분야의 연구개발을 중심으로 하는 기술정책으로 구분하여 추진되고 있다. 거점정책으로는 국제과학비즈니스벨트, 연구개발특구 조성, 지방과학연구단지 조성 등이 있다. 국제과학비즈니스벨트는 「국제과학비즈니스벨트 조성 및 지원에 관한 특별법」에 의거하여 추진되는 정책으로 기초연구와 비즈니스를 융합하여 종합적·체계적으로 발전시키기 위하여 거점지구와 기능지구를 조성하고 있다. 연구개발특구는 「연구개발특구의 육성에 관한 특별법」에 의거하여 연구개발을 통한 신기술의 창출 및 연구개발 성과의 확산과 사업화 촉진을 위하여 조성된 지역으로 충청권, 영남권, 호남권 등에 추진되고 있다. 지방과학연구단지는 산업계·학계·연구계가 한곳에 모여 서로 유기적으로 연계·협력하도록 단지를 지정함으로써, 지역 연구개발의 경쟁력을 높이고 연구개발 결과의 사업화를 촉진하기 위한 정책으로, 「과학기술기본법」에 의거하여 전국적으로 11개 단지가 지정되었다.

그리고 기술정책은 박근혜정부가 제시한 제3차 과학기술기본계획의 과학기술 고도화 5대 전략(High Five)을 통해서 살펴볼 수 있다. 5대 전략이란 ① 국가연구개발투자 확대 및 효율화, ② 국가전략기술 개발, ③ 중장기 창의역량 강화, ④ 신산업 창출 지원, ⑤ 과학기술 기반 일자리 확대 등이다. 특히 국가전략기술 개발을 위하여 〈표 5.3.1〉과 같이 5대 과학기술 전략분야를 설정하였다.

표 5.3.1 5대 과학기술 전략분야

중점 분야	중점기술 예시
IT융합 신산업 창출	• 차세대 유무선 통신 네트워크 기술(5G 등) • 첨단 소재기술, 환경친화 자동차 기술 등 10개
미래성장동력 확충	• 태양에너지기술, 우주발사체 기술 등 12개
깨끗하고 편리한 환경 조성	• 수질·대기 등 오염물질 처리기술 • 고효율 에너지 빌딩 기술 등 4개
건강 장수시대 구현	• 맞춤형 신약기술, 질병진단 바이오칩 기술 등 6개
걱정없는 안전사회 구축	• 사회적 재난 예측·대응기술(원자력 안전, 환경사고 등) • 식품 안정성 평가·향상 기술 등 6개

자료: 미래창조과학부(2013).

중장기 창의 역량을 강화하기 위해서는 창의적 기초연구 진흥, 창의·융합형 인재 양성·활용, 국가 발전의 중추 거점으로 출연연구기관 육성, 과학기술 글로벌화 등을 세부과제로 설정하였다. 그리고 신산업 창출 지원을 위하여 중소·벤처기업 기술혁신 지원, 지식재산 생태계 조성, 기술이전·사업화 촉진, 신시장 개척지원 등을 추진하고 있다.

3. 평가와 과제

물리적 기반을 구축하여 지역과학기술의 발전을 유도하는 거점형 과학기술정책은 정책 집행으로 인한 성과가 매우 높다고 평가되고 있다. 그러나 지역에 지속적인 거점을 조성할 경우 향후 운영의 어려움 등이 예견되어 신규로 거점을 조성하는 정책은 약화될 것으로 보인다. 정부는 과학기술을 통한 지역산업의 진흥을 위해 노력하고 있으며, 본격적인 성과가 나타날 시점에 있다. 벤처기업·첨단기업을 중심으로 한 이러한 정책은 지속되어야 하며, 사업수행에 따른 객관적인 평가와 환류의 제도적 장치를 마련하고, 사업성과에 따른 인센티브와 패널티의 명확한 구분으로 효율성을 제고하여야 할 것이다. 기술형 과학기술정책은 그동안 지방대학의 연구역량·인력양성 등의 기능을 충실히 수행한 것으로 평가받고 있으나, 선정과정 등에서 일부 형평성의 문제가 제기되기도 하였다. 그러나, 상대적으로 취약한 지방대학의 연구역량과 인력을 육성하고 지역의 연구개발과 산업기반을 강화한다는 측면에서 높은 평가를 받고 있다.

향후 사업의 선정·평가 등에서 가급적 정치적 논리를 배제하고 자원이 효율적으로 배분되도록 하는 제도적 장치의 보완이 필요한 것으로 평가된다. 또한, 사업의 성과와 효율성을 측정할 수 있는 성과지표가 마련되어야 할 것이다.

한편, 박근혜정부는 창조경제 생태계 조성을 국정의 핵심전략으로 설정하고, 신기술 개발을 목표로 하는 분절형 R&D에서 벗어나 신산업 창출을 위한 일련의 과정을 개발하는 생태계 창조형 R&D로 과학기술의 패러다임을 전환하고 있다. 특히, 지역의 과학기술 역량을 강화하기 위하여 과학기술－인재－산업을 연계하는 혁신체제의 정비를 통해 중앙정부가 지원하는 과학기술정책에서 탈피하여 지역 스스로 산·학·연 자원과 기술혁신 수요를 발굴하여 육성하는 형태로의 변화를 유도하고 있다. 이러한 과정에서 지역별 거점대학과 지역 연구기관의 역할이 더욱 강화될 것으로 보인다(제18대 대통령직인수위원회, 2013).

제2절 산업정책

1. 의 의

일반적으로 산업정책이란 중앙정부 또는 지방자치단체가 개별 산업의 움직임이나 기업의 다양한 활동에 개입하고, 상품 금융 등의 시장형성이나 시장기구에 직접 개입하는 행위를 의미한다. 이러한 산업정책은 산업의 육성과 정비 및 발전을 통해 경제발전, 경제성장의 추진, 생활수준의 향상, 고용의 확대 등을 목표로 하고 있다.

우리나라의 산업여건은 수도권과 비수도권에서 매우 큰 차이를 보이고 있다. 따라서 산업정책은 크게 규제정책과 지원정책으로 구분할 수 있다. 규제정책은 수도권 등에 대하여 공장입지 규제, 산업단지 조성 규제 등으로 나타나고 있고, 지원정책은 선도산업육성, 특화산업육성 등 비수도권을 중심으로 다양한 산업에 대한 육성사업으로 추진되고 있다.

2. 주요 내용

1) 선도산업 육성

2011년 지식경제부에서는 지역산업 발전의 새로운 도약을 준비하기 위해 신지역산업 발전전략을 수립하였다. 신지역산업 발전전략은 국가산업정책과 지역의 산업육성 방향을 유기적으로 연계하여 향후 10년의 지역산업 발전을 선도할 비전과 전략을 제시할 목적으로 추진하고 있다. 또한 광역경제권 정책의 지역내 착근 및 확산을 도모하고, 일자리 창출을 주요 정책목표로 설정하며, 지역의 자율성과 책임성을 강화하는 데 중점을 두고 있다. 신지역산업 발전전략에서 가장 중요한 부문이 광역경제권 선도산업의 선정이다. 광역경제권 선도산업의 선정은 향후 10년을 이끌어 갈 지역의 '미래 산업지도' 제시를 통해 신지역산업 발전전략을 구체화하기 위한 핵심적 방안이라 할 수 있다. 기존의 지역산업 육성정책 추진성과를 토대로 산업융합화, 개방형 혁신 등의 경제·산업환경 변화에 적극 대응한 지역별 타겟산업의 선정이 필요하다는 취지로 광역권별 선도산업을 선정하고 있다. 선도산업은 광역경제권의 핵심 대표산업으로서 지역의 미래 성장동력을 창출하기 위한 선도적 역할과 지역 주력산업의 글로벌 경쟁력을 제고하기 위한 전략적 역할을 담당하는 산업이다. 즉, 기존의 광역경제권 선도산업과 시·도 전략산업을 통합한 것으로서 국가산업정책과 시·도 중심의 지역별 산업정책을 연계하고 접목시키는 역할을 담당하는 산업이라 할 수 있다.

선도산업은 미래성장동력산업과 대표주력산업으로 구성되어 있으며, 광역경제권별 4개 산업으로 선정(제주와 강원권은 2개)되었다. 선도산업육성정책은 산업적 연계성을 지닌 수개의 프로젝트로 구성되어 있다. 예를 들면, 대경권의 미래성장동력산업에는 그린에너지가 있고, 그린에너지는 태양광과 연료전지라는 프로젝트로 구성되어 있다. 선도산업의 선정기준은 ① 산업구조 선진화 목표에의 부응성, ② 성장유망산업의 포괄성 지향, ③ 1-2-3차 산업 간 균형발전의 가능성 고려, ④ 산업간 및 산업내 고부가가치화 모색 등이다.

선도산업은 산업특화에 기반한 소규모의 클러스터 육성 관점에서 벗어나 광역 산업생태계 육성 관점에서 접근하는 특징이 있다. 산업생태계는 소비자, 생산자, 경쟁자, 기타 이해관계자들이 상호작용하는 경제공동체로서 개별 산업의 사업범위를 벗어나 다양한 산업·주체들 간의 상호작용과 생성, 공진화, 적응, 자기재생, 쇠퇴 등의 발전단계를 보이는 시스템을 말한다.

표 5.3.2 광역경제권별 선도산업 현황

<table>
<tr><th>권 역</th><th colspan="4">미래성장동력산업</th><th colspan="4">대표 주력산업</th></tr>
<tr><td rowspan="2">충청권</td><td>의약 바이오</td><td colspan="3">차세대에너지</td><td colspan="3">NEW IT</td><td>융합기계 부품</td></tr>
<tr><td>차세대 의약</td><td>태양광 (부품)</td><td>이차전지</td><td>나노융합 소재</td><td>무선통신 융합</td><td>반도체</td><td>디스 플레이</td><td>동력기반 기계부품</td></tr>
<tr><td rowspan="2">호남권</td><td colspan="2">신재생에너지</td><td colspan="2">라이프케어</td><td colspan="2">광융복합</td><td colspan="2">친환경수송기계</td></tr>
<tr><td>태양광 (소재)</td><td>연료전지</td><td>바이오 식품</td><td>바이오 활성소재</td><td>광부품 및 시스템</td><td>신광원 조명</td><td>친환경 차량 및 부품</td><td>그린· 레저선박</td></tr>
<tr><td rowspan="2">대경권</td><td colspan="2">그린에너지</td><td colspan="2">IT 융복합</td><td colspan="2">스마트기기부품</td><td colspan="2">첨단융합소재</td></tr>
<tr><td>태양광 (장비)</td><td>연료전지</td><td>의료기기 (치료헬스 케어기기)</td><td>실용로봇</td><td>스마트 자동차 부품</td><td>스마트 모바일</td><td>첨단금속 세라믹 소재</td><td>하이테크 섬유소재</td></tr>
<tr><td rowspan="2">동남권</td><td colspan="2">에너지플랜트</td><td colspan="2">그린화학소재</td><td colspan="2">수송기계</td><td colspan="2">조선해양</td></tr>
<tr><td>풍력부품</td><td>원전설비</td><td colspan="2">화학융합소재</td><td>지능형 기계 부품 / 친환경 차량 부품</td><td>항공</td><td>해양 플랜트 기자재</td><td>그린선박 조선 기자재</td></tr>
<tr><td rowspan="2">강원권</td><td colspan="4">기능성신소재</td><td colspan="2">바이오메디칼</td><td colspan="2">헬스케어</td></tr>
<tr><td colspan="4">세라믹/비철소재부품</td><td>의생명 바이오</td><td>전자 의료기기</td><td colspan="2">헬스테인먼트</td></tr>
<tr><td rowspan="2">제주권</td><td colspan="4">풍력서비스</td><td colspan="2">차세대식품융합</td><td colspan="2">MICE</td></tr>
<tr><td colspan="4">제주형 풍력서비스</td><td>청정 헬스푸드</td><td>뷰티향장</td><td colspan="2">휴양형 MICE</td></tr>
</table>

2) 지역특화산업 육성

지역전략산업 육성사업이 2012년 종료됨에 따라 지역경제 전반의 활력 저하가 예견될 뿐만 아니라, 1990년대 이후 지속적으로 축소되어 온 수도권과 비수도권 간의 격차가 2010년에는 다시 확대되고 있어 지역균형발전을 위한 정책적 수단이 필요하게 되었다. 그리고 지역경제를 견인해 온 지역 중소기업들의 지속적 성장을 지원하고, 테크노파크와 같은 기업지원기관의 활용성을 제고하기 위한 새로운 지역산업정책이 필요하게 되었다. 이에 2011년 정부는 경제정책조정회의를 통해 기존의 시·도 전략산업과 시·군·구 지역특화산업을 통합하여 지역특화산업 육성정책으로 개편하였다. 일반적으로 특화산업은 해당지역의 입지계수(LQ)가 1 이상인 산업을 의미하지만, 지역특화산업 육성정책에서 규정하는 지역특화산업은 시·도 단위에서 육성이 가능하면서 지역 내 고용창출과 지역경제 활성화에 크게 기여할 수 있는 산업을 의미한다.

지역특화산업을 선정하는 기준으로는 집적도, 특화도, 성장성 등이 제시되고 있으며, 이 가운데 1개 이상의 지표를 충족할 경우 광역지방자치단체는 해당 산업을 지역특화산업으로 선정할 수 있다. 우선 집적도는 시·도내 해당 산업의 절대적 규모와 집적 정도를 의미하는 것으로, 산업의 사업체수가 50개 이상, 종사자수 기준으로 전국 비중이 2% 이상의 요건을 갖추어야 한다. 그리고 특화도는 전국 대비 시·도내 해당 산업의 상대적 규모와 집적 정도를 의미하는데, 이는 시·도의 입지계수가 1 이상이면서 시·도의 입지계수가 광역권의 입지계수보다 높아야 한다. 그리고 성장성은 전

표 5.3.3 시·도별 지역특화산업 현황

시·도	지역특화산업
부산광역시	• 초정밀융합부품, 산업섬유소재, 바이오헬스, 금형열처리, 영상콘텐츠
대구광역시	• 소재기반바이오헬스, 생산공정기계, 패션웨어, 정밀성형, 데이터기반 지식서비스
대전광역시	• 금형정밀가공, 지식융합, 연구개발서비스, 광학기기소재, 바이오소재
광주광역시	• 스마트가전, 복합금형, 생체의료용소재부품, 지식데이터, 디자인
울산광역시	• 수송기계융합부품, 정밀화학, 에너지소재, 엔지니어링플랜트, 환경
강원도	• 웰니스식품, 생활의료기기, 구조용신소재, 스포츠지식서비스
충청북도	• 전력에너지부품, 금속가공, 기능성화장품, 바이오·한방식품
충청남도	• 자동차 부품·소재, 조명 부품·소재, 그린바이오, 지식영상서비스, 금속 소재부품 가공
전라북도	• 자동차·기계 생산기반, 경량소재부품, 향토기능성식품, 인쇄전자, 에너지변환·저장부품
전라남도	• 구조·기능 세라믹스, 석유화학기반 고분자소재, 해양기자재·부품, 고기능 생물소재, 금속 소재·가공
경상북도	• 디지털기기·부품, 에너지 부품·소재, 성형가공, 기능성바이오소재, 생활섬유
경상남도	• 생산기계, 수송기계전장, 나노광학, 소재성형, 생명건강
제주도	• 해양바이오, 건강뷰티소재, 생명융합지식, 문화관광콘텐츠

국 대비 시·도내 해상 산업의 상대적 성장률을 의미하는데, 종사자수 또는 매출액 기준으로 시·도의 최근 3년간 성장률이 전국평균 성장률보다 높아야 한다.

지역특화산업을 육성하기 위한 세부사업은 기술개발과 기업지원서비스, 그리고 지역거점기관운영사업 등으로 구분된다. 먼저 기술개발은 기업체가 주관기관이 되어 제조업과 서비스업이 결합된 과제를 수행하는 사업이며, 고용창출을 적극적으로 권장하고 있다. 그리고 기업지원서비스는 교육·컨설팅·디자인·창업·창의활동 등 직접적인 일자리 창출 효과가 큰 프로그램 중심으로 구성하되, 대학 및 기업지원기관으로 구성된 컨소시엄이 주관기관의 역할을 수행한다. 마지막으로 지역거점기관 운영사업은 지역산업정책의 기획, 다양한 기술개발 및 기업지원서비스사업의 평가, 모니터링 등의 기능을 수행하는 테크노파크, 지역사업평가원 등의 운영을 지원하는 역할을 수행한다.

3) 지역특화발전특구

중앙정부 주도의 하향식(top-down) 지역정책은 지역별 특성과 여건을 반영하기 어려웠고, 지역의 자율적인 성장기반을 구축하는 데 한계를 노출시켜왔다. 특히, 재정지원에 집중한 하향식 발전정책은 중앙정부에 대한 의존도를 심화시켰고, 경제의 개방화에 따른 지역의 경쟁력 확보라는 측면에서도 성공했다고 평가하기 어려운 상황에 직면하였다. 지역특화발전특구는 규제특례를 활용하는 제도로서 중앙정부의 재정지원이 없다는 것이 다른 지역개발사업과 가장 차별화되는 특징이라고 할 수 있다. 즉, 지역특구로 지정되는 경우에도 이에 따른 직접적인 세제·재정지원은 없으며, 사업추진을 위한 재원은 지방자치단체가 자립적으로 조달하여야 한다. 따라서 재정·세제지원이 수반되는 경제자유구역, 기업도시, 혁신도시 등에 비하여 실효성이 적다는 지적이 있으나, 전국 어디서나 지정 받을 수 있고, 지방자치단체의 자율이 최대한 보장된다는 점에서 장점이 있다.

지역특화발전특구는 특구의 성격에 따라 지역특산물과 관련한 향토자원진흥형, 관광·레포츠형, 교육형, 산업·연구형, 유통·물류형, 의료·복지형 등으로 구분할 수 있다.

지역특화발전특구의 추진주체는 시·군·구 등 기초지방자치단체가 원칙이다. 지역특화발전특구 지정을 위해서는 우선 지방자치단체의 장이 지역의 중장기 발전전략에 따라 특화사업 기본계획을 수립하고, 이를 구체화하기 위한 특구계획안을 수립해야 한다. 이에 대해 지역주민과 지방의회의 의견을 청취하여 산업통상자원부 특구기획단에 지역특화발전특구지정을 신청하여야 한다. 지역특화발전특구 지정은 지방자치단체의 신청에 따라 관계부처 협의 및 실무위원회 검토, 지역특구위원회 심의·의결을 거쳐 산업통상자원부장관이 지정·고시한다.

3. 평가와 과제

1) 선도산업 육성

선도산업의 육성을 통해 국가산업정책 방향과 지역산업정책간 연계성을 강화하고, 국가적 성장유망산업을 지역산업 육성정책과 접목한다고 평가할 수 있다. 그동안 국가산업정책과 지역산업정책의 분리·분절적 사업추진에 따른 지역 차원의 중복·과잉투자를 해소하고, 유사 사업의 연계추진을 통해 지역의 혁신역량을 결집하여 광역경제권의 산업경쟁력 강화를 유도하였으나, 대기업 중심의 사업추진, 광역경제권과 시·도간의 연계부족 등의 문제점도 나타났다. 따라서 광역경제권과 시·도 단위 간에 병렬적으로 추진되었던 지역사업체계를 효율적으로 조정함으로써 지역산업 지원사업의 성과 제고 및 확산체계를 구축해야 할 것이다.

2) 지역특화산업 육성

지역특화산업 육성을 위한 재원은 국비와 지방비가 약 70%와 30%로 구성되어 있다. 투자의 효율성을 확보하기 위해서는 다양한 산업과 사업에 대하여 균등투자하는 것이 아니라 지역의 여건과 특성을 고려하여 선택과 집중의 원칙을 적용하여야 할 것이다. 그리고 창조경제의 생태계 조성과 일자리 창출 촉진을 위해 지역차원의 산·학·연이 긴밀한 연계체계를 구축하는 것이 필요하다.

이러한 지역특화산업 육성정책을 통해 광역선도산업의 한계성을 보완하고, 지역의 산업정책 수요에 부응할 것으로 기대된다. 광역선도산업은 전액 국비로 추진됨에 따라 지역의 관심과 참여를 유인하는 데 한계가 있었으나, 지역특화산업은 중앙과 지방의 역할 분담을 통해 지역산업 관련주체 간 협력체계가 구축될 것이다. 또한 시·도

주력산업, 지식서비스산업 및 향후 발전가능성이 높은 성장산업 등에 대한 지원을 통해 지역의 다양한 산업육성 수요를 충족할 수 있을 것으로 기대된다.

3) 지역특화발전특구

지역특화발전특구제도는 규제완화를 통하여 자립적 지방화를 위한 기반을 구축하고 지역경제 활성화에도 기여하였다는 평가를 받고 있다. 지역특화발전특구의 과제로는 규제특례의 실효성 강화, 민간참여의 확대, 성과평가제도의 정비 등을 들 수 있다. 우선 규제특례의 실효성을 강화하기 위하여 관련 법규를 정비해야 하고, 특구 운영에 대하여 지속적인 수요를 조사하여 관련된 규제특례를 발굴해야 할 것이다. 둘째, 민간참여의 확대이다. 지방의 경쟁력 강화 및 지속가능한 발전을 도모하기 위해서는 무엇보다 다양한 특화사업을 추진할 수 있는 민간사업자 유치가 필수적이므로, 민간부문 전문가 인력풀 제공과 컨설팅을 지원하고 특구의 성과평가시 민간참여에 대하여 가점 부여 등을 검토할 수 있다. 셋째, 성과평가제도의 정비가 필요하다. 평가결과의 객관성을 제고하기 위한 가장 현실적인 대안은 외부의 전문평가기관을 활용하는 방안이다. 이 경우 타 지역발전제도에 대한 평가 또는 컨설팅 기능을 수행하고 있는 전문기관을 지역특구 평가기관으로 지정하고, 장기간에 걸쳐 평가업무 중 일부를 위탁하거나 평가지원업무를 수행토록 하는 방안이 바람직할 것이다(지식경제부, 2011). 한편, 박근혜정부는 국정과제를 통하여 지역특화발전특구의 신규지정은 신중히 검토하고 중복 지정된 지역의 구조조정, 인센티브 차별화 등을 통한 내실화를 추진하고 있다.

제3절 농림수산식품정책

1. 의 의

농림수산식품정책은 농림, 수산, 식품과 관련한 정책을 포괄하는 개념이다. 먼저 농림의 사전적 개념은 농업과 임업을 아울러 이르는 말을 의미한다. 그러나 농업은 땅을 이용하여 인간생활에 필요한 식물을 가꾸거나 유용한 동물을 기르는 산업을 말하고 광의의 개념으로는 축산업과 임업도 농업에 포함된다(국립국어원, 2013). 따라서 농림업은 농업과 임업의 합성어이지만 광의로 봤을 때는 농업의 개념 속에 축산업, 임업을 포함하기도 한다.[1)]

한편 수산은 바다나 강 따위의 물에서 나는 산물을 의미하는데 여기에서 산물이란 일반적으로 우리가 먹을 수 있는 산물을 의미하는 경우가 많다. 그리고 식품은 사람이 일상적으로 섭취하는 음식물을 통틀어 이르는 개념이다(국립국어원, 2013).

이를 종합하면 농림수산은 땅, 숲, 바다, 강 등에서 인간생활에 유용한 식물, 동물을 재배하거나 채취하는 것을 의미한다. 또한 이렇게 재배하거나 채취한 산물은 대부분 식품으로써 인간이 소비하게 된다.

1970년대까지 농림수산식품의 관심사는 생산량의 증대였다. 그러나 2000년대 들어 농림수산식품은 생산량 증대뿐 아니라 먹거리로써의 안전성, 식량안보, 환경보전, 경관, 생물다양성, 관광자원 활용 등 다양한 분야에서 그 가치가 재조명되고 있다. 더욱이 박근혜정부에서는 1차 산업인 농림수산업과 2차 산업인 제조업, 그리고 3차 산업인 서비스업을 융합하여 6차 산업화하는 정책을 추진하고 있다. 또한 농림축산업과 수산업을 신성장 동력화하고, 농축수산물 유통구조를 개선하여 농산물 생산자와 소비자의 이익확대를 유도하고 있다.

이를 위해 농림축산식품부에서는 '희망찬 농업, 활기찬 농촌'을 비전으로 설정하고 ① 농식품산업의 미래성장산업화, ② 누구나 살고 싶은 복지농촌 건설, ③ 농가소득 증대, ④ 안전한 농식품의 안정적 공급, ⑤ 농축산물 유통구조 개선의 5대 농정과제를 추진하고 있다.

2. 주요 내용

1) 법적 근거

농림수산식품정책을 추진하는데 근거가 되는 법은 「농어업·농어촌 및 식품산업 기본법」, 「농어업인 삶의 질 향상 및 농어촌지역 개발촉진에 관한 특별법」, 「농림수산식품과학기술육성법」, 「산림기본법」, 「해양수산발전 기본법」 등을 들 수 있다.

먼저 「농어업·농어촌 및 식품산업 기본법」은 농어업과 농어촌의 지속가능한 발

1) 축산업은 가축을 길러 생활에 유용한 물질을 생산하는 것이고 임업은 각종 임산물에서 얻는 경제적 이윤을 위하여 삼림을 경영하는 것을 말한다.

전, 안전한 농수산물과 품질 좋은 식품의 안정적 공급, 농어업인의 소득과 삶의 질 향상을 위한 농어업, 농어촌, 식품산업의 국가정책 방향을 담고 있다. 다음으로 「농어업인 삶의 질 향상 및 농어촌지역 개발촉진에 관한 특별법」은 농어업인의 복지증진, 농어촌 교육여건 개선 및 농어촌의 종합적·체계적인 개발촉진에 필요한 사항을 규정하고 있다(법제처, 2013). 그리고 「농림수산식품과학기술육성법」은 농림수산식품자원을 효율적으로 개발하고 이용하기 위한 농림수산식품과학기술육성 종합계획 수립 등을 담고 있다(농림수산식품기술기획평가원, 2013). 한편 「산림기본법」은 산림의 보전과 이용, 산림기능의 증진, 산촌 진흥 등 산림정책의 기본이 되는 사항을 정하고 있다. 마지막으로 「해양수산발전 기본법」은 해양자원의 합리적인 관리, 보전, 개발, 이용을 위한 정부의 정책방향을 담고 있다(법제처, 2013).

2) 관련 계획

(1) 농어업인 삶의 질 향상 및 농어촌 지역개발 기본계획

농림축산식품부는 2004년 제정한 「농어업인 삶의 질 향상 및 농어촌지역개발촉진에 관한 특별법」에 따라 5년 단위로 농어업인 삶의 질 향상 및 농어촌 지역개발 기본계획을 수립하고 있다. 2009년에 제2차 계획이 수립되었고 농어촌 지역의 복지, 의료, 교육, 기초생활, 문화 등의 부문에서 구급차 우선배치, 공동생활 홈 조성, 방과후 학교운영, 마을 생활환경 정비, 농촌 대중교통 효율화 등이 사업으로 제시되고 있다.

(2) 농림수산식품과학기술 육성 종합계획

농림수산식품과학기술 육성 종합계획은 「농림수산식품과학기술 육성법」에 의해 수립되는데 '지식기반형 일류 농림수산식품산업 육성'을 비전으로 설정하고 ① 농림수산식품산업의 글로벌 기술경쟁력 확보, ② 환경자원·생태의 공익적 가치제고, ③ 지식기반형 생산·산업구조로의 전환촉진을 3대 목표로 제시하고 있다.

또한 이를 추진하기 위한 6대 추진전략으로 ① 농림수산식품 R&D정책 종합조정체계 강화, ② 수요자 중심의 R&D 관리체계 개편, ③ 연구주체의 핵심역량 강화, ④ 민간투자 및 실용·산업화 촉진, ⑤ 지역R&D 활성화, ⑥ 생산현장 기술보급체계 고도화를 제시하고 있다.

(3) 산림기본계획

산림기본계획은 「산림기본법」에 따라 산림정책의 목표와 추진방향을 정하는 10년 단위의 계획이다. 1973년 제1차 산림녹화(치산녹화) 10년 계획으로 시작해 지난 2008년부터 '지속가능한 녹색복지국가 실현'을 비전으로 한 제5차 산림기본계획이 추진 중이었다. 그러나 2013년 7월에 제5차 산림기본계획 수정계획을 수립하면서 '지속가능한 녹색복지국가 실현'에서 '온 국민이 숲에서 행복을 누리는 녹색복지국가'로 비전을 재설정하였다. 또한 '숲을 활력 있는 일터 · 쉼터 · 삶터로 재창조'한다는 목표를 설정하고 ① 지속가능한 기능별 산림자원 관리체계 확립, ② 기후변화에 대응한 산림탄소 관리체계 구축, ③ 임업 시장기능 활성화를 위한 기반구축, ④ 산림생태계 및 산림생물자원의 통합적 보전 · 이용체계 구축, ⑤ 국토의 안정성 제고를 위한 산지 및 산림재해 관리, ⑥ 산림복지 서비스 확대 · 재생산을 위한 체계 구축, ⑦ 세계녹화 및 지구환경 보전에 선도적 기여를 7대 전략으로 제시하고 있다(산림청, 2013).

이에 따라 기능별 산림관리 및 국립양묘관리소 설치, 목재에너지림 조성, 국외 탄소배출권 확보, 산림고용센터 설치, 백두대간 UNESCO 등재, 산림경관축 지정 · 관리, 산림복지단지 설치 등의 사업을 추진하고 있다.

(4) 해양수산발전기본계획

해양수산발전기본계획은 「해양수산발전 기본법」에 따라 수립되는 해양수산정책의 기본방향을 설정하는 10개년 계획이다. 2004년에 제2차 해양수산발전기본계획이 수립되었고 생명 · 생산 · 생활의 해양국토 창조, 지속가능한 수산업 기반구축, 동북아 해운 · 물류 중심지 구축 등의 부문으로 구성되어 있으며 무인도서 실태조사, 연안오염 총량관리제 시행, 어업생산기반 구축, 항만인프라 확충 등의 내용을 담고 있다.

3) 주요 농림수산식품정책

(1) 농 업

농림축산식품부는 농촌활력증진사업, 지역농업클러스터사업 등의 농업정책을 추진하고 있고, 「농산물품질관리법」을 근거로 지역특산농산물 및 가공품의 명성을 보호하기 위한 지리적표시제도를 운영하고 있다.

특히 농림축산식품부는 기존에 별도로 추진되던 신활력사업, 향토산업육성사업, 특화품목육성사업을 통합하여 농촌활력증진사업을 추진하고 있다. 농촌활력증진사업은 농어촌산업 활성화를 목표로 농업, 제조가공, 서비스업의 융복합을 통해 농가소득 증대, 일자리창출, 농촌경제 활성화의 선순환 구조를 구축하는 사업이다. 농촌활력증진사업은 특히 사업과정에서의 모니터링과 시군자율평가를 강조하고 있다(한국지방행정연구원, 2010).

살펴본 바와 같이 농촌활력증진사업은 신활력사업, 향토산업육성사업, 특화품목육성사업으로 구성되어 있는데 이중에서 신활력사업은 농산물, 특산품, 향토자원을 이용하여 지역산업을 육성하는 상향식 지역개발 사업이다. 그리고 향토산업육성사업은 농어업자원 등 지역자원을 활용하여 재배, 가공, 서비스산업 복합화하고 이를 통해 부가가치를 창출하는 사업이다. 마지막으로 특화품목육성사업은 지역이 보유한 농수축산물을 신기술, 신지식 등을 이용하여 지역브랜드로 개발하는 사업이다(농림축산식품부, 2013).

(2) 축산업

우리나라의 축산업 정책은 크게 수급안정을 통한 농가의 경영안정 도모, 생산성 향상 및 비용절감을 통한 경쟁력 강화, 축산농가의 자율적 방역체계 확립을 통한 지속가능한 축산업 육성으로 구분된다. 이를 위해 농가사료직거래 활성화, 조사료생산기반 확충, 주요 곡물의 안정적 해외도입 및 비축 지원사업 시행, 가축질병 근절 등을 추진한다.

(3) 임 업

우리나라는 전쟁과 무분별한 벌목 등으로 과거 산림자원이 황폐화되었으나 불과 30~40년 만에 치산녹화에 성공한 국가로 꼽힌다. 그러나 치산녹화에는 성공하였으나 경제성이 높은 산림자원은 부족한 실정이다. 특히 최근에는 산림이 가진 경제성뿐 아니라 휴양 및 치유기능, 기후변화 대응기능 등이 주목을 받고 있어 산림육성의 필요성이 강조되고 있다.

이에 따라 산림청은 산림자원의 경제적·환경적 가치를 제고하기 위한 수종갱신 조림, 숲 가꾸기, 산림생태계 보존 등을 추진하고 있다(산림청, 2013).

(4) 수산업

수산업은 물속에서 생산되는 수산자원을 인류의 생활에 이용하는 산업으로서 크게 어업, 수산양식업, 수산제조업으로 구분된다. 우리나라는 하천이 많고 삼면이 바다로 둘러싸여 있어 수산업의 자연적 조건이 양호한 편이다.

최근 우리정부에서는 BT, IT, ET산업과 수산업을 융합하여 신성장 산업화하는 정책을 추진하고 있다. 이를 위해 수산 종자산업 육성, 해양생명자원 관리, 심해자원 채집, 어업생산성 제고 등의 사업을 추진하고 있다.

(5) 식 품

식품산업은 생산자에서 소비자로 이어지는 흐름을 총괄하여 이르는 개념으로 일반적으로 생산, 유통, 가공을 거쳐 소비자로 이어진다. 최근 식품산업이 새로운 성장동력으로 등장함에 따라 농림축산식품부는 국가프로젝트로 국가식품클러스터를 전북에 조성할 계획을 갖고 있다.

향후 조성될 국가식품클러스터는 기업·연구소와 관련기관을 집적화하여 상호간 시너지 효과를 높이고자 하는 식품산업의 대표적인 인프라 구축사업이자 아시아 최초의 푸드밸리 조성 사업이다. 이에 전북 익산에 232만㎡ 규모의 식품전문산업단지와 126만㎡의 배후복합도시를 함께 조성하여 160여개의 식품기업과 연구소를 유치하여 입주시키는 목적을 갖고 있다(농림수산식품부 내부자료, 2012).

4) 박근혜정부의 농림수산식품정책

박근혜정부의 출범과 함께 발표된 국정과제에서 농림수산식품정책으로는 농림축산업의 신성장 동력화, 수산의 미래산업화, 농축수산물 유통구조 개선 등을 들 수 있다.

첫째, 농림축산업의 신성장 동력화는 농식품의 6차산업화, 농식품의 첨단산업화, 지속가능한 축산업 육성, 산림부국 실현을 제시하고 있다. 먼저 농식품의 6차산업화는 농산물 생산(1차), 가공 및 산업화(2차), 관광·체험(3차)을 연계하여 농어촌 지역의 신성장동력을 창출한다는 것이다. 다음으로 농식품 첨단산업화는 종자개선, 육종연구 등 고부가가치 분야의 집중투자로 농식품산업을 첨단산업화하는 것이다. 마지막으로 지속가능한 축산업 육성은 가축분뇨 자원화, 시설현대화, 사료가격 안정대책 등을 들 수 있다.

둘째, 수산의 미래산업화는 양식섬, 외해(外海)양식, 바다생태 관광, 바다목장, 어항기능 고도화, 수산식품산업 육성 등 수산업에 첨단기술을 접목하여 수산업을 고부가가치화하는 것이다.

셋째, 농축수산물 유통구조 개선은 농·수협 중심의 유통계열화로 유통단계를 축소하여 생산자와 소비자에게 이익을 돌려주는 것이 중심내용이다. 또한 생협, 직거래 등으로 새로운 유통경로를 구축하고 도매시장 시설을 현대화하는 것 등이 제시되고 있다.

3. 평가와 과제

우리나라의 농림수산식품산업은 규모의 영세성, 낮은 부가가치, 복잡한 유통단계 등이 문제로 지적되어 왔다. 그러나 최근 들어 우리나라는 농림수산식품의 융합화를 통해 부가가치를 제고하고 지역 신성장동력화하려는 정책을 추진하고 있다. 또한 직거래 활성화 등을 통해 유통단계 개선을 유도하고 있다. 자원무기화, 기후변화, 삶의 질 중시 등의 추세에 따라 향후 농림수산식품산업의 가치는 더욱 증가할 것으로 예상된다. 이에 따른 농림수산식품의 과제를 살펴보면 다음과 같다.

첫째, 농림수산식품정책이 농림축산식품부, 해양수산부, 안전행정부, 산림청 등에서 산발적으로 시행되고 있어 이를 총괄·조정할 수 있는 기능이 필요하다. 이에 부처간 기능을 조정할 수 있는 기획재정부 혹은 주무부처인 농림축산식품부에 농림수산식품정책을 총괄할 수 있는 기능 및 역할을 부여하여 사업간 협업, 유사정책 중복예방 등을 유도해야 한다.

둘째, 지방자치단체의 주도로 다양한 유형의 농림수산식품산업 개발 및 산업화 지원이 필요하다. 지역 범위의 차원에서는 시군 자체적인 접근과 시군 협력적인 접근의 이원화가 필요하고, 개별 자치단체별 향토자원의 개발보다는 두개 이상의 자치단체가 연계·협력하는 방안이 필요하다.

셋째, 농림수산식품 관련 국정과제의 구체화를 위해 정책의 계획반영이 필요하다. 박근혜정부가 구상하고 있는 국정과제의 실현성을 확보하기 위해 해당사업별로 구체적인 계획을 수립하거나 중앙부처의 관련계획에 포함할 필요가 있다.

넷째, 지방자치단체의 농림수산식품산업 개발 및 산업화를 제대로 지원하고 추진하기 위한 제도기반의 마련 및 확충이 필요하다. 이를 위해서는 농림수산식품산업 개발 및 산업화 관련 조직의 구성, 농림수산식품산업육성 조례의 제정, 농림수산식품산업 지원 및 추진체계의 구축, 지역대학 및 마이스터 고등학교에 농림수산식품산업 관련학과 설치 등의 조치가 필요하다.

탐구학습

1. 주요 개념
   - 광역선도산업
   - 지역특화산업
   - 지역특화발전특구
   - 농업
   - 임업
   - 축산업
   - 수산업
   - 농림수산식품산업

2. 토론과 과제
   - 광역선도산업과 지역특화산업의 주요 목적
   - 농림수산식품산업의 6차 산업화
   - 농림수산식품산업의 발전전략: 식품산업클러스터
   - 농촌활력증진사업의 개념

참고문헌

국가균형발전위원회(2004), 신활력지역 발전구상, 국정과제회의 보고자료.

국가균형발전위원회 · 산업자원부(2004), 국가균형발전 5개년계획.

권기창 외(2004), "과학기술정책의 거버넌스 변화", 한국정책과학학회보, 10(3), 한국정책과학학회.

권오혁 · 조기현 외(2002), 지역전략산업육성을 위한 지방자치단체의 역할, 한국지방행정연구원.

김선기(2003), 향토자산활용 지역축제의 마케팅 전략, 한국지방행정연구원.

김현호 · 이관률(2011), "충남 향토산업의 육성방안", 열린충남, 55, 충남발전연구원.

김형국(2002), 고장의 문화판촉: 세계화 시대에 지방이 살 길, 서울: 학고재.

농림축산식품부(2013), "농업 · 농촌에 창조를 담는 6차산업화 본격 추진", 보도자료(2013. 7. 25).

미래창조과학부(2013), "박근혜정부 과학기술정책 청사진 마련", 보도자료(2013. 7. 8).

산림청(2013), 제5차 산림기본계획.

산림청(2013), 2013년도 주요업무 추진계획.

성지은(2006), “과학기술정책결정구조의 변화: 참여정부 과학기술행정체제개편을 중심으로”, 행정논총, 44(1), 서울대학교 한국행정연구소.

신지원(2004), “도자기산업의 특성화에 관한 연구: 경기도 이천시를 사례로”, 서울대학교 환경대학원 석사학위논문.

오은주(2011), “지역개발사업에 대한 정부지원 정책의 방향”, 국회 세미나 발표자료.

윤진효(2006), 한국기술정책론, 서울: 경문사.

이관률(2010), “향토산업 육성으로 내생적 지역발전 도모”, 충남정책 Brief, 충남발전연구원.

이관률(2010), “향토산업의 선정과정과 선정기준의 영향력 분석에 관한 연구”, 지방행정연구, 24(3), 한국지방행정연구원.

이성근 외(2001), 주요 이슈별 국가연구개발사업의 분석: 지역혁신지원 사업, 한국과학기술기획평가원.

제18대 대통령직인수위원회(2013), 제18대 대통령직인수위원회 제안 박근혜정부 국정과제.

지식경제부(2011), 지역특화발전특구 2011 연례보고서.

지역특화발전특구기획단(2006), 지역특화발전특구제도의 이해.

충청남도(2010), 충남 지역산업의 내생적 발전을 위한 향토자원 개발육성 및 융복합화 지원계획.

한국지방행정연구원(2010), 지역특화산업육성사업 개선방향 연구.

해양수산부(2013), 2013년 해양수산부 업무 추진계획.

현재호 외(1998), 과학기술지방화와 과학기술협력: 일본 지자체의 과학기술협력체제를 중심으로, 과학기술정책관리연구소.

http://korean.go.kr(국립국어원).

http://www.mafra.go.kr(농림축산식품부).

http://www.ipet.re.kr(농림수산식품기술기획평가원).

http://www.forest.go.kr(산림청).

http://www.moleg.go.kr(법제처).

http://www.mof.go.kr(해양수산부).

제 4 장

사회문화복지정책

제1절 인적자원정책

1. 의 의

지식기반사회에서는 경쟁력 있는 인적자원이 국가 성장과 발전의 원동력이라고 인식하고 있다. 특히, 저출산·고령화는 국가의 성장잠재력을 더욱 잠식할 것이기 때문에 인적자원의 관리와 육성이 핵심 과제의 하나로 대두되고 있다. 2002년에 제정된 「인적자원개발 기본법」에서는 '인적자원'의 개념을 국민 개개인·사회 및 국가의 발전에 필요한 지식·기술·태도 등 인간이 지니는 능력과 품성으로 규정하고 있고, '인적자원개발'은 국가·지방자치단체·교육기관·연구기관·기업 등이 인적자원을 양성·배분·활용하고, 이와 관련되는 사회적 규범과 네트워크를 형성하기 위하여 행하는 제반활동으로 규정하고 있다(제2조). 따라서 지역인적자원개발은 지방자치단체의 주도로 지역사회의 상호협력을 통하여 개인의 능력과 품성을 함양하고 나아가 풍부한 사회적 자본을 형성하기 위한 활동으로 정의할 수 있다.

인적자원개발은 인간의 오랜 역사동안 지속되어온 활동이다. 그러나 세계화·정보화·지방화·친환경화·고령화·양극화 등 사회·경제환경의 변화에 따라 패러다임의 변화가 있으며 이를 요약하면 〈표 5.4.1〉과 같다.

지역인적자원개발은 지역혁신을 주도하고 지역경제·사회발전을 이끌 핵심인력을 양성·유지·관리한다는 관점에서 지역의 모든 관련주체들의 적극적인 참여와 협력이 필수적이다(백성준 외, 2005).

표 5.4.1 인적자원개발의 패러다임 변화

구 분	과거의 패러다임	새로운 패러다임
주도자	공급자(교육기관)	수요자(기업)
국가-민간의 관계	국가 중심	민간 및 시민사회
권한	집권화	분권화, 지방화
인증체제	학제중심 인증체제	능력중심 인증체제
학습초점	지식 습득	현장수행능력 향상
학습기간	1회적 학습	계속적 학습과 평생학습
학습공간	학교 중심	학교·사회 등 다양

자료: 윤영득(2007)에서 재작성.

2. 주요 내용

1) 국민의 정부의 인적자원정책

2001년 인적자원개발정책의 국가적 총괄·조정 기능을 강화하기 위하여 「정부조직법」을 개정하여 교육부를 교육인적자원부로 개편하고 장관을 부총리로 격상하였다. 이로써 교육인적자원부는 종전 인적자원의 양성측면 만의 정책추진에서 인적자원의 공급·수요관리와 활용 차원을 모두 관장하는 정책추진체계로 확대되었다. 또한, 2011년 12월에는 각 부처에 산재되어 있던 인적자원개발정책을 18개 부처가 공동으로 참여하여 국가차원의 인적자원개발기본계획을 수립하였다.

2002년에는 인적자원개발을 효율적으로 추진하도록 함으로써 국민의 삶의 질 향상과 국가경쟁력강화에 이바지함을 목적으로 「인적자원개발 기본법」을 제정하였다. 이 법에서는 5년 마다 인적자원개발기본계획을 수립·추진하도록 하였으며, 인적자원개발회의를 설치하도록 했다.

2) 참여정부의 인적자원정책

참여정부 출범 당시 제시한 12대 국정과제에 '교육개혁과 지식문화강국 실현' 및 '지방분권과 국가균형발전'을 포함하면서 교육개혁과 인적자원정책, 특히 지역인적자원정책을 강화하려 했다(조경호, 2011).

2006년 수립된 제2차 국가인적자원개발기본계획(2006~2010)에서는 '학습사회 및 인재강국 건설'을 정책비전으로 설정하고, '인적자원분야 국가경쟁력 10위권 달성'을 목표로 ① 국제 경쟁력 있는 핵심인재 양성, ② 전 국민의 평생학습능력 향상, ③ 사회통합 및 교육·문화·복지 증진, ④ 인적자원개발 인프라 확충의 4대 정책영역, 20개 정책분야에 200개 정책과제를 수립·추진하였다. 2006년「교육자치에 관한 법률」을 개정하여 시·도교육감의 주민직선제를 도입하여 2007년 부산광역시 교육감 선거부터 적용되었다.

2007년「인적자원개발 기본법」을 개정하여 종전의 인적자원개발회의를 대통령을 위원장으로 하는 국가인적자원위원회로 확대 개편하고, 지역인적자원개발의 추진을 위해 지방자치단체에 지역인적자원개발협의회를 설치할 수 있도록 했다. 당시 국가인적자원위원회는 인적자원개발기본계획의 수립 및 변경에 관한 사항, 분야별 인적자원개발계획과 정책의 기획·조정 및 평가에 관한 사항, 인적자원개발사업의 조정·평가 및 이와 관련된 예산의 효율적 운영에 관한 사항 등을 심의하는 중요한 역할을 수행하였다.

3) 이명박정부의 인적자원정책

이명박정부는 인적자원분야의 비전을 '인재대국'으로 설정하고 이를 위한 목표로 ① 학교교육의 자율성과 다양성 확대, ② 교육복지 확대, ③ 세계적 수준의 우수인재 육성을 제시하였다. 2008년「정부조직법」을 개정하여 부총리제를 폐지하고, 교육과학기술부를 신설하여 인적자원 개발기능과 기초과학 진흥기능을 통합하였다.

이명박정부의 주요 인적자원정책은 다음과 같다. 첫째, 고교다양화 300 프로젝트를 추진하였다. 이는 농어촌 기숙형 공립고교 150개교, 자율형 사립고 100개교, 마이스터교 50개교의 총 300개교를 설립해 새로운 교육선도모델로 육성하겠다는 계획이다(이성근 외, 2012). 둘째, 대학교육의 특성화를 도모하였다. 대학입시에서 입학사정관제를 도입하였고, 대학교육역량 강화사업(2008)·학부교육선진화 선도대학 지원사업(ACE사업, 2010)·산학협력 선도대학 육성사업(LINC사업, 2012)을 시행하였으며, 대학구조개혁위원회를 발족하였다. 셋째, 한국장학재단을 설립(2009)하였다. 한국장학재단은 경제적 여건에 관계없이 의지와 능력만 있으면 누구나 고등교육의 기회를 가질 수 있도록 국가장학제도를 시행하고 있다.

4) 박근혜정부의 인적자원정책

박근혜정부는 '희망의 새 시대'를 국정비전으로 설정하였고, ① 경제부흥, ② 국민행복, ③ 문화융성, ④ 평화통일 기반구축을 4대 국정기조로 설정하였다. 또한, 2013년 「정부조직법」을 개정하여 교육과학기술부를 교육부로 개편하고, 과학기술과 정보통신에 관한 업무를 위해 미래창조과학부를 신설하였다. 교육부는 '행복교육, 창의인재 양성'을 교육정책의 비전으로 설정하고 ① 꿈과 끼를 키울 수 있는 학교교육 정상화 추진, ② 미래인재 양성을 위한 능력중심사회 기반 구축, ③ 고른 교육기회 보장을 위한 교육비 부담 경감의 세가지 목표 아래 다양한 정책과제를 수행하고 있으며, 그 내용은 다음의 표와 같다.

표 5.4.2 박근혜정부의 인적자원정책

정책 목표	정책 과제
꿈과 끼를 키울 수 있는 학교교육 정상화 추진	• 중학교 자유학기제 도입, 학업성취도평가 개선 • 중·고교에 진로교사 배치, 학교폭력 근절 • 교원의 교육전념 여건 조성, 대학입학전형 간소화,
미래인재 양성을 위한 능력중심사회 기반 구축	• 국가직무능력표준 구축, 고교 직업교육 강화 • 전문대학 집중 육성, 지방대학 지원 확대 • 대학 특성화, 국가평생학습 체제 구축
고른 교육기회 보장을 위한 교육비 부담 경감	• 초등학교 돌봄 기능 강화, 고교 무상교육 도입 • 소득연계형 맞춤형 반값등록금 • 공교육정상화촉진특별법 제정

자료: 교육부(2013).

3. 평가와 과제

그동안 인적자원정책은 경제성장과 민주주의 발전에 기여하는 역할을 했지만, 학생의 입시부담 가중 및 교육 양극화, 인력수급의 불균형과 교육의 질 부족, 평생학습과 직업교육의 미비 등의 문제점도 있었다. 이를 극복하기 위한 과제는 다음과 같다.

먼저, 학교교육에서 창의력과 품성 함양에 더욱 힘써야 할 것이다. 이를 위해 교육과정 개편, 수업방법의 혁신, 학업평가제도 개선, 입시제도 개선 등의 필요하다.

둘째, 산업의 균형발전을 위해 인력수급의 불균형을 해소하여야 할 것이다. 현재

국가 기간산업 및 제조업 부분에서의 산업기능인력은 부족한 반면, 인문사회분야의 학사인력은 초과공급 되는 등 인력수급의 불균형이 지속되고 있다.

셋째, 산업계 수요를 반영한 교육과정의 부족으로 기업 등에서 필요로 하는 지식과 기술을 갖춘 인력이 부족하다. 향후 학교와 산업계의 적합성 제고를 위해 산학협력이 더욱 강화되어야 할 것이다.

넷째, 여성 및 노인 등 경제활동에 참여하지 않는 계층의 인적자원개발을 더욱 활성화하여야 하며, 장애인·저소득층 등 취약계층의 인적자원개발을 통해 양극화 해소 및 사회통합에도 기여하여야 할 것이다.

다섯째, 고령화·정보화 등 사회환경의 변화에 따라 교양·취미·건강교육, 창업 및 부업교육, 직무재교육 및 전업지원교육 등 사회교육이 더욱 확대되어야 할 것이다. 이를 위해 국가·지방자치단체·교육기관·연구기관·기업·단체 등의 긴밀한 협력이 필요하다.

여섯째, 인적자원개발을 통해 풍부한 사회적 자본을 형성하여 지역발전의 동력으로 활용하는 전략이 필요하다.

제2절 문화체육관광정책

1. 의 의

1) 배 경

문화체육관광은 그동안 지역의 경제개발을 주도할 수 있는 성장형 산업이 아니라 지역경제의 발전이 가져다 준 파급효과로서의 산업으로 여겨졌다. 그러나 최근에는 문화체육관광을 지역발전의 중요한 산업으로 다루고자 하는 인식이 확산되고 있다.

전통적으로 문화체육관광정책의 영역은 문화유산을 보호하고, 순수예술의 발전을 지원하는 것이었으나, 정책의 목표가 사회적·정치적 관심에서 경제개발로 전환된 시기는 1980년대이다. 그 배경으로는 지역 간의 투자유치경쟁이 치열해졌으며, 각 지역들이 제조업 공동화현상으로 인하여 지방의 재정위기가 발생하자 이를 극복할 새로운 대체산업으로 문화체육관광을 주목하게 된 것이다(Williams, 1997 수정인용).

특히 1990년대 이후의 디지털 기술은 문화산업의 성장가능성을 고조시켰고, 경제성장과 소득증대, 여가시간의 증가 및 삶의 질 향상 욕구 등에 따른 스포츠와 관광수요의 증가현상과 같은 추세를 국가 및 지역경제성장에 전략적으로 활용하려는 논의가 선진국을 중심으로 이루어지고 있다.

문화체육관광과 관련된 산업은 서비스업과 제조업 등 전후방 연관효과가 매우 큰 산업으로 관련 산업의 동반성장을 가능하게 하므로, 지역전략산업으로 육성하여 지역발전의 추동력으로 활용하고자 하는 방안이 논의되고 있다.

2) 개 념

문화체육관광과 관련된 정책, 즉 문화체육관광정책은 국가의 상황, 법제도, 기술적인 측면에 따라 그 개념이 다르게 정의된다. 왜냐하면 광의적으로 문화, 체육, 관광 등을 모두 포괄하는 정확한 범위규정이 어렵기 때문이다(이병민, 2005).

문화는 사회구성원 모두가 공유하고 있는 가치관과 신념, 이념과 관습, 지식과 기술에 의한 인간행동형성의 총체이다(주종대, 2007).

체육은 계획적이고 의도적인 신체활동을 매개 또는 수단으로 하여 인간의 잠재능력을 발휘하도록 함으로써 신체적·정신적·사회적으로 완전한 인간을 형성하고자 하는 교육의 한 영역이라고 정의할 수 있다. 또한 인간의 제 운동을 탐구하는 과학과 기술까지 포함하는 것으로 볼 수 있다. 체육과 스포츠의 관계를 살펴보면 체육은 교육의 한 영역으로 인정되고, 스포츠는 하나의 문화적 형태로서 신체문화, 생활문화의 한 영역이 되어 경쟁적이든 경쟁적이 아니든 일체의 신체활동을 통해 이루어지는 사회현상으로 보는 넓은 의미로 이해되고 있다(문화체육관광부, 2012c).

관광은 자연, 문화, 인간생활 등의 제반 자원을 연계·보호·개발·이용하여 관광객을 유치하고, 이를 통하여 경제 활성화에 기여하는 모든 활동이다(서인원, 2002).

문화체육관광정책은 지역의 다양한 문화와 관광분야의 산업화, 체육의 활성화 등 문화·체육·관광과 관련된 산업을 통하여 지역발전을 도모하는 정책이라고 할 수 있다.

3) 유용성

문화체육관광의 유용성은 다음과 같이 나누어 볼 수 있다. 첫째, 문화는 일반제조업과는 달리 창의적 활동을 바탕으로 한 지적재산이며, 문화체육관광은 지역의 이미지, 경제적 가치뿐만 아니라 상징적 의미를 창출하고 전달하는 특성을 가진다.

둘째, 문화산업은 문화콘텐츠 상품이 기술변화를 거쳐 활용이 지속되면 그 가치가 증대되는 윈도우효과(window effect)[1]를 지니는 OSMU(One Source Multi Use)의 특성과 차별화의 특성을 지니고 있다(이병민, 2005). 또한 체육[2]과 관련된 콘텐츠의 경우에도 관광, 게임, 방송 등 다른 산업의 콘텐츠로 활용되면서 다른 영역과 중첩되어 확대되고 있다(문화체육관광부, 2012c).

셋째, 문화체육관광산업은 친환경적 산업이다. 해당 산업은 콘텐츠 상품 및 서비스를 생산하기 때문에 자원이 절약되며, 상품의 무게에 비하여 부가가치의 창출이 높고, 운송비의 비중의 적으며, 공해를 보다 적게 배출한다는 특성을 가지고 있다.

넷째, 최근 급변하고 있는 IT 인프라 기반 및 모바일 콘텐츠 등 다양한 플랫폼을 거쳐 하나의 콘텐츠가 널리 활용될 수 있어 규모의 경제를 통한 수익폭이 넓다.

이와 같이 문화체육관광은 문화적 · 사회적 · 경제적 파급효과가 매우 큰 산업이 되며, 자체의 성장으로 인한 고용창출효과뿐만 아니라 문화체육관광 상품개발의 원천이 되는 문화 · 예술활동의 활성화와 여타 산업의 문화화를 촉진시킨다. 따라서 간접적인 고용유발효과뿐만 아니라 창업효과가 크기 때문에 지역경제의 발전에도 많은 도움을 주게 된다. 일반적으로 문화체육관광산업은 서비스업이나 제조업에 비해 생산유발, 부가가치유발, 고용유발효과 등에 있어서 월등한 효과를 내는 것으로 알려져 있다(한국문화콘텐츠진흥원, 2004 수정인용).

2. 주요 내용

문화체육관광은 경제적 · 사회적 측면 등에서 파급효과가 크기 때문에 문화체육관광과 관련된 재정의 규모도 2011년 기준으로 정부재정의 1.12%인 34,557억 원으로

1) 윈도우효과는 하나의 문화상품이 문화산업의 일개영역에서 창조된 후 부분적인 기술적 변화를 거쳐 문화산업 영역내부, 혹은 다른 산업의 상품으로 활용이 지속되면서 그 가치가 증대되는 것을 말한다. 윈도우효과가 강조되는 이유는, 다른 산업과 달리 문화산업의 경우는 윈도우효과가 소비자와 공급자의 입장 양쪽에서 일어나기 때문에 그 효과가 더욱 크기 때문이다(김휴종, 1999).

2) 체육을 포함하는 스포츠산업은 다양한 업종의 집합체로서 다음과 같은 특성이 있다. 첫째, 복합적인 산업분류구조를 가진 산업이다. 둘째, 공간 및 입지 중시형 산업이다. 셋째, 시간 소비형 산업이다. 넷째, 오락성이 중심개념인 산업이다. 다섯째, 감동과 건강을 가져다주는 산업이다(문화체육관광부, 2012c).

매년 증가추세에 있다(문화체육관광부, 2012b).

문화체육관광분야는 저출산과 고령화, 저성장, 일자리, 지역불균형 등의 문제를 해결할 수 있는 고부가가치산업으로 중요성이 한층 높아지고 있다. 이하에서는 각 부문[3]별로 구분하여 내용과 특징을 살펴본다.

표 5.4.3 최근 5년간 부문별 지출추이 (단위: 억원)

구 분	2007년	2008년	2009년	2010년	2011년
문화예술부문	9,440	10,709	11,275	13,266	14,552
관광부문	6,649	7,766	8,944	8,901	9,257
체육부문	4,419	5,304	6,431	7,303	8,403
문화 및 관광 일반부문	2,152	2,575	2,096	2,277	2,346
지출 합계	22,660	26,354	28,746	31,747	34,557

자료: 문화체육관광부(2012b: 501).

1) 문화정책

문화정책은 문화향유의 기회 확대와 문화산업의 인프라 조성을 중심으로 이루어지고 있다. 이명박정부에서 추진한 문화정책의 주요내용을 살펴보면 다음과 같다(문화체육관광부, 2012b). 첫째, 문화향유의 공정성 제고와 문화나눔의 활성화이다. 소외계층의 문화향유기회를 확대하고, 생활문화의 활성화를 추진하며, 문화나눔의 사회적 확산을 추진하였다.

둘째, 한글과 전통문화의 가치발굴 및 확산이다. 한글의 가치를 확산하고, 원활한 국어 사용환경을 조성하며, 전통문화자원을 발굴·활용하였다.

셋째, 자율과 창의의 지역문화환경 조성이다. 지역현황을 파악하여 문화를 통한 지역경쟁력을 높이고, 전통문화자원의 발굴·활용을 추진하였다.

넷째, 미래지향적 문화역량의 강화이다. 문화예술교육을 확대하고, 다문화사회의 대응 역량을 제고하며, 문화분야 정책연구기능을 강화하였다.

---

3) 이명박정부에서는 '품격 있는 문화국가 대한민국'이라는 비전을 설정하고, 멋있는 한국인(창조적 문화예술의 나라), 잘사는 한국인(콘텐츠 산업으로 부유한 나라), 정겨운 한국인(세계인이 다시 찾는 관광의 나라), 신나는 한국인(어디서나 스포츠를 즐기는 나라)을 목표로 문화·체육·관광 분야별로 계획을 추진하였다.

다섯째, 재외문화원기능 확충 및 문화교류 확대이다. 해외문화원 확충, 핵심지역 코리아센터 전환 및 신설 확대, 문화교류확대 등을 추진하였다.

문화산업 중에서 콘텐츠산업은 지식경제의 핵심산업이다. 이명박정부는 콘텐츠산업을 국가의 17대 신성장동력, 미래 3대 먹거리 산업으로 선정하였다. 대표적인 콘텐츠산업으로는 영화, 게임, 음악, 출판(서적), 애니메이션, 캐릭터, 만화, 방송, 광고, 정기간행물(신문, 잡지), 지식정보 및 패션문화 등이 있다. 또한 차세대 콘텐츠육성을 통한 신시장 창출, 공생발전형 산업생태계 조성, 한류 확산을 계기로 해외진출 활성화, 지속성장을 위한 전략적 지원기반 강화 등의 정책을 추진하였다(문화체육관광부, 2012d).

박근혜정부는 국민의 문화향유기회의 확대, 문화예술 창작기반 마련 및 콘텐츠 육성을 위해 문화재정 2% 달성과 문화기본법의 제정을 추진하고 있다(제18대 대통령직인수위원회, 2013). 관련정책 중 주요 내용에 대하여 살펴보면 첫째, 문화향유기회 확대와 문화격차의 해소이다. 생애주기별 문화향유 지원체계 구축 및 여가모델을 개발·보급하고, 예술강사의 장애인시설 파견확대를 통한 장애인 등 문화소외계층의 문화향유권리를 보장하며, 지역특성에 맞는 문화도시·문화마을 조성 및 지역문화격차 해소를 추진한다.

둘째, 문화유산 보존·활용 및 한국문화진흥이다. 디지털 DB구축으로 문화유산 관리의 강화와 향유기회를 확대하고, 한국학·한국어·전통문화 등과 연계하여 한국문화진흥체계를 구축한다. 또한 남북 간 및 세계 각국과의 문화교류 확대와 문화다양성 증진을 추진한다.

셋째, 문화기본법 제정이다. 국민행복, 사회통합, 갈등치유와 소통을 위한 문화의 역할과 가치에 대한 새로운 인식과 시대적 요청에 부응하여 국민의 문화기본권 보장과 문화진흥을 위한 국가적 책무를 규정하여 문화국가의 실현을 위한 제도적 토대를 마련한다.

2) 체육정책

체육정책의 범위는 상당히 다양하다. 학교교육의 일환으로 진행되는 학교체육, 건강 및 체력증진을 위한 자발적이고 일상적인 생활체육, 우수한 능력을 가진 선수의 발굴과 경기력 향상을 위한 전문체육(엘리트 체육), 체육활동·신체활동과 관련된 산업적 활동, 장애인을 위한 생활·엘리트체육 등이 모두 체육정책의 범위에 포함된다.

최근에는 사회환경의 변화에 따라 체육신체활동과 연관된 새로운 영역이 등장하면서 체육정책의 영역이 확대되고 있다. 스포츠산업의 경우 체육용품, 체육시설업 이외에 스포츠마케팅 에이전트 등 서비스분야가 성장함에 따라 「스포츠산업 진흥법」을 제정하여 전문인력의 양성이 추진되고 있다.

또한 체육수요가 점점 다양화·고도화하면서 래프팅, 패러글라이딩, X-게임 등 신종 레저스포츠가 급증하고 있어 레저스포츠진흥법 제정 등 관리·육성대책을 준비하고 있다. 2008년에는 「전통무예진흥법」이 제정되어 우리나라 고유의 전통체육도 많은 관심과 활성화노력이 시도되고 있다(문화체육관광부, 2012c).

체육부문은 지역사회와 직·간접적으로 연관되어 지역주민의 건강증진은 물론이고, 지역이미지와 지역경제의 활성화에 기여하고 있다. 체육활동 참여여건 개선을 위하여 지역스포츠클럽 정착 및 활성화, 체육인력 활용제고 및 국민체력향상, 맞춤형 체육복지 구현, 생활체육시설 확충 및 활용 제고, 전문체육시설 확충을 통한 훈련여건 개선, 레저스포츠시설 공간 등을 확충하고 있다.

스포츠산업의 경쟁력강화를 위하여 스포츠마케팅 활성화, 스포츠용품의 고부가가치화, 스포츠산업 전문인력 양성·지원체계 등을 구축하고 있다. 스포츠를 통한 지역이미지 홍보와 제고를 위하여 각종 경기대회의 유치, 스포츠외교인력 양성 및 활동강화, 우수선수 양성, 선수자원의 확대 및 육성시스템 강화 등이 추진되고 있다(문화체육관광부, 2012c 수정인용).

박근혜정부도 스포츠 활성화로 건강한 삶의 구현을 위하여 생활스포츠 프로그램과 시설을 확충하고, 생활체육 참여율을 증가시켜 건강한 100세 시대의 견인을 추진하고자 한다(제18대 대통령직 인수위원회, 2013). 특히 지역차원에서는 시·군·구에 문화법인형 공공스포츠클럽의 설립을 추진하고 있다.

지역개발과 관련된 체육의 영역은 체육 자체뿐만 아니라 체육과 연관된 다양한 환경영역과의 상호관계나 연계를 통하여 보다 확대되고 있는데, 지역사회환경의 변화에 따라 점점 다양화되고 전문화되고 있는 실정이다.

3) 관광정책

관광산업은 경제성장, 일자리 창출, 지속가능한 발전에 대한 기여도가 증가하고 있어 국내외적 정책우선순위를 정하는 과정에서 관광산업의 비중이 점점 커지고 있다. 세계여행관광협회(WTTC)는 장기적으로 향후 10년간 세계 관광시장의 성장률은 4% 이상으로 유지될 것으로 예측하고 경제활성화 전략으로 관광산업의 잠재역량을 주목하였다(문화체육관광부, 2012a).

관광과 관련된 이명박정부의 정책분야는 크게 5개 부문으로 구분할 수 있다. 관광산업의 경쟁력 제고, 관광인프라 확충, 고부가가치 관광산업 육성, 친서민 복지관광 지원확대, 지속가능한 녹색관광 육성 등이다(문화체육관광부, 2012a).

첫째, 외래관광객 1000만 시대를 대비한 관광산업 경쟁력 제고이다. 한국방문의해 사업, 한류열풍, MICE 및 의료관광 등 고부가가치 관광상품 발굴, 스포츠·국제회의 등 대형 국제행사의 성공적 개최 및 유치지원 등 관광산업의 경쟁력 확보에 주력하였다.

둘째, 관광인프라 확충을 위한 제도개선과 규제개혁이다. 관광산업 경쟁력 강화를 위한 효과적인 제도개선 방안을 모색하기 위하여 산업 육성에 장애가 되는 일부 법·제도를 개선하고 규제완화를 추진하였다. 예를 들면, 수도권 관광숙박시설 확충방안, 비자발급절차 개선 등이 있다.

셋째, 고부가가치 관광산업 육성이다. MICE산업,[4] 의료관광, 뮤지컬과 K-POP 등 공연관광 등 부가가치가 높은 관광산업을 중심으로 육성한다.

넷째, 친서민 복지관광 지원확대이다. 사회 취약계층을 대상으로 복지관광 프로그램 개발을 지원함으로써 소득수준 격차로 인해 발생하는 양극화현상을 줄이고 관광에서 소외되는 국민이 없도록, 복지관광 수요에 적극적으로 대응하는 정책환경을 조성하였다. 예를 들면, 공정관광(fair travel) 프로그램 확대, 여행바우처 사업, 장애물 없는 관광시설 환경구축 지원 등이 있다.

다섯째, 지속가능한 녹색관광 육성이다. 우리나라의 생태자원을 최대한 보전하는 환경친화적인 관광개발을 통해 초보단계에 있는 생태·녹색관광문화를 정착시키고, 지역특성을 반영한 생태관광 모델사업 등을 추진하였다.

박근혜정부도 관광산업의 육성을 위하여 생태휴식공간의 확대, 자연형 하천의 복원 등 행복한 생활문화공간을 조성하고, 고부가·고품격의 융·복합형 관광산업을 집중육성하여 관광활성화를 추진하고 있다(제18대 대통령직 인수위원회, 2013). 특히 지역관광 활성화를 위하여 지역관광업체, 문화계, 상공인, 지역주민, 지방자치단체 등이

---

4) 회의(Meeting)·포상관광(Incentive Travel)·컨벤션(Convention)·전시회(Exhibition)의 머리글자를 딴 용어이다.

참여하는 지역관광협의회(Convention & Visitor's Bureau: CVB) 설립의 지원이 추진되고 있다.

3. 평가와 과제

1) 평 가

문화관광의 세기라고 일컬어지는 21세기에서 지역만의 독특하고 고유한 문화의 육성은 지역경쟁력 제고차원에서 지역발전의 확실한 대안이다. 특히 문화콘텐츠산업의 중점육성은 국가와 지역성장을 위한 밑거름이 될 것이다. 경제가 발전하면서 여가시간의 확대, 복지에 대한 희망은 문화향유에 대한 국민의 요구로 확대되고, 그에 따른 정책적 대응이 중요해지고 있다. 이러한 정책을 추진한 결과 소외계층에 대한 문화복지 확대, 여가문화 기반조성, 한글 가치의 확산, 전통문화자원 발굴, 해외에서의 국가브랜드 제고 등 관련성과가 나타나고 있는 것으로 평가되고 있다.

체육부문은 한국의 근대체육이 짧은 역사에도 불구하고 특히 2012년 런던올림픽에서 종합순위 5위라는 스포츠강국으로 부상하는 등 양적으로나 질적으로 눈부신 발전을 이룬 것으로 평가받는다. 하지만 체육·스포츠분야는 많은 변화를 겪고 있는데, 지식정보사회의 진전과 함께 그동안 체육·스포츠 발전의 중심원리로 작용하여 오던 전인교육, 국위선양, 국민건강 및 복지증진의 전통적 스포츠패러다임에서 미디어가치 개발, 고부가가치 창출, 생산적 국민복지 등과 같은 스포츠의 산업적 가치를 강조하는 새로운 스포츠 패러다임이 전개되고 있다. 스포츠 패러다임의 변화는 스포츠를 소비지향적 문화·오락 활동으로 간주하는 일상적이고 편협된 시각에서 탈피하여 고부가가치를 창출하는 생산지향적 산업활동으로 탈바꿈시키는 계기를 마련해 주고 있다.

또한 민간외교사절로서 스포츠스타의 역할이 증대되고 있으며, 올림픽경기대회, 월드컵축구대회, U대회 등 국제 스포츠 이벤트의 경우 이벤트 자체의 경제적 파급효과뿐만 아니라 국가 및 지역이미지나 관광 등 관련산업에 미치는 경제적 가치가 크게 고려되고 있다(문화체육관광부, 2012c).

이명박정부는 관광산업을 일자리 창출과 지역경제에 기여하는 신성장 동력으로 육성하기 위하여 외래관광객 유치 확대, 고부가가치 관광산업 육성, 관련제도개선을 통한 내수 진작과 민간투자 촉진, 친서민 복지관광 지원확대, 지속가능한 녹색관광

실현이라는 5대전략을 중심으로 관광정책을 추진하였다. 특히 관광산업의 국제경쟁력 강화를 위한 대책 마련에 정책역량을 집중하였다. '2010~2012 한국방문의 해' 사업을 계기로 해외관광객 유치 확대를 위한 대책을 모색하였으며, 관광인프라 확충을 위한 제도개선과 규제개혁을 통해 선진형 관광산업으로 도약하기 위한 제도적 기반을 마련하였다(문화체육관광부, 2012a).

하지만 국내관광산업은 개발과 건축위주의 하드웨어 중심이며, 단조로운 볼거리 나열, 수익모델의 부재, 지역특성의 부족 등에 대한 비판을 지속적으로 받고 있어 사고의 전환과 변화가 요구된다.

2) 과 제

문화체육관광은 전후방 연관효과가 큰 산업으로 국가뿐만 아니라 지역차원에서도 전략적인 육성분야가 될 것이다. 문화체육관광정책은 인프라 구축의 하드웨어 지원에서 더 나아가 소프트웨어의 확충과 지역의 창조역량 강화를 위한 지원 등을 중심으로 추진되어야 한다.

문화산업이 한층 성장하고 지속적으로 발전하기 위해서는 다음과 같은 노력이 필요하다. 첫째, 문화예술과 콘텐츠 종사자들의 삶의 여건 개선을 위한 제도적 관심과 문화와 관련된 일자리 창출노력이 필요하다. 이를 통해 국내 청년실업문제 해결에 기여할 수 있다. 둘째, 베이비 붐 세대의 은퇴와 고령인구의 증가로 은퇴 후 인생설계와 문화예술의 사회적 역할 증대에 대한 공감대 확산이 필요하다. 셋째, 국내 거주 외국인 140만 시대에서 다문화사회에 대한 인식 제고가 필요하다. 넷째, 귀농·귀촌 현상이 늘어나는 현실에서 농촌지역이 주목을 받고 있는데, 문화예술에서도 환경 친화적인 노력이 필요하다. 다섯째, 소셜미디어의 발전에 따라 문화활동에서도 SNS 특성을 활용한 능동적인 대처가 필요하다(문화체육관광부, 2012b 수정인용).

체육(스포츠)산업은 제조업·서비스·유통업 등 기존 산업과 연계된 복합산업으로 국내 산업발전에 기여할 뿐만 아니라 새로운 사업영역의 개발을 통해 스포츠에이전트, 스포츠이벤트기획 등 신규직종에 많은 고용을 창출할 것으로 전망된다. 또한 스포츠를 매개로 한 재화와 스포츠서비스의 생산·유통·분배의 촉진을 가져와 국내 스포츠발전을 위한 재원을 확대하는 데 기여할 것이고, 민간기업의 마인드를 스포츠부문에 적극적으로 도입할 수 있는 기반을 마련해 줄 수 있다. 그러나 국내 스포츠산업은 우수한 경기력 및 국제 체육계에서의 높은 위상 등 유리한 세계시장 진출여건과 발전가능성에 비해 이를 상품화하거나 부가가치를 높이는 데 필요한 기술·인력·정보 및 제도적 기반이 취약하여 여타 산업영역에 비하여 낙후된 상태이다.

따라서 기술축적을 통한 새로운 기술을 개발하고 전문인력을 양성하는 등 제도적이고 정책적인 지원이 더욱 강화되어야 할 필요성이 있다(문화체육관광부, 2012c). 또한 엘리트체육의 집중적인 육성과 함께 미래세대와 국민의 건강을 위한 학교체육과 생활체육 등에 대한 투자와 지원이 확대되어야 한다.

관광산업은 21세기의 대표적인 성장 주도산업으로서 관관산업의 육성을 위한 관광투자 확대 및 지역 간 경쟁이 심화될 것으로 전망된다. 또한 환경의 중요성이 부각되고, 관광욕구가 다양화되면서, 녹색관광, 지속가능한 관광, 생태관광, 문화관광 등으로의 전환이 두드러지게 나타날 것이다. 사회 각 분야의 균등발전에 따라 관광산업 발전이 확대되고, 핵가족화 및 노령화사회의 진전으로 가족단위 및 노인계층의 관광이 확대되는 등 관광행태 및 욕구도 더욱 다양해질 것으로 전망된다. 지방화시대의 지방정부에서는 지역경제의 활성화를 위해 지역여건에 따른 관광분야에 대한 투자를 확대하는 경향을 보일 것으로 전망된다(서인원, 2002 수정인용).

관광산업의 활성화를 위한 과제로는, 첫째, 개발방식은 지역사회중심형 관광개발방식, 주민참여형 관광개발, 하드웨어에서 소프트웨어 개발로 전환되어야 한다. 둘째, 지역환경을 중심으로 생태관광 및 녹색관광 수요확보, 수익원 발굴 및 수익창출 모델 개발 등이 필요하다. 셋째, 재원의 다각화 및 사업시행체계를 개선해야 한다. 넷째, 추진주체의 조직화 및 협력을 위한 지역리더의 양성, 주민참여 및 역할증대, 이해관계자의 협력체계 구축이 필요하다. 다섯째, 환경친화적 관광을 위하여 지속가능한 개발 및 관리체계 확립, 생태관광자원의 발굴과 활용 등이 있다(이성근 외, 2011).

제3절 지역보건복지정책

1. 의 의

1) 개 념

지역보건복지는 지역주민 개개인의 기본적인 욕구충족에서 경제적 · 사회적 · 문화적으로 인간다운 삶의 질을 높여주는 데 그 목표가 있다. 이에 따라 지역보건복지는 지역사회를 구성하는 개인, 집단, 이웃 등의 사회적 보건 및 복지를 향상시키기 위해서 지역사회 수준에서 이루어지는 일련의 활동을 의미한다(Brager & Specht, 1973).

다시 말하면, 지역보건복지는 기초 및 광역자치단체 수준에서 지역실정에 맞는 보건복지사업에 대한 계획을 수립하여 지역주민의 복지 및 건강욕구에 부응하는 지역보건복지사업을 개발함으로써 서비스의 질을 향상시키고 주민의 삶의 질 향상을 도모하는 것을 의미한다. 이러한 측면에서 지역보건복지란 주민 스스로 복지와 관련된 문제를 발견하여 계획을 수립하고 자체자원 혹은 외부의 지도 및 지원을 받아 계획을 실천하는 지역활동과정이라고 할 수 있다.

우리나라는 현재 지역사회복지계획과 지역보건의료계획을 각 기초 및 광역자치단체 수준에서 작성하도록 규정하고 있다. 이는 보건 및 복지사업에 대한 각종 계획을 중앙정부에서 수립하여 시달하고, 지방자치단체에서 피동적으로 집행하던 상의하달방식(top-down)에서 탈피하여 지방자치단체가 주도적으로 계획을 작성한 후 중앙정부의 조정을 거쳐 지방자치단체에서 시행하는 하의상달방식(bottom-up)을 채택하였다는 것을 뜻한다. 또한 각 지방자치단체는 스스로 계획을 수립함으로써 추진목표를 명확히 하고, 보건 및 복지기관의 기획능력 향상 및 동기를 부여하며, 지방자치단체장 · 지방의회 · 지역유관단체 및 지역사회네트워크의 활성화를 통해 지역의 보건복지에 대한 인식을 제고하고 주민건강증진에 이바지할 수 있다는 장점이 있다. 이에 부응하여 중앙사업의 지방이양화에 따라 지방의 자율성과 책임성을 강조하고, 민간부문의 복지참여를 확대하면서 지역실정에 맞는 복지체계의 구축을 위해서 노력하고 있다.

지역보건복지는 개별적인 보호서비스와 지역사회개발의 양자를 통합하는 실천영역이다. 기존의 중앙정부 주도적인 아동복지, 청소년복지, 노인복지의 영역에 지역성이 강조된 것이다. 따라서 지역보건복지는 지역사회, 보호서비스, 보건서비스를 결합한 의미로 상호간 연결된 관계망을 통하여 지역의 친밀성, 공통의 이해관계, 지리적인 근접성, 우애와 협동, 서비스의 제공 등 다양한 활동을 수행하는 것을 의미한다. 또한 지역사회복지협의체를 중심으로 한 지역사회복지계획, 지역보건계획의 수립을 통하여 지역사회의 내적 긴장을 감소시키고 협력적인 분위기를 조성하여 지역주민 간의 갈등을 해소하는 역할을 수행한다(박용순, 2006).

2) 특 성

공공기관이나 사회단체 또는 주민조직에 의해 자발적으로 추진되는 지역보건복지는 다음과 같은 특성을 지니고 있다.

첫째, 기본단위가 지역이다. 지역은 생활권으로 설명될 수 있으며, 생활권은 1차, 2차, 3차 생활권으로 분류된다. 전국적 단위로 국가에서 실시하는 복지가 아니라 지역사회단위에서 생활권별로 추진하는 기본적 보건복지이다.

둘째, 주민조직과 민간단체, 행정기관의 협력을 기반으로 하는 거버넌스의 기초단위이다. 지역보건복지는 주민들의 자발적 참여에 의해 이루어지는 것을 본질로 하나 전문적 지식과 기술을 필요로 하며, 자금이 뒷받침되어야 한다는 특성을 지니고 있다. 따라서 주민조직, 민간단체에서는 전문적인 지식과 기술을 제공하고, 행정기관에서 지도·지원하는 유기적인 협력관계가 이루어질 때 더 큰 효과가 나타날 수 있다.

셋째, 소외계층을 배려한다. 주민들의 소득증대와 사회환경을 개선하고 각종 편의시설을 확충하며, 정상적인 생활을 영위할 수 없는 노약자를 보호하는 활동을 전개한다. 즉, 도로, 주택, 공공이용시설 등 주민전체와 관련된 사업을 추진하면서 장애자, 부녀자, 노인 등과 같이 보호와 지원이 없이는 정상적 생활이 어려운 사람들을 위한 시설관리와 봉사활동을 전개한다.

넷째, 시설복지, 재가복지 그리고 대인중심의 복지가 종합되어 있다. 보건복지는 기본적으로 시설·재가·대인복지가 혼용되어 제공되고 있다. 시설복지란 종합복지관, 지역사회회관, 어린이놀이터, 경로당, 고아원, 양로원 등의 시설을 통해서 주민복지를 실현하는 것을 의미하며, 재가복지는 가정에서 누리는 보건복지서비스를, 대인복지란 저소득층에 대하여 생활비 지급, 각종 보험, 봉사활동 등을 제공하는 것을 의미한다. 이 중에서도 지역보건복지는 시설중심이라기보다는 재가중심, 대인중심의 보건복지라는 특성을 지니고 있다.

다섯째, 기획 및 예산관리에 있어서 주민참여를 강조한다. 지역보건복지는 관주도형, 행정가주도형으로 이루어지는 것이 아니라, 주민의 필요에 의해 주민이 관리하는 성향이 강하다. 주민조직이 주체가 되어 계획을 수립하고 자체의 인적·물적 자원에 기초를 두고 있는 것이다. 그러나 현실적으로 지역주민이 지니고 있는 기술이나 자금규모 면에서의 부족함 때문에 지속적인 활동을 펴기 어려우므로 중앙정부의 적극적인 지도 및 지원이 필요하다. 이런 의미에서 지역보건복지는 지역주민, 자원봉사단체 및 지방자치단체를 주요 행위자(actors)로 하고 중앙정부를 간접적인 행위자로 구분하여 수행되는 것이라고 볼 수 있다.

2. 주요 내용

1) 정부별 보건복지정책의 내용

(1) 참여정부의 보건복지정책

참여정부는 보건의료분야 정책으로 공공보건의료의 강화, 건강증진 및 질병관리의 강화, 의료의 보장성 확대를 제시하였다. 이에 따라 공공보건의료 인프라를 대폭 정비하였고,[5] 전국민건강보장 실현을 중점추진과제로 선정하였다. 이러한 보건의료분야의 계획은 중앙정부 주도, 지방자치단체의 참여형태로 이루어졌다. 반면, 복지분야에서는 급속한 저출산·고령화추세에 대응하기 위하여 복지와 경제의 선순환관계론과 참여복지 5개년 계획론을 제시하였으며, 동반성장론을 통해 이를 구체화하였다. 특히 2006년 7월의 저출산·고령사회기본계획(새로마지플랜 2010)에 양극화문제를 적극적으로 의제화하면서 '함께 가는 희망한국 비전 2030'을 발표하였다. 이러한 참여정부의 복지정책은 참여복지와 삶의 질 향상을 국정운영의 비전으로 삼았으며, 이는 사회안전망 내실화, 사회복지서비스 확충, 저출산·고령화에 대응하기 위한 각종 제도개혁, 보육서비스 확충 등으로 구체화되어 나타났다(이성근 외, 2012).

먼저, 사회안전망 내실화를 위해서 생계급여제도 개편, 긴급복지제도 도입, 보건

---

5) 공공보건의료 강화를 통한 공공의료 30% 확충을 목표로 2005년 5월 '공공보건의료 확충 종합대책(안)'을 마련하였으며, 건강증진 및 질병관리는 국가주도, 지방자치단체는 지역의 보건소를 중심으로 사업을 수행하는 것으로 역할을 분리하였다.

복지콜센터 개소 등을 통한 복지사각지대의 해소와, 일하는 복지실현을 위한 근로연계자활사업6)을 도입하였다. 또한 취약계층의 보호를 위하여 의료급여 확대, 사회적 일자리 제공, 위기가정에 대한 긴급보호사업을 실시하였다.

다음으로, 사회복지서비스를 확충하기 위하여 사회복지 전달체계의 구축을 위해 노력하였으며, 이를 위하여 사회복지사무소의 시범운영(2004) 및 확산(2006), 지역사회복지협의체 등을 구성하였다. 그리고 저출산·고령화를 해결하기 위하여 고령사회위원회 및 고령사회정책추진기획단을 설치하고, 노인요양보험제도 실시, 「고령친화산업진흥법」을 제정하였다. 또한 이러한 복지사업의 지방이양을 추진하면서 사회복지의 재정분권을 시도하였다.7)

(2) 이명박정부의 보건복지정책

이명박정부의 보건의료정책은 크게 활기찬 시장경제(신성장동력으로 의료서비스 산업 육성)와 능동적 복지(지속가능한 의료보장체계 구축, 임신에서 취학 전까지 의료서비스 지원, 효율적인 국민건강안전망 개혁, 예방건강관리체계 개편, 노인장기요양보험제도 적용 확대 등)의 두 가지로 구분해서 살펴볼 수 있다. 그러나 이러한 정책은 시장지향적인 정책으로 뚜렷한 성과를 보였다기보다는 보건의료자원관리 정책의 부재로 오히려 수도권 집중화현상을 강화시키게 되었다(이성근 외, 2012).

반면 복지분야는 '능동적 복지'를 중심으로 사회적 위험의 예방과 해결을 위해 국가의 책임을 강화하고, 재기와 자립의 기회를 확대하기 위해 개인-사회-국가가 협력하며, 국민기본생활을 보장하여 안정적이고 행복한 삶을 지지하는 복지를 내세웠다. 그러나 이명박정부의 5대 국정과제의 하나였던 능동적 복지8)는 상대적으로 소홀히 간주되었다. 그러나 2008년 글로벌 경제위기를 계기로 2009년 서민생활안정대책을 제시하고, 이를 근거로 민생안정긴급지원대책을 마련하여, 희망근로, 한시생계구호, 기초생활보장수급자 확대 등의 사업을 지원하였다.

---

6) 근로장려세제 도입, 광역자활지원센터 개소(2005), 저소득층 소액창업 대출사업지원 등이 해당된다.

7) 장애인, 노인, 아동, 보건의료, 기초생활보장 분야 등의 67개 사업을 지방으로 이양하였으며, 이를 통해 국고보조금 보충성의 원칙, 포괄적 지원의 원칙, 성과지향적 자기책임의 원칙을 적용하여 사회복지사업 정비를 추진하였다(이성근 외, 2012).

8) 이명박정부의 능동적 복지의 8개 과제는 국민연금과 기초노령연금의 통합 및 재구조화, 지속가능한 의료보장체계 구축(건강보험재정 안정화), 저소득층 자녀지원을 위한 드림스타트 사업, 금융소외자 신용회복 지원, 지분형 분양주택제도 도입, 재래시장 활성화와 영세상인 보호, 주택공급확대 및 부동산시장 안정, 통합적 안전관리체계의 구축으로 구성되어 있다.

(3) 박근혜정부의 보건복지정책

박근혜정부는 '국민행복, 희망의 새시대'라는 비전하에 맞춤형 고용복지를 5대 국정목표로 제시하였다. 맞춤형 고용복지에는 생애주기별 맞춤형 복지제공, 자립을 지원하는 복지체계 구축, 서민생활 및 고용안정 지원, 저출산 극복과 여성경제활동 확대라는 4대 전략이 포함되어 있다(청와대, 2013). 이외에도 경제분야의 일자리 중심 창조경제라는 국정목표를 달성하기 위하여 보건복지분야에서는 협동조합 및 사회적 기업 활성화, 고령친화산업 육성, 미래성장산업으로서의 보건산업 육성 등을 전략으로 추진하고 있다.

박근혜정부에서는 맞춤형 고용복지를 실현하기 위하여 급여체계·복지전달체계의 개편, 보건의료서비스체계 구축, 의료보장성 강화 등 우선적으로 전달체계부분을 개선하고자 하고, 복지일자리 확충, 근로개선, 저출산 극복, 무상보육·무상교육의 확대 등을 추진전략으로 선정하고 있다.

2) 지역사회복지협의체 운영

(1) 지역사회복지협의체 설립의 필요성

기초 및 광역자치단체의 사회복지부서 및 보건소를 포함하여 다양한 민간기관·단체들을 통해 지역주민들에게 보건 및 복지서비스가 제공되고 있으나, 공공·민간분야 상호간의 연계체계가 미흡하여 서비스의 중복·누락이 발생하고 있다. 또한, 지역사회의 복지증진을 위해 민간의 참여를 보장하는 기구로 종전에 사회복지위원회가 규정되어 있었으나, 공공과 민간이 협력할 수 있는 기구로서의 기능은 미흡하였다(보건복지부, 2011).

이에 따라, 지역사회 보건·복지 분야의 민·관 대표자, 실무자들이 참여하는 논의구조를 마련하여 지역주민에게 통합적 서비스를 제공할 수 있는 연계·협력체계 구축 필요성이 제기되었다. 이러한 배경에서 지역사회의 공공·민간분야의 보건복지네트워크를 강화하기 위해 시·군·구 내 공급자와 수요자 간의 연계·협력기구인 지역사회복지협의체를 2001년부터 시범적으로 실시하였고, 그 성과를 토대로 2003년 7월 「사회복지사업법」을 개정하여 종전의 시·군·구 사회복지위원회를 폐지하고 2005년 7월부터 지역사회복지협의체를 설치 운영하도록 하였다.

(2) 지역사회복지협의체 구성 및 활동

지역사회복지협의체는 사회복지 또는 보건의료에 관한 학식과 경험이 풍부한 자, 사회복지사업을 행하는 기관·단체의 대표자, 보건의료사업을 행하는 기관·단체의 대표자, 공익단체에서 추천한 자, 사회복지 또는 보건의료업무를 담당하는 공무원 등으로 구성하여 지역사회 내 각 분야별 대표성이 확보되도록 하였다.

또한, 지역사회복지협의체의 효율적 업무수행을 위해 실무협의체를 두도록 하였고, 협의체 참여기관들 간의 원활한 실무협의를 위해 실무협의체 내 사업별·대상별 실무분과도 구성할 수 있도록 하였다. 지역사회복지협의체 위원장은 민간기관·단체의 적극적인 참여와 민-관의 연계·협력을 위하여 임명직과 위촉직 위원 각 1인으로 공동위원장 선출도 가능하게 하였다.

지역사회복지협의체는 공공과 민간이 함께 참여하는 지역사회 내 민주적 의사소통기구로서의 역할을 수행하고 있다. 특히 참여의 활성화를 통하여 지역중심의 복지계획이 수립·전개될 수 있도록 하는 데 기여하고 있다. 또한, 지역주민들에 대한 욕구조사 실시, 복지-보건의료 서비스 연계시스템 구축, 지역복지대회 개최 등을 통하여 지역의 잠재적 복지자원의 발굴과 이들 간의 연계·협력기반을 마련하였으며, 지역자원의 정보망 구축을 통해 서비스 수요자에 대한 정보공유와 복지자원에 대한 총량을 확충하는 데 기여하였다는 평가를 받고 있다.

3) 부문별 보건복지정책

(1) 기초생활보장

기초생활보장 분야의 보건복지는 생활유지능력이 없거나 생활이 어려운 국민에게 국가와 지방자치단체의 책임으로 필요한 급여를 제공하여 최저생활을 보장하고 자활을 조성하는 것을 목적으로 수행되고 있다. 따라서 기초생활보장분야의 복지대상은 가족의 소득 합계가 최저생계비 이하인 가구이다. 최저생계비는 국민이 건강하고 문화적인 생활을 유지하기 위하여 소요되는 최소한의 비용으로서, 중앙생활보장위원회에서 매년 가계지출, 생활실태, 물가상승률 등 객관적인 지표를 고려하여 결정한다.

현재 우리나라에서 시행하고 있는 기초생활보장의 주요내용은 크게 세 가지 차원에서 볼 수 있다. 첫째, 국가의 보호를 필요로 하는 절대빈곤가구의 기초생활을 보장한다. 수급권자 범위의 확대 및 선정기준의 합리화를 위하여 종전의 거택·자활보호의 구분을 없애고 근로능력 여부·연령 등에 관계없이 국가의 보호를 필요로 하는 최저생계비 이하의 모든 가구에 대하여 생계비를 지급한다.

둘째, 자활지원서비스의 체계적 지원을 통한 생산적 복지를 구현한다. 이를 위하여 근로능력자에 대해서는 근로유인장치를 두어 근로의욕 감퇴를 방지하고, 생계급여를 위한 가구소득 산정시 근로활동으로 발생하는 소득의 일부를 공제하는 방안 등 근로유인장치를 강구하고 있다. 또한 자활공동체사업, 직업훈련, 구직활동 등의 참여를 조건으로 생계비를 지급(조건불이행시 생계급여 중지)하고 있다.

셋째, 수급자의 근로능력, 가구여건, 자활욕구 등을 고려한 가구별 자활지원계획을 수립하여 체계적인 자활을 지원한다. 이를 위하여 구직안내, 직업훈련, 자활공동체사업, 생업자금융자 등과 같은 자활지원서비스를 제공한다. 또한 보육·간병·재가복지 등 지역사회 복지자원을 연계·제공하여 근로능력자가 안심하고 근로활동에 종사할 수 있는 여건 조성을 위해 노력하고 있다.

기초생활보장의 목표를 달성하기 위하여 7종 급여(생계급여, 주거급여, 의료급여, 교육급여, 해산급여, 장제급여, 자활급여)가 있고 이는 원칙적으로 금전으로 지급한다. 근로능력이 있는 사람에게는 고용안정센터를 통해 직업훈련, 취업알선, 자활공동체사업, 공공근로사업, 창업지원, 자원봉사 등의 고용서비스를 제공하며, 취업이 어려운 사람에게는 자활후견기관의 자활공동체사업이나 자활공공근로사업 등을 통해 자활능력을 키울 수 있도록 지원한다.

(2) 노인복지

노인인구의 증가, 사회구조의 변화, 가족구조의 변화, 가치관의 변화 등으로 인하여 노인문제가 증가하고 있다. 특히 고령화의 사회적 영향으로 인해 노동력 부족과 생산성 저하, 산업구조의 변화, 부동산시장의 변화, 금융시장 변화, 국가의 재정위기와 정책우선순위 결정에서의 갈등, 지역간 불균형발전, 세대간 갈등 심화 등의 문제를 가져올 수 있다.

이러한 차원에서 노인복지는 노인의 생활안정과 복리를 증진시키기 위한 사회적 노력으로서 노인이 최저수준 이상의 생활을 유지하고 사회적 욕구 충족과 생활상의 문제를 예방·해결하며 노후생활에 대한 적응과 사회통합을 이루는 데 필요한 급여와 서비스를 제공하는 조직적이고 전문적인 활동이다. 기본목적은 노인의 인간다운 생활영위에 있으며, 기본이념은 노인의 안정된 생활, 자아실현을 위한 욕구의 충족과 사회

통합의 유지에 있다. 노인복지의 원칙에는 독립, 참여, 보호, 존엄의 네 가지가 있다.

노인복지는 노인이 인간다운 생활을 유지하면서 자기가 속한 가족과 사회에 적응하고 통합될 수 있도록 필요한 자원과 서비스를 제공하는 것을 목표로 한다. 여기서 노인복지의 목표는 크게 세 가지로 볼 수 있다. 첫째, 최저수준의 생활유지이다. 우리나라의 경우 노인빈곤율이 OECD 국가에서 1위를 차지할 만큼 심각한 상황이다. 노인도 국민의 한 사람으로서 국가의 경제적·사회적 여건에 맞는 인간다운 생활을 유지할 수 있도록 최저한의 경제적 보장을 받아야 한다. 최저한의 수준은 경제적인 조건, 정치적 상황, 과학적 지식의 상태, 정치적 압력단체의 활동정도 등의 영향에 따라 달라지는 상대적인 성격을 띠고 있다. 최저생활수준은 빈곤선(poverty line)개념으로 설정되고 있다. 둘째, 사회적 통합의 유지이다. 개인이 속한 사회체계인 가족, 이웃, 집단, 조직, 지역사회 및 국가사회 등에 사회·심리적으로 유대감을 갖고 적응할 수 있도록 사회체계에 속해 있다는 느낌을 줄 수 있어야 한다. 셋째, 개인의 성장욕구를 충족시켜야 한다. 노인이 개인으로서 자기의 고유하고 특수한 욕구를 충족하고 또한 노년기의 발달과업을 잘 영위할 수 있도록 하는 데 그 목표를 두어야 한다.

이러한 목표를 달성하기 위하여 우리나라에서는 노인복지의 대상을 법적 근거에 따라서 구분하고 있다. 먼저, 「국민연금법」에서는 노령연금 수급기준을 중심으로 60세, 「노인복지법」에서는 65세를 노인기준으로 규정하고 있다. 외국 노년학계에서는 사회보장 또는 건강보험의 자격기준을 근거로 하여 노인의 범주를 65~74세의 연소노인, 75~84세의 고령노인, 85세 이상의 초고령노인으로 구분하여, 각 계급별로 요구되는 서비스를 제공하도록 강조하고 있다.

현행 노인보건복지사업은 건강지원, 소득보장, 고용보장, 건강보장, 주거보장, 사회적 서비스가 있으며, 사회복지사는 사례관리자로서의 역할을 수행한다. 보다 구체적으로 살펴보면, 첫째, 노인건강지원을 위하여 다빈도질환 관리체계 구축, 불소도포 스케일링, 안검진 및 개안수술, 운동사업 활성화, 운동문화 확산 및 운동지원 전문인력양성, 학대예방 관련사업, 치매예방 및 조기검진·관리사업 등을 통하여 건강한 노년을 보낼 수 있도록 지원하고 있다. 둘째, 노년기의 급격한 소득감퇴를 막기 위하여 고령자 특화형 직업훈련 및 취업지원, 고령자 근로유인 제고를 위한 연금제도 개선, 임금피크제, 자원봉사단, 퇴직인력 장려금제도, 일자리 지원, 시니어 창업지원 등을 실시하여, 노년기의 경제적 활동을 지원하기 위한 노력을 하고 있다. 셋째, 건전한 노후생활을 위하여 노후생활설계지원, 농어촌 건강장수마을 지원, 노인자원봉사 대축제와 같은 자원봉사활동 지원 및 활성화 조장, 문화바우처 지원과 같은 사업을 실시하고 있다. 넷째, 노년기의 생활보장을 위하여 수당지급, 노인공경 및 복지기반 마련, 노인돌봄서비스 제공, 독거노인 지원 강화 등과 같은 사업을 실시하고 있다. 다섯째, 주거생활안정을 위하여 주거복지 및 재가복지 서비스 제공 등을 수행하고 있으며, 이외에도 장사지원, 안전지원 등과 같은 사업들을 실시하고 있다.

(3) 장애인복지

장애인복지는 장애인의 권리에 기반한 참여확대와 통합사회 구현을 비전으로 하여 장애인 복지서비스의 선진화 구현, 장애인 생애주기별 교육지원체계 구축 및 문화활동 확대, 장애인이 일할 수 있는 사회 실현, 장애통합적 접근으로의 사회참여 확대와 장애인 권익증진의 4대 목표를 가지고 여러 사업을 수행하고 있다.

장애인복지의 대상은 「장애인복지법」에 근거하여 정할 수 있다. 먼저, 장애유형에 있어 우리나라의 경우 1981년 「심신장애자복지법」이 제정되었을 때는 장애범주에 지체장애, 시각장애, 언어장애, 지적장애만 포함되었으나 1999년 「장애인복지법」이 개정되면서 장애범주에 정신장애, 심장장애, 신장장애, 자폐성 장애가 포함되었고 뇌병변장애가 지체장애에서 분리됨으로써 5종이 추가되어 장애범주가 확대되었고, 2003년부터 호흡기장애, 간장애, 안면장애, 장루·요루장애, 간질장애 등 5종이 다시 추가되었다.

장애인복지의 이념은 정상화, 사회통합, 사회참여이다. 이를 위한 장애인 재활은 인본주의에 입각하여 장애인이 하나의 완전한 인격체이자 사회인으로서 자립할 수 있게 함을 목적으로 하는 전인적·종합적 활동이며, 장애인의 잠재능력을 평가하고 이를 개발할 수 있도록 다방면의 전문가들과 지역사회의 자원을 동원하여 사회구성원으로서의 권리와 의무를 다할 수 있도록 돕는 활동으로서 의학적 재활, 직업적 재활, 사회적 재활, 심리적 재활, 교육재활이 있다.

장애인 대책을 부문별로 살펴보면 소득보장, 고용, 의료보장, 교육, 주거, 재가복지, 시설보호대책 등으로 구분할 수 있다. 또한 장애인 관련 대책을 주제별로 살펴보면, 건강지원, 기본정책, 생활지원, 장애아동지원, 저소득층 지원, 편의지원으로 구분하여 볼 수 있다. 기본정책으로 장애인등록, 심사, 장애인차별금지, 장애인권리협약 등 장애인의 복지를 선진화시키고, 장애인의 사회참여를 확대시키고자 노력하고 있다. 건강지원을 위하여 장애인 구강진료센터를 운영하고 있으며, 생활지원을 위하여 우선구매제도, 생활지원 및 연금지원, 각종 시설서비스 지원, 장애인 일자리 및 활동 지원제도 같은 것을 두고 있다. 또한 아동에게는 장애수당 및 보육료, 교육료 지급, 저소득층에게는 수당지급 등을 수행하고 있으며, 주차, 건물이용 등에서 편의를 도모하기 위하여 장애물 없는(free-barrier) 생활환경인증제를 도입하여 실시하고 있다.

(4) 보육복지

우리나라 보육정책의 목표는 일·가정의 양립 및 아동발달에 적합한 보육환경 서비스를 제공하는 것이다. 보육정책은 이러한 서비스 제공을 통하여 여성에게는 노동시장 참여에 대한 기회비용을 낮추고, 아동에게는 균등한 보육기회를 제공하므로 장기적으로 보았을 때 양질의 인적 자본을 확보할 수 있다는 측면에서도 중요성을 갖는다.

우리나라 보육정책은 만 5세 이하의 아동을 대상으로 하고 있다. 보육서비스는 저출산현상 극복을 위한 대안으로 부상하면서 크게 보육료 지원사업, 시설관련 사업, 전달체계 개선, 근로자 지원으로 구분하여 살펴볼 수 있다.

먼저 보육료 지원사업은 크게 시설이용아동과 미이용아동으로 구분하여 실시한다. 지원대상은 만 5세 이하 전계층으로 시설이용아동에게는 보육료를, 시설을 이용하지 않는 취학 전 아동에게는 양육수당을 지급한다.[9)]

저출산현상을 극복하기 위한 대책으로 보육정책이 많이 강조되고 있으며, 이에 따라 보육시설 및 인력에 대한 투자사업도 활발히 이루어지고 있는 실정이다. 먼저, 어린이집 서비스의 질 평가를 위하여 어린이집 평가인증활성화사업, '어린이집 안전공제회'의 설치를 통한 보육시설 사고예방 및 사후보장 제도화, 보육교사의 근무환경 및 처우개선, 국공립보육시설 확충, 공공형 보육시설 도입[10)] 등을 실시하고 있다.

출산장려를 위해 각종 근로자 지원정책도 실시하고 있는데, 대표적으로 유연근무제 촉진, 출산휴가 및 육아휴직의 활성화, 직장보육시설 확대, 비정규직 여성근로자의

9) 보육료는 영유아(0~2세)보육료, 누리공통과정(3~5세), 장애아보육료, 방과후 보육료(만 12세 이하), 방과후 장애아보육료, 다문화보육료로 구분하여 제공되고 있다. 이 중 장애아보육료는 정부지원시설과 미지원시설로 구분하여 지원되고 있으며, 방과후 보육료는 만 12세 이하의 차상위 계층의 취학아동에게 월 10만원, 방과후 장애아 보육료는 만 12세 이하 장애인등록 또는 만 8세 이하 특수교육대상 취학아동에게 월 19.7만원이 지원되고 있다. 2012년까지 소득하위 70% 이하인 가구에게 보육료를 지원하였으나, 2013년부터 만 5세 이하의 전계층에 대해서 지원하고 있다(보건복지부, 2013).

10) 민간보육시설에 대한 평가결과 우수시설에 대하여 정부가 일정운영비를 지원하여 국공립수준의 서비스를 제공해줄 수 있도록 지원하기 위하여 도입된 제도이다.

모성보호 강화서비스, 시간제근무 활성화 등과 같은 사업들을 실시하고 있다.

(5) 아동·청소년복지

아동·청소년복지는 모든 아동 및 청소년들에게 가족과 사회의 일원으로서 육체적·정신적으로 건전하게 성장·발달할 수 있도록 지역사회나 사회복지서비스 분야의 단체와 기관들이 협력하여 아동 및 청소년복지에 필요한 사업을 계획하여 실천에 옮기는 조직적인 활동이라고 정의할 수 있다.

따라서 아동·청소년복지는 아동 자신이 결함을 가지고 있거나 또는 가정적인 결함으로 인해 자신의 가정에서 건전하게 양육·보호받지 못하는 아동들을 대상으로 국가나 민간단체가 행하는 조직적인 보호활동을 통해 아동이 건전하게 출생하여 행복하고 건강하게 양육되도록 그 복지를 보장하는 것을 목표로 한다(아동복지법 제1조).

아동·청소년복지의 대상은 「아동복지법」과 「청소년기본법」에 근거하여 설정할 수 있다. 먼저, 「아동복지법」에서는 아동을 18세 미만인 자로 규정하고 있다(아동복지법 제2조). 그리고 「청소년기본법」에서는 9세 이상 24세 이하의 자를 청소년으로 규정하고 있다. 이 외에도 아동복지의 대상은 보편주의에 의거하면 모든 아동과 그 부모 및 가정이라 할 수 있고, 선별주의에 의거하면 요보호 아동과 그 가족이 된다. 과거의 아동복지는 선별주의적 입장에서 보호를 필요로 하는 아동을 주대상으로 삼았으나 1981년 「아동복지법」의 개정으로 대상이 모든 아동으로 확대되었다.

현재 건강지원, 학교지원, 보호 및 능력배양 등과 같은 사업이 실시되고 있다. 먼저 건강지원을 위하여 건강한 식생활 조장, 정신건강 조기검진, 흡연·음주와 같은 유해행태 예방사업, 성보호 사업 등을 실시하고 있다. 둘째, 학교지원 차원에서는 학교생활안전, 교통사고 예방, 인터넷게임중독 예방 등이 이루어지고 있으며, 사회적 차원에서는 학대예방 등과 같은 사업이 실시되고 있다. 셋째, 청소년의 활동을 지원하고 능력배양을 위하여 청소년위원회 사업, 인지능력확대 서비스, 멘토-멘티 구성, 청소년 국제교류 활성화, 청소년종합지원센터 운영, 자원봉사활성화 등과 같은 사업을 실시하고 있다.

(6) 여성·가족복지

우리나라의 경우 여성에 대한 사회복지적 접근은 1970년대까지 여성의 모성 및 부인으로서의 역할을 강조하는 부녀복지라는 개념을 중심으로 미혼모, 저소득 모자가정, 가출여성, 윤락여성 등 특수집단을 대상으로 한 접근이 이루어져 왔고, 일반여성들은 사회복지제도 내에서 남성의 피부양자로 규정됨으로써 제한적인 위치를 차지해 왔다. 그러나 1980년대 여성학에서 제기된 성불평등의 타파를 통한 성평등의 실현이라는 여성주의적 입장과 함께 1990년대 후반에 이르러서는 여성의 지위향상과 역할 변화에 따라서 부녀복지의 대상을 모든 일반여성으로 해야 한다는 인식이 확산되었고, 여성복지에 대한 요구도 증대하여 일반여성을 위한 복지로 변화를 꾀하게 되었다.

가족복지란 가족의 욕구와 문제에 대응하는 것으로서 가족의 안녕과 행복을 보장하는 사회적 노력, 즉 정책적 및 기술적 서비스 활동, 구체적으로는 가족해체, 가족구성원의 사회적 역기능 수행 등의 문제에 의도적으로 개입하는 것을 말한다.

가족복지전달체계에 입각하여 볼 때 여성·가족복지는 가족기능강화 지원, 다문화가족 지원, 가족친화 사회환경 조성 등 세 가지 측면에서 전체 가족을 대상으로 하고 있다. 현재 진행 중인 여성복지서비스에는 여성취업 및 사회참여지원서비스, 저소득한부모가정에 대한 재가복지서비스, 시설보호서비스, 가정폭력 및 성폭력 피해여성을 위한 서비스, 성매매피해여성을 위한 서비스, 여성결혼이민자를 위한 서비스 등이 있다. 가족복지서비스에는 가족에 대한 직접적 개입, 가족보호, 가정생활교육, 가족계획사업, 가족보존과 가정기반서비스, 가족치료와 가족옹호 등이 있다.

3. 평가와 과제

우리나라 지역보건복지정책은 보건복지서비스 대상분야별로 다양하게 이루어지고 있다. 우리나라의 보건복지정책은 국민의 정부에 이르러 수혜자 중심의 복지정책에서 국민기초생활보장을 주축으로 하는 생산적 복지정책으로 변화하여 선진국형 복지사회의 토대를 닦았다는 평가를 받았다. 생산적 복지는 일할 능력이 없는 국민에게는 최저생계비를 지급하고, 근로능력이 있는 사람에게는 일을 통해 자립할 수 있도록 하는 선진국형 복지개념으로 우리나라의 복지수준을 한단계 끌어올렸다고 볼 수 있다. 즉 '선 성장' 정책의 한계와 문제점을 재분배와 생산적 복지로 모두가 공유하며 복지를 통해 균형발전을 지향하게 된 것이다. 이후 참여정부의 사회복지정책은 참여복지와 삶의 질 향상으로 나타난다. 기존의 복지정책이 일방적으로 국가에서 계획하고 시혜적으로 제공되었다면, 참여복지는 국민의 참여를 강조하고 국가의 책임하에 민간참여를 강조하는 보완적 파트너십 관계를 설정하고자 하는 것이다. 이로써 복지의 사각

지대를 해소하고 혜택을 보편화시키며, 수혜자도 정책결정과정에 참여함으로써 만족도를 높이고 삶의 질을 향상시키고자 하는 것이었다.

이명박정부의 복지정책은 국정지표에 제시된 바와 같이 능동적 복지를 지향하며, 모든 국민을 위한 평생복지 기반 마련, 맞춤형복지 실현, 서민생활과 주거 안정, 국민 모두가 일을 통해 보람을 느끼게 하는 것을 주요 과제로 하였다. 능동적 복지는 단순한 복지급여의 수혜자를 양산하기보다는 경제부문의 능동성을 해치지 않으며 스스로의 근로능력을 발휘하여 복지욕구를 해결하는 자활의 개념을 강조하는데, '친서민 중도실용'의 국정철학을 바탕으로 복지와 성장은 대체재가 아니라 보완재임을 밝히고 있다.

박근혜정부는 국민행복이라는 비전하에 맞춤형 고용복지를 실현하기 위하여 급여체계, 일자리 확충, 무상보육의 확대 등을 추진하고자 한다.

이렇듯 우리나라의 보건복지정책은 시혜적 · 일방적 복지에서 참여중심, 일자리 중심의 복지로 변화해가고 있다. 이를 실현하기 위하여 주민참여를 유도하기 위한 각종 대안들을 마련해 놓고 있으나 형식적으로 그치고 있다는 지적을 받고 있다. 따라서 우리나라의 보건복지정책은 첫째, 주민참여 활성화 기틀 마련이 우선적으로 실시되어야 할 것으로 보인다. 현재 제도적으로 주민참여가 보장되어 있으나 실제로는 형식적으로 이루어지고 있으며, 이러한 현상은 농촌지역으로 갈수록 심화되고 있는 실정이다. 지역보건복지 수립을 위해서는 전문성 · 기술성 · 경제성 등을 고려할 때 공공기관에서 수립되어야 하는 부분이 존재한다. 그러나 계획단계에서부터 주민이 참여하고 주민이 시설관리와 서비스 유지의 주체가 된다면 보다 주민의 요구에 맞는 지역맞춤형 서비스 정책의 수립 및 집행, 유지가 가능할 것으로 보인다.

둘째, 관련 정부기관의 효율적 · 효과적인 지도가 필요하다. 지방자치단체 중심의 지역보건복지 실현을 위하여 주민들이 자발적으로 참여할 수 있는 분위기를 조성하고, 주민들을 적극 격려하는 등 일상생활에서 주민보건복지가 실현될 수 있도록 적극적으로 지도해야 할 것이다.

셋째, 사회복지재정의 확충이 요구된다. 참여정부 이후부터 중앙정부 중심으로 운영되어오던 사업들 중 대부분이 지방정부로 이양되어 왔다. 지방자치단체의 경우 재정자립도가 50%에도 미치지 못하는 곳이 상당수 존재한다는 것으로 볼 때, 실제 지방자치단체에서 주도적으로 사업을 실시하는 것에는 한계가 있다. 이로 인하여 국가보조금을 지원받는 보건복지사업에만 몰두할 수밖에 없는 실정이며, 이마저도 국비대응

자금 마련에 한계가 있다. 따라서 효율적이고 활성화된 보건복지서비스의 제공을 위하여 적절한 수준의 재정확충방안이 요구된다.

탐구학습

1. 주요 개념
   - 인적자원개발
   - 문화
   - 체육
   - 관광
   - 지역보건복지
   - 기초생활보장

2. 토론과 과제
   - 인적자원개발의 패러다임 변화
   - 문화체육관광의 중요성
   - 지역차원에서 문화체육관광의 활성화방안
   - 지역보건복지의 문제점과 개선방안

참고문헌

교육인적자원 외(2005), 제2차 국가인적자원개발기본계획(2006~2010).

권대봉 · 현영섭(2003), "전략적 인적자원개발의 개념과 특성에 기반한 이론적 틀", 인력개발연구, 5(1), 한국인력개발학회.

김영철(2006), 창의적 인재양성과 효율적 교육체제 구축, 정보통신정책연구원.

김진섭(2000), 관광학원론, 서울: 대왕사.

김형국(1996), 국토개발의 이론연구, 서울: 박영사.
김휴종(1999), "문화산업 윈도우 효과의 이론과 실증", 문화정책논총, 11, 한국문화정책개발원.
문화체육관광부(2012a), 2011년기준 관광동향에 관한 연차보고서.
문화체육관광부(2012b), 2011 문화예술정책백서.
문화체육관광부(2012c), 2011 체육백서.
문화체육관광부(2012d), 2011 콘텐츠산업백서.
박용순(2006), 지역사회복지론, 서울: 학지사.
백성준 외(2005), 지역 인적자원개발 거버넌스체제 구축방안, 한국직업능력개발원.
보건복지부(2013), 2013년 보육료 양육수당 선정기준지침.
보건복지부(2011), 보건복지백서.
서인원(2002), 경북의 문화관광산업 육성전략, 대구경북연구원.
윤영득(2007), "지역혁신체제적 인적자원개발과 직업능력개발의 혁신", 인적자원관리연구, 14(3), 한국인적자원관리학회.
이병민(2005), "문화산업을 통한 지역경제의 발전전략과 정책과제", 지리학연구, 39(3), 국토지리학회.
이병희(2005), "노동시장 여건변화와 인적자원개발 정책과제", 노동리뷰, 한국노동연구원.
이상용(2005), "지역발전을 위한 인적자원개발과 산학협력의 연계", 지역개발논총, 17, 충남대학교 공공문제연구소.
이성근 외(2012), 자립적 지역발전론, 서울: 집현재.
이성근 외(2011), 녹색성장과 지역경영, 경북: 영남대학교출판부.
이성근·이춘근(2008), 지역경제론, 서울: 박영사.
제18대 대통령직인수위원회(2013), 제18대 대통령직인수위원회 제안 박근혜정부 국정과제.
조경호(2011), "국가인적자원개발정책의 추진체계: 쟁점과 대안", The KAPS, 24, 한국정책학회.
주종대(2007), 문화관광론, 서울: 대왕사.
한국교육개발원(2000), 국가인적자원개발정책의 방향과 과제.
한국문화콘텐츠진흥원(2004), 문화콘텐츠 산업의 경제적 파급효과.
Brager, G. & H. Specht(1973). *Community Organization*, New York: Columbia University Press.
Williams, C.(1997), *Consumer Services and Economic Development*, London: Routledge.
http://www.law.go.kr(국가법령정보센터).
http://www.moe.go.kr(교육부).
http://www.mw.go.kr(보건복지부).
http://www.president.go.kr(청와대).

제 5 장

사회기반시설정책

제1절 교통 · 물류정책

1. 의 의

교통·물류정책은 정부에서 추진하는 교통·물류인프라에 대한 계획·건설·관리에 관한 활동이라고 할 수 있다. 따라서 여러 가지 교통·물류인프라에 대한 계획과 건설, 관리방법 등에 대한 시스템을 최적으로 구축하여 사람과 상품을 빠르고 안전하고 저렴하며 쾌적하게 이동시키려는 의사결정이라 할 수 있다.

사람이나 화물의 공간적인 이동인 교통은 토지이용의 분포나 밀도를 장기적으로 변화시키며, 토지이용 패턴의 변화 또한 교통에 영향을 미치므로 교통과 토지이용의 상호작용에 대한 종합적인 고려가 필요하다. 또한 교통은 도시공간구조뿐 아니라 사회의 시스템까지도 변화시킨다. 역세권의 주거입지 선호, 탄력적 근무시간제의 도입, 조찬모임의 선호 등이 그 예이다.

효율적인 교통·물류정책은 지리적인 공간과 시간의 차이를 극복시켜 도시발전, 지역개발 및 국토균형발전에 기여한다(국토연구원, 1998).

2. 주요 내용

1) 국가기간교통망계획

국가기간교통망계획은 도로·철도·공항·항만 등 국가기간교통시설에 대한 20년 단위의 장기적이고 종합적인 투자기본정책을 설정하는 최상위의 교통계획이다(국가통합교통체계효율화법 제3조). 이 계획은 당초 1999년 12월 수립(계획기간: 2000년~2019년)되었으며, 2007년 11월 제1차 수정을 거쳐, 2010년 12월 제2차 수정계획(계획기간: 2001년~2020년)을 수립하였다. 수정계획의 5대 목표는 ① 부문간 효율적 스톡 조정을 통한 국가경쟁력 강화, ② 교통연계성 강화를 위한 인터모달리즘(intermodalism) 구현, ③ 21세기 글로벌 교통·물류 강국 실현, ④ 저탄소 녹색성장형 교통체계 구축, ⑤ 선진국 수준의 교통서비스 제공이다.

그림 5.5.1 국가기간교통망계획 제2차 수정계획

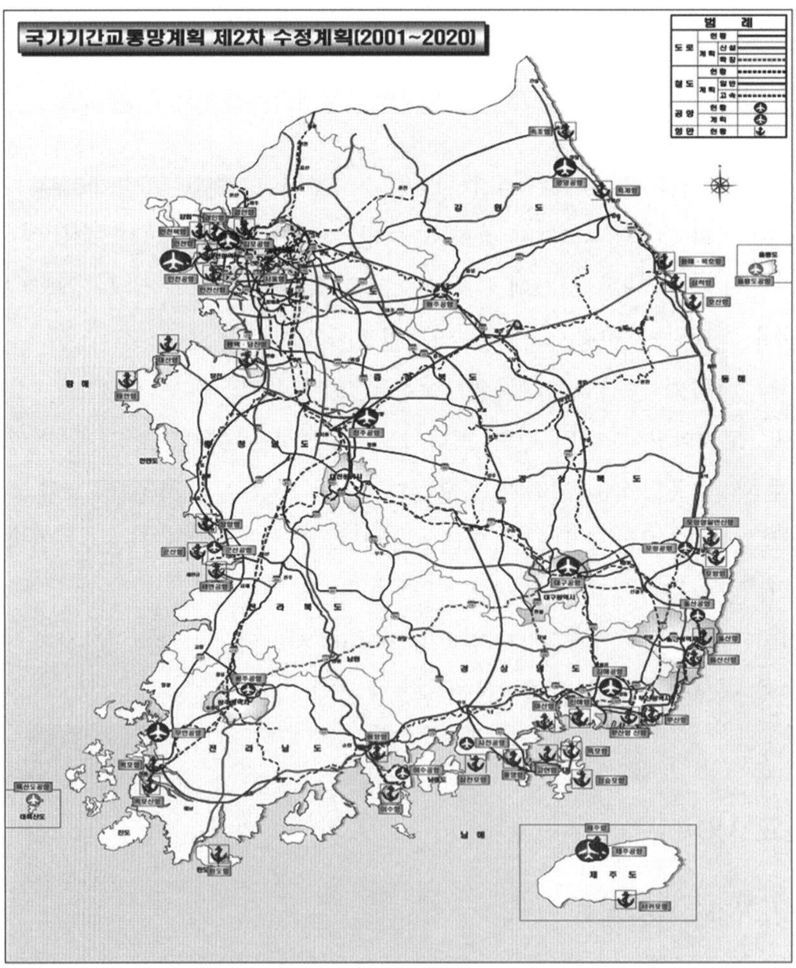

자료: 국토해양부(2011).

국가기간교통망계획과 관련된 세부계획으로는 도로정비기본계획(10년 단위), 국가철도망계획(10년 단위), 항만기본계획(10년 단위), 공항개발중장기 종합계획(5년 단위), 국가물류기본계획(10년 단위) 등이 있다.

2) 도 로

도로는 전국 주요 도시 및 거점을 연결하는 고속국도와 일반국도가 기본골격을 이루는 간선망을 형성하고, 각 도내의 지역 간을 연결하는 지방도·군도·시가지내 도로망이 상호 연계되어 유기적인 교통체계를 유지하고 있다. 고속간선도로망은 [7×9]계획으로 남북 7축과 동서 9축의 고속도로건설을 계획하고 있다.

그동안 도로는 산업입지 패턴을 철도역 중심에서 고속도로 나들목 주변으로 변화시키는 등 제조업 성장 및 거점도시 성장에 크게 기여하였다. 한편, 인천공항고속도로, 천안~논산고속도로 및 대구~부산고속도로 등은 민자사업으로 건설되었다.

3) 철 도

철도는 안전성, 정시성 및 에너지효율 측면에서 다른 교통수단보다 유리하고 장거리 및 대용량의 수송에서 비교우위를 점하고 있다.

먼저, 고속철도건설의 경우 경부고속철도의 1단계 개통(2004. 04) 및 2단계 개통(2010. 11)에 의해 전국 반나절 생활권 형성에 기여하였다. 또한 호남고속철도 건설기본계획이 확정(2006. 08)되어 오송에서 광주까지 2015년까지 완공하고 광주에서 목포까지는 2017년까지 완공하는 것을 목표로 하고 있다.

둘째, 일반철도건설의 경우 주요 간선도로용량 확대를 통한 물류비용 절감, 교통혼잡 완화를 위한 연계 전철망 구축, 고속철도 운영효율 극대화 등에 역점을 두고 있다. 이를 위해 기간철도망의 지속적 건설, 기존철도망의 현대화 사업(단선→복선화, 철도→전철화 등), 선로개량 및 역사 신설, 광역철도망 확충사업, 남북철도 연결사업 등을 시행·추진하고 있다.

셋째, 도시철도 측면에서는 1974년 8월 15일 서울지하철 1호선이 개통된 이래 수도권을 비롯한 대도시를 중심으로 도시철도 건설사업이 활발히 전개되고 있다. 또한 1990년대 이후에는 짧은 공사기간과 저렴한 비용으로 건설할 수 있는 경전철 건설에 대한 논의가 활발히 진행 중이다.

4) 공 항

세계 각국은 공항을 국가역량이 총체적으로 결집된 공간으로 인식하고 있다. 따라서 지역별 중추공항 기능 선점을 위해 세계 각 국가간 그물 노선망 확보, 세계 주요 공항과 항공화물 복합 운송망 확대, 수준 높은 서비스와 저렴한 시설사용료 제공 등 국가역량을 결집하여 경쟁력을 강화하고 있다.

우리나라는 공항의 권역을 중부권, 서남권, 동남권, 제주권의 4개 권역으로 구분하고, 공항의 위계는 중추-거점-일반공항으로 구분한다. 중추공항 및 거점공항 전체와 일반공항 중 양양공항이 국제공항이다.

표 5.5.1 공항의 권역과 위계

구 분	권 역			
	중부권	서남권	동남권	제주권
중추공항	인천	–	–	–
거점공항	김포, 청주	무안	김해, 대구	제주
일반공항	원주, 양양	광주, 여수, 군산	울산, 포항, 사천	-

지방공항들은 그간 인천국제공항의 중점 성장, 고속철도와 고속도로의 개통과 확충, 지방공항의 시설 부족 등의 영향으로 경쟁력을 잃어가고 있다. 따라서 지방공항의 통·폐합과 시설확충 등을 통한 특화발전이 요구되고 있다.

5) 항 만

우리나라 전체 수출입 물동량의 99.7%가 항만을 통하여 유통될 만큼 항만은 중요한 사회간접자본임에도 그동안 항만개발 투자 및 항만시설 확보율이 저조하여 경제적 손실이 많았다.

한편, 항만 및 배후도시의 성장, 선박의 대형화, 화물의 컨테이너화 등 물류환경이 급격히 변화함에 따라 항만 및 기능지원시설의 생애주기가 점차 단축되고 있어 기존 항만의 재개발 필요성이 커지고 있다(국토해양부, 2012).

표 5.5.2 항만물동량 처리실적 (단위: 천톤, %)

구 분	2000년	2005년	2010년
총 화물량	833,579	984,534	1,204,068
시설소요화물량	517,210	676,140	858,027
하역능력	410,135	514,383	800,533
시설확보율	79.3	76.1	93.3

주: 시설소요화물량은 총 화물량에서 유류화물량을 제외한 것임.
자료: 국토교통부.

6) 물류시설

국가물류기본계획 수정계획(2011~2020)에서는 '21세기 저탄소 녹색성장을 선도하는 글로벌 물류강국'을 비전으로 설정하고, 추진전략으로 ① 육해공 통합물류체계 구축을 통해 물류효율화 구현, ② 고품질 물류서비스 제공을 위한 소프트 인프라 확보, ③ 녹색물류체계와 물류보안 강화로 선진물류체계 구현, ④ 글로벌 물류시장 진출을 위한 물류산업 경쟁력 강화, ⑤ 시장기능 회복을 통한 물류산업의 경쟁력 제고 등을 설정하였다.

인프라 확보측면에서 내륙물류기지와 물류단지를 보면 다음과 같다. 먼저, 내륙물류기지를 수도권, 부산권, 중부권, 영남권, 호남권 등 전국 5대 권역별로 건설하고 있다. 내륙물류기지는 복합물류터미널과 내륙컨테이너기지로 구성되며, 복합물류터미널(Integrated Freight Terminal: IFT)은 도로, 철도 등 2가지 이상의 운송수단간 연계수송을 할 수 있는 규모 및 시설을 갖춘 물류터미널이고, 내륙컨테이너기지(Inland Container Depot: ICD)는 해상컨테이너화물이 항만물류터미널을 떠나 내륙으로 이동되어 내륙운송수단과 연계되는 장소이다.

둘째, 물류단지를 조성하여 물류시설(물류터미널, 집배송시설 등)과 상류시설(도·소매시설, 농수산물도매시장 등)을 집단화함으로써 물류비를 절감하려 한다.

3. 평가와 과제

1) 평 가

첫째, 교통·물류인프라에 대한 투자결정시 경제성을 중시한 나머지 수도권에 편중되어 지역간 불균형의 문제를 야기했다. 둘째, 그동안 교통시설투자가 도로 위주로 추진됨에 따라 도로의 수송분담율이 지나치게 높아 효율적인 수송체계를 구축하지 못했다. 즉, 도로 위주의 수송체계는 막대한 교통혼잡비용과 국가물류비 상승을 초래하였다. 셋째, 철도의 경우 그동안 상대적으로 투자에 소홀하였고, 항만의 경우 화물량 증가에 비해 시설확보율이 낮은 실정으로 항만적체에 따른 경제적 손실이 큰 편이다. 넷째, 일부 공항의 경우 여객과 화물의 물동량이 충분히 보장되지 못해 과잉투자로 밝혀졌다. 다섯째, 민자사업으로 건설된 도로의 경우 교통수요예측의 잘못으로 사업자의 운영수입보장을 위해 국가 또는 지방자치단체의 재원으로 지원되는 경우가 많았다. 여섯째, 물량공급 위주의 개발우선정책으로 환경파괴에 대한 비판이 많았다.

2) 과 제

첫째, 그동안 교통·물류시설이 수도권, 서해안, 남해안 등에 상대적으로 편중되어 L자형 구조를 형성했다. 향후에는 국토의 경쟁력 확보와 균형발전을 위해 강원권·경북권의 개발이 확대되어야 할 것이다.

둘째, 승용차의 대중화와 맞물려 도로중심의 교통체계가 지속될 것으로 전망된다. 우리나라의 경우 도시간 평균거리가 짧아 건설비가 많이 들고 투자비 회수기간이 긴 철도는 도로에 비해 경쟁력이 없다.

셋째, 세계화의 진전 및 생활수준의 향상 등에 따라 여객의 항공수요는 계속 증가할 것으로 예상되며, 화물의 시간가치도 중요하여 고부가상품의 항공수요도 더욱 증대할 것이다.

넷째, 개발에 있어 환경중시 의식이 커져 교통·물류인프라의 확충에도 환경문제가 크게 고려될 것이며, 정보통신의 발달로 인해 교통체계의 정보화가 가속화될 것이다.

다섯째, 교통·물류인프라의 확충에 민간투자가 더욱 활성화될 것이다. 단순한 자본유치의 개념에서 벗어나 민간의 기술력과 창의력까지도 활용하는 민간제안사업이 더욱 확대될 것이다.

여섯째, 남북통일 및 대륙연계에 대비한 한반도 교통체계가 구축되어야 한다. 남북한간 교류와 협력의 활성화 및 통일을 대비하여 남북연결 종합교통망 구축이 필수적이며, 일본과 대륙을 연결하는 동북아지역의 경제교류활성화에 대비한 한반도 교통체계가 구축되어야 한다.

제2절 토지정책

1. 의 의

토지는 자연적으로 주어진 한정된 재화이자 인간생활에 필수적인 공간으로서 후손에게 물려주어야 할 자산이므로 단순히 개인의 소유물에 그치는 것이 아니라 사회의 공공재화로서의 성격도 강하다. 따라서 토지의 기능·적성·위치에 따라 가장 효율적인 보유·이용·개발을 위해 적정한 유도 또는 규제가 가해질 필요가 있다.

토지정책이란 한정된 토지의 이용도를 높여 합리적이고 효율적으로 이용하며, 토지의 소유와 이용에서 발생하는 부와 소득을 국민이 골고루 누릴 수 있도록 형평성을 유지하기 위한 정부의 공적 개입을 말한다. 이러한 토지정책의 목표는 대체로 ① 국토의 효율적 이용, ② 국토환경보전, ③ 국토의 균형개발, ④ 투기억제와 지가안정, ⑤ 개발이익의 환수, ⑥ 토지시장의 투명성 확보 등이다.

2. 주요 내용

1) 토지소유정책

토지소유권은 헌법에서 보장하고 있으나 토지의 합리적인 이용과 개발·보전을 위해 각종 공법적 제한의 대상이 되고, 「민법」 등에 의한 사법적 규제의 대상이 된다. 소유권의 권능에는 사용권, 수익권, 처분권이 있으며, 사용권은 보유권, 이용권, 개발권을 포함한다. 먼저, 토지의 사용을 제한하는 제도로는 토지거래허가제, 농지취득자격증명제, 공용제한[1] 등이 있다. 둘째, 토지의 수익을 제한하는 제도로는 개발이익환수제가 대표적이다. 셋째, 토지의 처분을 제한하는 제도로는 공용수용,[2] 선매제 등이 있다.

2) 토지이용정책

토지는 한정되어 있고 공공성을 띠고 있기 때문에 최유효로 이용되어야 함과 동시에 장래적인 관점에서 관리되어야 한다. 따라서 토지이용에 대해서는 일정부분 정부의 개입이 불가피하다. 토지이용에 대한 규제는 토지이용계획에 의해 실현되며, 2002년 제정된 「국토계획법」은 계획체계의 일원화와 토지이용계획 간 연계성 강화를 특징으로 하고 있으며, 2005년 제정된 「토지이용규제 기본법」은 토지이용규제의 투명성을 확보하고 국민의 토지이용의 편의를 도모하고자 한다.

토지이용계획이란 장래의 경제·사회변화를 예측하여, 한정된 토지의 합리적인 이용을 위해서 장래 수용되어야 할 기능에 따라 토지공간을 양적으로 배분하고, 각 기능별로 사용될 토지의 위치를 결정하는 것이다(대한국토·도시계획학회, 1998). 토지이용규제의 대표적 수법으로 지역지구제가 있으며, 「국토계획법」은 그 성질과 목적에 따라 용도지역·용도지구·용도구역으로 구분하고 있다.

여기서 용도지역이란 토지의 이용 및 건축물의 용도·건폐율·용적률·높이 등을 제한함으로써 토지를 경제적·효율적으로 이용하고 공공복리의 증진을 도모하기 위하여 서로 중복되지 아니하게 도시·군관리계획으로 결정하는 지역을 말하며, 다음의 표와 같이 구분된다.

1) 공공복리를 위하여 또는 일정한 물건의 효용을 확보하기 위하여 재산권에 가해지는 공법상의 제한을 말하며, 토지이용계획제한, 사용제한 등이 예이다.

2) 특정한 공익사업을 위하여 재산권을 법률에 의해 강제적으로 취득하는 것을 말한다.

표 5.5.3 용도지역의 구분

<table>
<tr><th colspan="3">용도지역</th><th>지정목적</th></tr>
<tr><td rowspan="17">도시지역</td><td rowspan="6">주거지역</td><td>제1종 전용주거</td><td>단독주택 중심의 양호한 주거환경을 보호하기 위해 필요한 지역</td></tr>
<tr><td>제2종 전용주거</td><td>공동주택 중심의 양호한 주거환경을 보호하기 위해 필요한 지역</td></tr>
<tr><td>제1종 일반주거</td><td>저층주택을 중심으로 편리한 주거환경을 조성하기 위해 필요한 지역</td></tr>
<tr><td>제2종 일반주거</td><td>중층주택을 중심으로 편리한 주거환경을 조성하기 위해 필요한 지역</td></tr>
<tr><td>제3종 일반주거</td><td>중고층주택을 중심으로 편리한 주거환경을 조성하기 위해 필요한 지역</td></tr>
<tr><td>준주거</td><td>주거기능 위주로 이를 지원하는 일부 상업기능 및 업무기능을 보완하기 위해 필요한 지역</td></tr>
<tr><td rowspan="4">상업지역</td><td>중심상업</td><td>도심·부도심의 상업기능 및 업무기능을 확충하기 위해 필요한 지역</td></tr>
<tr><td>일반상업</td><td>일반적인 상업기능 및 업무기능을 담당하게 하기 위해 필요한 지역</td></tr>
<tr><td>근린상업</td><td>근린지역에서의 일용품 및 서비스의 공급을 위해 필요한 지역</td></tr>
<tr><td>유통상업</td><td>도시내 및 지역간 유통기능의 증진을 위해 필요한 지역</td></tr>
<tr><td rowspan="3">공업지역</td><td>전용공업</td><td>주로 중화학공업·공해성 공업 등을 수용하기 위해 필요한 지역</td></tr>
<tr><td>일반공업</td><td>환경을 저해하지 아니하는 공업의 배치를 위해 필요한 지역</td></tr>
<tr><td>준공업</td><td>경공업 그 밖의 공업을 수용하되, 주거·상업·업무기능의 보완이 필요한 지역</td></tr>
<tr><td rowspan="3">녹지지역</td><td>자연녹지</td><td>도시 녹지공간 확보, 도시확산 방지, 장래 도시용지의 공급 등을 위해 보전할 필요가 있는 지역으로 불가피한 경우에 한해 제한적인 개발이 허용되는 지역</td></tr>
<tr><td>생산녹지</td><td>주로 농업적 생산을 위하여 개발을 유보할 필요가 있는 지역</td></tr>
<tr><td>보전녹지</td><td>도시의 자연환경·경관·산림 및 녹지공간을 보전할 필요가 있는 지역</td></tr>
<tr style="display:none"></tr>
<tr><td colspan="2" rowspan="3">관리지역</td><td>계획관리</td><td>도시지역으로의 편입이 예상되는 지역 또는 자연환경을 고려하여 제한적인 이용·개발을 하려는 지역으로서 계획적·체계적 관리가 필요한 지역</td></tr>
<tr><td>생산관리</td><td>농업·임업·어업생산 등을 위하여 관리가 필요하나, 주변 용도지역과의 관계 등을 고려할 때 농림지역으로 지정하여 관리하기가 곤란한 지역</td></tr>
<tr><td>보전관리</td><td>자연환경보호, 산림보호, 수질오염방지, 녹지공간 확보 및 생태계 보전 등을 위해 보전이 필요하나 자연환경보전지역으로 지정하여 관리하기가 곤란한 지역</td></tr>
<tr><td colspan="3">농림지역</td><td>도시지역에 속하지 아니하는 「농지법」에 의한 농업진흥지역 또는 「산지관리법」에 의한 보전산지 등으로서 농림업의 진흥과 산림의 보전을 위하여 필요한 지역</td></tr>
<tr><td colspan="3">자연환경보전지역</td><td>자연환경·수자원·해안·생태계·상수원 및 문화재의 보전과 수산자원의 보호·육성 등을 위하여 필요한 지역</td></tr>
</table>

3) 토지개발정책

지역개발에 있어 토지개발정책으로는 택지의 안정적 공급이 매우 중요하며, 그 외에 토지의 계획적 개발, 토지의 효율적 이용, 개발이익배분의 형평성 도모 등을 위해 다양한 정책을 시행하고 있다.

토지개발은 토지의 용도에 따라 택지개발, 산업단지개발, 관광단지개발 등으로 다양하게 구분할 수 있으며, 그 내용은 다음의 표와 같다.

표 5.5.4 토지개발사업의 분류

관련 법률	사업의 종류	소관 부처
도시개발법	도시개발사업	국토교통부
택지개발촉진법	택지개발사업	국토교통부
주택법	대지조성사업	국토교통부
혁신도시법[3]	혁신도시개발사업	국토교통부
기업도시개발특별법	기업도시개발사업	국토교통부
친수구역 활용에 관한 법률	친수구역조성사업	국토교통부
지역균형법[4]	지역종합개발사업	국토교통부
	복합단지개발사업	
산업입지 및 개발에 관한 법률	산업단지개발사업	국토교통부
물류시설의 개발 및 운영에 관한 법률	물류단지개발사업	국토교통부
경제자유구역의 지정 및 운영에 관한 특별법	경제자유구역개발사업	산업통상자원부
관광진흥법	관광단지조성사업	문화체육관광부

지역발전은 우량기업의 존재에 크게 좌우되므로 지방자치단체마다 기업유치에 힘쓰고 있어 토지개발사업에 있어 산업단지 개발사업을 중시하고 있다. 산업단지의 내용과 지정권자를 기술하면 다음의 표와 같다(산업입지 및 개발에 관한 법률 참조).

3) 「공공기관 지방이전에 따른 혁신도시 건설 및 지원에 관한 법률」의 약어이다.
4) 「지역균형개발 및 지방중소기업 육성에 관한 법률」의 약어이다.

표 5.5.5 산업단지의 구분

구 분	주요 내용	지정권자
국가산업단지	• 국가기간산업, 첨단과학기술산업 등을 육성하거나 개발 촉진이 필요한 낙후지역이나 둘 이상의 특별시·광역시 또는 도에 걸쳐 있는 지역을 산업단지로 개발하기 위하여 지정된 산업단지	국토교통부장관
일반산업단지	• 산업의 적정한 지방 분산을 촉진하고 지역경제의 활성화를 위하여 지정된 산업단지	시·도지사, 지정시장[5)] (30만㎡ 미만: 시장 등[6)] 가능)
도시첨단산업단지	• 지식산업·문화산업·정보통신산업, 그 밖의 첨단산업의 육성과 개발 촉진을 위하여 「국토계획법」에 따른 도시지역에 지정된 산업단지	시·도지사, 지정시장 (10만㎡ 미만: 시장 등 가능)
농공단지	• 농어촌지역에 농어민의 소득 증대를 위한 산업을 유치·육성하기 위하여 지정된 산업단지	특별자치도지사, 시장 등

4) 토지정보관리정책

토지정보는 토지정책뿐 아니라 국민생활과 불가분의 관계에 있다. 따라서 토지정보는 정부만이 아니라 일반 국민에 이르기까지 그 요구가 많으며, 정보의 양과 질도 크게 진전되고 있다.

토지정보에는 토지의 지목·면적·형상·용도지역 등에 관한 사항 등 물리적 특성에 관한 사항과 소유자·근저당권자 등 권리관계에 관한 사항뿐 아니라 가격·과세정보 등 법률적·행정적 정보를 포함하며, 그 내용은 〈표 5.5.6〉과 같다.

토지정보의 관리를 위해 지적제도, 공시지가제, 실거래가 신고제, 부동산등기의무제 등을 시행하고 있다.

3. 평가와 과제

1) 평 가

먼저, 직접선거에 의한 주민참여가 확대된 이후 국민들의 자기주장이 강화되어 공

5) 「지방자치법」 제175조에 따른 서울특별시·광역시 및 특별자치시를 제외한 인구 50만 이상 대도시의 시장을 말한다.

6) 여기서 '시장 등'은 시장·군수·구청장을 말한다.

표 5.5.6 토지정보의 유형

구 분	근거 법률	관련 공부(또는 정보) 및 내용
지리정보	국가지리정보체계의 구축 및 활용 등에 관한 법률	지형도, 지하시설물도, 식생도, 산지이용 기본도 등
지적정보	측량·수로조사 및 지적에 관한 법률	토지(임야)대장, 지적(임야)도
토지이용계획정보	국토계획법	토지이용계획확인서
권리정보	부동산등기법, 주택임대차보호법, 상가건물임대차보호법	(토지, 건물, 집합건물)등기부, 확정일자
가격정보	부동산가격공시 및 감정평가에 관한 법률 등	공시지가, 지가변동률 등
과세정보	국세기본법, 소득세법, 지방세법 등	과세대장, 기준시가 등
거래정보	부동산거래법[7], 국토계획법, 부동산등기 특별조치법 등	부동산거래통계, 실거래가정보, 검인계약서 등

익우선의 토지정책 시행이 어렵게 되고, 사익을 위해 토지정책이 왜곡되는 사례가 늘어나게 되었다.

둘째, 개발이익을 환수하는 제도가 미비하여 개발이익이 지나치게 사유화됨으로써 국민들의 투기의식이 상존하고 있다.

셋째, 토지거래규제정책으로서 토지거래허가제는 허가의 대상 및 기준과 관련하여 일부의 허점이 노출되고 있으며, 농지취득자격증명제는 농지취득제한의 완화 이후 유명무실한 제도로 전락했다.

넷째, 기존의 토지개발정책은 수요자중심이 아닌 공급자중심의 개발로 인해 양호한 입지의 대도시 공급은 부족하고, 지방 중소도시는 과잉공급으로 인해 미분양이 늘어나는 불균형을 초래했다. 또한 수용방식 위주의 개발은 토지의 대체취득 수요로 인해 주변지역의 지가상승을 초래하는 부작용이 컸다.

다섯째, 개발손실보상정책은 그 대상과 기준을 정하기 어렵고 재원확보가 걸림돌이 되어 활성화되지 못하고 있다(이성근 외, 2012).

2) 과 제

먼저, 개인의 권리인식 강화, 지방자치제의 정착에 따른 계획권한의 재배분 등으

7) 「공인중개사의 업무 및 부동산 거래신고에 관한 법률」의 약어이다.

로 토지이용규제는 많은 변화를 겪게 될 것이며, 따라서 공공계획의 실질적인 기능과 집행력을 제고하여야 한다.

둘째, 토지정책의 패러다임 전환에 부응하여 토지소유를 직접 제한하기보다 공공의 시장감시기능과 계획기능을 더욱 강화하면서 간접규제로 전환해야 할 것이다.

셋째, 개발이익의 환수와 개발손실의 보상이 더욱 활성화되어 토지로부터 발생하는 이익과 손실이 공평하게 배분되어야 한다.

마지막으로 토지정책을 효과적으로 전개하기 위해서는 토지시장 및 토지정보의 관리체계를 효율적으로 구축하여야 하며, 토지세제의 기능을 강화하여야 한다(박헌주 외, 1998).

제3절 주택정책

1. 의 의

주택은 인간생활의 필수공간으로서 식사, 수면, 보건, 휴식 등 다양한 기능을 수행한다. 법적으로 주택은 크게 단독주택과 공동주택으로 구분할 수 있으며, 그 내용은 〈표 5.5.7〉과 같다.

주택정책은 양적 부족과 질적 수준이라는 주택문제의 해결을 위해 공적으로 시장에 개입하는 것을 말한다. 국토교통부장관은 국민의 주거안정과 주거수준의 향상을 도모하기 위하여 주택종합계획을 수립·시행하여야 하며(주택법 제7조), 주택종합계획은 10년 단위의 계획과 연도별계획으로 구분된다.

주택정책의 목표는 시대적 상황에 따라 탄력적으로 수립할 필요가 있으며 일반적으로 쾌적한 주택을 편리한 위치에서 적절한 가격으로 모든 국민이 소유 또는 거주토록 하는 데 있다. 구체적인 목표로는 ① 충분한 양의 주택 확보, ② 양호한 주거환경 조성, ③ 주택시장의 안정, ④ 주거격차의 완화 등이 있다.

표 5.5.7 주택의 분류

구 분		주요 내용
단독주택	단독주택	• 제한 없음 (통상 일반단독주택으로 표현)
	다중주택	• 연면적 330㎡ 이하이고 3층 이하로서 독립된 주거형태를 갖추지 아니하고 여러 사람이 장기간 거주할 수 있는 구조로 되어 있는 주택
	다가구주택	• 주택으로 쓰는 1개동의 바닥면적의 합계가 660㎡ 이하이고 3개층 이하로서 19세대 이하가 거주할 수 있는 주택
공동주택	아파트	• 주택으로 쓰는 층수가 5개 층 이상인 주택
	연립주택	• 주택으로 쓰는 1개동의 바닥면적의 합계가 660㎡를 초과하고 층수가 4개 층 이하인 주택
	다세대주택	• 주택으로 쓰는 1개동의 바닥면적의 합계가 660㎡ 이하이고 층수가 4개층 이하인 주택

2. 주요 내용

1) 주택건설·분양정책

먼저, 사업계획승인제도가 있다. 단독주택의 경우 20호, 공동주택의 경우 20세대 이상의 주택건설사업을 시행하고자 하는 자 또는 1만㎡ 이상의 대지조성사업을 시행하고자 하는 자는 사업계획승인권자의 사업계획승인을 얻어야 한다(주택법 제16조).

다음으로, 분양가상한제를 시행하고 있다. 사업주체가 입주자모집승인을 얻어 일반에게 공급하는 공동주택은 「주택법」이 정하는 기준에 따라 산정되는 분양가격 이하로 공급하여야 한다(주택법 제38조의2). 여기서 분양가격은 택지비(기본택지비 + 택지비 가산비용)와 건축비(기본형건축비 + 건축비 가산비용)로 구성된다. 분양가상한제는 주택공급을 위축시킨다는 지적이 있어 그 폐지가 논의되고 있다.

2) 임대주택공급정책

임대주택이란 임대 목적에 제공되는 건설임대주택 및 매입임대주택을 말한다. 건설임대주택은 공공건설임대주택과 민간건설임대주택으로 구분할 수 있으며, 매입임대주택은 임대사업자가 매매 등으로 소유권을 취득하여 임대하는 주택을 말한다.

공공건설임대주택은 공적 주체가 서민의 주거안정을 도모하기 위해 직접 임대주택을 건설하여 시장임대료보다 낮은 수준으로 공급하는 것을 말한다. 건설임대주택을 구분하면 다음과 같다.

표 5.5.8 건설임대주택의 구분

건설주체	유 형	임대기간	주택규모(전용면적)	주요 내용
공공	영구임대	영구	40㎡ 이하	• 1989년 저소득층의 주거안정을 위해 도입하였고, 건설비의 85% 이상을 재정에서 지원하였으며 현재는 공급 중단
		50년	50㎡ 이하	• 영구임대를 대체할 목적으로 1992년 도입하였고, 재정(50%) · 기금(20%) · 입주자(30%)가 비용부담하였으며 한동안 공급 중단 후 2008년 9월 이후 공급 재개
	국민임대	30년	60㎡ 이하	• 1998년 5년 공공임대주택에 입주하기 어려운 저소득층의 주거 안정을 위해 도입하였고, 재정(30%) · 기금(40%) · 사업자(10%) · 입주자(20%)가 비용부담하며, 분양전환하지 않음 • 2년 단위로 계약을 갱신하며, 주거의 개념을 소유에서 거주로 전환하고자 함
	공공임대	10년 5년	85㎡ 이하	• 임대기간 종료 후 분양전환하며, 청약저축(또는 주택청약종합저축)에 가입한 무주택세대주에게 입주자격을 줌
민간	민간건설 중형임대	5년	60㎡~85㎡	• 국민주택기금의 지원을 받아 민간이 건설하며, 청약저축 · 청약부금 · 청약예금 가입자가 모두 청약할 수 있고, 임대기간 종료 후 분양전환

임대주택의 예로는 보금자리주택과 행복주택이 있다. 먼저, 보금자리주택은 공공부문(즉, 국가 · 지방자치단체 · LH공사 · 지방공사)이 국가 또는 지방자치단체의 재정이나 국민주택기금을 지원받아 건설 또는 매입하여 분양 또는 임대의 방법으로 공급하는 주택을 말한다. 둘째, 행복주택은 박근혜정부에서 추진하는 정책으로 철도부지, 유휴국 · 공유지, 미매각 공공시설용지 등 도심내 공공이 보유한 저렴한 토지를 활용하여 공급하는 임대주택을 말한다.

3) 주거환경정비정책

「도시 및 주거환경정비법」상 정비사업은 주거환경정비사업과 도시환경정비사업으로 구분할 수 있으며, 주거환경정비사업은 다시 주거환경개선사업, 주택재개발사업,

주택재건축사업, 주거환경관리사업, 가로주택정비사업으로 세분한다. 여기서 주거환경개선사업은 도시저소득주민이 집단으로 거주하는 지역으로서 정비기반시설이 극히 열악하고 노후·불량건축물이 과도하게 밀집한 지역에서 주거환경을 개선하기 위하여 시행하는 사업을 말하고, 주택재개발사업은 정비기반시설이 열악하고 노후·불량건축물이 밀집한 지역에서 주거환경을 개선하기 위하여 시행하는 사업을 말하며, 주택재건축사업은 정비기반시설은 양호하나 노후·불량건축물이 밀집한 지역에서 주거환경을 개선하기 위하여 시행하는 사업을 말한다. 또한, 주거환경관리사업은 단독주택 및 다세대주택 등이 밀집한 지역에서 정비기반시설과 공동이용시설의 확충을 통하여 주거환경을 보전·정비·개량하기 위하여 시행하는 사업을 말하며, 가로주택정비사업은 노후·불량건축물이 밀집한 가로구역에서 종전의 가로를 유지하면서 소규모로 주거환경을 개선하기 위하여 시행하는 사업을 말한다.

한편, 도시환경정비사업은 상업지역·공업지역 등으로서 토지의 효율적 이용과 도심 또는 부도심 등 도시기능의 회복이 필요한 지역에서 도시환경을 개선하기 위하여 시행하는 사업을 말한다. 주요정비사업의 내용을 비교하면 〈표 5.5.9〉와 같다.

표 5.5.9 정비사업의 비교

구 분	주거환경개선사업	주택재개발사업	주택재건축사업	도시환경정비사업
목적	주거환경의 개선	주거환경의 개선	주거환경의 개선	도시환경의 개선
요건	도시저소득주민 집단거주+정비기반시설 극히 열악+노후·불량건축물 과도하게 밀집	정비기반시설 열악+노후·불량건축물 밀집	정비기반시설 양호+노후·불량건축물 밀집	상업지역·공업지역 등+토지의 효율적 이용과 도심·부도심 등 도시기능의 회복이나 상권활성화 등이 필요
대상지역	정비구역	정비구역	정비구역 또는 구역 외	정비구역
시행방법	현지개량방식, 매수방식, 관리처분방식, 환지방식	관리처분방식, 환지방식	관리처분방식	관리처분방식, 환지방식
수용권	있음	있음	원칙적으로 없음 (매도청구만 가능)	있음
사업 시행자	시장·군수, LH공사등	조합, 조합+시장·군수(또는 LH공사등, 건설업자등8))	조합, 조합+시장·군수(또는 LH공사등)	조합, 토지등소유자, 조합(또는 토지등소유자)+시장·군수(또는 LH공사등, 건설업자등)

4) 주택시장안정정책

주택가격의 안정과 투기방지를 위해 투기지역, 투기과열지구, 주택거래신고지역 등을 지정·운영하고 있다.

먼저, 투기지역은 당해 지역의 부동산가격상승률이 전국소비자물가상승률보다 높은 지역으로서 전국부동산가격상승률 등을 감안하여 당해 지역의 부동산가격이 급등하였거나 급등할 우려가 있어 기획재정부장관이 부동산가격안정심의위원회의 심의를 거쳐 지정하는 지역을 말한다(소득세법 제104조의2). 당초 투기지역은 양도소득세를 기준시가 대신 실지거래가액을 기준으로 과세함으로써 부동산투기를 억제하려는 정책적 목적에서 도입되었으나, 2007년부터 모든 자산의 양도가액을 실지거래가액에 의하도록 함에 따라 그 제도적 기능이 많이 상실되었다.

둘째, 투기과열지구는 국토교통부장관 또는 시·도지사가 주택가격의 안정을 위하여 필요한 경우에 일정한 지역을 주택정책심의위원회(시·도지사가 지정하는 경우에는 시·도 주택정책심의위원회)의 심의를 거쳐 지정한다(주택법 제41조). 투기과열지구는 주택가격이 급등하거나 주택에 대한 투기수요로 청약경쟁이 과열된 지역에 대해 실수요자의 주택청약에 우선권을 부여하고, 청약 및 전매제도 등을 강화함으로써 투기를 차단하고 시장 과열현상을 완화하기 위한 제도이다.

셋째, 주택거래신고지역은 「소득세법」에 의한 투기지역 중 주택에 대한 투기가 성행하거나 성행할 우려가 있다고 판단되는 지역으로서 주택정책심의위원회의 심의를 거쳐 국토교통부장관이 지정하는 지역을 말한다(주택법 제80조의2). 주택거래신고지역 안에 있는 공동주택에 관한 소유권을 이전하는 계약을 체결한 당사자는 공동으로 주택거래가액 등을 주택거래계약의 체결일부터 15일 이내에 당해 주택소재지의 관할 시장·군수·구청장에게 신고하여야 한다.

3. 평가와 과제

1) 평 가

주택정책의 전반에 대해서는 양적 및 질적 측면에서 주거수준의 개선정도, 주택가

8) 여기서 건설업자등은 건설업자, 등록사업자, 신탁회사 및 한국감정원을 말한다.

격의 안정여부 등에 의해 평가해 볼 수 있다.

먼저, 주택의 절대적 부족문제 완화 여부이다. 주택보급률은 전국평균으로 2008년 100%를 초과함으로써 전국적인 차원에서 보면 주택의 절대적인 부족문제는 완화되었다. 여기서 주택보급률은 (주택수 ÷ 가구수)×100으로 산정된다. 주택수의 산정에 있어 다가구주택은 구분거주호수를 기준으로 산정하고, 가구수의 산정에 있어서는 1인가구를 포함하는 일반가구수를 기준으로 한다.

둘째, 그동안 교외의 신개발을 통한 주택보급에 치중한 결과 필연적으로 도심의 쇠퇴를 가져왔다.

셋째, 주택의 구성에 있어 아파트의 공급이 급증하였으며, 2010년도의 경우 주택 중에서 아파트의 비율이 58.4%에 달했다.

표 5.5.10 주택종류별 추이 (단위: 천호)

연 도	합 계	단독주택	공동주택			비거주용내 주택
			아파트	연립주택	다세대	
1980	5,318.9	4,652.1	373.7	161.8	–	131.4
1990	7,160.4	4,726.9	1,628.1	487.5	115.3	202.5
2000	10,959.3	4,069.5	5,231.3	812.9	453.1	392.6
2010	14,677.4	3,731.3	8,576.0	536.1	1,314.5	519.6

자료: 통계청자료에서 재작성.

넷째, 주거의 질적수준 개선여부를 보면 경제발전과 소득증대 그리고 건축기술의 발달 등에 따라 크게 개선되었다. 즉, 방당 가구원수, 1인당 전용면적, 최저주거기준 미달가구 비율 등의 지표가 향상되었다.

다섯째, 주택가격의 안정여부를 보면, 경제성장과 더불어 대체로 계속 상승하여 왔으며, 특히 서울을 비롯한 수도권지역의 상승이 두드러졌다. 그러나 1997년의 외환위기, 2008년의 세계금융위기 등을 거치면서 주택가격은 점차 안정되고 있으며, 과거와 같은 주택투기는 많이 사라졌다.

여섯째, 주택시장은 지역별로 다양한 특성을 보이고 있으나, 주택정책은 국가가 주도하고 있어 지역특성을 반영한 주택정책 시행에 한계가 있다.

표 5.5.11 주거환경지표의 변화

구 분			1995년	2000년
양적지표	주택보급률(%)		86.0	96.2
	자가점유율(%)		53.3	54.2
	인구 1천명당 주택호수(호)		206.6	238.3
질적지표	주거밀도	방당 가구원수(인)	1.10	0.98
		1인당 전용면적(㎡)	17.2	24.1
	최저주거기준 미달가구 비율(%)		34.4	23.4
시장지표	지불능력	소득대비 주택가격(PIR, 배)	6.8	4.0
		소득대비 임대료(RIR, %)	20.9	20.7
	주택대출비율(LTV, %)		26.9	38.1

자료: 국토해양부, 주택종합계획(2003~2012).

2) 과 제

그동안 주택정책이 양적인 주택공급확충에 치우쳐 주거환경의 질적 수준을 향상시키는 데 미흡하였는 바, 향후의 주택정책은 국민 주거복지·환경수준의 향상, 주택서비스의 형평성 확보 등이 강화되어야 할 것이다.

첫째, 교외의 신개발보다 도심의 재개발수요가 더욱 확대될 것이다. 따라서 노후주거지에 대해 주택개량, 기반시설 확충, 공동체 활성화 등을 지원하여 재생을 도모해야 한다.

둘째, 1~2인 가구의 급증, 고령화 등 사회구조의 변화에 적극 대응하여야 할 것이다.

셋째, 아파트 중심의 주택공급에서 벗어나 동호인주택, 실버주택 등 다양한 유형의 주택 공급이 필요하다.

넷째, 기초생활수급자 등 주거취약계층에 대한 주거복지지원을 강화하여 주거격차를 완화하여야 할 것이다.

다섯째, 주택시장의 지역성을 반영하여 지방자치단체의 주택정책에 대한 권한 강화가 필요하다. 즉, 지방자치단체 중심의 주택정책으로 주거복지의 향상을 도모해야 할 것이다.

탐구학습

1. 주요 개념
   - 국가기간교통망계획
   - 물류시설
   - 토지공개념
   - 토지거래허가제, 실거래가 신고제
   - 개발이익환수제
   - 용도지역
   - 분양가상한제
   - 도시형 생활주택, 보금자리주택
   - 건설임대주택
   - 정비사업
   - 투기지역, 투기과열지구

2. 토론과 과제
   - 교통·물류정책의 평가와 과제
   - 지방공항의 활성화방안
   - 토지정책의 과제와 발전방안
   - 토지개발사업의 활성화방안
   - 분양가상한제의 장점과 단점
   - 투기지역과 투기과열지구의 비교
   - 주거환경정비사업의 유형과 비교
   - 지방자치단체의 주택정책 활성화방안

참고문헌

국토해양부(2012), 2011년도 국토의 계획 및 이용에 관한 연차보고서.
김용웅 외(2009), 신지역발전론, 경기: 한울아카데미.
김정호 · 김근용(1998), 주택정책의 회고와 전망, 국토개발연구원.
대한국토 · 도시계획학회(1998), 도시계획론, 서울: 보성각.
박헌주 외(1998), 토지정책의 전개와 발전방향, 국토개발연구원.
이성근 · 서경규(2012), 현대 부동산의 이해(제3판), 서울: 부연사.
이성근 외(2012), 자립적 지역발전론, 서울: 집현재.
이성근 외(2011), 녹색성장과 지역경영, 경북: 영남대학교출판부.
http://www.law.go.kr(국가법령정보센터).
http://www.mltm.go.kr(국토교통부).

사항색인

ㄹ

ㅁ

ㅂ

ㅅ

ㅇ

인명색인

H

I

J

K

L

M

N

O

P

[대표저자]

이성근, 李盛根, Seong-Keun Lee

[학력 및 경력]
서울대학교 대학원 졸업(도시 및 지역계획학 전공, 행정학박사)
미국 Univ. of Illinois at Urbana-Champaign 연구교수
서울대학교 환경대학원 국내교류교수
영남대학교 정치행정대학 지역 및 복지행정학과 교수(현)
정치행정대학장/행정대학원장/전략기획단장/한국균형발전연구소장
대구경북연구원장
행정고등고시 지방직/지방행정고등고시 출제위원
(사)한국지역개발학회장 · (사)대한지방자치학회장

[주요저서]
자립적 지역발전론(공저, 도서출판 집현재, 2012)
H_2O 지역개발론(공저, 도서출판 집현재, 2012)
현대 부동산의 이해 제3판(공저, 부연사, 2012)
지역개발론: 요약 및 객관식 문제(공저, 도서출판 집현재, 2012)
녹색성장과 지역경영(공저, 영남대학교 출판부, 2011)
최신 지방재정론(공저, 한국행정DB센터, 2009)
최신 지역경제론(공저, 법문사, 2008)
정책계획론(법문사, 2006)
국토와 환경의 이해(영남대학교 출판부, 2006)
성공전략 협상(공저, 영남대학교 출판부, 2003) 외 다수

E-mail: SKL2682@ynu.ac.kr

[저자 소개]

이성근
서울대학교 대학원 졸업(도시 및 지역계획학 전공)
행정학박사
영남대학교 지역 및 복지행정학과 교수
E-mail: SKL2682@ynu.ac.kr

이관률
영남대학교 대학원 지역개발학과 졸업
행정학박사
충남발전연구원 책임연구원
E-mail: krlee@cdi.re.kr

서경규
영남대학교 대학원 지역개발학과 졸업
행정학박사
대구가톨릭대학교 경제금융부동산학과 교수
E-mail: kkseo@cu.ac.kr

김상곤
영남대학교 대학원 지역개발학과 졸업
행정학박사
경북테크노파크 정책기획팀장
E-mail: royal@gbtp.or.kr

안성조
영남대학교 대학원 지역개발학과 졸업
행정학박사
대구경북연구원 부연구위원
E-mail: ahnsj@dgi.re.kr

김태구
영남대학교 대학원 지역개발학과 졸업
행정학박사
한국농어촌공사 차장
E-mail: muse4321@hanmail.net

김종수
영남대학교 대학원 지역개발학과 졸업
행정학박사
(주)제일감정평가법인 이사
E-mail: kjosoo@hanmail.net

심상운
영남대학교 대학원 지역 및 복지행정학과 졸업
행정학박사
한국토지주택공사 차장
E-mail: simsang@lh.or.kr

고수정
영남대학교 대학원 행정학과 졸업
행정학박사
영남대학교 지역 및 복지행정학과 외래교수
E-mail: welfare5122@ynu.ac.kr

최신 지역개발론

2013년 7월 25일 초판인쇄
2013년 7월 30일 초판발행

저 자 이 성 근 외
발행인 위 호 준
발행처 도서출판 **집현재**
121-130 서울특별시 마포구 토정로
198번지 204호
전화 (02)332-4922 Fax (02)3142-4922
홈페이지: www.jhjbook.co.kr
e-mail: jyp4922@naver.com

출판등록 2010년 10월 25일
등록번호 제105-91-57581호

정가 30,000원 ISBN 978-89-97304-23-3

이 도서의 국립중앙도서관 출판시도서목록(CIP)은 서지정보유통지원시스템 홈페이지(http://seoji.nl.go.kr)와 국가자료공동목록시스템(http://www.nl.go.kr/kolisnet)에서 이용하실 수 있습니다.
(CIP제어번호: CIP2013012499)